教育部人文社会科学重点研究基地山东大学当代社会主义研究所组编

21世纪社会主义:世界与中国

——首届全国科社与共运专业博士生学术论坛获奖论文集

蒋　锐　主编

山东大学出版社

前　言

山东大学是一所历史悠久、学科齐全、学术实力雄厚、办学特色鲜明，在国内外具有重要影响的教育部直属重点综合性大学，是世界一流大学建设高校(A类)。近年来山东大学实现了跨越式发展，各项事业均达到了前所未有的高度。学校的综合水平和办学质量明显提升，国际影响力显著增强，目前有15个学科的学术影响力和贡献能力进入ESI世界排名前1%。

山东大学科学社会主义系于1979年成立，并于同年招收科学社会主义专业本科；1983年开始招收硕士研究生；1991年经国务院学位委员会批准开始招收博士研究生。它是山东大学社会科学各学科中首个设立博士点的学科，也是国内目前该专业唯一按照学士、硕士、博士三级培养体系而设立的学位授予点。2002年，科学社会主义与国际共产主义运动被评为国家重点学科；2007年，经人事部和全国博士后管委会批准，设立政治学一级学科博士后流动站。

山东大学当代社会主义研究所成立于1983年9月，重新组建于2000年3月，2000年10月入选为教育部普通高等学校人文社会科学重点研究基地，是一个建制完善、运行规范、教学和研究条件优越、科研实力较强、在国内当代社会主义研究领域具有特色优势和重要学术主导力的专业性研究机构，是山东大学推进"双一流大学"建设重要的学科平台。研究所主办的《当代世界社会主义问题》杂志创刊于1984年，是以介绍和研究当代世界社会主义主要理论和实践问题为主要内容的专业学术刊物，杂志1997年入选"全国中文核心期刊"至今，2004年入选CSSCI至今。现任主编为山东大学崔桂田教授，执行主编为山东大学蒋锐教授。

2017年6月23～25日，山东大学当代社会主义研究所发起的"首届全国科学与共运专业博士生论坛"在济南山东大学中心校区举行，来自全国26所知名高校、科研院所的50余名博士研究生和30余名博士生导师及有关专家学者参加了论坛。这届论坛的宗旨，是深入贯彻习近平总书记2016

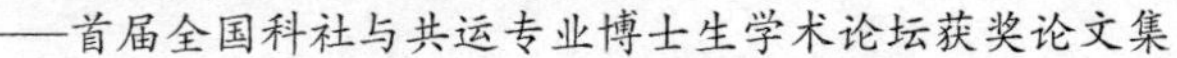

年 5 月 17 日在哲学社会科学工作座谈会上的重要讲话精神，促进对新世纪以来世界社会主义运动发展变化的研究，加强我国科学社会主义与国际共产主义运动专业博士研究生的学术交流与联系，并与有关专家学者探讨本专业博士研究生培养中的一些基本问题。首届论坛的主题是“21 世纪社会主义：世界与中国”，包括五个子议题：(1)科学社会主义前沿问题研究；(2)20 世纪世界社会主义运动的历史经验；(3)21 世纪的世界社会主义运动；(4)中国特色社会主义道路、理论和制度；(5)社会主义与传统文化、世界文明。

首届论坛得到全国科社与共运专业博士研究生的积极响应和踊跃投稿，共收到投稿论文 96 篇。经论坛组委会认真评议，最后有 45 篇论文入选论坛，其中 20 位作者在论坛上宣读了自己的论文。这本与首届论坛主题同名的论文集，就是对入选成果的展示；论文集的五个专题，就是首届论坛的五个子议题。

就在这本论文集即将付梓之际，山东大学当代社会主义研究所举办的主题为“科学社会主义 170 年与新时代中国特色社会主义”的第二届全国科学与共运专业博士生论坛业已成功落幕。按照预定计划，对第二届论坛的入选论文，我们也将在随后结集出版。两届论坛的成功举办，给了我们极大的信心与鼓舞，鞭策我们把这个论坛一届一届更好地办下去。

编　者

2018 年 5 月

目　录

专题一　科学社会主义前沿问题

"适应论"与"崩溃论"之争

——伯恩施坦与卢森堡关于资本主义信用的争论研究 ……………… 聂大富(1)

青年黑格尔派与马克思主义哲学的诞生………………………………… 严哲文(10)

回归马克思恩格斯文本论妇女解放思想的基础、立场和路径 ………… 张憬玄(20)

克罗斯兰"后资本主义"论及其对马克思主义的修正………………… 钟丽丽(26)

《乌托邦》的财富观及其对当今中国的启示…………………………… 王亚男(36)

专题二　20世纪世界社会主义运动的经验教训

俄共(布)执政合法性论析

——纪念十月革命胜利100周年………………………………… 曹宗敏(43)

苏共执政后的反宗教运动探析………………………………………… 林清龙(55)

斯大林时代苏联外交的实用主义转型 ……………………………… 郭海龙(64)

卡尔·考茨基与苏联…………………………………………………… 李　坤(75)

再谈苏共二十大的影响

——世界社会主义改革的视角………………………………… 毕　松(88)

中国早期马克思主义者同无政府

主义者关于十月革命的争论……………………………………… 乔镜蜚(97)

梁启超社会主义思想再审视 ……………………………………… 王海林(109)

20世纪三四十年代中国民生主义计划经济思潮述评 …………………… 傅辰晨(118)
鼎盛时期的美国共产党与工人运动(1929～1939) …………………… 俞 凤(129)
德国社会民主党对时代问题认识的历史考察
——基于几部重要纲领的分析 …………………… 罗 星(141)
印度尼西亚共产党的兴亡 …………………… 马立杰(149)

专题三 21世纪的世界社会主义运动

21世纪以来社会党国际的理论与实践 …………………… 罗涛涛(164)
德国社会民主党目前的困境 …………………… 彭良军(173)
越南社会监督的现状和态势 …………………… 刘玉娣(178)
玻利维亚争取社会主义党“社群社会主义”评析 …………………… 杨春林(186)
保加利亚剧变后的政党政治变迁 …………………… 李家懿(194)
法国“黑夜站立”运动:缘起、特征和反思 …………………… 殷林飞(199)
女权主义与马克思主义的当代联姻
——兼论社会主义女权主义对马克思主义的误读 …………………… 秦丽萍(208)
近年国内学界新自由主义思潮核心观点批判研究述要 …………………… 秦志龙(216)

专题四 中国特色社会主义理论与实践

习近平关于统一战线重要论述探析
——基于历史唯物主义与辩证唯物主义的视角 …………………… 韩志宏(226)
根源、实质与价值:习近平关于社会主义协商民主重要论述探析 ……… 和思鹏(236)
试论“四个全面”与党的基本路线的战略关系 …………………… 毕研永(245)
从社会主义信念视角分析我国核心价值观的构建历程 …………………… 张成利(252)
统一战线:从马克思列宁主义的革命策略到中国共产党的长期战略…… 路 璐(258)
统一战线推进基层协商民主的实践与思考 …………………… 李 锐(266)
统一战线始终是中国共产党的重要法宝 …………………… 梁可妮(274)
社会主义协商民主话语体系:历史发展及中国特色…………………… 唐庆鹏(281)

机遇与挑战：国际话语权视域下中国道路认同问题研究…………………… 徐　亮(289)
论构建中国特色社会主义政治学话语体系
——基于科学社会主义基本原则的角度 …………………………… 杨雨林(299)
治理理论视角下的治理体系与治理能力现代化研究评述 ……………… 侯恩宾(308)

专题五　社会主义与传统文化、世界文明

中国共产党传统文化态度的历史嬗变 ………………………………… 马　军(318)
中国特色社会主义文化自信的逻辑意蕴 ……………………………… 高　松(329)
走出文化的资本逻辑：文化发展的现代悖论及其出路………………… 张艳玲(337)
波罗的海三国独立运动中的文化因素比较分析 ……………………… 陈　凤(348)

专题一　科学社会主义前沿问题

“适应论”与“崩溃论”之争

——伯恩施坦与卢森堡关于资本主义信用的争论研究

聂大富

（山东大学当代社会主义研究所博士研究生）

19世纪末20世纪初，伯恩施坦在“修正”马克思主义的基础上，对当时德国社会民主党的理论和策略提出了颠覆性的批评。他把当时德国社会民主党内对资本主义发展趋势的主流看法称为“崩溃论”，他的批评者也针锋相对地把他对资本主义发展趋势的看法称为“适应论”。在他的众多批评者中，罗莎·卢森堡是最具代表性的人物之一，经常被后人引为批判伯恩施坦修正主义的典范。有学者就指出，不仅在德国，而且在整个欧洲大陆，他们两人的名字“长期代表着社会主义运动中相对立的两翼”[①]。关于他们两人在社会主义问题上的争论，学界已多有涉及。[②] 但迄今尚未有人就他们在资本主义信用问题上的争论进行过梳理和分析。本文将聚焦于这一问题，向读者展现他们的分歧，并探究其背后隐含的方法和策略上的差别。

一、争论的过程

伯恩施坦对“崩溃论”的发难始于1898年的《崩溃论和殖民政策》一文。在这篇文章中，他提出“和平长入社会主义”的现实可能性。他指出，当时党内占优势地位的看法是，资本主义迟早将有一场巨大的经济危机，扩展成全面的社会危机，结果是无产阶

---

① Tadeuse Kowalik, “Introduction to the Routledge Classic Edition,” in Rosa Luxemburg (ed.), *The Accumulation of Capital*, London and New York: Routledge, 2003, p. X.

② 参见[美]保罗·斯威齐《资本主义发展论》(陈观烈、秦亚男译，商务印书馆2013年版)、[加]M.C.霍华德、J.E.金《马克思主义经济学史：1883～1929》(顾海良译，中央编译出版社2014年版)、[美]唐纳德·萨松《欧洲社会主义百年史》(姜辉等译，社会科学文献出版社2008年版)、张光明《布尔什维主义与社会民主主义的历史分野》(中央编译出版社1999年版)、姚顺良等《资本主义理解史》第2卷(江苏人民出版社2009年版)、贾淑品《列宁、卢森堡、考茨基与伯恩施坦主义》(人民出版社2013年版)、张世鹏《西欧社会民主主义政党指导思想的历史演变》(山东人民出版社2014年版)、沈丹《伯恩施坦修正主义思想研究》(中央编译出版社2014年版)等著作。

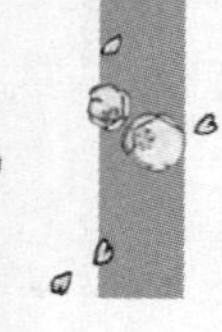

级作为革命阶级掌握政治统治，“按社会主义方向实现社会的全面改造”①。他认为，这种观点是地道的“崩溃论”和空想主义。因为，现代信用制度对于社会生活和社会发展来说，和人们应当极其注意的生产技术一样，是“具有根本意义的经济因素”。“在资本财富大幅度增长下的现代信用制度的灵活性”，商业统计的改进和工业家组织的扩展，对资本主义经济关系产生了重大的影响，它们“同时也是生产和交换的社会化的前提”，社会主义并不因承认这些因素而“丧失丝毫说服力”。“崩溃论”是模糊不清的，它忽略了各种工业在性质和发展过程上的重大差别。由于工业适应能力的提高和工业分化的加深，资本主义生产制度几乎在同时完全崩溃的可能性，随着社会的向前发展变得更小了。② 他坚信，随着个人的社会义务和相应权利的完善，社会对个人的责任和对经济生活的监督权的不断扩大，各层次的民主自治团体的建立及其职能的增加，他们那代人“会看到许多的社会主义得到实现”。只要社会能充分行使监督经济关系的权利，将经济企业实际上转为公共经营就没有通常所认为的那种根本重要性了，“一部好的工厂法可以比一整批工厂的国有化包含更多的社会主义”。他呼吁党不要期盼现存制度的即刻崩溃，应该将工人阶级在政治上组织起来，训练他们运用民主，为一切适于提高工人阶级地位和在民主方向上改造国家制度的改革而斗争。③

针对伯恩施坦的上述观点，卢森堡于同年9月发表了一组文章④进行了全面的批评。她认为，伯恩施坦论述的重点不是关于党的实际任务的见解，而是关于资本主义的客观发展进程，以及与此相关的向社会主义过渡的问题。她指出，科学社会主义有三个基础：一是资本主义经济不断增长的无政府状态，使其崩溃成为不可避免；二是资本主义生产过程不断地社会化，替未来的社会制度创造了坚实基础；三是无产阶级力量的增长和阶级觉悟的提高，成为“即将来到的变革的积极因素”。伯恩施坦的“适应论”否定资本主义灭亡的必然性，铲除了第一个基础，得到的是社会主义纲领的唯心的论据。伯恩施坦的挑战提出一个非此即彼的选择，“要么是崩溃论，要么是适应论，后者将使社会主义不再是一种历史的必然”⑤。

伯恩施坦将信用看作资本主义最重要的适应手段之一，并称之为“具有根本意义的经济因素”，卢森堡强烈反对。理由是，信用充当交换媒介促进交换进行，“增加生产力的膨胀能力”，使生产的扩张不断超越市场界限，加剧了资本主义生产过剩和有限的消费能力之间的矛盾。信用不仅为资本家提供“利用别人资本的技术手段”，而且还刺激资本家利用别人的财产进行投机冒险，把整个流通变成了复杂的人为机制。信用消除了“一切资本主义关系中的稳定性的残余”，通过信用来调节资本主义，只是暂时平衡资本主义经济的某种对立关系。在现代资本主义经济中，正是信用把资本主义的一

① 殷叙彝编：《伯恩施坦文选》，人民出版社2008年版，第58～59页。

② 参见殷叙彝编：《伯恩施坦文选》，人民出版社2008年版，第64～67页。

③ 参见殷叙彝编：《伯恩施坦文选》，人民出版社2008年版，第68页。

④ 这组文章后来作为第一部分收入《社会改良还是社会革命?》一书中。

⑤ 参见李宗禹编：《卢森堡文选》，人民出版社2012年版，第6～10页。

切主要矛盾复制出来,使一切矛盾发展到极端,把它们"引向荒谬绝伦的地步",加速资本主义的崩溃。因此,信用"决不是一个适应手段",而是高度革命的手段,"替资本主义寻找的第一个适应手段应当是废除信用"①。她认为,伯恩施坦的"适应论"表现了庸俗经济学的特点,从资本主义的现象本身去寻找其病症的解毒药,相信调节资本主义经济和缓和资本主义矛盾的可能性,他的全部理论是"符合庸俗经济学精神的以资本主义停滞论为依据的社会主义停滞论"②。

为了澄清观点和回应各方的批评,伯恩施坦于1899年初出版了《社会主义的前提和社会民主党的任务》一书,在其中专门对卢森堡进行了回应。他指出,他那篇论述"崩溃论"的文章促使卢森堡向他"讲授了关于信用制度和资本主义的适应能力的课程",而卢森堡关于信用的观点对于那些对马克思主义的社会主义文献略知一二的人而言都不是特别新鲜的。问题仅在于,卢森堡是否正确地表达了现实的情况。马克思曾强调信用的二重性质,将它看作"新生产方式的过渡形式",并不仅仅把它视作破坏因素,卢森堡对这点应该是了解的,她却只谈信用的破坏的一面,不谈它的"生产和创造的能力",是在"断章取义"③。他认为,虽然历史经验表明,"信用使投机容易进行",但投机通常在资本主义发展较晚的国家中和在新的工业生产部门中最为盛行,一个生产部门越是发达,投机的要素就很难在其中起决定性的作用。虽然生产过剩在一定程度上是不可避免的,但是个别工业部门的生产过剩并不意味着普遍的危机,要使生产过剩导致普遍的危机,除非相关的工业部门作为其他部门商品的消费者具有如此重要的作用,以致它们的停顿导致了其他部门的停顿,或者是它们通过货币市场的媒介或通过使一般信用瘫痪而夺取其他工业继续生产的资金。一个国家越富裕,它的信用机构就越发达,经济发展均衡化的可能性日益增大。信用制度的收缩导致生产普遍瘫痪的情况比以前更少了,信用"作为危机形成的因素已退居次要地位"。仅就信用作为促成生产过剩的诱发手段这一点来说,在有些地方、有些国家甚至在国际范围内,"生产膨胀愈来愈频繁地遇到企业主同盟的对抗,后者作为卡特尔、辛迪加或者托拉斯而企图调节生产",这种调节对于生产活动和市场情况的影响"已经达到可以减少危机危险的程度"④。

卢森堡很快于同年4月发表文章⑤对伯恩施坦进行反驳。她的观点并没有变化,只是强调了两个问题:一是伯恩施坦所认为的信用的"积极的、超越资本主义范围的特性"是否能在资本主义经济中积极地实现;二是信用能否像伯恩施坦所设想的那样克服资本主义的无政府状态,还是像她认为的那样只会使无政府状态加剧。如果是后一种情况,那么伯恩施坦一再重复的"信用的创造能力"作为整个辩论的出发点,不过是

---

① 参见李宗禹编:《卢森堡文选》,人民出版社2012年版,第10～12页。
② 李宗禹编:《卢森堡文选》,人民出版社2012年版,第38页。
③ 参见殷叙彝编:《伯恩施坦文选》,人民出版社2008年版,第212～214页。
④ 参见殷叙彝编:《伯恩施坦文选》,人民出版社2008年版,第218～219页。
⑤ 文章后来作为第二部分收入《社会改良还是社会革命?》一书中。

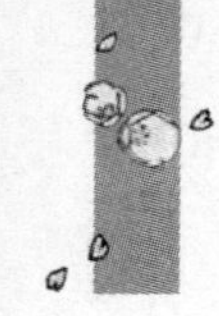

在“向讨论范围以外的来世逃避”[①]。她总结道，伯恩施坦“从抛弃资本主义崩溃论开始”，由于这点是科学社会主义的基石，抛弃它逻辑上必然使他的全部社会主义观点趋于崩溃。因为“没有资本主义的崩溃，剥夺资本家就不可能实现”。伯恩施坦放弃了“崩溃论”，也就同时将“剥夺剥夺者”、生产社会化、唯物史观、价值规律、剩余价值规律、阶级斗争乃至马克思的全部理论都放弃了。就这样，他“合乎逻辑地从头走到尾”，为了运动放弃最终目的，但没有最终目的实际上也就不会有社会民主运动，结果“必然是连运动本身也一起抛弃掉”。这样一来，他的“全部社会主义观点都崩溃了”[②]。

二、从马克思对信用的研究来看双方的争论

在争论中，卢森堡基本上是引用马克思来批评伯恩施坦，而在伯恩施坦看来，卢森堡是在断章取义地援引马克思。为了反驳卢森堡，伯恩施坦也同样引用了马克思的观点。回顾马克思对信用的研究，有助于我们了解他们两人分歧背后的缘由。

来看马克思对信用的分析。马克思指出，有一种观点“把自然经济、货币经济和信用经济作为社会生产的三个具有特征的经济运动形式互相对立起来”，但这三者并不代表对等的发展阶段。所谓信用经济只是货币经济的一种形式，两者“都表示生产者自身间的交易职能或交易方式”，在发达的资本主义生产中，后者表现为前者的基础。货币经济和信用经济适应于资本主义的不同发展阶段，但绝不是与自然经济对立的两种不同的独立的交易形式；人们在这两个经济范畴上“强调的并且作为特征提出来的，不是经济，即生产过程本身”，而是不同生产者之间同经济相适应的交易方式。货币经济是一切商品生产共有的形式。资本主义生产具有一种迷惑性，标志着其特征的，似乎只是产品以怎样的规模作为交易品或商品来生产，产品本身的形成要素以怎样的规模作为交易品或商品再进入生产它的经济中去。但马克思提醒人们注意，实际上，资本主义生产之所以“作为生产的普遍性形式的商品生产”，并且在它的发展中越来越如此，只是因为在这种生产方式下，“劳动本身表现为商品”，工人出卖自己的劳动力。“劳动越变为雇佣劳动，生产者就越变为产业资本家”，在资本家和雇佣工人的关系中，货币关系或买者与卖者的关系，“成了生产本身所固有的关系”。但是，资本家和雇佣工人的这种买卖关系的基础是生产的社会性质，而不是交易方式的社会性质，后者由前者产生。如果不是把生产方式的性质看作是与生产方式相适应的交易方式的基础，而是反之，“这是和资产阶级眼界相符合的”[③]。

马克思说得很清楚，信用经济只是由货币经济衍生出来的一种形式，它们都是由生产方式的性质决定的。这种看法与伯恩施坦将信用看作是同生产技术一样“具有根本意义的经济因素”的观点是有本质区别的。卢森堡正是遵循马克思的这一思路来看待信用的，这是她在争论中与伯恩施坦的核心分歧。

---

① 李宗禹编：《卢森堡文选》，人民出版社 2012 年版，第 44 页。

② 参见李宗禹编：《卢森堡文选》，人民出版社 2012 年版，第 65～67 页。

③ 参见《马克思恩格斯文集》第 6 卷，人民出版社 2009 年版，第 132～133 页。

关于信用的作用，马克思认为，信用为单个资本家提供了在一定界限内支配他人的资本和劳动的权利，使他获得对社会资本和社会劳动的支配权。资本家借助信用使用社会资本进行冒险，冒险事业的成功或失败，结果都会导致资本的集中，导致对直接生产者和中小资本家的剥夺。这种剥夺不仅是资本主义生产方式的出发点，也是其目的，而且最后是要剥夺一切个人的生产资料。① 信用不仅是合作工厂和股份公司的基础，还是"按或大或小的国家规模逐渐扩大合作企业的手段"，而股份公司与合作工厂"是由资本主义生产方式转化为联合的生产方式的过渡形式"②。按性质来说具有弹性的再生产过程在信用的作用下"被强化到了极限"，信用是"生产过剩和商业过度投机的主要杠杆"。这表明，"建立在资本主义生产的对立性质基础上的资本增殖，只容许现实的自由发展到一定的限度"，这一限度事实上对生产造成一种内在的束缚和限制，但这种束缚和限制会不断地被信用打破。因此，信用加速了生产力在物质上的发展和世界市场的形成。同时，信用加速了危机的爆发，"促进了旧生产方式解体的各要素"。信用具有双重性质：一方面，它把资本主义生产的动力，即用剥削他人劳动的办法来发财致富，发展成为一种赌博欺诈制度，并使剥削社会财富的人越来越少；另一方面，它"造成转到一种新生产方式的过渡形式"。③

可见，在马克思看来，信用对资本主义的影响主要有三点：一是促成资本主义生产方式在自身内部消极地扬弃它的对立；二是不断地打破资本主义生产的内在束缚和限制，加速生产力的发展和世界市场的形成；三是加剧资本主义的主要矛盾，为新生产方式提供过渡形式。卢森堡在争论中就信用对资本主义的影响提出的看法，与马克思并没有区别。至于伯恩施坦说她断章取义，只强调信用的破坏作用，忽视信用的创造性，那只是因为她为了反驳伯恩施坦将信用视作适应手段的观点，所以才更多地强调信用加剧了资本主义的主要矛盾这点。但卢森堡也有言过其实的地方。比如，她认为"替资本主义寻找的第一个适应手段应当是废除信用"。可是，既然信用的性质是由生产方式的性质决定的，她也不同意伯恩施坦把信用看作具有根本意义的经济因素的观点，那么废除信用又如何能够成为"替资本主义寻找的第一个适应手段"?

三、争论表明两人在方法和策略上的分歧

我们看到，伯恩施坦和卢森堡对资本主义信用持有完全对立的看法，伯恩施坦将它视作资本主义的适应手段，卢森堡则认为它加速了资本主义的崩溃。这场争论表明了两人在方法上和在实现社会主义的策略主张上的分歧。而且这种分歧在当时的欧

---

① 参见《马克思恩格斯文集》第7卷，人民出版社2009年版，第497～498页。

② 参见《马克思恩格斯文集》第7卷，人民出版社2009年版，第499页。

③ 《马克思恩格斯文集》第7卷，人民出版社2009年版，第499～500页。

洲社会主义者中是非常具有代表性的。①

对于同一现象，以不同的方法去观察就会得出不同的判断。两人在方法上的分歧是这场争论的根源。伯恩施坦倾向于经验主义的方法，对唯物史观和辩证法都有批评。他曾表示，德国社会民主党既然承认将科学社会主义的学说作为自身行动的理论基础，这就意味着，党虽然代表一定的利益和倾向并为自己确定的目的而斗争，但党在确定自身目的时，必须在决定性的方面遵循“完全依靠经验和逻辑作为证明材料并且同经验和逻辑吻合的客观证据”，因为无法提供这种证据的就不是科学，而是以主观灵感和想象为根据的单纯愿望。② 伯恩施坦对唯物史观强调的历史必然性比较反感。他认为，“唯物主义者是不信神的加尔文教徒”，因为他们相信“一切现象都是由已存在的物质的总和和它的各部分的力量关系预先决定的”③。马克思在《〈政治经济学批判〉序言》中概括唯物史观的那句著名的话，即“不是人们的意识决定人们的存在，相反，是人们的社会存在决定人们的意识”④，在伯恩施坦看来，“意识”和“存在”在其中“被如此截然地对立起来”，以致几乎“把人仅仅看成历史力量的活的代理人”，“人的意识和意愿表现为非常从属于物质运动的因素”⑤。在《资本论》第1卷序言中，马克思提到资本主义生产的规律作为“以铁的必然性发生作用并且正在实现的趋势”，伯恩施坦对“铁的必然性”这一说法表示了异议，他认为这句话同样带有宿命论的音调。⑥

对于辩证法，伯恩施坦同样表示反对。他认为，辩证法“是马克思学说中的叛卖性因素，是妨碍对事物进行任何推理正确的考察的陷阱”。辩证法的陷阱在于，如果人们离开了“可以凭经验确认的事实”并且超越这些事实而思考，“就要陷入派生概念的世界”，陷入“概念的自我发展”的圈套。一旦依据辩证法的原理来演绎地预测发展，就会有任意构想的危险，涉及的事物越复杂，危险就越大。⑦ 他甚至认为，马克思和恩格斯“以激进的黑格尔辩证法为基础”，发展出了“与布朗基主义十分相似的学说”。“辩证法的妙语”一再妨碍马克思和恩格斯“对已经认识的变化的影响作出充分的说明”，导致他们出现这样的矛盾：在研究社会的经济结构时，“表现出非常细致的、同天才的勤奋相当的精确性”，但同时又令人难以相信地“忽视明摆着的事实”；“以经济对于暴力

---

① 围绕伯恩施坦的修正主义问题，德国社会民主党在1898年斯图加特、1899年汉诺威、1901年卢卑克、1902年慕尼黑、1903年德累斯顿五次代表大会上都进行了激烈的争论。在这几次会议的争论中，党内形成了“改良派”和“正统派”之间的对立，前者为伯恩施坦辩护，后者在批评伯恩施坦的同时力争捍卫党的传统意识形态和策略主张（参见中共中央编译局国际共运史研究室编《德国社会民主党关于伯恩施坦问题的争论》，三联书店1981年版）。此外，在欧洲范围内，法国的拉法格、英国的贝尔福特·巴克斯、荷兰的潘涅库克、保加利亚的布拉戈耶夫，以及俄国的帕尔乌斯、普列汉诺夫、列宁等人，都对伯恩施坦提出了尖锐的批评（参见沈丹《伯恩施坦修正主义思想研究》，中央编译出版社2014年版，第170～181页）。

② 参见殷叙彝编：《伯恩施坦文选》，人民出版社2008年版，第137～138页。

③ 殷叙彝编：《伯恩施坦文选》，人民出版社2008年版，第141页。

④ 《马克思恩格斯文集》第2卷，人民出版社2009年版，第591页。

⑤ 殷叙彝编：《伯恩施坦文选》，人民出版社2008年版，第142页。

⑥ 参见殷叙彝编：《伯恩施坦文选》，人民出版社2008年版，第143页。

⑦ 参见殷叙彝编：《伯恩施坦文选》，人民出版社2008年版，第163、158页。

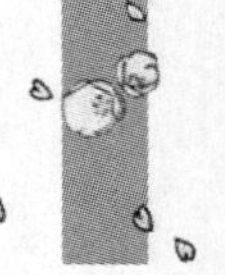

的决定性影响为出发点的理论，却归结为对暴力的创造力量的奇迹信仰”。[①]

从这点出发我们就能理解，为什么伯恩施坦认为，要就信用对资本主义发展的影响作出判断，必须根据现实的发展变化才能得出结论，而不是像卢森堡那样“依靠辩证法的焰火把信用制度作为适应手段的能力说成‘昙花一现’”；对于资本主义发展趋势的判断，不能仅仅依靠援引某种理论上的必然性，更要注意现实的发展和各种因素的反作用。

卢森堡则坚持马克思主义的辩证法。20世纪著名的匈牙利马克思主义哲学家卢卡奇在一篇研究卢森堡的文章中曾指出，这种方法同资产阶级科学的决定性区别，并不是将经济动机放在首要地位来解释历史[②]，而是它坚持总体的范畴，强调“整体对各个部分的全面的、决定性的统治地位”，把所有局部现象都看作是整体的因素，“旨在把社会作为总体来认识”。虽然由于研究对象的分离和科学的分工与专门化产生了某些专门的抽象概念，各个领域内诸因素的抽象孤立化也是不可避免的，但决定性的问题始终是，这种抽象孤立化“是否总被并入作为认识的前提和由认识所要求的真实的总联系”；或者，对孤立的局部领域的抽象认识，是否保持着自律，意识到自身的局限性。因此，对马克思主义而言，归根到底就没有独立的法学、政治经济学或历史学，只有一门统一的关于作为总体的社会发展的科学。[③]

前面提到卢森堡对科学社会主义的三个基础的阐述，表明她明确地意识到，科学社会主义理论是一个严整的总体，经济分析与政治分析紧密相关，牵一发而动全身。伯恩施坦否定了社会主义的经济必然性这一基础，结果只能把社会主义变为一种抽象的价值追求。她还敏锐地注意到了伯恩施坦的“适应论”在方法上的特征[④]，即他把所要研究的一切经济现象，不是放在它们同整个资本主义经济相联系的视野中去理解，而是把它们从联系中割裂开来当作独立的存在。伯恩施坦之所以将信用视作是资本主义的适应手段，正是因为他意识不到，信用如同货币、商品和资本一样，只是资本主义经济发展中有机的一环。因此她认为，如果把信用看作是交换的自然发展的一个更高阶段，并且看到它“同资本主义交换所固有的一切矛盾有联系”，那就不可能把它看作是“适应手段”，正像不能把货币本身、商品和资本看作是“适应手段”一样。[⑤]

这场争论还表明了两人在策略主张上的分歧。伯恩施坦表示，他并不认为社会主义的胜利要取决于其“内在的经济必然性”[⑥]。对他而言，人们通常所理解的“社会主义的最终目的”都是毫不足道的，“运动就是一切”，“运动”既指社会进步，也指为促成

---

① 殷叙彝编:《伯恩施坦文选》，人民出版社2008年版，第165、162页。伯恩施坦承认，他反对黑格尔、马克思和恩格斯的意见“表达得有些过分尖锐”。但他解释说，如果他在自己的著作中对待黑格尔有些苛刻，“那么这肯定不是为了贬低马克思和恩格斯”(见《伯恩施坦文选》第162页的注释)。

② 参见殷叙彝编:《伯恩施坦文选》，人民出版社2008年版，第214页。

③ 参见[匈]卢卡奇:《历史与阶级意识》，商务印书馆1999年版，第77～78页。

④ 伯恩施坦自己就认为，卢森堡的文章就方法论而言，是反对他的文章中写得最好的(参见《伯恩施坦文选》第325页)。

⑤ 参见李宗禹编:《卢森堡文选》，人民出版社2012年版，第36～37页。

⑥ 殷叙彝编:《伯恩施坦文选》，人民出版社2008年版，第326页。

这一进步而在政治上和经济上进行的宣传和组织工作。① 因为他相信，一切先进资本主义国家的资产阶级特权在逐渐向各种民主制度让步。现代民族国家的政治制度越是民主化，发生巨大政治灾变的必然性和机会就会越来越少。无产阶级并非只能通过政治灾变夺取政权，不断的前进比一场灾变所提供的可能性更能保证社民党持久的成功。民主机构的增加将会为阶级斗争创造出更为缓和的解决方式，过去通过流血革命才能实现的改革，"现在只要通过投票、示威游行和类似的威逼手段就可以实现了"②。他主张德国社会民主党成为民主的改良政党，参与地方和全国议会选举，在资本主义内部推行民主改良和经济改良措施去实现社会主义。③

卢森堡则恰恰相反。在她看来，夺取政权是社会民主党的最终目的，同最终目的没有关系的运动本身、作为目的本身的运动是微不足道的，最终目的对社会民主党来说就是一切。④ 伯恩施坦的全部理论归结起来无非是劝社会民主党放弃社会主义革命，把社会改良从阶级斗争的手段变成阶级斗争的目的。如果依照伯恩施坦的主张对资本主义进行改良，将会使生产的社会性保持在资本主义形式上，使社会化的生产向社会主义的过渡和社会主义革命都变得多余。⑤ 关于伯恩施坦对之寄以厚望的民主制，她认为，虽然从形式上来看它是用来在国家组织中表现整个社会的利益的，但它所表现的仍然只是资本利益起决定作用的社会。它形式上虽然是民主的，但就内容而言则变成了统治阶级利益的工具，只要它一有否定阶级性质、变成人民利益的工具的倾向，民主形式本身就会被资产阶级及其国家代表所牺牲。这样看来，寄希望于使社会民主党在议会中取得多数的主张，只考虑到民主制的形式而完全忽视了它的实在内容。民主制并不像伯恩施坦所设想的那样，"是逐渐渗透到资本主义社会中的直接的社会主义因素"，相反，它是使资本主义的对立趋于成熟和发展起来的特殊手段。资本主义的生产关系越来越走向社会主义，而它的政治关系和权利关系却"在资本主义社会和社会主义社会之间筑起了一堵越来越高的墙"，靠社会改良和民主的发展不但无法打垮这堵墙，反而会使它更牢固。要打垮它，"只有靠革命的铁锤即由无产阶级夺取政权"⑥。

四、结语

伯恩施坦和卢森堡关于信用问题的争论，涉及复杂的理论和现实问题。从争论过程来看，双方都在援引马克思，都能从马克思那里找到某种根据，这表明了马克思的理论本身所具有的丰富内涵。我们更要注意到双方在争论中表现出的对待马克思主义

---

① 参见殷叙彝编：《伯恩施坦文选》，人民出版社2008年版，第68页。

② 参见中共中央编译局国际共运史研究室编：《德国社会民主党关于伯恩施坦问题的争论》，三联书店1981年版，第39～41、72页。

③ 参见殷叙彝编：《伯恩施坦文选》，人民出版社2008年版，第306～314页。

④ 参见中共中央编译局国际共运史研究室编：《德国社会民主党关于伯恩施坦问题的争论》，三联书店1981版，第37～38页。

⑤ 参见李宗禹编：《卢森堡文选》，人民出版社2012年版，第2、9页。

⑥ 李宗禹编：《卢森堡文选》，人民出版社2012年版，第30～31页。

理论的不同态度。伯恩施坦认为，马克思和恩格斯对于实际情况的变化和关于实际情况的更为正确的认识对他们理论的表述方式和应用的影响，仅限于略提一下，或只是对个别新论点作了肯定，但即使就后一点而言，他们也是有矛盾的。他们把重新使理论获得统一性和重建理论与实践的统一性的任务留给了后继者。但后继者只有对理论的缺陷和矛盾进行无情的清算，才能完成任务，"马克思主义理论的向前发展和改进必须从对它的批判开始"。伯恩施坦指出，他当时面临的情况却是"人们可以根据马克思和恩格斯证明一切"，这对于辩护者和舞文弄墨的人固然是很方便，但对于那些只要是还保留着一点理论感的人而言，只要社会主义的科学性还不仅仅是一件逢到节日才拿出来欣赏而平时却置之不理的观赏品，他们一旦认识到理论中的矛盾就会感到清除它们的必要性。学生的任务就在于此，而不在于永远重复导师的话。[①] 因此，伯恩施坦企图根据资本主义的即时变化来批判和"修正"马克思主义理论，并在此基础上促成德国社会民主党的策略改变。卢森堡则坚定地试图捍卫马克思主义理论，当她看到伯恩施坦的"修正主义"理论时，敏锐地注意到了这种理论所蕴含的策略主张与她所坚信的策略主张之间的差别，即社会改良与社会革命的对立。我们看到双方争论到最后依然各执一端也就不奇怪了。

历史表明，信用并没有使资本主义获得像伯恩施坦所认为的那种适应能力，1929～1933 年的大萧条就是最明显的例子。在资本主义内部通过和平渐进的改良走向社会主义的策略也过于乐观。资本主义的发展只是以各种方式为社会主义准备了经济前提，要使社会主义成为现实，必须像卢森堡指出的那样，由党带领无产阶级和广大群众去夺取政权，对资本主义实行改造。但是，在认识到信用在资本主义社会中的有限作用的同时，也应注意它给资本主义带来的新变化和新特点。马克思早就指出，随着信用的发展，银行将会在资本主义中占据重要的支配地位。"那种以国家银行为中心，并且有大量的货币贷放者和高利贷者围绕在国家银行周围的信用制度"，就是一个巨大的资本集中手段，它给予银行家"一种神话般的权力"，使他们不仅能周期地消灭一部分产业资本家，还能用一种非常危险的办法来干涉现实生产。[②] 在信用制度基础上成长起来的金融资本，加速了资本主义生产集中的趋势，使资本主义进入垄断和帝国主义阶段。在这一阶段，资本主义呈现出金融资本与产业资本结合、国家权力与金融资本结合、国家对经济的干预越发明显、资本的民族性更加突出、国家作为总资本家积极参与世界市场竞争等特点。

我们不能像伯恩施坦那样，看到马克思主义理论与现实经验有不符的地方，就鲁莽地去否定它的根本方法；我们也不能像卢森堡那样，仅从马克思主义理论的一些抽象原理出发去反驳对手的批评，而不去注意现实的新发展。短视的经验主义和僵化的教条主义都无法把握现实。在观察资本主义的发展趋势时，应多注意其复杂性和多变性，慎言"适应"或"崩溃"。

---

① 参见殷叙彝编：《伯恩施坦文选》，人民出版社 2008 年版，第 155～156 页。

② 参见《马克思恩格斯文集》第 7 卷，人民出版社 2009 年版，第 618 页。

青年黑格尔派与马克思主义哲学的诞生

严哲文
（复旦大学马克思主义学院博士研究生）

一、被称作是“马克思主义发展史上的空白”的青年黑格尔派

青年黑格尔派是19世纪德国哲学界的一个思想流派，是从黑格尔学派中分裂出来的派别。黑格尔哲学曾经盛极一时，“在世间人当中，仍然有很多人清楚地记得还有那样一个时期：那时候，所有的知识学术都在黑格尔精妙智慧的餐桌上得到滋养；在那时候其他所有的学科还都在为哲学服务，为了使自己从绝对者的领域的最高监督和辩证法无所不能的威力中为自己谋得一些利益；在那个时候，任何一个人，如果他不信奉黑格尔，那么他就一定是一个野蛮人，一个愚人，也是一个落后的鄙陋的经验主义者；在那个时期人们认同的是，由于黑格尔对国家论证的必然性和合理性，人们才有国家本身安全和稳固的根基的安心；在那个时期因为这些原因，如果有人对黑格尔学说持怀疑态度，在当时的普鲁士文化教育机构看来，就是一种罪过”[①]。黑格尔本人得到了统治阶级的赞扬，黑格尔的哲学被推崇为国家哲学，因为黑格尔对当时的社会存在持一种“凡是存在的都是合理和必然”的无为态度。在这个条件下，反动的普鲁士封建专制统治和禁锢人们思想的基督教也是合理的和必然的，所以黑格尔哲学在当时才拥有如此强大的社会影响力。就连马克思本人也不例外，年轻的马克思着迷于黑格尔宏大而精妙的辩证法。黑格尔哲学体系中存在着丰富的辩证法思想，而这些辩证法思想对普鲁士封建统治阶级却有着十分不利的影响，这也为后来黑格尔派的分化和青年黑格尔学派的产生埋下种子。1831年，黑格尔去世。不久以后，因为他的哲学体系和方法论中内在的冲突、普鲁士政治势力外在的发展和斗争的激化，黑格尔学派走向了分裂。

黑格尔派分化为左、中、右三派，但是主要的分支还是左派（青年黑格尔派）和右派（老年黑格尔派）。左派具有激进的民主思想，立足宗教批判，用黑格尔的辩证法精神批判封建制度；右派在政治上更保守，主张维护普鲁士封建宗教政府的统治，在思想上

① 丰子义：《历史唯物主义与马克思主义哲学主题》，载《中国社会科学》2012年第3期。

故步自封，极力维护黑格尔绝对真理。因为青年黑格尔派的学者们大都比较年轻，所以老年黑格尔派用轻蔑的语气称他们的对手为“青年黑格尔派”。中派的立场则居于左派和右派之间，他们既依靠黑格尔体系，又希望在保全原有体系的基础上进行填补。不过这个“中派”，在目前的著作文献中还很少被专门讨论到。

老年黑格尔派与青年黑格尔派用完全不同的方式继承了黑格尔璀璨的思想遗产。黑格尔有一句被广泛引用的名言：“凡是存在的都是合理和必然。”对此，老年黑格尔派倾向于将之解释为“任何现存的事物都是合乎理性的、被认可的，因为它们确实存在”，所以现存的政治制度都是发生在一个历史过程之中，都是必然且合乎理性的；而青年黑格尔派更愿意将之解读为“真正合乎理性的存在才是‘现实的’，才应该被认可。现实中仍然有很多不合乎理性的存在，它们也终将被合乎理性的存在所代替”①。所以青年黑格尔派认为，历史和理性赋予人质疑、批判和改造现存世界中不合理性的部分的使命。老年黑格尔派对黑格尔思想的解读决定了他们保守和消极的态度，青年黑格尔派对黑格尔思想的解读则决定了怀疑、批判和革命将成为他们的标签。

正是因为老年黑格尔派和青年黑格尔派在核心思想上的迥然相异，决定了两派对待宗教的看法也完全不同。老年黑格尔派认为上帝代表绝对精神，是人类理性的表达方式，所以宗教是合理的、不容怀疑的存在，“他们希望保持黑格尔调和哲学和宗教的思想，而且只限于解释这种调和所包含的内容”②。而青年黑格尔派则以宗教的批判为切入点，他们认为，宗教对理性的表达存在于表象，表象不能表达最高形式的理性，因为在黑格尔的辩证法中，理性的普遍性与具体的表象性是矛盾的。

1835 年，施特劳斯出版的《耶稣传》第 1 卷打破了老年黑格尔派的宁静，也引领了青年黑格尔运动。这是第一部超出正统黑格尔学说的著作，它不以神学为出发点，而是以黑格尔的理性观念为出发点。施特劳斯是打破黑格尔体系第一个缺口的人。《耶稣传》最直接的影响是引发了黑格尔学派的解体，催生出青年黑格尔派的批判运动。经过青年黑格尔派分子施特劳斯等人的论战，展现在马克思面前的“现实的人”的问题不再囿于宗教范畴，而是在关于国家、社会以至于历史的维度上展开。

19 世纪 30 年代初，施特劳斯对耶稣传说的神圣性产生了极大的怀疑，正是他当时心中种下的怀疑种子使得《耶稣传》问世，在后来的德国文化界掀起轩然大波。他开始尝试用另外一个视角通过自然律重新审视福音故事，指出了其中的逻辑矛盾。他认为，《圣经》中的耶稣与耶稣其人并不能等同起来，耶稣确有其人，也确实伟大，但是耶稣只是出生于拿撒勒并创立基督教的历史人物，并不是神化了的救世主耶稣基督。“普通人”耶稣之所以被戴上神圣的光环，只是源于当时的人们自身深陷困苦，又缺乏掌握命运的能力，在苦难的生活里难以自拔，所以在精神上诉诸至高无上的神。简单来说，无数福音故事和传说无法证明耶稣的神圣性，耶稣只是宗教团体的集体杜撰。

---

① ［英］麦克莱伦：《马克思思想导论》，郑一明等译，中国人民大学出版社 2008 年版，第 13 页。

② ［英］麦克莱伦：《马克思思想导论》，郑一明等译，中国人民大学出版社 2008 年版，第 14 页。

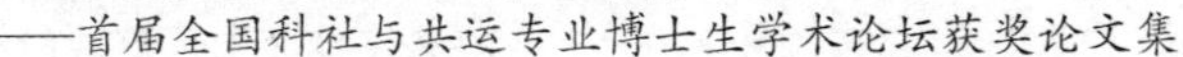

《耶稣传》的出版在当时的德国起到了振聋发聩的作用。如果真如施特劳斯的研究结果所表明的那样，那么对于基督教而言，作为至高无上的神化的耶稣便失去了客观真实性，宗教的根基将不复存在，它的信仰也失去了历史依据。因为建立在基督教基础上的德意志封建君主政体同神圣的耶稣基督本身就是绝对精神在政治和宗教上的体现，所以基督教失去根基的同时，普鲁士的封建神权统治也失去了神学基础，在根本上遭到了挑战。这正是施特劳斯希望达到的目的，使人们的精神摆脱封建宗教的控制，接受真正的教育，推动政治的进步。《耶稣传》的发表，使施特劳斯成为青年黑格尔派当时的领军人物，这也从客观上引领了青年黑格尔运动。

面对施特劳斯如此激烈的宗教批判，当时还没有转向青年黑格尔派的布鲁诺·鲍威尔站在老年黑格尔派的立场上对他进行了回击。鲍威尔不认同施特劳斯的观点，即福音书中的神话故事和耶稣基督来源于所谓的“宗教团体”，他认为，如果赞同施特劳斯的说法，那么社会历史将会陷入盲目力量的支配。代表个体的“自我意识”才使《圣经》中的内容生动，赋予神学以生气。福音故事也是个体的人的创作，而创作这些故事的人，很显然地带有宗教目的，不可避免地受当时社会和历史条件的影响。鲍威尔通过研究基督教发展的历史，探究基督教庞大精妙的体系中无数个思想表象的历史和时代背景，考察它们被人认同乃至成为世界的普遍信仰的过程。鲍威尔不像施特劳斯那样钟情于黑格尔实体的概念，而是在黑格尔主体的概念上做文章，提出了“自我意识”的概念。他认为人类历史的产生和发展都源于人的自我意识，历史的发展来源于人对于外在世界的不断否定。在此基础上，他认为施特劳斯所说的人在历史发展中处于被动的地位，否认了人的自由，藐视了人的尊严。

即便鲍威尔对施特劳斯进行了无情的批判，他却实际上参与到了施特劳斯的宗教批判运动中来。虽然鲍威尔在进行宗教批判的过程中一直秉持着黑格尔和老年黑格尔派的精神，但是随着他自己研究的进行，他也不自觉地进行了比施特劳斯更彻底的宗教批判，他后来带有的无神论思想甚至比他所批判的施特劳斯的“泛神论”更为激进。在鲍威尔看来，自我意识是有生气的，不断变化和不断运动的，他甚至把自我意识作为世界和历史的唯一力量和存在意义。这种具有生气的、运动的、变化的、创造的自我意识的具体表现就是批判。在这种纯粹批判下，自由人的自我意识不容许任何事物成为绝对真实和绝对正确的，事物一旦被肯定，就不是真实的了，想获得肯定的真理，只有投身宗教。所以鲍威尔完全把宗教与自由人对立起来，认为宗教控制下的人是异化了的人，神学等同于非人。鲍威尔认为，在他主张的纯粹批判揭穿人们对宗教的幻想后，原本异化的宗教意识和宗教本身就变成了自我意识和“无神论”。这也是鲍威尔希望达到的目的。后来因为无神论中包含着已经被否定的对象，无神论的概念甚至也被鲍威尔抛弃了。当批判的对象不能仅限于某一对象而变化为“无对象”时，这种抽象的批判就成了真正意义的纯粹批判。如此纯粹的批判也无法避免地使鲍威尔落得了与费尔巴哈类似的命运：1842 年，他被赶出大学讲坛，此后再也与大学无缘，青年黑格尔派也因此失去了在大学任教的可能性。

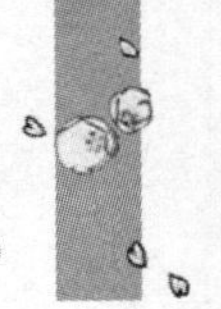

不同于青年黑格尔派其他几位哲学家，费尔巴哈哲学的出发点具有很强的革命性，他反对黑格尔的教条，把颠覆黑格尔哲学作为自己的任务。他重新定义了哲学的任务：实现哲学研究范式的根本转换。这是因为他认为黑格尔哲学存在着一个根本性的错误，那就是颠倒了主客观词语的位置。以这样的研究思路，费尔巴哈提出了同黑格尔哲学针锋相对的观点，他主张自然是一切存在的基础，绝对精神不能成为客观自然的基础，自我意识不能成为人存在的实质。他认为，人的精神来源于自然，哲学的研究要从自然出发，人的本质是感性的爱，人把爱奉献和投入给了本来不存在的神或者宗教，人的本质就发生了异化。而人摆脱异化的方式就是把对宗教的爱重新转到对自身的爱。毫无疑问，费尔巴哈思想中存在着唯物论的成分，这也在后来深刻影响了马克思，但是他对人的本质的认识陷入了唯心史观。对于费尔巴哈"人的本质是感性的爱"的主张，施蒂纳反问：既然人的本质是爱，那么人是不是没有个性可言？施蒂纳认为，个体的存在应当是不受任何限制的，由于共相的存在也是对个体的一种限制，所以施蒂纳否认共相的存在，认为任何个体之外的东西都相对于个体存在，都是个体的所有物。施蒂纳认为，宗教、政府等任何形式的组织和权威都是建立在个体让渡自由的基础上，要想获得绝对的自由，就需要拒绝让渡自己的自由，政府的形式也应当是没有契约的一种理想状态下的松散的个体组织。他的无政府主义在后来影响到一批学者并在诸多历史事件上落下注脚，在马克思主义发展史上产生了深远的影响。

与其他青年黑格尔派的哲学家不同，赫斯把研究的重点放在政治学和经济学，而并没有过多钻研宗教问题。赫斯研究资本主义的政治经济学，他看到在资本主义社会中工人阶级被残酷剥削，社会缺乏公平正义，人缺乏自由和尊严，而这一切的根源是私有财产。他认为资本主义不过是人类历史发展中的一个阶段，是私有制经济在政治上的产物，它终将被更加公平、富裕和有尊严的社会代替。由此可见，赫斯已经开创性地提出了简单的共产主义思想，这也在后来对马克思产生了深刻的影响。但是赫斯认为货币是罪恶之源，主张取消货币，这也反映了他的思想存在一定的空想性。

有国内学者认为："青年黑格尔派是马克思思想发展不可忽视的理论盟友和对手。从现实来看，马克思和青年黑格尔分子之间也曾一度保持着密切联系，甚至成为青年黑格尔派的积极分子和核心成员。在德国古典哲学中，青年黑格尔派的地位和影响也许并不显著，但是它对青年马克思的影响却是直接的、重要的，甚至我们可以说，马克思与康德和黑格尔之间的哲学联系是通过青年黑格尔派来实现的，如果没有青年黑格尔派，康德和黑格尔的哲学能够在多大程度上影响马克思是值得怀疑的。正是在这一意义上，英国著名的马克思研究专家戴维·麦克莱伦认为'青年黑格尔派的主要任务的思想本身就是重要的'，而且对青年黑格尔派的研究，必然会'弥补人们愈益深切地感到的思想史上的一段空白'。"[①]于是我阅读了一些关于马克思早期生平的资料，留意了他与青年黑格尔派的来往，感觉到青年黑格尔派是一个与我们的大学学术交流社

① 王贵贤、田毅松：《〈1844年经济学哲学手稿〉导读》，中国民主法制出版社2012年版，第12～13页。

团类似的群体，他们影响了马克思，把马克思带入哲学研究中，最后却又被马克思狠狠地抛弃和批判。虽然如此，青年黑格尔派却又因为与马克思挥之不去的关系而被载入史册，并被大众了解、学习和研究，而非像其他普通学术团体一样消失在历史长河中。我突然感觉这个青年黑格尔派退去了原本高高在上的哲学外衣，而成了一个容易了解和研究的学术团体。于是，我便打算用这篇文章整合并讨论一下关于青年黑格尔派的看法。这既切合“马克思时期的非马克思主义”的话题，也符合我希望把马克思的发展还原成一个普通人的成长的想法，更可以对这个被称作是“马克思主义发展史上的空白”①的青年黑格尔派研究做一点贡献。

二、青年黑格尔派对马克思哲学思想发展的影响

根据顾海良的《马克思主义发展史》记载，马克思在 1836 年从波恩大学转到柏林大学学习，柏林大学是当时黑格尔思想的中心。马克思当时虽然仍是法学专业，但却对哲学和历史更感兴趣。1837 年，他在阅读了黑格尔的著作后，被黑格尔哲学所吸引。在这一年，他“参加了由青年黑格尔派组成的‘博士俱乐部’，专门讨论黑格尔哲学，并很快享有很高的威望，得到了青年黑格尔派主要成员的推崇”②。张一兵主编的《马克思哲学的历史原像》则更详细地记载道：“马克思最初接触博士俱乐部很可能是出于文学的原因，因为俱乐部里的人们热烈讨论的除了黑格尔哲学之外，也包括文学作品，而青年马克思与俱乐部核心人物鲍威尔的接近原本而是为了实现艺术抱负。青年马克思加入博士俱乐部时，青年黑格尔派正着手对黑格尔哲学进行革命化改造，其主要方式就是创立自我意识哲学，这就‘破坏了黑格尔所主张的所谓与存在的同一性，回到了费希特哲学上去，使精神活动具有了独断的性质’，而这种理论上的后退对正在转向黑格尔哲学的马克思来说，倒是一个非常好的入口。”③

《马克思哲学的历史原像》一书还记载：“大约在 1836 年圣诞节，即订婚两个月之后，马克思萌生了争取在大学执教的念头，最初他希望成为一个文学教授，但在成长为黑格尔主义者后，青年马克思便决定献身哲学。”④鲍威尔曾给马克思写信说：“如果你献身于实践的官场生涯，那是毫无意义的。现在理论是最好的实践，并且我们还根本不能预言，理论在多大意义上将成为实践的。”⑤不过麦克莱伦的《马克思思想导论》关于这一点的记载是这样的：“尽管马克思曾有过从事法律工作的想法，但是他受到柏林大学一群激进知识分子的影响，转而想选择大学教职。他希望通过布鲁诺·鲍威尔的关系在波恩找一个工作……为了自己的学术生涯，马克思开始写作枯燥的博士论文，

① 王贵贤、田毅松：《〈1844 年经济学哲学手稿〉导读》，中国民主法制出版社 2012 年版，第 13 页。
② 顾海良：《马克思主义发展史》，中国人民大学出版社 2009 年版，第 35 页。
③ 张一兵：《马克思哲学的历史原像》，人民出版社 2009 年版，第 80～81 页。
④ 张一兵：《马克思哲学的历史原像》，人民出版社 2009 年版，第 81 页。
⑤ 张一兵：《马克思哲学的历史原像》，人民出版社 2009 年版，第 95 页。

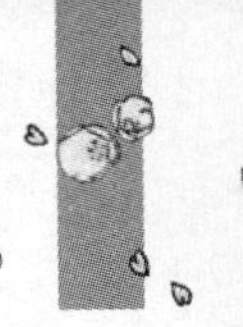

讨论'德谟克利特和伊壁鸠鲁自然哲学的区别'。"[①]不过可以肯定的是,在马克思通往哲学殿堂的路上,青年黑格尔派对马克思的影响是很大的。《〈1844 年经济学哲学手稿〉导读》一书中也说:"正是在布·鲍威尔的鼓励下,马克思开始确定他的哲学博士论文题目并开始了写作。"[②]

年轻的马克思在"博士俱乐部"中获得了很高的赞誉。"布鲁诺·鲍威尔称他和马克思在博士俱乐部的学术生活'充满精神上的乐趣'。科本则称马克思是'一座思想的仓库、制造厂,或者按照柏林的说法,思想的牛耳',是自己和鲍威尔的思想源泉。"[③]麦克莱伦的《马克思思想导论》中也详细摘录了青年黑格尔派的赫斯在写给朋友的信中的一段话:"马克思博士是世上最伟大的(或许是唯一的)天才哲学家,他很快就会吸引所有德国人的眼光,他将给中世纪宗教和政治学以致命的一击。他将最深刻的哲学严肃性与最敏锐的智慧结合起来。假如将卢梭、伏尔泰、霍尔巴赫、莱辛、海涅和黑格尔融为一个人——我是说融合而不是并列——你才会得到马克思博士。"[④]当时年纪轻轻的马克思能得到如此高的赞誉,这说明了他哲学功底的深厚和哲学思想的深刻。

张一兵则根据麦克莱伦的讨论,认为那时马克思的思想并不完全属于黑格尔唯心主义。他说:"从字面上看……马克思在博士论文中流露出来的关于哲学的世界化、实践等思想确实都是鲍威尔曾经说过的,但并不能由此就得出结论,认为马克思此时完全是依附于鲍威尔的,因为哲学应当走向现实、改造世界决不是马克思在《关于费尔巴哈的提纲》阶段才开始具有的信念,它可以说是马克思从中学时代就已经萌生的理论冲动,只不过是到了博士论文中,马克思才在冯·切什考夫斯基等其他青年黑格尔派的启示下,将它具体呈现出来罢了。换言之,就像麦克莱伦后来在其著作中含蓄地承认的那样,科尔纽说的并没有错,在看似与鲍威尔雷同的表述中马克思已经隐讳地传达出了对鲍威尔自我意识哲学的某种批评,这种内在的差异性正是马克思在大学毕业之后很快就与鲍威尔疏远乃至决裂、进而从哲学转向政治斗争的根由所在。"[⑤]不过,这段话里,张一兵没有解释清楚鲍威尔的哲学思想是否完全属于黑格尔唯心主义,也没有解释清楚马克思与鲍威尔的"这种内在的差异性"的具体由来,而只是为了表明"鲍威尔无疑是大学时代对马克思思想影响最大的一个人"。

关于马克思在写作博士论文期间与青年黑格尔派思想的具体关系,张一兵则在书中的另一章节中有所讨论。他认为,马克思的博士论文虽然"主要是自己的自我意识哲学的一种表达和实现方式",但其中有着与鲍威尔等人在哲学本体论上的一些差别,并且可以发现"青年马克思日后中经费尔巴哈走向唯物主义的最初理论线索"[⑥]。《马

① [英]麦克莱伦:《马克思思想导论》,郑一明等译,中国人民大学出版社 2008 年版,第 4 页。

② 王贵贤、田毅松:《〈1844 年经济学哲学手稿〉导读》,中国民主法制出版社 2012 年版,第 5 页。

③ 顾海良:《马克思主义发展史》,中国人民大学出版社 2009 年版,第 35 页。

④ 麦克莱伦:《马克思思想导论》,中国人民大学出版社 2008 年版,第 5 页。

⑤ 张一兵:《马克思哲学的历史原像》,人民出版社 2009 年版,第 95 页。

⑥ 张一兵:《马克思哲学的历史原像》,人民出版社 2009 年版,第 88～89 页。

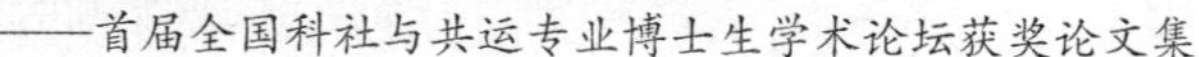

克思主义发展史》书中的一段话表述得更加明确："马克思博士论文的思想在总体上属于青年黑格尔派的观点，但在有些问题上又超出了青年黑格尔派的视域。从政治观点看，马克思博士论文具有鲜明的民主主义的政治立场，而当时的青年黑格尔派坚持的还是资产阶级自由主义的立场。自由主义和民主主义都是资产阶级的政治思想和意识形态，但二者有一定的区别。……在哲学上，马克思对思维存在（哲学与现实）关系的理解，也超出了青年黑格尔派。青年黑格尔派为了抬高自我意识的地位和论证自由，从黑格尔关于精神与现实相互作用的思想退回到费希特的自我意识与现实的对立。马克思坚持黑格尔的辩证法，强调思维与存在、哲学与现实的相互作用，鲜明地提出'世界哲学化'和'哲学世界化'的任务。马克思强调，哲学要使自己的内在之光转化为向外面燃烧的火焰，使世界哲学化；在这同时，世界也改造哲学，使哲学世界化。"①

三、马克思对青年黑格尔派的批判继承与马克思主义的诞生

根据前述分析可以看出，马克思在撰写博士论文的过程中就已经显示了超越于青年黑格尔派尤其是鲍威尔之上的特质。这点注定了他最后与青年黑格尔派的分道扬镳。马克思原本是希望在拿到博士学位后，通过鲍威尔的帮助谋得一个大学的讲师职位。但是在"1842年3月，鲍威尔由于宣传无神论和自由主义的反对派言论而被国王主持的最高法庭裁定撤职，青年黑格尔派也因此失去了在大学任教的可能性。这促使马克思重新践行自己的理念，投身实践生涯、谋求世界的哲学化，于是《莱茵报》被他历史地选定为实现理想的舞台"②。据麦克莱伦在《马克思思想导论》中的解释，马克思在朋友的推荐下给刚创办的《莱茵报》写稿谋生，并在不久之后成为该报的正式编辑。这里还有个细节，麦克莱伦说《莱茵报》的创办者是第一个德国共产主义者赫斯③，《马克思主义发展史》中则把赫斯列为青年黑格尔派的代表人物。

这里就涉及对"青年黑格尔派"的定义，麦克莱伦写的《青年黑格尔派与马克思》可以让我们了解这个问题。黑格尔逝世以后，他的弟子们逐渐在"灵魂不死"和"上帝的个性"这两个问题上发生了分歧，从而形成了青年黑格尔派与老年黑格尔派。"老年黑格尔派企图在柏林神学教授和正统的路德派首领亨格斯坦堡的原教旨主义和施特劳斯及其追随者们否定一切的激进主义之间采取中道。他们希望保持黑格尔调和哲学和宗教的思想，而且只限于解释这种调和所包含的内容。在哲学上，因为他们相信黑格尔的体系是最后的一个体系，所以他们的主要工作是写作哲学史。在政治上，他们坚持'现实的就是合理的'命题，而且一直采取回避的态度……这是一种纯粹无为主义的态度。"④费尔巴哈的匿名著作《论死与不朽的思想》和施特劳斯的《耶稣传》公开阐

① 顾海良：《马克思主义发展史》，中国人民大学出版社2009年版，第36～37页。

② 张一兵：《马克思哲学的历史原像》，人民出版社2009年版，第97页。

③ 参见[英]麦克莱伦：《马克思思想导论》，郑一明等译，中国人民大学出版社2008年版，第4页。

④ [英]麦克莱伦：《马克思思想导论》，郑一明等译，中国人民大学出版社2008年版，第7页。

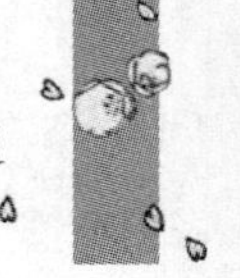

述了青年黑格尔派不同于老年黑格尔派的激进主义哲学。“他们相信理性是一个不断发展的过程，而且把提倡理性作为他们的任务。他们否认任何超自然启示的可能性，从而使黑格尔关于宗教为哲学的先导的概念更加激进化了。”①在麦克莱伦的《青年黑格尔派与马克思》中，他把鲍威尔、切什考夫斯基、费尔巴哈、施蒂纳、赫斯、卢格、马克思和恩格斯都算作青年黑格尔派的成员，并把布鲁诺·鲍威尔、费尔巴哈、施蒂纳、赫斯视作其中的代表人物加以重点介绍。因此，创办《哈雷年鉴》《莱茵报》《德法年鉴》也都是青年黑格尔派运动的一部分。青年黑格尔派后来甚至还成为德国的第一个政党。他们的激进行为，使鲍威尔后来被撤职的事件更容易被理解。

顾海良的《马克思主义发展史》这样写道：“《莱茵报》时期，马克思思想的发展使他与以布·鲍威尔为首的青年黑格尔派分道扬镳。”②这样的判断或许会让人产生误解。麦克莱伦在《青年黑格尔派与马克思》中就说：“鲍威尔被解除波恩的教席，马克思同《莱茵报》合作，并随即担任了该报的主编，此后马克思同鲍威尔的关系就疏远了。但是如果说他们两人在这时就决裂了，那是错误的。不错，马克思同柏林一群自称‘自由人’的小集团决裂了，但是如果认为这也就是同鲍威尔决裂了，那是误解了鲍威尔同柏林小集团的关系。”“鲍威尔并非柏林小集团的成员，这个小集团成立之际，他还在波恩，实际上，马克思曾希望鲍威尔能够限制一下这些‘自由人’，而远远没有认为鲍威尔同他们的立场是一致的。”③不过，尽管马克思并非因为“自由人”而开始批判鲍威尔，但他俩也在这个时候开始分裂的。1842 年 12 月，马克思中断了与鲍威尔的通信联系。1843 年，马克思开始“以公开的态度反对鲍威尔学说中的某些观点”④。自此之后，马克思先与鲍威尔发生分裂，再逐渐地甚至是逐一地批判了青年黑格尔派的其他成员。马克思与青年黑格尔派的“蜜月期”从此结束。

不过马克思的这种转变并不是孤独的，恩格斯也是从这时开始了“从唯心主义到唯物主义、从革命民主主义到共产主义的思想转变”⑤。不到一年之后，马克思和恩格斯开始产生了终其一生的紧密合作。但是，关于马克思、恩格斯为何会在这个时期各自转向唯物主义、共产主义和科学社会主义，却是上面这些书中都没有具体论及的。我觉得在研究青年黑格尔派与马克思主义的关系时，应该重视这个问题。马克思在与青年黑格尔派的卢格共同创办《德法年鉴》时曾表达过“要对现存的一切进行无情的批判”⑥的主张，但是恩格斯却是他从未批判过的一个同时代哲学家，甚至可能是唯一一个。我们在曾经的学习中，常常把马克思和恩格斯不加区分地对待，而我觉得既然是两个人，就应该区分看待，不同的人之间肯定会有不同的思想观点。我们在学习马克

① [英]麦克莱伦:《青年黑格尔派与马克思》，夏威仪等译，商务印书馆 1982 年版，第 9 页。
② 顾海良:《马克思主义发展史》，中国人民大学出版社 2009 年版，第 41 页。
③ [英]麦克莱伦:《青年黑格尔派与马克思》，夏威仪等译，商务印书馆 1982 年版，第 75～76 页。
④ [英]麦克莱伦:《青年黑格尔派与马克思》，夏威仪等译，商务印书馆 1982 年版，第 77 页。
⑤ 顾海良:《马克思主义发展史》，中国人民大学出版社 2009 年版，第 41 页。
⑥ [英]麦克莱伦:《马克思思想导论》，郑一明等译，中国人民大学出版社 2008 年版，第 20 页。

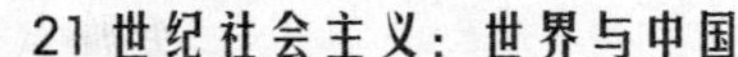

思主义时，不应该只了解和研究马克思一人，而应该把恩格斯尽量从马克思的身影之下剥离开来，把马克思和恩格斯对马克思主义的不同贡献分析清楚。

1843 年，马克思开始撰写《黑格尔法哲学批判》，并完成了《论犹太人问题》和《〈黑格尔法哲学批判〉导言》两篇文章。这两篇文章后来发表在《德法年鉴》上。马克思的这两篇文章可以看作是他与鲍威尔公开分裂的标志。《论犹太人问题》是对鲍威尔 1843 年刚出版的《犹太人问题》和《现代犹太人和基督徒获得自由的能力》的批判。不过按照麦克莱伦的看法，马克思的文章并非是为了激烈批判鲍威尔，相反，“他对鲍威尔的论文大部分是赞同的”①。马克思只是借着这种讨论，“批判了自己的唯心主义政治思想”②，同时也“通过对犹太人解放问题的研究，探讨了政治解放和人类解放的关系，从而提出了社会主义革命的问题”③。而在另一篇《〈黑格尔法哲学批判〉导言》中，马克思则“对如何实现人类解放和由什么社会力量来实现人类解放问题作了探讨，第一次明确阐述了无产阶级担负着实现人类解放的伟大历史使命的思想。这是马克思思想完全转到共产主义的重要标志”④。麦克莱伦在叙述马克思这一时期的思想和行动时，所用的词语比国内学者常用的“批判”一词要温和得多。他说马克思是在“评论”鲍威尔论犹太人问题的著作，是在“讨论”鲍威尔的思想观点，并且是在“分析”了鲍威尔的观点之后“宣布”和“宣传”自己的主张。⑤ 我认为，马克思对待鲍威尔思想的态度，可以用后来马克思主义的话来说，就是“扬弃”，是一种既批判又继承，批判性的继承和超越。

马克思的《1844 年经济学哲学手稿》则标志着他对青年黑格尔派的思想进一步扬弃，更是对黑格尔唯心主义哲学的扬弃。“马克思认为，青年黑格尔派在对当时社会进行批判的时候，既没有认识到黑格尔的辩证法实质，因而也就没有摆脱黑格尔逻辑学的束缚，与黑格尔辩证法划清界限，也没有对自身采取一种批判的态度，真正形成自己的观点，更没有与群众现实的运动结合起来，他们所做的仅仅是‘纯粹的、坚决的、绝对的、洞察一切的批判’而已。”⑥但是，我觉得并不能就此认为，此时马克思与青年黑格尔派的关系已经是“一种负面的、否定性的关系”了。因为费尔巴哈的唯物主义对写作《1844 年经济学哲学手稿》时的马克思影响很大，而费尔巴哈也是青年黑格尔派的重要成员。麦克莱伦也认为，“事实表明，1843～1845 年期间费尔巴哈对马克思产生过非常强烈的影响，这主要是《纲要》和《原理》给他的影响”⑦。在《1844 年经济学哲学手稿》的结尾部分，马克思就很直接地引述过费尔巴哈著作中的话。

同样是在 1844 年，马克思和恩格斯开始了密切合作。《神圣家族》就是他们合作

---

① ［英］麦克莱伦：《青年黑格尔派与马克思》，夏威仪等译，商务印书馆 1982 年版，第 78 页。
② ［英］麦克莱伦：《马克思思想导论》，郑一明等译，中国人民大学出版社 2008 年版，第 20 页。
③ 顾海良：《马克思主义发展史》，中国人民大学出版社 2009 年版，第 43 页。
④ 顾海良：《马克思主义发展史》，中国人民大学出版社 2009 年版，第 44 页。
⑤ 参见麦［英］克莱伦：《马克思思想导论》，郑一明等译，中国人民大学出版社 2008 年版，第 21～23 页。
⑥ 王贵贤、田毅松：《〈1844 年经济学哲学手稿〉导读》，中国民主法制出版社 2012 年版，第 12 页。
⑦ ［英］麦克莱伦：《青年黑格尔派与马克思》，夏威仪等译，商务印书馆 1982 年版，第 105 页。

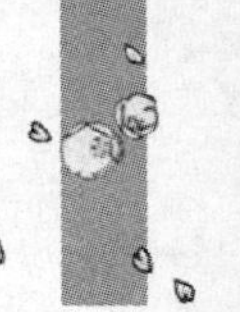

完成的第一部著作。据顾海良的概括,《神圣家族》一书“批判了青年黑格尔派把现实问题归结为观念问题的主观唯心主义,揭露了一切思辨哲学的认识论根源,唯物辩证地解决了思维与存在的关系问题”;“批判了青年黑格尔派的唯心主义历史观,提出了物质生产是社会历史的基础和决定力量的观点”;“批判青年黑格尔派的英雄史观,提出了人民群众在历史中的决定作用和随着历史的发展这一作用将不断扩大的原理”①。不过麦克莱伦的看法似乎并不与此完全相同,他只说马克思和恩格斯在《神圣家族》中通过赞扬普鲁东来反对鲍威尔的一些观点,而对费尔巴哈还是崇拜的。

值得注意的是,其他一些与马克思主义哲学发展相关的著作,却很少提及青年黑格尔派在马克思主义诞生过程中的作用。比如在《如何改变世界:马克思和马克思主义的传奇》一书中,霍布斯鲍姆在有关马克思和恩格斯的章节只是偶尔提及费尔巴哈、赫斯等人,却似乎并不把青年黑格尔派看作一个整体,也并不曾提及鲍威尔等人。或许霍布斯鲍姆对青年黑格尔派持有着与麦克莱伦等人不同的看法。这是我们今后还可以进一步研究的内容。

不过在 1845 年,“马克思对自己的‘费尔巴哈崇拜’进行了严格的审查”②。马克思在《关于费尔巴哈的提纲》中,批判了费尔巴哈唯物主义的缺陷,也“拒斥费尔巴哈对宗教的‘静态’态度”③。而在随后几个月里完成的《德意志意识形态》,则是一部完全地“反对费尔巴哈、鲍威尔和施蒂纳”的著作。在这里,顾海良的看法与麦克莱伦基本一致,他说:“《德意志意识形态》主要是在批判黑格尔哲学解体以后德国唯心主义哲学和‘真正的社会主义’的思潮过程中阐述历史唯物主义的基本原理,包括对施蒂纳的极端利己主义和无政府主义的批判,对德国‘真正的社会主义’的批判,对费尔巴哈人本主义的批判和对唯物史观基本原理的全面制定等四个方面内容。”④至此,马克思的唯物史观得以确立,马克思主义哲学也得以诞生。

可以说,马克思主义哲学是在青年黑格尔派的帮助下萌芽的,也是在对青年黑格尔派的不断批判中成长起来的。马克思 1847 年出版的《哲学的贫困》在“批判普鲁东经济学的唯心主义和形而上学哲学基础的过程中”,已经开始自觉地运用马克思主义哲学了,并“阐述了马克思主义的一些重要原理,包括唯物史观、唯物辩证法以及科学社会主义,特别是在政治经济学方面获得了重要进展”⑤。也是从《哲学的贫困》开始,马克思不再批判青年黑格尔派学派了,或者说他的思想水平已经不屑于批判青年黑格尔派了。在次年的 2 月,《共产党宣言》问世,这标志着马克思主义哲学的真正诞生。

---

① 顾海良:《马克思主义发展史》,中国人民大学出版社 2009 年版,第 53～54 页。

② [英]麦克莱伦:《马克思思想导论》,郑一明等译,中国人民大学出版社 2008 年版,第 35 页。

③ [英]麦克莱伦:《马克思思想导论》,郑一明等译,中国人民大学出版社 2008 年版,第 36 页。

④ 顾海良:《马克思主义发展史》,中国人民大学出版社 2009 年版,第 57 页。

⑤ 顾海良:《马克思主义发展史》,中国人民大学出版社 2009 年版,第 66 页。

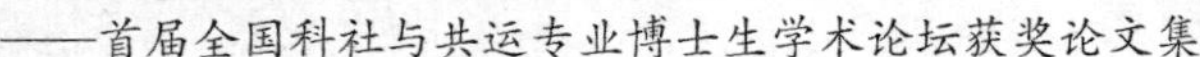

回归马克思恩格斯文本论妇女解放思想的基础、立场和路径

张憬玄
（华侨大学政治与公共管理学院博士研究生）

马克思主义阐发于马克思、恩格斯关于未来社会形态构想的全部观点和学说，孕育了苏联模式和中国特色社会主义这两大世界社会主义成果。关于妇女解放，在世界社会主义各国都摸索出了彼此既有所联系又有所区别的妇女解放路径。这些路径经过不断解读马克思主义的漫长的模式化和自我合法化过程，形成了对马克思、恩格斯妇女解放思想的遮蔽与重叙。

解放问题必然由马克思的实践观引出，而带来两种可能性："要么，只是作为不可回避的逻辑结论被简略地涉及，要么，在实践概念的辨析中直接将解放的内涵放逐了出去。"如在妇女解放的实践逻辑中存在目的和手段颠倒的现象，走向马克思、恩格斯所批判的异化；抓住"实践唯物主义"，提供了大量妇女解放的微观路径、方法，但将马克思主义教科书化的理论把马克思、恩格斯拉回他们竭力批判的旧唯物主义之中。[①]这一特点也深深地体现在了苏联模式下的妇女解放实践之中，马克思、恩格斯妇女解放思想的本意在一定程度上受到了遮蔽，而带来包括列宁主义对科学社会主义的贡献和中国共产党人对科学社会主义的发展在内的解蔽与遮蔽的双重性。

与此同时，妇女解放的实践始终处在变化和运动之中，随着社会主义国家的发展阶段的推进不断出现新的迷思。如苏联极大提高妇女地位的同时，也使妇女性别角色扭曲，应该作何评价？"文化大革命"期间妇女参政比例高达30％[②]，能否代表妇女政治地位或参政的高水平？社会主义市场经济体制下，妇女下岗比例增大，就业问题突出，又是否可以解读为妇女地位的下降和妇女解放的倒退？由于固化模式带来解蔽与遮蔽的双重性，这些疑问很难通过横向的分析得出答案。本文希望回到妇女解放的理论起点，提供一种回归系谱学原点的思考，寻找马克思、恩格斯关于妇女解放问题的答案，以为当下妇女解放存在的争论和疑问找到新的阐释空间。

---

① 参见李兵：《论马克思的人类解放的哲学主题》，吉林大学博士学位论文，2005。

② 参见黄宗良：《从苏联模式到中国特色社会主义》，载《中共党史研究》2010年第7期。

一、马克思、恩格斯妇女解放思想的理论基础

马克思、恩格斯较少以专著的形式讨论妇女问题，因此有人认为妇女解放思想是马克思主义中的“边缘”理论。[①] 但这并不意味着马克思、恩格斯妇女解放思想没有理论基础。事实上，马克思、恩格斯深知妇女解放没有理论基础的害处。“曾经有人谈论过恋爱自由、妇女地位、妇女解放”，但结果只是“说几句杂乱无章的话，捧出几个女学者，表现出一些歇斯底里，对德国人的乱伦抱怨几句——全是虎头蛇尾！”[②]可见，空谈现象而不抓住导致妇女受压迫剥削的根源和实质，是不能真正解决妇女问题的。

马克思、恩格斯并没有就妇女解放而论妇女解放，妇女解放的原则和方法体现在他们的整个学说之中。马克思、恩格斯关于政治解放、社会解放、异化劳动理论、阶级斗争理论、科学社会主义的大量论述中，都存在与妇女解放思想相关的内容。换言之，马克思、恩格斯所有关于解放的理论都是以男女平等为前提的。而关于人的解放的学说又为妇女解放提供了系统科学的方法。马克思、恩格斯以辩证唯物主义和历史唯物主义为哲学指导，经由阶级分析法为妇女解放提供了基本方法，立足政治经济学通过生产关系挖掘各个阶级在经济发展过程中的地位和作用，揭示妇女劳动在社会生产中的作用，站在科学社会主义理想上思索妇女解放的根本方向。

马克思、恩格斯的哲学要求妇女解放思想必须遵循唯物、辩证与实践相一致的原则，揭示推动社会制度以及人与人之间关系变革的根本原因，“互相斗争的社会阶级在任何时候都是生产关系和交换关系的产物，一句话，都是自己时代的经济关系的产物”[③]，因而推导出导致妇女不利处境的经济基础。

沿着经济基础出发的思路，马克思、恩格斯以唯物史观思考妇女解放的出路。从历史进程来看，阶级压迫和性别压迫几乎是同时产生的。新的生产关系和交换关系几乎是同时带来了氏族内部的阶级分化，以及性别分工的不平等和不合理。一句话，妇女并非先天就在家庭和社会中处于受压迫的、低下的地位，而是物质生产水平发展到一定阶段才出现的。《家庭、私有制和国家的起源》集中体现了这一过程。这部著作通过剖析人类发展的历史使我们看到，妇女受压迫的地位并非理所应当的，而是人类历史发展导致的阶段性现象。在没有产生阶级的原始社会虽然处于蒙昧的状态，但是“大家都是平等、自由的，包括妇女在内”，而且这是“氏族的根本原则”。在这种原则的指导下，“古代共产制家庭经济中，由妇女料理的家务……是一种公共的、为社会所必需的事业”[④]。可见在蒙昧时期，虽然存在着性别分工，但是妇女的家务劳动和男性的社会劳动发挥着同等的公共性和重要的作用，因此也具有相当的社会地位。

然而氏族社会并不长久，很快这种原始公有制及其派生出的朴素社会平等就被打

① 参见李小江：《50 年，我们走到了哪里？——中国妇女解放与发展历程回顾》，载《浙江学刊》2000 年第 1 期。

② 潘萍：《马克思主义妇女解放理论研究》，人民出版社 2014 年版，第 1 页。

③ 《马克思恩格斯选集》第 3 卷，人民出版社 2012 年版，第 401 页。

④ 参见《马克思恩格斯全集》第 21 卷，人民出版社 1965 年版，第 111、86～87、69、89、185 页。

破了。社会由蒙昧时期进入野蛮时期，氏族内出现最初的阶级分化，一部分人开始沦为另一部分人的奴隶，妇女的地位也发生了变化，“家务的料理失去了自己的公共的性质。它不再涉及社会了。它变成了一种私人的事务；妻子成为主要的家庭女仆，被排斥在社会生产之外”①。

从母权制过渡到父权制的过程中，妇女失去了生育能力曾赋予她们的先天性别优势，性别分工使妇女更趋于奴隶阶级，家庭分工使得家庭关系也发生了变化。而个体婚制则紧紧地将她们束缚在父权制的社会法则之中。一切诚如恩格斯的评价：“母权制的被推翻，乃是女性的具有世界历史意义的失败。丈夫在家中也掌握了权柄，而妻子则被贬低，被奴役，变成丈夫淫欲的奴隶，变成单纯的生孩子的工具了。”②既然妇女所受的这种不公待遇并非与生俱来，就应该将妇女从这种伴随阶级产生而出现的异化、束缚中解放出来。

马克思、恩格斯妇女解放思想具有鲜明的阶级性，其目标与科学社会主义的目标是一致的，即推翻“旧社会”，建立一切人自由发展的共同体。因此这一目标本质上是关于人的学说，而不是关于制度建构的学说。所要求的是人的本质、本性的解放，恢复人的自由。每个人的自由发展是这个联合体的目的，而非用以激励人投身塑造超历史发展规律的联合体的手段。

从马克思、恩格斯妇女解放的理论基础可以看出，妇女所面临的问题是历史发展阶段的产物，在资本主义社会之前，妇女被排除在社会劳动之外，而仅受到家庭的剥削。随着资本主义现代大工业的出现，妇女受着家庭和社会的双重剥削。马克思、恩格斯将目光聚焦于推翻摧残女工、压榨整个无产阶级的“旧社会”，以及自私有制产生后逐渐形成的压迫剥削妇女的以男性为中心的性别分工和社会规则。马克思、恩格斯对妇女问题的思考立足于现实逻辑，又交织在关于人的解放的思考之中。沿着这条思路，可以得出这样的结论：只有性别分工、社会性别等不再限制妇女获得平等的权利和地位，才能带来真正的男女平等；只有妇女作为人的本质得到恢复，才能实现全人类的真正解放。

二、马克思、恩格斯妇女解放思想的立场

马克思、恩格斯所处的19世纪，资本主义社会人与人之间的关系出现了最深刻的异化，一些人的生产劳动成为另一些人发财致富的手段。在被异化的人当中，无产阶级劳动妇女所受的压迫和剥削是所有时期最深、最重的。

恩格斯在《家庭、私有制和国家的起源》中提到无产阶级妇女受到两层压迫，要么成为家庭的剥削工具，要么成为资本家的剥削工具。个体家庭的压迫在于：“现今在大多数情形之下，丈夫都必须是挣钱的人，赡养家庭的人，至少在有产阶级中间是如此，这就使丈夫占据一种无需有任何特别的法律特权的统治地位。在家庭中，丈夫是资产

① 《马克思恩格斯文集》第4卷，人民出版社2009年版，第87页。

② 《马克思恩格斯文集》第4卷，人民出版社2009年版，第68页。

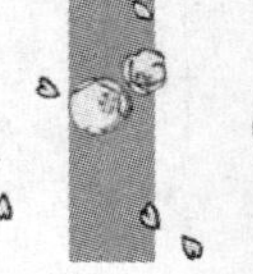

者，妻子则相当于无产阶级。”①这说明在某种意义上性别压迫和阶级压迫是同源的，有着同样的物质根源。在资本主义社会以前，性别压迫已经存在。资本主义社会的压迫在于，现代的大工业极大地改变了妇女的生活，尤其是给妇女中的无产阶级开辟了一条参加社会生产的途径。这条新路径使得参与社会生产的无产阶级妇女和男性一样，承受着资产阶级的剥削。这是资本主义现代化大生产给无产阶级妇女带来的特有枷锁。

劳动妇女的劳动似乎成为两难选择。“如果她们仍然履行自己对家庭中的私人的服务的义务，那么她们就仍然被排除于公共的生产之外，而不能有什么收入了；如果她们愿意参加公共的事业而有独立的收入，那么就不能履行家庭中的义务。”②妇女的劳动成为家庭或者社会经济的工具，而失去了作为人的本质的劳动自由。事实上，部分无产阶级妇女走出家庭参加社会劳动，的确为妇女自身、家庭以及社会劳动力市场都带来了令人担忧的连锁反应。在《英国工人阶级状况》中，恩格斯用大量事实和数据阐述了无产阶级妇女参与社会生产后产生的问题：女工的健康问题令人担忧，大量妇女失去了履行母亲职责以及家务劳动的能力，导致家庭矛盾频现，家庭遭到破坏。女工和童工的处境艰难，在伤亡者名单之中作为工人的妇女和儿童的数额不断增加。马克思则关注到了劳动力市场的变化，即随着商业复苏而来的是企业扩大，机器采用增加，成年工人日益为妇女和儿童所代替，以及工作日延长。可见竞争带来的直接结果是劳动力市场供需关系的变化。而间接结果是，资产阶级对整个无产阶级的剥削都加重了。“要得到维持一个工人家庭生活的工资，就得消耗比以前多三倍的工人生命。”③

从结果来看，似乎所有的恶果都是由妇女参与社会生产带来的，尤其是妇女对劳工市场的巨大补充，使资产阶级对无产阶级的剥削更加触目惊心。如果妇女回到家里，就可以恢复现代的大工业之前的劳工市场秩序。但是马克思、恩格斯毕生都在致力于将全人类从异化中解放出来，恢复人的本质，实现人的自由而全面发展。他们所要建立的是“一个以各个人自由发展为一切人自由发展的条件的联合体”④，这意味着每一个人都将成为目的而非手段。如果家庭和社会的稳定以牺牲无产阶级妇女的劳动自由和全面发展为前提，就违背了“全世界无产者，联合起来”的初衷。因此马克思明确表示，妇女和儿童参加社会生产不是一件坏事。恩格斯也旗帜鲜明的表明：“只要妇女仍然被排除于社会的生产劳动之外而只限于从事家庭的私人劳动，那末妇女的解放，妇女同男子的平等，现在和将来都是不可能的。”⑤可见无产阶级解放需要的并非将妇女驱逐出社会劳动，而是看清资本家大肆雇佣、剥削女工的实质。一句话，支持无产阶级妇女参加包括社会生产在内的一切使妇女自由发展的活动，是马克思、恩格斯妇女解放的重要立场。

---

① 《马克思恩格斯文集》第 4 卷，人民出版社 2009 年版，第 87 页。
② 《马克思恩格斯文集》第 4 卷，人民出版社 2009 年版，第 87 页。
③ 《马克思恩格斯文集》第 1 卷，人民出版社 2009 年版，第 741 页。
④ 《马克思恩格斯文集》第 2 卷，人民出版社 2009 年版，第 53 页。
⑤ 《马克思恩格斯全集》第 21 卷，人民出版社 1965 年版，第 185～186 页。

三、马克思、恩格斯妇女解放思想的逻辑

妇女解放涉及政治、经济、文化、家庭等众多领域，彼此相互交叠，内容纷繁复杂。对于妇女解放，马克思、恩格斯始终把握住了这条逻辑主线，认为只有在废除了资本对男女双方的剥削并把私人的家务劳动变成一种公共的行业以后，男女的真正平等才能实现。这条逻辑主线包含着两层含义。

一是阶级的解放，推翻资本主义私有制对无产阶级的剥削，使每个人都恢复自己的类本质，实现一切人的自由发展。这需要无产阶级男性与妇女的共同联合。阶级解放与政治解放、经济解放都不相同。马克思曾明确批判过政治解放并不能实现人的解放，因为它们会使人的精神和物质过着双重生活——精神世界中虚幻的平等和现实物质世界中大多数人的不自由与不平等的。人将自己视为社会存在物，在市民社会中人把他人都视为工具，自己也成为"异己力量的玩物"①。

阶级解放是从根本上实现人的解放的方法。马克思给予了阶级解放一条路径——共产主义。经过苏联教科书式地反复重叙，共产主义最为世人熟知，但往往被重视的只是它的结果，即消灭私有制、消灭剥削，过程却往往受到忽略。共产主义的真谛是："代替那存在着阶级和阶级对立的资产阶级旧社会的，将是这样一个联合体，在那里，每个人的自由发展是一切人的自由发展的条件。"②这决定了妇女解放必须同人的个性得到自由发展、"生产出他的全面性"即人的全面的能力、人的"现实关系和观念关系的全面性"③同步起来。因此，共产主义与其说是一种被建构的制度，不如说是人性的自然而然、见素抱朴。共产主义是私有财产即人的自我异化的积极的扬弃，是人向自身、向社会的即合乎人性的人的复归，这种复归是完全的，自觉的和在以往发展的全部财富的范围内生成的，是人和自然界之间、人和人之间的矛盾的真正解决。

二是性别的解放，使家务劳动和社会生产不再成为两种性别的不同特征，两者在拥有平等劳动权利的同时，扮演不同的社会性别角色。在马克思、恩格斯以前，性别解放在西方资本主义社会已经有了十分丰富的内涵。在马克思、恩格斯那里，性别解放所要解放的是在经济发展过程中受压抑的性别角色。作为妇女专利的家务劳动，包括抚育子女是一种次要的、无偿的劳动，而且与社会劳动相比是次要的。由于这样一种对家务劳动的社会评价，使得未参与社会生产的妇女在失去经济来源、公共参与机会的同时，在社会贡献上要远逊色于男性。马克思、恩格斯并没有像很多女性主义者一样，从社会观念着手来改变妇女处境，而是坚持唯物主义，提出妇女解放的先决条件就是所有妇女重新回到公共的劳动中去。即使是当大量妇女参与到社会劳动之中，冲击了男性劳工市场，使得家务劳动、子女教育等面临巨大问题，造成性别角色和性别分工出现一定的混乱，马克思、恩格斯依然十分坚定地支持妇女参与社会劳动。而对于家务劳动，恩

① 《马克思恩格斯文集》第1卷，人民出版社2009年版，第30、46页。
② 《马克思恩格斯文集》第2卷，人民出版社2009年版，第53页。
③ 《马克思恩格斯全集》第2卷，人民出版社2005年版，第659页。

格斯提出，妇女解放只有在“家务劳动只占她们极少的工夫的时候，才有可能”①。

在这条逻辑主线下，马克思、恩格斯妇女解放思想有三条实现路径。首先是经济路径。使妇女全面参与社会劳动，获得劳动报酬。一旦妇女在经济上独立，在家庭中就不再需要丈夫赡养，也就不再是丈夫的私有财产，这是走向妇女解放的第一步。得益于妇女的经济独立，“在无产者家庭中……男子统治的最后残余也已失去了任何基础”②。其次是政治路径。在取得政权之前，通过推翻资本主义私有制的社会主义革命实现妇女解放。对妇女而言，除了可以免除被剥削的命运，也可以增加自身公共事务的参与。她们不仅有权利参加选举，并且可以当选，也可以发表演说。并且通过法律制定、妇女保障政策等措施，改变传统男性中心的社会法则，塑造并宣传先进的性别观念，提倡男女平等。最后是社会路径。马克思曾多次参加和组织妇女工会、妇女组织等团体，并提出了一些关于组织建设的宝贵意见，维护了妇女群体利益，发挥了积极作用。

四、结论

马克思、恩格斯妇女解放思想为世人提供的是一种宏观的妇女解放思路，它本质上是站在女性立场上思考的关于人的解放学说。立足女性立场，我们看到了 19 世纪的妇女比男性遭受着更深沉的压迫和剥削——除了阶级压迫还有性别压迫。因此，需要站在女性立场上才能更清晰地审视妇女的处境。而关于人的解放源自于马克思、恩格斯对不平等的私有制社会法则的思考。在资本主义社会，一部分人成为另一部分人的工具和手段，人与自己的劳动产品、劳动本身，甚至是自己的类本质相异化。马克思、恩格斯从物质性本源出发，想要推翻私有制，使每个人都成为平等而自由发展的个体。而一切自由发展的人组成的联合体将以所有人为目的，而非使一些人成为手段。

在建立了社会主义制度的国家，已经推翻了资本主义剥削制度，妇女解放中的阶级解放已经基本完成，更需要的是如何实现性别解放。因此本文开头提出的疑问，都可以给予马克思、恩格斯的回答。妇女的性别解放和阶级解放应该是并驾齐驱的，不能因为某一个而牺牲另一个。妇女参政比例高只是参政高水平和政治地位的参数之一，关键要看能否体现妇女作为公民的政治意愿和态度。妇女解放有其自身的历史阶段和规律，当妇女已经投身社会生产，就需要接受劳工市场的竞争，妇女就业率的下降说明劳工市场供需的波动要求妇女解放必须更进一步。总之，妇女解放包括阶级解放，但是必须要遵从历史的规律和科学理论的指导。如果贪功求快，忽视规律，只会带来与现实不相匹配的路径，这是世界社会主义实践中已有的教训。唯有回归经典文本，才有可能破除重重遮蔽，找到马克思、恩格斯对妇女解放问题所给出的答案，在此基础上，立足于妇女解放的现实问题，灵活地运用这些答案。

---

① 《马克思恩格斯文集》第 4 卷，人民出版社 2009 年版，第 87 页。

② 《马克思恩格斯文集》第 4 卷，人民出版社 2009 年版，第 85 页。

克罗斯兰“后资本主义”论及其对马克思主义的修正

钟丽丽
（山东大学当代社会主义研究所博士研究生）

克罗斯兰是英国工党著名理论家和政治家，他的“后资本主义”论和社会主义思想深刻影响着20世纪中期英国工党的意识形态转型以及经济社会政策。基于对战后英国“丰裕社会”的观察和思考，克罗斯兰认为英国已进入“后资本主义”社会，经典马克思主义已无法解释英国社会的新变化，因此需要重新界定社会主义的性质和目标。基于这一认识，克罗斯兰对马克思主义进行了批判和修正，并构建了他本人的社会主义观。本文拟详细考察克罗斯兰“后资本主义”论的主要内容，在此基础上厘清他对马克思主义的修正，进而客观评价其“后资本主义”论。

一、克罗斯兰“后资本主义”论的主要内容

克罗斯兰关于英国已进入“后资本主义”社会的论述，主要集中在其《这是社会主义吗？》《新费边文集》和《社会主义的未来》等著作中。在这些著作中，他对资本主义进行了新的界定，分析了二战后英国社会的新变化、新特点及其产生原因，并在此基础上对社会主义的性质和目标进行了重新阐释。

在1951年秋发表的《这是社会主义吗？》一文中，克罗斯兰对两次世界大战期间和工党执政6年后的英国社会进行了比较，认为一种不同于资本主义的新经济体制已在英国出现。他指出，资本主义是一种为工业资本的私人所有制而塑造的经济体制，在这种体制中，少数资本所有者构成一个对资本负责的阶级，但这种体制已不适合20世纪中期的英国产业关系了，因为国家承担了更多的责任，且资本家的权力已被数量众多的股权所有者取代。①

在1952年出版的《新费边文集》中，他又对资本主义作了进一步的界定，认为传统资本主义是一种先进的工业社会，在这种社会里，大部分经济活动受私人利润的驱使，

① See Catherine Eliis, “The New Messiah of My Life: Anthony Crosland's Reading of Lucien Laurat's *Marxism and Democracy* (1940),” *Journal of Political Ideologies*, Vol. 17, No. 2, 2012, p. 198.

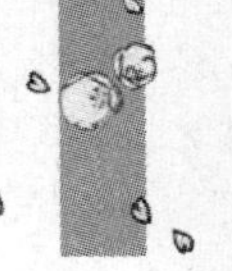

由私人公司来进行，政府无权进行干预，或者换句话说，资本主义是资本所有权和控制权属于资本家私人所有的产业体制，其经济决策受自由市场的影响。[①] 他论述了资本主义向“后资本主义”转型的必然性，并结合英、美、瑞典等国的实际情况，总结出“后资本主义”社会的八大特征：(1)个人财产权不再是经济和社会权力的重要基础。在传统资本主义社会里，生产方式的所有者是统治阶级，而在“后资本主义”社会，随着所有权逐渐转变为股权，统治阶级的权力也逐渐发生了转移，财产关系不再决定经济权力的分配。(2)财产所有者的大部分权力已转移到经理阶层手中。财产权的缩减一方面表现在高额利润已不是扩张的主要动机（尤其是在大型公司里），这使公司间的合作大大加强，另一方面表现为企业所有者越来越重视股东的要求。(3)国家权力大幅度增强，成为主宰国家经济生活的独立中间力量。国家通过对一些产业部门的直接经营，通过对其他私营部门的实际控制，以及通过财政预算政策调控总收入水平和收入、资源的分配，实现了对经济生活的干预。(4)社会服务水平大大提高，建成了福利国家。他认为这一特征具有深远影响，不仅消除了严重的社会不满和不安全感，带来了更多的平等，而且使政府对经济事务的高度干预成为不可避免。(5)就业水平达到了一个新高度，大规模的周期性失业几乎成为不可能。充分就业的政治压力已超过英国历史上任何一个时期，一个政党要想赢得选举，就必须保证就业率。政府经济活动的增加同时意味着平稳的产业投资，这对私人企业投资也有积极影响，能够促进在住房、教育、新城镇建设等方面投入的增加，从而有助于保持较高的就业率。(6)生产和生活水平大大提高。战争期间的经济萧条减缓了英国经济的发展速度，也降低了人们对利润、资本支出水平以及生产力提高的期望值。但在战后高就业率背景下，随着投资的增加和限制性生产的减少，使英国的生产力得到迅速释放，国民收入年均增长 1.5%，人们的生活水平大大提高。(7)中产阶级在技术和职业领域的崛起，使社会的阶级结构更加多样化。机械化导致严格意义上的工厂工人阶级人数越来越少，生活水平的提高使人们对服务的需求胜过对商品的需求，随着中间阶级的心态和水准扩展到其他阶级，缓解了上层和下层阶级之间的冲突。(8)意识形态上，不再强调财产权、个人动机、竞争和利润，转而强调国家责任、社会经济安全以及合作的益处。[②]

克罗斯兰认为，英国之所以能够实现从传统资本主义向“后资本主义”的转型，主要原因有三：一是反对资本主义的政治因素非常强大，使资本主义已无法立足；二是资产阶级丧失了其在全盛时期的那种自信；三是由于技术革命的影响，私人所有权逐渐让位于经理管理权。[③] 随着工党、社会党以及有组织的工会的发展壮大，推动了英国

① C. A. R. Crosland, "The Transition from Capitalism," in *New Fabian Essays*, London: Turnstile Press, 1952, p. 33.

② C. A. R. Crosland, "The Transition from Capitalism," in *New Fabian Essays*, London: Turnstile Press, 1952, pp. 42-44.

③ C. A. R. Crosland, "The Transition from Capitalism," in *New Fabian Essays*, London: Turnstile Press, 1952, pp. 37-38.

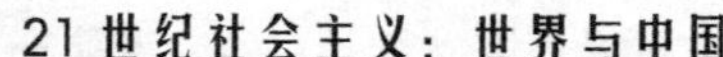

反资本主义运动的发展，从而有效地抵抗了工业自由主义所导致的周期性失业和社会不平等，促使雇主阶级为获取利润不得不对政府的充分就业政策改变态度，逐渐接受了政府对其经济权力的改革和干预。经济危机的周期性爆发、高失业率、普遍的贫困等，也使资产阶级对自身及资本主义的信心变弱，他们不再认为资本主义是一种完美的经济和社会制度，而应随着社会和经济的发展进行相应调整。资本主义的发展也导致资本主义自身发生了根本变化，例如公司规模的扩大和有限责任法的实施意味着股权的分散化，掌握企业所有权的传统企业家日渐演变为单纯的股权所有者，公司的管理权和决策权日益转移到经理阶层手中。此外，战争也是导致资本主义社会发生根本变化的一个重要原因。二战期间，随着政府权力的强化，使英国工党所呼吁的政府计划、税收政策、充分就业、社会服务等措施成为现实，并得到民众的接受和欢迎。

在 1956 年出版的《社会主义的未来》一书中，克罗斯兰更明确地指出，资本主义是一种“具有 19 世纪 30 年代到 20 世纪 30 年代英国基本社会、经济和意识形态特征的社会”，有以下突出特征：经济生活自治，经济决策分散到各个生产单位并受市场影响；资本家作为业主和管理者对企业享有有效决策权；企业资本为私人所有；经济权力的过度集中导致了财富分配的极不平等；激烈的阶级对抗；意识形态上崇尚个人主义和竞争，坚持绝对无条件的个人财产权，坚信自由行使私人权利的正当性。他结合英国的现实情况，不仅从社会经济方面，而且从家庭关系、宗教信仰、妇女地位、文学艺术标准等各个方面，论证英国社会在性质上已完全不同于传统资本主义社会，认为生产资料所有权的不断弱化致使根据所有制形式来定义和区分社会性质已变得不合时宜，“而根据平等、阶级关系、政治制度来判定社会性质似乎更有意义”①。因此，他试图通过对马克思主义的修正，重新界定社会主义的目标和任务。

克罗斯兰还指出，英国的上述转型实际上早在二战前就开始了，尽管当时的右翼政府延缓了这一进程，却未能完全阻止它的发展，而工党在战后的上台执政则大大加快了这一进程。他断言，至迟到 1951 年，英国社会已完全不同于过去的资本主义社会，它在本质上已不再是资本主义国家。② 在《新费边文集》中，他曾把这种不同于传统资本主义的社会称为“国家主义”，认为这一名称准确反映了资本主义发生的最本质变化，即由自由放任转变为国家控制。在“国家主义”社会里，高就业率、大量的社会服务以及财富和机会不平等的减弱，使整个社会更加人性化和体面，而经济权力由生产资料所有者分散到新经理阶层、国家、股东以及有组织的工人手中，则使中间阶层迅速崛起，从而大大缓解了阶级之间的对抗。但后来在《社会主义的未来》一书中，他又否定了“国家主义”这一名称：“我曾尝试去探寻一个合适的名称，并将这种新社会称为‘国家主义’。但是几经斟酌，觉得这仍不是理想的选择。因为这个词现在已经被广泛使用，尤其是在美国，但是在那里它只是作为‘集体主义’的同义词，这不是我想要表达

① 参见[英]安东尼·克罗斯兰：《社会主义的未来》，轩传树等译，上海人民出版社 2011 年版，第 28～30 页。

② C. A. R. Crosland, “The Transition from Capitalism,” in *New Fabian Essays*, London: Turnstile Press, 1952, p. 42.

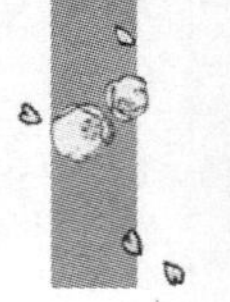

的含义。这样一来，我就没有更好的办法了，也不想再做这样用的努力了。然而我相信，我们今天所处的社会肯定需要一个不同的名字，以区别于经典资本主义。”[①]尽管克罗斯兰在放弃“国家主义”这一名称后并没有明确把20世纪50年代后的英国称为“后资本主义”社会，但其思想理论的后继者以及后来的研究者仍根据他对英国社会性质新变化的论述，将这种非传统意义上的资本主义称为“后资本主义”。

二、克罗斯兰“后资本主义”论对马克思主义的修正

通过对英国社会现实的考察，克罗斯兰首先否定了马克思主义关于资本主义必将崩溃的结论，认为资本主义非但没有衰退，反而在继续扩张，不仅社会总产出稳步提升，工人阶级的生活水平也持续提高。他在《新费边文集》中指出，英国1938年的净国民收入是1870年的3.5倍，人均收入增长2.5倍，因此他审慎地认为：“战前资本主义经济的良好发展势头并不意味着它是一种令人满意的经济或社会体系，也不意味着它能够继续保持稳定和充分就业，只是说明资本主义并不会自动崩溃。”[②]他在《社会主义的未来》中进一步指出，尽管两次世界大战期间英国的发展速度放缓，但其经济仍在发展，实际国民收入增长了31%，人均收入增长了21%，即便在大萧条期间也没有停止发展，“没有出现日益贫困化的证据”；特别在二战结束后的10年间，英国经济“表现非凡：充分就业代替了萧条，不稳定大大减少，增长率更高”，因此他认为英国经济将会继续保持高速增长，其“未来特征将极可能是通货膨胀而不是失业”[③]。

根据马克思主义的推论，随着资本主义的发展，掌握着绝对经济权力的资本家阶级将对整个社会实行有效控制，通过技术发展和市场垄断实现这一权力的持续膨胀。克罗斯兰则认为，战后的英国资产阶级实际上已丧失了这种支配地位，其经济权力不是越来越加强，而是越来越弱化，这主要表现在以下几个方面：

首先，政府权力的加强是资产阶级经济权力弱化的最直接、最明显表现，也是最重要原因。[④] 马克思认为国家只是统治阶级的代理机构，其权力非常有限，任何加强国家控制经济或福利改革的尝试都会受到资本利益的限制。克罗斯兰认为，英国的发展现状已证伪了马克思的这一论断：战后英国政府通过财政手段承担充分就业、经济增长、收支平衡、收入分配等职责，大大扩展了自己的权力，公共部门（包括国有企业）“雇佣了总就业人口的25%，负责总投资的50%以上”[⑤]；政府通过调整税收政策影响私人企业的生产决策，以及通过货币、立法、赎购等方式对私人企业进行直接控制，从而

① ［英］安东尼·克罗斯兰：《社会主义的未来》，轩传树等译，上海人民出版社2011年版，第32页。

② C. A. R. Crosland, “The Transition from Capitalism,” in *New Fabian Essays*, London: Turnstile Press, 1952, p. 34.

③ ［英］安东尼·克罗斯兰：《社会主义的未来》，轩传树等译，上海人民出版社2011年版，第6页。

④ See Mark Wickham-Jones, “The Future of Socialism and New Labour: An Appraisal,” *The Political Quarterly*, No. 2, 2007.

⑤ ［英］安东尼·克罗斯兰：《社会主义的未来》，轩传树等译，上海人民出版社2011年版，第9页。

使“企业受到政府行为的限制”，这在自由资本主义时期是不可想象的。[①] 通过这些手段，政府还可以对收入分配施加影响，并大致决定社会总产出在消费、投资、出口和社会支出之间的分配。另一方面，基础工业的国有化大大增强了政府的权力。从1945年起，工党艾德礼政府通过一系列国有化法令，将大批煤炭、铁路、电力、运输等企业收归国有，1951年起又对苏格兰银行和部分钢铁工业实行国有化，使英国工业的大约20%实现了国有化。[②] 国有化使英国工业的经济决定权从资产阶级手中转移到公共经理人阶层，而政府则对这些经理人拥有明确的法律权力，因此必然造成资产阶级经济权力的削弱和政府经济权力的相应增强。

其次，企业内部权力已由管理者向劳动者转移。这一转变首先得益于充分就业所引起的卖方市场，继而导致雇佣双方力量均势和劳资关系的改变。对工人而言，他们不再担心被解雇，即便遭到解雇也依然有充分的就业机会；对雇主而言，由于缺乏大批失业者，他们也不愿随意解雇工人。此外，充分就业的现实改变了劳资双方对待罢工和停工的态度。工人可以坚持更长时间的罢工，而雇主出于利润考虑则尽量避免罢工或停工，因此工人的权力相对增强，资本家阶级的权力相对削弱。另一方面，至1951年英国工会的数量达到732个，会员人数达928.9万。[③] 随着工会组织的日益强大，劳动者集体谈判的力量大幅增强，因而“雇主支配工人的权力无疑受到工会极严厉的限制，连那些与维持纪律的权利和义务有关的权力，也只能在工会所能容许的范围内行使”[④]。

再次，管理革命使得资本家阶级的经济权力向经理阶层转移。克罗斯兰指出：“现代企业的日益规模化、复杂化以及技术的精细化，使经济决策越来越具有专门化的特征”[⑤]，导致公司所有权与管理权日益分离，科学家和技术人员等虽然并不拥有对公司的最终权力，但他们在公司决策中的影响力却越来越大。经营权与所有权的分离、股份公司发展所造成的股权分散化以及融资需求的增长，使资本家阶级不再盲目追求利润最大化，除利润外，他们也通过参政、推行合作制或分红制、捐助等方式来获得社会声望。公司经理拥有管理公司的权力，他们为整个公司而非仅仅为资本家的利益而工作。这些变化都表明了资本家阶级经济权力的削弱。

最后，资本主义经济持续扩张所带来的工人阶级生活水平提高，以及管理革命所产生的经理阶层，使英国各阶级进一步分化，阶级对抗减弱，阶级关系缓和，并未出现马克思所预言的那种紧张的阶级关系。马克思主义认为，资产阶级时代的一大特点就是阶级对立简单化，“整个社会日益分裂为两大敌对的阵营，分裂为两大相互直接对立的阶级：资产阶级和无产阶级”[⑥]。早在1940年，克罗斯兰就指出，马克思忽略了劳动

---

① C. A. R. Crosland, *The Conservative Enemy*, London: Janathan Cape, 1962, p. 56.

② See Matt Beech and Kevin Hickson, *Labour's Thinkers: The Intellectual Roots of Labour from Tawney to Gordon Brown*, London and New York: Tauris Academic Studies, 2007, p. 146.

③ http://www.ihuawen.com/hw/article/18596.html.

④ [英]盖茨克尔：《社会主义与国有化》，李奈西译，商务印书馆1962版，第15页。

⑤ [英]安东尼·克罗斯兰：《社会主义的未来》，轩传树等译，上海人民出版社2011年版，第15页。

⑥ 《马克思恩格斯选集》第1卷，人民出版社2012版，第401页。

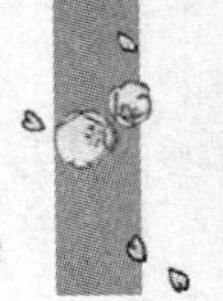

和资本的不断分化,"随着资本主义的发展,现代社会的阶级划分并非如马克思设想的那么简单和清晰"[①]。他认为,战后英国经济的繁荣导致了工人工资水平的提高,改善了工人生活水平,使工人队伍不断分化出熟练工人、专业工人等一系列等级,其收入、生活方式以及思想观念都不同于传统工人阶级,与雇主的关系也不再是激烈对抗性的。管理革命所造就的经理阶层有更多的选择权,他们不再单纯追求利润的最大化,不再局限于满足公司所有者的利益,不再仅仅根据市场行情去追求那些经济的、社会的或心理的目标。[②] 也就是说,除谋取利润之外,他们也更多考虑社会影响、职业尊严、特权、稳定性等非经济因素。作为新兴阶层,经理阶层不再具有鲜明的阶级身份,不像原来的资本家那样追求利润最大化,而是"能够为了共同目标与工人合作"。在这种情况下,如果仍旧"认为不同阶级之间的关系仍是对抗性的,就不合时宜了"[③]。

克罗斯兰关于资产阶级权力转移的观点受到党内左派的批评。他们认为,英国的资本主义并未转型,那些拥有公司财产的人仍然拥有绝对权力,因此,如果不进一步扩大公有制的范围,就无从实现社会主义[④];经理阶层其实仍是资本家,他们拥有大量的公司股票,仍受利润动机的驱使,即便在所谓的"福利国家",企业也是为了从工人那里获得更高的生产率[⑤]。不过克罗斯兰认为,这些批评实际上与他的分析并不相关,他相信国家对经济的干预将促使私人企业以一种对社会负责的方式来运行,而这正是当代英国与自由资本主义时期的本质区别。关于利润,克罗斯兰并非认为它不重要,因为利润仍关乎企业经理阶层的酬劳,决定着他们的权力和社会地位,但他呼吁社会主义者改变对利润的传统偏见,因为"在任何社会,不管是资本主义还是社会主义,只要这个社会是上升的、具有活力的,那么,利润就应该是一切商业活动的根本动因",企业经营权与所有权的分离只是"使利润功能发生了微妙变化",并"进一步引发了利润分配的变化和追求利润程度的变化"[⑥]。

三、对克罗斯兰"后资本主义"论的评析

克罗斯兰对待马克思和马克思主义的态度具有双重性:一方面,他认为马克思是一位"富于奉献精神的天才,只有那些道德上的侏儒或者缺乏想象力的人,才会讥讽他的伟大"[⑦];另一方面,他又认为新时代的英国已不同于以往,左派所固守的、以所有制

---

① David Reisman, *Anthony Crosland: The Mixed Economy*, London: Macmillan Press Ltd., 1997, p. 5.

② C. A. R. Crosland, *The Conservative Enemy*, London: Janathan Cape, 1962, pp. 87-88.

③ Mark Wickham-Jones, *Economic Strategy and the Labour Party: Politics and Policy-making, 1970-1983*, New York: St. Martin's Press, Inc., 1996, pp. 16-17.

④ See Matt Beech and Kevin Hickson, *Labour's Thinkers: The Intellectual Roots of Labour from Tawney to Gordon Brown*, London: Tauris Academic Studies, 2007, p. 161.

⑤ See Geoffrey Foote, *The Labour Party's Political Thought: A History*, London: Croom Helm Ltd., 1985, p. 219.

⑥ [英]安东尼·克罗斯兰:《社会主义的未来》,轩传树等译,上海人民出版社 2011 年版,第 16 页。

⑦ [英]安东尼·克罗斯兰:《社会主义的未来》,轩传树等译,上海人民出版社 2011 年版,第 5 页。

来分析社会性质的马克思主义已经过时了[①]。克罗斯兰对待马克思主义的态度以及他的社会主义观，明显受到伯恩斯坦、卢西恩·洛拉和伊万·德宾的影响。

早在1940年7月，克罗斯兰在给友人的一封信中就表示，他"正在对马克思主义进行重大修正"，并立志"成为当代的伯恩斯坦"[②]。他继承了伯恩斯坦修正主义的传统，区分了社会主义学说的目的与手段，逐渐形成了自己的社会主义观。他对资本主义概念的重新界定，则直接受到卢西恩·洛拉《马克思主义与民主》一书的影响，这本书被他称作是自己"生命中的新救世主"[③]。洛拉认为："经济学家和卡尔·马克思所界定的资本主义正在消失，当今社会的经济结构与19世纪的自由资本主义有很大不同，差异大于相似之处。"洛拉把这种新资本主义命名为"国家资本主义"，并指出："随着积极的资本家的消失，其经济生活中的真正作用也正被高薪的工人所取代，决定权转移到拿薪金的管理者手中，股权所有者变得越来越消极和分离。"[④]克罗斯兰的"国家主义"概念和"后资本主义"论，无疑受到洛拉的直接影响。伊万·德宾是20世纪40年代英国工党最有影响力的理论家之一，他坚决反对马克思主义的阶级对抗理论，反对为实现社会主义而抨击统治阶级的经济权力，并总结了资本主义制度的八大结构性变化，其中一些观点被克罗斯兰直接继承下来，如集体谈判权的加强、劳动力市场的坚挺、中间阶层力量的增强、股权分化带来公司法定所有权与行政管理权的分离。[⑤]更为重要的是，德宾认为经济增长并不仅仅是经济效率提高的结果，还是社会进步的原因，持续的经济增长是社会主义的内在组成部分。[⑥] 而在克罗斯兰的"后资本主义"论中，传统资本主义在英国实现转型的一个重要的前提，就是英国经济的持续增长。正因如此，有西方学者指出，克罗斯兰的《社会主义的未来》其实不过是"伊万(的书)的续集"[⑦]。

"后资本主义"论是克罗斯兰社会主义观的逻辑起点，是他修正马克思主义和提出建立以社会福利、平等为基础的民主社会主义社会的理论依据。通过对战后英国社会新变化的分析，他认为并没有出现马克思所预想的"无产阶级的日益贫困化"，经济的发展和阶级关系的变化改变了传统资本主义，英国已不是传统资本主义国家，因此人们需要重新认识资本主义的对立面——社会主义及其价值和理想。他把社会主义理

---

① David Reisman, *Crosland's Future: Opportunity and Outcome*, London: Macmillan Press Ltd., 1997, p. 9.

② Matt Beech and Kevin Hickson, *Labour's Thinkers: The Intellectual Roots of Labour from Tawney to Gordon Brown*, London·New York: Tauris Academic Studies, 2007, p. 145.

③ Catherine Eliis, "The New Messiah of My Life: Anthony Crosland's Reading of Lucien Laurat's *Marxism and Democracy* (1940)," *Journal of Political Ideologies*, No. 2, 2012, p. 189.

④ David Reisman, *Crosland's Future: Opportunity and Outcome*, London: Macmillan Press Ltd., 1997, p. 12.

⑤ E. F. M. Durbin, *The Politics of Democratic Socialism: An Essay on Social Policy*, London: George Routledge & Sons Ltd., 1940, p. 3.

⑥ David Reisman, *Anthony Crosland: The Mixed Economy*, London: Macmillan Press Ltd., 1997, p. 90.

⑦ Mark Wickham-Jones, "The Future of Socialism and New Labour: An Appraisal," *The Political Quarterly*, No. 2, 2007, p. 232.

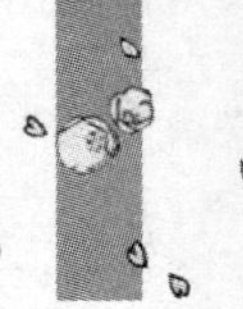

想归结为:“关注社会福利,实现一个平等而无阶级的社会。”[①]后来在《当代社会主义及其他问题》一书中,他又明确提出:“社会主义的本质就是平等。”[②]他认为,在“后资本主义”社会,所有制形式的重要性已经弱化,不再是判断和区分社会性质的标准,公有制也不再是社会主义社会的本质属性和特征了。英国工党传统上把国有化视为社会主义的首要原则和本质特征,认为生产资料的公有化是实现社会主义的必要条件和唯一途径,这实际上混淆了社会主义的目标和手段,国有化不是社会主义的目的,而只是实现社会主义的手段之一。工党在战后的执政实践,也暴露出国有化政策和管理的诸多缺陷,国有企业既没有表现出高于私有企业的效率和计划,也未能比私有企业更好地促进平等,因此“国家拥有所有企业资本并不是实现社会主义社会、建立社会平等、增加社会福利、消除阶级差别的条件”,相反,国家应通过财政、货币等间接手段实现对社会和企业的控制,进而影响分配、促进社会平等,而不是直接控制生产资料和下达生产命令。[③]

有学者指出,克罗斯兰的“后资本主义”论在战后民主社会主义发展史上只具有阶段性意义。[④] 二战以后,西方社会经济结构和阶级结构的新变化,使一些社会民主党人认为生产资料所有制决定社会性质的马克思主义传统观点已经过时,国有化不再是也不应该是社会主义的目标,需要重新分析和概括社会主义的目标和理想。克罗斯兰的“后资本主义”论、关于国有化性质的描述以及在此基础上提出的福利和平等的社会主义目标,就是对上述问题的一种回应。

不过同样需要指出的是,克罗斯兰的“后资本主义”论无论在理论上还是实践上都有其局限性。早在 1941 年,克罗斯兰就宣布马克思、恩格斯的观点大部分是“没有价值的”,因为“它们的前提不再成立了”[⑤]。在《社会主义的未来》中,他更是声称:“不管是在实际政策方面,还是对于我们社会的正确分析,甚至是适当的概念工具或框架,马克思很少或者说根本没有为当代社会主义者提供什么现成的东西。他的预言,几乎毫无例外地没有得到证实;他的概念工具,现在也已不合时宜了。”[⑥]但实际上,他的所谓“后资本主义”论以及“修正”社会主义观,都是以马克思主义为参照的,正如有西方学者所指出的,他“通常是透过马克思的理论霸权和马克思主义在组织上的主导地位的棱镜来考察社会主义发展的”[⑦]。无论如何,马克思主义的历史进步概念经得起任何修正主义的挑战,也是社会民主主义不可或缺的组成部分。以克罗斯兰为代表的英国

---

① [英]安东尼·克罗斯兰:《社会主义的未来》,轩传树等译,上海人民出版社 2011 年版,第 73 页。

② Anthony Crosland, *Socialism Now and Other Essays*, edited by Dick Leonard, London: The Trinity Press, 1974, p. 16.

③ 参见[英]安东尼·克罗斯兰:《社会主义的未来》,轩传树等译,上海人民出版社 2011 年版,第 323 页。

④ 参见谢宗范:《凯恩斯、熊彼特、克罗斯兰的民主社会主义思想剖析》,载《上海社会科学院学术季刊》1990 年第 4 期。

⑤ David Reisman, *Crosland's Future: Opportunity and Outcome*, London: Macmillan Press Ltd., 1997, p. 6.

⑥ [英]安东尼·克罗斯兰:《社会主义的未来》,轩传树等译,上海人民出版社 2011 年版,第 5 页。

⑦ David Reisman, *Crosland's Future: Opportunity and Outcome*, London: Macmillan Press Ltd., 1997, p. 9.

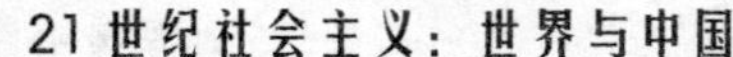

"修正"社会主义者，其一大理论缺陷就是仅仅"冲淡"了传统社会主义，但并没有取得任何重要的理论进展，没有建立起新的理论框架。[①] 不仅如此，克罗斯兰认为英国社会已经克服了传统资本主义的弊端和固有矛盾，使经济可以在不改变社会性质的条件下实现持续增长，继而实现财富公平分配、充分就业等直接目标，最终实现社会平等这一社会主义最终目标，在理论上也是站不住脚的，正如唐纳德·萨松所言：如果资本主义能够促进增长，解决积累问题，那么社会主义就可以适可而止，人们就可以"在取消消灭资本私有制的情况下实现财富的公平分配"，但"新修正主义者的悖论在于，虽然他们不再相信'社会进步的连续向上发展'，但他们承认在资本主义条件下经济是'连续向上'增长的"[②]。在英国工党内部，克罗斯兰的"后资本主义"论也受到来自左右两派的批评：右派质疑凯恩斯主义经济管理方式的有效性和工会对劳动力成本的影响，认为他对经济发展的期望太过乐观；左派则认为他低估了资本主义的力量，夸大了资本主义的转型。[③]

从现实来看，克罗斯兰的"后资本主义"论是当时英国经济快速发展的产物。以1945～1951 年工党政府所取得的巨大成就为基础，英国经济在 20 世纪 50 年代继续保持快速发展势头，共识政治下的保守党政府仍然延续了工党政府时期的宏观经济政策，继续推行混合经济和福利国家政策。在《社会主义的未来》发表的那一年即 1956 年，英国的失业率是 1.2%，物价上涨 3.3%，而工人工资则上涨 7.6%，国际收支处于顺差状态，国民经济增长率为 2%。[④] 在此背景下，克罗斯兰断言英国经济将会长期快速发展下去，甚至认为"按照当前的经济增长速度，仍然残存的基本贫困在十年内就会消失"[⑤]。在 1960 年出版的《社会主义的未来》日文版的前言中，他仍认为在当时的条件下，以经济作为主要目标对于社会主义政党来说越来越不合时宜了。[⑥] 然而，60 年代末 70 年代初英国经济再次出现的危机表明，他对英国经济形势的估计太乐观了，这迫使他在《社会主义的未来》第二版序言中不得不修改自己先前的判断。事实上，英国经济的快速增长并不会自动带来公平分配和高福利，再加上工党在竞选中的连续失利，使克罗斯兰的"修正"社会主义理论在党内逐渐边缘化了。

克罗斯兰的"后资本主义"论认为，股份公司制的出现和管理革命所造就的经理阶层分散了资产阶级的权力，使资产阶级已丧失统治地位，这一判断也不断受到质疑。有学者指出，英国社会主义者对资本主义新变化的认识，主要受美国修正主义理论的影响，特别是伯利、米恩斯的经营权与所有权分离理论以及詹姆斯·伯恩哈姆的管理

① 参见[英]唐纳德·萨松：《欧洲社会主义百年史》(上)，姜辉等译，科学社会文献出版社 2013 版，第 284 页。

② [英]唐纳德·萨松：《欧洲社会主义百年史》(上)，科学社会文献出版社 2013 年版，第 281～282 页。

③ See John Mackintosh, "Has Social Democracy Failed in Britain?" *The Political Quarterly*, No. 3, 1978.

④ See David Reisman, *Anthony Crosland*: *The Mixed Economy*, London: Macmillan Press Ltd., 1997, p. 56.

⑤ [英]安东尼·克罗斯兰：《社会主义的未来》，轩传树等译，上海人民出版社 2011 年版，第 66 页。

⑥ See Mark Wickham-Jones, *Economic Strategy and the Labour Party*: *Politics and Policy-making*, *1970-1983*, New York: St. Martin's Press, Inc., 1996, p. 19.

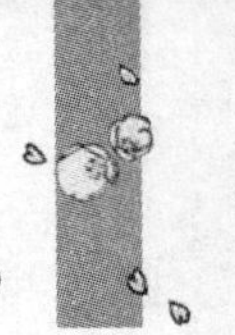

革命理论。[1] 战后英国“丰裕社会”的发展，促使克罗斯兰对资本主义性质的转变得出了比前者更进一步的结论，认为在发生了管理革命和实行了混合经济的英国社会中，生产资料所有制被股权所淡化，资产所有者将不再对企业决策享有绝对权力，大部分经济权力转移到了职业经理人手中，这意味着有产阶级已“不再享有传统的资本能力”，其经济权力被削弱了。[2] 与传统资本主义相比，20 世纪 50 年代的企业经理们与财产的关系也大不相同，过去的资本家追求利润的最大化，而现在的经理们不是企业资产所有者，他们不再单纯追求企业利润，同时也关注自身社会地位和保障，承担更多的社会责任，对福利计划和良好的劳资关系也更有兴趣。[3] 对于这一说法，新左派经济学家迈克尔·巴雷特·布朗提出质疑，他指出，为避免恶意收购和维持股价，经理们仍需追求利润最大化。[4] 特别是克罗斯兰据此认为资产阶级已丧失统治地位，甚至宣称“现在还谈论什么资本家统治阶级显得荒谬至极”[5]，这实际上夸大了西方资本主义一些新变化的影响，掩盖了其资产阶级统治的本质。

---

① 参见[英]戴维斯:《资本主义新变化与新左派的“丰裕社会”之争——论英国新左派在社会主义论战中的思想贡献》,载《南京大学学报》2014 年第 1 期。

② C. A. R. Crosland, “The Transition from Capitalism,” in *New Fabian Essays*, London: Turnstile Press, 1952, p. 36.

③ Geoffrey Foote, *The Labour Party's Political Thought: A History*, London: Croom Helm Ltd., 1985, p. 213.

④ Mark Wickham-Jones, “The Future of Socialism and New Labour: An Appraisal,” *The Political Quarterly*, No. 2, 2007, p. 231.

⑤ [英]安东尼·克罗斯兰:《社会主义的未来》,轩传树等译,上海人民出版社 2011 年版,第 16 页。

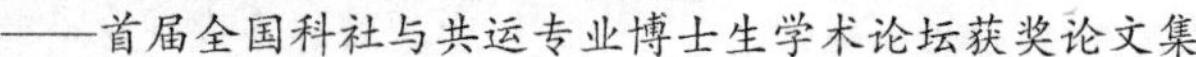

《乌托邦》的财富观及其对当今中国的启示

王亚男
（中共中央党校科学社会主义教研部博士研究生）

社会主义五百年，始于托马斯·莫尔的《乌托邦》(1516)，马克思在对未来共产主义社会进行描绘的时候对莫尔的著作也多有借鉴。改革开放以来，我国经济飞速发展，人民的生活水平也得到了极大的提高。久穷乍富，拜金主义、炫富和仇富等一系列社会现象的出现，说明人民群众的财富观存在着一些问题。在此背景之下重读《乌托邦》，研究分析乌托邦人的财富观以及乌托邦人财富观的成因，对当今中国构建健康的财富观是有借鉴意义的。

一、乌托邦人的财富观

所谓财富观，就是人们对于财富问题的基本看法和主要观点，一个国家的财富观决定着这个国家发展模式和发展道路的选择。① 从微观的角度看，财富观是人们对于财富问题的看法和观点，体现着人们的人生观和价值观；从宏观的角度看，财富观决定着一个国家的发展模式和道路，可谓十分重要。对于财富观的研究，学界并不是一片空白：有学者从宏观角度分析中国特色社会主义财富观，重点研究改革开放以来中国共产党人将马克思主义财富理论和中国财富实践相结合而形成的相关财富理论，这是马克思主义中国化的创新理论成果②；有的学者立足中国现实，认为中国应该构建公平正义、共同富裕和以人为本的财富观，财富的创造应该落实到辛勤劳动、诚实守信和服务社会的原则上来③；有的学者分析不同时期理论家④和领导人⑤的财富观，探寻它们对当今中国的启示；有的学者把历史和现实相结合，回顾了改革开放以来国人财富

① 参见於素兰、孙育红：《中国特色社会主义财富观的形成与发展》，载《党政干部学刊》2016年第9期。
② 参见於素兰、孙育红：《中国特色社会主义财富观的形成与发展》，载《党政干部学刊》2016年第9期。
③ 参见范宝舟：《财富观构建：实践视域与价值指向》，载《思想理论研究》2016年第10期。
④ 参见於素兰：《列宁财富观的核心内容及其对我国的启示》，载《经济视角》2016年第4期。
⑤ 参见李仙娥、闫超：《习近平的绿色财富观及其理论创新探析》，载《生态经济》2017年第3期。

观的变迁，并从多方面分析了其变化的原因[①]；有的学者针对一些突出的现象，如拜金主义进行批判和分析，并寻求破解之道[②]；有的学者从哲学角度分析中国不同历史时期的财富观，并提出中国应该构建的社会主义财富观[③]。但在所有的研究中，鲜有从《乌托邦》的角度进行的财富观研究。

《乌托邦》是社会主义的源头，莫尔对理想社会的描述着实打动人心，尤其是乌托邦人对待财富的态度更是令人印象深刻。结合改革开放以来我国出现的一系列与财富观相关的社会现象，对乌托邦人的财富观进行研究是很有必要的。五百多年前的乌托邦，那里的人们拥有怎样的财富观？他们独特的财富观的成因是什么？

在《乌托邦》中，莫尔对于乌托邦人的财富观没有系统的概括，只是体现在一些论述和事例中。首先，在对待金钱方面，“其中大部分债务，乌托邦人从不索偿。这笔钱他们用不着，对别人却有用，因此他们认为将其从别人取去是不公平的”[④]。对别人有用的外债不索偿，体现了乌托邦人的博爱精神。同时，国内又有大量的金银，乌托邦人的目的是什么呢？“他们自己不用钱，而是保存它以应付可能发生而又可能永不发生的突然事件。”“其唯一的目的是，将他们所有的金钱储存在国内，作为极端危急时或突然事变中的保障。他们尤其用这些钱付出异乎寻常的高价招募外国雇佣兵(乌托邦人宁可使这种人上阵冒险，不肯使用本国公民)，深知只要有大量钱币，甚至可以收买和出卖敌人，或使其互怀鬼胎或公开动武而彼此残杀。”[⑤]由此可见，在乌托邦人的心目中，金钱只是用来为人服务和保障的一种工具，以人为本的价值取向初见雏形。莫尔之所以能超出同时代的许多思想家，直到今天依然享有盛名，就是因为他在著作中表达出的对人民大众生活的关心，从这个角度看，他的作品是具有现实意义的。

其次，在对待金银珠宝等贵重物品方面，乌托邦人的态度也别具一格。“乌托邦人在海滨捡珍珠，在某些崖壁上采钻石宝玉。他们并非有意找这种东西，而是偶然遇到后，打磨加工一番，给小儿做装饰品，幼小的儿童为此得意，等稍微长大以后，发现只有小孩子佩戴这类玩物，便将其扔掉，不是出于父母的劝告，而是自己过意不去，如同我国的儿童一旦成人也扔掉弹子、拨浪鼓以及洋娃娃。”[⑥]最有名的是阿尼蒙利安人派来外交使节的例子：由于不了解乌托邦的风俗习惯，阿尼蒙利安人来的时候满身华服和金银珠宝，受到了当地居民的耻笑。“这些使节在乌托邦住上一到两天之后，发现那儿金银无数，毫不值钱，被视同贱物，与他们珍视金银的情形正相反。他们又看到，一个逃亡奴隶身上镣铐所用的金银比他们三个使节全部打扮的金子还要多。他们因此神气沮丧，羞愧万分，不得不把使自己傲慢出风头的华丽服饰全部收捡起来，尤其是在和

---

① 参见黎雪源、王中兰：《改革开放三十年财富观的嬗变及原因探析》，载《萍乡高等专科学校学报》2008年第5期。

② 参见史少博：《论市场经济条件下的拜金主义》，载《兰州学刊》2010年第11期。

③ 参见陈先达：《历史唯物主义视野中的财富观》，载《哲学研究》2010年第10期。

④ [英]托马斯·莫尔：《乌托邦》，戴镏龄译，商务印书馆2015年版，第66页。

⑤ [英]托马斯·莫尔：《乌托邦》，戴镏龄译，商务印书馆2015年版，第67、66页。

⑥ [英]托马斯·莫尔：《乌托邦》，戴镏龄译，商务印书馆2015年版，第69页。

乌托邦人亲切交谈因而了解其风俗和见解之后。”[①]由此可见，乌托邦人并不把金银珠宝当作身份和地位的象征，相反地，满身的金银珠宝是耻辱的表现。

乌托邦人的财富观总结起来就是：以人为本的价值取向，即金钱是为人服务的工具和手段，而不是目的，更不是人身份和地位的象征；按需分配和追求符合自然的生活。这种财富观的成因是什么呢？从历史唯物主义的角度看，社会存在决定社会意识，社会意识是社会存在的反应。乌托邦人财富观的形成是与这个国家的社会经济发展状况密切相关的。同时，财富观并不是独立存在的，一个人的财富观与他的人生观和价值观是密切相关的。具体来说，有以下几个方面的原因：

首先，从社会存在的层面来看，乌托邦的物质资料极其丰富，财产公有，按需分配。“既然这是一般风尚，所有的商品就势必异常丰富。商品又是在全部居民中均匀分配，任何人不至于变成穷人或乞丐。”[②]在乌托邦，全部财富都是公有的，整个乌托邦就是一个共产主义大家庭。这种社会环境给了乌托邦人一种特别的底气：“乌托邦人认为奇怪的是，一个人可以仰视星辰乃至太阳，何至于竟喜欢小块珠宝的闪闪微光。他们认为奇怪的是，竟有人由于身上穿的是细线羊毛衣，就大发狂想，以为自己更加高贵；其实不管羊毛质地多么细，原来是披在羊身上的，一只羊终归还是羊。”[③]这种底气使得乌托邦人在面对金银珠宝的时候淡定而从容。乌托邦通过贸易获得大量的金银，“他们国内到处都有大量金银，多到令人难以相信”[④]。这么多的金银被乌托邦人拿来做了什么？“原来乌托邦人饮食是用陶器及玻璃器皿，制作考究而值钱无几；至于公共厅馆和私人住宅等地的粪桶溺盆之类的用具倒是用金银铸成。再则套在奴隶身上的链铐也是取材于金银。最后，因犯罪而成为可耻的人都戴着金耳环、金戒指、金项圈以及一顶金冠。乌托邦人就是这样用尽心力使金银成为可耻的标记。所以别的民族对于金银丧失，万分悲痛，好像扒出心肝一般；相反，在乌托邦，全部金银如有必要被拿走，没有人会感到损失一分钱。”[⑤]这段话最能体现出乌托邦人在面对金银时的底气和淡定。物以稀为贵，试想一下，如果乌托邦没有极其丰富的物质资料为基础，即便是财产公有，能做到按需分配吗？它的国民能够如此平和地对待金银吗？

其次，乌托邦人的财富观受到其人生观和价值观的影响。“乌托邦人认为构成人类的全部或主要幸福的是快乐。”[⑥]什么样的快乐才是乌托邦人的追求呢？“乌托邦人主张，构成幸福的不是某一种快乐，而只是正当高尚的快乐。德行引导我们的自然本性趋向正当高尚的快乐，如同趋向至善一般。相反的一个学派把幸福归因于至善。乌托邦人给至善下的定义是：符合于自然的生活。”[⑦]什么样的生活才是符合自然的生活

① [英]托马斯·莫尔：《乌托邦》，戴镏龄译，商务印书馆2015年版，第66页。
② [英]托马斯·莫尔：《乌托邦》，戴镏龄译，商务印书馆2015年版，第69页。
③ [英]托马斯·莫尔：《乌托邦》，戴镏龄译，商务印书馆2015年版，第70页。
④ [英]托马斯·莫尔：《乌托邦》，戴镏龄译，商务印书馆2015年版，第66页。
⑤ [英]托马斯·莫尔：《乌托邦》，戴镏龄译，商务印书馆2015年版，第67页。
⑥ [英]托马斯·莫尔：《乌托邦》，戴镏龄译，商务印书馆2015年版，第72页。
⑦ [英]托马斯·莫尔：《乌托邦》，戴镏龄译，商务印书馆2015年版，第72页。

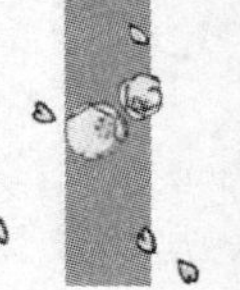

呢？“乌托邦人认为，自然只是我们过舒适的亦即快乐的生活，作为我们全部行为的目标。乌托邦人把德行解释为遵循自然的指示而生活。”“自然教你留意不要在为自己谋利益的同时损害别人的利益。”[①]与此同时，乌托邦人“特别不肯放过精神的快乐，以其为一切快乐中的第一位的、最重要的。他们认为主要的精神之乐来自德行的实践以及高尚生活的自我意识。至于身体的快乐，他们首推健康。”[②]在追求高尚的快乐的同时，乌托邦人反对虚假的快乐，即由名誉和财产等因素带来的快乐。“把空虚无益的荣誉看得那么重，这岂非又是同样愚蠢？别人对你脱帽屈膝能给你什么自然而真正的快乐呢？这个举动能治好你的膝盖痛和纠正你的神经失常吗？人们从这种关于虚假快乐的观念中显示出一种奇异而惬意的疯狂，这种人自认为是高贵的，并以此自负，为自己捧场，原因是有幸出身于某祖宗的后裔，屡世享有财名——因为当今的高贵门第都不外乎此——尤其富有地产。”[③]

乌托邦人的这种人生观和价值观是怎样形成的？这其中离不开国家的作用：“乌托邦人的这些见解以及类似见解是从他们的教养形成的。他们是在这样一个国家培养起来的，那儿的制度和上面说的那种愚昧无知是格格不入的。同时这些见解来自他们的学习和有益图书的阅读。每个城市中有可免除一切工作以便专门从事学术工作的人（即从小被发现性格特殊、聪明不凡并爱好学问的人），固然为数不多，然而所有儿童都被引导读有益的书。大部分公民，无分男女，总是把体力劳动后的剩余时间一辈子花在学习上，这在上面已经提到。”[④]乌托邦人把学术研究和国民教育放在十分重要的地位：乌托邦人公共生活中有个特点即每天早晨举行公开的学术报告会，专职研究人员必须参加，一般的男女可以自由听讲；乌托邦的任何儿童都要上学，通过学习祖国语言进行阅读，并且学农、学劳动；在一般的社会教育方面，乌托邦着重提倡公共道德、集体义务和正当娱乐，以期养成良好的社会风气。在国家的引导下，乌托邦人热爱读书、尊重知识，注重公德和集体义务，追求高尚的、精神的快乐和符合自然的生活，因此乌托邦人拥有上文所说的财富观顺理成章。

二、改革开放以来中国人财富观的变化

比《乌托邦》一书历史更加悠久的，是中国的历史。一国人民的财富观和这个国家的历史文化有着重要的联系，但更根本的决定因素是这个国家的生产方式和社会经济发展水平。中国历史悠久，漫长的封建社会对中国人传统财富观的影响深入骨髓，儒家对财富的观点对国人影响最为深远。简言之，儒家的财富观主要体现在以下几个方面：第一个是“义利观”，孔子认为“君子喻于义，小人喻于利”[⑤]，对于财富应该取之有

---

① [英]托马斯·莫尔：《乌托邦》，戴镏龄译，商务印书馆 2015 年版，第 73 页。
② [英]托马斯·莫尔：《乌托邦》，戴镏龄译，商务印书馆 2015 年版，第 79 页。
③ [英]托马斯·莫尔：《乌托邦》，戴镏龄译，商务印书馆 2015 年版，第 75 页。
④ [英]托马斯·莫尔：《乌托邦》，戴镏龄译，商务印书馆 2015 年版，第 70 页。
⑤ 《论语·里仁》。

道，即应该用正当的手段来获得财富，这是传统财富观的价值取向；第二个是"均贫富"，孔子认为"闻有国有家者，不患寡而患不均，不患贫而患不安。盖均无贫，和无寡，安无倾"①，这是传统的财富分配观；第三个是"崇俭节用"，孔子认为"麻冕，礼也；今也纯，歼，吾从众"②，即节俭是一种美德，这是传统的财富消费观。中华人民共和国成立之后，人民群众的生活水平虽然较之前有了很大的提高，但是受集体主义的影响，国人财富观的变化并不是很明显。对我国人民群众财富观冲击最大的是改革开放。

改革开放以来，我国经济发生了翻天覆地的变化，人民群众的生活水平也大大提高，随之而来的是人民群众的财富观产生了新的变化。正面的变化主要表现在人们不再谈钱色变，不再认为追求财富是可耻的事情，人们相信勤劳致富，通过正当手段得来的财富是光荣的。这主要得益于中国共产党的引导，最具代表性的就是改革开放的总设计师邓小平的著名论断：贫穷不是社会主义。这是对我国广大人民群众财富观的重要启蒙，人们开始渴望财富。2002年，党的十六大指出："不能简单地把有没有财产，有多少财产当作判断人们政治上先进和落后的标准，而主要应该看他们的思想政治状况和现实表现，看他们的财产是怎么得来的以及对财产怎么支配使用。看他们以自己的劳动对中国特色社会主义事业所作的贡献。"③我们党一步步地解放思想，打破了人们追求财富的束缚，提高了人民群众创造财富的主观能动性。与此同时，我国的国民经济也不断发展，从崩溃的边缘发展到经济总量跃居世界第二，人民群众的生活水平也达到了总体小康。

然而我们发现，在以积极健康为主流的财富观中也出现了一些不和谐的声音。具体表现在：(1)拜金主义，有人认为"有钱能使鬼推磨"，更有人戏称"有钱能使磨推鬼"，认为有了钱就有了一切，把金钱作为人生的最终目的，为此不惜铤而走险，诸如贩毒、赌博、贪污受贿等等。某著名相亲节目里面甚至出现一句名言"宁可坐在宝马车里哭，也不要坐在自行车上笑"，拜金主义严重腐蚀了人们的心灵，同时也损害了社会风气，扰乱了社会秩序。(2)炫富心态，持有这种心态的人往往把金钱当作身份和地位的象征，他们认为钱越多身份越尊贵，地位越高。为了金钱，人们不惜铤而走险、违法犯罪，一失足成千古恨。(3)仇富心态，社会经济飞速发展，富有阶层出现，收入差距拉大，造成了低收入阶层对高收入的仇视。这种仇视最开始仅仅停留在思想层面，但是在某些契机的激发下就容易爆发出极端行为，如绑架杀害富人等等。这些心态是不健康的，对社会和个人都是不利的。那么，这些扭曲心态的成因是什么呢？

上述扭曲心态产生的根本原因在于，虽然我国的经济总量已经跃居世界第二位，但是人均GDP的世界排名却十分靠后，广大人民群众的生活水平同发达国家相比还有着不小的差距，国内各阶层之间也存在着纵向的收入差距，这种横向的和纵向的对比加大了人民群众的心理落差。除此之外，改革开放之后，资本主义社会中最腐朽的

---

① 《论语·季氏》。

② 《论语·子罕》。

③ 江泽民：《全面建设小康社会，开创中国特色社会主义事业新局面》，载2002年11月9日《人民日报》。

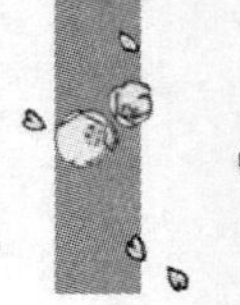

思想和价值观念，如极端的个人主义、损人利己的拜金主义、醉生梦死的享乐主义等等，也不可避免地随着西方思想文化和社会思潮一起渗入我们的社会生活中，对人们精神世界的健康发展起着有害的腐蚀作用。[①] 与此同时，社会主义文化发展落后，一部分人的人生观和价值观也发生了扭曲，所以上述心态的产生也就不足为奇了。分析问题最终还是为了解决问题。上文中对乌托邦人财富观的研究分析，对于当今中国有何启示？

三、《乌托邦》的启示：当今中国怎样构建健康的财富观？

当今中国应该树立这样一种符合国情的健康的新财富观：既重视个人财富，更重视社会财富；既重视物质财富，更重视精神财富；认识到财富来自社会，也要回归社会。[②]《乌托邦》中所描绘的社会和当今中国的现实是有距离的，所以乌托邦人的财富观我们虽心向往之，却缺乏实现它最根本的社会经济基础。尽管如此，我们依然能够从乌托邦人财富观的成因分析中得到一些对当今国民健康财富观构建的参考和借鉴。

首先，从历史唯物主义的角度看，财富观作为一种社会意识，决定它的是社会存在。乌托邦极其丰富的物质资料是乌托邦人财富观产生的决定性原因。当今中国虽然已经跃居世界第二大经济体，但不同收入阶层的纵向收入差距和与国外人民生活水平的横向对比差距不容忽视。对此，一方面，国家应该大力发展国民经济，继续提高经济总量，不断把蛋糕做大，因为"发展是党执政兴国的第一任务，是解决中国所有问题的关键"[③]，发展中出现的问题只能依靠发展来解决；另一方面，针对国内不同阶层纵向的收入差距，国家应该采取措施限制两极分化现象，缩小收入差距，完善社会保障制度，提高社会低保水平，保障下岗和失业人员的生活，切实解决房价虚高和低收入者的住房问题。[④]

其次，大力发展社会主义文化事业。乌托邦人热爱读书、尊重知识，追求高尚的、精神的快乐和符合自然的生活，所以乌托邦人形成了健康的财富观。结合当前中国的现实状况，不可否认，财富确实在向少数人集中，但是脱贫的人数也越来越多。随着人民生活水平的提高，物质生活得到迅速改善的同时，人民群众精神文化需求也在日益增长。不同的国民，不论任何地域、性别、年龄和文化层次，都对精神文化有越来越多的需求。人民群众的精神文化阵地如果没有高雅健康的文化为主导，就势必会被庸俗的文化所占据。满足人民群众日益增长的精神文化需要，是社会主义文化建设的一个重要课题。[⑤] 在我国社会发展的现阶段，人民群众的一切精神文化需要并不都具有天然的合理性和适度性，精神产品受市场规律的制约也存在着较大的盲目性，因此在加

① 参见秦刚：《回顾与反思——中国社会主义文化建设的历史进程》，黑龙江教育出版社 1999 年版，第 217 页。
② 参见陈先达：《马克思主义十五讲》，人民出版社 2016 年版，第 208 页。
③ 习近平：《在庆祝中国共产党成立 95 周年大会上的讲话》，载 2016 年 7 月 2 日《人民日报》。
④ 参见陈先达：《马克思主义十五讲》，人民出版社 2016 年版，第 205 页。
⑤ 参见秦刚：《回顾与反思——中国社会主义文化建设的历史进程》，黑龙江教育出版社 1999 年版，第 225 页。

强文化建设，满足人民群众精神文化需要的同时，必须要对人民群众的精神文化需要进行正确的引导，对精神产品的生产进行科学有效的监督管理。[①]

最后，构建健康的财富观还要发扬传统文化中关于财富观的精华部分，尤其是儒家主张以义取利而不能见利忘义的观点，与社会主义核心价值具有内在的兼容性，是一种正确的、健康的对待财富的观点。当前我国处于社会主义初级阶段，构建健康财富观的同时，对追求财富的行为不能矫枉过正。莫尔在《乌托邦》中反对的是少数人的富裕，而不是无条件的反对富裕。贫穷是社会的苦难，追求财富对社会来说是一种进步的动力。[②] 社会财富的增加意味着人类能力的提高、生产力水平的提升和社会的发展进步。如果人人安贫乐道，不追求财富，人民生活水平如何提高，人民的精神文化需求如何满足，社会总体财富如何增加，社会如何进步？所以，一方面，我们应该鼓励人民群众追求财富，努力致富；另一方面，也要树立健康的财富观，君子爱财，取之有道。

《乌托邦》是莫尔对一个理想社会的描绘，书中的一些原则被马克思主义经典作家用作设想未来社会的参考和借鉴。而我国现在处于并将长期处于社会主义初级阶段，乍一看，莫尔的乌托邦与当下的我国差异巨大：一个是空想社会主义的理想社会，物质资料极其丰富、财产公有，人民各尽所能、按需分配；另外一个是科学社会主义的实践，虽然已经是世界第二大经济体，但是人民的生活水平比起发达国家仍然有差距。尽管如此，差异巨大的外表之下却隐藏着社会主义一以贯之的价值目标：实现人的自由全面发展。物质资料极大丰富和财产公有是实现这一价值目标的基础，在此基础上，人们的精神觉悟高度发展也是重要的条件。对于整个社会而言，财富观只是很小的一部分，但是窥一斑而知全豹，从健康财富观的构建方式中，我们能看出通向未来社会的路径：物质资料极大丰富、财产公有和人的思想觉悟空前提高。《乌托邦》是社会主义的源头和初心。社会主义五百年了，走得再远也要牢记：不忘初心，方得始终，这也是我们现在重读《乌托邦》的目的和意义。

---

① 参见秦刚：《回顾与反思——中国社会主义文化建设的历史进程》，黑龙江教育出版社1999年版，第226页。

② 参见陈先达：《马克思主义十五讲》，人民出版社2016年版，第95页。

专题二　20世纪世界社会主义运动的经验教训

俄共(布)执政合法性论析

——纪念十月革命胜利100周年

曹宗敏

(南京师范大学马克思主义学院博士研究生)

执政合法性是政党通过暴力革命、政变或民主选举等方式执掌政权并通过各种方式维护阶级利益以维系政权的正当性与合理性。1917年,列宁领导俄共(布)取得了十月革命的胜利,俄共(布)成为世界上第一个执政的无产阶级政党。俄共(布)之所以能够执掌政权并维系执政合法性,不仅仅由于俄共(布)自身的组织性、先进性和革命性,也由于俄共(布)能够及时抓住革命时机适时夺取政权,在政权面临着被颠覆的危险情况下能够团结人民一致捍卫政权,在政治危机和经济危机的双重夹击下能够适时改变错误政策赢得民心。在俄国十月革命胜利一百周年之际,研究俄共(布)执政合法性有利于我们正确认识俄共(布)执掌政权的历史必然性,汲取益于中国共产党执政的历史经验和启示。

一、俄共(布)获得执政合法性的前提:党自身的组织性、先进性和革命性

俄共(布)自身的革命性、组织性和先进性,赋予了俄共(布)担任无产阶级和人民群众领导地位的资格,决定了俄共(布)能够代表整个无产阶级和贫苦大众的利益,能够获得广大人民的认同、支持和拥护,并且能够及时抓住革命时机适时夺取政权。

首先,俄共(布)是一个组织严格、纪律严明的无产阶级政党。这是由无产阶级本身的特点和优点所决定的。按照马克思主义的观点,无产阶级政党由工人阶级中最先进、最坚决的始终推动运动前进的部分组成。无产阶级伴随着社会化大生产而产生和发展起来,是先进生产力的代表。由于与现代化大工业生产相联系,无产阶级富有较强的组织性和纪律性。这种优点和特点决定了无产阶级政党具有与生俱来的组织性和纪律性。由于俄共(布)的前身俄国社会民主工党是在极其残酷的沙皇专制制度下建立的,同时是在资产阶级民主革命尚待发生的时候形成的。在这种特殊的历史条件下,党所面临的国际国内形势的复杂性、敌人的强大、生活上艰苦程度和肩负的历史使

命，是世界上任何一个政党都无法比拟的。只有具有极严格的组织性和纪律性，党才能取得革命的胜利。1898年3月俄国社会民主工党建立以后，列宁在党的建设的实践中不断地同党内错误思潮和派别作斗争，主张建立一个集中统一的无产阶级政党，提出了“党是无产阶级有组织的先进部队”的思想，强调党必须按照民主集中制原则组织起来，党必须有严格的纪律和规范的章程、必须反对派别活动等。这些思想和原则奠定了布尔什维克党严格的组织基础，保证了党组织的团结统一，极大地提升了党组织的凝聚力和战斗力。在列宁集中统一的建党思想的指导下，俄共(布)发展成为一个有组织的、集中统一的、有严格纪律的无产阶级政党，为实现革命的胜利奠定了坚定的组织基础。

其次，俄共(布)是一个革命的、战斗的党。党的这种革命性和战斗性是由国内无产阶级所处的地位、生活工作条件和历史环境决定的。俄国社会民主工党产生于19世纪末20世纪初资本主义由自由竞争向垄断和帝国主义过渡的历史阶段。由于垄断代替了自由竞争，垄断资产阶级为了追求高额利润，加紧对工人阶级和劳动人民的残酷盘剥和压迫，工人阶级和资产阶级之间的矛盾愈益尖锐。在俄国的封建军事帝国主义统治下，俄国无产阶级和广大劳动人民遭受着垄断资本主义、封建专制主义和农奴制残余等多重压迫。广大劳动人民生活在水深火热之中，迫切要求改变现状。这种被压迫、被剥削和奴役的现状极大地增强了无产阶级的革命性。无产阶级要想获得解放，只能组织起来，通过暴力革命推翻旧制度。列宁指出：“无产者的生活条件使他们想变成老板的任何希望都破灭了，从而促使他们力求彻底改变资本主义社会制度的一切基础。”①“它的劳动条件和生活环境本身就把它组织起来，迫使它开动脑筋，使它有可能走上政治斗争的舞台。”②因此，“无产阶级是现代社会中唯一彻底革命的阶级，因此它在一切革命中都是先进的阶级”③。这种彻底的革命性决定了无产阶级的先进性，决定了无产阶级先锋队的党要为实现革命任务而不懈努力。

再次，俄共(布)是以马克思主义理论为指导的党，能够代表人民利益。俄共(布)之所以具有其他政党无可比拟的先进性主要是因为有了先进的马克思主义世界观的指导。列宁指出：“只有以先进理论为指南的党，才能实现先进战士的作用。”④从建党时起，列宁就十分重视用马克思主义的先进理论武装党。在他看来，马克思主义世界观的伟大作用在于能够帮助无产阶级政党了解无产阶级的历史地位和伟大历史使命，“组织无产阶级的阶级斗争，领导这一斗争，而斗争的最终目的是由无产阶级夺取政权并组织社会主义社会”⑤。科学的马克思主义世界观和方法论的武装使得俄共(布)具有了理论的前瞻性和先进性，使得俄共(布)能够抓住革命的形势促成革命朝着有利于

---

① 《列宁全集》第14卷，人民出版社1988年版，第134页。
② 《列宁全集》第1卷，人民出版社1984年版，第161页。
③ 《列宁全集》第12卷，人民出版社1987年版，第284页。
④ 《列宁全集》第6卷，人民出版社1986年版，第24页。
⑤ 《列宁全集》第4卷，人民出版社1984年版，第160页。

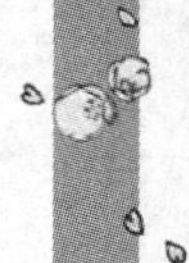

无产阶级的方向发展。十月革命胜利后，列宁在总结革命胜利经验时指出，没有革命的马克思主义理论武装党，就不能有真正的伟大的革命运动。此外，俄共(布)的先进性还体现在能够代表无产阶级和人民群众的利益。马克思恩格斯指出，过去旧政党领导的一切革命运动都是为少数人谋利益的运动，而"无产阶级的运动是绝大多数人的、为绝大多数人谋利益的独立的运动"[①]。俄国无产阶级所处的被压迫和被剥削的境地，决定了它和广大劳动人民的命运紧密地联系在一起。无论在革命前还是革命后，俄国无产阶级都是人民利益的唯一代表。因此，以马克思主义为指导思想的俄共(布)是代表整个无产阶级及其广大人民根本利益的组织。这决定了"被剥削者求解放愿望的自觉代表者共产党(布尔什维克)的任务，就在于……领导为寻找出路而精疲力竭的群众，引导他们走上正确的道路"[②]。

二、俄共(布)执政合法性的获得:抓住革命时机适时夺取政权

俄共(布)之所以能够取得十月革命的胜利，获得执政合法性，关键在于俄共(布)能够利用俄国社会的矛盾，抓住革命的时机，采取正确的革命策略适时夺取政权。

首先，俄共(布)充分利用了沙皇俄国、资产阶级临时政府的执政危机和社会矛盾，将沙皇和资产阶级临时政府执政合法性的动摇、缺失作为确立俄共(布)执政合法性的资源。1861年沙皇亚历山大二世废除农奴制以后，俄国虽然缓慢地走向了资本主义的发展道路，但相比欧美发达资本主义国家，俄国发展速度缓慢、水平落后，各地区发展不平衡。进入垄断资本主义阶段后，俄国仍然是一个经济文化十分落后的国家。列宁指出，俄国经济"一方面是最落后的土地占有制和最野蛮的乡村，另一方面又是最先进的工业资本主义和金融资本主义!"[③]经济上垄断资本主义与农奴制残余并存，使得俄国资本主义发展处处受限;政治上的沙皇专制制度严重阻碍了俄国社会民主化的历史进程。深刻而复杂的社会矛盾使得俄国社会危机频现。在这种情况下，俄国卷入一战的漩涡。战争中的连连失利、国内出现的空前的无政府主义混乱，使民众清醒地认识到了沙皇的专制、腐败和无能，也加剧了俄国国内的政治危机。1917年初，俄国经济已经陷入了全面崩溃的境地。据统计，1月底，首都彼得格勒只剩下10天的面粉储备，肉类在市场上已经匿迹。战乱、饥饿威胁着千百万人。1～2月，全国至少有67万名工人罢工。军队的厌战情绪和革命情绪都在不断高涨。[④] 政治危机、经济危机和激烈的社会矛盾交织在一起终于引发了二月革命，封建落后腐朽的罗曼诺夫王朝被推翻，代之以新型的资产阶级临时政府。由于俄国资本主义发展速度缓慢、水平落后，资产阶级力量相对较小，加上长期受制于沙皇专制统治，代表资产阶级和地主利益的资产阶级临时政府软弱妥协，无法有效行使管理职能，更无力维持社会秩序，难以担负起

① 《马克思恩格斯选集》第1卷，人民出版社2012年版，第411页。

② 《列宁全集》第34卷，人民出版社1985年版，第181页。

③ 《列宁全集》第16卷，人民出版社1988年版，第400页。

④ 参见周尚文、叶书宗等:《新编苏联史(1917～1985)》，上海人民出版社1990年版，第9页。

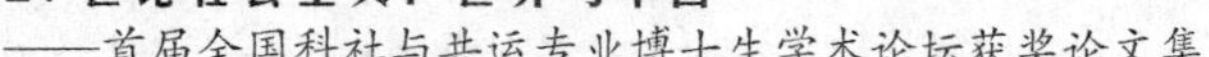

领导俄国无产阶级和人民群众继续进行民主革命的历史重任。二月革命后，工人、农民和士兵希望能够获得和平、面包和土地，尤其是希望实现“不割地、不赔款的民主和平”。但临时政府中的资产阶级代表人物准备承担原先帝国主义战争中的义务，决定继续进行战争。而“继续战争使临时政府不能及时满足人民群众对和平、土地、面包和自由的渴望，逐渐失去了作为革命政权的合法性”[①]。1917年秋天，俄国出现了空前的经济危机，大工业企业开工率严重下降，8～9月有231家工厂倒闭，6万多工人失业，铁路货运量比上一年同期减少34%。在农村，大批土地荒芜，饥荒日益迫近全国城乡。[②] 经济危机加剧了人民对临时政府的不满，也加剧了政局的动荡不安，工人罢工和农民起义风起云涌。俄国社会出现了普遍的激进主义和无政府主义，社会秩序混乱，军队纪律废弛，此时迫切需要一个坚强而有力的政治组织领导人民走出困境。这些因素形成了对资产阶级临时政府的巨大否定力量，也为俄共(布)抓住革命时机提供了合适的环境。

其次，俄共(布)能够及时抓住机遇，利用有利的革命形势，采取了正确的革命策略，为夺取政权、获得执政合法性作了周密部署。在列宁看来，“革命的根本问题是政权问题”[③]。二月革命胜利后，列宁就开始提出并论证由俄共(布)来掌握政权和进行社会主义革命的问题。1917年4月，列宁发表《四月提纲》，提出俄共(布)的革命任务是从革命的第一阶段过渡到第二阶段。第一阶段由于无产阶级的觉悟性不高和组织性不够，政权落到了资产阶级手中；第二阶段则应当使政权转到无产阶级和贫苦农民阶级手中。因此，第二阶段革命斗争的核心内容是夺取政权。列宁关于实现革命转变的思想深刻改变了俄国革命的历史进程，为在俄国这样经济文化落后的国家进行社会主义革命提供了理论依据。在这一思想的指导下，俄共(布)开始为夺取政权作准备。由于二月革命后国内出现了前所未有的政治自由，各党派团体都有合法活动的条件，列宁提出“全部政权归苏维埃”的口号，并将这一口号与武装起义的方针联系在一起。在国内矛盾激化、革命时机成熟之际，列宁作出了正确的判断：“危机成熟了。俄国革命的整个前途已处在决定关头”[④]，“等待就是对革命犯罪”[⑤]，俄共(布)“应当立即组织起义队伍的司令部，配置力量，把可靠的部队调到最重要的据点去”[⑥]。在周密的部署和团结一致行动下，俄共(布)领导人民于10月25日举行了武装起义，推翻了资产阶级临时政府，创立了世界上第一个社会主义国家。

再次，俄共(布)着手解决俄国最迫切的社会问题，得到了大多数人民的支持和拥护。十月革命前夕，俄共(布)在提出“全部政权归苏维埃”、确定武装起义夺取政权的

① 姚海：《俄国革命》，人民出版社2013年版，第28页。
② 参见周尚文：《列宁为维护苏维埃政权合法性的斗争》，载《当代世界与社会主义》2010年第2期。
③ 《列宁全集》第32卷，人民出版社1985年版，第9页。
④ 《列宁全集》第32卷，人民出版社1985年版，第275页。
⑤ 《列宁全集》第32卷，人民出版社1985年版，第334页。
⑥ 《列宁全集》第32卷，人民出版社1985年版，第240页。

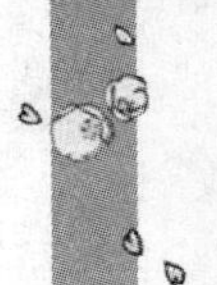

方针和行动纲领的同时，提出了“和平、土地、面包”的口号，并且采用了社会民主党人的土地纲领，将国内工人和农民紧密地团结在一起，获得了众多工人、农民和士兵的拥护和支持。这为俄共(布)取得革命的胜利、确立执政合法性奠定了重要基础。有学者指出：“在全俄工兵代表苏维埃第二次会议上，通过了土地法令，宣布废除地主土地私有制，农民有权分得土地；通过了和平法令，宣布俄国退出世界大战，使饱受战争之苦的俄官兵听到了自己的心声；宣布俄国各民族平等和民族自治原则，承认了芬兰、乌克兰、波罗的海三国等国家的独立，为俄国各族人民之间的合作奠定了基础……这一系列措施大大提高了布尔什维克党的威信，使得苏维埃政权很快就在全国范围‘凯歌行进’。”[①]

最后，列宁领导的俄共(布)能够坚持马克思主义理论与俄国实际相结合，提出经济文化落后的俄国能够进行社会主义革命，这既是俄共(布)获得执政合法性的理论前提，也是其获得执政合法性的重要历史经验。在俄国这样一个经济文化极其落后的国家能否进行社会主义革命，这是十月革命前后党内外争论不休的一个重大理论课题。按照马克思主义的观点，社会主义必须建立在资本主义高度发达的基础之上。包括普列汉诺夫在内的马克思主义者认为，俄国并不具备进行社会主义革命的经济基础和文化前提，并且俄国无产阶级远没有成熟到可以执掌政权的地步，不能过早地将政权强加于它。列宁认为十月革命并非意味着立即实现社会主义，它要解决的仍然只是资产阶级民主革命的任务，他承认“俄国革命直接的迫切的任务是资产阶级民主性的任务”[②]。但是，俄国无产阶级自身的组织性、革命性、先进性，以及俄国所处的特殊的国际国内环境和现实条件决定了俄国无产阶级能够打破帝国主义链条中的薄弱环节，通过暴力革命的方式先取得政权，获得执政地位，再在苏维埃政权和社会主义制度的基础上发展生产力，为社会主义创造必要的物质前提。因此，列宁认为，俄国革命可以越过资产阶级民主革命的阶段，向社会主义革命阶段过渡。列宁强调：既然进行社会主义革命需要一定的前提，“我们为什么不能首先用革命手段取得达到这个一定水平的前提，然后在工农政权和苏维埃制度的基础上赶上别国人民呢?”[③]

三、俄共(布)对执政合法性的巩固：实行正确的路线和方针政策

十月革命胜利后初期，苏维埃政权面临着各种危险，俄共(布)的执政合法性面临着严峻考验。尽管国内环境和形势十分复杂和恶劣，俄共(布)在马克思主义理论的指导下，通过在国内实行正确的路线和方针政策，依靠广大工人和农民的支持，最终克服了困难，战胜了国内外反革命敌人，捍卫了苏维埃政权的执政合法性。

十月革命胜利后，布尔什维克遭遇着除工人、士兵和少数农民以外多数市民、知识分子以及其他政党的孤立和敌视。在极度贫困且防御力薄弱的情况下，苏维埃政权处

① 吴恩远：《十月革命：必然性、历史意义和启迪》，载《世界历史》1997年第5期。
② 《列宁全集》第42卷，人民出版社1986年版，第169页。
③ 《列宁全集》第43卷，人民出版社1987年版，第371页。

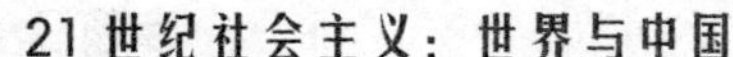

于极不稳固、十分危急的国际环境中，政权的生存面临着极其严峻的考验。卢那察尔斯基在苏维埃政权成立后的第三天写道："困难比所有的预想超出一千倍……到处都是衰败崩溃，并且从各个方面袭来！甚至即使把一切力量集中到一起，俄国可能也无法摆脱这种可怕的境况，而我们必须仅仅依靠布尔什维克的力量来拯救俄国。"[①]俄共(布)面临的执政考验具体表现在：其一，国内其他政党不支持俄共(布)单独执掌政权；其二，俄共(布)面临着如何向工人、农民和士兵兑现"和平、土地、面包"的困难；其三，国内的白卫分子同英、法、美、日等国外敌人相互勾结，对新生的苏维埃政权进行联合绞杀。此外，国内一些旧官员和旧职员消极怠工，使得苏维埃政权的国家机关难以正常运作；一些反动分子寻衅滋事，煽动社会动乱，扰乱社会秩序。这些都使俄共(布)的执政面临随时被推翻的危险境地。在执政合法性受到严重威胁的情况下，列宁领导俄共(布)从以下三个方面着手捍卫执政合法性：

首先，解散立宪会议，通过《被剥削劳动人民权利宣言》，确立俄共(布)的合法执政地位。十月革命后，列宁立即宣布"苏维埃从现在起就是国家政权机关，即拥有全权的决策机关"[②]，以确立苏维埃政权的合法性。此后，按照各民主党派的要求，俄共(布)决定召开立宪会议，要求立宪会议必须服从无产阶级和劳动人民的根本利益，宣布俄国成为工兵农苏维埃共和国，提出了进行社会主义改造的根本任务，形成了《被剥削劳动人民权利宣言》，并提交立宪会议通过。立宪会议否决了提议，宣扬立宪会议是高于一切的全民民主机关，妄图用立宪会议代替苏维埃。1918年1月6日，全俄中央执行委员会颁布法令，并通过武力解散了立宪会议。1月10日，全俄苏维埃第三次代表大会召开，全俄苏维埃代表大会取代了立宪会议的职能，通过了《被剥削劳动人民权利宣言》。至此，立宪会议的解散使得俄共(布)真正执掌了国家政权，俄共(布)的执政合法性得到了完全的确立。

其次，努力兑现"和平、土地、面包"的承诺，巩固党的执政合法性。二月革命后，资产阶级临时政府因没有解决好"和平、土地、面包"问题而丧失了人民的支持，布尔什维克正是因为提出"和平、土地、面包"口号才赢得了工人、农民和士兵的支持。因此，十月革命胜利后初期，全俄苏维埃第二次代表大会便通过了《和平法令》和《土地法令》，向民众表明了兑现承诺的决心。《和平法令》宣布苏维埃政权向各交战国建议立即停止战争，就缔结公正的、民主的和约进行谈判，签订不割地、不赔款的和约。尽管这一法令在形式上满足了俄国人民渴望结束战争、要求和平的愿望，但是并没有得到英、法、美等协约国的响应。事实证明，以法令的形式呼吁结束战争、实现和平只是一种理想主义。最终，苏维埃政府不得不与德国单独媾和，签订割地赔款的《布列斯特和约》，以争取喘息的和平时机，恢复国民经济。《土地法令》宣布废除土地私有权，没收地主、皇族、修道院和教堂的土地，全部土地归国家所有并交给农民使用。根据《土地法令》，

① 沈志华主编：《苏联历史档案选编》第1卷，社会科学文献出版社2002年版，第67页。

② 《列宁全集》第33卷，人民出版社1985年版，第62页。

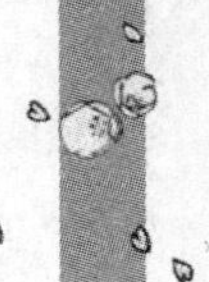

1918年初又颁布了《土地社会化法令》，规定立即无偿地废除土地私有制，将所有土地都变成全民财产并交给耕地的农民使用。土地法令的颁布和土地改革的实行，使贫农、中农获得了1.5亿俄亩的土地和价值3亿卢布的农具，巩固了工农联盟，也巩固了党的执政合法性。然而，对俄共(布)而言，最难兑现的承诺莫过于"面包"。连年的战祸使得俄国经济凋敝，物资匮乏，广大民众常常食不果腹，饥荒严重。1918年1月仅完成计划征粮任务的21.8%，2～3月仅完成36.5%，4月完成14.1%，5月完成12.2%。工人和士兵连维持生命的最起码的食品供应都难以保障，饥饿笼罩全国。为了维持军队和城市的基本粮食供应，俄共(布)不得不强制征粮。这引起了农民的强烈不满。列宁意识到了"面包"问题的重要性，但直到1921年春，这一问题才真正受到党的重视和得到解决。

最后，实行战时共产主义政策，团结工人、农民和士兵共同捍卫新生的苏维埃政权，巩固执政合法性。十月革命胜利后，出于对苏维埃俄国的敌视，俄国国内一些白卫分子勾结外国势力，试图通过战争的手段将新生的政权扼杀在摇篮里。俄共(布)领导不得不在极其艰难的条件和恶劣的环境下团结工人、农民和士兵同敌人进行坚决斗争。1918年7月，全俄中央执行委员会宣布"社会主义祖国在危急中"，号召全国人民全力以赴击退国外反革命势力。"不是胜利，就是死亡！——这就是我们的共同口号。"①在"一切为了前线"的号召下，全俄中央执行委员会通过决议，宣布苏维埃共和国为军营，把党、工会和其他组织的一切活动转入战时轨道，动员全国的人力、物力用于国防的需要，并加强红军的建设。在新生的苏维埃政权处于战争危机之中的极端情况下，为了保卫苏维埃政权，克服国内极其严重的经济困难，苏维埃俄国实施了"战时共产主义"政策：实行余粮收集制，实行工业国有化和普遍劳动义务制，取消商品交换和自由贸易，实行国内贸易国有化和实物配给制。这些政策集中了全国的人力物力，为确保战争的胜利奠定了坚实的基础。经过三年的艰苦斗争，俄共(布)领导工农兵战胜了国内外反革命势力的联合进攻，保卫了苏维埃政权，捍卫了俄共(布)的执政合法性。

四、危机的化解与执政合法性的巩固：实行新经济政策

1920年底国内战争结束后，俄国国民经济濒临崩溃，工厂倒闭，土地荒芜，广大人民极度贫困。就生产力水平而言，俄国倒退了几十年。经济的破坏造成工人队伍的涣散、工人成分的改变和人数的锐减。农业播种面积、粮食产量和牲畜严重缩减。农民因不满余粮收集制而发动普遍的暴动，工人也因饥荒问题而对苏维埃政权不满。1921年2月爆发了喀朗施塔得兵变。要塞区的驻兵声称："拥护没有共产党人参加的苏维埃！""政权归苏维埃，不归党！""建立自由苏维埃！"等。士兵们组织了"临时革命委员会"，声称"统治着祖国的共产党完全脱离群众，没有力量把群众从全面崩溃的现状中

① 《列宁全集》第48卷，人民出版社1987年版，第86页。

拯救出来"[①]。喀朗施塔得兵变是俄共(布)执政以来发生的最严重的政治危机，俄共(布)的执政地位面临着严重的威胁。能否成功化解危机成为俄共(布)执政的直接考验。为了化解执政危机，俄共(布)主要从以下三个方面入手：

首先，废除战时共产主义政策，以粮食税代替余粮收集制，重新获得工人、农民对布尔什维克的信任。喀朗施塔得兵变引发的政治危机暴露了工人、农民对战时共产主义政策的不满，也使俄共(布)的执政合法性产生了动摇。俄共(布)清醒地认识到，尽管战时共产主义政策在政治和军事方面战胜了敌人，但在经济方面则犯有许多错误，社会主义建设"在某种程度上脱离了广大农民群众中所发生的情况"[②]。尤其是，"军事共产主义"是战争和经济破坏所迫才实行的一种临时政策，"它不是而且也不能是一项适应无产阶级经济任务的政策"[③]。为了修补工农联盟裂痕，重新获得农民对俄共(布)的支持和拥护，1921年3月的俄共(布)十大上，列宁领导俄共(布)废除了战时共产主义政策，实行以粮食税代替余粮收集制的新经济政策。大会通过了《关于以实物税代替余粮收集制》的决议，规定农民在纳税后剩余的一切粮食、原料和饲料都可以自由支配，即可以用来改善和巩固自己的经济，提高个人消费，用来交换工业品、手工业品和农产品，这种交换允许在当地经济流转的范围内进行。同时，国家也可以通过采购获得农产品。列宁强调："现在最迫切的就是采取那种能够立刻提高农民经济生产力的办法。只有经过这种办法才能做到既改善工人生活状况，又巩固工农联盟，巩固无产阶级专政。"[④]粮食税政策实施以后，"农村播种面积恢复，农民的生活得到改善，农村和全国克服了1921～1922年的饥荒，农民暴动、骚乱现象开始减少以至消失"[⑤]。农业税逐渐减少，农民的货币收入增加，农村内部的流通变得频繁，推动了农业的发展，也促进了农村人口的增长。政策的及时调整使俄共(布)在较短时间内化解了执政危机。列宁高度评价新经济政策，将战时共产主义政策向新经济政策的转变看作俄共(布)执政的一次考试。他认为，通过它找到了一条"摆脱贫困、饥饿和破产的最正确最可靠的办法"，"归根到底这次考试将决定一切，既决定新经济政策的命运，也决定俄国共产主义政权的命运"[⑥]。

其次，恢复商品交换关系，利用市场的作用实现城乡经济结合，激活农村经济活力，巩固党的执政合法性。按照传统的马克思主义观点，社会主义应当消灭市场和商品货币关系，否则资本主义生产关系就会在商品货币和市场交换的过程中滋生和发展。十月革命胜利后直至战时共产主义时期，俄共(布)党内普遍将商品交换和贸易视为资本主义的经济运行方式。因此，战时共产主义时期，列宁领导俄共(布)直接取消

① 周尚文、叶书宗等：《新编苏联史(1917～1985)》，上海人民出版社1990年版，第69页。
② 《列宁全集》第43卷，人民出版社1987年版，第73页。
③ 《列宁全集》第41卷，人民出版社1986年版，第208页。
④ 《列宁全集》第41卷，人民出版社1986年版，第207页。
⑤ 郑异凡：《新经济政策的俄国》，人民出版社2013年版，第92页。
⑥ 《列宁全集》第43卷，人民出版社1987年版，第77页。

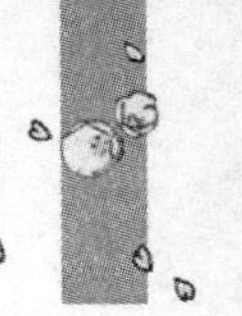

了商品交换和自由贸易，实行国内贸易国有化和实物配给制，试图通过这些方式将旧俄国经济直接过渡到共产主义的生产和分配。然而，战时共产主义的实践及其所引发的经济政治危机表明，“向纯社会主义形式和纯社会主义分配直接过渡，是我们力所不及的，如果我们不能实行退却，即把任务限制在较容易完成的范围内，那我们就有灭亡的危险”[①]。列宁指出：“在小农国家内实现本阶级专政的无产阶级，其正确政策是要用农民所必需的工业品去换取粮食。”[②]“不作这样的退却，我们就不能恢复同农民应有的联系；不作这样的退却，我们就有革命的先头部队向前跑得太远而脱离农民群众的危险。革命的先头部队就不会同农民群众结合，那样就会葬送革命。”[③]因此，列宁领导俄共(布)逐步恢复商品交换关系，利用市场的作用实现城乡经济结合，激活农村经济活力。在政策的实施过程中，由于商品买卖和私人市场发展迅速，商品交换已经越出地方流转的界限，列宁适时提出“必须再退，再后退，从国家资本主义转到由国家调节买卖和货币流通”[④]，将市场作为实现社会主义工业和农民的小商品经济联系的主要途径，在国家调节的基础上全面实现以货币为媒介的商品交换。列宁强调：“只有经过这条道路我们才能恢复经济生活。必须恢复正常的经济关系体系，恢复小农经济，用我们自己的力量来恢复和振兴大工业。不这样我们就不能摆脱危机。别的出路是没有的。”[⑤]商品交换关系的恢复，极大地活跃了城乡商品经济，调动了农民生产生活的积极性，巩固了俄共(布)执政的合法性。

最后，大力发展生产力，大胆探索经济文化落后国家过渡到社会主义的途径，巩固党的执政基础。生产力的高度发达既是共产主义社会的基本特征，也是实现共产主义社会的重要物质基础。十月社会主义革命的胜利是建立在俄国生产力不发达的基础之上的。因此，为了创造向社会主义过渡的前提，俄共(布)执政后的首要任务就是大力发展生产力，提高整个社会的物质文化水平。然而，三年国内战争使得俄共(布)只能为捍卫革命果实而奋勇抗争，根本无暇顾及生产力的发展，反倒引起了生产力发展水平的倒退。生产力的倒退和人民生活的极度贫困动摇了党的执政基础。列宁在《论粮食税》中清醒地认识到：“1918年至1920年的国内战争，特别加剧了我国的经济破坏，阻碍了我国生产力的恢复，其中受害最深的就是无产阶级。加之，1920年的歉收，饲料缺乏，牲畜死亡，这就更严重地阻碍了运输业和工业的恢复……结果，1921年春天形成了这样的政治形势：要求必须立刻采取迅速的、最坚决的、最紧急的办法来改善农民的生活状况和提高他们的生产力。”[⑥]列宁指出：“无产阶级取得国家政权以后，它的最主要最根本的需要就是增加产品数量，大大提高社会生产力。这项在俄共纲领上

---

① 《列宁全集》第43卷，人民出版社1987年版，第278页。
② 《列宁全集》第41卷，人民出版社1986年版，第209页。
③ 《列宁全集》第42卷，人民出版社1986年版，第337页。
④ 《列宁全集》第42卷，人民出版社1986年版，第228页。
⑤ 《列宁全集》第42卷，人民出版社1986年版，第229页。
⑥ 《列宁全集》第41卷，人民出版社1986年版，第207页。

已经明确提出的任务，今天由于战后的经济破坏和饥荒而变得格外紧迫了。”[①]那么，俄共(布)应该如何大大提高社会生产力以巩固执政基础呢？列宁主张发展大工业。无产阶级只有恢复和掌握大工业，以农民生活上、经济上需要的工业品来交换粮食，改善农民的生活状况，提高他们的生产力，才能巩固工农联盟，巩固无产阶级专政。此外，列宁还主张利用国家资本主义的租让制、合作制、代购代销制和租借制等形式发展社会主义工业，活跃小农经济，使小农经济在一定时期内通过自愿联合的方式过渡到大生产。这些措施为工业和农业经济发展注入了活力，既符合经济文化落后国家进行社会主义建设的实际情况，也符合人民的根本利益，为巩固工农联盟，维护俄共(布)执政合法性奠定了重要基础。

五、俄共(布)维系和巩固执政合法性的历史经验

第一，要善于坚持将马克思主义基本原理与实际相结合。将马克思主义基本原理与实际相结合既是俄共(布)取得十月革命胜利的重要方法，也是俄共(布)维系和巩固执政合法性的一条重要历史经验。如前所述，俄共(布)之所以能够及时抓住革命时机，利用有利形势，实现革命的第一阶段向第二阶段的转变，为夺取政权、获得执政合法性创造条件，关键在于列宁领导的俄共(布)能够将马克思主义基本原理同俄国实际相结合。事实上，二月革命后，列宁关于革命转变的思想遭到了加米涅夫等人的极力反对。加米涅夫以俄国资产阶级革命尚未完成为由反对推翻临时政府或取代临时政府，不主张实现革命的转变，也不主张将俄国革命立即转为社会主义革命。列宁指责加米涅夫犯了教条主义的错误，他指出：“马克思主义者必须考虑生动的实际生活，必须考虑现实的确切事实，而不应当抱住昨天的理论不放……谁按旧方式提出资产阶级革命的‘完成’问题，谁就是为死教条而牺牲活的马克思主义。”[②]事实证明，列宁坚持的“活的马克思主义”是符合俄国革命形势的。正是由于对马克思主义的这种活的运用，俄共(布)才适时地抓住了革命的有利形势，取得了十月革命的胜利。执政初期，在俄共(布)面临国内战争结束后严重的经济危机和政治危机之时，列宁再一次将马克思主义理论与俄国实际相结合，大胆地实行粮食税政策，恢复商品交换关系，利用市场的作用实现城乡经济结合，激活农村经济活力，并利用国家资本主义的租让制、合作制、代购代销制和租借制形式发展社会主义工业，活跃小农经济，使小农经济在一定时期通过自愿联合的方式过渡到大生产。这些政策的施行提高了农民生产生活的积极性，为工业和农业经济发展注入了活力，既符合经济文化落后国家进行社会主义建设的实际情况，也为执政危机的化解、工农联盟的巩固奠定了基础。这表明，执政的共产党要善于将马克思主义基本原理同具体实际相结合，大胆探索适合本国国情和本国历史文化特点的社会主义革命和建设道路。

---

① 《列宁全集》第42卷，人民出版社1986年版，第369页。

② 《列宁全集》第29卷，人民出版社1985年版，第139页。

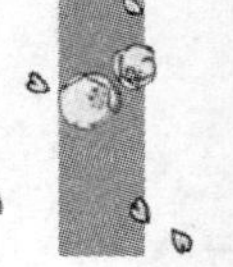

第二，要坚持人民利益至上的原则。人民利益至上的原则既是区分资产阶级政党和无产阶级政党的重要标志，也是无产阶级政党实现革命胜利、解决执政危机和巩固执政合法性的重要原则。无产阶级所处的被压迫、被剥削的地位和历史作用，决定了由它的先锋队所组成的党同人民群众的命运紧密相连，决定了它是人民利益的唯一代表者。无论革命的胜利、政权的巩固还是执政危机的化解，俄共(布)都秉持了这一原则。十月革命前夕，资产阶级临时政府因没有解决好和平、土地和面包问题而失去了人民的支持，布尔什维克正是因为提出"和平、土地、面包"口号，将国内工人、农民和士兵紧密地团结在一起，获得了人民的拥护和支持。十月革命胜利后，俄共(布)颁布法令努力兑现"和平、土地、面包"的口号。国内战争时期，由于实行的余粮收集制等战时共产主义政策极大地损害了农民的利益，造成了农民的普遍不满，引发了农民暴动和党的执政危机。为了化解危机，重新获取农民的信任和支持，俄共(布)及时终止战时共产主义政策，转而实行以粮食税代替余粮收集制、恢复商品交换关系的新经济政策。这一政策的施行，极大地调动了农民的生产积极性，使俄共(布)在较短时间内化解了执政危机。不难看出，对人民利益的重视和维护成为布尔什维克党克敌制胜的重要法宝。因此，无论革命时期还是社会主义建设时期，执政党都应该坚持人民利益至上的原则。

第三，要以发展社会生产力作为党执政的根本任务和要求。按照马克思恩格斯的观点，生产力高度发达既是社会主义的基本特征，也是实现社会主义的重要物质前提。俄国经济文化十分落后的状况决定了俄共(布)执政后的首要任务就是大力发展生产力，提高整个社会的物质文化水平，创造向社会主义过渡的物质前提。沙皇俄国时期，由于沙皇的专制统治阻碍了俄国资本主义的发展，限制、束缚了社会生产力的发展，因而失去了人民的支持和拥护，政权被推翻。三年国内战争时期，俄国社会生产力发展水平的倒退和人民生活的极度贫困动摇了党的执政基础，同样引发了严重的执政危机。但与沙皇不同的是，俄共(布)能够及时采取措施，恢复了商品交换和市场机制，借用国家资本主义的租让制、合作制、代购代销制和租借制形式发展社会主义大工业，活跃小农经济，促进生产力的发展。这些措施为工业和农业经济发展注入了活力，调动了工人和农民生产生活的积极性，既符合经济文化落后国家进行社会主义建设的实际情况，也改善了农民的生活状况。毋庸置疑，对无产阶级政党而言，发展生产力是维系党执政合法性的一个重要因素。党的执政只有促进生产力的发展，才能够获取人民群众的支持，才能巩固执政合法性；反之，如果党的执政不能带来一个国家生产力的发展和社会文明的进步，党的执政合法性就会遭到广大人民的质疑和否定，党的执政地位就岌岌可危。因此，执政党必须以发展生产力作为执政的根本任务和要求。

第四，要充分挖掘执政合法性资源，制定正确的政策，提升执政的有效性。俄共(布)之所以能够夺取政权获得执政合法性，并在执政合法性遭到质疑和否定之时能够及时化解执政危机，关键在于俄共(布)能够充分挖掘和利用执政合法性资源，制定正确的方针政策。十月革命时期，俄共(布)巧妙地利用了旧社会的负面执政合法性资源，制定了正确的政策，为夺取革命的胜利奠定了重要基础。20世纪初，沙皇政府的腐朽、腐败、专制、无能阻碍了俄国经济现代化和政治民主化的历史进程，引发了国内严重的政治危机和经济危机，危机和激烈的社会矛盾交织形成了对沙皇政府执政合法性的否定，引发了二月革命，沙皇政府的专制统治被推翻。二月革命后资产阶级临时政府软弱、涣散、妥协、无能，不仅无法有效行使政府的管理职能，更难以担负起领导俄国无产阶级和人民群众继续进行民主革命的历史重任。经济危机的爆发、社会秩序的混乱以及政局的动荡，形成了对资产阶级临时政府的巨大否定力量。俄共(布)恰当地利用旧社会的负面合法性资源，制定了正确的方针和政策，获得了广大人民的拥护和支持。国内战争结束后，面对严重的政治危机，俄共(布)善于从资本主义制度中寻找积极因素作为执政的合法性资源，巩固执政基础。比如恢复商品交换和市场机制激发工业和农业生产的活力，调动工人、农民生产积极性；再比如利用国家资本主义发展社会主义大工业，发展生产力，提高工业化水平，等等。这些都体现了俄共(布)能够充分挖掘并利用执政合法性资源，制定正确的方针政策，以提高执政的有效性。正如有学者所言："俄共作为执政党，其执政地位是否牢固，执政合法性资源如何开发和利用、执政合法性危机能否消解和避免，归根到底取决于执政党能否采取积极而正确的路线和政策，取决于党的路线和政策能否推进本国国民经济的发展和人民生活水平的提高，以赢得广大民众的信任和拥护。"①因此，执政党需要充分挖掘并善于运用执政合法性资源，制定正确的政策，努力提升执政的有效性，巩固党的执政地位。

① 周尚文：《列宁为维护苏维埃政权合法性的斗争》，载《当代世界与社会主义》2010年第2期。

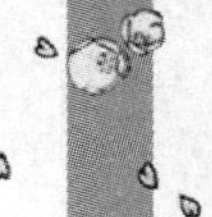

苏共执政后的反宗教运动探析

林清龙
(华侨大学政治与公共管理学院博士研究生)

苏联是一个多宗教的国家,主要宗教有东正教、伊斯兰教、基督教新教、犹太教等,其中东正教在苏联占绝对优势地位,到20世纪初,俄罗斯人口95%都是东正教徒。革命期间,东正教与沙皇专制政府沆瀣一气,攻击马克思主义,教唆人民放弃革命,参与告密和特务活动,残害革命者。有鉴于此,十月革命胜利后,俄共领导人基本上是以阶级斗争的眼光来看待与处理宗教问题的,把东正教会视为沙皇专制的帮凶,列为无产阶级专政的对象。因此俄共在执政后不可避免地出现了左的宗教政策,发生了过激的反宗教运动。

一、苏共反宗教的主要做法

苏共执政后发动"反宗教运动"采取的形式最主要有四种,即分别从经济上、思想上、政治上和组织上进行限制、打击和消灭宗教组织和宗教活动。

(一)用经济手段根本上限制和拔除宗教活动和宗教组织

1917年11月,全俄苏维埃代表大会通过《土地法令》,规定:"一切土地,寺庙、教堂的等土地,一律无偿地取消其原主所有权。"①1918年,《关于教会同国家分离和学校同教会分离》规定:"任何教会和宗教团体都无权占有财产,任何教会和宗教团体都不享有法人的权利;凡在俄国属于教会和宗教团体的全部财产都宣布为人民的财产。"②

1918~1924年是苏维埃政权最困难的时期,苏维埃执行委员会发布《没收教会贵重物品与饥饿作斗争的法令》,遭到教会殊死反抗。列宁指出:"不惜镇压任何反抗来没收教会的贵重物品……特别是最富有的大修道院、修道院、教堂的,都必须无情而果断地、绝对不惜采取一切手段地在最短期限内完成。"③1926年《苏俄刑法典》规定,为了教会或宗教团体利益而强迫募捐,或者教会、宗教组织擅自行使法人权利的,判处六

① 中国社会科学院世界宗教研究所编译:《苏联宗教政策》,中国社会科学出版社1980年版,第8页。
② 中国社会科学院世界宗教研究所编译:《苏联宗教政策》,中国社会科学出版社1980年版,第19页。
③ 转引自郑天星、张雅平编译:《列宁论无神论、宗教和教会》,华文出版社1993年版,第523页。

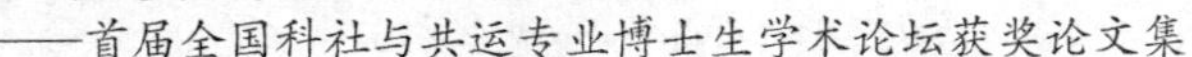

个月以下劳动改造或处罚金。1929年《关于宗教组织的决定》规定，宗教团体和小组不能拥有财产，不能成立互助储蓄会、合作社和生产组织。

1958年10月，苏联部长会议通过了两个决议。第一个决议的要点是："其一，制定寺院土地范围法，其多余的土地必须缩减；其二，在六个月内研究缩减寺院和隐修院数量的可能性。第二个决议是关于提高教会所属企业的税率，并向神职人员征收个人收入所得税。"[①]随后政府提高对教会企业蜡烛厂的税收，并涉及每个教区，根据法令，蜡烛厂必须按每公斤200卢布出售，这个价格使其无利可图，而每个教区的经费支出要依靠蜡烛厂的利润，据统计，莫斯科蜡烛厂的税收提高了1033%，对整个牧首区而言，每月交税额达1200万卢布，而每月用于宗教机关人员薪水和退休费共需2.75亿卢布，交税额已经达到薪金支出的1/20。政府没收教会的大部分土地，所剩无几的部分也被要求缴纳高额税收。1961年末，苏共开展对"宗教组织的财产和祈祷房进行清点"，牧首区的经济基础和来源受到沉重打击。

（二）用思想手段削弱和根除宗教观念和宗教文化

1918年，《关于教会同国家分离和学校同教会分离》规定："在一切讲授普通科目的国立、公立和私立学校中，禁止讲授宗教教义。""禁止在学校里举行任何宗教仪式。"[②]建国初期，俄共进行群众性的反宗教宣传，"把反宗教教育纳入整个学校共产主义教育"，通过"出版有关的科学普及读物，特别是出版很好地阐明宗教的历史和起源的读物"进行反宗教宣传。[③] 1921年，俄共中央全会在《关于违反党纲第十三条和反宗教宣传的问题》中指出："只有科学的马克思主义世界观，才能根除宗教观念"，要以"科学共产主义体系取代宗教世界观"，强调"俄国共产党不是在同任何的个别宗教团体作斗争，而是普遍地同一切宗教世界观作斗争"[④]，规定"任何担任教会神职的人，不管他的职务是多么的不重要，都不得入党……苏维埃党员如同某种宗教信仰发生联系，一律开除出党"[⑤]。

1929年6月，全苏联的反宗教团体成立了"战斗的无神论者协会"，这个半官方组织在1932年明确提出了一个消灭宗教的五年计划，试图在1937年以前彻底铲除宗教，但实践证明该计划忽略宗教之主观的精微处，把反宗教宣传通俗化与简单化。1936年苏联宪法规定，"承认一切公民有……进行反宗教宣传的自由"，以取代先前提出的"宗教宣传自由"。1958年冬，苏共政府对宗教书籍进行大规模清洗，许多宗教报刊、图书被清缴和没收，所有的外文图书资料尤其是有关宗教方面的都被列为敏感图书，并进行严格审查。亚历山大—涅夫斯基寺院的许多珍贵的图书被焚毁。政府颁布《苏联宗教书籍和宗教信仰物品通行证细则》限制宗教方面新的出版行为。"科学无神

① 傅树政：《赫鲁晓夫时期的反宗教运动及其教训》，载《社会科学战线》1993年第2期。

② 中国社会科学院世界宗教研究所编译：《苏联宗教政策》，中国社会科学出版社1980年版，第19、21页。

③ 参见中国社会科学院世界宗教研究所编译：《苏联宗教政策》，中国社会科学出版社1980年版，第49页。

④ 中国社会科学院世界宗教研究所编译：《苏联宗教政策》，中国社会科学出版社1980年版，第42页。

⑤ 中国社会科学院世界宗教研究所编译：《苏联宗教政策》，中国社会科学出版社1980年版，第41页。

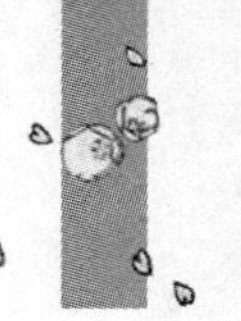

论基础”进入高等学校，学校教学大纲的反宗教方针得到极大加强。在乌克兰，大放反宗教电影《关于干尸的真相》，不惜激怒宗教徒的情绪。

(三)用行政手段打击宗教组织和宗教活动

建国初期俄共发动对宗教的群众性政治大批判，组织群众性的反宗教游行，发动无神论者与宗教神职人员辩论，设立反宗教日和反宗教周。20世纪30年代，斯大林发动“肃反运动”，发布了一些限制宗教团体和宗教活动的通知和条令，实行大力消灭宗教的政策，“在这种激烈的社会震荡中，国家对宗教的态度无疑是更为严厉了。大量的神职人员遭受严厉打击，有的被监禁、被枪杀、有的被驱逐出境，许多寺庙和教堂被拆毁，毁坏教堂甚至成为一种群众性的运动”①。1929～1930年，大部分的教堂遭到关闭，许多修道院和教堂甚至被拆毁，连教堂内珍贵的历史文物也被付之一炬。到苏德战争爆发前，苏联东正教势力遭到大半削减，其他宗教组织如伊斯兰教也受到严重打击。

1958年，苏共通过《关于禁止到“圣地”朝圣的措施》的决议，并派警察强力执行。同时要求地方政府在全国范围内核查清理修道院和教堂的土地及其经济来源，设定缩减教堂和修道院的数量指标，当年取消了91个宗教团体的申请。在滨海边疆区苏恰斯克市，执委会以强制方法逮捕神甫和关闭教堂，引起信徒愤怒。在罗斯托夫州，执委会下令禁止市内各种教堂敲钟，割断大主教电话线，切断教堂自来水管道，迫使教堂关门。

1959～1960年，苏共关闭东正教教会63个修道院和28个隐修院，占总数的近一半，其中包括摩尔达维亚的7个和乌克兰的17个，规定国家不给修道院任何补贴。1960～1964年，关闭教堂两万多座，约三分之二的神学院被关闭。在苏共二十一大上，赫鲁晓夫提出在思想意识形态上克服资本主义残余，为执行会议精神，各地加快关闭教堂行动。政府对教会的反抗实行行政镇压，成立“贯彻宗教法特别部”执行镇压职能，政教关系趋于尖锐化。勃列日涅夫时期，在公共场合进行讲演、布道、出售圣经等宗教活动是违法的，除非经过政府的特别批示。国家开始借用法律来约束、限制宗教的发展，如成立“宗教事务委员会”。进一步增加宗教团体到政府登记的难度，对向青少年进行宗教传播作出严格规定，延续打击、限制宗教发展的政策。1961年10月在苏共二十二大上，赫鲁晓夫大力宣扬要同宗教作斗争，认为反宗教的任务必须加强。1962年夏，开始大大缩减举行圣礼、洗礼、结婚和殡葬的仪式，并进行严格监督。“在这次极端的反宗教运动中，侮辱信徒人格，侵犯他们人身或公民权利的行为也屡屡发生以致激起一些民众的强烈愤慨，并对政府产生了一种‘厌恶感’。”②

(四)用组织手段控制宗教院校和神职人员

1921～1922年，俄国境内遭到首次大饥荒，教会激烈反抗政府没收教会贵重物品

① 孟宪霞:《社会主义国家处理宗教问题的经验教训》，中国社会科学出版社2012年版，第66页。

② 中国社会科学院世界宗教研究所编译:《苏联宗教政策》，中国社会科学出版社1980年版，第75页。

以救济灾民。列宁针对反抗指出："我们在此能枪决的反动僧侣和反动资产阶级代表人物数量越多越好。恰恰在现在，应当教育一下这帮人，以致他们在几十年里都不敢想进行任何反抗。"[①]30年代"在肃反运动的高潮里，每个教徒、每个在教会中做过服务的人都要被过'筛子'，即受到内务部门的严格审查"[②]，东正教神职人员被逮捕流放和枪毙现象司空见惯，并把打击延伸至其家属子女。以高级神职人数来看，"以列宁格勒为例……仅在1937～1938年便比1936年减少2倍，由总数79人减为25人"[③]。

1958年，苏共开始征召神学院学生入伍，以服兵役强制其离校，取消神学院学生在校居住的权利，加强控制神学院招生的人数。严令禁止培养神职牧师的短训班。禁止修道院接受30岁以下的人。1961年，苏共强制缩减列宁格勒地区的神甫，约40％的神甫被"清洗"，流放一批"顽固分子"。各地都出现神甫被逐出寺院的情况，对于信徒们，常常采取降低职务、降薪或从单位开除的手段，在学校中经常发生教师对信徒学生的肉体惩罚。1961～1964年，由于宗教原因被判刑的有1234人，许多人被关入集中营、流放或强制迁徙。总之，苏共从各个方面对宗教发起攻击，苏联东正教和其他教会受到严重打击。

二、苏共反宗教运动的原因分析

苏共执政后反宗教运动有一定的必然性，是各种主客观因素、国内外因素综合作用的结果，具体体现在以下几个方面：

（一）理论原因：片面强调"宗教鸦片论"

十月革命后，鉴于各宗教组织在革命期间的消极表现，以列宁为核心的苏维埃领导人以阶级斗争的角度来看待宗教，把包括东正教会在内的所有宗教列为专政的对象，认为在阶级社会，宗教是一种精神上的劣质酒，是"麻醉人民的鸦片"，是剥削阶级维护自身统治的精神工具。不过列宁时期还能坚持宗教信仰自由原则，注意避免伤害信教者的感情。但后来的苏共领导人片面坚持"宗教鸦片论"，视宗教为敌人，急于用行政手段解决群众的精神信仰问题，使宗教信仰自由政策流于空谈。苏共认为宗教有神论和马克思主义无神论是不相容的，要以"科学共产主义体系取代宗教世界观"，处理宗教问题以消灭为导向。因此，虽然1918年政府通过了关于信仰自由的法令，但该法令形同虚设。

1958年，以赫鲁晓夫为首的苏共领导人坚信共产主义将很快在苏联实现，社会主义时期的种种特征很快会消失，"整个人类的前途光明无限"，这个前途就是共产主义。一些苏共领导人把理论上的"坚信"作为一种党内斗争的武器，打击党内反对派，突出自己在理论上的正确性和正统，显示自身信念的坚定，巩固自身在党内的领导地位。"共产主义将很快实现"的信念尽管能给人民带来激励和鼓舞，但它实质上却是错误的，

---

① 转引自郑天星、张雅平编译：《列宁论无神论、宗教和教会》，华文出版社1993年版，第523页。

② 段德智：《境外宗教渗透与苏东剧变研究》，人民出版社2015年版，第66页。

③ 傅树政、雷丽平：《俄国东正教会与国家(1917～1945)》，社会科学文献出版社2001年版，第155～156页。

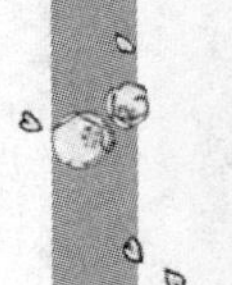

它否定社会主义的长期性，脱离苏联社会的现实，是一种盲目的左倾机会主义路线，对社会主义建设破坏性极大，反宗教运动就是"苏联将很快进入共产主义"的实践之一。

（二）意识形态原因：急于求成地希望在短时间内消除宗教的影响

1919年，俄共（布）八大指出："党力求完全摧毁剥削阶级和宗教宣传组织之间的联系，使劳动群众实际上从宗教偏见中解放出来并组织最广泛的科学教育和反宗教的宣传工作。"①1921年，俄共（布）十大指出："在广大劳动群众中广泛地组织、领导和促进反宗教宣传。"②1923年，《关于宣传、出版、鼓动问题》指出："应当在这些少数民族中组织由各该民族的共产党员组成的反宗教宣传专门小组。"③自苏维埃政权建立后，苏共就一直在全联盟范围内持续不断开展反宗教宣传的群众性活动，希求在短时间内消灭宗教。这些从事反宗教宣传的工作人员形成了相当实力的反宗教社会力量，他们以中高级知识分子为主，是党内上层左倾集团的社会基础。他们认为可以在苏联建成共产主义的公正社会，东正教或上帝的思想在社会上是多余的、反动的，应该抛弃它们，这是苏联社会中存在的左倾盲动力量。后来赫鲁晓夫崛起的依靠力量主要是"思想家集团"和"列宁共青团"，这些人反感任何同情宗教的政策。赫鲁晓夫本人也是反宗教者，他坚信宗教的反动，主张不断加速它的衰亡。他曾对报业巨头赫尔斯特说："人民的教育、科学知识必须推广，要研究大自然规律而不给上帝的宗教留下任何残留之地。"④赫鲁晓夫把同宗教斗争看作是重要的意识形态问题，认为同宗教思想的斗争是向共产主义过渡中的一个有力的武器，同时，苏共领导担心政权上层中的部分人与东正教的复兴运动联合起来动摇向共产主义过渡的信念和权力根基，也是一个很重要的考量。

（三）政治原因：保障政治安全和维护政局稳定的需要

革命期间，以东正教为首的俄国宗教组织与国内外反动势力勾结，反对苏维埃政权，残害革命者，鉴于社会主义运动与宗教的关系，革命胜利后，俄国领导层以反面的视角对待俄国境内所有宗教组织，对境内的所有教会团体实行专政。从某种意义上讲，俄共反宗教运动是巩固新生政权、打击国内外反动势力、维护社会稳定大局和凝聚人心的需要。1958年赫鲁晓夫在苏共二十大上对斯大林的批判，以及二十大后对斯大林造成的冤假错案的纠正，造成了苏联社会和国际共产主义运动的"自由化"结果，加重了苏共党内及各国共产党对他的批判和攻击。为表明共产党人的立场，他表现出自己同资本主义斗争的决心，向宗教进攻就是同"资本主义残余"的斗争，从而向世人显示"解冻"或自由化并非他本愿，反斯大林只是他的政治策略，并不是他作为"马克思

① 中央编译局编：《苏联共产党代表大会、代表会议和中央全会决议汇编》第1分册，人民出版社1964年版，第540页。

② 中央编译局编：《苏联共产党代表大会、代表会议和中央全会决议汇编》第1分册，人民出版社1964年版，第91页。

③ 中央编译局编：《苏联共产党代表大会、代表会议和中央全会决议汇编》第2分册，人民出版社1964年版，第319页。

④ 雷丽平、苗幽燕：《赫鲁晓夫时期的反宗教运动及其教训》，载《东北亚论坛》2009年第3期。

主义者”的最终奋斗目标。

（四）经济原因：以剥夺教会财产来解决经济困境

1921～1923年、1932～1933年和1946～1947年发生的三次大饥荒，加上战争、农民暴动、富农遭到彻底摧毁和国外敌对势力的经济制裁，苏俄经济几度极其困难。据报道，布祖卢克保卫儿童非常委员会主席发往莫斯科的电报称：“我们县出现可怕的局面。饥荒猖獗：饥民吃猫、狗和动物尸体。开始吃死人的尸体。存放待安葬尸体的板棚夜里被盗抢分食。……从12月25～27日埋葬了681人，其中509名儿童。饥民中发生恐慌……请敲响警钟请敲响警钟……否则全县将荒无人烟。”①在严峻的形势下，除了国内外社会各界设法援助外，剥夺教会财产成为解决经济困境的方法之一。50年代末，苏联经济形势再次恶化，国库空虚，苏共采取出售集体农庄新技术、缩减国防开支等措施，试图走出当时的经济困境，但是成效甚微。为解决经济困难，苏共把矛头指向宗教领域，1958年对莫斯科牧首区兑换美元外汇实行限额，从原来的256万卢布缩减为180万卢布；禁止隆重庆祝宗教节日，继续没收教会珍宝。

三、苏共反宗教运动的教训

苏共执政后的反宗教运动，虽有思想解放的积极意义，并使宗教受到了批判，但宗教活动实际上并没有真正停止，人们对宗教的信念仍然存在并潜在地发展，反宗教运动一定程度上反而增强了教徒信仰宗教的信心和决心，实践证明反宗教的做法是不足取的，其中有一些经验教训值得后人注意。

（一）长期用行政命令处理宗教问题

宗教是人类社会发展到一定历史阶段的产物，进入社会主义社会，宗教存在的阶级根源基本消失，但是旧社会遗留的旧思想短期内无法消除，社会生产力的极大提高，物质财富的极大丰富，高度发达的民主、教育、文化等需要长久的奋斗，某些天灾人祸带来的痛苦不可能短期内彻底摆脱，存在一定范围的阶级斗争和复杂的国际环境，因而宗教在社会主义不可避免地还会长期存在，那种认为随着社会主义制度的建立宗教很快就会消亡和仅仅依靠行政命令就可以一举消灭宗教的想法是不现实的。苏共在思想上简单地看待群众的宗教信仰问题，忽视宗教存在的长期性和消灭宗教的艰巨性，长期直接用行政命令打击宗教组织、宗教活动和宗教职能。“在有些地区，某些地方组织和个别人竟然从行政上干涉宗教组织和小组的活动并对神职人员采取了粗暴的态度。”②实践证明，这样的做法犯了过快过急的错误，反而增强了教徒的宗教狂热，导致群众对党和政府离心离德，因此用行政命令不能从根本上解决宗教问题。

（二）违反宗教发展规律

宗教作为一种社会历史文化现象，有其产生、发展和消亡的客观规律，是不以人的

---

① 转引自郑异凡：《苏俄的大饥荒与没收教会珍宝运动》，载《历史教学问题》2009年第4期。

② 段德智：《境外宗教渗透与苏东剧变研究》，人民出版社2015年版，第91页。

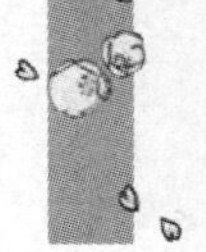

意志为转移的，宗教在现实中的消失是有条件的，不能人为地去消灭它。正如马克思所说："需要有一定的社会物质基础，或一系列的物质生产条件，而这些条件本身又是长期的、痛苦的历史发展的自然产物。"[①]作为执政的共产党，必须尊重宗教发展的客观规律，充分认识宗教存在的长期性。可苏共在认识上发生了偏差，看到的更多是宗教的消极面，而忽视其对社会主义的积极面，从而使宗教左倾政策持续不断，极大地伤害了宗教徒的感情，使教徒的反政府情绪更加强烈，加剧宗教狂热。同时，建立科学的世界观以取代宗教是一个长期的过程，必须有高度发达的经济基础、高水平的文化和高度民主的政治保证。苏共把思想领域的问题上升到阶级斗争的层面，采取强制力量扑灭人民信仰之火的方式，严重违反了意识形态和宗教发展的特有规律。

（三）混淆宗教矛盾性质

在社会主义国家，宗教矛盾问题往往属于人民内部矛盾，共产党作为执政党必须正确认识宗教矛盾的性质，不能用简单粗暴的方式来解决宗教矛盾问题，然而苏共在处理宗教矛盾时一定程度上混淆了敌我矛盾和人民内部矛盾，伤害了神职人员和宗教徒的宗教感情，斯大林时期"肃反运动"对神职人员和宗教徒的人身伤害、赫鲁晓夫时期对神职人员的打击和控制、勃列日涅夫时期的简单粗暴就是典型的例子。苏联无神论教育主管部门对待宗教问题，不是通过说服教育的方式，而是通过指责、歧视和排斥等方式，不但没有解决宗教矛盾，反而激化矛盾。因此各国共产党处理宗教矛盾一定要十分谨慎，从维护社会稳定的大局出发，严格区分和正确处理宗教领域内两类性质不同的矛盾。"对于人们内部的思想认识问题，要坚持团结的方针，坚持民主和教育的方法；对国内外敌对势力的破坏活动，不管它以什么形式出现，都要坚决予以制止和必要的打击。"[②]

（四）未能处理好宗教与民族问题

苏联是个多民族多宗教的国家，宗教信仰具有强烈的民族性，宗教对苏联各民族人民的社会生活和精神世界都有深刻的影响。民族矛盾加剧宗教矛盾，宗教矛盾助长民族纠纷，苏联的民族问题和宗教问题相互交织，呈现出纷繁复杂的态势。执政的共产党处理这些问题时必须十分谨慎，要促进民族和宗教关系的和谐而非相反，然而赫鲁晓夫时期的反宗教运动对所有宗教都是一种沉重的打击，从而植下民族仇恨的种子。

四、苏共处理宗教问题的反思

（一）深刻认识社会主义条件下的宗教存在的长期性

苏共发动的消灭宗教计划，说明苏共"在宗教改革方面存在不妥、不稳、走极端、草

---

① 《马克思恩格斯选集》第2卷，人民出版社2012年版，第142页。

② 中共中央文献研究室、国务院宗教事务局编：《新时期宗教工作文献选编》，宗教文化出版社1995年版，第192页。

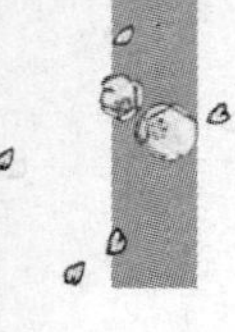

率从事的毛病”[①]。历史和现实都说明宗教存在的根源在于现实社会，现实社会的矛盾斗争和发展不平衡性决定了宗教存在的长期性。社会主义制度建立后，宗教存在的阶级根源已经基本消失，但是其自然根源、心理根源和认识根源依然存在，宗教根源的长期性决定宗教存在的长期性，“宗教走向最终消亡可能比阶级、国家的消亡还有久远”[②]。因此中国共产党必须正确认识社会主义条件下宗教存在的长期性，不能用行政力量去消灭或发展宗教，而要积极引导宗教与社会主义相适应，立足长远，着眼当前，做好宗教工作。

（二）加强宗教法制建设，把宗教工作纳入法治化轨道

建国初期，苏共制定了较正确的宗教政策，但是在执行过程中，却屡屡出现违背宪法的情况，在二战前20年中，斯大林结合其他的政治运动，对宗教的破坏和镇压几乎没有停止过。在苏联，党和党的领导人大于法律已成为苏联国家默认的传统，从政治需要出发，作出违背宪法和法律的决定已不足为奇。斯大林发动的“肃反运动”极大地破坏了社会主义法制，使左的宗教政策横行无忌。赫鲁晓夫反宗教运动就是从政治需要出发的，反映了赫鲁晓夫设想一步跨进共产主义天堂的左的实质。[③] 社会主义必须建立在高度民主和高度法制基础之上，只有加强法制建设，党和政府才能依法对宗教工作进行管理，才能真正做到依法治教，才能使斯大林和赫鲁晓夫等左的错误失去合法性，避免重犯错误。苏共发动的反宗教运动不但破坏国家法制，违背了肯定宗教信仰自由的苏联宪法，更是极大地伤害了教民的宗教感情，而这些人的不满和苏联的解体存在某种关联。因此宗教工作只有纳入法治化轨道，才能使宗教政策保持稳定性，才能有效防范个人意志带来的折腾和摇摆，才能避免伤害教民感情的事件发生。

（三）在宗教工作中践行党的群众路线

宗教是一种群众性的社会现象，宗教问题本质上是群众问题。正确看待信教群众是做好宗教工作的重要前提，信教群众也是群众，党同他们也是血肉关系，同样是党团结和依靠的力量。信教群众和不信教群众都是国家的主人，他们的根本利益是一致的，不能把信教群众视为异己力量。信教群众和不信教群众虽然在信仰上存在差异，但是这种差异是比较次要的，不能不适当地夸大，否则容易把信教群众推到对立面，给党的群众工作带来损害，苏共对宗教信仰的群众性特点认识片面，工作方法简单粗暴，“干出了不少干扰信教群众正常宗教信仰生活，污辱宗教人士和信教群众的事情，伤害了信教群众的宗教感情，也妨碍了宗教信仰自由原则的落实”[④]。因此党和政府要在宗教工作中践行群众路线，做好信教群众的工作。在我国，民族和宗教问题相互交织，我国少数民族中的宗教形态复杂多样，宗教对少数民族的文化、风俗有深刻影响，尊重少数民族群众的宗教信仰就是尊重他们的民族，有利于促进民族团结。

---

① 宫达非：《苏联剧变新探》，世界知识出版社1998年版，第346页。

② 国家宗教事务局组编：《中国特色社会主义宗教理论学习读本》，宗教文化出版社2015年版，第185页。

③ 参见宫达非：《苏联剧变新探》，世界知识出版社1998年版，第96页。

④ 段德智：《境外宗教渗透与苏东剧变研究》，人民出版社2015年版，第66页。

(四)正确把握宗教的作用,积极引导宗教与社会主义社会相适应

习近平在2015年中央统战工作会议指出:“必须辩证看待宗教的社会作用。”[①]宗教是一种文化,是一种群众性的信仰,虽说对人类有麻痹和束缚的一面,但也有满足人民精神需求的一面、调整社会的一面,具有精神慰藉的正面意义。因此无产阶级政党要引导宗教与社会主义相适应,发挥宗教的积极面,抑制其消极面,引导宗教挖掘自身利于和谐的内容,发挥宗教界和广大教民建设社会主义的积极性。苏共反宗教运动期间对于宗教的积极面发挥不够,以消灭宗教为导向,给党和政府的宗教工作造成了严重破坏。苏共处理宗教最大的失误就是没有处理好宗教和社会主义社会相适应的问题,企图用行政手段消灭宗教。正如习近平指出,必须积极引导宗教与中国特色社会主义相适应,“关键是要在‘导’上想得深、看得透、把得准,做到‘导’之有方、‘导’之有力、‘导’之有效,牢牢掌握宗教工作主动权”,“努力实现宗教与社会和谐相处,各宗教和谐相处,信教群众和不信教群众、信仰不同宗教群众和谐相处”[②],构建和谐的宗教关系,引导宗教信徒与非宗教信徒共同致力于实现“两个一百年”奋斗目标和中华民族伟大复兴的中国梦。

---

① 习近平:《巩固发展最广泛的爱国统一战线,为实现中国梦提供广泛力量支持》,载2015年5月21日《人民日报》。

② 《习近平在全国宗教工作会议上强调:发展中国特色社会主义宗教理论,全面提高新形势下宗教工作水平》,载2016年4月24日《人民日报》。

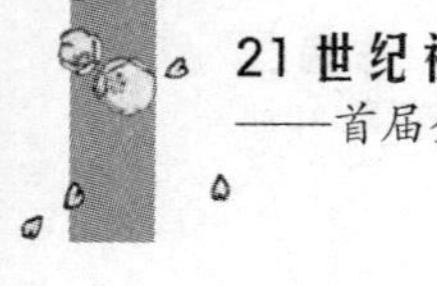

斯大林时代苏联外交的实用主义转型

郭海龙
（中共中央编译局世界发展战略研究部博士研究生）

作为冷战期间唯一挑战西方霸权的国家，苏联外交曾发生过重大转型，而这种转型的关键时期就是斯大林时代。

一、斯大林时代外交转型的内容

斯大林时代苏联外交转型显而易见。莱弗勒（Melvyn P. Leffler）、沈志华等冷战史学者分析了斯大林时代苏联在外交方面的调整。他们指出，与十月革命胜利初期不同，为了维护国家安全的需要，斯大林时代的苏联寄望于国际体系能够维持均势与和平，因此，苏联抑制了共产主义的世界革命理想及对外进攻的战略。在对外目标与结盟政策方面，重拾权力政治与均势逻辑的思维，对其作出淡化意识形态或非意识形态化的改变与调整。但是，来自地理与传统的不安全感和意识形态偏好始终影响着苏联的对外政策，苏联领导人对安全问题的关注，使苏联在建立缓冲区并使其意识形态化方面态度坚决。①

（一）主要表现

1. 列宁时期的外交：革命理想主义外交。第一，发布和平法令，退出一战并号召停战，承认沙俄前殖民地芬兰、波兰、波罗的海三国的独立，与德国签订《布列斯特和约》。第二，战胜国外干涉势力，保卫政权。反对波兰白军的干涉过程中，苏俄红军折戟华沙城下，不得不与波兰媾和；建立第三国际，倡导左翼和被压迫民族联合。第三，新经济政策开始后，苏联打破孤立。苏联在热那亚国际会议上通过《拉巴洛条约》与德国加强联系，在英苏建交后一系列的建交潮中打破孤立。同时，通过新经济政策的“租让法令”等争取外援。

上述这些是列宁时期外交的主流。但在主流之下，存在支流和暗流：1921 年苏联

① 参见［美］梅尔文·莱弗勒：《人心之争——美国、苏联与冷战》（序言），孙闵欣等译，华东师范大学出版社 2012 年版；沈志华主编：《冷战时期苏联与东欧的关系》，北京大学出版社 2006 年版；沈志华：《冷战的起源——战后苏联的对外政策及其转变》，九州出版社 2013 年版。

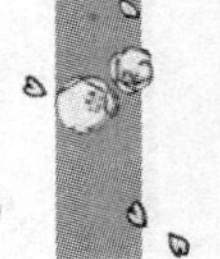

控制外蒙，侵害了中国主权；1923 年，苏联策划了汉堡暴动。因此，不能美化苏俄—苏联[①]外交和平。其领导人尤其是十月革命的领导者列宁和托洛茨基认为，只有一国政治革命成功不能建成社会主义，必须至少是西欧革命成功后对俄国实行革命援助，才能跨越卡夫丁峡谷（不经过资本主义发达阶段直接进入社会主义），实现生产力快速发展，从而完成社会主义的社会革命。因此，1921 年欧洲革命陷入低潮后，除列宁等少数理智者外，多数领导人仍主张发动西欧革命。

总之，当时的和平共处只是权宜之计，服从于世界革命战略。革命前，列宁提出世界革命战略，形成了政治革命方面的“一国首先胜利论”。以此为指南，十月革命借助于一战风云际会获得成功，却未引发世界革命，但列宁不忘初心。他在 1922 年仍在动员：“如果这一点（学习）做到了，我深信，世界革命的前途不但是美好的，而且是非常美好的。”[②]

2. 斯大林时代的外交：“革命”旗号下的实用主义外交。第一，计划经济实施之初，苏联利用西方大萧条，大力引进“过剩的”外资和技术，促进苏联两个五年计划高效实施，一举崛起。第二，通过共产国际倡导反法西斯统一战线，努力在西方国家组成亲苏政府。苏联在西班牙内战中支持人民阵线，并与法国签署互助条约以防范纳粹。第三，在与英、法互不信任的情况下，苏联与“魔鬼”妥协并结盟：与德国签订了《苏德互不侵犯的条约》及附加议定书，与日本签订了《苏日中立条约》，还秘密划分势力范围（苏德划分在东欧的势力范围，苏日互相承认满蒙“独立”）。苏联据此建立了东方战线。第四，在遭到德国闪击后，苏联逐渐与同遭法西斯进攻的英、法、美联合抵抗法西斯，并密谋划分战后势力范围，相关重要会议有德黑兰会议、雅尔塔会议、波茨坦会议。丘吉尔曾在 1944 年到访莫斯科，与斯大林达成秘密协议，苏联与西方在罗马尼亚的权力分配为 90%∶10%，希腊是 10%∶90%，南斯拉夫和匈牙利都各占 50%，保加利亚 75%∶25%。[③] 苏联同时进行调整：限制反西方的宣传，解散共产国际。第五，冷战开始之际谋求势力范围。冷战开始前，苏联积极维持战时合作[④]，在共产党力量取得相当发展的东欧采取“联合政府”而非共产党一党执政的做法，以消除西方的疑惧[⑤]；在意大利、法国、希腊等国共产党问题上苏联与西方妥协，限制共产党，使他们取得政权的希望落空[⑥]；苏联还轻易同意美苏以三八线为界分别占领南北朝鲜半岛，此时离朝鲜半岛最近的美军尚在冲绳[⑦]。冷战开始后苏联开始谋求扩大势力范围，如建立九国

---

① 十月革命建立的政权是苏维埃俄罗斯联邦社会主义共和国，即苏俄；苏俄 1922 年 12 月 30 日加入苏联，即苏维埃社会主义共和国联盟。

② 《列宁选集》第 4 卷，人民出版社 1995 年版，第 729 页。

③ 参见黄宗良、孔寒冰：《世界社会主义史论》，北京大学出版社 2004 年版，第 296 页。

④ John Lewis, *We Know Now: Rethinking Cold War History*, Oxford: Clarendon, 1997; Melvyn P. Leffler, "The Cold War: What Do 'We Know Now'?" *American Historical Review*, Vol. 104, No. 2, 1999, pp. 501-524.

⑤ 参见沈志华：《斯大林的“联合政府”政策及其结局》（上、下），载《俄罗斯研究》2007 年第 5、6 期。

⑥ 参见沈志华主编：《冷战时期苏联与东欧的关系》，北京大学出版社 2006 年版，第 3～6 页。

⑦ 参见沈志华：《斯大林与 1943 年共产国际的解散》，载《探索与争鸣》2008 年第 2 期；刘金质等编：《中朝中韩关系文件资料汇编》，中国社会科学出版社 2000 年版，第 1046 页。

共产党和工人党情报局，在东欧与西方积极展开斗争，强化共产党，使东欧社会民主党“共产党化”，确立一党制、进行所有制改造，使东欧从多党合作的人民民主国家转变为苏联模式下一党主导的现实社会主义国家（南斯拉夫是例外）。与此同时，苏联策划了蒙古独立，有限支援中国革命，策动了朝鲜战争。第六，冷战爆发后，面对马歇尔计划，苏联推出莫洛托夫计划，建立经互会，为了寻找理论依托，斯大林提出“两个平行市场”理论（详见后文）。

总的来说，苏联外交转型前后，都离不开“革命”字眼，革命型意识形态意在改变现状。十月革命后的几年里，苏俄—苏联的和平共处政策和维持现状等外交举措，只是在安全成为布尔什维克政权最迫切的需要时所采取的权宜之计；但在斯大林时代，革命变成了苏联外交的筹码（详见后文）。

（二）主要特征

1. 战略策略上，从等待世界革命转变为谋求势力范围。十月革命后，为了最终建成社会主义，苏俄—苏联领导人从经典理论出发，推动世界革命，在挫败西方干涉之后，进攻华沙、控制外蒙、发动汉堡暴动都是这种表现，但除了控制外蒙外，其他都失败了。世界革命战略的缺陷在十月革命后显现。[①] 苏俄—苏联不得不“先革命，后建设”，等待世界革命。而斯大林则大有不同。二战前，苏联积极维护自身安全。《法苏互助条约》以及《苏德互不侵犯条约》《苏日中立条约》都是这种努力的结果。二战初期，苏联建立了“东方战线”。德国入侵后，苏联联合西方并与西方划分了战后势力范围，东欧被置于苏联控制下。二战结束前后，苏联恪守雅尔塔体系，没有利用他国革命为苏联提供的扩张机遇将希腊、法国、伊朗、土耳其等纳入自身势力范围[②]，因为它们属于西方。斯大林对划分势力范围的考虑优先于革命，苏联的世界革命战略已经让位于划分势力范围。

2. 经济交往上，从经济合作转变为两个平行市场。苏俄的对外经济政策在新经济政策时期是学习西方文明，意在拉平与西方的差距，等待世界革命。为此，列宁提出：“苏维埃政权＋普鲁士的铁路管理制度＋美国的技术和托拉斯组织＋美国的国民教育等等＝总和＝社会主义。”[③]列宁认为，西方革命推迟爆发，为推动生产力发展，就必须千方百计地大力引进西方文明成果。“如果德国革命迟迟不‘诞生’，我们的任务就是学习德国人的国际资本主义，全力仿效这种国家资本主义，要不惜采用独裁的方法，不惜借用野蛮的斗争手段对付野蛮，以促使野蛮的俄罗斯加紧仿效西欧文化。”[④]斯大林时代初期，在西方大萧条之时，苏联尚能引进西方的资本和技术，促进高速工业化。

然而，随着东、西方在二战后的对抗加剧，苏联变得更加封闭。针对“马歇尔计划”及欧洲经济合作组织，苏联则推出了“莫洛托夫计划”和经互会。斯大林 1952 年在《苏

---

① 参见张光明：《社会主义由西方到东方的演进》，云南人民出版社 2005 年版，第 146 页。

② 参见刘志青：《战后初期美苏在伊朗、土耳其、希腊的角逐》，载《甘肃社会科学》2005 年第 5 期。

③ 《列宁全集》第 34 卷，人民出版社 1985 年版，第 520 页。

④ 《列宁选集》第 4 卷，人民出版社 1995 年版，第 494 页。

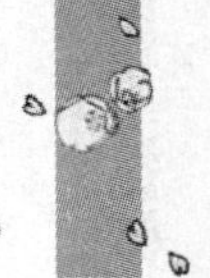

联社会主义经济问题》一书中提出“两个平行市场”理论。要点如下：战后社会主义阵营的出现使资本主义的统一市场瓦解，出现了两个平行的也是相互对立、彼此隔绝的世界市场；社会主义国家在经济上结合起来，建立了合作和互助，特别是由于经济强大的苏联的存在、相互帮助以及求得共同经济高涨的真诚愿望，使这些国家不仅不再需要从资本主义国家输入商品，而且自己还有大量商品输往他国；由于社会主义市场的存在和不断壮大，资本主义市场日渐弱小，从而西方强国的国内经济危机和资本主义体系的总危机逐步加深；由于战争和日益狭窄的国际市场，资本主义各国间的矛盾会进一步激化，大战是不可避免的，而且完全有可能在资本主义阵营内部首先爆发。[①]该理论对各社会主义国家产生了深远影响。

3. 现状满意度上，从现状国家转变为修正主义国家。现状国家是指那些对现存秩序满意并极力要维护的国家，修正主义国家则是指那些对现存秩序极为不满，谋求部分或全面改变，并为此不惜动用武力的国家。相应地，十月革命后初期的苏俄—苏联，在国际上没有破坏现状，基本上是一个现状国家。而到了斯大林时代尤其是二战爆发后，苏联大力破坏现状，最典型的是苏联开辟了东方战线。二战后，苏联在破坏现状方面更进一步，比如情报局的成立、对东欧内政的干预。据此，有说法认为俄国（含苏联）是局限于周边的局部修正主义。[②] 这种说法基本符合常理，但难以涵盖苏联一些远离本土的行为，如古巴导弹危机、在非洲（如安哥拉）破坏现状的行为。

4. 周边外交上，从和平共处到营造安全地带。列宁时期，苏俄—苏联与周边基本和平共处。虽未放弃世界革命战略，但策略灵活的列宁在条件不具备时选择和平共处，先后与德国媾和、签订贸易协定，国际环境比较安定。而斯大林时代，苏联咄咄逼人，周边外交出现摩擦，如中东路事件。在东方战线建立之时苏联沙文主义达到顶峰。二战后，苏联与西方在欧洲划分势力范围，控制东欧，以营造“安全地带”[③]。

（三）在融入国际社会方面与列宁时代的差别

列宁时代，苏俄—苏联在革命理想主义的作用下，试图推进世界革命以促进社会革命最终胜利，而西欧革命陷于低潮，使其不得不与国际社会和平共处，同时把眼光转向了东方。但世界革命仍是其重要使命，这使其与国际社会有利益冲突，其主观上没有意愿、客观上也难以融入国际社会。

到了斯大林时代，“一国社会主义论”成为苏联的指导思想，别国的革命已经不再是苏联的使命，而是其外交筹码，苏联常拿他国革命与西方做利益交换。这点在雅尔塔体系对美苏势力范围划分时对意大利、法国、希腊的共产党武装的安排，在敦促中国国共谈判、利用朝鲜战争防止中国强大等方面都有充分表现。此时，苏联对外意识形态从属于对外现实政治（国际权力结构、地缘政治）。苏联在指导思想上已放弃对西方

① 参见斯大林：《苏联社会主义经济问题》，人民出版社1961年版，第22～24页。

② 参见初智勇：《俄罗斯对外结盟的目标及影响因素》，载《俄罗斯研究》2015年第3期。

③ Melvyn P. Leffler, Odd Arne Westad, *Cambridge History of the Cold War*, Vol. 1, Cambridge: Cambridge University Press, 2010, p. 94.

治下国际体系的颠覆，主观上已无意识形态的羁绊。但客观上，苏联在东欧扩张，刺激了西方的遏制，苏联并未很好融入国际社会，反倒在“两个平行市场”等理论指导下，形成“从波罗的海的什切青到亚得里亚海的的里雅斯特”的“铁幕”，两大阵营壁垒分明。

另外，新经济政策时期苏俄—苏联向西方学习一切先进文明的气魄和胸襟，到斯大林时代已经荡然无存，代之以文化专制、思想僵化、自我标榜。这种自我禁闭也使得苏联在融入国际社会方面迈不开步伐。斯大林时代苏联的外交转型，主观上甩掉了融入国际社会的思想包袱，客观上却因扩张而阻碍了苏联融入国际社会。

(四)斯大林时代苏联外交转型的主要影响

斯大林时代的苏联外交转型及其背后指导思想的变化，产生了一系列突出的成就，使苏联摆脱了孤立主义①，有助于苏联自身安全和巩固大国地位，并成为国际社会两极之一。但也带来了重大的麻烦，使苏联自身陷入一系列外交困局中，耗损了自身的国力，最终拖垮了整个国家。

这种转型产生的影响主要表现在四个方面：

一是使得国际格局发生了根本变化，打破了“西欧中心论”。苏联的实用主义外交促进了苏联崛起，苏联成为国际社会的玩家，在二战前还担任过国联行政院常任理事国(1934～1939年)。二战期间，苏联成为抗击德军的主战场，奠定了战后作为两极之一的地位。二战后，美苏两极格局打破了近代以来从威斯特伐利亚体系、维也纳体系到凡尔赛—华盛顿体系所体现的西欧主导地位，从根本上改变了世界格局。

二是对周边国家造成了更大危害。二战后，苏联的大国沙文主义膨胀，周边国家尤其是东欧深受其害。苏联策动的朝鲜战争把整个世界拖入了第三次世界大战的边缘，其不良影响至今仍然困扰着国际社会。苏联对周边的蚕食政策，在周边新合并或控制了许多国家和地区，取得了空前的版图，给周边许多国家带来了灾难，大则灭国(如波罗的海三国)，小则丧失领土。

三是苏联模式得以强化。苏联外交转型，使苏联更加注重国际交往中用实力说话(一位美国总统曾说过：苏联能听懂的语言就是“你有几个师”)，军事国防工业被置于更突出地位，而卫国战争和战后重建期间苏联模式对战争和战后重建的积极作用，使该体制更巩固。在科技革命兴起之时，该体制仍立足军工，反应迟钝，在国际竞争中劣势渐显。

四是促成了冷战的出现。苏联谋求“安全地带”的对外举措暴露了自身的战略野心，西方认为苏联是在扩张自己的势力范围，从而对苏联实施了遏制政策，冷战由此产生，并持续了近半个世纪。这大大恶化了苏联的地缘政治环境，并且使得苏联不得不长期把经济重心放在国防和军备上，产业结构失衡，模式僵化，最终积重难返。

二、斯大林时代苏联外交转型的动因

斯大林时代苏联的外交转型，虽然表现在对外政策方面，而且因国际形势变化而

① 参见沈志华主编：《冷战时期苏联与东欧的关系》，北京大学出版社2006年版，第4页。

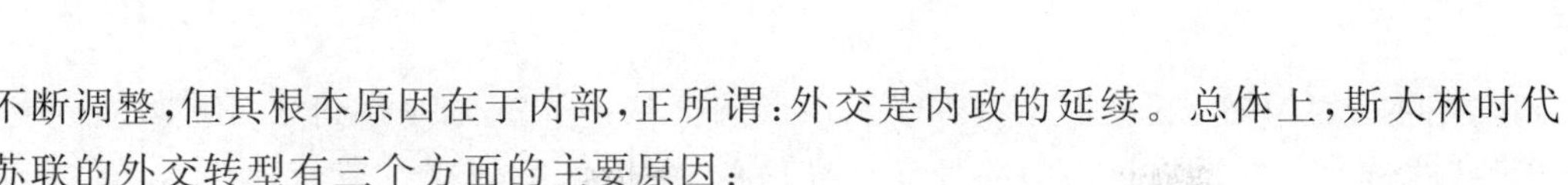

不断调整，但其根本原因在于内部，正所谓：外交是内政的延续。总体上，斯大林时代苏联的外交转型有三个方面的主要原因：

（一）总体指导思想的“大转变”

有一种看法认为，十月革命后，苏俄—苏联始终将意识形态诉求（输出革命）作为对外结盟的考虑因素之一，只是随着国际权力结构、安全环境的变化，对其加以取舍而已。[①] 这种看法只是看到了表面的变化，而没有触及苏联实质上的意识形态更替。

斯大林时代，放弃了世界革命战略的苏联领导集团，从之前注重世界革命战略、主张输出革命，转变为注重现实利益，为了现实的安全、经贸等利益而采取一系列手段，甚至在二战前的关键时刻选择了与法西斯“魔鬼”结盟。这种外交转型，背后正是总体指导思想的“大转变”。

当时，通过党内斗争，以“不断革命论”继续列宁世界革命战略的托洛茨基遭遇失败，主张苏联一个国家就能建成社会主义的斯大林取得胜利，在现实逻辑面前，世界革命战略因存在重大缺陷让位于“一国社会主义论”。

具体来说，当时的世界尤其是列宁抱有很大革命希望的西欧已经不存在革命的形势：一战后的短期动荡已经过去，西欧经济恢复、社会稳定，出现了类似同期美国“柯立芝繁荣”的局面。在这种情况下，托洛茨基的“不断革命论”虽然理论上与马克思恩格斯主张的社会革命方面的“同时胜利论”、列宁的世界革命战略以及政治革命方面的“一国首先胜利论”一脉相承，但是却不符合当时不存在革命形势的客观现实，而斯大林的社会革命方面的“一国建成社会主义论”，对列宁的“一国首先胜利论”进行了穿凿附会，理论上根本站不住脚，但却迎合了当时广大文化水平不高的干部群众“把红旗继续打下去”并看到胜利希望的心理安全需要，因而获得了广大群众和正在形成的官僚集团的拥护。从而在“理论掌握群众”方面战胜了托洛茨基，成为苏联新指导思想的核心组成部分。

以一国建成社会主义为出发点，以斯大林为首的苏联领导人认为，保卫苏联是世界革命的基础。因此，斯大林主政之后苏联外交政策的主导思想已经不再是世界革命、国际主义，而是爱国主义（即民族主义），甚至是民族利己主义，目标是保卫苏联。[②] 二战后期和二战结束后初期，斯大林对于使欧洲实现俄国道路的社会主义并不积极，对于使共产主义主导欧洲态度模糊。[③] 斯大林只是利用国际共产主义运动加强苏联的安全、势力和国际地位[④]，而不是积极推动共产主义革命，因为他更关注苏联的安全、利益和地位。

前述从现状国家到修正主义国家的转变，也反映了苏联外交思想从革命理想主义

---

① 参见初智勇：《俄罗斯对外结盟的目标及影响因素》，载《俄罗斯研究》2015年第3期。

② See Silvio Pons, *Stalin and the Inevitable War, 1936-1941*, London: Frank Cass, 2002, pp.175-181.

③ See Silvio Pons, "Stalin, Togliatti, and the Origins of the Cord War in Europe," *Journal of Cord War Studies*, Spring 2001, p.15.

④ See Adam B. Ulam, *Stalin: The Man and His Era*, New York: The Viking Press, 1973, pp.358-362.

到实用主义的转变，其背后正是苏联意识形态上从世界革命战略到"一国建成社会主义论"的转变。在世界革命战略处于指导地位之时，苏联外交在革命理想主义作用之下，会为了长远革命利益，如推进世界革命的需要或保住政权的需要，而在现实利益面前让步，如签署《布列斯特和约》、承认前沙俄殖民地芬兰和波罗的海三国的独立。但在"一国建成社会主义论"处于指导地位之时，苏联在外交实用主义指导思想之下，不仅不会为了革命理想而在现实利益面前让步，而且在现实利益面前锱铢必较、咄咄逼人，从而在一系列问题上出现了"对抗"色彩，这或多或少成为冷战的诱因。[①]

(二)领导层更替以及领袖人物的个性差异

斯大林时代擅长权力斗争的领导层，取代了列宁时代以知识分子革命家为主的领导层。因此，对外政策上，比起列宁时代革命理想主义作用之下考虑长远安排的外交政策，斯大林时代考虑眼前利益的实用主义成分更为浓厚，手段上也更加隐蔽和不顾原则。此外，作为领袖人物，列宁与斯大林的个性差异也在外交上得到了充分表现。

列宁作为人民委员会主席(政府首脑)坚持民族自决原则，亲自把同意芬兰独立的文件交给芬兰领导人。为了使得苏维埃政权获得喘息机会而极力耐心说服各派接受条件极为苛刻的《布列斯特和约》，以退出一战、缓解一战激化的国内矛盾，最终取得了成功。总之，列宁比较理智，讲究策略，看得长远。

相比之下，斯大林在对外方面虽然一度沿袭了列宁时代的政策，但是中东路事件、《苏德互不侵犯条约》及其附加议定书、《苏日中立条约》、东方战线、卡廷森林惨案等显示了苏联的外交风格迥异于以往。二战末期，德黑兰会议、雅尔塔会议、波茨坦会议可以说是苏联在"和平、合作"幌子下谋求势力范围的集中体现，更进一步暴露出斯大林浓厚的民族利己主义和大国沙文主义倾向。二战后，苏联建立"安全地带"的活动则明确昭示了斯大林的战略野心。

总之，斯大林的外交风格迥异于列宁，其民族利己主义、大国沙文主义思想非常严重。斯大林领导下的苏联存在实用主义或"为达目的，不择手段"马基雅维利式的实用主义外交风格。

(三)客观形势导致的策略调整

斯大林当政之前革命形势低落，苏联经过一战和内战的消耗处于崩溃的边缘，虽然经过新经济政策有所恢复，但苏俄—苏联的实力难以和西方抗衡。这种情况下，苏联为了维持国家安全，不得不与西方和平相处。处在社会主义孤岛上的苏联有一种危机感，害怕政权被颠覆，因此，苏联极力谋求周边国家和地区的友好、合作、结盟，至少是中立化。苏联促使中国外蒙和新疆亲苏就是一个典型的例子。

斯大林战胜各个反对派之后，从大萧条到二战爆发，苏联通过两个五年计划的高速工业化，一跃超过英、法、德，成为欧洲第一、世界第二的工业大国。这种国力增长带

① 苏联与西方的意识形态矛盾使得双方互不信任，西方对苏联的干涉、封锁和孤立也令斯大林等领导人记忆犹新。正是这种不安全感，促使苏联一步步走上了冷战之路。参见[美]沃捷特克·马斯特尼：《斯大林时期的冷战与苏联的安全观》，郭懋安译，广西师范大学出版社2002年版，第18～21页。

来的底气，使得苏联在对外政策上开始积极作为，甚至是肆意妄为，极力拓展自身的利益空间。

与此同时，在国际上，纳粹德国等法西斯国家崛起之初，苏联害怕孤立，积极与西方国家沟通，通过共产国际倡导国际反法西斯统一战线，谋求联合构建集体安全体系。这种政策取得了一定成效：法国、西班牙、英国等出现了人民阵线运动，法国和西班牙还出现了人民阵线组织的政府。在西班牙内战中，苏联积极向西班牙共和派政府提供支持，还积极组织国际纵队，援助西班牙人民阵线政府，发挥了积极作用。此外，苏联还与法国签订了《法苏互助条约》。但是，由于西方国家意图让德国进攻苏联、祸水东引，它们通过实施绥靖政策，刺激了法西斯国家更大的贪欲。而苏联与英法互信不足等因素导致苏联外交出现了180度大转弯：由谋求与英法联合防范法西斯势力，变成了签订《苏德互不侵犯条约》及其秘密议定书，与“魔鬼”结盟。

在这种客观形势变化导致的策略转变的背后，不变的是地缘环境塑造的苏联在国家安全方面的观念与传统：一是与西欧大国通过中欧平原（波德平原）、东欧平原相毗连的苏联，与西欧大国之间一马平川、缺乏地形阻隔，存在着“传统的和本能的不安全感”，这种不安全感加上苏联社会主义孤岛的处境，加剧了其对自身安全的追求。这也印证了一个观点：地缘政治环境与一国的对外政策具有稳定的相关性。在这种不安全感的作用下，苏联通过建立缓冲地带和蚕食周边的渐进式扩张方式来保障自身安全。而苏联认为是保障自身安全的做法，在西方看来却恰恰就是扩张。二是同英国一样，苏联处在欧洲侧翼大国的位置，欧洲中心地带（西欧）发生的变故对它的影响比较间接而迟缓，而且远离西欧大国使得苏联与欧洲大国没有像法—德、意—奥那样的世仇，这就为苏联在选择盟友的时候提供了很大的灵活性。这解释了二战前及二战前期苏联与德—日、英—法这两大集团之间微妙而错综复杂的关系。

三、斯大林时代外交转型对中国的启示

斯大林时代的外交转型影响深远，对苏联后来走上与美国争霸的道路有一定的诱导作用，而这种争霸正是苏联被拖垮乃至最终解体的重要因素。斯大林时代苏联外交转型的经验与教训，对于同样面临西方遏制的、崛起中的中国具有一定的镜鉴意义。我们认为，主要有以下四个方面的启示：

（一）理顺外交和内政的关系，积极融入世界

一般情况下，一个国家内政和外交的正常关系是，外交是内政的延续，外交服从于内政。一个明显的例子是，当今各国的首脑出访，常常带领大批企业家去签订各种经济协议以拓展本国的经济利益。但是，在苏联，外交常常绑架内政。这主要有三个方面的主要原因：

一是由于苏联脱胎于十月革命，而十月革命是以列宁的世界革命战略为指导的，因此，苏联有援助世界革命的基因，这使得它自身的负担明显加重。而后来，输出革命成了苏联对外扩张并与西方争霸的一个旗号和筹码，这使得对外援助的任务绑架了苏

联的一些决策。

二是苏联长期处在社会主义孤岛上，对被颠覆的恐惧超过了一般国家，国防和重工业成为苏联的优选。这种对国防的侧重，在政权建立之初本无可厚非，但到了冷战期间绑架了苏联的国民经济。同时，苏联处在外部诱压型的现代化过程中，对“落后就要挨打”的恐惧也是斯大林等领导人选择优先发展国防和重工业的一个重要原因。斯大林在对外政策方面，总是拿苏联和沙俄对比，以显示出苏联的优越性，比如在《苏日中立条约》签订之时，面对日方的咄咄逼人的挑衅，斯大林针锋相对，以苏联已经不是日俄战争时期的沙俄为由对日方进行了敲打：“所有日本人都要想明白，今日苏联不是那个你们曾经战胜过一次的腐朽沙俄帝国。”①

三是苏联存在与西方的制度竞争。苏联为了显示社会主义的优越性，对国防和重工业等大项目特别重视，这使苏联国力快速提升，苏联领导人的自信大大增强。冷战的制度竞赛，使得这种经济政策已经发生了异化，成为苏联争霸的工具，导致苏联国民经济畸形发展。到了勃列日涅夫时期，国防等重工业居然一度占其GDP的70%以上。

导致苏联外交与内政关系不正常的上述三方面原因，在中国或多或少地存在着，中国作为现存为数不多的社会主义国家中唯一的大国、苏联模式曾经的模仿者和尚未完全成功的改革者，同时也是最大的、崛起中的发展中大国，以前曾经犯过勒紧裤腰带支援世界革命的外交错误，而今已经从节省国力的角度，从以前的错误中吸取了教训，进行了反思，并落实到了实践。这种反思，短期内避免了浪费国力的行为，使得中国可以一心一意搞建设、聚精会神谋发展。

然而，这种反思只是从成本—收益角度进行了总结，尚未从理论上彻底反省。理论上的反省要求人们意识到，社会主义的社会革命是建立在生产力高度发达的基础之上的，没有这一点，即便是夺取了政权，也只是完成了政治革命，要实现社会革命即社会形态的变革还需要漫长的努力。在客观条件不具备的情况下，输出革命、制造革命是一种盲动，所谓“暴力是革命的助产婆”②的说法只是在生产力已经达到了导致社会革命的水平之时才能成立。只有认识到这些，才能从理论上彻底放弃输出革命的错误政策，从而把注意力彻底转移到提升自身综合国力上。当前，对我们而言尤其重要的是经济结构的转型，同时，积极推进改革开放，融入世界，吸纳人类一切文明成果，促进生产力水平和文化水平的提高，通过改革使生产力与生产关系相互协调、相互促进。因此，理顺内政和外交的关系，积极融入国际社会，对于中国对外政策显得尤为必要，这涉及总体战略布局。

（二）长期坚持和平共处五项原则和防御性国防政策

苏联早年和平共处的对外政策，只是苏联领导人认识到世界革命短期内无望之时的权宜之计。到二战爆发之前这一政策已被放弃，相应地，其国防政策也从早年的防

① D. Bergamini, *Japan's Imperial Conspiracy*, New York: William Morrow, 1971, p. 749.

② 《马克思恩格斯全集》第20卷，人民出版社1974年版，第200页。

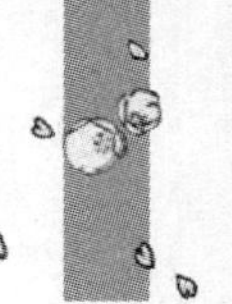

御型国防政策变成了后来驻军东欧、渗透第三世界，并积极谋求全球霸权的扩张型国防政策。

就中国而言，苏联的外交转型、国防政策转变是前车之鉴。相对于苏联早期和平共处政策所具有的权宜之计属性，中国的和平共处五项原则具有长期性。这方面，中国的政策比苏联的政策更具战略性。中国改革开放后放弃输出革命，除朝鲜战争后短暂在朝驻军和参与维和外，基本没有在外驻军。这一点，可以说是吸取了苏联的教训。

不过，近年来，中国在吉布提建立军事基地[①]的消息刺激了一些人的神经。到底是否需要在外建立军事基地，其数量和规模到何种程度才能既满足保护海外利益的客观需要，又不至于过多消耗国力，是中国对外政策转型时期必须面对的一个崭新课题。在一些研究者看来，随着中国国力的上升，中国的国家利益已经扩展到了海外，这些海外利益不得不依靠军事、政治和外交手段加以保护，建立海外军事基地成为中国维护海外利益的前沿阵地。但由于种种历史和现实的原因，中国在建立海外军事基地这一议题上一直谨小慎微。

一般而言，军事基地具有投射军事力量、拓展海外利益、干预地区事务、影响地区格局和推动国际体系转型等功能。[②] 但是，作为奉行防御型国防政策、主张和平发展的负责任大国，中国没必要在海外设立具有完备功能的军事基地，只需要设立有限数目的、能保护海外利益的军事基地即可，理由有三：一是可以避免过多消耗国力；二是可以履行对本国公民的责任，保护正当的海外利益；三是避免与其他国家的矛盾和纠纷，有助于中国的和平发展。

（三）继续推动建立国际政治经济新秩序，避免大国沙文主义和民族利己主义

苏联在斯大林时代的大国沙文主义和民族利己主义，实际上侵害了周边国家的主权和领土完整，中国也深受其害。苏联的做法造成了重大的外交麻烦，并为苏联解体埋下了隐患，比如苏联通过建立东方战线强行并入的立陶宛、拉脱维亚、爱沙尼亚波罗的海三国，在苏联解体时率先宣布独立，引发了加盟共和国脱离苏联的多米诺骨牌效应，成为苏联解体的导火索。

长期以来，中国积极倡导国际关系民主化、主张构建国际政治经济新秩序，比起苏联，这是更为明智的选择，应当长期坚持。中国一贯反对霸权主义，曾经在1950年代末到1960年代末同时对抗美、苏两个超级大国，“两个拳头打人”，虽然付出了巨大代价，但是保持了国家独立、领土完整，赢得了民族尊严。也正是从那个时候起，中国和美、苏被称作“世界大三角”，中国成为名副其实的政治大国。改革开放以来，中国更是明确不与大国结盟，践行独立自主的和平外交，主张国家不分大小一律平等和国际关系民主化，积极努力构建国际政治经济新秩序。这一系列的外交理念和外交实践取得了良好的效果，为中国的和平发展赢得了难得的战略机遇期。

---

① 《外交部未否认“将在吉布提建首个海外军事基地”》，http://news.youth.cn/gn/201505/t20150512_6626736.htm。

② 参见孙德刚、邓海鹏：《海外军事基地的理论解析》，载《国际论坛》2012年第6期。

但是，面对中国近年来崛起的势头，一些恢复朝贡体系的主张涌现了出来，甚至有的研究也把美国的外交关系用朝贡体系的语境进行了分析。[①] 这些主张为研究国际关系提供了新颖的理论视角，实际上是在努力构建新的安全体系，但是，其中也暗含了某些大国沙文主义的因素。对此，应当防止大国沙文主义、民族利己主义因素发酵。

(四)划定“有所作为”的明确界限，避免盲目性

苏联从早年的和平共处政策到冷战时期全球扩张的外交转型，出现了一些盲目行动(比如排斥马歇尔计划、策动金日成发动朝鲜战争)，做出过许多和实力不相称的对外举措(比如盲目发动阿富汗战争)，导致自身在过度扩张中耗损了国力，最后积重难返，导致经济崩溃、国家解体。

近年来，中国外交开始从“韬光养晦”变为“有所作为”。伴随着国力增强，中国正成长为举足轻重的全球性大国，外交战略正在进行着必要的调整。中国在国际公共产品供给方面也积极崭露头角，人民币国际化在金融领域彰显了中国的地位。这些都预示着中国崛起步伐明显加快。中国从被动应对到积极筹谋，取得了一系列外交成果，但是也加剧了与一些国家的对抗。

在这种形势之下，中国“有所作为”的限度在哪里，目前尚未明确。“有所作为”的力度有多强，是大有作为还是小有作为，也是未知数。这种不确定性，正是值得推敲和令人深思之处。当年苏联从和平共处到全球扩张也是经历了在东欧扩张势力范围的局部试探阶段，在捷克斯洛伐克二月事件、波匈事件等未引起西方强烈干预的试探后，苏联的对外政策更加积极主动、更富有扩张性。而勃列日涅夫时期在非洲、中东的一些扩张举动，则把苏联的扩张推向了顶峰，也将苏联经济绑上了国民经济军事化的战车，最终拖垮了苏联经济。最后到戈尔巴乔夫时期，苏联已经衰落到了美国靠口惠而实不至的“援助”就能诱导其崩溃解体的地步。虽然这种危难之下病急乱投医的改革是苏联崩溃的导火索，但是其崩溃的总病根早在苏联外交转型之时已经埋下了(对外扩张——外交绑架内政——国民经济农轻重长期失调——国民经济军事化)。

因此，为了防止会走上苏联过度膨胀的老路，中国需要在“有所作为”细节方面划定明确界限，要张弛有度。事关核心利益的事务，中国应当积极作为；而那些与核心利益无涉的事务，中国继续充当建设性的伙伴即可。当然也不排除为了地区和世界和平与发展而偶尔主动采取某些重大举措。但是，这些主动的举措应当有所克制，只能偶尔为之，不可常态化，以避免过度消耗国力。如果超出国力而导致国力透支，最终将会影响到战略全局和国家命运。

① 参见邝云峰、刘若楠：《美国的朝贡体系》，载《国际政治科学》2013年第4期。

卡尔·考茨基与苏联

李 坤
(北京大学国际关系学院博士研究生)

与其同时代的西欧社会主义理论家相比,第二国际理论家卡尔·考茨基较早地关注了俄国社会主义运动并寄予厚望。1902年,他认为,"斯拉夫人不仅已经跨进革命民族的行列,而且革命思想和革命事业的重心正在日益转向斯拉夫人","从西方接受了革命首创精神的俄国,现在可能成为西方革命动力的泉源"。[①] 而且,相较于马克思和恩格斯的著作,考茨基的作品易读、易懂,他的作品在俄国社会主义者中广为流传。据莫伊拉·唐纳德(Moira Donald)研究,1888～1918年这30年间,俄国共出版了288版次的考茨基作品,其中1905～1906年则有173版次,占了六成;列宁逝世时,除了他自己的作品,他的图书室里收藏最多的就是考茨基的著作。[②] 由此可见,考茨基和俄国社会主义运动紧密相关。十月革命后,考茨基的《无产阶级专政》和列宁的反驳文章《无产阶级革命和叛徒考茨基》更是广为人所熟知。此后,考茨基作为"叛徒"被大家铭记于心,以至于20世纪60年代末著名的第二国际史研究者乔治·豪普特在加拿大作关于考茨基的学术报告时,有不少听众在讨论时竟把"雷涅加特"[德文"Renegat"(叛徒)一词的发音]当作考茨基的名字![③]

十月革命后,考茨基开启了对布尔什维克的批判。他在回忆录中这样写道:"一旦我在某种程度上看清楚了俄国自1917年十月革命以来所发生的情况,我立即就认为自己有义务出来反对它,不仅反对那种认为像俄国这样落后的国家能够在社会主义道路上超过工业的西方这一信念,而且还反对这种妄想:可以用几次强暴的打击把社会主义建设起来,而且是由一个享有特权的少数派在同人民大多数相对抗的情况下来建设社会主义;这个少数派不得不用武力和恐怖来压制人民大多数。"[④]为此,他发表了

① 王学东编:《考茨基文选》,人民出版社2008年版,第90～91页。

② Moira Donald, *Marxism and Revolution: Karl Kautsky and the Russian Marxists, 1900-1924*, New Haven: Yale University Press, 1993, pp. 290-304, 247.

③ [联邦德国]梯尔·舍尔特:《卡尔·考茨基对于国际社会主义工人运动的重要意义——考茨基国际学术会议纪要》,商鼎编译,载《国际共运史研究》1990年第3期。

④ [德]卡尔·考茨基:《一个马克思主义者的成长》,叶至译,三联书店1973年版,第31页。

许多文章：《无产阶级专政》(1918年)、《恐怖主义和共产主义》(1919年)、《从民主制到国家奴隶制：与托洛茨基的辩论》(1921年)、《无产阶级革命及其纲领》(1922年)、《国际和苏维埃俄国》(1925年)、《十月试验的教训》(1925年)、《陷于绝境的布尔什维主义》(1930年)、《五年计划的前景》(1931年)以及他去世后由大卫·舒勃和约瑟夫·舍普伦编译的《社会民主主义对抗共产主义》(1932～1937年)，等等。[①] 他的其他一些关于理论或历史的作品的许多章节，如1927年的《唯物主义历史观》(特别是第二卷关于阶级和国家的部分)和《社会主义者和战争》(1937年)，都直接与反布尔什维主义的斗争有关。[②]

实际上，考茨基并非一开始就批评苏俄。十月革命一周后，考茨基在德国独立社会民主党机关报《社会主义对外政策》上发表了第一篇关于十月革命的文章《布尔什维克的起义》(1917年11月14日，次日该文刊在《莱比锡人民报》上)。该文称赞十月革命为世界历史上第一次由无产阶级在一个伟大的国家掌握了政权[③]，分析了俄国所面临的困难，并寄希望于布尔什维克："他们有非常聪明的同志，很有经验。但是，真实情况的内在困难是巨大的。如果他们成功克服了困难，这将非同寻常。人类历史的一个新时代即将开始。"[④]考茨基还这样称赞俄国无产阶级：他们"完全摆脱了折磨西欧无产阶级的资产阶级传统"，俄国无产阶级的领导者"完全、彻底地"采纳了马克思主义，由此，"俄国无产阶级最先进、最有力量的阶层将会走向一条完全符合马克思主义的道路"[⑤]。考茨基还希望俄国的斗争经验能给西欧以指导，他说："我想他们或许可能当真找到一种使工人阶级事业成功的新方法，西欧各国人民或许可以从这种方法学到一些东西。"[⑥]但是，正是由于俄国的落后，俄国的工人阶级不能实行社会主义，因此它也不应该进行"无产阶级专政"；否则，它将导致"国家政治和社会的瓦解，引起混乱，因此也导致革命在道德上的破产，引起反革命"[⑦]。所以，他寄望于布尔什维克能按期召开

---

① 这些著作一部分没有译成中文，甚至没有译成英文。据约翰·考茨基的研究，1919～1933年间，考茨基在柏林《斗争》和维也纳《社会》杂志上共发表了19篇抨击共产主义和苏维埃政权的文章。(John H. Kautsky, *Karl Kautsky: Marxism, Revolution, and Democracy*, London: Transaction Publishers, 1994, p.18)关于苏维埃政权，考茨基发表了7篇主要作品，在德国出版了至少30篇文章以及大量专门为俄国民众而写的文章。(Moira Donald, *Marxism and Revolution: Karl Kautsky and the Russian Marxists*, 1900-1924, New Haven: Yale University Press, 1993, p.250)

② Massimo L. Salvadori, *Karl Kautsky and the Socialist Revolution*, 1880-1938, London & New York: Verso, 1990, p.251.

③ Massimo L. Salvadori, *Karl Kautsky and the Socialist Revolution*, 1880-1938, London & New York: Verso, 1990, p.223.

④ Massimo L. Salvadori, *Karl Kautsky and the Socialist Revolution*, 1880-1938, London & New York: Verso, 1990, p.224.

⑤ Karl Kautsky, "The Bolsheviki Rising," http://www.marxists.org/archive/kautsky/1918/03/bolsheviki.htm.

⑥ [德]卡尔·考茨基：《陷于绝境的布尔什维主义》，卜君、杨德译，三联书店1965年版，第8页。

⑦ Massimo L. Salvadori, *Karl Kautsky and the Socialist Revolution*, *1880-1938*, London & New York: Verso, 1990, p.224.

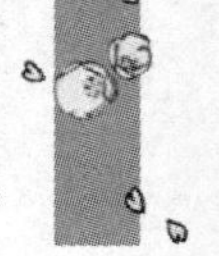

立宪会议，逐步推进民主化进程。

俄历1917年10月26日（公历1917年11月8日）凌晨，在占领冬宫不久后，全俄工兵代表苏维埃第二次代表大会通过了列宁起草的《告工人、士兵和农民书》，它宣布苏维埃政权“将保证按时召开立宪会议”[①]。11月12日（俄历），立宪会议选举，结果却是社会革命党获胜，赢得了40%的选票，而布尔什维克只获得约23%的选票。[②] 立宪会议本来定于11月28日召开，可就在这一天，完全由布尔什维克组成的人民委员会决定将立宪会议的开幕时间推迟至1918年1月5日。但是，1918年1月6日，布尔什维克占多数的全俄苏维埃中央执行委员会以法令的形式解散了立宪会议。这一举措使考茨基对布尔什维克的态度发生了根本转变，也不再认同十月革命的“革命”性质，而认为它是一场“政变”，一场为了个人权力的“政变”；解散立宪会议是布尔什维克的第二次“政变”，他们通过这两次“政变”掌握了国家权力。考茨基和布尔什维克们就俄国革命和社会主义建设展开了一场场辩论。这些辩论的主题包括民主与专政、苏联建设中的具体问题和苏联的前景等问题，关于民主与专政的论战，已有许多文章，本文着重分析后两方面的问题。

一、一战前考茨基关于社会主义建设的观点

1902年，考茨基在《社会革命》的第二部分论述了社会革命后的日子。这被德意志帝国时任首相比洛夫称作“到未来国家去的行动指南”[③]。考茨基认为他不是在为未来做出具体的规划，而是运用正确的方法，基于现已存在的前提条件，像物理学家在真空中研究物体坠落规律一样，研究无产阶级在夺权后所要面对的问题；但是正如前者虽然与现实中的物体下落有偏差而它的规律仍然实际存在一样，后者也会如此。所以，“人们只有首先懂得了这个定律，才能了解这种现象”[④]。

考茨基首先指出，无产阶级一旦夺权后，义不容辞任务就是完善民主制度，实行普选制、政教分离和地方自治，进行裁军和武装人民，实现充分的自由。可以看出，这些措施大都是源自马克思笔下的巴黎公社所采取的措施。但是，不能停留于这些方面，还要消除失业，也即解决工人的贫困问题，这是“凌驾于其他一切问题之上的问题，是无产阶级政权必须首先处理的”[⑤]。解决这一问题关键在于生产资料的社会化，使国营企业成为主要的企业方式，对资本主义企业采取赎买政策。

其次，要不间断地发展生产。考茨基写道：“生产必须继续进行，不能停顿；哪怕只停顿几个星期，就会使整个社会毁灭。”但是，要恢复生产，吸引工人参加劳作，靠的不是“监狱式或兵营式的制度”，要靠一套综合措施：民主的纪律、缩短劳动时间和增加工

① 《列宁选集》第3卷，人民出版社2012年版，第338页。

② 参见闻一：《俄罗斯通史（1917～1991）》，上海社会科学院出版社2013年版，第39页。

③ ［德］卡尔·考茨基：《一个马克思主义者的成长》，叶至译，三联书店1973年版，第23页。

④ 王学东编：《考茨基文选》，人民出版社2008年版，第154页。

⑤ 王学东编：《考茨基文选》，人民出版社2008年版，第157页。

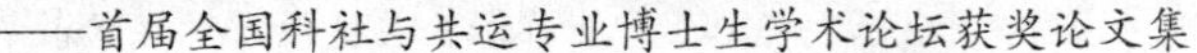

人的工资收入。[①]

此外，考茨基强调，生产资料的所有制形式和劳动报酬的分配方式是多元的。他说："在社会主义社会里，可以有好几种生产资料所有制——国家所有制，地方所有制，消费合作社所有制，生产合作社所有制，私人所有制；也可以有各式各样的企业形式——公办企业，联营企业，合作社企业，私营企业；可以有各种各样的工人报酬形式——固定工资，计时工资，计件工资，原材料、机器用具等的节约提成奖，加班、超产奖；也可以有各种各样的产品周转形式——按合同批发，或向国家和地方商业网点、消费合作社以及生产者本人购买等等。社会主义社会中是完全可能有像目前这样的经济机体的多样性的。它仅仅排除掉目前竞争中的尔虞我诈、钩心斗角、损人利己等等，同时也排除掉剥削者和被剥削者之间的矛盾。"[②]

再次，考茨基探讨了社会主义社会的精神文化生活。他认为，社会主义的精神产品是多元化的。它既可以由中央政府提供，也可以由地方政府或社会团体提供。用他自己的话来说就是"物质生产上的共产主义，精神生产上的无政府主义"[③]。

最后，考茨基分析了无产阶级统治的心理条件，也即人的素质问题。他认为资本主义生产方式已经创造了无产阶级统治所要的具有"才智、纪律和组织才能"的人。他最后总结道："在实现社会主义的经济前提和心理前提都未充分具备之前，不可能出现无产阶级的统治，因而也不可能出现社会革命。"[④]

二、"新官僚阶级统治"

1919 年，考茨基在《恐怖主义和共产主义》中对布尔什维主义进行了全面的批评。他认为布尔什维克的统治即将崩溃，它之所以还能维持自己的统治，是由于它对自己的背叛。"为了取得政权，他们抛弃了自己的民主原则。为了保持自己的政权，他们接着又抛弃了自己的社会主义原则。他们作为个人站住了脚，却牺牲了自己的原则，从而表明自己是真正的机会主义者。"[⑤]因此，它本意是建立一个无阶级的社会，可实际上却形成了一个新的阶级社会和官僚统治机关，这个社会由三个阶级构成："最下一层的一级包括资产阶级、资本家、中小阶级以及知识分子，如果后者表示反对的话。他们被剥夺了一切政治权利，丧失了一切谋生的手段……在这最低阶级之上的是以领取工资的工人为代表的中间阶级。这个阶级享有政治权利……为了拯救工业，不得不形成了一个新的官吏阶级，并使它掌握支配工人的权力。这个新的阶级逐渐把一切实际的和事实上的控制权抓在自己手里，把工人们的自由变成了纯粹虚假的自由……这个新的统治阶级的组成部分是：以前工人代表苏维埃的代表、由他们任命的人员以及一种

① 王学东编：《考茨基文选》，人民出版社 2008 年版，第 163 页。

② 王学东编：《考茨基文选》，人民出版社 2008 年版，第 184 页。

③ 王学东编：《考茨基文选》，人民出版社 2008 年版，第 193 页。

④ 王学东编：《考茨基文选》，人民出版社 2008 年版，第 195 页。

⑤ 中央编译局资料室编：《考茨基言论》，三联书店 1966 年版，第 335 页。

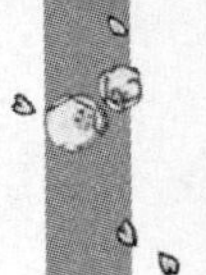

硬性规定的新式官僚系统的成员。这个新的官僚阶级是在共产主义老的理想家和战士的领导下组成的。"[①]这种专制制度实则是一种新的沙皇制。1923年,考茨基在评论苏联对社会革命党人审判的文章中写道:"'合法的'沙皇统治和一个小集团的统治没有实质性的区别,后者是偶然地掌握了权力。住在宫殿里的暴君和由滥用工人和农民的革命而住进克里姆林宫的专制者没有任何区别。"[②]

进入20世纪30年代,考茨基对苏联官僚统治的分析更进一步。他认为,苏联实际上形成了一种新的贵族统治:最下层的是小贵族工业劳动者,在它上面的是共产党大贵族。苏联的贵族统治制度和封建贵族制度不同的是它不是世袭制,统治苏联的执政者"是一个集团,这个集团攫取苏维埃全部机器,它的军队,它的官僚机构和政治警察,它就依靠这些机器,不光是对工会和各级苏维埃,而且也对共产党进行独裁统治,这也就是说,它具有无限权力来对它们进行统治"[③]。这个新的统治阶级由三部分构成:首先是一个控制着生产资料的贵族政治,在它的上面站着一批共产党员贵族,而站在最上面的则是"掌握着党员和官场的命运"的政治警察。[④] 苏联的这种统治使共产党员成了没有原则的伪君子:信口雌黄、阿谀奉承、唯领导是从,这样不可避免地导致了社会的堕落。

最后,考茨基指出了苏联"以党代政"的问题。名义上、法律上的最高统治机关是最高苏维埃,可实际上,苏联是共产党统治一切,更确切地说是共产党的政治局,它是"国家的最高法院和最高行政机关"[⑤]。

三、另类的经济政策

苏维埃政权成立不久,苏俄就面临着内部的反抗和外敌入侵。为了战胜敌人,国家的中心任务只能集中在军事上,一切生产都服务于军事。考茨基把这种实践称作是"兵营社会主义",他在1902年就否定了这样的社会主义,认为这是一种不为生产服务的背离马克思主义的社会主义,所以它不能使生产力的发展更进一步,只会破坏现有的生产力水平;因此,"像旧的资本主义一样,这个新的'共产主义'已经自行产生了它自己的'掘墓人'"[⑥]。

在国内战争开始之前就已经进行的"军事共产主义",曾一度被俄共(布)的领袖们认为是直接向共产主义过渡的捷径,可是,虽然军事共产主义保证了布尔什维克政权在内战中的胜利,但国内却出现了严重的经济危机、生产劳动率下降、遍地农民暴动等等,终于在1921年3月初爆发了震惊全党的喀琅施塔得水兵起义,这表明军事共产主

① [德]卡尔·考茨基:《恐怖主义和共产主义》,马清槐译,三联书店1963年版,第150～151页。

② Karl Kautsky, "The Moscow Trial and the Bolsheviki," http://www.marxists.org/archive/kautsky/1922/xx/twelve.htm.

③ [德]卡尔·考茨基:《陷于绝境的布尔什维主义》,卜君、杨德译,三联书店1965年版,第65页。

④ 王学东编:《考茨基文选》,人民出版社2008年版,第451页。

⑤ [德]卡尔·考茨基:《陷于绝境的布尔什维主义》,卜君、杨德译,三联书店1965年版,第82页。

⑥ [德]卡尔·考茨基:《恐怖主义和共产主义》,马清槐译,三联书店1963年版,第153页。

义不能导致社会主义，更不能借此直接过渡到共产主义。[①] 于是，在同年 3 月召开的俄共(布)第十次代表大会宣布以粮食税代替粮食征收制，苏俄开始了“新经济政策”时期。

关于“新经济政策”，考茨基认为这只不过是挽救苏俄生产力的“一副短暂的缓和剂”[②]。他认为，继续新经济政策威胁了专政的存在，所以斯大林就取消了它。确实，正如布哈林所指出的，新经济政策“新”在它承认了市场关系。市场的发展需要自由、民主的氛围，这恰好与布尔什维克的传统意识相矛盾。即使在新经济政策时期，苏俄的工业生产也没有显著地向前发展，究其原因是“这个缓慢的、头重脚轻的、人为的官僚机构损害了工人阶级的积极性和效率”[③]。所以，考茨基认为新经济政策在 1927 年就结束了。

针对“五年计划”，考茨基认为它是“苏俄绝望的经济形势的结果”[④]。此外，五年计划缺乏一些必备条件。苏联尽管可以从资本主义国家引进一些先进的设备，但是苏联缺乏操作这些机器的现代技术以及掌握这些技术的“现代人”，苏联缺乏培养这种人才的环境——民主制度。苏联尽管可以粗暴地通过强制方法把农民组织起来发展大农业，但它缺少发展大型农业的一切条件——足够的受过科学训练的管理人员、有关农业的科研院所、高标准的劳动者、与城市工人保持密切联系以及高度发展的交通。这些条件只有民主国家内才会出现。[⑤] 由于缺乏进行计划的条件，所以，苏联政府不得不常常修改计划，而且每一个计划都不可能完完全全地执行下去。因此，五年计划实际上是“秩序、反秩序、无秩序，或者是调整、再调整、乱调整”[⑥]。苏联的“经济崩溃是不可避免的”[⑦]。

但是，考茨基并没有因批评而蒙蔽了自己的双眼，他也看到了布尔什维克在“五年计划”中所取得的成就：“在五年计划中间，确实完成了许多巨大的事业，引起资本主义世界和许多社会主义者的惊奇和称羡。”[⑧]但是，这些成就的代价是巨大的，它是不人道的：“同这些巨大的企业的建设密切相关的，是……奴役与人类自尊心的下降”[⑨]，五年计划也没有改善人民的生活状况，反倒是造成了饥荒(1933 年)。因此，考茨基说：“我们在俄国看到的，不是社会主义，而是它的反面。”[⑩]

---

① 参见陆南泉等主编：《苏联真相：对 101 个重要问题的思考》(上)，新华出版社 2010 年版，第 116～117 页。

② Karl Kautsky, "Communism and Socialism," http://www.marxists.org/archive/kautsky/1932/commsoc/index.htm.

③ 王学东编：《考茨基文选》，人民出版社 2008 年版，第 438 页。

④ 王学东编：《考茨基文选》，人民出版社 2008 年版，第 437 页。

⑤ 参见[德]卡尔·考茨基：《陷于绝境的布尔什维主义》，卜君、杨德译，三联书店 1965 年版，第 21 页。

⑥ 王学东编：《考茨基文选》，人民出版社 2008 年版，第 450 页。

⑦ [德]卡尔·考茨基：《陷于绝境的布尔什维主义》，卜君、杨德译，三联书店 1965 年版，第 33 页。

⑧ 王学东编：《考茨基文选》，人民出版社 2008 年版，第 440 页。

⑨ 王学东编：《考茨基文选》，人民出版社 2008 年版，第 441 页。

⑩ 王学东编：《考茨基文选》，人民出版社 2008 年版，第 446 页。

四、布尔什维主义的"缺陷"

考茨基把上述现象的产生归结于布尔什维主义(列宁主义)。列宁在党内建立了自己的独裁,认为通过职业革命家集团便能将俄国翻转过来。考茨基将这形容为"布尔什维主义的原罪"[①]。布尔什维克掌权后便将先前在党内的独裁移植到了国家。布尔什维主义产生在落后的国家里,俄国的条件不利于马克思主义的发展,俄国的马克思主义者不自觉地受到了这些客观条件的影响。所以,"他们往往以一种相当狂热的意义来诠释马克思主义。他们不自觉地把带着马克思主义以前时期的、布朗基主义的或巴枯宁主义的色彩的各种观点,不断地注入马克思主义"[②]。

由于沙皇俄国的专制制度,俄国最初建立的社会主义政党只能是秘密的,但是它要在党内实行民主,用民主手段教育、启发群众。俄国社会民主工党一开始就是这样做的。可是,列宁和其他党员——考茨基称为"彻底的马克思主义者",也即是孟什维克——在组织问题上发生了分歧后,民主就让位于独裁了。所以,考茨基说:"俄国社会民主党是符合于马克思主义而建立起来的一个民主组织。但是,列宁不久就发现,这是一个错误。他开始为党中央机关要求愈来愈大的权力,同时不断地限制党员的权力。"[③]确实,列宁在《怎么办?》中详细地阐明了他的建党原则:以职业革命家集团为核心的秘密的集中组织。所以,考茨基赞同罗莎·卢森堡对俄国社会民主党的组织原则提出的如下批评:这种组织原则"主要是集中于监督党的活动过程而不是使它开花结果,是缩小而不是发展,是束缚而不是联合整个运动"[④]。这是列宁主义的第一个害处——"扼杀和窒息工人运动"[⑤]。除此之外,它的第二个害处是要求对领袖的绝对服从。考茨基说:"像一神教的神一样,独裁者是一个非常嫉妒的神。除他自己以外,他不能容忍有别的神存在……党内如果有人对别的领导者表示更大的信赖的倾向,或者为自己的见解辩护,就会被列宁认为是死敌,要用一切手段和他们进行斗争。""正像任何要成为一个党的独裁者的人一样,要列宁和那些意见上偶然与他有分歧的同志们一起工作,是不可能的。要他和那些品质好的、具有独立思考的同志站在平等的地位一起工作一个时期,那是不可能的。"[⑥]因此,列宁主义对党自身和工人运动后患无穷:"党的知识上的贫乏,工人的知识发展受到阻碍,工人阶级因长期内部冲突而引起的虚弱——这些就是列宁主义的党内独裁甚至在1917年俄国革命以前就已产生的后果。"[⑦]

考茨基认为,从唯物史观来看,布尔什维主义不是马克思主义。考茨基注重的不是马克思和恩格斯得出的每个结论,而是他们的研究方法。他说:"在马克思看来,没

① 王学东编:《考茨基文选》,人民出版社2008年版,第450页。
② 王学东编:《考茨基文选》,人民出版社2008年版,第421页。
③ 王学东编:《考茨基文选》,人民出版社2008年版,第422页。
④ 李宗禹编:《卢森堡文选》,人民出版社2012年版,第124页。
⑤ 王学东编:《考茨基文选》,人民出版社2008年版,第423页。
⑥ 王学东编:《考茨基文选》,人民出版社2008年版,第423~424页。
⑦ 王学东编:《考茨基文选》,人民出版社2008年版,第424页。

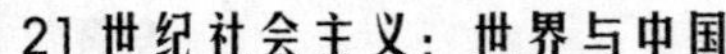
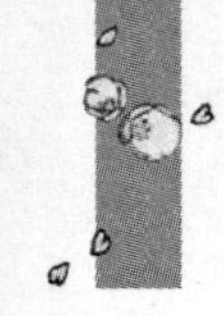

有任何终极的知识，而只有一个不断的学习过程。因此，他自己的学说不能理解为我们必须信仰的一部教条汇编。马克思主义本身只是建立于马克思和恩格斯所提出的一个明确的方法之上的一个明确的学习过程。马克思和恩格斯把这个方法称之为唯物史观，它的本身并不是不可改变的。它像一部机器一样，通过运用中不断积累经验而取得的成果，经常是在改进的。"①不幸的是，布尔什维克掌握政权后，歪曲了马克思主义，把马克思主义教条化了，把它变成了国教。

五、苏联的前景

按照经典马克思主义的观点，俄国不可能进行社会主义革命。但是，布尔什维克之所以这么做，主要是由于两个原因。一是资本主义经济的整体性发展。列宁认为帝国主义是资本主义发展的最高阶段，在这一阶段，垄断组织为了生存，只有在全世界搞资本输出，资本家同盟瓜分世界的斗争必然引起世界大战。世界大战把千百万工人推进死亡的深渊，这样的灾难必然逼迫国际工人阶级奋起革命，彻底埋葬资本主义制度，任何力量都阻挡不住这个必然结局。② 这样从整个资本主义经济发展情况来看，世界已经具备了社会主义革命的条件，俄国可以先开启革命，再由先进的资本主义国家来响应。这也就产生了第二个条件：世界革命理论。布尔什维克希望在俄国革命后西欧国家迅速起来革命，从而在物质上帮助落后的俄国。

1893年，恩格斯致信保·拉法格说："无论是法国人、德国人或英国人，都不能单独赢得消灭资本主义的光荣。如果法国——可能如此——发出信号，那末，斗争的结局将决定于受社会主义影响最深、理论最深入群众的德国；虽然如此，不管是法国还是德国，都还不能保证最终的胜利，只要英国还留在资产阶级手中。无产阶级的解放只能是国际的事业。如果你们想把它变成只是法国人的事业，那你们就会使它成为做不到的事了。"③列宁将这一理论与他的"帝国主义理论"——"帝国主义是无产阶级社会革命的前夜"——相结合，他认为世界大战造成的局势可以由俄国先发出无产阶级革命信号，最后的胜利决定于西欧国家。

1917年，列宁回国之前曾说："俄国无产阶级单靠自己的力量是不能胜利地完成社会主义革命的。但它能使俄国革命具有浩大的声势，从而为社会主义革命创造极好的条件，这在某种意义上说就意味着社会主义革命的开始。这样，俄国无产阶级就会使自己主要的、最忠实的、最可靠的战友——欧洲和美洲的社会主义无产阶级易于进入决战。""帝国主义战争的客观条件，保证了革命不会局限于俄国革命的第一阶段，不会局限于俄国这一个国家。"④所以，苏维埃政权成立后，布尔什维克领导一方面不停

---

① 王学东编：《考茨基文选》，人民出版社2008年版，第407页。

② 参见张光明：《社会主义由西方到东方的演进：从马克思到邓小平的社会主义思想史考察》，云南人民出版社2005年版，第134页。

③ 《马克思恩格斯全集》第39卷，人民出版社1974年版，第87页。

④ 《列宁全集》第29卷，人民出版社1985年版，第91、92页。

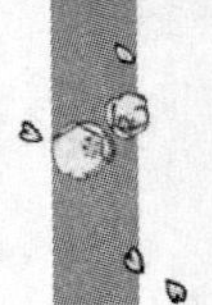

地呼吁、支援西欧的革命，另一方面成立共产国际。尽管在德国有十一月革命、“三月行动”和汉堡起义，匈牙利苏维埃共和国存在了133天，斯洛伐克苏维埃政权存在了三个星期，但是布尔什维克希望的世界革命始终没有到来。

如果说一战后的两三年内，西欧国家曾有社会主义革命的可能性，可是，考茨基在1918年的《无产阶级专政》中就提出了“世界革命不发生，又怎么办呢?”这个问题。考茨基认为当时西欧不会出现这样的革命，依据“是一条马克思主义原则：革命是不能制造出来的，革命是从条件中产生的。但是西欧的条件同俄国的条件是如此不同，以致俄国的革命并不必然定会引起西欧的革命”[①]。这样一种观点，考茨基在十月革命前曾反复强调。列宁等布尔什维克却乐观地认为世界革命即将到来。1918年，列宁认为：“经济事实回答了这个问题(即‘革命形势真正到来了没有?’——引者注)：战争在各地造成的饥荒和经济破坏就意味着革命形势。政治事实也回答了这个问题：从1915年起，陈旧腐朽的社会党分裂的过程，无产阶级群众离开社会沙文主义领袖向左转，转到革命思想、革命情绪、革命领袖方面来的过程，在所有国家清楚地显露出来了……现在呢，在1918年10月底，大家都看见，欧洲许多国家的革命在极迅速地发展。”[②]在共产国际一大上，列宁胸有成竹地说：“第三国际即共产国际的成立是国际苏维埃共和国即将诞生的前兆，是共产主义即将在国际范围内取得胜利的前兆。”[③]次年9月在批评考茨基《恐怖主义和共产主义》的文章中，列宁再一次相信世界革命即将到来：“两年来全世界资产阶级反对俄国无产阶级的战争，鼓舞了全世界的革命者，证明全世界范围内的胜利已近在咫尺，伸手可得。”[④]1920年底，布哈林提出“红色干预权理论”。1923年，图哈切夫斯基曾说：“如果我们在维斯瓦河取得胜利的话，革命的火焰无疑会燃遍整个欧洲大陆……革命从外部输入是可能的。资本主义的欧洲将动摇到根基，那么，也许波兰战役会是十月革命和西欧革命联系的环节。”[⑤]

在《恐怖主义和共产主义》中，考茨基进一步批评了世界革命政策。他认为，正如布尔什维主义是俄国社会主义运动分裂的产物一样，共产国际也是这样，布尔什维克希望用这种手段来推进世界革命只会适得其反，结果只能是“危害世界革命”。他还区分了两种“世界革命”：一种是世界无产阶级力量的增强影响越来越多国家的政治局势；另一种是布尔什维克所理解的，他们幻想通过其他大国的无产阶级革命挽救苏维埃政权，这只能造成革命输出，在全世界引起内战。他指出，民主在西欧已经深深扎根，因此，世界革命的进程“不会按照独裁的路线，也不会利用大炮和机枪，也不会通过消灭自己的政治和社会的敌人，而只会通过民主制度和人道主义”[⑥]。在考茨基看来，

---

① 王学东编：《考茨基文选》，人民出版社2008年版，第357页。

② 《列宁选集》第3卷，人民出版社2012年版，第647页。

③ 《列宁全集》第35卷，人民出版社1985年版，第506页。

④ 《列宁全集》第37卷，人民出版社1986年版，第180～181页。

⑤ 转引自陆南泉等主编：《苏联兴亡史论》(修订版)，人民出版社2004年版，第304～305页。

⑥ [德]卡尔·考茨基：《恐怖主义和共产主义》，马清槐译，三联书店1963年版，第174页。

列宁之所以有这样的幻想，主要是由于他所处的环境以及他对外国不了解。列宁逝世后，考茨基应约写的悼词把列宁和俾斯麦相对比，他指出："列宁对外国的了解不如俾斯麦。俾斯麦仔细地研究他的对外政策所涉及的那些国家及其实力和阶级力量对比。与此相反，列宁虽然曾在西欧侨居数十年，却并没有完全理解西欧的政治和社会特性。他的对内政策完全符合俄国本国的特点，他的对外政策则建立在等待一次世界革命的基础之上，这使每一个了解西欧情况的人必然从一开头就觉得，这是一种幻想。这是俾斯麦和列宁之间的深刻差别……这确实不仅是由于他们两人的才能的性质不同，而且是由于他们活动的环境不同。"①

考茨基还指出，共产国际已经成为苏联的工具，共产党所推行的政策实则是削弱了各国工人的力量，从而造成了墨索里尼和希特勒的成功。考茨基写道："墨索里尼的成功，在不小的程度上，是应该归功于共产党的。使希特勒在德国的胜利成为可能的，也是它们。许多国家的反对派，取得议会的许多议席，也须归功于共产党。"②尽管共产党，进一步说是苏联共产党对纳粹的上台负有一定责任，但是，考茨基认为纳粹兴起的根本原因是世界经济危机。

既然布尔什维克的世界革命没有希望，民主对无产阶级的胜利那么重要，那么苏维埃政权的垮台是不远的事，苏俄的前途在于民主。1918年，考茨基就对布尔什维克统治的前途得出了根本性的结论："俄国的无产阶级的前途不寓于专政之中，而寓于民主之中。"③次年，他认为布尔什维克的统治面临着热月政变的危险。1925年1月，联共(布)中央全会解除了托洛茨基的革命军事委员会主席和海陆军事务人民委员的职务，考茨基认为这件事情已经表明苏维埃政权"显现出崩溃的迹象"，"毫不费力将托洛茨基镇压了，这表明他们队伍中的许多布尔什维克都没有了毅力。一个深陷泥土中的巨人再也不能渡过任何重大危机了；而且，它也不能从内部发展壮大了"④。到了1930年，考茨基认为"俄国的崩溃迫在眉睫"⑤。

考茨基认为，俄国的前途在于民主，但不能寄希望于国外的反苏力量，民主的希望在苏联内部。"应当予以密切的关心，使民主在布尔什维克一旦垮台而随之发生的混乱中顺利地兴起，这对整个文明世界有着最迫切的利害关系。这个民主只能由俄国国内的民主分子去逐步发展。外国干涉反而有害。"⑥所以，考茨基希望苏联国内能出现反布尔什维克的起义。他认为农民起义最有可能成功，因为这种反抗"不是产生于那种能够加以揭露和使之无伤于人的密谋活动，而是从苏维埃制度本身所产生的灾难的必然结果，而对于这种灾难，不论是苏维埃制度的警察也好，还是恐怖手段也好，都无

---

① 《考茨基关于列宁的一封信》，辛庚译，载《国际共运史研究资料》1983年第2期。

② 王学东编：《考茨基文选》，人民出版社2008年版，第454页。

③ 王学东编：《考茨基文选》，人民出版社2008年版，第395页。

④ Karl Kautsky, "The Lessons of the October Experiment," http://www.marxists.org/archive/kautsky/1925/x01/x01.htm.

⑤ [德]卡尔·考茨基：《陷于绝境的布尔什维主义》，卜君、杨德译，三联书店1965版年，第11页。

⑥ [德]卡尔·考茨基：《陷于绝境的布尔什维主义》，卜君、杨德译，三联书店1965年版，第11页。

法使它不发生作用”[①]。但是，单靠农民是不行的，因为农民独自建立不了国家政权。俄国的前途在于农民、工人和信奉民主主义的知识分子一起，“争取建立一个新的国民议会，而由国民会议来制定一部实行议会制的民主共和国宪法”[②]。

关于苏联的未来，考茨基提出了“怎么办”的问题：怎样使苏联摆脱布尔什维克的专制统治，布尔什维克被推翻后又怎么办呢？关于前者，考茨基分析了流亡海外的三股力量——白卫流亡人士、民主主义流亡人士和社会主义流亡人士。这三种力量，对于前者要坚决反对；对于后两种力量要给予必要的支持，并促成他们的联合，因为他们的分歧主要是策略上的。关于后者，考茨基认为需要做以下事情：建立一个民主的议会制共和国，实行联邦制，对土地进行国有化或社会化，不中断生产，在生产经营形式上采取多种方式——考茨基称此为“新的‘新经济政策’”，以自由贸易取代垄断贸易，制定一个民主纲领，等等。这些措施很大程度上重复了他三十年前在《社会革命》第二部分曾提出的主张。

考茨基对苏联前途的核心思想是发展苏联国内的民主力量，并认为社会主义工人国际可以做一些贡献。在民主主义流亡人士和社会主义流亡人士之间的分歧上，社会主义工人国际只要“拥有全部事实材料，就可以使争执的各方获得谅解，不致发生任何征服者和被征服者的问题”[③]。此外，苏联的发展状况与世界尤其是与西欧社会主义运动发展密切相关：“甚至在今天，如果在俄国出现民主的复活，从而得以克服危机并增加社会主义政党的权力，那末，欧洲也还是有希望发生重大事情的……在俄国进行一次民主革命，就将带动整个欧洲朝进步的方向前进。”[④]

六、结语

考茨基对十月革命和苏维埃政权的批评，建立在他对民主、革命的一贯认识的基础上；这些观点形成于一战之前，他的批评并不是对他观点的背叛。对此，熟悉考茨基的奥托·鲍威尔1919年曾说：“谁要想充分了解考茨基的坚定性，就把目前考茨基所主张的反对布尔什维克的思路和20年前所坚持的反对修正主义的思路作一番对比吧”，“考茨基对布尔什维主义的全部批评都出自他同修正主义进行论战时（当时他是所有国家的革命社会党人公认的领袖）曾主张过的同一信念，从那时以来考茨基从来没有‘重新学习’过”。[⑤]

作为发达工业国家的社会主义理论家，考茨基思想的基础建筑在发达的资本主义基础上。“民主”是他思想的重要组成部分。他经历了专制主义、半民主半专制和民主制，亲眼目睹了民主制逐渐给无产阶级革命带来的种种好处；因此，他希望利用民主制

① [德]卡尔·考茨基：《陷于绝境的布尔什维主义》，卜君、杨德译，三联书店1965年版，第105页。
② [德]卡尔·考茨基：《陷于绝境的布尔什维主义》，卜君、杨德译，三联书店1965年版，第110页。
③ [德]卡尔·考茨基：《陷于绝境的布尔什维主义》，卜君、杨德译，三联书店1965年版，第119页。
④ [德]卡尔·考茨基：《陷于绝境的布尔什维主义》，卜君、杨德译，三联书店1965年版，第138页。
⑤ 殷叙彝编：《鲍威尔文选》，人民出版社2008年版，第132、136页。

赢得社会主义革命，在没有民主制的国家里，要建立这种制度。

在落后的国家里建立以先进基础为条件的社会主义，当然就不可能按照马克思主义或考茨基的要求——民主的办法来进行了，只能依靠强制手段。列宁把他的那一套建党主张应用到落后的俄国，造成了党的少数领袖对整个国家的专政。不过，这不是列宁有意为之，他晚年还在反思，要改造党和国家的机构。

落后的俄国不具备建设社会主义应有的文化水平，其结果只能导致领袖的独裁。至于在这么不具备条件的国家建设社会主义，为什么布尔什维克能取得那么大成就，苏联曾有那么大的吸引力，笔者认为，考茨基给出的解释很能说明问题，布尔什维克在不断违背自己的原则下不断取得成功，也不断地在埋葬自己。但是，我们也不能以"目的"来论证"手段"。对此，考茨基也不同意"为了伟大的目标，任何手段都是正当的"这一观点。他曾说："正当的目的并不能够证明任何的手段都是无可指摘的，而只能肯定那种与目的相一致的手段。同目的相反的手段并不会由于目的正当而变成正当的手段……良好的意图可能会原谅那些求助于错误手段的人们；但是这些手段却始终是不可宽恕的，因为手段越是错误，他们可能造成的损害愈大。"①

在经典马克思主义理论中，发达的生产力水平是社会主义的一个先决条件，而非其目的。但是，落后的俄国现实情况显然与马克思主义理论有着巨大的落差。马克思主义或者说布尔什维主义就成了推动俄国现代化、发展生产力的理论武器，布尔什维克不自觉地充当了俄国现代化的执行者。但是，他们仍然认为自己所进行的是"社会主义建设"。为此，他们曾一度遵照马克思主义理论，效法巴黎公社，采取"军事共产主义"政策，取消货币和市场，等等；但无奈于落后的现实，这些试验以失败告终。随后的"新经济政策"在多重原因的影响下也早早结束。事关苏联前途的"世界革命"迟迟未到。斯大林的"一国建成社会主义"理论取得胜利。对此，考茨基准确地看到了资本主义的强大生命力："资本主义在实践中已经极深刻地证明了它的生命力和它对于最多样的甚至最绝望的局面的适应能力，没有任何经济理论上的论据足以令人怀疑它的生命力。"②在这一过程中，布尔什维克没能信守自己的民主承诺，反而是如考茨基所说的建立了一个"新阶级的统治"，它比沙皇专制统治还残酷；苏联建设社会主义的方式是野蛮的、不人道的，不能以社会主义这个"目的"来论证一切手段的合理性，而且，布尔什维克的目的也不是"社会主义"的。所以，考茨基认为苏联是要崩溃的，苏联的前途在于壮大国内的民主力量。

考茨基对苏联的批评，除了双方理论的分歧外，还有一层现实意义。十月革命的成功以及苏俄—苏联取得的巨大成就，刺激了西欧社会民主党的左派人士和各国共产党，他们也想仿照布尔什维克进行自己的革命。列宁认为："布尔什维主义是可供各国效法的典范策略。"③所以，苏联通过共产国际大搞革命输出。考茨基认为当时的西欧

---

① ［德］卡尔·考茨基：《恐怖主义和共产主义》，马清槐译，三联书店1963年版，第157～158页。

② ［德］卡尔·考茨基：《唯物主义历史观》第5分册，上海人民出版社1964年版，第260页。

③ 《列宁选集》第3卷，人民出版社2012年版，第651页。

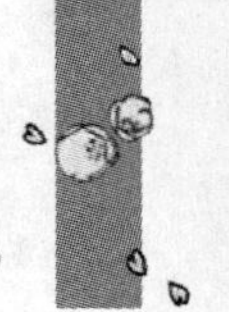

不具备革命的条件，为了防止这种冒进，他觉得有必要通过批评布尔什维克来捍卫马克思主义，避免西欧走向俄国的道路。他曾说："如果列宁是正确的，那么我一生从事传播、运用和发展我的伟大导师马克思和恩格斯的思想的工作，就都是徒劳无功的了。"①

① [德]卡尔·考茨基：《陷于绝境的布尔什维主义》，卜君、杨德译，三联书店1965年版，第7页。

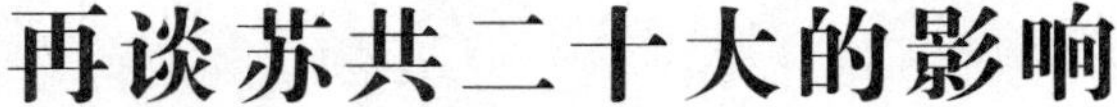

再谈苏共二十大的影响

——世界社会主义改革的视角*

毕　松
（山东大学政治学与公共管理学院博士研究生）

一、苏共二十大概述

提起苏共二十大，大家首先想到的、对世界造成影响更大的是针对斯大林的秘密报告《关于个人崇拜及其后果》。这份报告的主要内容是对斯大林晚年所犯错误的揭露与批评，并列举了20世纪30年代苏联的政治镇压以及40～50年代斯大林清洗党内重要领导人的事实①，整个报告是对斯大林以及对斯大林个人崇拜的批判。被奉若神明的世界社会主义领袖和导师、社会主义阵营各个国家制度以及意识形态的设计者斯大林被残酷批判，一座丰碑就此坍塌，这就是引起世界哗然的原因。

虽然秘密报告《关于个人崇拜及其后果》的影响是世界性的，而且一提到苏共二十大，大家都会想到这份报告，但是这份报告不是苏共二十大的全部，因此，在研究苏共二十大的影响时，不能仅仅局限于研究这份报告的影响。

苏共二十大是斯大林去世后以赫鲁晓夫为首的新一届苏联领导集体主持召开的第一次苏共代表大会。在此次大会上，赫鲁晓夫等领导人提出了与斯大林时代不同的治国理政思路。在对外政策方面，苏联进行了根本性的转变。考虑到资本主义与社会主义两制长期并存的现实，以及避免核战争对人类的毁灭性打击，苏共提出了“和平共处，和平过渡，和平竞赛”的“三和”方针和路线。在国内方面，苏联开启了对斯大林体制改革的序幕。苏共领导层认识到片面发展重工业带来的经济结构失衡问题，提出在保证重工业发展的前提下，大力提高农业和轻工业发展水平，并改善高度集中的管理体制，放松对文化领域的监控，开启了“解冻”大潮。在党内，赫鲁晓夫提出反对个人崇拜、健全法制、采取集体领导、定期会议、干部任期制和轮换制的制度，着手进行针对特权阶层的改革，实行健全党的监督和权力制约体制的改革。

---

* 项目支持：本论文得到国家留学基金委资助（国家建设高水平大学公派研究生项目——联合培养博士）。

① 参见沈志华：《中苏关系史纲》，社会科学文献出版社2014年版，第147页。

可以说，苏共二十大拉开苏联改革的序幕，同时也是世界社会主义运动对传统现实社会主义模式——斯大林模式——进行全面改革的元年。自苏共二十大开始，各个社会主义国家开启了改革的序幕，社会主义模式呈现出多样化的趋势。而苏共二十大作为国际共产主义运动的重要转折点，产生了极其深远的多方面影响。

二、苏共二十大对苏联国内的影响

苏共二十大首先对苏联国内产生了重要影响，是世界上第一个社会主义国家主动调整自己的体制和制度的开始，国内政治生态发生一定的变化。

首先，赫鲁晓夫集团结束了斯大林时期的高压政治，为因肃反扩大化而受无辜牵连的人们平反，并开启批判斯大林的浪潮。苏共二十大结束不久，在赫鲁晓夫的建议下，成立了80多个特别委员会负责复查犯人的案件，之后，莫斯科又派遣近30个委员会，协助调查被流放和"永久定位"罪犯的案子。一时间，平反之风席卷整个苏联，在很短的时间内，近900万人得以恢复名誉。[①] 对于这些人来说，恢复名誉是至关重要的，因为这意味着他们可以重新获得一些直接关系到生活的待遇，比如工作、住所、医疗福利等。对于这些因肃反扩大化而获罪的精英，平反无疑给了他们一份生活保险单。同时，高压政治的结束，意味着党内没有任何人能够像斯大林那样掌握绝对的权力，随时发起清洗运动，党内精英不用再经历战战兢兢的日子了。从这一方面看，苏共二十大是有着积极影响的。而在全国范围内展开的批判斯大林的运动则是值得商榷的，以斯大林命名的各城市、街道、广场、工厂统统改名，伏尔加—顿河上的斯大林青铜像被拉倒熔化。就这样，在苏共二十大后，斯大林由亿万人崇拜的革命导师、伟大领袖一夜间变为群众运动激烈批判的对象，这是割裂历史的表现，并不可取。

其次，苏共开始了针对斯大林模式的改革。斯大林模式在苏联初期发挥了重要作用，使得落后的苏联一跃成为欧洲第一世界第二、与美国平分天下的超级大国，并取得反法西斯战争的伟大胜利，这无可置疑地显示了斯大林模式的优越性。但随着二战后国际局势和世界主题的改变，斯大林模式暴露出了自身的问题，阻碍了苏联国家社会的进一步发展，苏联社会主义发展到了改革的时刻。第一，苏共二十大后，赫鲁晓夫在坚持重工业优先发展的基础上，在农业和国民经济管理方面进行了一定的改革。针对粮食减产的情况，赫鲁晓夫采取了物质利益原则，使农业的收益与实际生产成果相挂钩，重视个人利益，提高粮食收购价格，扩大集体农庄的经营自主权。[②] 此外，赫鲁晓夫还发动了开垦荒地的运动。第二，苏共还对国民经济管理体制进行了变革，以区域管理代替部门为主体的管理，扩大地方和企业的自主性，并把全国划成105个经济行政区，每个行政区都设立国民经济委员会。第三，改革党内制度，实行集体领导、定期会议制度，扩大党内民主，破除个人崇拜。第四，在社会领域，苏联也进行了一些改革，

---

① 参见张树德：《毛泽东与赫鲁晓夫决裂前后》，中国青年出版社2012年版，第60页。

② 参见李永全：《苏联改革历史回顾——从赫鲁晓夫到戈尔巴乔夫》，载《当代世界与社会主义》2016年第1期。

人们从公共住房搬入了单独住宅。赫鲁晓夫的改革在农业领域、科技领域取得过短期的成效，但因其缺乏改革总体计划、赫鲁晓夫个人性格急躁并追求被自己否定的个人崇拜、个人专断独行等原因，改革并未对斯大林模式的弊端进行彻底纠正，而之后的几届领导人也都尝试改革，但效果不佳，最终，因戈尔巴乔夫改革的无原则性和无底线性，导致了苏联的解体。无论改革的结果如何，正是苏共二十大开启了苏联改革的大幕，苏共的亡党亡国不能归咎于进行了改革，不管从历史还是现实的角度，对于斯大林模式的改革是一定要进行的，问题在于应该怎么改革。苏联的悲剧在于其改革的方向、性质、计划和内容偏离社会主义方向，即赫鲁晓夫领导集团将其改革的基本方向逐渐演变成对苏联社会主义基本经济政治制度的否定，为日后苏共垮台和倒塌开掘了第一锄，也可以被称为关键的第一锄。[①] 换言之，苏共的领导层认识到了改革的重要性，但没有弄清楚应该如何进行社会主义改革。

最后，苏共二十大开启了苏联的“解冻”思潮，但也造成了大众的思想混乱。在斯大林时代，对于文学艺术和新闻制定了严格的审查制度，在培养了一批拥护体制的作家和艺术家的同时，大量的知识分子沦为清洗的对象，被投入集中营的文化界人士不计其数。这些使得苏联“文化产出”在质量和数量上迅速下滑。苏共二十大之后，苏联的文化“解冻”出现激进化的趋势，赫鲁晓夫等领导集团改变斯大林在思想文化领域的斗争方式，破除斯大林不少僵化的理论公式，放宽对于社会主义现实主义的定义，解放发展科学文化和艺术的生产力，加强中央领导和知识分子的互动。可以说，这些措施在很大程度上有利于人们冲破思想禁锢，大大推动了思想文化和科学艺术的发展。索尔仁尼琴描写集中营生活的小说《伊凡·杰尼索维奇的一天》一经出版，便在国内引起轰动，人们开始对自己曾经毫不知晓的历史进行反思。秘密报告对斯大林的批判使得人们陷入了深深的信仰危机。要知道，在之前，斯大林被描绘成战无不胜、人格完美的社会主义领航者和革命导师，斯大林在秘密报告事件之前是被奉若神明的。而秘密报告在没有任何理论、宣传和实践铺垫的情况下，无情地鞭笞斯大林，对普通民众的精神造成了深深的打击。人们感到苏联之前的宣传是虚假的，大清洗是残酷无情的，个人崇拜是登峰造极的，一种深深的被欺骗感在每个人的心中回荡，人们接受不了昔日的完美无缺的领袖被描绘成嗜血的刽子手这一事实，尤其在报告的第三部分“斯大林的独断专行导致了卫国战争过程中特别严重的后果”几乎与之前宣传的二战传奇斯大林判若天地，很多人的信仰受到严重冲击。人们的内心充溢着对苏联斯大林主义弥天大谎的惊恐和愤慨与对社会主义信仰忠诚的矛盾。一些人还是坚信社会主义，而与此同时，反社会主义的激进运动开始出现。可以说，苏共二十大之后，苏共的合法性在民众的心目中出现了一定程度的下降，国家意识形态对文化精英的控制力和吸引不断减弱。[②]

三、苏共二十大对世界社会主义运动的影响

苏共二十大对于世界的影响是广泛而深远的，用毛泽东的话是“揭了盖子，捅了篓

① 参见李慎明：《居安思危——苏共亡党二十年的思考》，社会科学文献出版社2012年版，第21页。

② 参见祖博克：《失败的帝国：从斯大林到戈尔巴乔夫》，社会科学文献出版社2014年版，第227页。

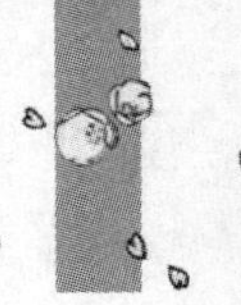

子”。社会主义阵营的各个国家共产党对于苏共二十大的不同评价造成了原本团结的社会主义阵营出现裂痕。除此之外，各国共产党也从此跳出斯大林模式的禁锢，开始大规模地探索适合自己国情的社会主义道路。

苏共二十大后，社会主义阵营面临着一次大的危机。波匈事件就是由苏共二十大直接推动的。东欧社会主义国家是二战时苏联红军解放的产物，其采用的完全是照搬苏联模式建立和建设社会主义。这种外力强加的制度模式并不完全适合各国国情，这使得各国在走上社会主义道路之初就期盼改革。当赫鲁晓夫在“秘密报告”中对斯大林的错误进行揭露后，东欧国家的人民要求其领导人纠正过去的错误，为冤假错案进行平反昭雪，出现了要求摆脱斯大林模式、摆脱苏联控制的社会情绪。面对突如其来的冲击，一些东欧国家的领导人不知所措。当时正在莫斯科率领波兰统一工人党代表团参加苏共二十大的总书记贝鲁特在表态时讲道：“我们怀着悲伤的心情得知斯大林做坏事的消息，波兰人民那么感谢斯大林，感谢他的智慧和援助……”，他经不起这样的打击，没能随波兰代表团回国，于3月12日在莫斯科猝然去世。新任领导人宣布平反冤假错案，承认对1948年在斯大林授意下对当时党的总书记哥穆尔卡的批判是错误的，数以千计的曾遭到囚禁的无辜公民平反出狱。波兰人民要求摆脱苏联控制，谋求实际意义上独立的愿望高涨。而波兹南事件发生后，波兰出现了大的社会动荡。受波兰影响，匈牙利提出了以反对苏联模式和苏联控制为主要内容的“十六点要求”。随着事件的扩大，苏联两次出兵干预，并爆发严重的流血冲突，历时13天的事件给匈牙利国家和人民带来了巨大的物质损失和人员伤亡。据不完全统计，经济损失相当于全年国民生产总值的3/4。1991年匈牙利政府公布了一份当年的绝密报告：事件中死亡人数共计2700人，其中体力劳动者1330人，大专院校学生44名，中学生196人。另有20余万匈牙利人逃往西方。匈党党员纷纷退党，人数由87.1万骤降至不到3.8万，匈牙利社会主义的名誉也受到很大破坏，民众提出了各种各样混乱而激进的要求。[①] 赫鲁晓夫粗暴干涉两国内政，以苏共是“老子党”自居，不当的处理方式严重伤害了兄弟政党之间的感情，充分地表现了其大国沙文主义，事实上为社会主义阵营分裂埋下伏笔。而这份秘密报告流出到美国之后迅速在全世界传播，导致的是西方世界对于苏共和共产主义的大加抨击，全世界出现了反苏反共高潮，帝国主义幸灾乐祸，借此大力宣传西方自由民主制度的优越性，而反观以苏联为首的国际共产主义队伍思想混乱。从这个层面上来看，苏共二十大及其秘密报告在短期内大大损害了社会主义阵营的团结，降低了苏联的威信，表现了苏共对待兄弟党的独裁一面，其影响非常恶劣。

从长远来看，苏共二十大传递的改革信号和秘密报告“揭了斯大林的盖子”，成为世界社会主义运动突破传统的、唯一的苏联社会主义模式的开端，正是在打破了对斯大林的个人崇拜之后，苏共才有可能进一步探索苏联社会主义建设的新道路，其他社

---

① 参见孔寒冰、郭洁：《1956年匈牙利事件：“反革命案件”还是“人民起义”?》，http://history.people.com.cn/GB/198306/13084491.html。

会主义国家才开始了对社会主义的进一步思考和改革。[①] 除了上文提到苏联各领导人引领的各种改革和波兰、匈牙利的实践，还发生了例如“布拉格之春”的改革。如果说社会主义500年先后经历了“由空想到科学”“由理论到实践”“由一国到多国”三次历史性飞跃的话，那么，自苏共二十大开始的各国共产党探索适合本国国情发展道路的试验和实践就可以看作是世界社会主义运动的第四次飞跃，即“由统一模式到多样模式”的飞跃。从这个角度来看，苏共二十大具有划时代的意义，是社会主义改革时代的开启元年。虽然从这层意义上来说，苏共二十大有积极影响，但是开启社会主义改革的时代一定要以社会主义阵营的分裂和国际共产党思想混乱为代价吗？难道当时就没有更好的方式开启对现有模式或者制度的改革吗？然而这波改革浪潮在勃列日涅夫时期“社会主义湮灭民族主义”的主导下夭折。但这并没有改变自苏共二十大开启的社会主义改革浪潮，20世纪80年代前后，以中国改革开放为代表的社会主义改革运动此起彼伏，越南、老挝纷纷“革新开放”，虽然在这波改革运动中出现了苏东剧变，使得国际共产主义运动陷入低潮，但社会主义运动改革的总趋势没有变，各国执政和非执政的共产党总结苏东剧变的教训，纷纷进行组织转型和适应性变革，不断根据形势的变化进行改革成为世界共产党的共识。苏东社会主义改革虽然失败了，但是其留下了丰厚的遗产。东欧国家因苏联的强力干涉而终止了苏共二十大拉开的改革大幕，使得斯大林体制的弊端更加突出，苏联和社会主义阵营国家失去了一次很好的改革机遇。而戈尔巴乔夫对已经病入膏肓的体制进行改革时已经无力回天，改革最终变为改向。可以说，苏共二十大是世界社会主义运动的大规模改革的元年，第一次改革的终止埋下了苏东剧变的伏笔。第二次改革中，苏东国家混淆改革与改向直接导致苏东变色，而中国、越南等国家改革的成功成为社会主义运动继续发展的保障，各国共产党的适应性变革成为社会主义运动新发展的表现和动力。

四、苏共二十大对中国的影响

对于当时处在社会主义阵营的中国，苏共二十大及其秘密报告对中苏关系、中国政治发展和自主探索社会主义发展道路也产生了重大影响。

(一)苏共二十大影响中苏关系的发展

20世纪五六十年代的中苏论战是两国两党关系史上的重大事件，学界有“十年论战说”，认为中苏论战始于苏共二十大。对此，笔者表示质疑。虽然在“九评苏共”系列文章中的“第一评”强调分歧是从苏共第二十次代表大会开始的，但实际上，中共在苏共二十大后的很长时间是支持苏共的。赫鲁晓夫上台后，积极调整对华政策，交还旅顺海军基地，将四个中苏股份公司中的苏联股份移交中国，提供5.2亿卢布长期贷款，帮助中国兴建企业等[②]，1954～1958年中苏关系处于“蜜月期”，中国人民乐于称苏联

---

① 参见郭春生:《试析二战后社会主义改革的两次浪潮》,载《当代世界与社会主义》2016年第1期。

② 参见柳建辉:《中央党校教授讲党史》,四川人民出版社2009年版,第174页。

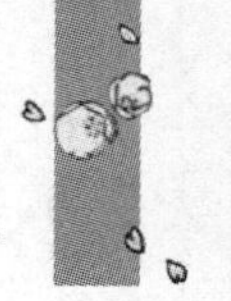

是“老大哥”，中苏团结坚如磐石。在因秘密报告苏共面对国内外重大压力之时，中共还是将与苏共的分歧放在第二位，在理论和实践方面全力维护苏共和赫鲁晓夫。毛泽东在中央政治局扩大会议上指出，赫鲁晓夫破除苏共和斯大林“一切都是正确的”迷信，并强调苏共二十大决议的重要性和尖锐批评斯大林的及时性。说到中苏两党的看法，毛泽东认为，“我们的观点是完全一致的”[①]。1956 年 4 月毛泽东亲自起草的《论无产阶级专政的历史经验》一文，肯定了苏共二十大开展的反对个人崇拜的斗争。在实践方面，中共从维护苏共和世界共产主义的大局出发，为苏联解决波匈事件积极出谋划策，并大力支持赫鲁晓夫，使其安然渡过了 1957 年的国内政治危机事件。毛泽东对赫鲁晓夫雪中送炭，赫鲁晓夫也投桃报李，作出了向中国提供核援助的决定，可以说，中苏同盟达到历史新高度。

然而，1958 年之后，由于长波电台和联合舰队问题以及美苏缓和、苏联单方面撤走专家等事件，两党两国开始交恶。这时，原本隐藏在中苏关系“蜜月期”之下的、产生于苏共二十大的分歧，被无限放大，双方都拿苏共二十大大做文章，由此，中苏论战开始，而苏共二十大成为中苏论战的焦点事件，最终导致两国关系的彻底破裂。

第一，中共对“和平过渡”问题有意见。对于“和平过渡”，毛泽东不是很满意，并认为中共的胜利就是走十月革命道路的典型例子，但是当时的毛泽东本人和中央都没有公开提出这个问题，在朝鲜战争之后的日内瓦会议和万隆会议上中方都是提倡和平的，而且早在苏共二十大召开前的 1954 年，周恩来在访问印度和缅甸时就已经提出和平共处五项原则，中共八大对苏共二十大的评价是“对于缓和世界紧张局势，争取世界和平和人类进步的斗争，也发生了重大的影响”[②]。可以说，在这种背景下，中共虽然不赞成这一路线，但也没有理由公开反对。而中苏交恶之后，对这一问题的不同看法被放大。在“九评苏共”的第四、五、六评中，中共提出存在帝国主义发动战争的危险性，强调“国内革命不可避免”，“战争解决问题”，进而发展成准备“早打、大打、打核战争”的观点，并指出第三次世界大战就是资本主义的覆灭之战。[③] 此外，中苏两国的和平共处的政策也被拿出来比较，批判苏共的“和平政策”是为了“和美国合作主宰世界”，是适应美国“和平演变”政策的[④]，并认为苏共“三和”路线不利于亚非拉的民族解放事业。[⑤] 而第八评直接认为赫鲁晓夫的“和平过渡”路线是背叛马克思主义的修正主义路线。[⑥] 显而易见，中共对于苏共二十大提出的“三和”路线大加批判。

第二，在苏共二十大对斯大林的评价上，中苏两党产生差异。1956 年 3 月的中共政治局扩大会议上，与会代表认为苏共二十大对斯大林个人崇拜以及揭露其错误严重

---

① 沈志华：《中苏关系史纲》，社会科学文献出版社 2014 年版，第 154 页。

② 沈志华：《中苏关系史纲》，社会科学文献出版社 2014 年版，第 155 页。

③ 参见人民出版社编：《关于国际共产主义运动总路线的论战》，人民出版社 1965 年版，第 207～243 页。

④ 参见人民出版社编：《关于国际共产主义运动总路线的论战》，人民出版社 1965 年版，第 243～281 页。

⑤ 参见人民出版社编：《关于国际共产主义运动总路线的论战》，人民出版社 1965 年版，第 178～190 页。

⑥ 参见人民出版社编：《关于国际共产主义运动总路线的论战》，人民出版社 1965 年版，第 345～382 页。

性方面，具有积极意义。[①] 毛泽东认为，社会主义事业前无古人，犯错是难免的，对于斯大林的评价应该三七开。会议一致决定，中共应该表态，以支持苏共二十大的姿态，分析斯大林的错误，表明对共产主义前景的信心。也就是说，虽然中共方面不赞成赫鲁晓夫"一棍子"将斯大林打死，但总体上还是支持苏共的。而在"九评苏共"的第二评，即针对斯大林的评价问题的文章中，中共开始批判苏共全面否定斯大林，并认为秘密报告是见不得人的报告，是严重脱离群众的报告。这样，中共对于苏共二十大的态度就由基本支持、高度评价变为彻底否定、大加批判。两党之后将这个问题提高到原则性的高度，展开了激烈的交锋。

综上所述，苏共二十大虽然没有直接导致中苏两国两党的关系恶化和破裂，而且在会后很长一段时间两国两党保持"牢不可破"的联盟关系，但是，苏共二十大尤其秘密报告使得两党产生了分歧和差异，最终在两国关系恶化时，原本是观点上的差异演变为是不是修正主义、发展道路、方向等根本问题和根本原则的重大纷争，加上之后的布加勒斯特会议和苏联单方面撤走技术专家等一系列事件，中苏两国关系在经历公开论战 6 年后彻底中断 23 年之久。这在事实上造成了当时社会主义阵营的破裂，对于国际共产主义运动造成了很大的损失。而中国不得不面对苏美两个超级大国的腹背夹击，外部环境极其恶劣，大大影响了社会主义建设的步伐。简而言之，苏共二十大埋下了中苏关系破裂的隐患，并产生"多米诺骨牌"效应，产生了后面一系列的影响。

（二）苏共二十大对于中国自主探索社会主义道路的影响

1956 年注定是不平凡的一年，除了发生堪称国际共运史划时代意义的苏共二十大以外，在中国国内，"三大改造"完成，中国宣布结束新民主主义社会进入社会主义社会，如何建设社会主义成为摆在党和人民面前的重大课题，也成为当年召开的中共八大的主要议题。国内外两重因素的叠加，尤其是苏共二十大提出对斯大林模式的改革，使得中国共产党开始反思斯大林模式，开始漫长而曲折的自主探索社会主义建设道路。

第一，苏共二十大解放了中共的思想。毛泽东在中共八大会见兄弟共产党代表团时指出：苏共二十大对斯大林的批评"是好的，它打破了神化主义，揭开了盖子，这是一种思想解放，是一场解放战争，大家都敢讲话了，使人能想问题了"[②]。正是苏共二十大把斯大林从神坛上拉下来，使得中国共产党有机会、有可能对教条主义开展了批判和斗争，进一步破除了对斯大林、苏联模式和苏联共产党的迷信，为之后的独立探索社会主义道路奠定了思想基础。

第二，苏共二十大深刻影响了中共八大的指导思想。在苏共二十大召开之前，毛泽东想把"反对右倾保守思想，提前实现社会主义工业化"作为中共八大的指导思想。1956 年 1 月，周恩来在全国知识分子会议上指出：党中央决定，把反对右倾保守思想作为党的第八次全国代表大会的中心问题，要求全党在一切工作部门中展开这个斗

---

① 参见《周恩来年谱 1949～1976》上卷，红旗出版社 1997 年版，第 551 页。

② 《毛泽东外交文选》，中央文献出版社、世界知识出版社 1994 年版，第 260 页。

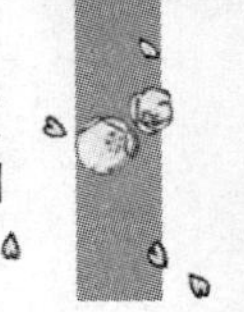

争。[①] 而当苏共二十大召开后，毛泽东经过反复调查研究，于 1956 年 4 月发表了著名的《论十大关系》的重要讲话。他在“以苏为鉴”的基础上，提出处理十大关系的基本精神，即要把国内外一切积极因素调动起来，为社会主义事业服务，并以此精神作为八大的指导思想。可以说，中共八大之所以能制定出一系列正确的路线、方针和政策，在很大程度上得益于指导思想的转变，而实现党的指导思想的转变又与苏共二十大的深刻影响密不可分。

第三，苏共二十大影响了中共对当时我国主要矛盾的认识。针对苏联的肃反扩大化问题，毛泽东认为，苏联的阶级斗争已经没有或者很少的时候，客观形势已经发展了，社会已从一个阶段过渡到另一个阶段，人民已经要求用和平的方法来保护生产力，而不是通过阶级斗争来解放生产力，斯大林思想上却没有认识到这一点，还要继续进行以往那样的阶级斗争，这是他犯错误的根源。[②] 正因为有了这样的评价，中共八大的政治报告指出：“我国无产阶级同资产阶级之间的矛盾已经基本上解决了，几千年来的阶级剥削制度的历史已经基本上结束，社会主义社会制度在我国已经基本上建立起来了。”[③]并进而指出：“我们国内的主要矛盾，已经是人民对于建立先进的工业国的要求同落后的农业国的现实之间的矛盾，已经是人民对于经济文化迅速发展的需要同当前经济文化不能满足人民需要之间的矛盾。”[④]可以说，在中共八大上，党和国家领导人正确认识并分析了苏联的教训，作出了极其正确的论断。

第四，苏共二十大对我国经济体制改革有深远影响。赫鲁晓夫及许多代表在苏共二十大提出中央专制和地方积极性不够的问题，提出要加强苏维埃地方企业的自主权问题。在苏共二十大对于经济管理体制的态度和措施下，毛泽东开始反思，并对高度集中的管理体制作了调整。毛泽东强调：“过分的集中是不利的，不利于调动一切力量来达到建设强大国家的目的。”“应当在巩固中央统一领导的前提下，扩大一点地方的权力，给地方更多的独立性，让地方办更多的事情。这对我们建设强大的社会主义国家比较有利。我们的国家这样大，人口这样多，情况这样复杂，有中央和地方两个积极性，比只有一个积极性好得多。”[⑤]显而易见，正是苏共二十大首先提出的经济体制高度集中的问题，才使得中共领导人对斯大林模式的这一弊病进行了反思，并得出了正确的结论，一直影响到改革开放后的经济体制改革。

第五，苏共二十大影响了我国的民主法制建设。苏共二十大强调斯大林独断专行，破坏社会主义民主法制，并指出苏共新领导集体要坚决捍卫法律的尊严。受苏共二十大的影响，毛泽东等领导以身作则，践行民主，中共八大的文件就是在浓厚的民主氛围中不断修改的，毛泽东在修改过程中曾说：“第一次推翻你的，第二次推翻他的，推

---

① 参见《周恩来选集》下卷，人民出版社 1984 年版，第 159 页。

② 参见石仲泉：《中共八大史》，人民出版社 1998 年版，第 279～280 页。

③ 石仲泉：《中共八大史》，人民出版社 1998 年版，第 279 页。

④ 石仲泉：《中共八大史》，人民出版社 1998 年版，第 280 页。

⑤ 《毛泽东文集》第 7 卷，中央文献出版社 1999 年版，第 52、31 页。

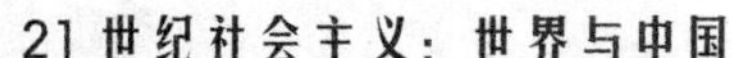

翻过来推翻过去，这也说明我们是民主的。你的道理对，就写进文件。"①而且，为了保证民主法制，毛泽东提出"反对个人崇拜"，"反对突出个人"，并指出："苏联共产党第二十次代表大会的一个重要功绩，就是告诉我们，把个人神化会造成多么严重的后果。"②不难看出，中共八大把反个人崇拜作为一个重要课题来研究，提倡民主法制，这显然是受到了苏共二十大的深刻影响。

可以说，在苏共二十大结束的最初几年，中共对于这次大会的认识是基本正确的，并在其影响下得出了内政外交的很多正确结论和论断，加上本身苏共二十大开启了社会主义改革的大幕，这一切都十分有利于中共独立探索正确的社会主义建设道路，从这个角度看，苏共二十大对我国下一步开拓中国特色的社会主义建设道路是有很大很深远的正面影响。然而令人倍感惋惜的是，随着中苏关系的恶化，两党因苏共二十大产生的分歧不断扩大并"上纲上线"到本质和原则问题，经过中苏论战之后，很多观点被极端化，加之国内其他因素的合力影响，一些针对苏共二十大而得出的正确结论被推翻。中共八大的正确指导思想被否决，对于主要矛盾的认识又回到了阶级矛盾上，阶级斗争逐渐成为主流，经济体制改革陷入停滞，对国际局势看法的变化以及将苏联划归修正主义的论断，使得当时的中共认为应该是自己扛起国际共产主义运动的大旗，逐渐走向支持世界革命并输出革命，不顾国内经济困难的情况，大力援助和支持第三世界国家的革命，希望一举消灭资本主义阵营，从而造成了与许多国家的关系恶化，而未从体制原因分析斯大林问题使得"个人崇拜"没有彻底从党内清理，民主法制没有彻底建立和完善。这些导致我们在自主探索社会主义建设的道路上越走越左，不断重复着我们批判过的、斯大林犯过的错误，先后经历"大跃进""人民公社化运动""反右扩大化"之后，最终导致了十年浩劫的"文化大革命"，对我国的现代化建设造成了全面的、不可估量的损失。直到1978年末的十一届三中全会，邓小平在宣布进行改革开放之后，受苏共二十大影响产生的那些积极的、重要的、正确的认识和论断才被重新拾起，新中国在共产党的领导下经过22年的曲折过程后才终于找到适合自己的社会主义康庄大道——中国特色社会主义道路。我们在为这22年蹉跎惋惜的同时，看到了苏共二十大对于中国政治发展的深远影响，也看到了中国共产党勇于改正错误、善于总结错误的高贵品质，更看到了中国全面发展灿烂明天和世界社会主义事业的勃勃生机！

苏共二十大作为国际共产主义运动史上划时代的重大事件，对苏联国内、世界社会主义运动和中国政治发展产生了深远的影响，使人们更加确信社会主义没有固定的模式，社会主义是动态发展的，要不断改革，苟日新，日日新。此外，对于民主法制、个人崇拜、如何评价前任领导人的问题上，苏共二十大给我们留下了宝贵的经验教训和丰厚的政治遗产。在苏共二十大开启的世界社会主义改革的今天，回顾60年前的大会，仍然有许多值得研究和深思的问题。

---

① 王春龙：《试论苏共二十大对中共八大的深刻影响》，载《历史教学》2008年第8期。

② 人民出版社编：《中国共产党第八次全国代表大会文件》，人民出版社1956年版，第135页。

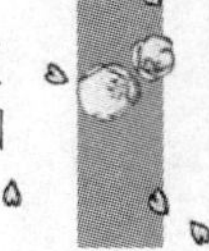

中国早期马克思主义者同无政府主义者关于十月革命的争论

乔镜蜚
（中国人民大学国际关系学院博士研究生）

俄国十月革命是世界社会主义运动史上的一件大事。这是继巴黎公社之后，人类历史上又一次将马克思的设想付诸实践，并最终建成了人类历史上第一个社会主义国家，其对于科学社会主义理论和实践的重大意义不言而喻。

无政府主义，一般认为是一种小资产阶级的政治思潮，其主要主张为政治上强调个人自由，反对国家机器，主张彻底推翻国家；经济上反对资本主义，主张合作互助的生产方式和分配上的平等。它诞生于19世纪初的西欧，在19世纪中期主要活跃于罗曼语国家和俄国。19世纪末20世纪初，随着其他西方思潮一起传入东亚。中国最早的无政府主义信徒以留日学生创办的《天义》杂志和留法学生创办的《新世纪》杂志为活动中心，形成了“天义派”和“新世纪派”这两支无政府主义派别。辛亥革命后，中国本土的无政府主义活动逐渐兴起，典型代表为1912年江亢虎建立的中国社会党和同时期刘师复提倡的“师复主义”，而且多以克鲁泡特金的“互助论”为中国的无政府主义传播范本。在十月革命之前，无政府主义一度塑造了人们对“社会主义”甚至“共产主义”的基本认知。而十月革命作为具有全球影响性的、同无政府主义诸多理念有一定相通之处的重大历史事件，自然也进入了中国无政府主义者的视域当中。对于无政府主义者来说，十月革命的意义则更为微妙。无政府主义者并非俄国革命的旁观者，他们曾积极参与了二月革命后“一切权力归苏维埃”的斗争。而十月革命爆发后，他们也一度将其视为无政府主义的胜利，但很快这种幻想随着布尔什维克种种政策的实施而宣告破灭。

厘清十月革命之后中国无政府主义者同早期马克思主义者的争论，对于理解十月革命对中国的影响、研究中国近现代政治思潮的演进，以及探究中国共产党的发展历程等问题都有重要意义。

一、无政府主义者论十月革命

中国无政府主义者同中国早期马克思主义者的争论是研究中共党史和中国近现

代政治思想的重要话题。诚然，马克思主义和无政府主义有诸多相似之处，但终究属于两种互斥的思想体系。中国的马克思主义者虽然大多受到过一定程度上的无政府主义思想的影响，但在十月革命胜利和中国共产党成立之后，也就自觉同无政府主义划清了界限。然而，“马克思之所以战胜无政府主义，与其说是在理论上弄清了两者的社会理想和革命原则貌似而实非的差异，还不如说主要是由于马克思列宁主义有一套切实可行已见成效（十月革命）的具体行动方案和革命的战略策略”①。所以探讨中国无政府主义和马克思主义分道扬镳的历史，就必须从十月革命开始讲起。

（一）无政府主义者对十月革命的辩护

无政府主义同马克思主义在一定历史时期有过交集。这些交集表现在如下几个方面：首先，中共诸多早期领导人经由无政府主义思想而认识社会主义、共产主义、马克思主义概念。李大钊曾在《每周评论》杂志发表《阶级竞争与互助》，将克鲁泡特金的互助思想和马克思的阶级竞（斗）争学说并列而论，认为：“这最后的阶级竞争，是改造社会组织的手段。这互助的原理是改造人类精神的信条。我们主张物心两面的改造，灵肉一致的改造。”②其次，马克思主义者同无政府主义者共同创立报刊、建立组织，著名的工读互助团就是在李大钊等人的支持下创办的。同时，1920年左右无政府主义者同马克思主义者先后合办了《劳动界》《劳动音》《劳动者》等杂志。最后，双方还共同庆祝“五一”国际劳动节，将其视为双方共同的节日。③

当时中国的部分无政府主义者一度将布尔什维克视为革命同路人。十月革命的爆发鼓舞了中国的无政府主义者。1919年，福建的无政府主义者梁冰弦在《闽星》杂志刊载了《世界最新之两大组织》一文，介绍了俄国布尔什维克。作者不仅批判了批评者将其称为“过激党”的错误，还高度赞扬布尔什维克的政策，称：“一言以蔽之，多数党之唯一信条曰‘惟工主义’。”④梁冰弦将这种“惟工主义”政策等同于布尔什维克的社会革命政策，认为：“惟工主义就是世界上每一个人都从事工作，并从工作中获得所需。它包括两个目标：一是教育平民，养成‘工民’以实现惟工主义；二是生活平等，无贫富贵贱的区别。”⑤虽然其中并未直接将布尔什维克冠以无政府主义者之名，但从其文章的基本立场可以看出，在十月革命结束后不久，一部分中国无政府主义者并不排斥十月革命，甚至在感情上给予同情。当然我们也可以作出一定程度的合理推断，即在他们看来，十月革命或许就是国际无政府主义运动的一部分。

当然，也有人及时看出了布尔什维克同无政府主义者的区别。早在1918年出版的《劳动》杂志就刊有《李宁之解剖》一文，作者虽然高度赞扬列宁（文中译为“李宁”）的政策方针，甚至替列宁辩护，认为列宁与德国的停战绝非宽容军国主义而是为了破坏

① 李泽厚：《中国现代思想史论》，东方出版社1987年版，第31页。
② 李大钊：《阶级竞争与互助》，载1919年7月6日《每周评论》。
③ 参见丁小丽：《论五四运动中的无政府主义》，哈尔滨工业大学中共党史专业硕士学位论文，2008年7月。
④ 葛懋春主编：《无政府主义思想资料选》，北京大学出版社1984年版，第412页。
⑤ 葛懋春主编：《无政府主义思想资料选》，北京大学出版社1984年版，第412页。

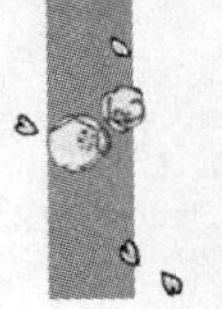

资本主义世界体系，但仍然指出："李宁仍宝贵政权，决非无政府党。"[①]综上所述，在十月革命爆发后的头一两年内，中国无政府主义者多是以赞许、辩护的态度来评价十月革命，同时对十月革命的认知也略显混乱。

不仅中国无政府主义者在对待布尔什维克和十月革命的态度上出现了混乱，根据美国历史学家阿里夫·德里克的描述，就连艾玛·戈德曼和克鲁泡特金这样的具有全球影响力的无政府主义者也认为："十月革命即使不是无政府主义的，至少也有发展成无政府主义的社会革命的潜在可能。"[②]总之，在十月革命爆发后一年左右的时间内，中国的无政府主义者还将其视为无政府主义运动或至少是可以促进无政府主义理想得到实现的运动，对十月革命以褒赞为主。

(二)无政府主义者反对十月革命和马克思主义的主要论点

中国的无政府主义者尽管对十月革命起初抱有同情甚至支持的态度，但很快就同布尔什维主义者发生了分裂。实际上，早在1912年左右，刘师复就对所谓"共产主义"和"集产主义"进行了辨析，认为自己所主张的无政府主义才是"共产主义"，而马克思所主张的叫"集产主义"。但是，双方起初的互相批评多是学理性争论，较少政治立场的攻讦。"共产主义者与无政府主义者的争论直到1922年才采取了一种刻毒的方式，因为这时候两个团体显然已不可避免要分裂了。"[③]也就是说，在五四运动期间，乃至中国共产党成立后一年左右，中国马克思主义者同无政府主义者尚能够进行较为理性的论战。

十月革命胜利后布尔什维克采取的种种措施，让无政府主义者意识到马克思主义和无政府主义相去甚远。当然，由于理论水平的限制，中国无政府主义者将布尔什维克的很多主张和措施一概视为马克思主义的基本原理而不加区分。实际上，即便是中国早期马克思主义者，对马克思和列宁的主张同样缺乏辨析，往往也是混为一谈的。无政府主义者从理论和实践两个方面对十月革命和布尔什维克提出了批评。

从政治实践层面来说，无政府主义者认为布尔什维克不但没有放弃国家政权，反而重新建立起了比以往更加强大的国家机器。

无政府主义者反对国家、政府，不仅意味着要将现成的国家机器彻底推翻，也意味着在革命过程中要尽可能避免任何权威机构的建立，以防止国家机器借尸还魂。虽然马克思和列宁也都主张国家政权最终必然趋于消亡，但也从不否认政治手段尤其是革命的重要地位，主张"在资本主义和共产主义社会之间，有一个从前者变为后者的革命转变时期。同这个时期相适应的也有一个政治上的过渡时期，这个时期的国家只能是无产阶级的革命专政"[④]，这就与无政府主义有着本质的不同。

马克思主义对国家的产生给予了客观评价，将国家视为社会经济发展的必然产

---

① 葛懋春主编:《无政府主义思想资料选》，北京大学出版社1984年版，第374页。

② [美]阿里夫·德里克:《中国革命中的无政府主义》，孙宜学译，广西师范大学出版社2006年版，第166页。

③ [美]阿里夫·德里克:《中国革命中的无政府主义》，孙宜学译，广西师范大学出版社2006年版，第195页。

④ 马克思:《哥达纲领批判》，人民出版社1965年版，第23页。

物。列宁在《国家与革命》当中引用了恩格斯对国家成因的阐述，似更能概括马克思主义者对国家产生过程的基本看法："国家决不是从外面强加于社会的一种力量……国家是社会陷入自身不可解决的矛盾的表现，是社会分裂为不可调和的对立面而又无力摆脱这一对立状况的表现。为了使这些对立面——这些经济利益彼此冲突的阶级不致在无谓的斗争中互相消灭，使社会同归于尽，于是，一种似乎驾于社会之上的力量，似乎可以缓和冲突，使它不致破坏'秩序'的力量，就成为必要了。这个从社会中产生、凌驾于社会之上并日益同社会脱离的力量，就是国家。"①

首先，无政府主义者反对马克思列宁主义对国家产生的客观解释。他们将国家看成是"过去的"历史阶段内所出现的产物，"是进化道上所经过的一种形式，是人类共同生活历史中某时期的一个制度"，而在无政府主义者的时代观当中，当下"国家的作用，国家的出风头期，已经过了，要是再不废掉他，就要变成进化道上的障碍物"②，更将"社会冲突和争斗"和国家的诞生同样视为历史中的突发的、偶然的事件，而非马克思主义那样将冲突视为长期的、必然的状态。

这里必须注意一个问题，虽然马克思、列宁等人都坚持国家必然消亡的观点，但是，对于当时中国的马克思主义者来说，"国家必将消亡"的观念几乎不在他们的讨论范围之内，中国的无政府主义者也大多认为布尔什维克的政策与"国家消亡"的主张毫无关联，反倒是在积极维护国家和权威的存在，因此在国家存在的必要性问题上，无政府主义者和早期马克思主义者完全站在了对立面上。

基于上述理解，无政府主义者激烈反对"无产阶级专政"这一概念。列宁在分析巴黎公社失败的教训时认为："镇压资产阶级及其反抗，仍然是必要的。这对公社尤其必要，公社失败的原因之一就是在这方面做得不够坚决。"③但在无政府主义者看来，即使在打碎旧的国家机器的时候，也绝不能使用权威机构。

第一个反对无产阶级专政的理由是，无政府主义者认为这只是将资本家的政府转换为无产阶级的政府，而没有超越"统治—服从"关系的窠臼。而且，"无产阶级推翻资本阶级和保障资本家的贵族阶级之后，自己即跃登政治台上，行使政权，这时候至尊无上的执权者其实已经不是平民了"④。

第二个理由则直指俄国革命乃至苏联社会主义实践当中最为人诟病的问题之一，即官僚国家问题。广东的无政府主义者区声白认为："官僚就是主人，工人就是奴隶。虽然他是主张劳工专政的国家，但是治人而不做工者便是官僚，专门生产者方是工人。所以工人处于国家社会主义之下，他们的痛苦，与处于私人资本主义制度下没有区

① 《马克思恩格斯选集》第 4 卷，人民出版社 2012 年版，第 187 页。

② 华东师范大学政治教育系编：《五四时期马克思主义与反马克思主义三次论战资料选编》，华东师范大学出版社 1962 年版，第 423 页。

③ 列宁：《国家与革命》，人民出版社 1960 年版，第 36 页。

④ 葛懋春主编：《无政府主义思想资料选》，北京大学出版社 1984 年版，第 566 页。

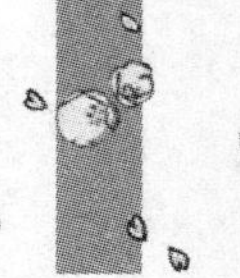

别。”[①]反对官僚国家，同样也是托洛茨基、吉拉斯等异见人士的主张之一。我们不禁思考：无政府主义者此处提及的反对官僚国家，同共产主义体制内异见人士的主张有何异同？

其次，布尔什维克的经济政策同样成为无政府主义者攻击的对象。布尔什维克在十月革命初期，一度实行了企业国有化和工厂由工人自我管理的政策。但是内战和帝国主义国家干涉阻断了布尔什维克实行原先构想的计划，而是立即实行了战时共产主义的措施。1921年实行新经济政策之后，一些资本主义的生产方式又得以恢复，这都是无政府主义者不能接受的。无政府主义者一方面反对所谓“集产主义”的国有化的生产资料所有制形式，认为这种国家资本主义是官僚制的复活；另一方面当然也反对资本主义的复活。区声白认为：马克思社会主义不特主张政权集中，而且主张资本集中。只是政权集中，已经有莫大之危险，还要把一切财产送给中央政府手里，那么所谓“国家社会主义”，简直是国家资本主义。易家钺在《我们反对“布尔札维克”》一文中，更是将“国家”和“资本主义”视为相辅相成的东西，认为，“现在的国家不是资本主义组织成的吗？所以克鲁泡特金也说过：‘国家的存在，不外帮助资本发展；资本主义越盛，国家的权势与基础，亦越巩固’”[②]，将国家的存续等同于资本主义的存续，进而认为，“现在布尔札维克所奉行的，明明是马克斯主义，明明是集产主义……资本主义的个人，虽渐消灭；资本主义的国家，又发生了”[③]。

中国无政府主义者的论战阵地，除了国内报刊之外，最重要的海外阵地之一就是创办于1922年的《工余》杂志（无政府主义团体工余社的刊物）。这些旅欧无政府主义者认为，布尔什维克的经济政策基本是失效的，而布尔什维克的强制国有化的“暴政”、经济改造政策的低效及新经济政策导致的“资本主义的复辟”都是布尔什维克经济政策失败的重要表现。

《工余》杂志第13期署名“列悲”的文章《国家与革命》，认为社会革命要想实行，必须具备两大条件：“（一）农人领有土地，工人占据工厂；（二）废除国家。”[④]作者认为，必须对工农施加教育，而不能以能力不足的借口将土地和工厂收归国家。实际上，按照克鲁泡特金的主张，工农力量在脱离了国家机器的统治之后，要首先夺取土地和工厂，随后就开始实行普遍的“充公”，即将一切多余的消费品统统收归公有。社会各阶层的自由联合一旦建立，就可以对生活必需品实行分配。等到工农业生产的改造一旦完成，生产力将会成倍提升，届时一种全新的无政府社会就将确立起来。而布尔什维克不但没有把土地和工厂交给工人，反倒很快又将暂时由工人自治的工厂予以收回，并

① 葛懋春主编：《无政府主义思想资料选》，北京大学出版社1984年版，第663页。

② 华东师范大学政治教育系编：《五四时期马克思主义与反马克思主义三次论战资料选编》，华东师范大学出版社1962年版，第530页。

③ 华东师范大学政治教育系编：《五四时期马克思主义与反马克思主义三次论战资料选编》，华东师范大学出版社1962年版，第530页。

④ 列悲：《国家与革命》，载《工余》1923年第13期。

对农业产品进行强制征收，这既遭到无政府主义者的强烈反对，实际上也与列宁最初的设想相去甚远。

《工余》第 14 期署名“三泊”的《共产主义是没有失败么？——答少年社伍豪君[①]》一文，则直言不讳地宣称布尔什维克的政策已宣告失败。首先，作者认为俄国已经不是无产阶级专政的国度，而是“共产党专制劳工”，“工人和农人在布尔扎维克政府下之没有势力，与在其他各国政府同一样”，这是“凡曾游俄者所深知”的事情。其次作者指出，俄国产业集中后又同时实行新经济政策，“为什么不能把腐败的生产机关和工具改良，反要去施行新经济政策呢？这岂不是资本集中之不足以救济经济恐慌之一大证据吗？”而且，俄国的商人阶级在新经济政策之中得以复活，这甚至比商人直接取得政权更危险，“他既有了经济上之权力，便可以贿买官僚、警察替他保护，或贿买工人替他当走狗……依此看来，俄国处于今日的情势，还能说是无产阶级专政的国家，共产主义还没有失败么？”[②]

作者还分析了俄国共产主义失败的原因和补救方法。他认为，俄国共产主义失败的主要表现，就是先以军国主义剥夺人民一切自由，又用新经济政策恢复资本主义，结果使俄国同其他资本主义国家没有区别。具体而言，俄国革命失败可归于两方面原因：首先是中央集权，这种集权表面上是劳工统治，实质上不过是以共产党代替劳工行使专政。苏维埃本应当是“统治全国政治的和经济的生活组织的分子，是要他用自己的劳动力而生产国家财富的，但用一党独裁政治之结果，除共产党外没有选举之权利，所谓劳农议会完全失了他的真意义”[③]。作者否定了将权力集中作为革命必要条件的论点，认为即使是十月革命的胜利，也不是布尔什维克一家的功劳，而是布尔什维克、无政府党、社会革命党左派的联合行动。其次，产业的国有化，既剥夺了工农的自由，又以官僚代替企业管理者，“国有虽增加无数之事务员，而事务员则更从中作弊”[④]。当然，作者也阐述了导致共产主义革命失败的外部原因，即外国封锁和大饥荒，可见作者对俄国革命仍然报以同情而非彻底否定。至于俄国革命如何补救，作者认为，通过打破中央集权制度、废除政党组织而为阶级的组织，以及将生产机关交由生产的工人共同使用等手段，尚可以扭转这场革命的“失败”局面。

总之，在 1920～1922 年，中国的无政府主义者虽然普遍反对十月革命，但对十月革命仍然采取同情的态度，希望布尔什维克能够采取措施悬崖勒马，实现之前所宣扬的革命目标，而并非彻底否定十月革命和布尔什维克。“本来李宁所采用的马克斯的集产主义，无政府主义者决不能与之并容，然事实上暂时却不能不赞同俄国的革命，因为反对他们的协约国和资本家等更可恼。这又是无政府主义者对于同类异派所持之

---

① 伍豪即周恩来。

② 三泊：《共产主义是没有失败么？——答少年社伍豪君》，载《工余》1923 年第 14 期。

③ 三泊：《俄国共产主义失败之原因及其补救的方法》，载《工余》1922 年 9 月。

④ 三泊：《俄国共产主义失败之原因及其补救的方法》，载《工余》1922 年 9 月。

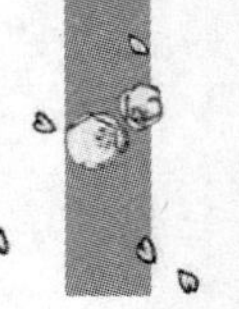

态度。”[①]而到 1923 年之后，随着十月革命热潮的冷却，双方也极少围绕十月革命进行论战。而随着大革命风潮、第二次国内革命战争和抗日战争的相继发生，无政府主义者也几乎不再关注俄国革命问题。

二、中国早期马克思主义者的回应

中国早期马克思主义者对无政府主义批评的回应，从 1920 年才陆续刊载在各种报刊上面。阿里夫·德里克认为，早期马克思主义者之所以到 1920 年秋才开始系统性回应无政府主义者的批判，主要是因为 1920 年正是早期马克思主义者开始创建从地方到全国性马克思主义小组的时间节点。有了真正属于马克思主义者的组织，就可以从组织上和思想上同无政府主义分清关系，但这种分清并不等于决裂，“两者的分裂和争论并没有终止两个社会革命团体合作的愿望”[②]。早期马克思主义者对无政府主义的批评仍然是诚恳认真的，充满了学理性的讨论。

首先，为了回击无政府主义的批评，必须先论证国家或权威存在的必要性。陈独秀于 1920 年 9 月在《新青年》杂志发表《谈政治》一文，回击了张东荪、胡适以及上海商界对政治的冷漠态度，但主要的批判对象还是“不谈政治”的无政府主义。

关于国家存在的必要性问题，陈独秀结合了奥本海、克里斯滕森和罗素的观点，认为国家主要起源于战争的需要，而国家对人的确存在着压迫行为，国家篡夺了人民的权利。但是，国家、政权、政治必有其合理和必要之处。第一，推翻剥削阶级，必须依靠强权、阶级战争，不可能不用政治的手段。第二，即使推翻了资本主义的统治，但如果不运用强权手段巩固这一地位而是主张自由，那么胜利果实也很容易被颠覆：“克鲁泡特金国家论中所称赞的中世自治都市是何以失败的，他所指责的近代资本主义的国家是何以发达起来的？这主要的原因，不用说一方面是自治都市里既不是以劳动阶级为主体，又没有强固的政治组织……一方面是新兴的资本家利用自由主义……于是渐渐自由造成了自由的资本阶级，渐渐自由造成了近代资本主义自由的国家。”[③]第三，人性中固有的恶的成分会造成懒惰，如果不运用强力迫使人们参加劳动，即使推翻了工人劳动制度，也无法解决问题，因为人们很难真正地自愿参加劳动。总之，陈独秀以一种实用主义的态度论证了国家的必要性。这也是中国早期马克思主义者对国家存在的必要性问题进行论证的一篇文献。

陈独秀与区声白关于无政府主义的论战，是中国无政府主义者同马克思列宁主义最为积极、最近学理讨论的一次论战，也最受国内外研究中国无政府主义问题的学者关注。区声白毕业于北京大学，1919 年赴岭南大学任教，成为在广东比较活跃的一名无政府主义者。而陈独秀应广东军阀陈炯明的邀请抵达广州，并主动与区声白等人取得联系，试图劝说他们放弃无政府主义思想未果。于是，陈于 1921 年 1 月 19 日在广

---

① 葛懋春主编：《无政府主义思想资料选》，北京大学出版社 1984 年版，第 583 页。

② [美]阿里夫·德里克：《中国革命中的无政府主义》，孙宜学译，广西师范大学出版社 2006 年版，第 191 页。

③ 陈独秀：《独秀文存》，外文出版社 2013 年版，第 549 页。

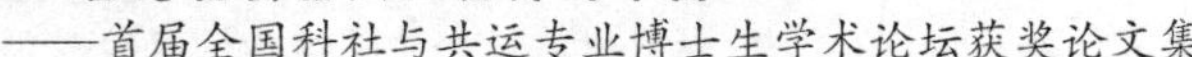

东公立法政学校进行题为“社会主义的批评”的演讲，批判了无政府主义等思想，这激起了在座的区声白的不满，于是针对其批评展开了回击。论战共三个回合六封书信，最终整理发表在了《新青年》杂志第9卷第4号上。本文认为论战的核心问题实际上只有一个，那就是所谓“自由的联合”是否可行，在什么场合可以得到实现，什么情况下不适宜或不可能采取“自由的联合”的方式进行组织动员。

区声白主张一种自由来去、自由商定契约的社会组织形态，认为可以通过契约代替法律的方式，以动态的形式维持一个组织的存在——“有了共同的目的，便可共同订立一种契约，如果违反了契约的，当然要退出。”[①]区声白做了一个假设，认为即便是在陈独秀认为不可实现的工厂生产过程中，也同样能够实现这样的来去自由，同意契约的就来，不同意的就走，他还以五四运动的罢课罢市的成功以及邻人救火为例，证明的确可以无需政府和法律的中介，人们就能自动达成契约，实现目标。

陈独秀对区声白的回应，大部分都被区声白一一驳斥。但本文认为陈独秀最具有说服力的观点，也是区声白在回信中避而不谈的问题，就是关于有组织行为比无序行为更具效能的问题。区声白虽然对陈独秀的质疑应答表面上有理有力有节，但阅读完区的三封信，我们可以看出，区声白通篇都在回避一个关键问题，即事实上有组织的行为的确具有更高的行动力。区声白对自由联合的鼓吹，不是因为自由联合比强制性组织更具有效率或生产力更高（事实上也难以实现），而是认为它仍然是最大程度保有个人充分选择权的方案。至于这种频繁选择、加入和退出契约共同体所带来的交易成本增加与效率降低的问题，则被区声白有意无意回避了。陈独秀认为，区声白所鼓吹的五四运动或义务救火的例子，不过是突发事件，“若是拿这两个方法用在社会组织，和生产事业，来证明无政府主义的自由联合，无政府主义真是破产了。人间社会是何等复杂，其间感情利害目的是何等纷歧，至于生产事业上时间的适应及分业的错综更是何等麻烦，拿一时突发的状况和群众运动的方法去处置，我以为是常识所不许”[②]。陈进一步指出，即便是如五四运动和救火这样的突发性事件，事实也往往证明了有组织的行动远比无组织自发形成契约的行为体更有效率。总之，无政府主义者始终没有也不可能真正证明一种来去自如的生产服务组织比有强制性规定的生产服务组织更有效率。

同时，陈独秀和区声白在契约和法律孰优孰劣的问题上也进行了论辩。区声白主张以契约取代法律。他认为，所谓契约就是“两个人或多数人的合意”，它必须经过所有人的同意；法律则是“国家最高权力所制定的行为规律”，它存在只需要最低限度的默认。契约既然需要所有人的合意，那么就必然需要随时、不断订立，而不如法律可以在一定时期内保持稳定，从而提供一个长时间的、确定的行为准则。陈独秀并不认为契约和法律可以互相置换，而是认为它们有分别适用的领域，如果没有法律，那么契约订立者无法受到监督，侵害人权的契约的产生更无以阻止。陈独秀认为“救济这第二

---

① 葛懋春主编：《无政府主义思想资料选》，北京大学出版社1984年版，第570页。

② 新青年社编辑部编：《社会主义讨论集》，新青年社1926年版，第106页。

个弊病，正是近代发达的国家制定进化的统一的法律之大功”。[1] 不过有一个理论细节必须指出：陈独秀和区声白所谈论的“契约”，不能和近代自由主义者如洛克、霍布斯、卢梭等人的“社会契约论”画等号，因为显然当自由主义者在谈论“契约”时，一般将法律和区声白所指的“契约”等量视之，而并非严格区分“法律”和区声白所指的这种非正式的“契约”。

陈独秀和区声白仍然在几个方面达成了共识，绝非处处存在分歧。其一，双方均认可没有绝对的自由，人必须以社会的方式存在；其二，双方均反对以个人绝对自由凌驾于社会整体利益之上，也就是说，区声白在论战中明确将自己坚持的“无政府共产主义思想”同朱谦之、易家钺等人的个人的无政府主义划清了界限；其三，双方均坚持阶级斗争的必要性。总体来说，陈独秀和区声白的这一论辩是充满学理讨论的、充分保持理性和论辩规则的争论。这篇文献也可视为陈独秀关于革命过程中权威机构必要性问题的回答。

其次，同样认真回击无政府主义批判的早期马克思主义者还有李达、施存统等人。这些人既不像陈独秀那样进行纯学理性回应，但也不直接为十月革命和布尔什维克的政策进行辩护。他们主要是从革命和建设的实际问题出发，回答了无政府主义者对布尔什维克的质疑。

李达的《无政府主义之解剖》一文，以“江春”的名字发表在《共产党》杂志 1921 年第 4 号上，对蒲鲁东、巴枯宁、克鲁泡特金等人的无政府主义思想进行了批判。而在《社会革命底商榷》一文中，李达更为一针见血指出了无政府主义在生产机构和分配关系改造上的空想性。

在生产组织上，“无政府主义的原则……主张破坏中央的权力，要将一切生产机关，委诸自由人的自由联合管理。在这种地方看起来，无政府主义的生产组织，有一种最大的缺点，即是不能使生产力保持均平。要使各地方各职业的生产力保持均平，无论如何，非依赖中央的权力不可”[2]。

在分配问题上，李达认为，共产主义手段的分配方式在一定的历史阶段当中仍要借助货币。共产主义制度在物质尚未丰富的时代，“生产力既有限，生产出来的东西当然也有制限，我们分配这有限的物质要求其平等，就不可不行使货币经济，对于各人所收入的货币额加以制限”[3]。无政府主义则主张两种分配方式：“卡倍、巴布福等一派人主张分配底客观的平等，说各个人在年龄男女的界限内，应当分受同质同量的物质。福里耶、克鲁泡特金一派人主张分配底主观的平等，即说各尽所能各取所需。”[4]李达

① 新青年社编辑部编：《社会主义讨论集》，新青年社 1926 年版，第 106 页。

② 华东师范大学政治教育系编：《五四时期马克思主义与反马克思主义三次论战资料选编》，华东师范大学出版社 1962 年版，第 434 页。

③ 华东师范大学政治教育系编：《五四时期马克思主义与反马克思主义三次论战资料选编》，华东师范大学出版社 1962 年版，第 435 页。

④ 华东师范大学政治教育系编：《五四时期马克思主义与反马克思主义三次论战资料选编》，华东师范大学出版社 1962 年版，第 435 页。

认为："客观的消费平等的主张，未免蔑视各人的个性，阻碍各人的自由"，而各取所需、各尽所能的分配方式也只有等到物质极大丰富的时代才有可能实现，"只是在生产力未发达的地方与生产力未发达的时期内，若用这种分配制度，社会的经济的秩序就要弄糟了。"①

早年曾经参加王光祈工读互助社，后成为早期马克思主义者的施存统在《共产党》杂志第 5 期刊登《我们要怎样干社会革命?》一文，首先肯定了无政府主义的基本观念如"自由组织，自由联合，各尽所能，各取所需"。但是，共产主义不仅在政治革命方面优于无政府主义，而且在解决社会革命问题方面也要比无政府主义革命具有更高的优越性。"自由组织的生产者团体有多少？自作农如何能自愿地抛弃土地？手工业劳动者如何能转为机械工业劳动者？用什么法子使工业社会化？用什么法子使农业社会化？全国交通事业如何办理？全国生产事业如何调剂？对付反革命派用什么手段？对付半数有劳动能力而不劳动的人有什么办法？一向无组织无训练的人，如何能自由组织？各团体间互相冲突，用什么方法处置？以现在支那底经济情形，能否'各取所需'？普及教育，用什么法子？以上这些问题，都是我要请教无政府主义者的。"②

至于对无政府主义性质的判断，陈独秀认为，"近来青年中颇为流行的无政府主义，并不完全是西洋的安那其，我始终认定是固有的老庄主义复活，是中国式的无政府主义"③，仍将中国的无政府主义者视为主张极端个人自由和虚无的思想流派。而李达则认为："无政府党是我们的朋友，不是我们的同志。无政府党要推倒资本主义，所以是我们的朋友。无政府党虽然要想绝灭资本主义，可是没有手段，而且反不免有姑息的地方，所以不是我们的同志。"④陈独秀、李达等人作出这样的判断的时间在 1921 年左右，正是俄国内战结束、中国共产党创立前夕的历史时期。这个时候，中国的马克思主义者已经对无政府主义有了这样的判断，即一定场合与前提下可视为同盟，但要进行区别对待。这与十月革命爆发之初李大钊将无政府主义和马克思主义等同视之的态度已经有了一定的变化，但仍然不否认双方在基本价值取向上具有一致性，也不否认双方存在合作的可能性。所以，马克思主义者同无政府主义者围绕十月革命及马克思主义基本原则的争论，也不妨看成"一次试图澄清布尔什维克与无政府主义者在革命问题上的分歧的努力"⑤。

---

① 华东师范大学政治教育系编：《五四时期马克思主义与反马克思主义三次论战资料选编》，华东师范大学出版社 1962 年版，第 435 页。

② 华东师范大学政治教育系编：《五四时期马克思主义与反马克思主义三次论战资料选编》，华东师范大学出版社 1962 年版，第 464 页。

③ 华东师范大学政治教育系编：《五四时期马克思主义与反马克思主义三次论战资料选编》，华东师范大学出版社 1962 年版，第 539 页。

④ 华东师范大学政治教育系编：《五四时期马克思主义与反马克思主义三次论战资料选编》，华东师范大学出版社 1962 年版，第 443 页。

⑤ [美]阿里夫·德里克：《中国革命中的无政府主义》，孙宜学译，广西师范大学出版社 2006 年版，第 195 页。

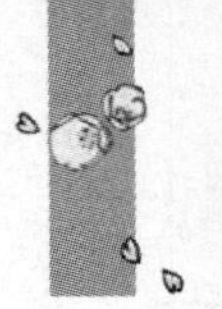

三、结论

第一，双方聚焦的问题不同。用李达的话概括两者围绕十月革命乃至整个马克思主义理论的论争之核心，“并不是无政府主义者所主倡的几种根本原理——自由组织、自由联合、各尽所能、各取所需——到底能否实现的问题，乃是推翻资产阶级的国家之后要否建设无产阶级的国家问题”①。而之所以对这个问题有着根本性的分歧，也在于两者各自关注的理论侧重点不同。

中国的无政府主义从组织形态上来说，除了1912年江亢虎成立的“中国社会党”②之外，几乎再无以政党形式活动的无政府主义派别。此后的中国无政府主义者，要么以某个刊物为核心展开活动，要么组成自愿的地方性互助组织如实社、晦明社等。结为政党，争取政治权力恰恰是无政府主义者避之不及的行为。

从思想体系上来说，尽管可以认为中国的无政府主义者大多以克鲁泡特金的“互助论”为理论模板，但即使是对克鲁泡特金的解读，中国的无政府主义者也是“各取所需，各尽所能”，甚至附会老庄的解读也不在少数，并没有相对统一的理论阐释，因此，无政府主义者对十月革命的评价也是各不相同。

从价值取向上来说，无政府主义以“自由”为核心价值，并反对加诸自由之上的一切束缚，即使是为了实现无产阶级的解放而不得不建立的权威机构，即使是被马克思和列宁都视为过渡阶段的无产阶级专政，在无政府主义者看来也是要不得的，他们宁愿采取暗杀等个人恐怖手段也不愿采取政治手段推翻国家。无政府主义者同时拒绝讨论组织效能的问题，而是反复强调他们构想的生产生活组织都是可以“自由参与、自由退出”的。

而早期马克思主义者在这三个方面和无政府主义者截然相反。首先，毫无疑问的是，布尔什维克本身就是极其强调政党的组织性和纪律性的政治派别。中国的早期马克思主义者在接受了俄国版本的马克思主义之后，就朝着组建无产阶级政党的方向努力。1921年中国共产党的成立，以及1922年中共二大的召开，乃至大革命风潮到来前的国共合作的努力，都让马克思主义者越发有意识地远离无政府主义等其他社会主义思潮的影响，而同无政府主义等社会思潮的争论本身“对共产党自己的思想统一也有关键性作用”③。其次，“十月革命一声炮响，给我们送来了马克思列宁主义”，可能还有这样一层含义：十月革命后，中国早期马克思主义者接受的基本是俄国版的马克思主义，不仅排除了其他社会主义流派诸如无政府主义、基尔特社会主义等不同社会

---

① 华东师范大学政治教育系编：《五四时期马克思主义与反马克思主义三次论战资料选编》，华东师范大学出版社1962年版，第457页。

② 虽然江亢虎自认为是无政府主义者，并将自己的无政府主义思想冠以“社会主义”之名，但实际上当时相当多数的无政府主义者并不将他视为无政府主义者，刘师复还创作了《孙逸仙江亢虎之社会主义》一文，同时对这两种“社会主义思想”展开批判。

③ [美]阿里夫·德里克：《中国革命中的无政府主义》，孙宜学译，广西师范大学出版社2006年版，第190页。

主义流派的影响，也甚至摒弃了第二国际其他理论家对马克思主义的解读。这种思想认识的一致性，也是日后中国共产党得以成立并逐渐壮大的重要基础。最后，在价值取向上，中国早期马克思主义者并不着重探讨个体自由的问题，而是希望找到一条迅速改造中国的现代化道路。对于中国马克思主义者而言，俄国革命范本不仅仅具有改造资本主义、实现劳工解放的变革意义，更重要的是，这条道路是实现民族独立和解放的另一种现实可能，这一点在中共二大纲领当中有显著的体现。

第二，不同的问题意识导致了不同的历史命运。无政府主义因对自身理论的执着，几乎不依靠政党进行活动，而是依靠亲友、同学、同乡等人脉关系进行传播，因此极其缺乏行动力。这和接受了布尔什维克建党学说的中国共产党甚至经过共产国际指导的中国国民党都不能相提并论。从这点上来说，无政府主义作为一种社会思潮逐渐淡出人们的视野是历史的必然。

第三，无政府主义者的确看到了俄国革命过程中存在的诸多重要问题，甚至先于中国早期马克思主义者意识到了这些问题。无政府主义者对官僚国家的批评就是其中之一，而“国家消亡”也是一个在中国马克思主义者视域中忽略不计但为无政府主义者所提倡的一个问题。同样是马克思主义者的列宁专门创作了《国家与革命》这篇论文，详细探讨国家消亡的手段、过程、条件等问题。但是，国家消亡的问题，或者是否有超越现存政治生活的政治形式，在中国早期马克思主义者那里似乎较少得到讨论。然而，无政府主义虽然并没有直接从马克思主义那里获得灵感，却也为中国近代政治思潮提供了一种另类思考，即可不可以脱离权威，脱离“统治—服从”关系，建立一种更为自由的公共生活？这也许是昙花一现的中国无政府主义思潮给社会主义理论乃至中国近现代政治思想发展的贡献之一。

梁启超社会主义思想再审视

王海林
（天津师范大学政治与行政学院博士研究生）

梁启超是中国启蒙巨子，他学识渊博，思维敏捷，情感丰富，笔锋犀利，实为20世纪初中国思想界之执牛耳者。他学术上融通古今、执中鉴西，以强烈的社会责任感和历史使命感，高举自由平等旗帜，为中国社会进步摇旗助威，又以宏观视野把握世界文明趋势，发掘中国传统文化资源，借以批判资本主义，探索中国现代化道路，并对社会主义与中国发展关系进行了探讨。然而，他的社会主义思想始终伴随批判之声，不论是早期国民党人还是早期共产主义者都与他进行过激烈论战。新中国建立后，学术界过多从政治上对他的思想进行评价，"资产阶级改良派""庸俗进化论""假社会主义"等定性判断，掩盖了他对社会主义与中国关系探讨中的许多真知灼见。回顾一个世纪以来中国社会主义思想发展历程，拂去历史的尘埃，洗去泼在他身上的污泥浊水，就会发现他对社会主义与中国发展的问题确有许多精到的见解，值得我们深思。

一、梁启超对西方社会主义的评介和对中国传统文化资源的开发

19世纪末20世纪初，中国的民族危机和社会危机空前加剧，面临着"两千年来未有之大变局"。在这种背景下，《天演论》的问世和进化论的传播打开了人们的认识视野。梁启超以进化论分析中国的过去、现在和未来，呼唤"少年中国"，追求"新民"，并写下了《爱国歌》："博望定远芳踪已千古，时哉后起吾英雄。结我团体，振我精神，二十世纪新世界，雄飞宇内畴与伦。"①

近代以来中国社会发展的核心是社会现代化。现代化是传统社会向现代社会的嬗变过程，主要包括经济市场化效率化、政治民主化法治化、文化理性化世俗化和社会开放化生态化。然而，中国的现代化追求又是以西方国家为参照，为实现救亡图存而提出的。这样，借助西方启蒙思想，宣传自由、平等、博爱，冲破思想观念障碍，突破心灵固化藩篱，呼唤社会解放就成为一种历史诉求。但这时西方各国资本主义已经确立起来，它们不仅威胁着中国的生存，而且其内部的矛盾冲突和社会动荡也日益显现，形

① 《梁启超全集》第9册，北京出版社1999年版，第5429页。

成了与之对立的社会主义思潮。梁启超一方面以学者特有的敏锐注视这一新的历史动向，思考西方社会矛盾与社会主义兴盛之关系，另一方面又借重中国传统文化，寻求社会主义的民族文化资源，探讨社会主义与中国现代化的关系问题。

首先，把社会主义术语引入中国并对社会主义兴起的原因进行了剖析。

19世纪末20世纪初，“社会主义”就在中国媒体上出现，人们普遍以“养民学”“安民新学”“贫富均财之说”等术语对它进行翻译和介绍，但没有引起关注和回应。梁启超是近代中国引入“社会主义”术语之第一人。1901年，他在评价乃师康有为时说：“先生之哲学，社会主义派哲学也。”[①]“社会主义”一词既出，即为学界所识从。在分析西方社会主义兴起之原因时，梁启超说：“自机器大兴，生产力骤增，而消费力（即买物者）岁进之速率，不足以应之。于是生产过羡，物价下落，不知所届。小资本家纷纷倒闭，而大资本家亦綦惫矣。然其弊固不徒在资本家而已，即劳动者亦随而殃及。”“弱肉强食，兼并盛行，于是生计界之秩序破坏，劳力者往往忽失糊口之路，势亦不得不乞怜干彼之能堪剧争之大资本家。故大资本家从而垄断焉。庸率后任意克减，而劳力者病，物品复趋粗恶，而消费者病；原料任其独占，而生产者亦病。此近世贫富两级之人，所以日日冲突，而社会问题所由起也。于斯时也，乃举天下厌倦自由，而复讴歌干涉。故于学理上而产出所谓社会主义，于事实上而产出所谓托辣斯者。”[②]但二者性质相异，具有不同价值取向，“观近二十年来世界大势之倾向，而不禁爽然以惊也。夫帝国主义也，社会主义也，一则为政府当道所凭藉，一则为劳动贫民所执持，其性质本绝相反也”[③]。

1918年，他在《欧游心影录》中说：“自从机器发明工业革命以还，生计组织起一大变动，从新生出个富族阶级来。科学昌明，工厂愈多，社会遍枯亦愈甚。富者愈富，贫者益贫。”[④]由此导致各种社会主义流派的兴起。他又说：“欧洲为什么有社会主义？是由工业革命孕育出来。因为工业组织发达得偏畸，愈发达愈生毒害，社会主义家想种种方法来矫正他，说得都是对症下药。”[⑤]可以看出，他对社会主义兴起原因的剖析虽不准确，但还是富有思想含量和学术见地的。

其次，从中国传统社会理想追求中寻求社会主义的民族文化资源。

梁启超一方面承认资本主义比中国传统社会更发达和进步，以西方启蒙运动中提出的自由、平等、人权批判中国传统政治文化；另一方面又剖析西方资本主义固有的社会矛盾，关注西方社会主义的发展走向，探求中国社会主义的民族文化资源。社会主义是资本主义基本矛盾和生产力发展的必然要求，但在其终极目标上又与中国传统大同理想有契合性和可通约性。梁启超说：“社会主义者，近百年来世界之特产物也。据

---

① 《梁启超全集》第1册，北京出版社1999年版，第489页。
② 《梁启超全集》第2册，北京出版社1999年版，第1100页。
③ 《梁启超全集》第2册，北京出版社1999年版，第1099页。
④ 《梁启超全集》第5册，北京出版社1999年版，第2917页。
⑤ 《梁启超全集》第5册，北京出版社1999年版，第2984页。

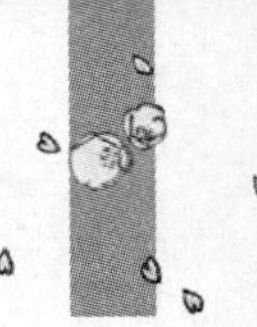

其最要之义，不过曰土地归公、资本归公，专以劳力为百物价值之原泉”；而“中国古代井田制度正与近世之社会主义同一立脚点”。[①] 他不仅把《礼记·礼运篇》中“天下为公”的理想视为中国社会主义的经典，而且认为：“欧洲所谓社会主义者，其唱导在近百余年间耳。我国则孔墨孟荀商韩以至许行白圭之徒，其所论列，殆无一不带有社会主义色彩。”[②]

梁启超依据时代诉求和学识背景，把社会主义解读为社会渐进改良、生产稳步发展、人民生活幸福。在评价清初实学思潮时，他说：“所谓‘经世致用’之一学派，其根本概念，传自孔孟，历代多倡道之，而清代之启蒙派晚出派，其扩张其范围。此派所揭橥之旗帜，谓学问有当讲求者，在改良社会增其幸福，其通行语所谓‘国计民生’者是也。故其论点，不期而趋集于生计问题。而我国对于生计问题之见地，自先秦诸大哲，其理想皆近于今世所谓‘社会主义’。”[③]他从中国传统理想追求大同、均平、和谐、民生等历史命题中寻求社会主义的合法性资源，超越“西学中源”和“中体西用”论，坚持执中鉴西和返本开新，实现西方社会主义目标和中国传统社会理想之对接和贯通。

再次，对社会主义含义从精神和方法(政策)上进行了严格区分。

梁启超依据进化历史观，视人类社会为一个稳步渐进和不断超越的嬗变过程，对社会主义充满了必胜信念和希望。但中国社会现实与西方迥异，又使他把社会主义区分为精神和方法，同时须萃取前者、抵制后者。他说：“讲到国民生计上，社会主义自然是现代最有价值的学说。……但据我的意见，提倡这主义，精神和方法不可并为一谈。精神是绝对要采用的，这种精神不是外来的，原是我所固有。孔子讲的‘均无贫，和无寡’，孟子讲的‘恒产恒心’，就是这主义最精要的论据。我并没有丝毫附会。至于实行的方法，那就各国各时代种种不同。”[④]这里初步提出了社会主义应与现实国情相结合的历史命题。他又说：“社会主义，虽不敢谓为世界唯一之大问题，要之为世界数大问题之一而占极重要之位置者也”；“然则社会主义一问题，无论以世界人类分子之资格，或以中国国民分子之资格，而皆不容以对岸火灾视之”。[⑤] 他视社会主义理想为世界大同，乃人类发展大势，我们应依国情顺势而为。所以，虽然认为中国当时的社会条件够不上社会主义，但是他又依循康有为的思维路向，主张在中国立足小康进至大同。他说：“故不可以大同之法为是，小康之法为非也，犹佛言大乘不废小乘也。”[⑥]这一方面反映了他的改良主义思想立场，另一方面又反映了他对中国走向社会主义的理性思考。

---

① 《梁启超全集》第1册，北京出版社1999年版，第392页。
② 《梁启超全集》第6册，北京出版社1999年版，第3605页。
③ 《梁启超全集》第5册，北京出版社1999年版，第3108页。
④ 《梁启超全集》第5册，北京出版社1999年版，第2984页。
⑤ 《梁启超全集》第3册，北京出版社1999年版，第1701页。
⑥ 《梁启超全集》第1册，北京出版社1999年版，第495页。

二、同时代人对梁启超社会主义思想的批判

梁启超从理论上对社会主义与中国未来发展的问题进行了探讨。但在20世纪初期的社会背景下，他的许多观点却遭到了人们的批判。不论是早期国民党人还是早期共产党人都与他在社会主义问题上发生过激烈争论。

梁启超与早期国民党人的争论主要围绕以下问题展开：

首先，近代中国能否实行社会主义。梁启超认为，社会发展和进步是一个分阶段分步骤的演进历程，近代中国由于各种原因和复杂条件，资本主义未能获得发展机遇和拓展空间，无法取得与西方国家相比肩的水平，当然也就不能搞社会主义。早期国民党人则认为，中国虽然落后，但可以后来居上。梁启超说：研究社会主义，"非精通经济原理者，莫能深知其意"，而有些人"未知社会主义为何物，而欲论我国宜如何以适用之，其以喻天下亦艰矣"。① 早期国民党人主张政治革命和社会革命"毕其功于一役"。② 胡汉民说：西方各国在政治革命后发展资本主义，造成了经济不平等，"若中国者，仅以扑灭异族政府之劳，而国中一切阶级无复存遗，社会主义乃顺于国民心理而又择其易者，以从事其成功，非独所期，殆可预必也"③。梁启超认为，私有制度是"现社会一切文明之源泉"，"经济生活一切之总前提"，因而"社会主义派之理想必非现在所能见诸实事"。④ 胡汉民则反驳说：梁氏"不识经济学与社会主义之为何"⑤。又认为梁氏观点有八大谬误："其一，梁氏以土地为末，以资本为本；其二，梁氏以生产为难，以分配为易；其三，梁氏以牺牲他部人而奖励资本家为政策；其四，梁氏以排斥外资为政策；其五，梁氏不知物价之由来；其六，梁氏不知物价贵贱之真相；其七，梁氏不知地租与地税之分别；其八，梁氏不知个人的经济与社会的经济之分别。"⑥由此可见，争论双方水火不容。

其次，如何认识土地问题、资本问题与社会主义的关系。土地问题和资本问题是关系中国社会变革的两个基本方面。早期国民党人认为必须从解决土地入手，以征收土地"单一税"为手段防止大资本家对中国经济的垄断。梁启超则认为，"一若但解决土地问题，则社会问题即全部解决者然。是由未识社会主义之为何物也。近世最圆满之社会革命论，其最大宗旨不外举生产机关而归诸国有。土地之所以必须为国有者，以其为重要生产机关之一也，然土地之外，尚有其重要之生产机关焉，即资本是也"，"要之解决社会问题者，当以解决资本问题为第一义，以解决土地问题为第二义。且土地问题，虽谓为资本问题之附属焉可也"。⑦ 孙中山说："欧美为甚不能解决社会问题？

---

① 《梁启超全集》第3册，北京出版社1999年版，第1701页。

② 《孙文选集》中册，广东人民出版社2006年版，第157页。

③ 《民报》(1)，中华书局(影印)2006年版，第340页。

④ 《梁启超全集》第3册，北京出版社1999年版，第1587页。

⑤ 《民报》(3)，中华书局(影印)2006年版，第1769页。

⑥ 《民报》(3)，中华书局(影印)2006年版，第1770页。

⑦ 林代昭、潘国华：《马克思主义在中国——从影响的传入到传播》上册，清华大学出版社1983年版，第170页。

因为没有解决土地问题。"[①]胡汉民强调：土地如阳光、空气，本属公有，"盖劳动者每困于资本家，而资本家之所以能困劳动者，又以劳动者不能有土地。故且土地价值因时代而异，社会文明则其进，率益大。此进率者，非地主毫末之功，而独坐收其利，是又不啻驱社会之人而悉为之仆也。至论其流弊，则可使地主有绝对之强权于社会，可使为吸收并吞之原因，可使农民废业，可使食艰而仰于外，可使全国困穷，而资本富厚悉归于地主"[②]。

再次，如何认识传统文化资源与社会主义的关系。梁启超和早期国民党人都借重中国传统文化，从中发掘社会主义的内在依据，但对传统文化和社会主义关系的解读又各有特色。梁启超反对用"以水济水，以火济火"的方式研究社会主义，主张用历代社会理想追求中所包含的内在精神以匡正现实。他认为，应当寻求"如何而能使吾中国人免蹈近百余年来欧美生计组织之覆辙，不至以物质生活问题之纠纷，妨害精神生活之向上"[③]。在评述王安石变法的主张时，他认为欧美社会主义者"往往梦想之以为大同太平之极轨，而识者又以为兹事体大，非易数世后未或能致也。夫以欧美今日犹未能致者，而荆公乃欲于数百年前之中国致之"[④]。传统理想使有志于变革的人批判现实，追求大同，在近代以来实现着与社会主义的贯通。早期国民党人则认为这种寄希望于强者的思想会导致政治权威主义的危险，因而更重视民本思想向民权主义的转化。马君武在谈到社会主义时说："近人已有托礼运片言只义，演为大同条理，陈设制度以其实行者，欲以一人为牧人，以众生为牛羊，而听之指挥焉。偏于一面而不知竞争之息之旨，则是欲进化社会而反致之于退化也，不可以不辨。"[⑤]于是，他们追溯传统民本思想，又经诠释转化为民权和民生，并视为社会主义之核心命题。

"五四"时期，借鉴西方批判传统的风气日盛，既给思想界吹来一股春风，又使"社会主义"成为媒体关注的热词。梁启超期间发表了《复张东荪书论社会主义运动》一文，阐述了他对中国社会发展与社会主义关系的见解。他说："中国今日之社会主义运动，有与欧美最不相同之一点焉"，即"在欧美倡此主义，其旗帜极简单明了，亦曰无产阶级与有产抗争而已"。又认为中国尚未发生工业革命，外国资本对中国的剥削造成了大量流民，"故吾以为在今日之中国而言社会主义运动，有一公例当严守焉"，即"在奖励生产的范围内，为分配平均之运动。若专注分配而忘却生产，则其运动可谓毫无意义"。[⑥]

梁启超认为将生产资料收归国有在中国并无意义，为了发展生产，必须发展资本主义，所以"夫中国今日，不能不奖励生产事业以图救死，而生产事业，什中八九，不能

① 《孙文选集》中册，广东人民出版社2006年版，第169页。
② 《民报》(1)，中华书局(影印)2006年版，第336页。
③ 《梁启超全集》第6册，北京出版社1999年版，第3693页。
④ 《梁启超全集》第3册，北京出版社1999年版，第1733页。
⑤ 林代昭、潘国华：《马克思主义在中国——从影响的传入到传播》上册，清华大学出版社1983年版，第84页。
⑥ 《梁启超全集》第6册，北京出版社1999年版，第3330页。

不委诸‘将本求利’之资本家”，因而“对于资本家当持何种态度，实今日言社会主义者最切要之问题”。[①] 那么，如何处理资本家与工人之间的关系呢？梁启超说：“务致劳资协调主义，使两阶级之距离不至太甚也。”[②]他认为，在农民保守、游民甚多的现实国情下，搞社会主义运动只能造成社会混乱。他对中国社会主义问题的立场和观点是：“一　对于资本家采矫正态度，先在劳资协调的状况之下，徐图健实的发展”；“二　极力提倡协社，使全国生产之中枢，渐移归公众之手”；“三　谋劳动团体之产生发育强立，以为全世界资本阶级最后决胜之准备”。[③]

早期共产主义者李达在《讨论社会主义并质梁任公》一文中认为，梁氏观点有五大错误：曲解社会主义，将社会主义视为改善劳动者状况的社会政策；提倡资本主义，借助资产阶级成长形成劳动阶级；高唱爱国主义，指责外国资本造成了大量游民；提倡温情主义，主张劳资合作；误会社会主义，认为社会主义是均分，专注分配，造成游民运动。他逐字逐条对梁氏观点进行反驳，说：“社会主义在根本改造经济组织谋社会中最大多数的最大幸福，实行一切生产机关归为公有，共同生产共同消费。”[④]尽管中国与西方情况有异，但“只有产业发达的先后不同，和发达的程度不同，而社会主义运动的根本原则，却无有不同，而且又不能独异的”[⑤]。要彻底消除无产阶级苦难，实现其根本解放，必由之路即发展社会生产，中国生产事业虽然落后，但“要想追踪欧美和日本，势不得不于此时开始准备实行社会主义”，“就中国说，资本主义正在萌芽时代，人民因产业革命所篆的苦痛尚浅，若能急于此时实行社会主义，还可以根本的救治”。[⑥] 资本逐利性驱使它走向全球，因此反对资产阶级，就包括国内外两部分。李达说：“资本家是虎，我们不能说，本国的虎比外国的虎不会食人；我们也不能说，只可抵制外国的虎，不必捕杀本国的虎。资本主义是流行世界的瘟疫，瘟疫的菌能够流播全世界，我们不能说，只有消灭外国传来的瘟疫，不必消灭本国的瘟疫。”他视工会运动为改良主义，因此在中国“或者不得已要采用劳农主义的直接行动，达到社会革命的目的”。[⑦]

早期共产党人杨明斋对梁启超《先秦政治思想史》一书中有关社会主义论断进行了批判。他说：“社会主义之产生是由于经济不平等。原来人类生活的经济演进，自然的产出了经济不平等，这种不平的经济于比较不甚长期中有变迁的余地及生产的组织不变动，却不会产出社会主义”，“简单说，社会主义是人类生活的生产演进中的一种经济革命，他和无限制的个人之私有制度相对待，并且和资本私有之国家主义也不和睦。换句话讲无限制的个人经济私有制度及资本私有之国家主义，这便是他的仇敌。要打

① 《梁启超全集》第6册，北京出版社1999年版，第3331、3332页。
② 《梁启超全集》第6册，北京出版社1999年版，第3333页。
③ 《梁启超全集》第6册，北京出版社1999年版，第3334页。
④ 《李达文集》第1卷，人民出版社1980年版，第61～62页。
⑤ 《李达文集》第1卷，人民出版社1980年版，第63页。
⑥ 《李达文集》第1卷，人民出版社1980年版，第65、69页。
⑦ 《李达文集》第1卷，人民出版社1980年版，第71～73页。

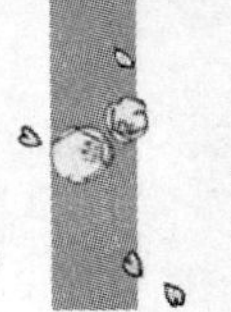

破这两种制度的进行方法，这便是社会主义的义务”。[①] 他认为中国历史上的限田、均田都是社会政策而非社会主义，即使先秦思想家的主张中带有社会主义色彩，拿到今天也不能实行。至于梁启超主张的“保均富抑兼并”，杨氏亦认为，“社会主义本是要打破国家资本帝国等主义的一种解决经济进化所产生之流弊的方法”，梁氏完全把工业社会与农业社会的既定政策混淆了，“在习惯儒家经济除外的政治和教育者，自然不会分别什么是资本主义，什么是社会主义，只会一概而非之罢了”。[②]

三、梁启超社会主义思想的历史价值和现实意义

梁启超在传统向现代嬗变、中西文明撞击的宏观背景下，直面关系中国社会发展的重大问题，以“执中鉴西”的学术风格探寻中国未来发展之路。他说：“舍西学而言中学者，其中学必为无用。舍中学而言西学者，其西学必为无本。无用无本，皆不足以治天下。”[③]在现代化还没有全面启动时，虽然人们从西方社会的矛盾和社会主义的兴起中看到了人类发展的新愿景，但如何把现代化与社会主义联系起来，却是一个关乎全局的历史命题。

梁启超与早期国民党人论争双方之共同价值取向，即关注人类发展大势，一方面既借鉴西方现代启蒙理念，又批判资本主义的悖论；另一方面在发掘民族传统和文化资源中采补西方社会主义思想，探讨社会主义与社会发展的关系。但早期国民党人以斗争立场和革命话语解读社会主义，有激进主义倾向，而梁启超则于改良立场和学术话语诠释社会主义，略显冷静和稳健。台湾学者赖建诚对这场论战进行了归纳，他说：“孙派主张社会主义路线：(1)要行单一税制和土地国有化，(2)要发展国家资本，(3)节制私人资本，(4)注重劳工福利，(5)强调分配平均的重要性。梁派的见解是：(1)西方国家尚无实行社会主义成功之实例，中国亦无条件实行社会主义，他称之为不必行、不可行、不能行，(2)采取保护主义，对抗列强产品与资本的入侵，(3)奖助本国大资本家，以求在国际市场上竞争生存，(4)先求经济发展，可以暂时容忍分配不均之弊，(5)从财政、经济、社会三个角度，论证单一税与土地国有制在中国万不可行。”[④]在对这场论战进行评价时，他说：“《民报》较诉诸理念，旨在唤起读者的热情与希望，共同期盼中国将来有一个新的经济面貌，在理想上、目标上、说理上都相当引人。而梁的文体则较务实，着重在落实执行时的诸种困难。……孙派是革命者式的许诺远景与愿望，梁是以现实的执行为考虑。梁的笔锋较锐，文字平实，论点鲜明”，在当时的社会条件下，“《民报》诉诸社会主义与土地国有化，是一项很具说服力的宣示，然而他们的论点有时较情绪化”，相反，“梁的说理较冷静、清晰、有说服力，《民报》派人士在激情之下，反而把一

① 杨明斋：《评中西文化观》，黄山书社2008年版，第111页。
② 杨明斋：《评中西文化观》，黄山书社2008年版，第140页。
③ 《梁启超全集》第1册，北京出版社1999年版，第86页。
④ 赖建诚：《梁启超的经济面向》，浙江大学出版社2010年版，第172页。

手好牌打坏了，梁则是把有限的牌打得有声有色”。①

一个多世纪过去了，回顾梁启超与早期国民党人的思想争论，就会发现梁启超虽然形单影只，独对血气方刚的若干青年理论家，但他以对中西文明的理解，以能够“搅动社会”（严复语）的文笔，阐释社会主义与中国社会发展的关系，许多观点也不乏真知灼见。相反，早期国民党人虽是从政治革命的角度考虑问题，甚至把单一税与土地国有这两个很难兼容的主张一并提了出来，因此在理论上不甚严谨。也正因如此，在早期国民党人的主张中渗透着一种激进情绪，而梁启超却似乎在理论上更立足根基。

早期共产主义者通过十月革命接受了科学社会主义理论，但他们对如何把马克思主义运用于中国实际还缺乏认识，他们对梁启超的批判是从概念上进行的，并没有搞清民族资本发展与实现社会主义的关系。应当说，梁启超在认识社会主义与中国发展的关系时，提出中国要通过资本主义发展生产力，同时采取必要的政策缓和劳资关系，这或许可称之为“中国式社会主义”，其中蕴含有历史的合理性和现实的必要性。如果与改革开放以来提出的社会主义初级阶段论、社会主义本质论、社会主义主要矛盾论和社会主义目的论等联系起来思考时，就会惊讶地发现梁启超的社会主义思想更具时代价值和现实意义，以至于深深被他的睿智和洞见所折服。

张灏说：“梁拥护资本主义反对社会主义并不表示无条件地接受资本主义……换言之，梁设想的是这样一种经济制度，在这种制度里，小型的私人企业占支配地位，但它们受政府的各种社会主义政策的有效调节，不仅避免通常伴随资本主义制度出现的国内的社会冲突和压迫，而且更为重要的是有利于开发全国的各种经济资源，以便在国际舞台的竞争中取胜。”②新中国成立前，毛泽东也认为，在革命胜利以后一个相当长的时期内还需要尽可能地利用城乡私人资本主义的积极性，以利于国民经济向前发展。邓小平提出中国虽然搞了社会主义，但实际上还“不够格”。历史雄辩地证明，梁启超的借资本主义为过渡向社会主义迈进、把社会主义区分为精神和方法、注重社会现代化中的传统资源现代转化等稳健社会主义思想深具震撼力和前瞻性，值得后人潜心研究和仔细拷量。

应当看到，现代化是一项社会系统工程，其历程应从社会多维度上突显出来。从传统社会向现代社会的转型是通过不同阶级、阶层在经济、政治、文化上的要求体现出来的。在这其中，凡是以现代化为宗旨而提出的主张都有其合理成分，也许真理并不在哪一派观点中，而是要在各种观点的相互辉映中把握中国社会发展的时代命题。从某种意义上讲，只有客观认识历史，才能正确把握现在和追求未来。当政治革命尘埃落定、现代化建设提上议程的时候，就应当根据现代社会发展的客观要求，重新认识许多思想家对中国社会发展提出的见解和思考，并从中把握中国现代化的过去、现在和未来之演进逻辑和思维路向。

---

① 赖建诚：《梁启超的经济面向》，浙江大学出版社2010年版，第173页。

② [美]张灏：《梁启超与中国思想的过渡（1890～1907）》，崔志海等译，江苏人民出版社1995年版，第192～193页。

由于进化论历史观对梁启超的深刻烙印，使他在当时革命话语下提出的问题始终处于一种力不从心的状况，因而他的思想和主张也不能成为主流话语。但也正因如此，使他的思想少了些许浮躁，多了一份淡定和深刻。他虽有强烈的社会责任感和历史使命感，但又主要是以学者的身份参与到现代化追求中去的。西方现代化是通过资本主义高歌猛进而取得话语权的，面对西方现代启蒙的美好誓言与实际进程的“二律背反”，以及由此带来的社会主义之生机勃发，梁启超也就在社会主义的时代主题下探求中国社会现代化之路。

中国走社会主义道路不是资本主义基本矛盾激化而产生的必然结果，而是在对西方资本主义批判中选择的中国现代化道路之制度路径，那么中国的现代化就只有在对传统资源的创造性转化和创新性发展中，才能开拓出富有民族特色和时代特色的康庄大道。梁启超把传统理想现代转化与中国现代化之路径选择有机结合，提出独具时代性和民族性的后进中国通往社会主义之路，正好回应了中国社会发展之客观要求。梁启超身处近代中国社会转型和急剧变革时期，他以涵汇古今、执中鉴西的学术风格，创新传统文化资源，博采西方现代理念，立足中国现实国情，把传统资源返本开新和西方思想融会创新转化到中国现代化的时代诉求中，提出了诸多深邃的历史命题和可资借鉴的方法论。在全面建设小康社会、着力构建和谐社会和民族复兴中国梦的时代背景下，梁启超的社会主义思想必将重燃火焰、大放异彩。

20 世纪三四十年代中国民生主义计划经济思潮述评

傅辰晨
（山东大学当代社会主义研究所博士研究生）

一、民生主义计划经济思潮兴起的背景及原因

“计划经济”与“民生主义”在 20 世纪 30 年代的中国早已不算陌生，但与两者都相关的民生主义计划经济却是在 20 世纪 30 年代中后期才开始被讨论。为了厘清民生主义计划经济思潮为何在“民生主义”与“计划经济”两者讨论若干年之后才兴起，此处先对民生主义计划经济思潮兴起的背景及原因略作梳理及讨论。

20 世纪二三十年代，计划经济在中国之所以被广泛讨论，与当时的国际国内环境密不可分。就国际环境而言，引发知识界对计划经济讨论的直接背景是苏联计划经济体制的实行和成功。在当时资本主义世界经济萎靡的大背景下，实行社会主义制度、推行计划经济体制的苏联呈现了另一种景象：工业取得重大进步，经济发展呈现孤岛繁荣的情况。反观当时的资本主义社会，1929 年，资本主义爆发了严重的经济危机，主要资本主义国家无一能够摆脱经济危机的厄运，经济总量明显下降、失业人数暴增、通货膨胀严重。这种经济环境下，世界主要资本主义国家政府纷纷抛弃自由主义经济，政府对经济的控制力度普遍加强，比如该时期美国实行的罗斯福新政和德国的法西斯专政等，这种国际环境和不同国别之间经济发展状况的对比刺激了中国知识分子对计划经济模式的思考和讨论。

从国内环境方面考量，南京国民政府建立，民族经济的发展得到了一个相对稳定的发展环境。但当时中国经济溃败，民族工业极不发达，中国一部分的矿产、铁路等资源被列强控制，农村依旧以小农经济为主。受到战乱及封建土地政策的消极影响，农村经济发展极为缓慢，农民耕种热情低，农村经济处于崩溃的边缘，中国知识分子试图改变中国经济落后的状况。因此，在国际环境和国内经济发展客观需求的双重作用下，从 20 世纪 30 年代起，中国知识界兴起了计划经济的讨论热潮。随着历史的推进，中国知识分子对计划经济的讨论逐渐深入，不再局限于对苏联模式的计划经济及资本主义统制经济模式的解读，进一步转向探讨在中国如何发展计划经济以及如何利用计

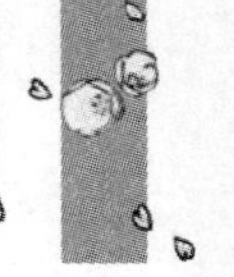

划经济体制或政府干预经济的方式来解决中国面临的实际经济问题，知识界试图寻找到适合中国的计划经济发展模式，各种相对具体的实施计划经济的讨论顺势出现，民生主义计划经济思潮就是其中一个重要流派。

至于为什么实行民生主义的计划经济，而不是其他类型的计划经济，当时的中国也有诸多讨论。

首先，从中国的具体国情和经济基础来分析，中国有大力改善民生的客观需要和实行民生主义计划经济的客观条件。当时的中国经济衰败，依旧以手工业为主，重工业、国防工业都极不发达，民生更是无从保障，人民生活水平极为低下，因此，知识界希望能够发展民族工业，摆脱殖民落后的困境，改善民生、振兴国民经济，也就是说，民生主义适应中国的客观需要。周可琛从民生主义的内容来分析中国必须实行计划经济，认为民生主义不可以追逐利润为目的进行生产，而是结合国家的经济、国防、人民需要等有计划地组织生产，因此，中国有实行民生主义计划经济的需要。[①]

从政治条件层面讨论，当时南京国民政府成立，中国在一定程度上拥有国家主权，因此，在政治条件上具备实行计划经济的可能。国民政府成立初期部分地统一了中国，中国经济有一个相对平稳的发展环境，政府掌握国家金融机构、主要交通工具，当时社会存在的少量的国防工业、重工业也是国家筹办的，这种情况为发展政府指导型的经济提供了客观基础。因此，有学者认为，中国不具备资本主义的经济基础，因此不能走自由主义经济发展道路，也不可能实行帝国主义统制经济。从客观条件上看，资本主义社会和半殖民地半封建社会是不具备实行民生主义计划经济的条件的，因为资本主义生产资料私人占有，发展经济的目的与民生主义计划经济相悖，半殖民地半封建国家不具备国家主权，也无法实行全国性的计划经济。与苏联相比，中央集权的计划经济模式在中国显然缺少经济和政治基础，苏联实行计划经济制度的时候，一切生产工具和分配机关已经收归国有，而中国经济成分复杂，生产力落后，因此中国不具备发展苏联模式计划经济的条件，因此中国不具备实行苏联中央集权式计划经济的政治经济基础。[②] 但是，通过渐进的方式，以改善民生为首要目的，利用一切可利用资本来发展经济的民生主义计划经济在中国具有可行性。[③]

其次，民生主义计划经济对待暴力革命的态度，符合国民党的意识形态要求。知识界认为，中国的计划经济需要同时完成产业革命和社会革命，也就是说在发展经济的同时，通过土地赎买、限制私人资本等手段，逐步解决生产资料所有权和阶级的问题，步入社会主义。但是用什么方法解决阶级问题，国民党知识界反对暴力革命，主张先行发展经济，调和阶级矛盾，逐步步入社会主义社会。张萃就指出，经济的发达是各

---

① 参见周可琛：《战后中国经济建设——民生主义计划经济论》，载《新认识》1943年第8卷第2～3期。

② 参见徐思予：《从计划经济与统制经济之比较研究说到"民生主义的计划经济"》，载《中苏文化杂志》1937年第2卷第1期。

③ 参见罗敦伟：《民生主义计划经济——思想、本质、形态、特点之综合研究》，载《财政学报》1943年第1卷第6期。

种建设的基础，发展民生则是经济建设的首要目的，经济建设则需经济计划来协调。他明确提出："中山先生的建国方略和实业计划，作为实施计划经济的基本方案，使整个社会得以逐渐实现不流血的社会革命，以达到民生主义的目的，想达到大同社会，需各方配合，有赖于推进社会机构联系的民生主义计划经济的有效实施，所以民生主义经济的建设必须实施民生主义计划经济才能完成。"①因此，只有实行民生主义的计划经济，才能发展经济并实现孙中山先生所提的民生主义的目标。如果不采用民生主义计划经济，则有可能发生流血的社会革命或类似阶级斗争的社会革命。

再次，从思想基础层面探讨，相较于其他类型的计划经济，以民生主义为指导的计划经济有较为扎实的思想基础，在当时的中国更容易被接受、理解，这也是民生主义计划经济思潮被较频繁讨论的历史原因之一。民生主义思想，在中国古而有之，知识界乃至群众都更容易理解和接受。后来，在计划经济兴起之前，民生主义思想就已经被孙中山先生阐发成一种等同于社会主义的政治理想，在多次演讲、会议及著述中被反复介绍、讨论、推广。针对民生问题的解决，孙中山给出了节制资本、平均地权等基本主张，这些也成为20世纪30年代中后期民生主义计划经济的主要理论来源。因此，民生主义在中国的思想基础甚为扎实。自南京国民政府成立后，三民主义思想作为国民党的指导思想被继续阐述、讨论。国民政府成立之初，力求改变中国经济落后的现状，在这种情况下，本就含有一定的经济计划成分，又有良好思想基础的民生主义计划经济也就应运而生了。

二、民生主义计划经济思潮的内容

(一)有关民生主义计划经济性质的讨论

民生主义计划经济性质及实现道路的相关讨论是民生主义计划经济相关著述的重要内容。当时知识界对民生主义计划经济性质的认识并没有完全达成统一，有学者认为民生主义计划经济是实现社会主义的路径，在性质上当然也是社会主义的，但也有学者抛开社会主义或者资本主义的意识形态，认为民生主义计划经济就是一种独特的经济形态，通过这种经济形态进行的经济积累，自然地过渡到社会主义，中国可以达到"各尽所能，各取所需"大同社会。在实现道路上，民生主义计划经济论者基本能达成共识，那就是否定暴力革命和阶级斗争，主张通过渐进的方式，集中国家力量的同时合理利用私人资本，大力发展经济，提高人民福利，同时完成社会革命和产业革命的任务，学者罗敦伟、周可琛、陈长蘅等都有此类表述。② 正如前文所述，民生主义计划经济继承了孙中山民生主义的衣钵，在指导思想上同民生主义是一脉相承的。民生主义计划经济论者所期盼的抛弃暴力革命与阶级斗争，通过社会改良逐步实现大同社会不

① 参见张萃：《实施民生主义计划经济》，载《工商新闻(南京)》1947年第30期。

② 参见罗敦伟：《民生主义计划经济——思想、本质、形态、特点之综合研究》，载《财政学报》1943年第1卷第6期；周可琛：《战后中国经济建设——民生主义计划经济论》，载《新认识》1943年第8卷第2～3期；陈长蘅：《民生主义的计划经济及统制经济》，载《中山文化教育馆季刊》1934年第1卷第2期。

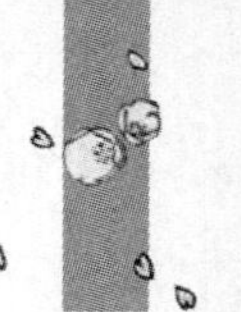

过是当时知识分子的奢望，也体现了民生主义计划经济具有空想社会主义特点。

有关民生主义计划经济性质的相关论述中，部分学者赞同民生主义计划经济在性质上应归到社会主义的范畴里，民生主义计划经济与社会主义的性质是基本一致的。如罗敦伟在《民生主义计划经济的特质》中提及，民生主义在理论上和方法上都属于社会主义的范畴，因此，罗氏得出结论，民生主义计划经济的本质无疑也是社会主义的。罗氏同时认为，尽管民生主义计划经济的性质在原则上是社会主义的，但在具体的实施方法上却可以充分借鉴资本主义的方法，比如吸引外资、允许私人经济发展等手段，这是因为中国要同时完成产业革命与社会革命的具体国情所决定。[①] 随后，在其《民生主义计划经济——思想、本质、形态、特点之综合研究》中重点讨论了民生主义和计划经济的关系，并将两者捆绑在一起，罗指出计划经济是民生主义的实现形式，同时也是实现社会主义的一种手段。想达到物尽其用、货畅其流的大同世界，必须以计划经济为具体手段，所以民生主义也是计划经济的最高指导思想。总起来说，民生主义是计划经济的理想，计划经济是民生主义的实行。信仰民生主义的人，如果不实行计划经济，等于背叛了民生主义。[②]

像罗氏这样明确提出民生主义计划经济在性质上属于社会主义的还有张萃在《实施民生主义计划经济》下篇中的著述。张也认为民生主义计划经济在原则上是社会主义的，但是在实施的形态上，允许私人经济发展。文章将计划经济分为四种形态，认为最适合中国的是局部的计划经济，即以民生主义为指导思想，采取不流血、不革命的温和的渐进的方法，逐步实现社会主义，由国家集中人力物力财力担负起某一重要部分，进而推广至全国。[③]

从上述讨论可知，罗、张的民生主义计划经济都以社会主义为体，以资本主义经济发展方式为用，用改良的办法过渡到社会主义，这种思想本质上与引发知识界对计划经济体制讨论的苏联模式的计划经济相去甚远。罗敦伟的民生主义计划经济是将民生主义、社会主义、计划经济捆绑在一起，认为民生主义与社会主义本质无二，民生主义是计划经济的实践形式。但罗敦伟的计划经济停留在表层，企图通过渐进的方式逐渐改良，并不想从本质上撼动生产关系。他以社会主义为远期目标，以民生主义为指导思想，借鉴资本主义经济发展手段，允许生产资料私人所有，从根本上杜绝暴力革命和积极斗争，这就造成了民生主义的计划经济与苏联模式、马恩所提的计划经济存在巨大差异，虽然他旗帜鲜明地表达了自己的社会主义立场及性质，但本质上却无法摆脱空想社会主义的影子。

另一种观点在界定民生主义计划经济性质的时候，认为民生主义计划经济是具有其独特性的一种新的政治经济模式，与民生主义、马恩的社会主义及苏联模式的计划

① 参见罗敦伟：《民生主义计划经济的特质》，载《中央周刊》1941年第3卷第40期。

② 参见罗敦伟：《民生主义计划经济——思想、本质、形态、特点之综合研究》，载《财政学报》1943年第1卷第6期。

③ 参见张萃：《实施民生主义计划经济》(下)，载《工商新闻(南京)》1947年第30期。

经济都是不同的。对这种观点有明确讨论的有周可琛、沈玉明等。周可琛曾论到，民生主义既不是社会主义也不是资本主义，民生主义与资本主义和社会主义都有本质的区别，在与社会主义的区别方面，民生主义反对流血的手段达到社会主义的目的。总体来说，民生主义“既不是资本主义，也不是地道的社会主义，而是总理深察中国经济建设的需要，检讨世界经济制度的得失后，所独创的一个新的理论体系”①。沈玉明抛开资本主义与共产主义不同意识形态的限制，将民生主义计划经济作为一种单独的计划经济形式进行论述。他认为，民生主义计划经济是一种以渐进的方式，由上而下予以指导而进行全面的计划经济。民生主义计划经济以平均地权和节制资本为手段，同时完成产业革命和社会革命的使命。王羽中结合了三民主义中民权和民族的含义，认为民生主义计划经济既不属于共产主义也不是资本主义。民生主义与资本主义的区别以民权为界限。民生主义发展的目标在于养民，在民生主义的经济体制中，国家资本取得主体地位，因此资本主义社会中生产工具私人占有的情况不复存在。分配以全民为对象，以计划为方法，而非资本主义无计划的以报酬、劳工和资本为对象的分配手段。其次，民生主义与共产主义的基本分歧在民族问题上，民生主义主张以本民族的力量解决本民族的民生问题，而非以牺牲其他民族的独立来成全本民族的利益，因此民生主义以民族主义为基本原理，而不是共产主义。此外，民生主义反对暴力革命，主张以和平的渐进的方法改造经济独裁。在具体实行方法上，民生主义也和共产主义存在巨大差异，民生主义通过节制私人资本和发达国家资本的方法来建设产业社会化的制度，逐渐消灭阶级，在土地问题上，采用平均地权的方法，反对共产主义没收土地的方法。②

沈玉明从经济发展方式上界定民生主义计划经济的独特性，王羽中则将民生、民权、民族视为一个政体，从民族问题、民权问题上区别民生主义计划经济与共产主义经济、资本主义经济。通过梳理，其实不难发现，因为意识形态的影响，国民党知识分子必须要抛开共产主义，受当时社会背景的影响，又必须紧抓计划经济这根救命稻草来振奋人心。知识分子尽力撇清民生主义计划经济与资本主义、共产主义的关系，努力把民生主义计划经济塑造成一种表面上容易实行又有益民生的经济发展模式，这种经济模式在不同学者笔下有不同的特征，但有一点知识界保持着一致性，那就是不管采取何种改革方式，总是企图不从根本上变革生产关系，不采取暴力革命，也正因为这个原因，不管当时的知识界给民生主义计划经济论者披上何种外衣，这股思潮总不能摆脱其空想性。

有关民生主义计划经济性质界定的第三种观点是将国家资本主义看作民生主义计划经济发展的一个阶段，通过发达国家资本主义奠定经济基础，逐步过渡到民生主义计划经济，继而过渡到共产主义。③ 祝平在《民生主义计划经济的体系》中指出，国

① 周可琛：《战后中国经济建设——民生主义计划经济论》，载《新认识》1943 年第 8 卷第 2～3 期。

② 参见王羽中：《民生主义与计划经济》，载《中央导报（南京）》1940 年第 1 卷第 2 期。

③ 参见徐思予：《从计划经济与统制经济之比较研究说到“民生主义的计划经济”》，载《中苏文化杂志》1937 年第 2 卷第 1 期。

家资本主义就是初期的民生主义计划经济制度的雏形,国家资本主义是在发达国家资本和节制私人资本的原则下进行的。作者认为,通过发达国家资本和节制私人资本,既可以集中优势力量发展工业,也可以更深更广地利用各种社会资源发展国民经济,为实现民生主义计划经济奠定基础,因此,作者也把这种国家资本主义形态称作"准民生主义计划经济"。通过经济的不断发展及社会的持续进步,到达民生主义计划经济阶段,国家权力支配各部分,人民意志与国家意志调和。经济不再受供求关系的制约,而以社会整体利益为目的,社会生产力和人民福利不断提高,最终步入"各尽所能,各取所需"社会。①

在对民生主义计划经济性质的界定上,知识界基本上摒弃了资本主义生产资料私人占有的制度及生产方式,中国特定的积贫积弱的社会现状和缺乏统一的强有力的政治领导的情况又导致中国也不能走苏联模式计划经济。在对计划经济的不断讨论中,知识分子从三民主义中汲取力量,主张走一条符合中国国情的计划经济道路,民生主义计划经济也就应运产生。民生主义计划经济从产生之时就受到了民生主义和苏联计划经济的双重影响,但通过对民国时期的相关论述的梳理可知,民生主义对其影响更甚,民生主义论者肯定民生主义计划经济的"养民"经济目的和"大同"社会的最终目标,这与社会主义理想是一致的。在实践方法上,又抛弃阶级斗争和暴力革命,主张通过改良的手段逐步过渡到社会主义,这就导致了民生主义计划经济的空想社会主义特性。

(二)民生主义计划经济生产原则的讨论

民生主义计划经济有关生产的讨论集中在生产的目的及生产的原则上。有关民生主义计划经济生产的目的,当时讨论较多的观点是资本主义的生产是以盈利为目的,民生主义的生产是以养民为目的。在生产目标及原则的讨论上没有过多的分歧,相关著述多以此为依据进行更为详细的阐述。同时,这种提法既是当时知识界认为民生主义计划经济属于社会主义性质计划经济的基本依据之一,也成为民生主义计划经济区别于资本主义经济的主要论据之一。以此为原则,民生主义计划经济生产的原则就不是资本家利润的驱使,而以社会需要为动力进行生产,根据社会的需求,由国家统一规划,进行量产。

孙中山总理提出"民生主义是以养民为目标,不以赚钱为目标"。因此民生主义计划经济以人民的需要为目标,这就避免了资本主义生产以企业主私利为目的而造成人民生活水平低下这一问题。② 同年,罗敦伟在《民生主义计划经济的特质》中也有类似的提法,他认为民生主义的经济建设是有计划的生产和有计划的分配。有计划的生产,即是生产工具所有权国家化,有计划的分配即是分配之社会化。民生主义计划经济是以国家的力量为整个社会谋福利,这与资本主义是不同的。③ 1941年沈玉明的《民生主义计划经济原论》、1942年程孝刚的《三民主义之计划经济》中有关民生主义

① 参见祝平:《民生主义计划经济的体系》,载《国民经济建设》1937年第2卷第6期。

② 参见祝平:《民生主义计划经济的体系》,载《国民经济建设》1937年第2卷第6期。

③ 参见罗敦伟:《民生主义计划经济的特质》,载《中央周刊》1941年第3卷第40期。

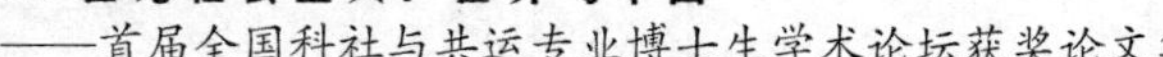

计划经济目的都有类似的阐述。除去养民这一基本目标，也有学者对计划经济的目标进行了更加细化的表述，比如程孝刚在《三民主义之计划经济》中指出，民生主义计划经济除去"养民"这一基本目标，还有巩固国防资源、迎头赶上先进国等具体目标。[①]王羽中设计的民生主义计划经济的体制中涉及生产和分配都采取了计划的办法，有计划地生产就是生产工具所有国家化，有计划地分配就是分配社会化。

在具体的生产主张方面，知识界多主张集中国家力量，优先发展重点工业如重工业、国防工业等，允许私人资本存在，依照具体情况国家应予以适当的扶持或限制，如罗敦伟的《民生主义计划经济的特质》中所述采取"事业集中""地域集中""力量集中"等手段。[②] 祝平在《民生主义计划经济的体系》中也有类似的提法，他指出生产事业要靠国家来经营，"由国家大力量通盘计划的经营，可以免除少数人垄断之举"。祝平明确提出民生主义计划经济的第一步是发展国家资本主义，虽然仍然允许私人占有生产资料，但是由国家进行调节，也就是"由统一的国家力量，来统制和管理国家的经济生活"[③]。

（三）有关民生主义计划经济分配原则的讨论

民国时期知识界对民生主义计划经济分配问题的讨论，多集中在分配原则和分配方法这两个问题上。如前文所述，民生主义计划经济论者多从中国国情出发，并以孙中山先生遗训作为理论来源，民国时期知识界对分配问题没有过多的争议，基本能达成共识。关于分配原则的讨论，民生主义计划经济论者在批判资本主义分配的差异性和个人性的同时，强调民生主义计划经济的分配原则的"公平性"和"社会性"，主张分配由国家宏观控制，有计划地依据人民需求进行分配，在分配方法上，结合中国国情，遵从孙中山先生遗教，以平均地权、节制私人资本和发达国家资本、保障劳工权利等作为具体国家进行计划性分配的手段。

民生主义计划经济论者对分配社会性的讨论集中在生产资料所有权与人民利益之间的相互关系上。有学者认为，中国的当时经济发展必须要经由国家资本主义才可过渡到民生主义阶段，但因中国经济发展的目标是建设民生主义，经济发展不以私人利益为目的，而是以满足社会大众需要为依归的经济，因此只有将国民经济的生产和分配按照预定的计划，由国家进行统一的、社会性的分配才有可能实现这一目标。[④]在特定阶段，允许部分生产资料私人占有，但只要按计划生产和分配，便可逐步将其收归国有。另有学者认为，生产资料的部分私人占有与人民利益是可调和的。民生主义计划经济制度下，资本可以由国家控制，也可以允许私人占有一部分，但不管资本的归属何在，发展民生主义计划经济的最终目的都是实现孙中山所提的"大同社会"。以此

---

① 参见程孝刚：《三民主义之计划经济》，载《地方建设》1942 年第 2 卷第 1～2 期。

② 参见罗敦伟：《民生主义计划经济的特质》，载《中央周刊》1941 年第 3 卷第 40 期。

③ 祝平：《民生主义计划经济的体系》，载《国民经济建设》1937 年第 2 卷第 6 期。

④ 参见徐思予：《从计划经济与统制经济之比较研究说到"民生主义的计划经济"》，载《中苏文化杂志》1937 年第 2 卷第 1 期。

为目的，即使部分生产资料私人所有，但因有计划的分配，也可以做到实现民生主义。[①] 此外，在民生主义计划经济论者看来，分配是否做到社会化与经济发展的目的息息相关。社会化的分配以改善民生为目的，而资本主义的分配方式则不具备社会化的特征，因此，经济发展也是以个人利益为根本目的。王羽中在《民生主义与计划经济》中进行分配问题讨论的时候指出，在民生主义计划经济体系中，有计划的分配就是分配的社会化，也就是以民主力量谋求整个国家的经济利益为目的。[②]

资本主义的按资分配是不合理性贫富差距的根源，按资分配可以获得巨大的衍生利润，资本主义社会中的劳动阶级按照劳动强度仅能获得较少的工资，这种分配方式罔顾了分配中的公平性。顾及社会性和公平性的分配应以全民利益为目标，以每个人的需求为分配原则。基于这种理解，沈玉明在《民生主义计划经济原论》中就曾讨论到，资本主义的分配以资产阶级的利润为驱使，以财产或劳动贡献为分配凭借，因为地租、利息等的财产增值带来的收入与工人劳动所得的工资收入存在巨大的差异，这也是造成资本主义贫富差距的根源，为了避免这一点，民生主义计划经济的分配要由国家主导，进行社会性的普遍的分配，民生主义计划经济的分配旨在照顾每一个国民的生活，保障每一个国民的衣食住行，生产剩余由国家分配给国民，仅由于个体是社会的一分子。[③] 这也就涉及分配社会性的第二个小问题——分配对象，民生主义计划经济论者认为，社会性的分配对象就是以全体人民作为对象进行分配，这种分配资格的获得仅仅由于个体是社会的一分子，公民因此便可以有获得分配消费品的资格，这种分配资格不受生产资料占有量的影响。[④]

民国时期的知识分子对于分配平等的理解与孙中山先生民生主义中的平等一脉相承，也难免带有空想社会主义的色彩，认为社会分配的平等就是每个人的机会平等和所得平等，在平等的基础上，追求经济的发展。汪祥春在《试论民生主义计划经济的原则》中指出："即每个人有满足需要的同等机会；每个人应获得同等的实际满足；社会所获得的总满足尽可能地达到最大化……在生产资料可以平均分配之前，国家可以采取价格管理政策和租税政策来进行收入分配的调节。在最大范围内做到分配公平。"[⑤]这种理想化的平等分配原则，在民生主义计划经济的相关讨论中并不罕见，罗敦伟也曾论到，资本主义的分配是个人主义的分配，民生主义计划经济的分配是平均的社会性的分配。如何做到公平的分配，只有依靠国家的力量，进行社会主义的有计划的分配。[⑥] 曹立瀛在探讨民生主义计划经济的必要性时就指出，如果中国不实行计划经济，那么分配过程就不能得到公平合理的布置，一部分力量会因滥用而浪费，另一

---

① 参见曹立瀛：《工业建设之基础原则——论民生主义的计划经济》，载《新经济》1945年第11卷第11期。
② 参见王羽中：《民生主义与计划经济》，载《中央导报(南京)》1940年第1卷第2期。
③ 参见沈玉明：《民生主义计划经济原论》载《新认识》1941年第4卷第2期。
④ 参见王羽中：《民生主义与计划经济》，载《中央导报(南京)》1940年第1卷第2期。
⑤ 汪祥春：《试论民生主义计划经济的原则》，载《三民主义半月刊》1944年第4卷第4期。
⑥ 参见罗敦伟：《民生主义计划经济的特质》，载《中央周刊》1941年第3卷第40期。

部分则因矛盾而抵消，只有实行了政府主导的计划经济，才能够有计划地实行公平的、社会性的分配。①

在遵循公平性和社会性分配原则的基础上，民生主义计划经济论者给出了相应的分配方法，这些分配方法大多来自孙中山先生有关民生主义的讨论。因为遵循分配社会性的原则，知识界认为生产资料应该收归公有，但同时认为，中国发展经济的目的在于养民，中国经济的问题在于贫弱而非不均，只有经济得到发展，才能达到养民的目的，但在中国广积贫弱的社会背景下，民生主义计划经济在经济积累的过程中需要私人资本的补充，为了尽可能做到分配公平，又需要对私人资本进行限制和利用，避免因资本所有权导致的收入差距过大的同时，还要利用私人资本的发展来协助提升社会福利。

节制个人资本与发达国家资本、平均地权以及部分学者提到的保障工人的工资收入，是讨论比较多的国家计划分配的办法。民生主义计划经济论者在论述计划分配的具体主张时一般都逃不出这个框架，民生主义计划经济论者对节制资本、平均地权等的阐述也与孙中山先生的解释没有太大差别。比如饶荣春在《民生主义计划经济当前之实施》中所述，“我国土地症结所在，就是分配之不均，由不均所引起的土地利用之不足”，由此造成了耕地浪费和生产力水平低下。如何平均地权，饶基本依照孙中山所提的“土地照价征税、照价收买、土地涨价归公、实行耕者有其田和土地国有”这四步走。② 类似的还有关吉罡的《民生主义计划经济与战后我国复兴经济建设》，主张在实行土地国有的前提下实行土地政策，根据地价抽税，征收土地增值税，国家可以根据计划进行土地征用。在对待私人资本的问题上，征收私人资本及个人企业的累进税。③在王羽中的《民生主义与计划经济》中，也继承及解释了孙中山先生有关节制资本和平均地权的表述。比如他认为国家应以最大的资本和生产工具的所有资格去经营，采用节制资本的方法，使资本和生产工具不至于落入资本家手中。在土地所有权方面，因为土地的自然增值造成了贫富对立，应由国家以法律为手段规定地价，国家有权照价收买，照价抽税，土地增值归公。④

(四)民生主义计划经济的组织机构的讨论

民生主义计划经济兴起之时，知识界对苏联五年计划的制定过程已经有了较为详细的介绍，苏联计划经济的实行模式是成立劳工国防委员会，由劳工国防委员会决定生产目标后交于下属的国家设计委员会，国家设计委员会设计“限制与方针”，由下属的托拉斯交付于工厂，由于工厂认为“限制与方针”的要求太低，故而设计“格外计划”，工厂的“格外计划”由上级机关呈报国家设计委员会，国家设计委员会审核“格外计划”，如果合乎“限制与标准”的基础，则认为通过，呈交劳工国防委员会，劳工国防委员会依照规定、数字和方针去推进实施。这一制定过程在民国时期已被多位知识界人士

---

① 参见曹立瀛：《工业建设之基础原则——论民生主义的计划经济》，载《新经济》1945年第11卷第11期。

② 参见饶荣春：《民生主义计划经济当前之实施》，载《时论摘要》1944年第4～5期。

③ 参见关吉罡：《民生主义计划经济与战后我国复兴经济建设》，载《经济论衡》1943年第1卷第4期。

④ 参见王羽中：《民生主义与计划经济》，载《中央导报(南京)》1940年第1卷第2期。

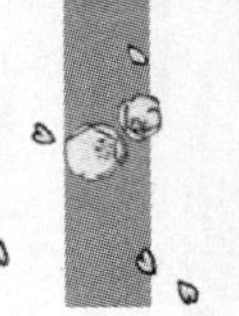

介绍过，如李炳焕所著的《苏联计划经济问题》、罗敦伟的《中国统制经济论》、余文豪的《苏俄怎样实行计划经济》等。[①]

民生主义计划经济论者在论述民生主义计划经济组织机构的时候，与苏联计划经济模式类似，比如要首先成立一个制定经济计划的最高行政机构，最高行政机构叫法各异，但功能大同小异，而后依照国情，制定纲领。最高行政机构下设分支机构，分支机构负责具体的计划制定，设立计划执行机关，最高委员会有督促的职责。不同的学者对于民生主义计划经济的组织机构和实施有不同的表述，但总体上是按照苏联模式计划经济的组织机构去设置。在陈长蘅的《民生主义的计划经济及统制经济》"实施计划经济与统制经济的进行程序"这一章中对民生主义计划经济的组织机构进行了简要介绍，主张成立行政院，行政院下设国防委员会和经济委员会作为关于国防和经济的最高设计和指导机关，因不同的需要分组测算，国防和经济委员会有督查的职责等。民生主义计划经济论者在此基础上也提出了部分有益见解，如各种经济事业应采取科学的管理办法，并且注重成本计算等，这些思路还是有一定的进步意义的。[②]

在沈玉明的《民生主义计划经济原论》的第五章也有类似的介绍，主张成立国防最高委员会作为计划经济最高的决定机关，"由国防委员会指定委员七人至九人，专门督导经济计划之责，根据民生主义计划经济政策与国内外经济情况，拟定各项产业与发展的方针，作成一个简要的经济建设纲领"[③]。最高国防委员会之下设置民生主义计划经济委员会，直接接受最高国防委员会的领导，根据国防委员会的纲领制定周密的经济计划。

由以上比较可知，20世纪三四十年代，在以民生主义为指导思想的前提下，部分民国时期知识分子对民生主义计划经济的组织机构及计划经济的进行方式进行了进一步的阐述。总体来说，知识界对民生主义计划经济的组织机构和运行方式没有统一的论述，但有很大的相似性。应该说，民生主义计划经济的组织机构深受苏联模式计划经济的影响，机构设置的层级、方式等处处可见其痕迹。

三、民生主义计划经济思潮简评

民生主义计划经济思潮在指导思想、具体措施这两方面都有其进步意义。

首先从指导思想方面考量，民生主义计划经济以民生主义为指导思想，重视民生，主张发展民生工业，并将改善民生、进入共产主义社会作为基本宗旨。同时，民生主义计划经济论者对资本主义经济的发展目的、分配方式等都进行了入木三分的批判，这在当时的中国，是具有进步意义的。从另一个层面来说，计划经济体制在当时经济普遍低迷的国际背景下无异于强心针，中国知识分子合理的借鉴了计划经济制度，并将

① 参见李炳焕：《苏联计划经济问题》，商务印书馆1937年版；罗敦伟：《中国统制经济论》，新生命书馆1934年版；余文豪：《苏俄怎样实行计划经济》，载《金陵大学文学院季刊》1935年第2卷第1期。

② 参见陈长蘅：《民生主义的计划经济及统制经济》，载《中山文化教育馆季刊》1934年第1卷第2期。

③ 沈玉明：《民生主义计划经济原论》，载《新认识》1941年第4卷第2期。

其与中国的民生主义思想结合起来，这在当时的中国，具有首创性，不失为一种进步。

在具体举措方面，民生主义计划经济论者对于分配问题的讨论具有一定的进步意义。民生主义计划经济论者提出在分配的过程中注重“公平性”和“社会性”，这圈定了分配对象和分配原则。民生主义计划经济注重分配的“社会性”，也就是要以全体国民为分配对象，有学者提出，国民具有分配的权利，仅仅是由于他是中华民国的国民，而不是根据财富、地位、生产资料占有量等进行分配。在就分配的“公平性”的讨论中，有学者指出，只有实行了计划经济，以国家的力量进行公平的分配，才不会导致资源的浪费。民生主义计划经济有关分配的讨论虽然并不完善，也有片面之处，但其将分配对象的范围确定为全体国民，分配方式不拘泥于按资分配，分配原则注重社会公平，这些讨论都体现了民生主义计划经济论者对人民生计的深切关怀，同时，关于分配方式的诸多讨论也证明民生主义计划经济论者已经深刻认识到分配问题在经济活动中的重要性。民生主义计划经济论者对资本主义分配的批判和对理想化的分配方式的讨论，加深了中国知识界对分配方式的认识，从这个角度评价民生主义计划经济，也可以看出其进步意义。

民生主义计划经济思潮也有其局限性，表现比较明显的有两点：首先是其对劳资关系的认识和对待暴力革命的态度。民生主义计划经济论者在性质、实施措施等方面都存在诸多争论，但对革命的态度上，民生主义计划经济论者却达成了广泛的共识。民生主义计划经济否定革命，认为劳资利益冲突是可调和的，可以通过协商等方式相互妥协，因此，主张以改良的手段逐步过渡到社会主义社会。从这个角度讨论民生主义计划经济思潮，便可以看出民生主义计划经济的局限性以及与马克思主义的根本区别。其次，对于分配问题的认识，民生主义计划经济思潮也有比较明显的局限性。孙中山先生提出的其认为最“公允”的分配原则“人工宜得多数生产之余利，地主资本家则按其土地资本生产之应得利息可矣！”[①]事实上就是以土地、人工、资本的生产物，按照土地、人工、资本的分量，进行配比分配，这种提法本质上是在承认土地等生产资料私人占有的基础上提出的。民生主义计划经济论者在对分配方式的讨论上没有明显超出此范围。

民生主义计划经济本质上是国民党知识分子为振兴中国经济而采用的一种妥协的、渐进的经济改良的经济制度，受意识形态影响，国民党知识分子要抛开共产主义和资本主义，但又需要一些振奋人心的经济手段进行粉饰，就产生了民生主义计划经济思潮。民生主义计划经济既不主张阶级斗争、暴力革命，也不主张市场经济的自由经政体制，说明民生主义计划经济既不是正统的马克思主义经济也不是资本主义的自由经济，不可避免地落入了空想社会主义的范畴。民生主义计划经济论者所提出的通过渐进的手段限制私人经济的发展完成社会革命，通过逐步发展社会生产力水平完成产业革命，也无非是一种幻想。

---

① 《孙中山全集》第2卷，中华书局1981年版，第106页。

鼎盛时期的美国共产党与工人运动(1929～1939)

俞　凤
(北京大学国际关系学院博士研究生)

研究美国共产主义运动和美国工人运动的学者基本都认为20世纪30年代是美共的鼎盛时期。但这一鼎盛未能持久。从1939年起,美共的党员人数开始减少,甚至在1944年宣布解散,改名为"共产主义政治协会"。虽然后来该协会又恢复成"美国共产党",但它的影响力再也没能达到30年代的水平,党的力量也日渐衰微。那么,美共为什么从鼎盛走向了衰弱?对于这一问题,国内的研究并不多。某些学者将原因归咎于美共的政策不稳定,与美国国情相脱离以及共产党内部的路线斗争等①,但没有对这段时期的具体历史进行深入研究,致使这样的回答难以令人信服。通过回顾美共1929～1939年的发展历程,本文将分析美共的政策变化与发展,详细说明这一阶段美共对工人运动的影响,继而解析美共从鼎盛走向衰弱的原因。

一、美国共产党发展概况(1929～1939)

美共成立于1919年。在成立的前十年里,受到党内长期的宗派主义斗争影响②,美共的政策并不稳定,社会影响力也不大。正如欧文・豪(Irving Howe)所言,"美国共产主义运动早期历史中的宗派主义简直到了愚蠢的程度,并且是完全荒谬的"③。

---

① 参见丁淑杰:《美共的社会主义理论与实践》,中国社会科学出版社2010年版,第12页。

② 美共的成立源自于社会党内部的分裂。十月革命后,美国社会党的左派批判党内右派的机会主义,在1919年8月被社会党的右派统治力量开除出党。然而,社会党的左派就是否应该立刻成立共产党又产生了分歧。其中以约翰・里德(John Reed)为代表的本土美国社会党人反对立刻成立共产党,于8月31日成立了美国共产主义劳工党(Communist Labor Party of America),而以查尔斯・鲁登堡为首的由不同语言联盟的移民组成的社会党人则在9月1日成立了美共(Communist Party of America)。经历了1919年的帕麦尔大搜捕之后,这些左翼力量遭受到巨大的挫折。在共产国际的调解下,美国共产主义劳工党和美共于1921年5月正式合并为一个统一的美共,并把总部设在纽约。关于美共成立前十年的具体历史,可参见 Theodore Drapper, *American Communism and Soviet Russia*, New York: Vintage Books, 1986.

③ Guenter Lewy, *The Cause that Failed*, New York: Oxford University Press, 1990, p. 4.

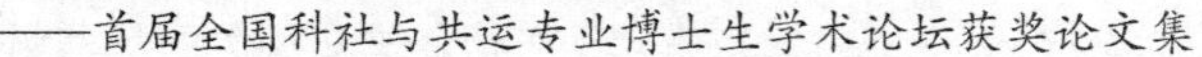

在经历了多次的分裂与合并，肃清了党内拒绝服从共产国际指导路线的“异端分子”之后[①]，1929年的美共暂时告别了宗派斗争，形成了以白劳德为核心的领导层。至此，美共在组织结构上模仿苏联共产党，在指导方针上基本接受共产国际的领导。

大萧条使美国工人和农民都陷入了极度的贫困之中。对此美共认为，资本主义的末日即将到来，更应该领导工人采取阶级斗争，推翻资本主义制度。与此同时，其他社会群体，包括工人阶级和一些左翼知识分子，也越来越认同资本主义经济即将灭亡的观点，被美共所吸引。于是，从20世纪30年代起，美共取得了迅速的发展。但是，它的发展是曲折、变化的。美共的指导方针在不同的时间段有着不同的变化，其党员规模和构成也在不同的时间段呈现出不同的特点。以下就从美共的指导方针和党员规模这两个方面来说明这一时期美共的发展概况。

1. 美共的指导方针

在此期间，美共的指导政策总是在“第三时期”和“人民阵线”之间徘徊。1929～1933年，它遵从“第三时期”路线，批判美国社会党、美国劳联以及民主党力量，积极带领工人进行阶级斗争。1933～1939年，它又逐渐走向以罗斯福为核心的人民阵线，团结一切力量反对法西斯主义。1939～1941年，美共短暂地回归到“第三时期”路线，并在1941年珍珠港事件之后再次抛弃“第三时期”路线，建立起统一的反法西斯联盟。白劳德甚至在1944年宣布解散美国共产党，重组为共产主义政治协会。

美共从一开始就是一个激进革命的政党，其宗旨在于“废除资本主义制度，建立无产阶级专政”[②]。美共主张，党的基础必须是无产阶级，反对行业工会主义，全力支持产业工人的运动。美共自成立初期就加入共产国际，接受其指导。大萧条时期，美共坚定地遵从共产国际的“第三时期”路线，强烈批判美国社会党、美国劳工联合会和民主党为法西斯代表，积极领导工人参与斗争。这使得美共在这一时期处于相当孤立的地位，他们拒绝与其他的工人组织合作，独立开展工人运动。

随着罗斯福在1932年选举中的获胜和新政的实施，美共的指导方针开始有所变化。在《国家工业复兴法》出台之后，白劳德仍然批判罗斯福是法西斯的代表，并强烈抨击新政，称《国家工业复兴法》“事实上是产业工人的奴隶法案，使工人走向军国主义，是美国法西斯主义的先兆”[③]。但由于新政对工人的生活起了一定的改善作用，一些地方的共产党员开始认为共产党无法反对新政的政策，更有党员认为资本主义在进一步升级，失业问题已经不再是主要问题。[④] 这些变化使美共意识到不能够只在纸面

---

① 1928年10月28日以詹姆斯·坎农为代表的托洛茨基主义者被开除出党，这一派认为社会主义不可能只在一个国家里建立，欧洲必须马上发生革命。1929年6月，以杰·洛夫斯顿为代表的洛夫斯顿派被开除出党，这个派别认为美国的资本主义比其他资本主义国家更为发达，“第三时期”路线不适合美国，但仍认为美帝国主义必将灭亡，工人阶级也必将胜利。

② [美]威廉·福斯特：《美国共产党史》，梅豪士译，世界知识出版社1957年版，第176页。

③ CPUSA, *The Daily Worker*, September 26, 1935, p. 7.

④ Harvey Klehr, *The Heyday of American Communism: The Depression Decade*, New York: Basic Books Inc., Publishers, 1984, p. 95.

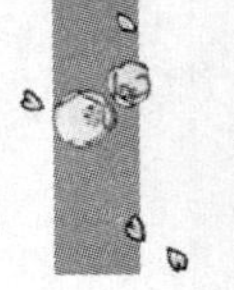

上号召工人阶级进行革命，而应该进行一些实际的工作使工人阶级接受美共的领导。因此，在1933年7月于纽约召开的全国特别大会上，共产党号召"动员党的一切资源和力量改变这一现状，把美共转变成一个革命的群众政党"[①]。自1933年起，美共开始逐渐团结社会党和美国劳联，希望能够赢取更多工人的支持。但是，对待罗斯福领导的民主党，美共仍持敌视态度。

法西斯势力的不断扩大使共产国际的指导方针发生了改变。在1935年共产国际第七次代表大会上，季米特洛夫建议团结工人、农民、知识分子以及民主人士，组成反法西斯的人民阵线。共产国际对资产阶级态度的改变使美共感到疑惑，他们很难立刻改变一直以来对罗斯福政府的态度，仍然认为"新政的发展必然走向法西斯主义和战争"[②]。不过，这种态度逐渐软化。后来，美共将罗斯福与赫斯特报业集团、自由联盟主义者、全国制造商协会等资产阶级最反动的代表区别开来，在批评新政时也只是认为"它无法阻止法西斯主义"[③]。在1936年的总统选举中，美共也提名候选人参与总统选举，以减少共和党候选人兰登的选票，从而保证罗斯福的当选。因此，自1936年之后，美共已经走向支持罗斯福的"人民阵线"。1937～1939年，美共的革命立场发生了更大的变化，采取"人民阵线"的方针，要求形成一个包括工人、农民和中产阶级等组成的人民阵线，以及中上层阶级的重要部分和某些资产阶级自由派的反法西斯同盟[④]，同时这一人民阵线是以罗斯福总统为领导核心的。白劳德把这一民主阵线政策称为"资本主义体系下采取的最低限度的必要手段，以捍卫并扩大民主"，并称"这些东西都是美国传统的一部分，从美国独立之后就一直是美国传统"[⑤]。此后，美共逐渐走向了与民主党联盟的道路。

1939年《苏德互不侵犯条约》的签订使美苏关系有所恶化。这使一直追随苏联政策的美国共产党产生了思想上的混乱。当时，美共并未立刻追随共产国际的态度，而是继续要求美国废除中立政策，支持波兰，反对侵略者，支持罗斯福总统及其对民主阵线的领导。但在1939年9月19日的《工人日报》上，共产党人刊登了一篇题为《远离帝国主义战争》的文章，认为当时欧洲发生的战争并非反法西斯的战争，而是帝国主义国家之间为了争夺统治权的战争，工人们必须反对这场战争。[⑥] 于是，共产党又从民主阵线开始走向了反对、批判罗斯福的道路。

直到1941年，美国在珍珠港事件之后加入二战，美共又重新支持罗斯福。1943

---

① Harvey Klehr, *The Heyday of American Communism: The Depression Decade*, New York: Basic Books Inc., Publishers, 1984, p. 95.

② CPUSA, *The Daily Worker*, January 19, 1935, p. 8.

③ Harvey Klehr, *The Heyday of American Communism: The Depression Decade*, New York: Basic Books Inc., Publishers, 1984, p. 118.

④ Harvey Klehr, *The Heyday of American Communism: The Depression Decade*, New York: Basic Books Inc., Publishers, 1984, p. 207.

⑤ Gene Dennis, "Some Questions Concerning the Democratic Front," *Communist*, June 1938, p. 538.

⑥ CPUSA, *The Daily Worker*, September 19, 1939, p. 1.

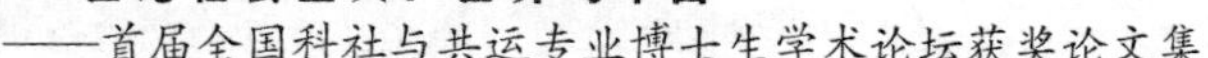

年的《德黑兰协议》使白劳德相信战后和平有了保障，认为资本主义与社会主义开始找到了一条和平共处的道路。① 为了更好地团结全国人民进行反对法西斯主义的战争，他于1944年建议解散共产党，成立共产主义政治协会。共产主义政治协会只是一个非政党性质的协会，其目标并不在于领导革命，推翻资本主义制度，而是建立一个"民主的资本主义和社会主义的伟大的结合所领导的自由国家大家庭"②。于是，美共在1944年5月解散。虽然在一年之后，共产主义政治协会又重新建立为美国共产党，但二战结束之后，该党的影响力日益减小，党员受到反动势力的迫害，美共的盛况已经难复。

2. 组织规模与党员构成

从组织规模上来看，20世纪30年代确实是美国共产党的鼎盛时期。这种规模的扩大在1929～1932年体现得并不十分明显，在1934年之后才迅速发展起来。但在规模扩大的同时，美共存在党员不稳定的问题。历史学家哈维·克莱尔(Harvey Klehr)指出，1930年时美共的党员数为7545人，到1934年党员人数迅速增长到26000人，实际上，1930～1934年3月大约有5万人成为共产党员，其中退党人数有3.3万人。③由此可见，美共没能留住许多新进党员。从1935年起，美国的经济开始有所复苏。此时的共产党员有3万多人，到了1936年春，美共约有党员41000人。自1937年起，美共的规模得到了极大程度的扩展。1937年，美共招募了45000人入党，虽然实际注册人数只有34000人。到了1937年12月，美共拥有62000位党员，到1938年底，美共党员已达82000人。④ 不过，受到《苏德互不侵犯条约》的影响，美共的党员数自1939年起开始减少。

从党员的构成来看，1930～1934年新入党的党员主要是失业工人。1932年，党员中40%为失业工人，到了1934年该比例高达60%～70%。甚至在某些地区，新入党的成员中约有80%为失业工人。从1936年起，大部分的党员都是在业工人。到了1938年，党员中约62%都是在业工人。需要指出的是，在人民阵线时期，党员的构成发生了变化。新入党的成员中不仅有无产阶级，还有许多白领工人和专家。1937～1938年间约有16000人入党，而在新入党的成员中，最大的群体是专家，然后是白领办公人员。⑤

美共从建党之初起就是一个外国移民工人居多的政党，其中以犹太移民为主。1921～1938年，在美共中央委员会的代表中，犹太人都占1/3以上。但从1929年起，美共中移民党员的人数比例逐年下降。到了1935年，约有40%的党员是土生土长的美国人，新入党的党员也多为本土美国人。1935年1月，美共中移民党员的人数比例

---

① 参见丁金光：《白劳德评传》，甘肃人民出版社2003年版，第92页。

② [美]威廉·福斯特：《美国共产党史》，世界知识出版社1957年版，第464页。

③ Harvey Klehr, *The Heyday of American Communism: The Depression Decade*, New York: Basic Books Inc., Publishers, 1984, pp. 9, 153.

④ Harvey Klehr, *The Heyday of American Communism: The Depression Decade*, New York: Basic Books Inc., Publishers, 1984, p. 366.

⑤ Harvey Klehr, *The Heyday of American Communism: The Depression Decade*, New York: Basic Books Inc., Publishers, 1984, p. 378.

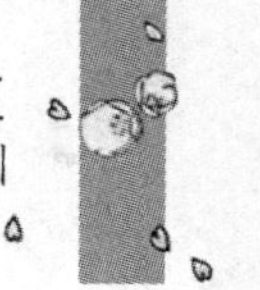

下降到52.2%,1937～1938年,新进党员中约65%为本土美国人。到了1938年美共第十次代表大会上,80%的代表为美国本土人。[①] 20世纪30年代初,美共的党员构成中多为30～40岁的无业白人,到了1935年,许多美国本土的在业工人加入共产党,其中也不乏黑人工人。

综上可见,1929～1939年间,美共的政策与方针总在"第三时期"和"人民阵线"之间转换。在这十几年间,美共的政策从最初的"激进"——以推翻资本主义制度为目标,逐渐走向"改良"——同民主党的联合。美共政策的这种转变受到共产国际的影响,同时也是美共自身针对美国的国情和当时国际局势的变化而作出的改变。随着其政策的改变,美共的党员规模也在不同时期发生了变化。随着美共从"第三时期"路线转向"人民阵线"路线,其党员规模迅速扩大。但是,在1939年《苏德互不侵犯条约》签订之后,美共的党员开始减少。而从党员构成来看,1929～1933年期间,美共的党员以无业的白人工人和移民工人为主,到了1935年之后则以在业的美国本土工人为主,呈现出不断"美国化"的趋势。

二、美共领导下的工人运动

这一时期美共对工人运动的领导可分为两个阶段。经济危机时期,美共有效地领导了失业工人运动。随着新政的实施,它开始积极与社会党及工会合作,组织工人运动。总体看来,美共倾向于把失业工人、黑人工人及产业工人当作重点领导对象。

1. 失业工人

危机时期,失业工人一直是美共特别关注的对象。这在很大程度上是由于失业工人是当时美国社会境况最悲惨的群体,革命性最强,缺乏组织的领导,也更容易受到美共口号的吸引。1930年3月6日,共产党和其他进步人士共同领导了声势浩大的全国性示威,要求失业救济和失业保险,反对削减工资,反对法西斯主义和战争。1930年7月,全国失业理事会在共产党、工会统一同盟和共产主义青年团的全力支持下成立了。失业理事会领导了许多地方性和全国性的示威,包括1931年2月25日的全国失业保险日示威、1932年2月4日的全国群众集会等。此外,他们还领导了反饥饿运动。1930～1931年,失业理事会领导了纽约、芝加哥、底特律、萨克拉门托等城市的多次反饥饿进军。在1931年10月,工会统一同盟决定在12月举行全国性的向华盛顿的反饥饿进军。反饥饿进军要求制定失业保障法,满足退伍军人和农民的要求等。12月6日,约有1500名反饥饿进军者进入华盛顿,但他们未能得到美国政府人士的接见。1932年12月,美共再次组织了向华盛顿的反饥饿进军。这些反饥饿进军和失业工人的游行给政府施加了压力,在一定程度上促使各州政府开始讨论或制定失业保障法。

---

① Harvey Klehr, *The Heyday of American Communism: The Depression Decade*, New York: Basic Books Inc., Publishers, 1984, p. 381.

2. 黑人工人

美共从成立之初就十分重视团结黑人工人——这个在社会上遭受更多压迫和不公平待遇的工人群体。但是，真正为黑人工人争取权益的活动并不多。1925 年，美国黑人工人代表大会作为美共的一个附属机构成立，但这个大会在其成立的前五年里“几乎与黑人的大部分群体完全隔离”[①]。共产国际第六次代表大会之后，美共认为黑人问题不仅仅是工会内部黑人工人受到不公平待遇的问题，更是一个民族问题。他们不仅像过去一样努力争取黑人在经济、政治和社会等各个方面的平等权利，“还提出了南方黑人地带的黑人应该有民族自决权的口号”[②]。但是，在美共内部本身就存在着白人沙文主义。为了对抗党内的种族歧视，共产党开展了党内反对白人沙文主义的运动。1931 年 3 月 1 日，党内的一位同志因为对黑人工人态度恶劣而被开除出党。此类的事件接二连三地发生。虽然这类事件的目的在于反对党内的沙文主义，但此类事件数量的增加使不少共产党人感到疑惑，同时也给黑人工人一种印象，即美国共产党似乎才是法西斯主义的温床——这在一定程度上反而阻碍了黑人工人的入党。[③]

在这一时期美共领导的黑人工人的运动中，影响最大的要数拯救斯科茨保罗黑人青年的斗争。这不仅仅是针对黑人的运动，同时也是共产党深入南部的一次运动。1931 年 3 月 25 日，9 名未成年黑人被控诉在火车上强奸两名白人女子而被关押在亚拉巴马州斯科茨保罗的监狱中。虽然罪名并不属实，但这 9 名黑人青年很快就被定罪，并被判处死刑。共产党员布劳德斯基成为他们的辩护律师，并将这个案子传播到全国各地。共产党领导各地区的群众展开活动，并成立了美国斯科茨保罗委员会、斯科茨保罗辩护委员会等。在斗争的过程中，共产党在黑人当中的影响力得到了很大的提高。他们第一次在黑人教堂中发表演讲，第一次吸引了美共附属机构之外的黑人工人，甚至连世界各地的黑人知识分子也参与到这一运动之中。西奥多·德莱赛(Theodore Dreiser)领导的全国政治犯辩护委员会(National Committee for Defense of Political Prisoners)则是专门为了帮助这些黑人青年而成立的。经过长期的斗争之后，这 9 名青年终于被拯救出来。可以说，这一斗争大大提升了美共在黑人当中的名声与威望，使更多黑人工人认识并尊敬美共。[④]

3. 产业工人

1929～1933 年，美共的党员多为失业工人，在业工人较少。在 1933 年之后，当美共开始逐步采取“人民阵线”政策之后，才领导或参与了许多产业工人运动。

1934～1936 年，美共与劳联合作开展了许多罢工运动。这段时间的罢工运动参

---

① Bert Cochran, *Labor and Communism: The Conflict that Shaped American Unions*, Princeton: Princeton University Press, 1979, p. 324.

② [美]威廉·福斯特:《美国共产党史》,世界知识出版社 1957 年版,第 284 页。

③ Harvey Klehr, *The Heyday of American Communism: The Depression Decade*, New York: Basic Books Inc., Publishers, 1984, pp. 324-330.

④ 参见[美]威廉·福斯特:《美国共产党史》,世界知识出版社 1957 年版,第 306 页。

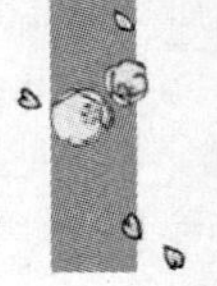

与人数多，革命性强，但主要是为了增加工资和承认工会而进行斗争。1934 年的全国纺织工人罢工和 1935 年的全国烟煤工人罢工是这一时间段中规模最大也最为重要的罢工斗争，但主要领导者都是劳联，共产党人不过是参与其中。为了更好地促进“人民阵线”政策，推动劳工统一的浪潮，1935 年，美共的工会统一同盟决定并入劳联，允许钢铁、汽车和缝纫业工会以个人或集体的身份加入劳联。但是，鉴于劳联更加重视的是行业工会，在斗争过程中的革命性较低，直到美国产业工人联合会（简称“产联”）成立之后，美共才更大程度地参与到领导工会工人的斗争中去。美共与产联工会之间的合作之所以能够成功，一方面是由于美共认为产联工会比劳联工会更加具有革命性，另一方面则是因为刚刚从劳联中独立出来的产联需要共产党员这样有经验的组织者帮助他们进行组织工作。美共主要通过帮助联络钢铁业中的移民工人和黑人工人来促进产联工会的组织工作，并参与到产联的领导层中，为其工作的计划与实施贡献重要的力量。通过美共与产联的合作，美国共产党带领着产业工人开展了许多罢工斗争，并取得了一定的成功，促进了产联工会的进一步发展。

除了上述的三个方面之外，美共还为组织广大女工、农民、青年以及知识分子的相关运动做出了重大的贡献。不过需要指出的是，这段时期美共所领导的工人运动大多集中在 1941 年之前。鉴于 1941 年之后，美共的指导方针从“人民阵线”转移到了“第三时期”路线，这使美共在社会上的声望受到影响，不少党员退党。虽然后来美共的方针再次发生了改变，但自 1941 年之后，它的影响力就开始日益减弱。

三、美共对工人影响力的局限

大萧条和新政时期，特别是在 1929～1939 年的 10 年间，美共的规模在不断扩大，参与并组织了许多工人运动。那么，在这一时期内，日益壮大的美共究竟对美国工人产生了多大的影响呢？

显然，美共对美国工人的进步和工人运动的发展做出了重要贡献。在危机年代，当大部分工人深陷失业的困境时，只有美共和一些进步人士采取积极行动团结失业工人，组织失业工人的游行示威运动，成立失业理事会，为失业工人争取更多的权益和保障。美共帮助失业工人积极争取权益，并通过把大批失业工人组织起来给政府施加压力，迫使政府考虑出台失业保障法或相关的失业救济措施。共产党关注黑人工人的权利，反对工会中盛行的白人沙文主义，并采取实际行动与这类种族歧视作斗争，不仅把黑人工人团结到党内，还使许多南方的黑人工人认识到自己的权益，客观上也为后来美国黑人争取民权的斗争奠定了基础。除此之外，美共还积极领导女工和农民，帮助他们团结起来争取自身的权益。美共的这些举措不仅团结了工人中的不同团体，更为工人阶级中曾经被忽视的群体——包括妇女和黑人——提供了机会，使他们通过参与罢工和示威游行得到锻炼，为将来民权运动和女权运动的发展奠定了一定的基础。

但是，也应该认识到，即使是在发展的巅峰时期，美共对工人阶级的影响力也是有限的。虽然美共的组织规模在 1929～1941 年间得到迅速的扩张，但即使是在党员人数最多的时候，也不到10万人，这与近5000万的美国工人总数相比，还是微乎其微。特别是在1935年之前，虽有不少新成员入党，只有较少的一部分能够长期留在党内。这在很大程度上是由于党内生活的繁琐和组织的不民主所导致的。一方面，共产党要求基层党员每周必须参加各种会议，给党员布置繁重的任务，使不少美国工人觉得“成为一名共产党员简直是自找麻烦”①。另一方面，美共坚持“民主集中制”的议事程序，许多方针政策的决定权局限在党的高层领袖之中，底层的党员只能服从指令，无法真正融入党的生活中去。“美共的高压策略，对民主程序的操纵以及对欺骗和秘密手段的依赖阻碍了许多共产党的同情者加入共产党中。”②如果撇开党员较少以及党员流失问题不提，只考虑美共所领导组织的运动对工人的影响，也会发现，这些运动对工人阶级的影响力还是较为有限的。

虽然在1929～1933年期间美共采取各种措施领导失业工人进行争取工人权益的斗争，但失业工人的斗争大都遭到政府的镇压，以失败告终。由美共支持建立的失业理事会在失业工人中的影响力也较小。虽然失业理事会尽全力地帮助失业工人，但加入该组织的工人还是很少。1931年底，白劳德曾指出，失业理事会缺乏与群众的日常接触，是一个狭隘的以干部为核心的组织。③ 对失业工人而言，他们最大的愿望是改变失业的状态而不是一直进行罢工与革命，因此，美共的阶级斗争纲领对他们的吸引力并不能持久。一旦新政开始产生作用，不少失业工人就离开美共加入各种工会组织之中。

虽然美共采取了各种措施组织黑人工人，帮助他们争取应得的权益，反对工会中的种族歧视行为，但被吸引加入共产党中的黑人也不多。党内反对白人沙文主义的斗争反而使一些黑人工人害怕共产党可能成为法西斯主义的温床而不敢入党。同时，在斯科茨保罗事件中，为了获得更多的支持，美共在许多时候不得不牺牲自己的原则来与黑人教徒、黑人知识分子等非工人的黑人进行妥协，这大大地削弱了美共的影响力。全国有色人种协进会、国际劳工保护会、社会服务卫理公会联盟等组织的代表参与到斯科茨保罗辩护委员会中，使得美共不得不采取改良主义的路线，并最终失去了对斯科茨保罗辩护委员会的领导与控制。所以，即使在经过几年的斗争之后，共产党在黑人当中的影响仍与最初的时候差不多。④ 除此之外，共产党要求实现黑人工人民族自决权的号召无法得到黑人工人的完全理解，这让共产党在很大程度上孤立于其他黑人组织。鉴于以上的种种原因，虽然许多黑人都很同情苏联并支持共产党的事业，但很

---

① Harvey Klehr, *The Heyday of American Communism: The Depression Decade*, New York: Basic Books Inc., Publishers, 1984, p. 159.

② Guenter Lewy, *The Cause that Failed: Communism in American Political Life*, New York & Oxford: Oxford University Press, 1990, p. 39.

③ Harvey Klehr, *The Heyday of American Communism: The Depression Decade*, New York: Basic Books Inc., Publishers, 1984, p. 55.

④ Harvey Klehr, *The Heyday of American Communism: The Depression Decade*, New York: Basic Books Inc., Publishers, 1984, pp. 337-339.

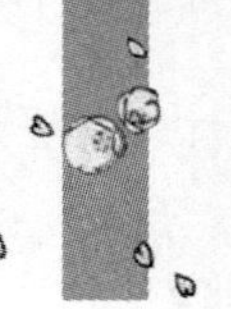

少真正加入共产党中。“不管是共产党在黑人团体中得到的尊重还是人民阵线的形成都没能较大地改变共产党中黑人的构成。共产党中黑人党员的增加，仅仅是因为党员的增加。”①

诚然，美共在产业组织联合会中的影响力超过了它在其他任何一个工会组织中的影响力。美国共产党员不仅参与广大产业工人运动的组织工作，还帮助联络产业组织联合会中的移民工人和黑人工人，许多党员还参与到产业组织联合会的领导层中。但是，“产业组织联合会中的许多共产党员未能像共产党所希望的那样热情地公开自己的信仰……他们的党员身份只在很小的范围内公开”②。美国共产党人在与产联的合作中隐瞒自己的党员身份，还要忍受产联内部对共产主义的敌视。为了民主阵线的团结，共产党员有时不得不向产联的产业工会主义妥协，将共产党的阶级斗争纲领演变成阶级合作的政策。这一切都削弱了共产党对产业工人的影响力。

四、美共由盛转衰的原因

正如前文所述，从1939年起，美共的党员人数开始减少，甚至在1944年宣布解散，改名为“共产主义政治协会”。虽然后来该协会又恢复成“美国共产党”，但它的影响力再也没能达到30年代的水平，党的力量也日渐衰微。美共力量的衰弱在冷战之后表现得尤为明显，这当然是因为当时美国国内对共产主义的恐惧和压迫，以及工会对共产党的排挤。但是，早在1939年之后，美共衰落的趋势就已经显现出来。并且，即使在鼎盛时期，美共对美国工人的影响力依旧是有限的。这是为什么呢？大多学者把原因归咎于共产党的政策问题。福斯特认为美共日渐衰弱的原因在于白劳德犯了机会主义错误，党的组织和管理出了问题。③ 中国学者丁淑杰也把这一时期美共的失败归咎于党的方针策略不稳定和党内存在过多的路线分歧。④ 以西奥多·德莱柏和哈维·克莱尔为代表的历史学家则认为美共失败的根源在于其政策受到共产国际和苏联的影响，无法反映美国本土工人的利益需求。由于美共从成立到壮大都与苏联有着复杂的联系，它在很大程度上不过是苏联的工具。⑤ 美共的成立和运作得到共产国际的资金援助，在组织和结构上效仿苏联共产党的组织结构，其最高领袖的任命在许

---

① Harvey Klehr, *The Heyday of American Communism: The Depression Decade*, New York: Basic Books Inc., Publishers, 1984, p. 348.

② Harvey Klehr, *The Heyday of American Communism: The Depression Decade*, New York: Basic Books Inc., Publishers, 1984, p. 238.

③ 参见[美]威廉·福斯特：《美国共产党史》，世界知识出版社1957年版。

④ 参见丁淑杰：《美共的社会主义理论与实践》，中国社会科学出版社2010年版。

⑤ Theodore Drapper, *American Communism and Soviet Russia*, New York: Vintage Books, 1986; Theodore Drapper, *The Roots of American Communism*, New Brunswick: Transaction Publishers, 2003; Harvey Klehr, *The Heyday of American Communism: The Depression Decade*, New York: Basic Books Inc., Publishers, 1984; Harvey Klehr, et al., *The Soviet World of American Communism*, New Haven & London: Yale University Press, 1998; James G. Ryan, Earl Browder, *The Failure of American Communism*, Tuscaloosa: University of Alabama Press, 1997.

多时候是由共产国际决定的。"美共在路线上的取向并非根据美国社会或共产党内部的任何改变作出回应；相反，它所反映的是外部力量的影响。"①

诚然，美共的政策不当和遵从共产国际的"指令"是造成它在这一时期从鼎盛走向衰败的重要原因，但过分强调共产国际对美共的"控制"也是有失偏颇的。美共党员不是苏联的工具，他们真诚地希望能够通过阶级斗争的方式来改变工人阶级的悲惨现状。十月革命的胜利使世界各地的共产党人以苏联为目标，愿意学习他们的斗争经验，因此愿意接受共产国际的领导。但是，美共并非总是盲目跟从共产国际的。建党初期，美共的成员主要是欧洲移民，他们对苏联的社会主义充满向往。随着时间的发展，美共也在不断地根据美国的国情调整自己的政策和具体方针。越来越多土生土长的美国人加入共产党，也有不少共产党领导人针对美国社会的现实提出了与共产国际相悖的主张。在制定具体的方针政策时，美共虽然受到共产国际总方针的影响，但仍然是根据美国社会的具体现实作出判断的。例如，美共从"第三时期"路线转向"人民阵线"，不仅仅是因为共产国际总方针的变化，还因为新政给工人带来生活水平的改善，使工人对资产阶级的态度发生了变化。为了在更大范围内团结工人进行阶级斗争，美共认识到自己应该与社会党、劳联等组织进行合作，建立统一阵线来反抗资产阶级。由此可见，把美共当作是执行共产国际或苏联相关政策的工具是十分片面的看法，把美共的失败归咎于其在政策上无法反映美国社会的现实也是不够全面的。

单纯从党的政策是否得当这方面来分析美共的成败，是不全面的。笔者以为，鼎盛时期的美国共产党力量受限，并在1939年之后就日渐衰落，这是美国特定的社会经济条件所决定的。具体来说，这一发展历程受制于工会与共产党之间的关系、美国工人阶级内部的异质性以及美国政治体制对第三党的限制。

首先，工会与共产党之间长期的对立和分裂使美国共产党失去了许多工人群众的支持。作为工人的经济组织，工会的首要目的在于维护工人的直接利益，维持工人在现有经济体制当中的地位。因此，它所希望的并非打破一切，而是对现状进行小修小补。然而，社会主义政党特别是共产党是以推翻资本主义制度为目标，其目的在于改变工人被剥削的状态，希望以革命的手段消灭剥削制度。所以从本质上来看，这二者之间的目标是相对立的。这就决定了工会与共产党之间的对立关系。以当时美国最大的劳联工会为例。劳联主要是以熟练的手工业工人为主，推崇的是"简单工会主义"。在长期的美国工人运动发展史中，劳联与左派政党之间的关系并不融洽，有时候甚至互相敌对。加之美国共产党在20世纪30年代初期采取双重工会主义政策，认为劳联工会是落后、保守的组织，拒绝与之合作。因此，美国共产党与劳联之间的关系并不融洽。即使有些地方工会在具体的斗争过程中接受共产党人的帮助，也没能在总体上改变劳联与美共之间的关系。考虑到劳联工会规模之大，美共与劳联之间的分裂就

① Harvey Klehr, *The Heyday of American Communism: The Depression Decade*, New York: Basic Books Inc., Publishers, 1984, p. 415.

决定了它失去较多工人群众的支持。所以，即使是在最为鼎盛的时期，美共的党员规模与工会相比也是比较渺小的。虽然在同产联工会合作之后美共的影响力有所扩大，但这仅仅局限于部分较为激进的工人中间。而且，产联的高层领袖在本质上是不信任美国共产党的。况且，美共与产联之间的合作是以美国共产党在意识形态上逐渐“改良”为背景的。随着美共指导方针的改良化，那些信仰共产主义的铁杆党员逐渐离开了美国共产党。换言之，在20世纪30年代后半叶，美国共产党影响力的扩大是以意识形态的改良化为代价的，以它与工会的合作为前提的。因此，当时留在美共内部的党员并非真正信仰共产主义，而是受到美共政策方针的吸引。在战争结束之后，当美国共产党恢复原有的路线方针，重提“阶级斗争”，其与工会之间的关系又将走向分裂，这些党员又流失了。

其次，美国工人阶级内部的异质性决定了工会同美共之间的关系疏离，也在一定程度上导致了美共影响力的受限及其由盛转衰的命运。随着产业结构的变化，美国社会的工人阶级内部分化成了传统的手工业工人和新兴的产业工人、熟练工人和非熟练工人。资本主义世界市场的扩展为美国带来了大量的移民工人，使美国社会的工人阶级内部又产生了本土工人和移民工人的分化。第一次世界大战结束之后，许多黑人从南部迁徙到北方的工业城市，黑人工人日益增多，于是工人阶级内部又产生了黑人工人与白人工人之间的分化。虽然不同的工人群体有着共同的阶级利益，但相互之间又有着深刻的矛盾。由于缺乏必要的训练，工人阶级难以形成一个成熟的阶级意识，这使他们无法超越现实利益的藩篱，团结起来形成反对资产阶级的统一战线。因此，不同的工人群体更倾向于选择能够保证自身现实利益的组织。例如，传统的手工业工人更愿意加入行业工会，黑人工人则更愿意加入以争取平等权益为目标的全国有色人种协进会，移民工人更倾向于选择以共同的民族或宗教背景为纽带的社区组织或宗教组织。不同的社会组织吸引了不同的工人群体，并互相竞争，这在某种程度上造成了工人力量的分化，也限制了美共党员规模的壮大。例如，在1929年经济危机爆发后，许多工人在大萧条中失去了一切，开始对美国社会失去了信心，因此更容易受到激进的共产主义的影响。然而，这部分工人还是少数的。而且，这些失业工人的目标在于回归生产，这与美共的终极目标并不相符。此时，为了吸引这部分工人群体，美共又不得不调整自己的方针政策，成为帮助失业工人获得救济的组织。而在大萧条中，占工人比例较大的熟练技术工人的工资条件虽然开始恶化，但至少还能维持自己的生计。在面对众多失业工人作为自己的竞争者的情况下，这些熟练的工人并不愿意放弃当时所有的一切。因此，他们更愿意维持现状，或通过工会罢工的方式来提高自己的工资，而不是加入致力于推翻现有制度的美国共产党。

再次，“美国政治系统中的多数选举制、胜者通吃的总统选举制以及两大政党在意

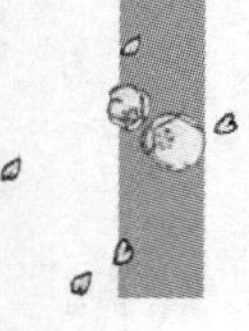

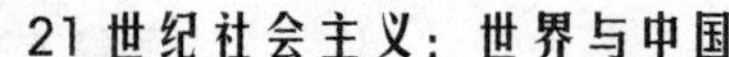

识形态上的灵活"[①]不利于共产党在美国的发展和壮大，也促使其在政治选举中走向支持民主党的道路。美国是个总统制国家，总统选举要求各大政党先产生总统候选人，再从候选人中选举。不管是在总统提名阶段还是总统选举阶段，美国选举中的相关规定都不利于第三党的候选人。第一，许多州规定，被提名的总统候选人必须在上一届选举中获得相当的支持率[②]，这一要求对力量弱小的第三党来说是很难满足的。第二，决定总统选举结果的是选举人团投票和赢者通吃的原则，这就使一些选民即使支持第三党，也因害怕浪费自己的选票而选择更有可能获胜的大党候选人。因此，美国宪政制度的相关规定直接限制了美国共产党在选举中可能取得的成绩。而在20世纪30年代，民主党在政策纲领上吸纳了社会党和共产党的相关议题，并在很大程度上体现了底层工人阶级的利益诉求。在这种情况下，工人们更愿意走向同民主党的联合。在1936年的选举中，美共虽然也推出自己的总统候选人，但其目的在于限制共和党总统候选人所能够得到的选票支持，以保证民主党候选人罗斯福的连任。所以，美共在此时走向了同民主党的联合。作为一个代表工人阶级的政党，美国共产党与资产阶级政党的区别正是其在意识形态上对资本主义制度的反对。随着美共逐渐与民主党走向联合，它在意识形态上的独特性也就逐渐消失，其带领工人阶级获得政治独立的目标也就愈加难以实现。因此，作为一个工人政党，美共正在逐渐边缘化，其影响力也就日渐减弱了。

综上所述，1929～1939年期间，美共在"第三时期"和"人民阵线"这两个路线之间徘徊，党员规模发生了较大的变化。在30年代，美共确实得到了迅速的发展和壮大，党员的构成从以移民工人为主发展到以本土工人为主，不断地"美国化"。在这个过程中，美共领导失业工人、黑人工人、女工以及农民等不同的社会团体进行斗争，并与产联合作，为这一阶段的工人运动做出重大的贡献。但即使如此，美共对美国工人的影响力还是相当有限，并在1939年之后逐渐走向衰弱，这不仅是因为美共的政策失误，从根本上来说还是由美国特定的社会经济条件所决定的。美共在鼎盛时期影响力依然受限，并呈现出由盛转衰的发展趋势，这与美共和工会之间的长期疏离、美国工人阶级内部的异质性以及美国政治机制对第三党的制约有着重要的关系。

---

① Seymour Martin Lipset & Gary Marks, *It Didn't Happen Here: Why Socialism Failed in the United States*, New York: W. W. Norton & Company, 2000, p. 264.

② 参见陈其人等:《美国两党制剖析》，商务印书馆1984年版，第39页。

德国社会民主党对时代问题认识的历史考察

——基于几部重要纲领的分析

罗　星
（清华大学马克思主义学院博士研究生）

马克思主义把时代看作为历史性、全局性的概念，坚持从历史发展的长时间段来把握时代。在《〈政治经济学批判〉序言》中，马克思对时代的演进有一个很好的概括，认为人类历史产生以来经历了亚细亚的、古希腊罗马的、封建的以及现代资产阶级的等几个时代。恩格斯在《家庭、私有制和国家的起源》中则把人类历史的发展分为蒙昧时代、野蛮时代以及文明时代。无论是马克思还是恩格斯，在划分时代的问题上都坚持认为："判断一个变革时代都不能以它的意识为依据，要善于从物质生活的矛盾中，从社会生产力和生产关系的冲突中去解释。"①社会民主主义产生于欧洲社会主义运动发展的进程中，其对时代的认识深受马克思主义分析方法的影响，但国内对民主社会主义的时代观的研究相对薄弱。②

德国社会民主党在欧洲社会民主主义运动中扮演着重要的角色。按照欧洲社会主义史研究的著名学者萨松的看法，德国社会民主党在欧洲社会主义运动中有着"霸主"的地位，而这种霸主地位得益于德国各种有利条件的结合。③ 虽然作为世界性的无产阶级政党共产主义者同盟早在1847年就宣告成立，但德国社会民主党却是世界上第一个在民族国家内诞生的无产阶级政党。从其产生以来，马克思恩格斯就高度关注这个政党纲领的建设。1875年，当全德工人联合会和德国社会民主工党这两支力量在哥达合并发表《哥达纲领》的时候，出于对爱森纳赫派无原则向拉萨尔派作出妥协的不满，马克思写作《哥达纲领批判》，对纲领中的错误观点逐一批驳，自此以后，马克思主义在德国社会民主党内的影响越来越大。德国社会民主党不仅在实际运动中往往能够引领整个欧洲社会主义运动的发展，其党内拥有着我们众所周知的许多理论

① 《马克思恩格斯选集》第2卷，人民出版社2012年版，第3页。

② 参见吴韵曦：《民主社会主义时代观的重要转折——拉斯基对时代的认识及启示》，载《理论月刊》2016年第11期。

③ 参见[英]唐纳德·萨松：《欧洲社会主义百年史》，姜辉等译，社会科学文献出版社2013年版，第10页。

家，比如考茨基、倍倍尔、卢森堡等。二战以来，德国社民党又率先进行转型，把市场经济的优势和国家干预结合起来，在实现经济高速增长的同时保持了社会稳定，形成了我们所谓的“莱茵资本主义模式”。所以说，在国内关于民主社会主义和社会民主党的研究中，关于德国社会民主党的研究可谓是非常之多。但是，在目前的研究成果中，专门研究社会民主党的时代观的成果尚不多见，而在研究德国社会民主党观念的变动过程中，其各次代表大会通过的纲领就成为重要的研究文本，因为从德国社会民主党产生以来，就一直把自己看作一个纲领党，从其产生至今，它先后制定过七部重要纲领，在党的理论建设方面走在了前列。[①] 通过分析对比不同纲领中对于时代问题的论述，可以认识社会民主党时代观的历史演进。

一、对科学社会主义基本原理的复述：《爱尔福特纲领》中的时代观

德国社会民主党早期发展的历史，实际上就是逐渐抛弃拉萨尔主义，接受科学社会主义的过程。1891年德国社会民主党制定的《爱尔福特纲领》秉持了马克思主义对时代问题的分析方法。经典的马克思主义认为，资本积累是资本主义社会发展的必然趋势，而资本积累的结果必然导致资本集中化，这就意味着大企业不断对小企业进行兼并，这种对资本主义发展趋势的分析集中体现在《资本论》中关于“资本主义积累的历史趋势”这一个章节。[②] 而《爱尔福特纲领》则基本上重复了马克思对于资本主义发展历史趋势的分析，认为“资本主义社会的发展必然会逐渐导致小企业的灭亡，逐渐把劳动者变成为一无所有的无产者，同时导致资产者和无产者之间的阶级斗争越来越激烈，使得现代社会日益分立为两个大的对立的阵营”[③]。这种对现代社会中阶级关系的判断，与《共产党宣言》中关于阶级问题的论述基本上是一致的。尽管在这部纲领的具体实践部分有着很多改良主义的具体要求，单就这部纲领对于时代问题的分析来看，我们可以认为其“完全是马克思主义的要求”[④]制定的。这就意味着在这样的时代分析下，社会民主党既可以进行争取民主和选票的改良主义斗争，也可以强调剧烈的社会革命。而这种对时代的分析与议会斗争之间的矛盾，一直伴随着社会民主党的发展。这也预示着，随着时代的发展，德国社会民主党需要修正自身对时代的分析，以适应现实政治的需要。

那么，我们的问题就来了，为什么这个时期德国社会民主党能够成功摆脱拉萨尔主义的影响，能够对时代问题进行马克思主义的分析呢？首先，我们按照历史唯物主义的观点，要追寻其现实背景，“思想的逻辑固然在社会主义发展中起到的作用非常大，但始终要受到客观物质力量的深刻制约”[⑤]。这个时期的德国，虽然作为一个后发

---

① 参见敬青主编：《中德政党理论与实践研究》，中共中央党校出版社2006年版，第1页。

② 参见《马克思恩格斯选集》第2卷，人民出版社2012年版，第297～300页。

③ 张世鹏：《德国社会民主党纲领汇编》，北京大学出版社2005年版，第20页。

④ [德]弗兰茨·瓦尔特：《德国社会民主党：从无产阶级到新中间》，张文红译，重庆出版社2008年版，第15页。

⑤ 张光明：《社会主义思想从西方到东方的演进》，中央编译出版社2005年版，第5页。

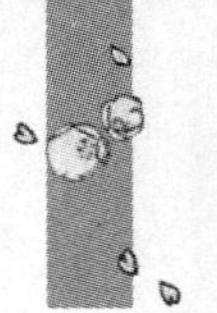

现代化国家在经济上获得了迅猛发展,但是在社会结构上却出现了严重的分化态势,这种发展的不均衡性使得阶级矛盾在德国表现得比较明显,社会矛盾比较尖锐。[①] 在1875年《哥达纲领》诞生之后,德国的工人运动迅速发展起来,但是俾斯麦政府却颁布了《反社会党人法》,想要遏制社会主义运动的发展,这就标志着拉萨尔企图主张通过国家合作实现社会主义的思想破产。随之而来的是德国社会民主运动日益激进化,在他们的理论中,日益充斥着的是对国家的怀疑和不满。1880年,德国社会民主党在瑞士召开的秘密大会上,就把"合法"两个字从纲领中删除了。这就标志着德国社会民主党这一时期的纲领开始一个大的转型。其次,这也与外部世界的推动有关。在这个时期,马克思恩格斯致力领导欧洲工人运动,传播科学社会主义理论,使得这一时期"马克思主义学说获得了完全的胜利,并且广泛传播开来"[②]。在马克思去世之后,恩格斯为制定新的纲领付出了艰巨的努力:坚持在《新时代》杂志上发表马克思的《哥达纲领批判》,彻底肃清拉萨尔主义的影响;针对李卜克内西1891年起草的纲领草案写作了《1891年社会民主党纲领草案批判》,在给予草案一定肯定的同时,对于草案中提出的"和平进入社会主义的论调"进行了批判。[③] 最后,作为纲领理论部分的起草人考茨基,在这个时期坚定认为社会主义的必然性归根到底来自于资本主义经济发展中的种种矛盾,在1892年出版的《爱尔福特纲领解说》中,考茨基进一步阐述了关于无产阶级贫困化以及阶级斗争的理论。但是,这部纲领存在最大的一个问题就是无法对正统理论和改良主义实践之间的关系进行说明。虽然在1921年《格尔利茨纲领》和1925年《海德堡纲领》中对时代问题的分析上部分沿袭了这种思路,但这两部纲领的改良主义倾向也非常明显,在伯恩施坦主导下起草的纲领表明德国社会民主党人已经开始试图修正自己的理念来适应现实的发展。

二、"黄金时代"下的新变化:《哥德斯堡纲领》中的时代观

1959年德国社会民主党《哥德斯堡纲领》在德国社会民主党发展的历程中有着重要的意义。这个纲领的制定在很大程度上标志着战后欧洲社会民主主义的又一次新的转型。[④] 在这部纲领中,德国社会民主党人用一个专门的章节对德国所处的时代进行了分析。在这个时期,德国社民党人放弃了传统的马克思主义方法,认为时代的矛盾并不是资本主义社会发展所带来的种种弊病,"人类社会发展进程中的矛盾和财富的分配不公"才是导致社会矛盾的根源。对世界构成最大的危险不是来自于贪婪的资本,而是来自于哪些军备竞赛中的权势集团、极权主义制度以及战争的暴行,这在一定程度上把矛头指向苏联等国家的共产主义社会。这种对时代的分析显然已经开始与

① 参见尹保云:《现代化通病——二十多个国家和地区的经验和教训》,天津人民出版社1994年版,第64页。

② 《列宁专题文集:论马克思主义》,人民出版社2009年版,第63页。

③ 参见孙涛:《爱尔福特纲领:历史与辩证的考量——对德国社会民主党1891年纲领的再认识以及启示》,载《理论建设》2014年第5期。

④ 参见王学东:《第三条道路与社会民主主义的转型》,载《当代世界与社会主义》2000年第3期。

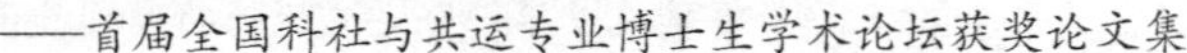

伦理社会主义有着某些共通之处，在这样的时代分析下，社会主义的到来不再被视作资本主义弊端无法克服的结果，而是被看作合乎理性和道义的选择。这种对时代的分析显然与二战前德国社民党人的看法有着根本的区别。在二战之前，即使是被视为有着很强改良主义倾向的《格尔利茨纲领》，在对时代问题的认识上也坚持认为"正是资本主义经济的发展造成了两极分化和工人阶级的贫穷"。虽然在这部纲领中已经显示出一部分德国社会民主党人试图把社会主义作为道德要求的倾向，但纲领总体上还保持着相当大的革命性。而在 1959 年，德国社会民主党人对时代问题的分析已经彻底抛弃马克思主义的分析方法，仅仅是从一般意义上对于战争的威胁和财富的分配不公平发表了议论。对此，德国学者库特认为，这部纲领放弃了德国社会民主党注重进行时代分析的传统，只有建立在对时代问题清醒认识的基础之上，才能够正确制定自身的纲领和政策。这一时期德国社会民主党人对时代问题的分析，我们应该一分为二来看：一方面，通过放弃对资本主义必然灭亡的论证，社会民主党得以革新自己的整个面貌，逐渐缩小了理论和实践之间的脱节，极大地迎合了整个中产阶级选民。在此之后，德国社会民主党成员不断增多，在大选中的得票率也不断提升，完成了由阶级的政党向人民的政党的转型。另一方面，这种对时代问题分析的退让也使得后来的社会民主党人在许多政策上丧失了自身的特性。

在这个时期，德国社会民主党人对时代问题的看法力图摆脱马克思主义的影响，与战后德国整个发展历程有着密切的关系。首先，在二战结束之后直到 20 世纪 70 年代中期这段时间里，欧洲资本主义经济经历了一个由战后重建到快速发展的历程。这个时期被英国左派历史学家霍布斯鲍姆称为"黄金年代"。突出表现为这个时期德国社会结构中第三产业从业人数大为提高，第二产业工人占比有所下降。正如克罗斯兰所说，如今资本主义经历了大量改革之后已经全然改观，再也看不到其本来面貌了。除了偶发性的小型萧条以外，全面就业的目标已经得到实现，自动化的推行已经可以稳步解决生产不足的问题。① 在此期间，福利国家的构建，加上国家对经济的调控，使得各主要发达国家进入了一个空前繁荣的阶段。虽然资本主义社会中垄断现象依然存在，然而在成熟的市场经济体制下，中小企业仍然有着广阔的发展空间，这使得战前关于资本集中的推断变得越来越不合时宜。与此相伴随的是，德国社会的阶级构成也发生了一个大的转变，伴随着这样的发展，德国社会内部大多数民众即使对现状有所不满，也不会采取激进的变革行动来反对现存制度。② 而德国社会民主党在战后的选举中一直处于在野的地位，如果不改变对时代问题的传统看法以更新自身社会主义理念，德国社会民主党就无法获取执政地位。在这个时期，社会民主党存在着众多不同的派别：有的主张继承马克思恩格斯的思想，坚持阶级斗争；有的主张实行社会市场经济，以实现经济民主和政治民主的有机结合；还有伦理主义的社会主义派别，主张回到

---

① 参见[英]霍布斯鲍姆：《极端的年代：1914～1991》，郑明萱译，中信出版社 2014 年版，第 336 页。

② 参见吴法友等主编：《德国资本主义发展史》，武汉大学出版社 2000 年版，第 494 页。

“康德”去。[①] 伴随着德国社会民主党领袖舒马赫的去世，党内的改革派逐渐占据了上风。从1945年起党内的政治家和理论家们就开展了关于政党未来发展新方略的讨论，特别是在1951年社会党国际颁布的《法兰克福宣言》影响下，党内又开始了关于改革的讨论，在通过的行动纲领中指出：“马克思和恩格斯的理论已经不再适合今天发生了深刻变化的历史条件，其依据是一方面技术的发展造成了人的新型依附性思想取代了传统的阶级对抗思想，另一方面一个消除了剥削和压迫的新的社会，应该通过宣言目标明确和具有责任感的行动去争取更为美好的社会。”[②]最终，德国社会民主党在1959年通过的纲领实现了对时代问题分析范式的新转型。

三、社会主义的“生态化”：《柏林纲领》中的时代观

1989年《柏林纲领》也是在德国社会民主党在野的条件下制定出来的，被视为是对《哥德斯堡纲领》的继承和延续。相比于简短的《哥德斯堡纲领》，《柏林纲领》用了一个很长的篇幅来阐释社会民主党人在新形势下对时代问题的判断和分析。和以前的纲领相比，这次纲领并没有单独拿出来一部分进行时代分析，而是把对时代问题的认识融入整个纲领全文中。值得注意的是，德国社会民主党首次在纲领中引入了对生态问题的分析，而在早先的文献中，社会民主党一直没有很好意识到这个问题。这次社会民主党用大量的笔墨对生态问题进行了描绘：环境危机是整个世界性的，我们的自然生存基础正在遭受着空前的挑战，工业国家使得生态环境遭到了严重的破坏，生态问题要成为一切企业行为的准则。[③] 这样的时代分析反映了社会民主党人希望超越传统劳动和资本、资产阶级和无产阶级的对立，试图克服资本主义经济与生态之间的矛盾，为自身赢得对资本主义社会的改造权提供依据。基于此，在这部纲领中，德国社会民主党人提出了一系列关于工业社会生态建设的举措，以实现生态发展的协调性。这种社会主义“生态化”的趋势，不仅仅体现在当时德国社会民主党人身上，各种不同的社会主义流派都逐渐实现对资本主义基本矛盾的生态分析，各个国家都试图引入一种超越传统主义之上的关于人类社会发展的基本原则。[④] 此外，除了对生态问题的关注以外，社会民主党人还特别关注了新时期的社会发展问题，认为并不是技术进步就一定能够带来好的发展，只有那些能够为人类保护生态环境、有利于提高人们的生活质量，以及能够真正体现出人类尊严的进步，才能够被称为“发展”。这种对发展问题的新认识也是顺应了时代的潮流，更新了自身的发展理念。最后，在这部纲领中，对妇女的社会平等问题、和平的外交政策问题都有了进一步深入的关注，着力不小。但是，这部纲领也存在一个明显不足，没有对已经开始出现的全球化和多极化进行回应，也没有能够预见到迅速到来的欧洲一体化，而这些任务直到社会民主党下一部纲领的产

① 参见张世鹏：《欧洲社会民主主义政党指导思想的演变》，山东人民出版社2014年版，第254页。
② 转引自黄蕊：《二战后德国社会民主党的改革》，社会科学文献出版社2016年版，第38～39页。
③ 参见张世鹏：《德国社会民主党纲领汇编》，北京大学出版社2005年版，第113～114页。
④ 参见胡振良：《当代世界社会主义发展若干趋势》，载《当代世界与社会主义》2013年第3期。

生才得以完成。正如一位学者所称,《柏林纲领》处于苏东剧变和两德统一的前夜,使得这部纲领从一开始就显得过时了。[①]

经历了《哥德斯堡纲领》之后的德国社会民主党得到了长足的发展,但好景不长,在1982年的选举中社会民主党丧失了自身的执政地位。究其根本原因,在于战后形成的社会民主主义的传统治理模式在这一时期遭到了空前的挑战,而此时的德国社会民主党人不能够很好应对这些危机。这些危机体现在两个方面:一是来自于增长减缓和失业日益严重的经济危机;二是人类面临的生态环境危机。无论是1973年的石油危机还是罗马俱乐部关于增长的极限的报告,都表明了这样一个基本事实:德国社会民主党赖以生存的基础已经丧失了。[②] 为应对这些危机,社会民主党人需要回应挑战,制定新的纲领。此外,在这个时期,新社会运动和绿色运动给社会民主党带来了相当大的压力。新社会运动起源于资本主义社会发展中的物质增长所带来的巨大社会问题。而绿党的产生和发展也与资本主义社会中不断恶化的生态问题息息相关。新情况的出现和发展不仅标志着西方政治逐渐由"阶级政治"向"新政治"转变,同时也削弱了社会民主党传统的阶级基础,引发了社会民主党内部的分歧,部分激进的力量甚至宣布脱离党来进行抗议。到了80年代中期,德国社会民主党的思想家越来越多开始接受生态主义的思想,认为要"实现生产和消费的生态化,坚持对技术和生产力发展进行一种道德上的控制"[③]。特别是从勃兰特执政以来,逐渐致力于集中党内不同派别的力量参与到新纲领的制定中来,为此他特意邀请了和平与环境运动、女性运动等代表参与新纲领的讨论,在1987年又特意进行了一系列的专题讨论,对生态和环境问题的关注进一步增多。应该说,《柏林纲领》的制定过程,经过了社会民主党两次集体协商,充分发扬了党内民主,比较全面地回应了该党在七八十年代遭遇到的种种问题,但是面对着更加复杂的社会背景,社会民主党将会遭到更大的危机和挑战,正如迈尔所说,"德国社会民主党尽管有了新的纲领,但它在90年代不如说像是一个束手无策、缺乏明确理想和具有吸引力的领导层的党"[④]。

四、"全球化"下的社会主义:《汉堡纲领》中的时代观

2007年德国社会民主党制定的《汉堡纲领》,是社会民主党人对新世纪发生的变动的回应,也是社会民主党首次在执政期间制定的纲领。虽然依靠"新中间"的理论创新走上了执政地位,但进入21世纪的社会民主党立刻就陷入了深刻的危机之中。制定一部新的纲领,回应时代的变化就被提到了日程上。早在2004年德国社会民主党

---

① 参见周敬青:《中德政党理论与实践研究》,中共中央党校出版社2006年版,第53页。

② 参见[德]托马斯·迈尔:《社会民主主义的转型——走向21世纪的社会民主党》,殷叙彝译,北京大学出版社2001年版,第125页。

③ [德]弗兰茨·瓦尔特:《德国社会民主党:从无产阶级到新中间》,张文红译,重庆出版社2008年版,第13页。

④ [德]托马斯·迈尔:《社会民主主义的转型——走向21世纪的社会民主党》,殷叙彝译,北京大学出版社2001年版,第138页。

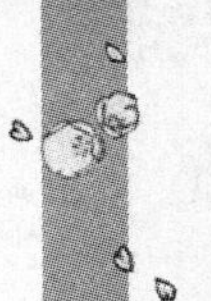

一份文件《我们生活的时代、我们的由来、我们的基本观点》中，就专门用了一个章节对德国发生的时代变化进行分析。而在2007年《汉堡纲领》中，更是恢复了德国社会民主党早期注重时代分析的特色，在第一部分就介绍“我们所处的时代”。其中最鲜明的特色就是对“全球化”的强调，认为“21世纪是一个真正全球化的世纪，我们经历了工业革命以来最为深刻的转折”，肯定了全球化带来的种种机遇，认为其帮助人们克服了饥饿和贫困，但是对全球化带来的矛盾也进行了批判，并把批判的矛头重新指向资本主义，认为“正是全球资本主义加剧了旧的不公正，创造了新的不公正”，“全球资本主义聚集了大量的资本，但是它们却消灭工作机会、阻碍创新，经济力量逐渐集中在全球化的企业，公司以逃避民主的方式作出决定，在全球化背景下，贫富差距在扩大，生态恶化在继续”①。与此同时，纲领不仅关注了全球化在经济上产生的影响，还关注了全球化在政治和国家权力方面产生的种种影响，认为全球化造成了国家权力的丧失，产生了民主的信任危机，传统政党的作用大大下降。在对全球化主导下的资本扩张进行批判的同时，德国社会民主党人还充分肯定了战后德国取得的种种成就，认为德国属于全球化的赢家，创新的速度不断加快，社会民主党、工会以及社会运动在德国取得了巨大的进步，在男女的平等上也大大前进了。应该说，《汉堡纲领》对时代变化的认识是深刻的，是对全球化带来挑战的一种积极回应，但是社会民主党并没有立即制定出适合自身发展的战略，而是陷入了困境之中。在2009年联邦大选中，社会民主党人最终被排挤出执政联盟而沦为一个在野的政党。

20世纪80年代的苏东剧变和全球化的到来，给世界社会主义带来了空前的挑战，引发了不同社会主义流派的反思。应该说，社会主义的产生和发展正是在“世界历史”的作用之下作为一种世界性而非区域性的思想和运动出现的。我们可以这样说，社会主义本身就是一个全球化的概念。具体来说，全球化对德国社会民主党的挑战体现在以下几点：来源于国际市场的竞争对传统福利制度的挑战，传统的凯恩斯需求管理政策的失效，全球化对民族国家主权的挑战，社会结构的调整对政党本身的挑战，特别是伴随着个人主义和后物质主义价值观的重新兴起，都对社会民主党构成了有力的挑战。② 应当说，社会民主党回应全球化的姿态是积极的，以施罗德为代表的社会民主党高层继布莱尔之后提出“新中间”道路，尽管和“第三条道路”一样，“新中间”也是一个在理论上和实践上含混不清的概念，但毕竟帮助社会民主党在1998年大选中取胜，并在此基础上在德国推行了一系列改革。在经济政策上，制定符合本国实际的发展战略，兼顾国家与市场、政府与企业之间的平衡，加强对企业的支持力度；在政治上，重新调整国家和公民社会之间的关系，进一步实现国家生活的民主化；在社会政策上，针对传统的福利制度和保险制度进行改革。特别值得注意的是，德国社会民主党推出了一个针对就业问题的《2010年规划》。这个规划的基本原则就是通过削减社会福利

---

① 《德国社会民主党基本纲领(汉堡纲领)》，张文红译，载《当代世界社会主义问题》2007年第4期。

② 参见杨雪冬：《全球化与社会主义的想象力》，重庆出版社2009年版，第118页。

进而实现经济的快速发展。应该说，这些改革是有成效的，但其中蕴含着深层次的危机：一方面，提出"新中间"道路之后，社会民主党的一系列政策带有很强的新自由主义倾向，不利于社会中下层的利益，社会民主党陷入了身份危机之中；另一方面，施罗德政府在第二届任期内推行的改革引起了党内外的强烈反对，导致大量选票的流失。《2010年规划》在党内产生了许多不同意见，导致党内不同派别的分裂和大批党员的流失。在2005年大选中，左翼党获得的选票达到了8.7％，而这些选票大部分都是从社会民主党流失的。2007年的《汉堡纲领》就是社会民主党试图挽回困境的一次尝试，纲领积极回应全球化带来的变迁，实现执政理念的与时俱进，加强了对资本主义社会的批评，重新申明了社会主义的价值观，试图找回自身的身份，并更新具体的执政策略，希望摆脱经济困境。但是，社会民主党并没有找到实现自身理念的具体政策，最终使得自己的宏大愿望不能实现。这些措施并没有让社会民主党立即得到重生，在最近的大选中德国社会民主党又一次失败了，德国社会民主党的复兴之路还显得异常艰难。

作为德国政坛上一支永不停息的改革者，德国社会民主党时代观的演变是对德国社会发展现实的一种积极回应。这种转变，或者是在野期间对自身理论的反思，或者是为保持执政地位的努力。社会主义作为时代发展的产物，本身想要求得发展也必须与时俱进，任何故步自封、不能正确应对时代变化的社会主义终究难免衰败的命运。诞生于帝国主义和第二次科技革命时代的苏联社会主义，实现了社会主义从理论到实践的飞跃，但终究在新科技革命与和平发展的时代没有及时进行调整，最终走向衰败。进入新世纪以来，时代发生的变化造成了欧洲社会民主主义的重大危机，特别是全球化的扩展、欧洲经济危机以及民粹主义的盛行，这些都对传统的左翼政党提出了种种挑战。社会民主党想要走出危机，顺应时代的变迁，继续进行变革是必然的选择，不管是继续沿着"新中间"道路前行，在具体政策上进行修正，还是重新左转，找回自身的左翼身份，探索新时代下实现传统价值的方式，可能都会是社会民主党的选择，因为变革是永恒的。

印度尼西亚共产党的兴亡

马立杰
（中国人民大学国际关系学院博士研究生）

印度尼西亚位于亚洲东南部，拥有绵延35000公里的海岸线，由分布在赤道上及其两侧的1.9万个岛屿组成，是世界上岛屿最多的国家，又称“千岛之国”。印尼的国土面积约190万平方公里，疆域横跨亚洲、大洋洲，西边是印度洋，东边是太平洋，其地理位置具有很重要的战略意义。印尼人口分布不均，主要集中在爪哇岛与苏门答腊岛。地区经济发展不平衡，人口密集地区的经济比人口稀少地区发展快。印度尼西亚有100多个大小民族组成，最大的民族是爪哇族和巽他族。印度尼西亚是信仰多宗教的国家，获得官方承认的有伊斯兰教、基督教、天主教、佛教、印度教，其中近90%居民信仰伊斯兰教，是世界上穆斯林人口最多的国家。

印尼位于热带，土地肥沃，植被繁茂，盛产各种欧洲所需的香料、咖啡、茶叶、橡胶等原料，此外还蕴藏丰富的石油等能源。印尼的地理位置和丰富的资源吸引很多国家的客人造访，很早之前国外商人就来印尼经商。15～16世纪，葡萄牙人、西班牙人、荷兰人为了香料先后来到印尼，最后荷兰人逐步控制了印尼。1592～1800年，荷兰成立东印度公司管理荷兰在印尼的贸易事务，东印度公司通过暴力掠夺和垄断获取暴利；1800年之后，因无利可图，东印度公司破产，随后荷兰本国直接统治印尼。期间，除1811～1814年英国统治印尼三年外，荷兰在印尼实行残酷的殖民统治，强迫印尼农民种植欧洲市场需要的作物，实行严苛税制，获取财富。进入帝国主义时期，荷兰被迫接受印尼实行门户开放政策，使印尼成为帝国主义国家原料产地、产品销售地、廉价劳动力的供应地、外国资本的投资场所。

一、印度尼西亚共产党的成立、发展及1926年民族起义的失败

（一）印度尼西亚共产党的诞生

为了在印尼获得更多的利益，荷兰殖民者在印尼架桥修路、建筑码头，开矿设厂，开办了糖厂、茶厂、咖啡厂、棕榈油厂、香烟厂等。这促使印尼无产阶级的出现和发展壮大，同时刺激民族资本工业发展，民族资产阶级也慢慢成长起来。在殖民者残酷的剥削下，印尼人民反抗剥削、压迫的斗争一直都存在，在无产阶级和民族资产阶级的推

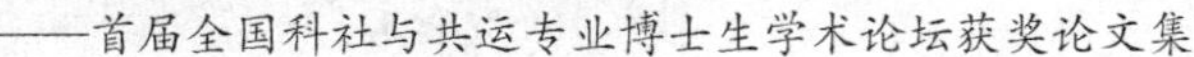

动下，被压迫者形成各种组织、工会，反抗殖民统治，民族解放运动开始兴起。最先组织起来反抗殖民者统治的是“土生荷兰人”（即荷兰人和印尼人通婚所生的混血儿），他们在印尼受到歧视、压迫，他们为追求与纯种荷兰人同等的权利，“于1898年建立东印度联盟（Indische Bond），于1907年建立印苏林德（Insulinde），于1912年建立东印度党（Indische Partij）”[①]。东印度党以实现印度尼西亚独立为目标，1913年该党被荷兰殖民统治者镇压，被迫解散。1905年，印尼成立第一个工会，即国家铁路工会（SS-Bond）。1908年，铁路电车工会（VSTP）在三宝垄成立，该工会“以富有战斗性著称”[②]。1908年5月20日在雅加达成立的至善社（Budi Utomo）是印尼人建立的第一个民族组织，主要进行文化启蒙，宣传教育救国。1911年，印尼的商业资产阶级成立伊斯兰教商业联盟，于1912年改名为伊斯兰教联盟（Serikat Dagang），由于印尼伊斯兰教盛行，该组织在印尼城镇和农村影响都很广泛。

1914年，由在印尼的荷兰社会主义者马林（1883～1942）倡议和推动下，东印度社会民主联盟（Indischc Social Demoratiche Vereniging，简称“联盟”）成立了，它的主要目的是向印尼工人和农民宣传马克思主义学说，这是印尼第一个宣传马克思列宁主义思想的政党。联盟以争取印度尼西亚独立，团结工人和农民共同进行斗争，以社会主义知识教育人民，建立工会等为纲领。联盟最初是由荷兰社会民主主义者成立的，但很快就招募印尼人了，伊斯兰教联盟成员司马温[③]是第一个参加联盟的印度尼西亚人。在联盟的创建和发展过程中，荷兰人马林发挥了重要作用。

马林（Maring，原名 Henk Sneevliet），出身贫困家庭，是一名铁路工人。1902年加入荷兰社会民主工党和铁路电车工人联合会，宣传社会主义思想。他积极支持工人罢工，主张采取激进、革命的行动维护工人的政治、经济权益。由于其激进的政治主张不被温和的社会民主工党所接纳，马林在1911年离开社会民主工党，加入更为激进的社会民主党，为工人运动贡献自己的才能。但事与愿违，马林在社会民主党内受到孤立，他不得不寻找新的出路，他选择来荷属东印度（即印尼）实现自己的理想。来到印尼之后，他通过报纸发文章、参加组织或团体活动来宣传社会主义思想。为了在印尼宣传马克思主义、维护工人利益，反抗殖民压迫，1914年，马林和另外30名在印尼的荷兰人组建东印度社会民主联盟。为了促进东印度社会民主联盟的发展，马林认为当时力量弱小的联盟应该加强与印尼其他组织合作，他极力主张并推进联盟与成员众多的伊斯兰联盟加强合作，主张双方成员可以自愿加入对方组织，这一决定和行动加速了联盟的本土化过程，增强了联盟的影响力。马林把“刚刚兴起的工人运动与印度尼西亚的民族运动结合起来”[④]，促进了联盟的迅速发展和马克思主义在印尼的传播，提

---

① 李雯：《马林在荷属东印度的社会主义实践及其影响（1913～1918）》，载《当代世界与社会主义》2013年第6期。

② 王任叔：《印度尼西亚近代史》下册，北京大学出版社1995年版，第828页。

③ 司马温（1899～?），爪哇铁路工人，1914年加入伊斯兰联盟，1916年加入东印度社会民主联盟。

④ 李玉贞：《马林传》，中央编译出版社2002年版，第42页。

高了印尼工人的觉悟。马林积极在报纸上发表介绍马克思主义理论和俄国十月革命的文章，并因发表庆祝十月革命胜利的文章《胜利》而被捕，于1918年12月5日被荷兰当局驱逐出境。

联盟的活动“始自印度尼西亚的马克思主义宣传，它的政治性非常明确”①，联盟所进行的马克思主义宣传工作，吸引印尼青年学习马克思著作，为印尼培养了最早的一批活动家，产生了广泛的影响。经过联盟的积极活动，工人们纷纷联合起来，成立各种工会。到1919年12月末，工人运动联合会联合了22个工会，会员达到7.2万人②，在工人中传播马克思主义。通过伊斯兰联盟向农民宣传社会主义思想，扩大了联盟在农民中的影响，吸收了更多的成员。联盟成立之后，印尼的工会和其他政治经济团体迅速建立起来。联盟在政治上、组织上和思想上为印尼工人阶级政党——共产党的诞生准备了条件。

第一次世界大战之后，欧洲殖民国家需要更多的原料产品来恢复国内被战争破坏的经济生产，所以加深了对殖民地工人和农民的剥削、掠夺，激发了殖民统治者与被统治者之间的矛盾，殖民地反帝反封建的民族解放运动高涨。俄国十月革命的胜利极大地鼓舞了殖民地反帝反封建民族民主革命运动，对印尼的革命运动产生了巨大影响。在这一背景下，东印度社会民主联盟三宝垄支部提议，在1920年5月23日举行的联盟第七次代表大会上讨论将联盟名字改为“东印度共产党”(Perserikatan Komunis Hindia, PKH)。经讨论，代表大会决定把联盟改名为“东印度共产主义联盟”(Perserikatan Komunis di India)或“东印度共产党”(Party der Kommunisten in Indie)，两者都简称“PKI”，并选举司马温为主席。印尼共产党于1920年12月加入共产国际。

(二)印度尼西亚共产党的发展

印尼共产党成立之后，继续采取与其他政治组织联合的策略，尤其是加强与具有广泛影响力的伊斯兰教联盟的联系，来扩大党的影响。由于伊斯兰教联盟右翼反对与印尼共产党合作，1921年10月，伊斯兰教联盟决定驱逐联盟内的印尼共党员，并规定不允许伊斯兰教联盟成员加入其他政党，这使伊斯兰教联盟分裂为支持印尼共产党的红色伊斯兰联盟(1923年改名为人民同盟)和反对印尼共的白色伊斯兰联盟。

印尼共产党积极加强与工人和农民的联系，从而在他们中间产生了巨大影响。印尼共产党积极通过工会领导工人进行斗争，支持工人为提高工资、缩短工时等改善生活和工作条件而进行的罢工。20世纪20年代初，在印尼共产党的支持和领导下，印尼爆发了多次大罢工。在支持和领导罢工的过程中，印尼共产党在工人中宣传了社会主义思想，扩大了党在工人中的影响。在农村，印尼共主要依靠其外围组织人民阵线支持，发动群众反抗强征土地、种植物、苛捐杂税的剥削。

---

① 李玉贞：《马林传》，中央编译出版社2002年版，第43页。

② 参见王任叔：《印度尼西亚近代史》下册，北京大学出版社1995年版，第828页。

针对印尼信教居民众多的特点，印尼共不刻意强调无神论，用印尼人熟悉的语言向他们宣传他们理解的社会主义思想，而不是过于强调马克思列宁主义理论，“无产阶级被描绘成浪漫化的麻喏巴歇的再生，而麻喏巴歇被看成是荷兰人到来之前，一个伟大的平均主义时代”[①]。

印尼共产党积极传播马克思主义理论，1924年《共产党宣言》被巴尔顿多翻译成印尼文，在印尼传播。印尼共还从国外偷运来许多马克思主义著作，在印尼扩散。印尼共产党创办了党中央机关报刊《人民呼声》《公报》，地方报刊有《火焰》《独立》《无产者》《闪电》《雷鸣》等来批评和揭露殖民压迫。此外，印尼共开办各种训练班，加强和提高对党员的思想教育和理论水平，同时在城市和乡村都办起了学校，提高印尼人民文化水平，宣传社会主义思想。

经过三年的斗争，印尼共的影响力不断扩大。在这种情况下，印尼共召开了党的第二、三次代表大会。1924年6月，印尼共在雅加达召开第二次代表大会，选举阿利巴沙·威南达为党的主席，迪苏基特罗为书记，阿利敏、慕梭为领导成员。这次大会上通过了党纲党章，提出“反对一切资本主义”“立即实现社会主义”“建立苏维埃”“实现无产阶级专政”等口号。把党的名字改为印度尼西亚共产党(The Communist Party of Indonesia，印尼语 Perserikatan Komuni di India，PKI)。[②] 1924年12月，印尼共在日惹召开了第三次代表大会，选举沙佐诺为党主席。此时印尼共产党有党员1140人，而其外围组织人民同盟成员约有3.1万人，其中绝大部分是农民。大会决定把人民同盟和党分开，使其成为独立组织，党放弃对农民的领导，并把工作重点转移到工人运动上来。

(三)1926年民族起义

由于经济衰退，荷兰殖民政府加紧了对印尼的剥削，这引起印尼工人、农民的激烈反抗。1925年，印尼各行各业都爆发了罢工，其中有九次规模大、持续时间长的大罢工。此外农村地区要求减免沉重赋税的斗争也不断增多。由于反抗斗争的爆发，荷兰政府取缔了活动、集会、言论和写作等自由，禁止革命报纸书籍的出版，还大肆逮捕印尼共产党员，印尼共产党领导人达尔梭诺、阿里阿罕姆、马尔佐汉被捕流放，阿利敏和慕梭则逃亡国外。

在荷兰殖民政府残酷镇压工人运动、农民起义和印尼共产党活动的形势下，印尼共产党于1925年12月25日在布兰班南(Prambanan)召开党中央紧急代表会议，决定拿起武器反抗殖民政府的镇压，开展武装斗争，并向各地区传达这一决议。印尼共中央决定1926年6月举行起义，但由于迟迟征求不到共产国际和印尼共产党在海外流亡的领导人的意见而推迟到11月举行。虽然印尼共产党在海外流亡领导人对武装起义并没有达成一致意见，但是留下的印尼共产党人坚决举行起义。印尼共主要的领

① [澳]梅·加·李克莱弗斯：《印度尼西亚历史》，周南京译，商务印书馆1993年版，第238页。

② 参见印度尼西亚共产党历史研究所编著：《印度尼西亚共产党的四十年》，人民出版社1963年版，第11、18页。

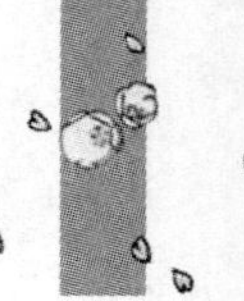

导人流亡国外，而且在起义之前荷兰殖民政府一直在严密监视印尼共的活动，并逮捕了很多支部的领导人，这极大地削弱了印尼共产党的组织和行动力量，导致印尼共在爆发起义时很难发挥领导、协调作用。

1926年11月12日～1927年1月12日，雅加达和万丹首先起义，随后勃良安、斗横、梭罗、谏义里、西苏门答腊等地也纷纷爆发起义。起义主要采取袭击当地官员住宅或警察局、切断电话线、占领火车站、破坏铁路线、破坏桥梁、伏击调遣的军队等方式进行。由于力量悬殊、组织不力等原因，起义惨遭镇压。

起义失败使印尼共产党损失惨重，“被捕人数不少于一万三千人，其中有四千五百人被判处徒刑，一千三百多人被流放到利辜流放地”[①]，此外很多印尼共的领导人和干部被枪杀、被判处死刑或在流放地死亡，印尼共组织几乎被打垮。1926年底起义失败之后，印尼共被荷兰殖民统治者取缔，被迫转入地下。

1926年民族起义的失败具有必然性。首先，起义前印尼共产党的力量已经被削弱，并且印尼共领导层对这次起义并没有达成一致意见，导致指导思想的混乱。其次，起义者并没有充分考虑到当时的政治和军事现实。[②] 荷兰殖民者在军队人数和武器装备上都比起义者强太多。再次，起义时机不成熟，工人运动处于低水平，被号召起来的农民也是少数，只有少数地区爆发起义，大部分地区没有爆发。最后，起义缺乏统一协调，各地的起义不是同时而是分散爆发的，降低了统治者镇压的难度。这样荷兰殖民统治者可以集中力量镇压一个地方的起义，然后再镇压其他地方的起义。

二、1927～1948年印度尼西亚共产党的发展与“茉莉芬事件”

（一）1927～1948年印尼共发展的背景

1926年起义失败之后，印尼共产党损失惨重，并被荷兰殖民政府取缔，成为非法政党，被迫转入地下。虽然遭到荷兰殖民政府疯狂镇压，但是幸存的印尼共产党人在1927～1945年期间依然继续从事反帝反封建运动，积极参加其他群众团体和政党组织，并且继续鼓动、支持工人罢工运动。

第一次世界大战之后，日本就加紧了对印尼的侵略，并极力扩张它在印尼的市场。在第一次世界大战到第二次世界大战之间，日本想要重新瓜分世界，更加紧对印尼的侵略，1942年印尼的荷兰殖民者向日本投降，日本就此占领印尼。日本在印尼实行残酷的法西斯政策，激起了印尼人民的强烈反抗。在这种情况下，印尼共产党积极从事抗日活动，同其他反抗日本侵略的政党、群众团体合作，成立各种反法西斯组织，例如威南达领导的“反法西斯运动”、艾地等领导的“独立的印度尼西亚运动”、威加拿领导的“新的印度尼西亚运动”等，带领汽车工人、石油工人、种植园工人进行怠工，破坏日本在印尼的生产，在军队、青年和学生中积极活动，成立各种革命团体。在全世界反法

---

① 参见印度尼西亚共产党历史研究所编著：《印度尼西亚共产党的四十年》，人民出版社1963年版，第23页。

② Jeanne S. Mintz, *Marxism in Southeast Asia: A Study of Four Countries*, Stanford University Press, 1959, p. 177.

西斯力量的共同努力下，日本在 1945 年 8 月 14 日宣布无条件投降，消息传到印尼，苏加诺①响应印尼各方要求，起草《独立宣言》，并于 8 月 17 日宣告印尼独立，印尼共和国诞生，这一事件被称作“八月革命”。

（二）“茉莉芬事件”之前印度尼西亚共产党的发展

日本投降后流亡在国外的印尼共产党员纷纷回国，和留守在印尼的共产党员一起参加反帝反封建的活动。“八月革命”期间，印尼共产党还处在地下党状态，没能采取公开形式来组织和动员群众，没能利用这一机会提出自己的主张。对于印尼共是否应该公开化，当时印尼共中有不同的意见：一部分党员认为应该公开化，他们于 1946 年 5 月恢复印尼共组织，并使之合法化；另一部分党员主张为避免引起国内外反共产主义力量的警觉，应该继续保持地下状态，他们建立了印尼社会党和印尼劳工党。三个并存的党组织造成印尼共的分散和混乱，不能有效地开展活动。为了克服这种情况，上述三个党组成了名为“社会主义阵线”的联合组织，后改名为“左翼阵线”，最后又改为“人民民主阵线”。

“八月革命”以后，印尼共产党积极开展活动，取得了较大成就。印尼共深入工人中，带动工人进行反帝、要求独立的运动，工会组织迅速发展起来，于 1946 年 11 月成立印尼总工会，拥有 100 多万会员。印尼共在农村开展反帝反封建、要求独立的运动，在农民中获得了广泛影响，1945 年印尼农民阵线成立。印尼共产党还重视青年和大中学生运动，积极参与组织青年力量保卫独立工作，并组织了印尼社会主义青年团，这个组织有自己的武装部队，约有 2.5 万人。印尼总工会、印尼农民阵线、印尼社会主义青年团都加入了人民民主阵线。印尼共产党不仅在工人群众中活动，也在内阁中发挥作用，1945 年 9 月～1947 年 6 月，印尼共先后参加了四届内阁，印尼共产党人沙里弗丁在 1947 年 7 月出任第五届内阁总理兼国防部长。

印尼共开办报纸、杂志，发行理论小册子进行鼓动宣传，1945 年 11 月开始出版《红星》杂志，此外还出版《工人》《首都之声》《革命》等报纸、杂志。虽然印尼共产党人的理论水平和外语水平较低，但是印尼共领导人艾地、鲁克曼、约多等人积极翻译传播马克思列宁主义的理论书籍，当时翻译成印尼文的书有《列宁主义基础》《辩证唯物主义和历史唯物主义》《共产党宣言》等，这些书提高了印尼共产党员的理论水平，促使他们把马克思列宁主义同印尼实际结合起来。

为了巩固党取得的成就，印尼共产党于 1947 年在梭罗召开第四次代表大会。大会选举沙佐诺、威南达等为党的领导人，并选举艾地为中央委员。此次大会通过了新党纲，主张立即“在印度尼西亚实现社会主义社会”，并赞同接受丧权辱国的《林芽椰蒂协定》。第四次代表大会通过的纲领不符合印尼实际情况，使印尼共在工人群众中的影响缩小。1948 年 1 月，由于要被迫接受《仑维尔协定》，沙里弗丁内阁受到马斯友美

① 苏加诺（1906～1970），印尼首位总统，提出建国五项基本原则、纳沙贡体系。在其“有领导的民主”的指导方针下，印尼共产党得到了较快发展。

党人攻击,内阁倒台,哈达组成新内阁,上台执政。

在印尼共发展不利的情况下,1948年8月慕梭回国,给印尼共带来斗争的新法宝,为印尼指明了新道路。1948年8月13～14日,印尼共产党中央委员会在日惹召开政治局会议,会议通过了慕梭提出的《印尼共和国新道路》的决议。《新道路》指出了印尼共产党组织上、政治上的错误,并为印尼共产党指出了新的道路,这就是,"高举争取完全的民族独立的旗帜,揭露哈达政府反共反人民的实质,戳穿马斯友美党和社会党人的假面目,受到广大群众的热烈拥护"。慕梭的归来对印尼政治产生了很大影响,他重组印尼共产党,使它更符合世界媒体宣传的"革命的共产党"形象。之后印尼共产党更加革命、激进的要求加强了哈达反共的决心。在"茉莉芬事件"之前,共产党人就认为哈达政府将会解除他们的武装,他们必须要采取措施来自卫。[①] 所以印尼共也努力扩大自己的武装力量,在武装部队内争取爱国力量。

(三)1948年"茉莉芬事件"爆发

1948年9月1日,两名印尼共产党人在梭罗被政府军某个部队的士兵绑架,并遭到严刑拷打。印尼第四师是爱国部队,同情印尼共,派五名军官去营救,结果五名军官也被扣留。第四师给政府军西利万吉师(忠于哈达的政府军)发出通牒,要求在9月13日下午2点之前释放五名军官,否则武力对付。结果西利万吉师迟迟没有放人,反而把来交涉的使者杀害,这迫使第四师不得不与政府军西利万吉师发生武装冲突。西利万吉师对第四师发动强大的进攻,占领梭罗市区。9月16日,慕梭发出呼吁要求梭罗事件局部化,不允许扩大到外地[②],但是政府军并没有停止进攻,并于9月17日解除了第四师的武装。在此之前,茉莉芬市农民和工人很不满意哈达政府的暴行,当梭罗的绑架和残杀消息传到茉莉芬市后,这里的局势更加紧张,并爆发了西利万吉师与拥有武装的印尼社会主义青年团之间的武装冲突,经过7小时的战斗,印尼社会主义青年团控制了茉莉芬。

苏加诺总统在9月19日晚上10点通过广播发表讲话:"昨夜(9月18日)印尼共产党在茉莉芬发动政变,建立了以慕梭为首的苏维埃,准备武力推翻印尼共和国政权。"苏加诺总统号召印尼人民支持哈达政府,反对慕梭和印尼共产党,保卫印尼共和国。[③] 慕梭等印尼共产党高层领导人对于梭罗和茉莉芬发生的事件事先并不知情,事件发生时,他们都在国内四处奔波,着手发展共产主义运动。9月19日深夜,慕梭等人返回到茉莉芬市。当天晚上11点半,慕梭发表答复讲话,"号召人民推翻以苏加诺和哈达为首的'日本人的走狗'政府,仿效茉莉芬市的榜样,把共和国领土内所有的政

---

① Ann Swift, *The Road to Madiun : The Indonesian Communist Uprising of 1948*, Cornell Southeast Asia Program Publications, 2010, pp. 135-136.

② Ann Swift, *The Road to Madiun : The Indonesian Communist Uprising of 1948*, Cornell Southeast Asia Program Publications, 2010, p. 121.

③ Ann Swift, *The Road to Madiun : The Indonesian Communist Uprising of 1948*, Cornell Southeast Asia Program Publications, 2010, pp. 155-158.

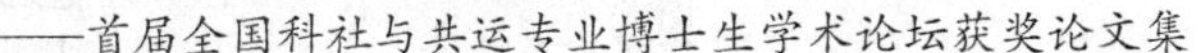

权都掌握在自己手里”[①]。在反抗政府军进攻时期，茉莉芬成立了民族阵线政府，并于9月20日发表了《茉莉芬市民族阵线政府纲领》，号召夺取政权。

民族阵线政府很快就被镇压，印尼共在这次事件中损失惨重，慕梭在战斗中光荣牺牲，沙里弗丁、苏立诺等11位印尼共高层领导人被枪杀。印尼共党员及其支持者被捕者约有3.6万人，其中约有1万人被杀害。“茉莉芬事件”之后，荷兰于1948年12月19日趁机发动了对印尼的第二次殖民战争，“茉莉芬事件”中被捕的上万名印尼共党人趁机逃出监狱，奔赴前线，英勇反抗荷兰军队的入侵，积极保卫印尼共和国政权。

虽然印尼共产党知道必然会与哈达政府发生冲突，但是面对“茉莉芬事件”这一具有必然性的偶然性事件，印尼共没有做好准备应对。事件发生后，慕梭为首的印尼共党中央匆忙应战。由于完全没有准备，实力也不足以与政府军相抗衡，印尼共失败具有必然性。

三、1951～1965年印尼共的大发展与灭亡

20世纪50年代，美苏对抗的冷战模式开始形成，形成社会主义、资本主义两大阵营。鉴于印尼重要的战略地理位置，美苏两国都想把印尼收入自己的阵营。印尼却主张独立自主，奉行不结盟政策，倡导不结盟运动，不与美苏任一国家结盟，但美苏两国都在印尼国内培植自己的势力。1957年，苏加诺总统提出“有领导的民主”，需要得到印尼共的支持，为此，苏加诺总统为印尼共的发展创造了宽松环境。20世纪60年代，中国与印尼关系逐渐变好，印尼共等左派的势力得到进一步发展。

（一）1951～1965年印度尼西亚共产党的崛起

印尼共产党在1948年“茉莉芬事件”中遭受重创，但是并没有被禁止活动，“茉莉芬事件”后，印尼共产党党中央努力重新集合干部，和各地的党的委员会建立联系，并于1949年8月组成以陈彝如为首的中央政治局。陈彝如主张在政治上实行温和路线，在组织上回到《印尼共产党新道路》之前的状况，印尼共仅仅是无产阶级的一个政党，不再发挥革命先锋作用，这被称为“陈彝如主义”。陈彝如主义没有得到所有党员认同，党内并不团结。1951年1月，印尼共产党召开中央全会，会议更新了党的领导层，选举阿利敏艾地、约多、鲁克曼等为领导人，并批判了陈彝如主义。这一时期，印尼共党内就“革命处于低潮时，党应该采取武装斗争还是合法斗争形式”的问题进行了讨论，最终以艾地为首的坚持合法斗争的意见占据上风，从此印尼共走上公开合法的斗争道路。1950年8月，印尼共刊物《红星》复刊，1951年1月出版《人民之声报》，后改名《人民日报》。

随后，印尼共在艾地的领导下开展恢复、扩展党的工作，着手建立民族统一战线，并支持、带领工人群众开展反帝反封建、要求民族独立运动，亲帝国主义的政府又开启

---

① ［俄］叶菲莫娃：《斯大林和印度尼西亚——1945～1953年苏联对印度尼西亚的政策：不为人知的一页》，吕雪峰译，世界知识出版社2016年版，第98页。

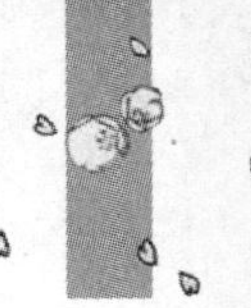

了新一轮的反共浪潮，印尼共进行积极反抗。

随着民族、民主运动的日益高涨，民族资产阶级逐渐左转，印尼的革命形势也逐渐好转，在这种情况下，印尼共产党于 1954 年 3 月召开了第五次全国代表大会。大会选举艾地为印尼共产党中央委员总书记，通过了党的纲领和竞选宣言。此次大会指出，印度尼西亚目前是半殖民地半封建社会，所以革命的对象是帝国主义和封建主义，革命的动力就是受帝国主义和封建主义压迫的阶级——工人阶级、农民阶级、小资产阶级和其他民主分子。革命的任务就是反帝反封建，实现印尼的独立自主，实现向社会主义的过渡。为完成反帝反封建的任务，印尼共必须建立工农联盟为基础的反帝反封建的民族统一战线，加强党的建设。此次大会重点强调了农民问题，印尼是个农业国，农民占人口的 70%以上，发动农民对党具有重大意义。为了建立真正的民族统一阵线，在继续做好工人运动的同时，必须广泛发动农民。

1956 年 7 月，印尼共产党中央委员会第四次全体会议(扩大)的报告《团结起来，为完成 1945 年 8 月革命的要求而奋斗》中提出，在目前情况下，印尼共产党对农民的最重要政策是减租减息，不是没收地主土地分给农民。1959 年 9 月，印尼共产党召开第六次代表大会，大会选举艾地为主席，鲁克曼、约多为副主席。这次大会提出印尼共要继续加强深入开展农村工作，党员“到下层去”发动群众，提出在农村建立“信贷合作社、生产合作社、供销合作社，以便反对压迫和榨取以及改进劳动人民的生活”[①]。艾地在印尼共产党第七次代表大会上提出“必须仍然把党在农民中间的工作放在首要地位”，在农民中的工作是“六好运动”为中心的“减租、减息、提高雇佣费、提高生产、提高文化、提高政治水平”[②]。艾地在印尼共七届二中全会(扩大)上提出了农民革命运动的主要任务，即“(一)开展‘六好’运动；(二)推广和改善农村的调查工作；(三)加紧进行使印度尼西亚农民阵线成为雇农和贫农的群众组织的活动，同时不排斥中农参加，并且把中农组织到合作社里去；(四)加紧进行和扩大在农民中间工作的干部的马克思列宁主义教育”，要求印度尼西亚共产党的干部必须做到“着魔似地热衷于农民运动”。[③] 1964 年，艾地亲自率领党员干部深入农村做调研，写出长篇调查报告分析印尼农村社会关系。

为了能够带领无产阶级实现向社会主义的过渡，印尼共产党高度重视党的建设，历次大会都强调并且制定加强党的建设的方案。印尼共五大提出要在全党确立马克思列宁主义的思想统一，坚持马克思列宁主义的正确领导，发展党员和党组织，吸收更多无地或少地的农民。六大提出要“巩固、扩大和整顿党”，改进党的领导方法，“上级给下级做出榜样”。艾地在印尼共七大上提出以“四增运动”为中心的党的建设工作，

---

① 世界知识出版社编：《印度尼西亚共产党第六次全国代表大会文件》，世界知识出版社 1961 年版，第 259 页。

② [印尼]迪·努·艾地：《在印度尼西亚共产党第七次全国代表大会上的报告和讲话》，人民出版社 1962 年版，第 94 页。

③ [印尼]迪·努·艾地：《激发雄牛精神！继续前进，决不后退——在印度尼西亚共产党七届二中全会(扩大)上的政治报告》，人民出版社 1963 年版，第 92、87 页。

即“增设政治学校和人民讲习班、增加党员和群众团体的成员、增加预备党员的转正人数、增加党费收入”，同时要求“进一步改善党在工人、青年、妇女、知识分子、大学生、中学生、艺术家和文化工作者中间的工作”。[①]

印尼共通过对印尼存在的力量的分析认为，印尼存在三种力量，即工人、农民、城市小资产阶级和革命知识分子为主的进步力量，民族资产阶级和其他一切爱国的反对殖民主义的中间力量、与国外帝国主义勾结的封建分子和买办分子组成的顽固力量。为实现反帝反封建的任务，印尼共必须联合中间力量建立民族统一战线，孤立顽固力量。同样，印尼民族资产阶级为了掌握权力，不得不借助印尼共领导的进步力量对付帝国主义、封建买办阶级势力。出于这样的考虑，苏加诺在 1957 年 2 月 21 日提出苏加诺方案，其主要内容包含两点：一是成立互助合作政府；二是组织民族委员会。互助合作政府又称“纳沙贡”政府，即必须由代表印尼社会三种思潮——民族主义、宗教、共产主义的人员组成，此外还要成立一个包含各民族、各政党、各团体的民族委员会。苏加诺说，“不能继续忽视在普选中拥有六百万张选票的一个集团”，“印尼共产党在工人中间拥有许多群众”。苏加诺方案提出，印尼需要能充分体现协商精神的“有领导的民主”。艾地带领的印尼共非常支持苏加诺的“纳沙贡”政府和“有领导的民主”，这也为印尼共的发展创造了宽松的环境。

由于制定了正确的纲领和开展有效工作，以工农联盟为基础的反帝国主义的民族统一战线逐步确立，印尼共获得了更多的支持。印尼共的努力得到了回报，在 1955 年 6 月举行的普选中获得了很多的票数，成为拥有六百万选民支持的第四大党，排在印尼民族党、马斯友美党、伊斯兰教师联合会之后。1957 年 6 月举行的地方选举中，获得了最多的票数，由第四大党成为第一大党。1954～1965 年，印尼共建立了一个以工农联盟为基础的广泛的民族统一阵线。印尼共从开始时只有不到 1 万名党员发展到拥有“三百多万党员、三百多万人民青年团团员、三百五十万工会会员、八百五十万农民阵线会员、几百万妇女运动协会会员”[②]的大党。

然而 1965 年爆发的“九三〇事件”[③]使仅次于苏共、中共的世界第三大共产党——印尼共产党遭遇毁灭性打击，彻底改变了印尼共产党的命运。

（二）“九三〇事件”及印尼共产党的毁灭

1965 年 9 月 30 日夜里，由苏加诺总统的警卫部队查克拉比瓦团的营长翁东中校带领的总统警卫队，对雅尼上将、苏巴多少将、苏多佐准将、班几牙旦准将、巴曼少将、哈约诺少将、纳苏蒂安上将等七名高级陆军将领进行了突袭。除纳苏蒂安逃脱外，其

---

① ［印尼］迪·努·艾地：《在印度尼西亚共产党第七次全国代表大会上的报告和讲话》，人民出版社 1962 年版，第 93、96 页。

② 张海涛：《第三次白色恐怖》，华夏出版社 1988 年版，第 128 页。

③ “九三〇事件”有几种不同的称呼，如“九三〇运动”“九三〇政变”等，此外，因为这次事件其实发生在 1965 年 10 月 1 日凌晨，又被称为“十月一日运动”，印尼镇压事件的人一般称其为“九三〇政变”。

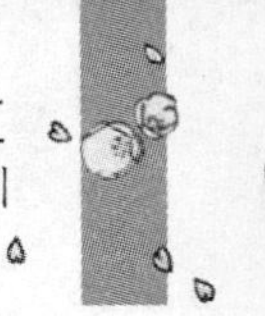

他六人则遭到逮捕并被杀害,他们的尸体被埋在空军基地附近的鳄鱼洞[①]。10月1日早上6点,印尼共和国广播电台发表一份关于"九三〇事件"的新闻公报,公报称,翁东为首的总统警卫部队挫败了对苏加诺总统图谋不轨的"将领委员会"[②]的阴谋,并保护了总统和成为将军委员会目标的其他人。此外,公报表示,以后将继续执行苏加诺总统和政府的决定。下午2时,翁东中校发表讲话,表明要建立印度尼西亚革命委员会,并公布了45名委员名单,但苏加诺不在名单里。陆军战略后备司令苏哈托少将于10月1日早上召开陆军战略后备会议,接管陆军军权,并命令陆军镇压"九三〇政变"。陆军开展行动,迅速镇压政变,逮捕政变发起者。10月2日,"九三〇事件"宣布失败。

关于"九三〇事件"的原因,目前仍没有形成统一认识。因为翁东公布的革命委员会名单里包含印尼共产党党员,而且名单里没有苏加诺总统。所以苏哈托鼓吹说"九三〇事件"是印尼共产党指使的,其目的是推翻苏加诺总统的统治。这个没经过证实的原因给印尼共带来灭顶之灾。陆军夸大"九三〇事件"发起者的残忍性,并嫁祸于印尼共,借机掀起反共高潮。被煽动起来的群众烧毁印尼共在克拉马(Kramat)的大厦,成千上万的群众云集在民族阵线的新办事处大喊大叫:"解散印尼共产党!""吊死艾地!""印尼共产党反对上帝!""吊死印尼共产党和它的同路人!"苏哈托借此对印尼共实行大清洗,并在1966年3月12日宣布解散和取缔印尼共。苏哈托总结"九三〇事件"时指出,共产党在1948年"茉莉芬事件"全党几乎覆灭的情况下,能在短短的10年内再一次在1957成为印尼第四大党主要的原因是,政府在"茉莉芬事件"后没有大规模地彻底消灭共产党员,没有连根拔掉印尼共和他的同路人,漏网的、轻判的、改造后释放的人数太多了,使印共很快地又复生,能在1965年又来一次"政变",这是不杀绝共产党的主要错误政策引起的。所以这次必须吸取教训,不能再重犯,一定要彻底、不留情地全面消灭。所以苏哈托下令对印尼共及其支持者展开了疯狂的大屠杀。对于在这次事件后被杀的印尼共及其支持者和无辜者人数,还没有得到各方认同的数字[③],有的统计甚至高达400万人。"九三〇事件"后的反共运动给印尼共产党带来毁灭性打击,拥有300万党员的印尼共产党毁于一旦,印尼共的组织全面瓦解,再也没有复兴,直到现在印尼共产党仍然没有被解除禁令。苏哈托则借助镇压"九三〇事件"掌握了陆军的指挥权,获得了群众支持,并逐步把苏加诺总统架空,最终获得国家的领导权,成为印度尼西亚总统。

(三)印尼共产党对于"九三〇事件"后反共运动的应对及其原因

1965年10月5日,印尼共产党中央政治局通过决议,指出"九三〇事件"是保护苏加诺总统的运动,是陆军内部问题,这一事件的处理应遵循苏加诺总统提出的政治

---

① 鳄鱼洞(Lobang Buaya)是一个废井,在亲共的印尼空军的伊戈尔基地附近。

② 1965年在印尼社会上流传,陆军内部有一个由陆军高级将领组成的"将领委员会",其目的是推翻苏加诺总统的统治,并将于1965年10月5日印尼建军节时发动政变。

③ 对于"九三〇事件"后被屠杀的人数,苏加诺总统成立的调查特别小组统计的数字为78500人,国外媒体所承认的数字在15万~100万人,而据薛鸿华统计被杀人数甚至超过400万人。

解决的建议，并且提出“提高警惕，继续加强以纳沙贡为核心和具有纳沙贡精神的民族统一战线”[①]。印尼共对于苏哈托即将展开的彻底清除印尼共产党的反共大高潮并没有强烈的预感，也未采取应对措施。

印尼共产党对于“九三〇事件”后的反共运动预计不足、应对不力的原因是，印尼共产党高估了苏加诺总统维护政权的能力，低估了苏哈托为首的陆军改变政权的决心和能力。苏哈托在10月1日早上就召开陆军战略后备队会议，接管陆军军权，迅速组织镇压“九三〇政变”，控制了雅加达。苏哈托为首的陆军逮捕“九三〇事件”发起者之后，不顾苏加诺寻求政治解决的要求，下定决心借解决“九三〇事件”之机，彻底清除印尼共产党。苏哈托于1966年3月12日利用总统名义签署解散和取缔印尼共产党的决定时，残存的印尼共产党只是提出利用舆论武器实现“建党、发展进步力量、同爱国的民族主义者和宗教人士建立统一战线”。[②]

印尼陆军对印尼共赶尽杀绝的原因是迅速发展壮大的印尼共损害了陆军的利益。随着陆军不断平定地方叛乱，其作用和威望不断增强。陆军的作用增强，更重要的是表现在经济方面，陆军“在经济领域中取得了支配性地位，他们事实上控制了许多重要经济部门，比如种植园、小型工业、国有石油和锡矿，以及国有进出口公司”，甚至控制了整个国家机器。[③] 同时印尼陆军特别依赖美国，获得很多美援。

印尼共坚决地反帝反封建，提出“控制外国石油公司（美孚石油公司、德士古石油公司和壳牌石油公司）的外汇收入，从而弥补外汇不足。这就是说应该像对待种植业、工业等方面的外国企业一样来对待外国石油企业”，“必须自力更生地发展民族经济，这就是说必须敢于通过牺牲城乡少数大剥削者即官僚资本家、买办和地主的利益，而维护大多数人民的利益，来改变国内社会制度”[④]。印尼共产党还提出在农村彻底实行土地改革，这意味着“没收地主的土地，把这些没收来的土地无代价地分配给种地农民及其家属的每一个成员作为私有财产”[⑤]。印尼共产党的反帝反封建活动及其发展壮大越来越损害陆军的政治、经济利益，两者之间的矛盾不断激化。两者之间的矛盾主要表现在四个方面：“第一、对于地方和政府机构权力的竞争，第二、军队在各方面依赖外国（特别是美国）和印尼共的反帝政策，第三、军队控制了印尼的经济和印尼共攻击军队是官僚买办资产阶级、腐化分子和国家的诈骗犯，第四、在土地问题上的斗争和双方都在农村寻找支持。”[⑥]艾地在1965年1月的提议——把工人和农民武装起来组成“第五军”，则增加了军队的恐惧，使两者矛盾更尖锐。

---

① 张海涛：《第三次白色恐怖》，华夏出版社1988年版，第55页。

② 中共中央对外联络部一局：《印度尼西亚共产党地下刊物文章选编》，1982年，第22～28页。

③ 朱安东：《“伯克利黑帮”与印度尼西亚40年的新自由主义经济实践》，载《国外理论动态》2007年第11期。

④ ［印尼］迪·努·艾地：《勇敢，勇敢，再勇敢——一九六三年二月十日在印度尼西亚共产党七届一中全会上的政治报告》，人民出版社1963年版，第11、23页。

⑤ ［印尼］迪·努·艾地：《激发雄牛精神！继续前进，决不后退——在印度尼西亚共产党七届一中全会（扩大）上的政治报告》，人民出版社1963年版，第15页。

⑥ 唐文方：《苏加诺的平衡政策及其失败》，载《世界政治资料》1982年第1期。

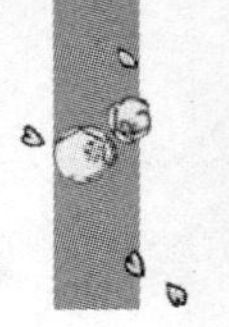

印尼共产党领导层意识到尖锐矛盾的存在，曾多次在不同的场合提到这种威胁。1959年，印尼共产党第一副总书记鲁克曼在印尼共产党第六次全国代表大会作报告时提出："问题在于反动阶级是否会听任劳动人民在我们党的领导下通过和平的道路建立人民政权？难道他们不会用暴力来镇压人民力量的成长吗？"[①]艾地在印尼共产党七届二中全会（扩大）上提出："我国政治形势进一步向左转"，这也提醒我们"帝国主义者和国内反动派将会狗急跳墙，将会搞出各种比过去更卑劣的阴谋诡计和手段"[②]。虽然印尼共产党领导层多次提出可能遇到的危险，但是却没有提出应对潜在危机的具体措施。

预知危险却没有提出应对潜在危机的举措，这与印尼共主张通过议会道路实现向社会主义过渡有很大关系。1952年印尼共处于低潮时期时，党内开展讨论是否走公开合法斗争道路，艾地等支持公开合法斗争的人赢得了讨论，从此印尼共走上公开合法斗争道路。1954年印尼共五大通过的党纲指出，要积极参加议会斗争。1956年，艾地在出席苏联共产党第二十次代表大会发表讲话时提出："如果取决于印度尼西亚共产党的话，那么，向社会民主主义过渡的最好的形式、理想的形式就是和平的形式、议会的形式。印度尼西亚共产党选择和平的道路，因为共产党人并不是喜欢杀人的。"[③]1959年印尼共产党第六次全国代表大会通过的党纲写道："在印尼，通过和平道路、议会道路来实现人民民主制度这一走向社会主义的过渡阶段是一种可能性。印尼共产党竭尽全力地为使这种可能性变为现实而斗争。"议会斗争道路在1962年的第七次全国代表大会上甚至进一步得到强调，而且从未加以纠正。[④] 1957年苏加诺提出建立"纳沙贡"互助合作内阁后，印尼共极力支持，并一直为建立以"纳沙贡"为核心的互助内阁不断努力，并认为实现苏加诺的《政治宣言》"意味着彻底实现1945年八月革命的要求，意味着彻底消灭帝国主义和封建主义，以便进一步走向社会主义"[⑤]。印尼共完全支持苏加诺的"纳沙贡"互助合作内阁和民族委员会的统战方式。由于其完全追随苏加诺政策，丧失了作为政党的独立性，大难临头的时候犯了右倾投降主义错误，完全依赖苏加诺。

四、关于印尼共产党的教训

印尼共从成立到灭亡的45年历程可以分为三个阶段：1920年成立到1926年民族起义失败，1927年转入地下积蓄力量到1948年"茉莉芬事件"前的波浪式前进，1949年至1965年"九三〇事件"之前的迅猛发展。印尼共产党在45年里取得过瞩目

---

① 张海涛：《第三次白色恐怖》，华夏出版社1988年版，第142页。

② [印尼]迪·努·艾地：《激发雄牛精神！继续前进，决不后退——在印度尼西亚共产党七届一中全会（扩大）上的政治报告》，人民出版社1963年版，第9页。

③ 《艾地选集》第2卷，人民出版社1963年版，第13页。

④ 人民出版社编：《印度尼西亚共产党中央政治局五篇重要文件》，人民出版社1976年版，第40页。

⑤ [印尼]迪·努·艾地：《在印度尼西亚共产党第七次全国代表大会上的报告和讲话》，人民出版社1962年版，第94页。

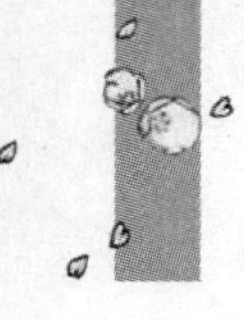

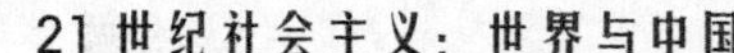

的成就，也遭遇了毁灭性打击，留下的惨痛教训值得我们深思。

第一，印尼共产党的三个阶段中都有外国共产党的影响。印尼宗主国荷兰与印尼息息相关，荷兰共产党对印尼共的影响很大。通过荷兰的文学、接触荷兰激进人士、在荷兰的大学里，印尼人第一次接触到了马克思主义。[①] 印尼共的前身是荷兰人成立的东印度社会民主联盟，印尼共成立之后，党内仍有很多荷兰人。在 1945 年日本投降之后，荷兰共产党出于维护自己利益的考虑，指示印尼共产党人不急于摆脱非法政党的性质，而是要求印尼共支持社会党右翼阿里尔政权，支持签订《林芽椰蒂协定》，致使党没有抓住 1945 年独立的重要时机提出自己的主张。在 1954 年印尼共产党第五次全国代表大会上通过的党纲，也是吸收了斯大林的建议。斯大林在 1951 年 1 月给印尼共产党的回信中写道："近期印度尼西亚共产党的主要任务不是'建立广泛的民族统一战线'去反抗帝国主义分子、争取印度尼西亚的'完全独立'，而是清除封建地主土地所有制、把这些土地分配给农民所有。"[②]斯大林于 1953 年 2 月 16 日给艾地的回信中写道："我的建议是：在土地纲领的基础上建立工农联盟，同时改善和巩固民族阵线，使共产党在该阵线内部居于领导地位。"[③]斯大林的这些建议都成为印尼共产党第五次全国代表大会通过的党纲的一部分。中国共产党带领中国人民在落后的半殖民地半封建社会完成反帝反封建的民族民主任务，并完成社会主义革命，建立社会主义制度，它的成功经验对东南亚国家影响是很大的。1967 年印尼共中央政治局还发表题为《高举马克思列宁主义、毛泽东思想的旗帜，沿着革命的道路继续前进》的文告。

第二，印尼共产党思想上存在先左后右的错误倾向，不能从印尼的实际出发，没有实现马克思列宁主义的印尼化，最终葬送了印尼共产党。在印尼共产党刚成立之后没多久，没有认真分析印尼的经济和政治条件、主要矛盾和阶级力量对比，就提出"立即实现社会主义""印度尼西亚苏维埃""无产阶级专政"等过左的口号，妄图一劳永逸地解决所有问题。这些口号使真正的敌人和潜在的敌人团结起来反对印尼共，使印尼共陷入孤立无援境地。1926 年，在党已经遭受打击的情况下，印尼共产党还坚持举行民族起义，最终使印尼共受到打击，被迫转入地下近 20 年。1954 年之后，印尼共选择了通过议会斗争的方式实现向社会主义的过渡，党内思想右转，极力追求与苏加诺总统之间的共同点，避免讨论不同点。"九三〇事件"后，面对苏哈托大肆屠杀共产党，印尼共没有号召全党进行武装反抗，反而奉行右倾投降主义，指望苏加诺来拯救印尼共。印尼共产党并没有认识到，议会斗争道路在印尼走不通。首先，苏加诺总统是民族资产阶级的代表，他的目标是促进印尼民族资产阶级的发展。虽然他接纳社会主义，但

---

① Jeanne S. Mintz, *Marxism in Southeast Asia : A Study of Four Countries*, Stanford University Press, 1959, p. 171.

② [俄]叶菲莫娃：《斯大林和印度尼西亚——1945～1953 年苏联对印度尼西亚的政策：不为人知的一页》，第 121 页。

③ [俄]叶菲莫娃：《斯大林和印度尼西亚——1945～1953 年苏联对印度尼西亚的政策：不为人知的一页》，第 143 页。

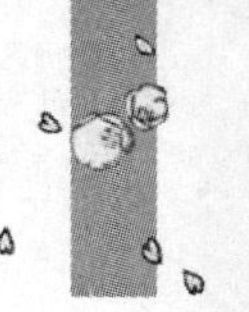

是他的最终目标并不是建立无产阶级专政的社会主义社会。其次，在当时的环境下，受美国支持的印尼陆军也会阻止印尼共通过任何方式夺取政权。最后，虽然印尼共经过10多年的发展，成为一个拥有300万党员的大党，但只是一个没有武装力量、丧失独立性的群众党。

第三，印尼共产党领导层对敌人、对自己都没有清醒的认识，缺乏独自判明形势的能力，未能做好紧急应变的切实准备。1948年"茉莉芬事件"之前印尼共和政府军都意识到两者之间会发生战争，1965年"九三〇事件"之前印尼共和陆军也都意识到两者之间会发生战争。但是当敌人发起进攻时，印尼共却都准备不足，慌忙应战。1948年"茉莉芬事件"中，虽然事件突发，但慕梭号召全党进行了英勇反抗，党的一部分力量得以保存。而面对1965年"九三〇事件"后的屠共，印尼共却没有积极组织反抗，使党损失惨重。

专题三 21 世纪的世界社会主义运动

21 世纪以来社会党国际的理论与实践

罗涛涛

（中国人民大学国际关系学院博士研究生）

一、社会党国际的基本理念与价值观

社会党国际从 1951 年成立至今，已经走过了 60 多个年头。20 世纪末苏东剧变，使世界社会主义运动遭受巨大挫折，社会党国际也深受影响。为了弥补苏东剧变对世界社会主义事业的危害，复兴社会民主主义，社会党国际对其战略和政策进行了调整："在思想上，逐步地淡化传统的社会主义主张，融合了部分新自由主义的主张；在主张上，赞同成员党（主要是欧洲成员党）由工人阶级政党进一步向全民性政党转型；在政策上，借鉴乃至于接受了历来属于保守主义的某些主张。"[①]

社会党国际是奉行民主社会主义理论的各国社会党、社会民主党、工党以及其他一些政党的国际联合组织。进入 21 世纪以来，社会党国际更加突出民主。主张各政党"首先通过竞选上台执政，实现政治民主；然后利用掌握的权力建设福利国家，实现经济民主；最后在争取实现政治民主和经济民主的同时，并在实现这两大民主的基础上，致力于建立和平、民主、公正的世界政治经济新秩序，实现世界民主"[②]。这一理念构成了新世纪社会党国际的理论体系，贯穿于 21 世纪以来社会党国际的实践之中。

1959 年德国社会民主党的《哥德斯堡纲领》提出："自由和公正是相辅相成的。因为人的尊严既在于有权利要求自我负责，同样也在于承认别人有权利发展自己的个性，平等地参与社会塑造。""自由、公正和团结互助，即从共同紧密联系中产生的相互义务，这些都是民主社会主义意愿的基本价值。"[③]社会党国际第二十次代表大会也重

① 张小劲、陈岩：《社会党国际——变化中的组织、思想与政策》，国家行政学院出版社 2014 年版，第 193 页。

② 姜琳：《从社会党国际 22 大看其新世纪的战略调整》，载《当代世界与社会主义》2004 年第 3 期。

③ 张世鹏：《德国社会民主党纲领汇编》，吉林人民出版社 2005 年版，第 70 页。

申："和平、自由、公正与团结向来是社会主义运动的重要价值观和目标。"①自由、公正和团结互助构成了社会党国际的基本价值观，并体现于社会党国际的理论体系之中。社会党国际主动适应时代发展，围绕着满足世界人民的需求，不断丰富和完善基本价值观。

二、21世纪以来社会党国际的观点与政策

进入21世纪以来，社会党国际总共召开了四次代表大会，分别是：2003年10月27～29日在巴西圣保罗召开的第二十二次代表大会、2008年6月30日～7月2日在希腊雅典召开的第二十三次代表大会、2012年8月30日～9月1日在南非开普敦召开的第二十四次代表大会和2017年3月2～4日在哥伦比亚卡塔纳赫召开的第二十五次代表大会。在这四次代表大会上，社会党国际结合时代背景和历史条件，提出了新的理论纲领和政策主张。这些理论纲领和政策主张的变化，反映出社会党国际理论与实践的变迁。

(一)社会党国际第二十二次代表大会

21世纪初，在美国发生了"9・11"恐怖袭击事件，由此开启了以美国为首的全球反对恐怖主义战争的序幕。在这个背景下，社会党国际于2003年10月27～29日在巴西圣保罗召开了第二十二次代表大会，这是进入21世纪召开的第一次代表大会。来自全球100多个国家的169个政党和组织的代表1000多人与会。在这次会议上，通过了《圣保罗宣言》《道德宪章》《全球社会的治理——社会民主主义的道路》和《变化世界中的社会党国际》等决议，提出了一系列新的理论观点和政策主张。

1. 新的价值观。社会党国际第二十二次代表大会通过了《道德宪章》，提出："我们，社会党国际的成员党，重申我们将致力于实现民主社会主义基础的价值观——平等、自由、公正、团结与和平。我们庄严地承诺：在社会党国际基本宣言和运动的精神指导下，尊重、捍卫和促进这些价值。"②社会党国际在坚持基本价值观的基础上，将平等与和平上升为其所坚持的基本价值观的内容。大会所通过的报告——《全球社会的治理——社会民主主义的道路》直面当前社会民主主义所面临的困境，"全球化进程给社会民主党国际的民主左翼、社会民主党和社会党带来了特殊的困难。一个多世纪以来，民主国家作为最主要的工具，一直致力于建设一个更加平等、共同参与和民主的社会。这一社会民主主义目标在二战后西欧建立的福利国家中得到了最完美的体现。目前，全球化及其复杂的进程威胁着要摧毁已经取得的进步"③。社会党国际对于社会民主主义所面临的困境提出了具体的行动准则，"现在，一个代表全球社会民主主义的新的三原则已经形成，这就是可持续发展、人权(包括妇女和儿童充分平等地分享权利)和民主。其中，每一个原则又包括三个层面：可持续发展包括一个健全的环境、经

① *Socialist Affairs*, Issues 2-3, 1996, p. 33.

② http://www.socialistinternational.org/viewArticle.cfm? ArticlePageID=73.

③ http://www.socialistinternational.org/viewArticle.cfm? ArticlePageID=68.

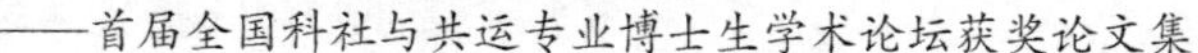

济进步和社会公正；人权包括个人的安全、文化认同和社会整合；民主包括好的政府、透明和参与。这是新社会民主主义目标的核心内容，是建立在一系列更好的治理和在最广泛的范围内切实加强教育的行动基础之上的战略”①。

2. 新的发展观。20世纪末期，伴随着全球经济的发展，环境问题凸显。世界已充分认识到保护环境的重要性，可持续发展理念为全球社会所接纳。社会党国际毫无保留地支持可持续发展理念，认为全球化应该包括生态、经济和社会三个层面，环境问题与经济和社会发展同等重要。“在社会党国际看来，发展包括物质财富、人的尊严、人的安全、公正和平等。”②实现可持续发展需要兼顾环境保护、经济增长和社会公正，“可持续性不仅仅是指民族国家和国际社会的环境和发展政策，而且成为促进持久和平、公正、安全、福利、民主和发展文化多元化的全球治理和一个新的世界政策的指导原则。它的主要任务有三个：经济发展、社会发展和环境保护——这三者相互促进，构成了可持续发展的三个重要支柱”③。社会党国际在二十二大《圣保罗宣言》中明确提出推动可持续发展的具体措施：在发达国家和发展中国家之间建立新的全球协定。一方面，“发展中国家积极融入全球经济，增强其在制度、经济、科技和教育方面的国家能力，向贫困宣战，改善工作条件，保障妇女的工作权利，控制重大生态失衡趋势”。另一方面，“发达国家要向发展中国家开放市场，鼓励好的企业去贫穷区域投资，以实现世界发展的更加平衡，加强合作，增加对发展中国家的资金援助，不断朝着可持续的生产—消费模式的方向发展，进一步增强社会凝聚力”。④

3. 新的和平观。冷战结束以来，国际格局发生了深刻变化，两种社会制度、两种意识形态的对立已被由经济不平等、社会不公正和环境恶化等问题所引起的不同国家间的对抗所取代。和平问题更多的是由发展问题所引起。在提出新的发展观的同时，必然带来新的和平观。社会党国际在《圣保罗宣言》中对和平概念作了新的界定：“和平不仅仅意味着没有战争，也意味着在公平、正义和维护共同利益基础上正确处理和协调国际关系的结果。这在面临着日益增长的恐怖主义威胁的今天，尤为重要。”⑤在态度上，社会党国际旗帜鲜明地反对恐怖主义，任何个人和团体不能以任何名义从事任何形式的恐怖活动。在反对恐怖主义的斗争策略上，社会党国际主张，“决不能以牺牲自由和人权为代价，或者用双重标准去支持所谓的‘仁慈的独裁’。必须记住：公正、社会团结、文化和宗教宽容依然是在地方、国家和全球层面促进和平与稳定的重要因素，并且这也会使恐怖分子很难招募到那些绝望的人加入他们的组织”⑥。

4. 新的全球治理观。“在全球化条件下，民主治理必须加以改变。社会民主主义

---

① http://www.socialistinternational.org/viewArticle.cfm? ArticlePageID=77.
② http://www.socialistinternational.org/viewArticle.cfm? ArticlePageID=77.
③ *Socialist Affairs*, Issue 1, Volume 50, 1996, p. 39.
④ http://www.socialistinternational.org/viewArticle.cfm? ArticlePageID=76.
⑤ http://www.socialistinternational.org/viewArticle.cfm? ArticlePageID=76.
⑥ http://www.socialistinternational.org/viewArticle.cfm? ArticlePageID=76.

运动的目标在于使得其传统价值观(社会公正和民主)与全球化所带来的挑战相协调,这些挑战包括政治任务、政治形式和政治工具。全球治理概念必须反对新自由主义、新保守主义和单边主义,将全球市场的动力与社会、生态和民主等价值观相结合。这需要全球公民及其组织、政党、议会和政府按照民主原则积极参与全球化过程。"①新自由主义、新保守主义和单边主义的理念正阻挡着全球化的深入发展,也进一步恶化全球化多带来的不利影响,包括环境、贫困等问题。《圣保罗宣言》指出:"新保守主义者试图利用当前形势取消全球治理的所有形式,降低联合国的作用,削弱多边机制,推动单边主义和市场作用,从而迫使权力意志决定人类的未来。"②社会党国际主张进一步强化多边主义机制,增强国际合作,推动联合国改革,充分发挥联合国及其安理会在全球事务中的沟通和协调作用。

(二)社会党国际第二十三次代表大会

2008年,美国次贷危机引发了全球金融危机。与此同时,粮食危机、能源危机、气候问题和地区冲突等影响世界和平发展的因素蔓延。在这一背景下,社会党国际于2008年6月30日~7月2日在希腊雅典召开了第二十三次代表大会,来自全世界120个国家、150个政党的700名代表出席了此次会议。社会党国际围绕气候变化、和平、世界经济和移民问题,通过了四个决议:《立即行动应对气候变化:建立一个可持续的世界社会》《解决冲突,消除不稳定,为世界和平而奋斗》《为全球经济发展开辟新的道路——使所有人共享发展和机遇》《制定以人为本、富有人性的移民新议程》。社会党国际在二十二大的基础上,结合时代条件的变化,提出了一系列新的理论观点和政策主张。

1.积极应对气候变化。2007年12月,联合国气候变化会议在印度尼西亚的巴厘岛举行,来自180多个国家的代表出席了会议,与会人员充分认识到全球变暖正日益威胁地球的生态系统。会议达成了一系列协议,出台了《巴厘岛路线图》和《巴厘岛行动计划》。社会党国际高度肯定此次会议所取得的成果,提出"人类不能允许全球平均温度上升超过2摄氏度"的主张。社会党国际认识到,气候问题并不是一个孤立存在的问题,而是与自然资源消耗、能源开发、消除贫困和地区冲突等社会问题交织在一起。应对气候变化,根本在于建立全球治理体系,要以联合国为核心,协调发展中国家和发达国家之间的矛盾和冲突。"增强彼此需要的团结意识并确立共同目标是至关重要的。"

全球气候变化与全球社会的发展密切联系。一方面,全球化的深入发展导致生态气候持续恶化;另一方面,粮食、贫困、疾病等社会问题迫切需要通过推动全球化的深入发展来加以解决。根本出路在于实现可持续发展,即生态发展。社会党国际提出:首先,充分发挥市场机制的作用,建立一个新的国际金融框架以保证必要的资金用于减少碳排放物和推动经济可持续发展,支持生态技术的升级换代;其次,更好地发挥各

① http://www.socialistinternational.org/viewArticle.cfm? ArticlePageID=77.

② http://www.socialistinternational.org/viewArticle.cfm? ArticlePageID=76.

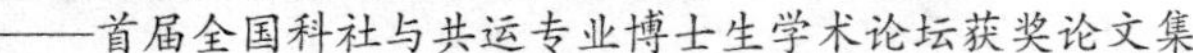

国政府的作用。“由于市场本身不能提供解决方案，所以在提供刺激、引导市场造福于环境，以及支持更加环保、更加公平的经济增长方面，政治参与是必需的。”

2. 实现全球经济的共享发展。“社会党国际的奋斗目标是在全球范围内实现经济、社会以及环境的可持续发展。全球各地近七十亿人口都享有同样的获得体面生活的机会，享有毋庸置疑的人权。”在推动可持续发展的过程中，经济增长是核心。社会党国际乃至人类社会的奋斗目标，就是致力于实现全球经济的共享发展。“全球经济增长必须在发达国家和欠发达国家之间达到平衡，在此过程中，发达国家必须支持欠发达国家。”

社会党国际认为，当前全球经济发展面临结构性矛盾，收入和财富分配不平等问题突出，现存的民族国家和国际社会的政治体制进一步加剧社会不平等。新自由主义市场体系已经失效，由美国次贷危机引发的全球金融危机就是明证。“社会党国际一直反对新自由主义市场意识形态和单边主义，反对以美国模式为主导的全球经济体系。应以一个集社会、生态和民主价值于一体且具有活力的全球市场取而代之。”这种全球市场是一种多层治理体系，一种“在国家层面、超国家地区层面以及全球层面实行负责任的多层治理”。在国家层面，遵循福利国家原则，即将市场经济与政府实行调控、协调再分配和提供公共物品相结合。在超国家的地区层面，推动超国家区域一体化进程。一方面，建立地区一体化的共同市场，实现地区国家间的互联互通；另一方面，搭建地区一体化的制度框架，为地区的经济增长提供制度保障。在全球层面，建立“联合国可持续发展委员会”，即建立一个新的关注经济、社会和环境问题的全球性的协调机制。这个委员会应当独立于联合国安理会。

3. 保护移民合法权利。移民已成为一种世界现象。据联合国资料显示，2008年有2亿人在原籍国以外生活，未来几年这个数字还有可能增加。社会党国际移民委员会提出：“不因外力而被迫离开自己的祖国，能够自由居留并获得自我发展所需要的条件，是一项首要的人权。”另外，社会党国际还提出，国际社会必须重视妇女和儿童移民的问题。“各个国家和人道主义机构必须制定法令、条例和法律框架，保护妇女免于被拐卖和堕入卖淫的风险。”针对发达国家从国内安全的角度出发加强边境管制的做法，社会党国际呼吁各国政府要充分认识到移民劳动者对接受国的发展所能够做出的贡献，各国政府应赋予他们享有与本国劳动者同样的权利。①

(三)社会党国际第二十四次代表大会

2012年的国际社会依然深受国际金融危机的影响。有的国家经济出现负增长，欧洲部分国家深陷债务危机，广大发展中国家贫穷落后的状况没有得到根本改变。在这一背景下，社会党国际于2012年8月30日～9月2日在南非开普敦召开了第二十四次代表大会，来自全球130多个政党和组织的400多名代表参与了此次会议。会议

① 参见李宏、刘艳花译：《全球团结 勇于变革——社会党国际第23次雅典代表大会决议》，载《当代世界社会主义问题》2008年第3期。

围绕着“致力于新国际主义和新团结文化”主题，探讨了四个方面的问题：金融危机、新型民主、多边主义以及新国际主义和新团结文化。主要通过了三项决议：《社会民主主义应对金融危机：推动经济增长、扩大就业和加强社会保障》《争取权利与自由：加强代议制民主和世界范围内的新型民主》和《多边主义：通向和平、可持续与合作的共同道路》。此次代表大会主要提出了以下新的理论观点和政策主张。

1. 提出金融危机的解决方案。社会党国际认识到，金融危机导致全球经济增长放缓、国家间不平等差距扩大，导致联合国千年发展目标无法实现。金融和资本市场能够迅速地破坏商业秩序和社会就业，对实体经济造成了巨大伤害。而这一切的根源在于金融市场的不受监管。社会党国际提出，全球社会应当携手共同行动，反对任何自由主义和保守主义的政策，加强对金融市场的监管。“如果我们从以前所犯的错误中得出经验教训的话，那就是，一个真正的民主经济体系能够对所有人提供发展机会和金融公平。”①通过强化监管，使得那些金融企业和资本巨头们为他们所造成的后果负责。社会党国际还进一步给出了具体的指导意见，如利用金融工具，征收金融交易税，以强化对金融市场的监管和引导，保证金融市场稳定有序发展。

2. 发展新型民主。全球化是一把双刃剑，有利有弊。社会党国际提出：“四分之三的全球人口承受着全球化的不利影响，持续加剧贫困和不平等。”在当前国际格局下，全球化对于多数国家和人民不利。“在现行的政治和经济方案下，贫富分化加剧，部分国家依然深陷地区军事冲突之中。”据资料显示，全球近15亿人口遭受本国政权的压迫。社会党国际提出发展新型民主：在国家内部，发展代议制民主，使得国家政权真正代表社会民众。在国际社会，发展民主的多边主义机制，充分发挥联合国、国际货币基金组织、世界银行、社会党国际等国际组织在全球事务中的协调作用。“我们社会党国际的目标就是，使得每一个公民平等享有在民主制度下生活的机会，享有基本的自由，结束独裁主义的压迫、腐败和权力的非法运行。”②

3. 推进建立多边—多层的全球政治体系。在全球化时代，国家间相互联系密切，相互依存度增加，国家间的问题不再仅仅局限于当事国之间。社会党国际提出，关于国际社会的任何解决方案都应当考虑整个国际社会和世界民众。“建立一个可持续、繁荣、公平与和平的世界，需要多方努力。”致力于推进建立“多边—多层的全球政治体系”。另外，社会党国际还注意到，由于某些国家政府能力不足，局限于本国利益，使得“多边—多层的全球政治体系”建设步履维艰。社会党国际呼吁世界各国在联合国的制度框架下，立足长远，为了人类社会的整体利益，作出短期牺牲。③

(四)社会党国际第二十五次代表大会

2017年的国际社会充满了不确定性：国家间不平等问题持续恶化；国际秩序在某些地区正在崩溃；更为严重的是，越来越多的政府和政党转向民族主义、排外主义和孤

① http://www.socialistinternational.org/viewArticle.cfm? ArticlePageID=1694.

② http://www.socialistinternational.org/viewArticle.cfm? ArticlePageID=1695.

③ http://www.socialistinternational.org/viewArticle.cfm? ArticlePageID=1696.

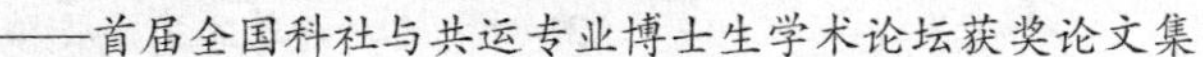

立主义。右翼民粹主义的崛起，给世界带来了极大的不确定性。特朗普当选为美国总统、英国公投脱离欧盟、法国右翼候选人勒庞竞选总统等，右翼民粹主义已经成为国际社会不可忽视的一股思潮，这股思潮以反全球化、反建制、反精英为标签。在这一背景下，社会党国际于2017年3月2～4日在哥伦比亚卡塔赫纳召开了第二十五次代表大会，来自全世界83个政党和组织的240余名成员参加了此次会议。大会以"致力于世界和平、平等与团结"为主题，探讨了三个问题：世界与地区的和平、全球平等和国家间的团结。主要通过了两项决议：《致力于世界和平、平等与团结》和《实现国家与世界经济发展的更加平等》。相比21世纪以来的前三次代表大会，此次大会提出了以下新的理论观点和政策主张。

1. 坚定道德信念。面对充满不确定性的世界，社会党国际以一种积极乐观的态度面对，相信人类有能力通过美德改变这个世界。"在这些困难时期，我们相信可以在全球范围内制定一个新的协议和新的社会契约。现在，我们比以往更加相信团结，我们的声音肯定会被听到，并且承诺实现以共同的人性为基础的美好生活。"①

2. 旗帜鲜明地反对右翼民粹主义。右翼民粹主义者利用国内的恐惧情绪和民族主义，频繁攻击民主国家的开放与包容。民粹主义者幻想，有一个代表邪恶世俗主义的、黑暗的、怀有阴谋的精英群体，正威胁传统价值观、社区和生活方式。社会党国际提出，右翼民粹主义"就像是命中注定论者，给人们带来虚假的希望，提供一些无法实现的简单的解决方案。新民粹主义政党及其领导人具有根深蒂固的特权和剥削形式。长久以来，他们青睐男性、歧视女性，推崇强者、蔑视弱者，崇尚暴力、抵制和平，嫌贫爱富，深信北方优越于南方，以及西方社会优越于其他地区。"②右翼民粹主义把社会问题的根源归结为外国工人和社会精英，从而反对全球化、反对精英群体。但是，他们不懂得全球市场力量所取得的成就，比造成目前这种看似难以忍受的现实困难要大得多。所以，社会党国际明确反对右翼民粹主义，主张通过国际社会的深入合作来解决全球化过程中的问题。

3. 实现社会平等。社会党国际在决议中提出："我们的愿景是，在享受尊严、公民权利、经济发展、公共物品和全球共同利益方面实现真正的平等。这包括性别平等、不同民族和宗教团体的信仰平等、处于不同年龄段者的平等以及具备不同能力者之间的平等。"造成不平等的因素是复杂的、多方面的，有经济、政治、主观、客观等多方面因素。社会党国际主张全方位、多角度入手，消除不平等现象，实现社会平等。首先，坚持基本价值观，这是实现社会平等目标的关键要素。其次，在全世界范围内大力发展免费公共教育，尽最大能力保证社会成员的机会平等。最后，提高全球经济增长率。全球经济的高效增长，从根本上决定了社会平等目标的实现。

---

① http://www.socialistinternational.org/viewArticle.cfm? ArticlePageID=2498.

② http://www.socialistinternational.org/viewArticle.cfm? ArticlePageID=2498.

三、结论

(一)社会党国际的规模和影响力日益下降

进入21世纪,社会党国际召开了四次代表大会。第二十二次代表大会,有来自全球100多个国家的169个政党和组织的代表1000多人与会;第二十三次代表大会,来自全世界120个国家的150个政党的700名代表出席了会议;第二十四次代表大会,有全球130多个政党和组织的400多名代表参与;第二十五次代表大会,有来自全世界83个政党和组织的240余名成员参加。[①] 显然,从历次会议的参会代表数量来看,呈逐次减少的趋势。其主要原因在于社会党国际内部的分裂:以德国社会民主党为首的西欧传统社会党对社会党国际及其现任领导人予以猛烈抨击,并最终在组织上另起炉灶,成立了一个平行于社会党和其他进步力量的国际组织——进步联盟。2013年5月22日,在德国社会民主党成立150年之际,进步联盟在莱比锡召开成立大会,来自世界各地的70个社会党参加了成立大会。社会党国际原有的162个成员中的69个政党宣布加入进步联盟。社会党国际在事实上发生了分裂[②],从而导致其规模和影响力日益缩小。

20世纪末期,随着苏东剧变,社会党国际进行了一次重大战略转变,重心逐渐向亚非拉等第三世界国家转移。进入21世纪以来,社会党国际一直坚持这个方向,围绕着国际社会的突出问题,尤其是落后地区和国家的发展问题,逐渐调整自己的战略和策略。2001年9月11日,日美国遭受恐怖袭击,恐怖主义蔓延,美国发动对伊拉克的战争,所以2003年召开的社会党国际二十二大关注恐怖主义、地区冲突的问题;2007年世界气候峰会召开,2008年全球金融危机爆发,所以2008年召开的社会党国际二十三大关注气候变化、经济增长问题;随着2008年金融危机的深入发展,2012年的社会党国际二十四大提出金融危机的解决方案;近两年来,右翼民粹主义崛起,2017年召开的社会党国际二十五大旗帜鲜明地反对右翼民粹主义。21世纪以来,社会党国际以问题为导向,聚焦于国际社会的突出问题,提出自己的政策和主张。

(二)社会党国际的进步理念与世界发展不均衡的现实相矛盾

社会党国际在1951年成立时只有25个政党加入,是一个欧洲社会党的俱乐部。经过60多年的发展,截至2017年,社会党国际拥有各类成员党150个。在这60多年的发展历程中,社会党国际一直坚持传播民主社会主义、社会民主主义。但是,社会党国际进步理念的内涵发生着变化,从成立最初的"欧洲中心主义"到20世纪末的"全球主义",再到今天的"问题主义"。社会党国际作为政党的联合组织,在坚持欧洲中心主义时,对应的是欧洲社会党;在坚持全球主义时,对应的是全世界的社会党;到今天的进步主义时,就不再是进步的社会党了,甚至有一些落后的、独裁的政党组织也被吸纳

---

① 截至2017年,社会党国际拥有各类成员党150个。

② 参见向文华:《社会党国际的内部分裂及其原因与评价》,载《当代世界与社会主义》2017年第1期。

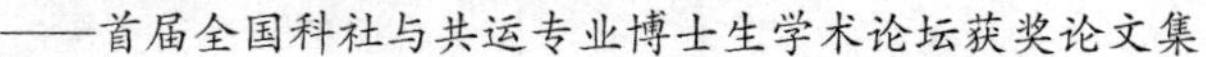

进社会党国际。这也是社会党国际内部发生分裂的原因，“社会党国际的核心成员党，如德国社会民主党、英国工党、瑞典社会民主党、荷兰工党等对社会党国际毫无原则地吸收一些实行独裁统治的政党的做法非常不满”①。

今天的社会党国际坚持问题主义，并吸收了一些落后地区的“落后政党”，实属无奈之举。当今世界充满不确定性以及地区发展不均衡的现实，与社会党国际的进步理念相矛盾。社会党国际要么忽视现实社会的特点，坚持进步理念，自说自话；要么正视现实社会的问题，暂时搁置理想。面对这种两难困境，社会党国际作出了实用主义的选择——理想要从属于现实。

---

① 向文华：《社会党国际的内部分裂及其原因与评价》，载《当代世界与社会主义》2017年第1期。

德国社会民主党目前的困境

彭良军
（北京大学国际关系学院博士研究生）

在2009年和2013年德国大选中，德国社会民主党遭遇了战后以来最大的两次失败，得票率分别是23%和25.7%。对此，我们不禁要问：曾经风光无限的德国社会民主党为何连续遭遇如此惨败？

为了理解德国社会民主党目前的困境，我们有必要先简单地回顾一下它的发展历史。

一、简单的历史回顾

德国社会民主党的前身可以追溯到1863年由拉萨尔成立的全德工人联合会，以及1869年由倍倍尔和李卜克内西成立的德国社会民主工党，两派于1875年在哥达合并，建立了德国社会主义工人党，接受马克思主义的指导，后于1890年更名为德国社会民主党，简称“社民党”。

在俾斯麦担任德意志帝国首相期间，德国社会民主党遭到“反社会党人非常法”的镇压，但是“‘非常法’在查禁社会民主党党组织的同时，允许社会民主党人参加议会选举，允许其国会党团和议员在国会里开展工作”[①]，所以“非常法”在打压德国社会民主党的同时，也促成了它的议会活动。到1890年，随着“非常法”的解除，德国社会民主党得以迅速发展，在议会斗争中也取得了巨大成就。“在1890年国会选举中，德国社会民主党获得19.7%的选票，成为第一大党”，到“1898年选票数突破了200万，1903年突破了300万，1912年增加到425万，占总票数的34.8%，赢得110个议席，成为国会中最强大的党团”。[②] 在议会斗争取得巨大胜利的同时，社会民主党内部开始盛行改良主义，在这其中以伯恩施坦的修正主义产生的影响最大。改良主义的盛行使原先以革命为目标的政党转变为一个改良主义的党。

一战结束后，德国社会民主党走上执政舞台，多次单独或联合执政。在此期间，社

① 王学东：《评德国社会民主党的转型》，载《当代世界社会主义问题》2002年第1期。

② 王学东：《一个老大党的与时俱进》，载《南风窗》2004年9月(下)。

会民主党参与制定了魏玛共和国宪法，实行了多项社会改良政策，比如八小时工作制、妇女选举权、劳动保护和社会保险等。但到纳粹时期，社会民主党遭到取缔，党的组织也几乎遭到完全破坏。

二战结束后，社会民主党很快得到重建，并在西德的第一次大选中获得29.2%的选票，但其竞争对手联盟党获得了31%的选票，从而失去了执政就会。此后10年，社会民主党坚持社会主义和两德统一的目标，这与当时德国的现状和国际环境极不相称，致使其在历次大选中接连失败，党员人数也急剧下降。为了摆脱颓势，德国社会民主党力图在纲领和政策上寻求改变。1959年通过的《哥德斯堡纲领》正是这种转变的结果，在新纲领中，德国社会民主党“抛弃了一切马克思主义的词语和论证，并公开声明社会民主党已经从一个工人阶级政党变成了一个人民的政党”，“民主主义植根于基督教伦理学、人道主义和古典主义，社会民主党是一个思想自由的党”，“自由、公正、互助是社会主义的‘基本价值’”。[①]《哥德斯堡纲领》使德国社会民主党经历了又一次转型，由一个原先的工人阶级政党转变为一个人民党。社会民主党的这次转型获得了明显的成功，党员人数逐年上升，党员的年龄结构逐渐降低，并于1966年参加了大联合政府，于1969年作为主角执政。但到了70年代末，由于经济增长放缓以及福利制度的问题的暴露，使得德国社会民主党的政策面临挑战，于1982年失去政权，再度沦为在野党。

经过16年的探索和自我转变，到1998年社会民主党与绿党结成的红绿联盟赢得了大选，在上台执政后，社会民主党提出了德国版的“第三条道路”——“新中间道路”，其特点是继续淡化意识形态，将选民的重点定位在新中间阶层。“新中间道路”的提出，使得德国社会民主党完成了党在历史上的第三次转型。2003年，社会民主党政府提出了福利制度的改革方案——“2010规划”，核心是大幅削减社会支出，这场改革是“右翼政党长期想做却不敢做、最终由左翼政党推行的带有新自由主义色彩的改革，许多改革措施比德国传统保守派的主张更加自由化，因而遭到公众的抗议，并引发了社民党内部改革精英与基层党员、传统选民的分裂，使社民党深陷身份认同危机”[②]。这次改革撕开了与传统选民的裂隙，在一定程度上造成了德国社会民主党在2009年和2013年两次选举的失败。

二、社会民主党转型背后的社会结构变迁

在对德国社会民主党历史的简单回顾中，我们发现社民党的三次转型存在着一个政治价值不断右倾的趋势，由最初的以彻底改革现有体制为目标的革命型政党，转变为寻求在体制内进行社会改良的改良主义政党；继而，由传统的代表工人阶级利益的政党转变为代表全民的人民党；最后，又由“一个注重理论纲领的党转变为一心为了上

---

① 王学东：《一个老大党的与时俱进》，载《南风窗》2004年9月(下)。

② 张文红：《德国社会民主党的危机与启示》，载《党建》2010年第7期。

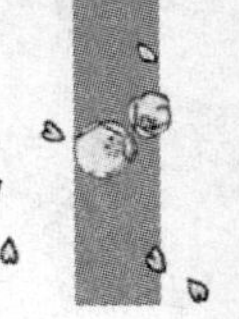

台执政的'选举党'"[①]。德国社会民主党之所以会有这样的转型，还应到德国社会结构和阶级结构的变化中寻找原因。

《共产党宣言》中预言，整个社会将逐步分裂为资产阶级和无产阶级两大相互对立的阶级，一切中间阶级都将逐步走向消亡，而资本主义社会将由于自身存在的不可克服的矛盾而发生崩溃。但是，随着时间的推延，所预言的资本主义社会的崩溃并没有发生，其统治反而越来越巩固；预言将要逐步消亡的中间阶级在后来的发展中也没有走向消亡，而是有了显著的增加。预言与现实不符，加之德国借助第二次科技革命使经济迅速发展，并初步建立了社会保障制度，这导致了伯恩施坦修正主义的提出及盛行。这也使得德国社会民主党在一战结束后确立了走改良主义的社会主义道路，从而与同是工人阶级政党的共产党分道扬镳。

二战后，由于新科技革命带来的社会生产力的迅猛发展，使得经济、社会结构发生了重大变化，表现为"以重工业为主向技术密集型产业、高技术产业特别是服务产业为主的产业结构的转移，进而导致各资本主义国际的社会阶级结构发生了显著变化，其中最引人注目的变化就是中间阶级队伍的发展壮大，并成为社会结构的重要群体"[②]。中间阶级人数不断上升，而传统的产业工人在人口中的比例则大幅下降，在这种情况下，德国社会民主党为赢得选举，就必须要争取中间阶级选民的选票，为此就要淡化传统的社会主义意识形态，由曾经的工人阶级政党转变为人民党。

到20世纪80年代，中间阶级的队伍还在不断扩大，但其内部结构却悄然发生了变化，其中最明显的变化就是以职员、公务员和独立经营者为主体的新中间阶级的人数在逐年上升，"1960年，在联邦德国的就业职位中，公务员和职员占28.1%，独立经营者占12.4%；到1970年两者的比例分别为36.2%、10.4%；1980年分别为45.7%、8.6%；1991年分别为51.6%、8.1%"[③]。这些在人口中所占比重逐年增大的新中间阶级不同于传统的工人阶级，也不同于小业主和自我雇佣者等老中间阶级，这个阶层由于具有"较好的就业条件、较高的工资待遇和富裕的物质生活，他们不太关心经济增长和就业等物质需求问题，更多的是关心能否获得更高的生活质量、保护和改善生态环境、实现男女平等等社会问题"[④]。新中间阶级关注更多的是后物质主义议题，与之相应，在社会中兴起了大量的以新中间阶级为主体的新社会运动，其主题关涉反战、反核、环保和女权等。德国社会民主党对社会中这一变化反应迟钝，这也使得社民党在20世纪80年代到90年代初期的几次大选中表现糟糕。到90年代末，社民党提出"新中间道路"，正式将其"选民的重点定位在这个新中间阶级，不再完全依赖传统的产

---

① 王存福:《20世纪70年代以来德国社会结构变迁与社会民主党由"纲领党"到"选举党"的转型》，载《德国研究》2014年第2期。

② 王存福:《论中产阶级与德国社会民主党的转型》，载《德国研究》2006年第2期。

③ 邢来顺、韦红:《联邦德国阶级结构的变化及影响》，载《浙江学刊》2009年第3期。

④ 王存福:《20世纪70年代以来德国社会结构变迁与社会民主党由"纲领党"到"选举党"的转型》，载《德国研究》2014年第2期。

业工人"①。

从上面的分析中我们看到，德国社会民主党的每一次转型都是对社会结构阶级结构发生变化的积极回应，是社会意识对社会存在的积极反映。

三、第三次转型付出的代价

社会民主党的三次转型，在价值取向上不断右转，这与整个德国社会的社会结构、阶级结构的变化相互关联，也使得社会民主党在每次转型后收获了选举上的胜利，但社会民主党的这些转型也付出了严重的代价，最近的"新中间道路"转型所付出的代价尤为惨重。社会民主党作为一个传统上的左翼政党，在不断的右转中"逐渐背离了其传统的基本价值——社会公正和社会团结，转而实行有利于雇主的新自由主义的改革政策，因而同保守的联盟党的界限日渐模糊"②。在不断的右转中，社会民主党将传统支持者即那些生活在社会底层的人民给抛弃了，社会民主党日渐成为一个成功者的党，像弗兰茨·瓦尔特所言："至少在其干部和议员的圈子里，社会民主党是成功晋升者的政党。"③

社会民主党对社会底层选民的漠视，带来的另一个巨大的代价是德国政党环境的改变。在战后德国的政党制度中，存在着"5%门槛条款"，即一个政党如果要获得按照其得票比例分配的议席，至少要得到第二票④有效总额的5%的选票。这使得在德国政党政治中能够长期发挥作用的政党只有三个：社会民主党、联盟党和自由民主党。但随着20世纪80年代初绿党的崛起，以及在两德统一后继承东德统一社会党的民社党，德国的政党生态环境发生了很大的改变，在联邦议会中出现了五党并存的局面。⑤

在绿党出现之前，中间选民尤其是新中间阶级的选民只能在中左的社会民主党和中右的联盟党之间选择。绿党出现后，分走了大量关注后物质主义议题的左翼选民。由于社会民主党政策的右倾，尤其是提出"新中间道路"后，调整了在福利产品的供给上的主角角色，将原先由国家承担的众多社会责任丢给了市场，"2010规划"是这种新自由化政策的突出表现，这引起社会民主党的高层的分歧，导致以拉方丹为首的社会民主党左翼的出走，并于2007年与民社党合并为左翼党，目前左翼党已成为德国的第四大党。左翼党的出现，使得传统上投票给社会民主党的社会底层选民改变了投票选项，这不得不说是德国社会民主党在第三次转型中付出的惨重代价。现在，在德国政坛上，社会民主党不仅要面对来自右的竞争对手——联盟党和自由民主党，而且还要

① 张文红：《德国社会民主党的危机与启示》，载《党建》2010年第7期。

② 张文红：《德国社会民主党的危机与启示》，载《党建》2010年第7期。

③ [德]弗兰茨·瓦尔特：《德国社会民主党：从无产阶级到新中间》，张文红译，重庆出版社2008年版，序言第4页。

④ 德国在联邦议会中实现"两票制"，即选民的第一票是投给本选区的以个人名义参选的候选人，第二票投给政党。

⑤ 参见冷慧：《从"两个半政党制"到"流动五党制"——德国政党体制的类型转变?》，载《德国研究》2010年第2期。

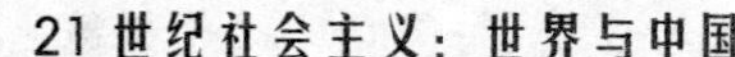

与来自左的绿党和左翼党争夺选民，受到左右夹击。

四、来自国际的挑战

社会民主党除了遭遇来自左边和右边的政党的竞争外，其自身的政策主张还遭到来自全球化、欧洲一体化等外部环境的挑战。

全球化是个复合的进程，包括政治、经济、文化和生态环境等众多领域，但最主要的影响还是集中在经济领域。在全球化时代，国家的各项经济手段受到严重限制，高税收政策也无法推行，因为过高的税收一方面会使一国的经济在国际上缺乏竞争力，另一方面国家内的企业也可以通过迁往他国从而规避高税收，这会使一国的经济受到更大的损害。依赖高税收才能维持的福利制度在全球化时代的运行可谓举步维艰。在财政吃紧的情况下，只有依靠对外发行国债才能暂时维持高昂福利制度的运作，可这个举措断非长久之计，其必然结果就是引发欧洲的债务危机。在这种全球化的形势下，即便社会民主党上台执政，也面临着对福利制度的改革。但改革之路向来艰辛，施罗德政府的“2010规划”就做了件冒天下之大不韪之事，这也让其付出了惨重的代价。

欧洲一体化进程也对社会民主党政策选项产生了极大约束，它使部分国家主权由国家层面转移到欧盟层面，使国家对自身经济管控进一步受到限制。①

社会民主党面临这些来自外部的挑战，使其即使在纲领和政策上左转，也难以赢得更多选民的支持，因为已经缺乏了实行左转的政策性工具。

五、结语

通过上面的分析，我们对德国社会民主党在上两次大选选举失利的原因作如下几点总结：第一，以职员、公务员和独立经营者为主体的新中间阶级的兴起，改变了原有的社会结构，新中间阶级更多关注后物质主义议题，在价值观上表现多元化的倾向，由于这个阶层占人口比重逐年增大，迫使社会民主党将选民的重点转向他们，从而提出“新中间道路”，但这模糊了其传统价值“社会公正”，使其疏远了社会底层选民。第二，由于绿党和左翼党的兴起，社会民主党在选举中面临来自左边和右边的双重压力，大批传统上支持社民党的选民将选票投向了绿党和左翼党。第三，全球化和欧洲一体化极大地限制了社会民主党可供选择的实现其传统目标的政策性工具。

以此观之，德国社会民主党的困境在短期内难以获得有效的转变。而且最近欧洲的政治气候呈现右转的趋势，欧债危机、经济增长乏力、移民、种族冲突以及伊斯兰化等问题成为关注的重点，而这些问题会促使极右翼势力的上升，这对德国社会民主党的发展造成了新的挑战。

---

① 参见[德]沃尔夫冈·麦克尔、亚历山大·佩特林：《社会民主党的改革能力：西欧六国社会民主党》，童建挺译，重庆出版社2009年版，第19～23页。

越南社会监督的现状和态势

刘玉娣
（山东大学当代社会主义研究所博士研究生）

伴随着越南革新开放的深入和社会主义民主与法权国家建设的步步推进，社会监督日益成为国家权力监督体系中不可或缺的重要组成部分，在实现决策的民主化和科学化、反腐倡廉、维护国家和公民利益等方面所发挥的作用越来越大。在越南，社会监督有着特定的内涵，是指越南“祖国阵线、群众团体、社会组织、劳动者集体、新闻媒体和个人”等社会成员通过提出意见建议，进行检举、批评、申诉、控告、检查、监察等形式对党政机关和公职人员的公务活动进行“察看、审议和督促”等，其目的是纠正党的路线、方针、政策和国家法律法规制定、实施过程中的“偏差”和“差错”，防止党员干部在道德和生活作风上腐化堕落。[①] 那么，革新开放以来，越南推行社会监督的原则和举措主要有哪些？现状和态势又如何呢？

一、明确社会监督遵循的原则

革新开放以来，为规范社会监督活动，发挥社会监督的作用，实现社会监督的效果，保证社会监督沿着良性轨道发展，越南明确了推行社会监督必须坚持的原则，主要内容如下：

（一）社会监督要遵循“人民知晓、人民讨论、人民参与、人民检查”的总原则

越共强调，越南社会主义共和国由人民当家作主，国家一切权力属于人民，党、国家和社会的一切活动都要坚持“人民知晓、人民讨论、人民参与、人民检查”总原则。在上述总原则的指导下，越南不断完善社会监督的内容和形式。1999 年 2 月召开的越共八届六中全会第二阶段会议通过的《关于当前党建工作若干基本和急迫问题的决议》强调了新闻媒体的舆论监督作用，首次将新闻媒体看作国家四大监察系统（党组织的监察、人民的监察和各人民代表机关的监察、新闻媒体的监察）之一。[②] 2006 年 4 月召开的越共十大指出了社会成员对党政机关和公职人员的监察、鉴定和检查作用，强

① 参见[越]阮黄维：《完善越南人民监督行政机构法律法规的研究》，南京理工大学硕士学位论文，2012 年。

② 参见易文：《越南革新开放以来新闻传媒的发展历程及对社会主义新闻事业的启示》，载《东南亚纵横》2014 年第 4 期。

调发挥民选机构、祖国阵线、各政治社会组织和人民对党政机关和公职人员的监察作用,“动员群众对党员进行监督、鉴定”,加强人民对教育领域和公共服务活动的检查。[①] 越南2013年《宪法》强调了人民是国家权力监督的主体,全面规定了公民的讨论权、建议权、申诉权、控告权、罢免权等监督权利,并首次将祖国阵线的社会论证功能写入宪法。该《宪法》指出,公民有权参与国家和社会管理,有权参与讨论并就全国和地方的各项事务向国家机关提出意见建议;公民有权申诉、控告任何机关、组织和个人的违法行为;选民可以罢免丧失了人民信任的国会代表和人民议会代表;作为人民政权的政治基石,祖国阵线有权进行监督和社会论证。[②] 2016年1月召开的越共十二大从发展社会民主的目的出发,再次强调了祖国阵线和其他政治社会组织的社会论证作用,指出要组织实施祖国阵线和其他政治社会组织的监督和社会论证规则,确保它们有效实施社会论证及其他监督活动。[③] 2017年5月,越共中央宣教部部长武文赏在第十三次越中两党理论研讨会上再次强调了新闻媒体的舆论监督权。他指出,新闻自由和言论自由是社会主义民主的重要价值观,要为新闻媒体参与社会监督、反对贪污腐败创造条件。[④]

(二)社会监督既要“敞开胸怀”,又要“坚持底线”

越共强调,加强社会监督一方面要“敞开胸怀”,主动承认、尊重和保障公民的各项监督权利,积极为社会监督创造条件;另一方面,要牢牢“坚持底线”,禁止一切组织和个人利用监督权利反对社会主义制度、恶意攻击越共的领导地位、侵害国家和人民利益、损害宪法法律威严等。越南2013年《宪法》指出,国家承认、尊重和保护公民的基本人权和在政治、经济、文化、社会等方面的公民权,但公民行使人权、公民权不得侵犯国家、民族利益和他人的合法权益,要严惩一切反对国家独立、主权、统一和领土完整的行为。[⑤] 越南2015年《全民公投法》规定了选民可以对涉及国家经济、社会、主权、领土、国防等方面的重大问题进行投票表决,但同时指出严禁宣传、散播与全民公投内容和意义不符的错误和虚假信息,严禁使用欺骗、收买、强制等手段阻碍选民投票或使选民违背自己的意愿投票,严禁通过伪造材料、舞弊或其他手段使全民公投结果出现差错,严禁利用全民公投危害国家安全和社会安定,严禁侵害国家利益和其他机关、组

---

① Báo cáo Chính trị của BCHTW Đảng khoá IX tại Đại hội đại biểu toàn quốc lần thứ X của Đảng, http://daihoi12.dangcongsan.vn/Modules/News/NewsDetail.aspx? co_id=28340655&cn_id=401475.

② Hiến pháp 2013, http://thuvienphapluat.vn/van-ban/Bo-may-hanh-chinh/Hien-phap-nam-2013-215627.aspx.

③ Báo cáo chính trị của Ban Chấp hành Trung ương Đảng khóa XI tại Đại hội đại biểu toàn quốc lần thứ XII của Đảng, http://daihoi12.dangcongsan.vn/Modules/News/NewsDetail.aspx? co_id=28340743&cn_id=405101.

④ 参见《第13次越中两党理论研讨会开幕》,http://vovworld.vn/zh-CN/新闻/第13次越中两党理论研讨会开幕-545046.vov。

⑤ Hiến pháp 2013, http://thuvienphapluat.vn/van-ban/Bo-may-hanh-chinh/Hien-phap-nam-2013-215627.aspx.

织、个人的合法权益。[①] 越南2016年《新闻法》规定了公民可以在新闻媒体上自由地评论国家和世界形势，可以对党的路线、方针、政策和国家法律的制定和实施建言献策；新闻记者有权向相关机构和组织申请查阅不涉及国家秘密、个人隐私的文件和材料，但同时强调了新闻媒体不得出版和广播煽动反对国家独立、主权和领土完整的信息以及倡导封建迷信的信息，不得歪曲历史，不得否定革命成果，不得鼓动暴力，不得侮辱其他机构、组织和个人的荣誉等。[②]

（三）社会监督要与其他监督机制相互协调、相互配合

越共强调，越南国家权力监督机制是由"非国家机构主体实施的外部权力监控机制，由立法权、执法权和司法权相互监控的内部权力监控机制以及由宪法法律规定的专门的独立权力监控机制"[③]构成的整体，社会监督要与其他监督机制相互配合、相互协调，避免出现单打独斗的局面。1986年12月召开的越共六大强调，监督检查是克服官僚主义的有效措施，各级党委在发挥纪律检查委员会和党内委员会作用的同时，将党内检查同国家的监察和人民群众的监督活动紧密结合起来。[④] 2006年4月召开的越共十大通过的《第九届中央执行委员会党建工作报告》指出，要把党内监督与党外监督相结合，使党的高级干部既要置于广大党员的监督之下，又要接受人民群众、社会团体、新闻媒体等各种党外人士的监督制约。[⑤] 越南2012年《反贪污腐败法》（修正案）规定了祖国阵线及其成员组织、新闻媒体、企业和行业协会、基层监察委员会和公民有责任发现、举报、批判各种贪污腐败行为，参与反贪污腐败活动，同时要在预防和制止贪污腐败活动中与监察机关、审计机关、侦查机关、法院、检察院等主管机关相互配合。[⑥] 越南2015年《国会代表和人民议会代表选举法》规定了越南国会和人民议会代表选举过程既要受到国会常务委员会、国家选举委员会、地方各级选举委员会的监督，又要受到各级祖国阵线监督代表团、社会组织、人民团体、群众组织、新闻媒体、选民和民众的监督。[⑦] 2016年1月6日，越共中央总书记阮富仲在纪念国会首次普选70周年纪念典礼上指出，要将国会的监督工作与党的监督检察工作和祖国阵线、政治社

---

① Luật trưng cầu ý dân 2015, https://thuvienphapluat. vn/van-ban/Quyen-dan-su/Luat-trung-cau-y-dan-2015-298375. aspx.

② Luật Báo chí 2016, http://thuvienphapluat. vn/van-ban/Van-hoa-Xa-hoi/Luat-Bao-chi-2016-280645. aspx.

③ Tran Ngoc Duong, Continue to build and perfect the mechanism of state power control in Viet Nam, March 26, 2016, http://english. tapchicongsan. org. vn/Home/Building-the-Law-governed-Socialist-State/2016/514/Continue-to-build-and-perfect-the-mechanism-of-state-power-control-in. aspx.

④ Báo cáo chính trị của Ban Chấp hành Trung ương Đảng tại Đại hội đại biểu toàn quốc lần thứ VI, http://daihoi12. dangcongsan. vn/Modules/News/NewsDetail. aspx? co_id=28340651&cn_id=401477#.

⑤ Báo cáo của Ban Chấp hành Trung ương Đảng khóa IX về công tác xây dựng Đảng, http://daihoi12. dang congsan. vn/Modules/News/NewsDetail. aspx? co_id=28340655&cn_id=401396.

⑥ Luật phòng, chống tham nhũng sửa đổi 2012, https://thuvienphapluat. vn/van-ban/Bo-may-hanh-chinh/Luat-phong-chong-tham-nhung-2012-27-2012-QH13-152720. aspx.

⑦ Luật Bầu cử đại biểu Quốc hội và đại biểu Hội đồng nhân dân 2015, https://thuvienphapluat. vn/van-ban/Bo-may-hanh-chinh/Luat-Bau-cu-dai-bieu-Quoc-hoi-va-dai-bieu-Hoi-dong-nhan-dan-2015-282376. aspx.

会组织及人民的监督活动相结合。①

二、完善社会监督的主要举措

革新开放以来，在上述原则的指导下，越南积极发挥公民、新闻媒体、祖国阵线和其他社会组织对党政机关和公职人员的监督作用。在实践中，越南主要采取了如下措施：

（一）推进信息公开与公民的参与和评议

越共强调，“革命事业是人民的事业”，各级党政机关要在坚持“大力公开，保密例外”原则下，通过新闻媒体、互联网、广告牌、粘贴栏等渠道广泛公开其活动和与公民利益密切相关的信息，以便公民广泛参与。1986年12月召开的越共六大强调，要动员群众广泛参与经济改革活动，对于全国和各级地方直接关系到群众生活的各项主张，党政机关要积极听取群众的意见。② 越南2016年《信息获取法》指出，为方便公民参与国家和社会事务，国家机构应向公民公开除了涉及国家秘密、侵害国家和民族利益以及机构、组织和个人合法权益等信息之外的一切信息。③ 实践中，越南已实现信息公开与公民参与和评议的常态化，主要表现在：

第一，对国家重大事项的公开和参与。目前，越南重大法律文件草案和重要活动等已实现公开征求公民意见建议。如在2013年1月2日～3月31日，越南公开征集对1992年《宪法》（修正案草案）的意见建议。在此期间，全国召开了28140个研讨会、座谈会和意见征求会，海内外越南民众共提出2600多万条意见建议。④ 在越共十二大召开前，党公开了大会的文件草案，全国选民和民众共向大会提交了6200万条意见建议，内容涉及社会主义市场经济体制、经济结构调整、经济增长模式转型、党建、反腐败等各个方面。⑤ 在国会和各级人民议会代表选举活动中，候选人的基本信息、各选举单位的投票率及每个正式候选人的得票率等都会通过新闻媒体和宣传资料向全社会公布，征求社会成员的意见建议；另外，在选举期间召开的选民会议上，选民根据国会代表和人民议会代表标准，向国会和人民议会代表候选人提出意见建议。

第二，对地方具体事务的公开和参与、评议。公民对具体事务参与的方式主要有：一是对基层领导干部进行信任投票和评议。每年，越南都会组织群众对乡镇和村街级领导进行信任投票，达不到50%信任率的干部将被免职，并禁止参加下次代表大会。

---

① 参见《越南国会首次普选70周年纪念典礼在河内隆重举行》，http://zh.vietnamplus.vn/越南国会首次普选70周年纪念典礼在河内隆重举行/46344.vnp。

② Báo cáo chính trị của Ban Chấp hành Trung ương Đảng tại Đại hội đại biểu toàn quốc lần thứ VI, http://daihoi12.dangcongsan.vn/Modules/News/NewsDetail.aspx?co_id=28340651&cn_id=401477#.

③ Luật tiếp cận thông tin 2016, https://thuvienphapluat.vn/van-ban/Bo-may-hanh-chinh/Luat-tiep-can-thong-tin-2016-280116.aspx.

④ 参见江迅：《越南政改新亮点》，载《新民周刊》2013年第18期。

⑤ 参见《越南共产党第十二次全国代表大会新闻发布会在河内举行》，http://zh.vietnamplus.vn/越南共产党第十二次全国代表大会新闻发布会在河内举行/46758.vnp。

如2011年，越南全国40个省市对5200个乡镇的10300位乡镇领导人进行了信任投票，全国32个省市对32900位村街级领导进行了信任投票。[①] 越南乡坊党组织还会组织召开群众大会，由群众当场对党组织、人民议会和人民委员会当年的工作和干部的政绩、工作作风进行评议，并以评议结果决定干部的去留，评议结果较差的领导人当场在群众面前进行批评与自我批评。二是通过参加基层监督组织监察、检查基层事务。如公民通过参加基层地区的人民监察委员会、社区投资监督委员会、土地调查委员会等对基层地区社会保障政策的实施情况、基层民办工程和国家、组织、个人直接投资或捐助工程的预验收结果和最终决算情况以及基层土地的使用和管理情况进行监察和检查。在2011～2015年，仅越南广宁省人民监察委员会就发现近1400个违法案件，其中的1200个案件得到审理。各社区投资监督委员会监督了近3800个项目，发现并建议相关机构处理了514个违法项目。[②] 三是对侵犯国家和公民利益的党政机关和公职人员的违法行为进行申诉、控告和投诉。从2010年10月到2011年10月，越南各级地方政府接待申诉控告247518人次，地方政府和相关组织受理了62884封申诉书、13331封控告书，并处理了其中的32477封申诉书和5537封控告书。[③] 近年来，随着房地产市场的发展，民众对土地征用和补偿问题的投诉日益增多，从2013年8月15～2014年8月15日，仅土地领域的投诉就占总投诉案件的68.2%。[④]

（二）发挥新闻媒体的舆论监督作用

越共强调，新闻媒体不仅是“党的喉舌”，更是人民群众表达自己意见和要求的论坛；新闻媒体要承担舆论监督角色，有权利和责任揭发、谴责、批评党政机关和公职人员包括贪污腐败在内的各种侵害国家、民族利益和机构、组织、个人合法权益的违法行为。越南2012年《反贪污腐败法》（修正案）指出，国家鼓励报纸机构、媒体记者反映、报道贪污腐败案件和反贪污腐败的信息，报纸机构和媒体记者有责任谴责、批评贪污腐败行为。[⑤] 越南2016年《新闻法》强调，公民有权通过新闻媒体对党的组织、国家机构、政治社会组织、社会团体及个人进行评论，提出批评和建议，进行申诉和控告。[⑥]

实践中，越南新闻媒体主动发挥其“第四种权力”作用，积极进行舆论监督，其主要形式有：一是向党政机关提出意见建议。为向党政机关提出意见建议，新闻媒体一方面专门开设了“读者”栏目以接收民众的意见建议，如《劳动报》的“根据读者来信去调查”专栏、“越南之声”广播电台国家对外广播频道的“听友论坛”栏目；另一方面，新闻

---

① 参见[越]阮黄维：《完善越南人民监督行政机构法律法规的研究》，南京理工大学硕士学位论文，2012年。

② Hoài Anh, MTTQ các cấp trong tỉnh Quảng Ninh: Nâng cao chất lượng, hiệu quả công tác giám sát và phản biện xã hội, http://mattran.org.vn/Home/GSPBxahoi/gspbxh.htm#5.

③ 参见[越]阮黄维：《完善越南人民监督行政机构法律法规的研究》，南京理工大学硕士学位论文，2012年。

④ 参见《越南国会法律委员会第17次全体会议落幕》，http://cn.nhandan.com.vn/society/legal/item/2430901-越南国会法律委员会第17次全体会议落幕.html。

⑤ Luật phòng, chống tham nhũng sửa đổi 2012, https://thuvienphapluat.vn/van-ban/Bo-may-hanh-chinh/Luat-phong-chong-tham-nhung-2012-27-2012-QH13-152720.aspx.

⑥ Luật Báo chí 2016, http://thuvienphapluat.vn/van-ban/Van-hoa-Xa-hoi/Luat-Bao-chi-2016-280645.aspx.

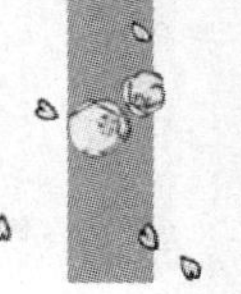

媒体积极参加越共各级地方部门每年组织的新闻媒体见面会和意见征求会。二是揭发党政机关和公职人员的违法行为。在揭发各种贪污腐败方面,新闻媒体已成为越南"反腐斗争中的尖兵"。对于各种贪污腐败行为,新闻媒体积极通过采访、调查、热线电话、与司法机关合作、接收群众举报和投诉等方式进行揭发。对于一些重大的腐败案件,新闻媒体往往从案发前就进行报道并进行全程追踪,深度挖掘问题背后的内幕,直到案件真相大白。如在1997年的EPCO—明奉案中,早在1993年案发的时候,越南新闻媒体就警告明奉集团不要通过行贿银行和政府官员来获得贷款。在2006年越南交通运输部第18项目组集体贪污案中,越南《劳动报》《青年报》《前锋报》等报纸对案件进行全程深度报道,针对此案共刊发了超过1000篇文章,《青年报》甚至派记者24小时轮流坚守在犯罪嫌疑人的住所、办公室等其他犯罪嫌疑人经常出入的场所。

新闻媒体在揭发党政机关和公职人员违法行为的同时,还专门开设了实事评论栏目对其进行公开批评。如《西贡解放日报》的"看、听、想"栏目、《年轻人报》的"事件与思考"栏目、《新河内报》的"每日一事"栏目、《大团结报》的"时事评论"栏目等。在2007年9月发生的越南芹苴省与永隆省交界处大桥坍塌案中,《西贡解放日报》的"看、听、想"栏目点名道姓、言辞尖锐地批评时任交通部部长胡义勇,指出:"桥梁在建造过程中出现坍塌事故,交通运输部门领导人须负责任",事故发生后,胡义勇"仍然继续开会,这是一件难以令人接受的事情"。[①]

(三)支持祖国阵线和其他社会组织的社会论证活动

越共指出:"人民是主""人民作主",人民有权公开讨论、论证党和国家一切事务,国家鼓励和支持人民讨论、论证党和国家一切事务的活动。2006年4月召开的越共十大指出,要"重视科技(包括社会科学)、文学、艺术协会对经济、文化、社会发展项目的咨询和论证作用"[②]。2011年1月召开的越共十一大指出:"党和国家为祖国阵线和各人民团体独立开展活动创造条件,使他们充分发挥好社会监督和社会论证作用。"[③]

根据越南相关文件和法律法规,社会论证是指以祖国阵线、其他社会组织为主体的社会成员对党的重大路线、方针、政策和国家的重要法律文件草案、规划、计划、方案和项目等进行评价、评论、评估、批评和提出意见建议等。论证的内容是上述论证对象的适当性、科学性、可行性,对国家政治、经济、社会、文化等方面的影响及其效果,是否损害国家、民族利益和相关机构、组织人民的合法权益等。论证的形式包括组织论证会、评估会,同主管机构进行直接对话等。由上述内容可知,同揭发、申诉、控告等事后监督形式不同,社会论证贯穿于上述论证对象制定、实施的全过程,是一种全方位的监督形式。

① 易文:《越南革新时期新闻传媒研究》,上海大学博士学位论文,2011年。

② Báo cáo Chính trị của BCHTW Đảng khoá IX tại Đại hội đại biểu toàn quốc lần thứ X của Đảng, http://daihoi12.dangcongsan.vn/Modules/News/NewsDetail.aspx? co_id=28340655&cn_id=401475.

③ Cương lĩnh xây dựng đất nước trong thời kỳ quá độ lên chủ nghĩa xã hội (Bổ sung, phát triển năm 2011), http://daihoi12.dangcongsan.vn/Modules/News/NewsDetail.aspx? co_id=28340727&cn_id=400876.

实践中，祖国阵线和其他社会组织的社会论证活动已成为越南社会监督的重要形式，主要体现在如下两个方面：一是祖国阵线积极牵头论证党和国家的重大法律文件草案和活动。如在 2017 年 5 月 5 日，越南祖国阵线中央委员会举行了关于 2015 年《刑法》(修正案草案)的社会论证会议。论证会上，参会代表对刑法修正案草案中的社会性别主流化问题、涉及妇女和儿童的问题、实体刑事责任问题、对违反食品安全法规行为的指控问题等内容进行了讨论、评论和批评。有的主张明确界定刑法中新修订内容的范围，有的反对将多层级非法贸易纳入刑法，有的赞同草案中规定的实施故意犯罪和特别严重犯罪的 14～16 周岁人员须承担刑事责等。① 对于一些重大活动，如国会每次开会前，祖国阵线积极牵头向社会成员征求意见建议。如在第十四届国会第三次会议召开前，祖国阵线牵头向全国选民和民众征求了 3288 条意见建议，内容涉及民营经济发展、农业结构调整、环境保护、医疗保障、食品安全等各个方面。在上述意见建议的基础上，越南祖国阵线中央委员会主席团建议党和国家继续认真落实越共第十二届四中全会通过的第四号决议，建议各级政府组织监督团对全国范围内的采砂和森林保护的管理工作进行监督、检查。② 另外，为有效引导和参与社会论证活动，祖国阵线专门在其官网开设了"监督和社会论证"专栏，发表各种社会论证文章。二是各种社会组织积极论证与自身合法权益密切相关的重要法律和政策的实施情况。如越南保险协会经常举办由协会成员、专家、保险法律文件起草委员会和财政部保险司代表参加的研讨会，举行关于《商业保险法》《火灾和爆炸强制保险法》等重要法律法规的评论会。越南律师协会每年都会参加政府法律起草委员会组织的咨询会、听证会，并积极组织评论会、研讨会以对相关法律草案提供建议，监督宪法法律的实施。越南工商会每年都会对各主要城市商业环境及企业发展状况进行定期研究和社会调查，评估国家商业政策的实施情况。

(四)加大社会监督的法规和制度建设

越共强调，要建立社会主义法权国家，就必须将人民的监督权利进行具体化和制度化，逐步建立完备的法律体系和制度机制。1986 年 12 月召开的越共六大强调，要将人民当家作主的权利通过法律和组织的形式进行制度化。③ 2006 年 4 月召开的越共十大指出："建立祖国阵线、各政治社会组织和人民群众对制定和贯彻党的方针、路线、政策、重大决定及对组织和干部工作的监督、反馈制度机制"，建立各人民团体"监督、反映社会情况的机制"。④ 实践中，越南不断完善以宪法为核心的社会监督的法律

---

① Hương Diệp, Hội nghị phản biện xã hội dự án luật sửa đổi, bổ sung một số điều của Bộ Luật hình sự năm 2015. http://mattran.org.vn/Home/Tinhoatdong/ tinhoatdong_Chutich_ 2017-4.htm#16.

② 参见《第十四届国会第三次会议：全国选民和人民向国会递交的意见建议达 3288 条》，http://zh.vietnamplus.vn/第十四届国会第三次会议全国选民和人民向国会递交的意见建议达 3288 条/65577.vnp.

③ Báo cáo chính trị của Ban Chấp hành Trung ương Đảng tại Đại hội đại biểu toàn quốc lần thứ VI, http://daihoi12.dangcongsan.vn/Modules/News/NewsDetail.aspx? co_id=28340651&cn_id=401477#.

④ Báo cáo Chính trị của BCHTW Đảng khoá IX tại Đại hội đại biểu toàn quốc lần thứ X của Đảng, http://daihoi12.dangcongsan.vn/Modules/News/NewsDetail.aspx? co_id=28340655&cn_id=401475.

基础和制度基础，主要表现在：

在公民监督方面，1998年9月和1999年2月越南政府先后颁布的《国家机关民主活动实施规则》和《国有企业民主活动实施规则》分别规定了应向国家机关工作人员和国企员工公开的事项、由国家机关工作人员和国企员工评议和检查、监督的事项。2003年7月和2007年4月越南政府先后颁布的《公社民主活动实施规则》和《乡坊镇民主活动实施规则》分别规定了应向公社、乡坊、镇人民公开和由上述人民讨论、直接决定、评议和检查、监督的事项。2011年12月越南国会通过的《申诉法》和《控告法》分别详细规定了申诉者和控告者的权利和义务、申诉和控告的程序、对申诉和控告处理情况的监督等内容。

在新闻媒体、祖国阵线和其他社会组织监督方面，越南1989年《新闻法》规定了新闻自由、公民在新闻媒体上的言论自由、新闻媒体的职责和权利、对新闻媒体的管理等内容。越南2016年《新闻法》对1989年《新闻法》中的上述内容进行了完善；并增补了越南新闻机构同外国的联合活动和在越南的外国新闻媒体、办事处、组织进行新闻活动的规定。2013年12月越共中央颁布的《关于越南祖国阵线和各政治社会组织的监督和社会论证规则》对社会论证的性质、原则、主体、客体、内容、范围、方式等内容进行了明确规定。2014年2月越南政府颁布的《关于越南科学技术联合会的咨询、论证和社会鉴定活动的决定》规定了越南科技联合会进行咨询、论证和社会鉴定的对象、类型、要求、程序等内容。2015年6月越南国会通过的《祖国阵线法》详细规定了祖国阵线监督和社会论证的性质、目的、原则、对象、内容、范围、形式以及祖国阵线在监督和社会论证中的权利和责任等。

革新开放以来，在"人民知晓、人民讨论、人民参与、人民检查"等原则指导下，越南在推进信息公开与公民参与和评议、发挥新闻媒体的舆论监督作用、支持祖国阵线和其他社会组织的社会论证活动、加大社会监督的法规和制度建设等方面取得重大成就，在一定程度上维护了社会成员的监督权利，遏制了贪污腐败，保障了社会民主，凝聚了社会共识，使社会监督越来越成为越南国家权力监督体系中不可或缺的重要组成部分。但越南社会监督仍然存在许多亟待解决的问题，如生活中还存在一些社会成员无法监督的"禁区"，社会监督机制还不太完善等。在未来发展过程中，继续坚持社会监督遵循的原则，不断完善社会监督的举措，逐步解决社会监督中存在的问题，是越南应该努力的方向。

玻利维亚争取社会主义党“社群社会主义”评析

杨春林
（山东大学当代社会主义研究所博士研究生）

一、玻利维亚“社群社会主义”提出的背景

1.拉美“最贫困国家”的基本国情

长期以来，玻利维亚是拉美最贫困的国家之一，贫富分化严重，失业率居高不下，半数以上人口的基本生活需要得不到满足，疫病流行，教育水平低下。总体上说，玻利维亚经济社会发展程度低下，人均 GDP 在拉美主要国家中处于最低水平。2005 年，玻利维亚人均 GDP 仅为 1046.4 美元，仅相当于智利的 1/7、委内瑞拉的 1/5 或者巴西的 1/4，59.6％的民众生活在贫困线以下。①

2.“天然气管道风波”与反新自由主义

玻利维亚是拉美天然气生产国和出口大国。在玻利维亚，石油和天然气问题极为敏感而复杂，甚至已经跨越经济领域成为政治问题，几度成为引发社会冲突甚至政治危机的导火索。2003 年的“天然气管道风波”导致德洛萨达总统被迫辞职，继任总统梅萨也因石油和天然气问题引发分歧和冲突黯然离职。争取社会主义运动认为，500 多年的殖民主义统治照搬和抄袭西方发展模式，这是造成贫困、剥削等问题的根源。

3.印第安人占人口多数且运动不断

玻利维亚已知的土著民族约有 40 个，土著居民占全国总人口的 55％，是南美洲印第安人口比重最高的国家，这是玻利维亚最大的现实国情。在军政府统治时期，由于土地问题日益严重，土著居民逐渐提高了土地所有权意识，越来越认识到团结斗争的必要性。印第安人问题突出，要求土地和民主权利的印第安人运动不断发生。从社会背景的层面考察，玻利维亚独立以来社会结构长期呈现出种族分离的特征，占人口绝大多数的印第安农民在国家政治生活中被边缘化，收入水平低下。而且，西班牙殖民者 300 年的殖民统治并没有从根本上改变印第安土著的生产生活方式，只是在城市

① http://data.worldbank.org.cn/country/bolivia? view=chart.

中遗留下一个白人殖民阶层。可以说，殖民化运动只能影响微不足道的一小部分玻利维亚人。玻利维亚历史上形成的种族分离状况一直延续至今。该国社会阶层划分与种族划分的界限基本趋于一致，与世界经济接轨的少数部门向来都与印第安血统无关，他们是外国殖民主义者的后代，形成了一个拥有土地、信贷、矿产和石油特许经营权、关税及税收便利和完全公民身份的特权阶层。①

在全球化和新自由主义发展模式背景下，包括印第安人在内的弱势群体成为最大的受害者。印第安人运动不仅限于游行示威、罢工、封锁道路等激进方式，还进行了合法参与国家政治决策的尝试，影响力越来越大。印第安人问题是玻利维亚贫困、社会不平等和边缘化、地区发展不平衡等社会问题的"病根"之一。

4.争取社会主义党与莫拉莱斯上台

1982年，西莱斯就任玻利维亚总统后开启了政治民主化和经济改革进程，但仍然没有找到适合本国的发展模式，玻利维亚继续处于政局动荡和经济困境之中。进入21世纪以来，玻利维亚的局势依然没有稳定下来，2001～2005年先后更换了五位总统。民众对政府的新自由主义改革政策越来越不满意，国内不断爆发严重政治骚乱。

莫拉莱斯出生于艾玛拉印第安人家庭，对印第安土著的生活状况非常了解，自20世纪90年代开始就为种植古柯的农民争取经济政治权益，并成为国内古柯农组织领袖。莫拉莱斯1997年当选玻利维亚众议员，后因主张古柯种植合法化而被清除出议会。1999年，莫拉莱斯组建争取社会主义运动。1999年莫拉莱斯同"温萨加—争取社会主义运动"正式结盟并担任主席，结盟后政党名称改为"争取社会主义运动—争取人民主权政治工具组织"，简称"争取社会主义运动"党(MAS)。莫拉莱斯在2002年正式参选总统，但在第二轮选举中以微弱劣势落败于对手桑切斯。在2005年12月提前举行的玻利维亚大选中，莫拉莱斯作为"争取社会主义运动"党候选人成功当选并于2006年1月就任总统，他在就职典礼上宣称要在玻利维亚建设"社群社会主义"。莫拉莱斯成为玻利维亚历史上首位印第安土著人总统。2009年12月和2014年10月，以民为本的执政理念助莫拉莱斯成功连任。"经过多年的民众动员，以前所未有的政治、经济和文化变革赢得了选举，他是群众斗争的产物。"②他目前是玻利维亚有史以来任职时间最长的总统，任期到2020年结束。

二、玻利维亚"社群社会主义"的基本主张

玻利维亚的"社群社会主义"思想由莫拉莱斯总统代表执政党争取社会主义运动提出。它建立在反对新旧殖民主义和回归传统的平等、互惠、和谐社会的基础之上。

"社群社会主义"的思想渊源在于宇宙与地球是一体的，人类是大自然不可分割的

---

① 参见[玻]路易斯·费尔南多·罗德里格斯·乌雷尼亚:《社群社会主义:对极端自由主义的回应》，载《拉丁美洲研究》2008年第6期。

② Martín Sivak, *Evo Morales: The Extraordinary Rise of the First Indigenous President of Bolivia*, St. Martin's Press, 2010, pp. 131-132.

一部分。古时候的玻利维亚社会是建立在平等和民主基础上的。那时候人类与大自然和谐共存，男女和谐共存；社会生产服务于共同利益；经济上的互惠互利原则有利于自然环境的保护和社会财富的创造；合理分配食物，老人和孤儿衣食无忧；个人利益服从于社群利益。“社群社会主义”思想既源于本国印第安传统文明和价值观，也吸收了拉美地区各种反新自由主义思想，还受到科学社会主义思想以及古巴和委内瑞拉等国家社会主义思想的引导，其主要特征是对全球化和西方模式的批判、替代新自由主义模式、反对资本主义特别是反对无限制的资本扩张、鲜明的民族主义和本土主义以及积极的实践探索。

“争取社会主义运动”党的一些文献（包括党的“基本思想原则”和“党章”）、政府的执政纲领以及执政党领导人和政府官员的讲话，都对“社群社会主义”的基本原则作过各种表述。尽管表述方式和侧重点不完全相同，但基本内容类似。从上述文献看，“社群社会主义”以建立“正义、没有剥削和压迫的新社会”为总目标，其基本原则涉及政治、经济、社会、文化和对外关系多个方面，具体可概括为如下几点：

1. 以“以人为本，承认人类普遍权利”为普遍原则，实现社会正义。建立没有剥削和压迫的新社会，人与宇宙以及一切生命形式平衡共存，承认以人为本和人类权利的普遍原则；保障充足的粮食供给，建立有效的医疗服务和没有歧视的教育体制；保护被掠夺者和被边缘化群体的社会、经济和文化权利；捍卫中产阶级的权益要求，使其潜力得到发挥、生产能力得到发展；改变造成饥饿、贫困和苦难的内部殖民主义、种族主义和歧视。

2. 以“推动多族群达成共识的社群民主”为政治目标，建立以“共识”为基础的参与式民主。实现各种社会组织间的共识、尊重和认同，消除贫困、苦难和歧视；发展能将政府和一切社会部门联系起来的、具有社会和经济内涵的参与式民主；关注在旧的发展模式下被忽视和边缘化的贫困地区的发展进程。建立以“共识”为基础的参与式民主，主张人与自然，社群、家庭和自然之间的本源认同与平衡。

3. 构建“生产型发展模式”，以“反对新自由主义，加强国家调控”为经济目标，以“关注贫困地区，建立教育医疗保障”为社会目标。这个新经济—社会模式包含以下四个支柱：合理开发国家资源，有效管控国民经济，减少贫困与改善收入再分配，促进社会平等。具体手段有：通过对能源和生产性行业的国有化，实现对国家资源的更有效开发；通过调控产品及服务的生产、分配和商业化，实现对国民经济的有效管理；通过增加工资和发放购物券等转移支付政策，推动减贫和收入再分配；通过“共同富裕”，实现社会平等的目标。

4. 尊重传统价值和思想。每个民族、人民和国家无论其政府组织形式和社会、文化、政治、经济制度如何，都有其传统的哲学思想和千百年来形成的智慧，应继承和发扬原住民文明和价值的革命英雄思想；纪念为维护在玻利维亚根植已久的土著文化的独立性和久远价值而斗争的英雄，重拾祖先的骄傲与智慧，树立自尊，克服几个世纪的内部殖民主义和外部殖民主义造成的自卑。

5. 重建多民族国家。把玻利维亚建设成为多民族、多文化互相尊重、和谐共存的国家，消除社会排斥，弘扬社群社会主义价值观；认为人类、社会和土地等是“美好生活”的主要因素，社群、工会和家庭作为社会发展的基础应受到政府制度的保护；主张在重建国家的过程中求同存异，加强团结。莫拉莱斯认为，“我们可能会有分歧，但如果我们认识到了谁是我们的敌人，我们就没有理由不团结”，因为“如果我们处于分裂状态，我们就很难前进”。[①]

6. 实现拉美及发展中国家的团结，反对帝国主义和新殖民主义。建立“拉美大祖国”，团结各国人民的力量摆脱新自由主义、帝国主义和跨国集团的压制；主张发展中国家的团结，强调第三世界各国人民的命运紧密相连，团结为实现自主决定的主权国家的自由、正义和解放而斗争的武装力量和社会运动。抵制各种干涉行为和帝国主义行径，反对建立美洲自由贸易区，反对左右玻利维亚人民意志、控制民族国家及其财富命运的企图；谴责霸权国家的军备竞赛，认为其强大的破坏性将威胁人类自身的生存；反对一切帝国主义渗透和企图，反对和谴责新殖民主义、霸权主义、军事主义和黩武主义，声援为自由、正义、建立主权国家而斗争的力量和运动。

三、玻利维亚“社群社会主义”的实践与成效

1. 经济方面：石油、天然气的国有化与紧缩的财政政策

自 2005 年以来，玻经济增长率连续 10 年保持在 5%左右，已脱离低收入国家行列。近来，尽管受内外多种因素影响，委内瑞拉、巴西等拉美左翼执政国家相继陷入危机，但玻经济仍然保持了较高水平的正增长。2015 年玻经济增长率为 4.5%，位列南美洲首位。玻利维亚亮眼的经济表现与莫拉莱斯就任初期实施的重要自然资源国有化政策密不可分，这使得资源出口获得的收入能够再次用于国内投资，刺激经济增长。此外，稳定的家庭消费、扩张的货币政策以及巴西和阿根廷对玻天然气的持续进口需求，也对玻经济增长起到了一定作用。

2006 年发布的《国家发展规划》实际上是争取社会主义党的经济纲领，其主旨重点围绕消除新自由主义和新殖民主义的影响、改变初级产品出口模式、消除贫困和社会排斥这三大目标进行改革。首先，通过国有化收回国家资源主权，但不排斥外资和私人资本参与资源开发。莫拉莱斯政府实行资源民族主义和有限国有化政策，陆续开展了一系列国有化尝试，包括将无人耕种的土地收归国有，对能源及电信部门实行国有化，加快矿业国有化进程等。莫拉莱斯在总统就职演说中表示将彻底抛弃新自由主义模式，使自然资源重新回到人民手中，这种“资源民族主义”的背后是国内民众主义氛围下执政者基于政治利益提出的政策。其次，坚持市场经济的同时，强化国家在经济发展中的主导和调控作用。市场和金融自由化曾经是玻利维亚新自由主义改革的

---

① 袁东振：《拉美“21 世纪社会主义”的理论与实践特性——以玻利维亚为例》，载《拉丁美洲研究》2016 年第 2 期。

核心，莫拉莱斯强调通过金融体系和银行体系改革、投资、公共工程等具体政策，改变政府“守夜人”的角色。莫拉莱斯积极进行金融体制改革，管控基本食品和副食品价格，实行大宗农产品出口配额，颁布国外投资促进和调解仲裁法令等方式，积极发挥政府在经济调控中的主导作用。再次，稳健的货币财政政策，加大税制改革，以公共投资推动工业化和公共工程建设。

2. 社会方面：推行“土地改革”，强化就业与社会保障

除亮眼的经济成就外，争取社会主义党的社会政策也成效显著。莫拉莱斯上任后，立即实行了新的土地分配制度，把大量土地归还给原住民和农民，对古柯业采取现实可行的管控政策以改善印第安人的贫困问题。此外，他还大幅增加对民生、教育、医疗等领域的投入，多数国民从中获益。据统计，2004 年玻利维亚贫困和赤贫人口占总人口的比重分别为 63.9% 和 34.7%，到 2011 年已经分别下降到 36.3% 和 18.7%。2005 年玻利维亚人均国民总收入（GNI）为 1030 美元，到 2015 年已经飙升至 3000 美元。①

土地问题一直是玻利维亚非常突出的社会问题。据玻利维亚 2006 年官方公布的统计数字，该国现有耕地面积约 6500 万公顷，其中近 90% 的耕地为极少数庄园主所有，而占人口绝大多数的小农生产者只占有 3% 的土地，土地改革势在必行。争取社会主义运动提出，回收庄园主的闲置土地，向无地农民或公民赠与土地，向土著人、农民和小农生产者出让土地产权，为所有耕种者提供司法保障；收回金融资本占有的土地，将其归还给小农生产者；确保国家食品主权，保证全体人民的身心发展；保护国内农牧业生产，减少外部竞争造成的损失等主张。2007 年 11 月，莫拉莱斯签署了新的土改法，对原有的土地法进行重大修改。根据新法律，政府有权向庄园主征收闲置土地，并将其分配给无地农民。此外，政府还向无地农民出让土地产权。

“社群社会主义”在公民权利的保障、改善医疗卫生服务和教育方面也提出了具体主张。如制定新的法律并修订刑法，实行零毒品计划，建立家庭、社区和医院三级医疗卫生服务，颁布旨在实现教育改革和文化改革的埃利萨尔多·佩雷斯法，保证教育经费，实现以多民族、多语言为基础的多种文化相互融合的社群教育体制，实现无性别和年龄歧视的教育，等等。同时，莫拉莱斯与其他以高福利政策维持支持率的左翼总统并不完全相同，莫拉莱斯曾提醒查韦斯，福利不可太过度，要想理念永葆生命力，首先得保证民众有饭吃。

3. 政治方面：以“新宪法”作为核心举措

召开制宪大会，制定来自人民、为人民服务的新宪法，这是贯彻“社群社会主义”思想的核心和关键性政治举措。争取社会主义运动党上台后，玻利维亚的各种社会问题日趋严重，要求制定新宪法的呼声日益高涨。莫拉莱斯于 2006 年年初上台后就积极筹备制宪大会，但因触及了反对派的根本利益，原应在一年内完成的计划遭遇重重阻

---

① http://data.worldbank.org.cn/country/bolivia?view=chart.

力，长时间处于停滞状态。2007 年 12 月，制宪大会经过长时间辩论，以 164 张多数票(共 255 张选票)通过新宪法草案。草案通过后，政府力求尽快开始有关新宪法草案的公民投票，反对派则坚决抵制。为解决双方争端，执政党和三大反对党(社会民主力量党、国家统一党、民族主义革命运动)组成的国会协调委员会开始对话。但由于双方分歧较大，对话曾数次中断。2008 年下半年，执政党与反对派在一些敏感问题上都作出了一定让步。同年 10 月 21 日，国会终于通过以公民投票方式表决新宪法议案。2009 年 1 月 25 日，公民投票如期举行，以 61.43%的赞成票通过了新宪法。这是玻利维亚独立 183 年以来的第 17 部宪法。莫拉莱斯通过宪法改革推动了对玻利维亚民族认同的重新解读。宪法于 2009 年 2 月生效，规定了土著人的权利，给予他们更多的区域和地方自治权，并将玻利维亚定义为“多民族和多文化”国家。[①]

争取社会主义运动的执政纲领明确提出了新宪法要保障的几个关键要素：重建平等公正的国家，保证每个民族和社会群体都能积极参与建设新的祖国；根除新自由主义，建设有尊严、主权独立和生机勃勃的新玻利维亚，保障公民的美好生活；重新掌控国家的自然资源，使其为全体人民的福祉服务。

四、对玻利维亚“社群社会主义”的评价

争取社会主义党及其社群社会主义当前面临诸多挑战。从经济上来看，玻利维亚资源主导型发展模式没有改变。尽管玻利维亚近 10 年经济上取得了较大发展，但仍然是南美洲最贫穷的国家之一，而且过度依赖自然资源。2014 年上半年，天然气矿产占玻利维亚出口收入的 82%。[②] 从政治上来看，2016 年 2 月修宪公投未获通过，莫拉莱斯失去第四次连任机会。在寻求连任失败后，莫拉莱斯表示尊重公投结果。莫拉莱斯面临多项丑闻，右翼反对党对莫拉莱斯的抹黑已见成效，有西方媒体形容莫拉莱斯“现在像是一部玻利维亚肥皂剧中的丑角”[③]。

“社群社会主义”具有时代的局限性，有不可避免的理论缺陷，这些缺陷不仅削弱了其理论体系的科学性和完整性，也加大了其实践前景的风险性。首先，“社群社会主义”过分依赖和突出领袖个人的思想和作用，忽视党的理论和思想建设。“争取社会主义运动”党的组织章程规定，党的原则应该包含在党的领袖埃沃·莫拉莱斯的思想中。党过度依赖领袖个人，在一定时期有利于扩大党的影响力，但从长远看势必造成对党的理论建设的忽视，可能对党的事业造成潜在风险。其次，没有明确地确定党在“社群社会主义”建设中的领导或核心地位。“争取社会主义运动”党不是组织严密的政党，而是具有社会运动的明显特点。该党党章规定，党是民主的和参与性的民主力量，承认和遵守宪法，遵从现存体制，党是社会组织的思想和政治力量，但很少提及党的领导

---

① Bolivia's President Evo Morales, http://www.bbc.com/news/world-latin-america-12166905.

② Bolivia's President Evo Morales, http://www.bbc.com/news/world-latin-america-12166905.

③ Marilia Brocchetto, "Bolivia's President Faces Multiple Scandals," http://edition.cnn.com/2016/03/01/world/bolivia-morales-secret-relationship/.

作用。实践证明，在现存政治制度下，玻利维亚执政党无法将体现“社群社会主义”本质特点的“村社所有制”“村社司法”等内容写入宪法，更难以将其列入国家改革日程，从而严重制约了“社群社会主义”的建设进程，致使执政党内部在国家发展道路问题上存在争论，不利于发挥党在“社群社会主义”实践进程中的领导作用。最后，“社群社会主义”的理论缺陷加大了其实践前景的风险和不确定性。

尽管如此，玻利维亚“社群社会主义”仍有进一步成长空间，仍有较强的社会影响力。首先，“社群社会主义”社会基础依然深厚。玻利维亚长期缺乏深刻的社会变革，社会分化、社会矛盾、社会排斥和“边缘化”现象一直很严重。近年来虽在减贫、改善收入分配、促进社会公平、推进边缘群体参与国家发展方面取得明显进步，但远未达到理想状态，要求变革的力量不断增长，“社群社会主义”的发展仍有深厚的社会根基。其次，“社群社会主义”的主张仍有较大号召力。“社群社会主义”的主张特别是其鲜明的施政目标体现了广大印第安群体的利益和诉求，激发了这些长期“被排斥”群体实现自我管理和治理国家的自信。执政党的理念和主张不仅得到印第安原住民支持，也得到印欧混血群体认可。最后，“社群社会主义”仍有进一步成长空间。目前“争取社会主义运动”党执政地位相对稳固。反对派虽控制了一些省市级政府，对执政党形成一定掣肘，但由于力量分散，短期内缺乏取代执政党的能力。只要现执政党地位稳固，“社群社会主义”就有进一步发展的空间。即使莫拉莱斯不能再次连选连任，抑或是“争取社会主义运动”党失去执政地位，莫拉莱斯本人和该党仍会在国家政治生活中发挥重要作用，其“社群社会主义”主张也仍将继续保持重要影响力。

在本世纪初，由于美国忙于全球反恐，一定程度放松了对拉美“后院”的控制，而拉美民众对右翼政府长期实行的新自由主义经济模式感到厌倦，于是逐渐出现了一股政治生态左倾的浪潮。在多个重要国家，左翼、中左翼政府相继执政。委内瑞拉凭借雄厚的石油资本成为左翼国家的核心。2015 年以来，这股左倾趋势出现了重大扭转。由于全球大宗商品价格暴跌，美元走强等原因，主要依赖初级产品出口的拉美左翼国家相继出现了经济衰退、货币贬值、通胀压力大的情况。政府采取的一些减少社会开支的措施引发了原本支持政府的底层民众的不满。以清廉、反腐形象上台的左翼政党也逐渐出现一些腐败现象。与此同时，美国经济强劲复苏，在西半球“重整后院”的意愿强烈。在这些因素的综合影响下，拉美主要左翼国家不是“变天”就是遭到严重削弱。委内瑞拉因国际油价持续低迷，导致经济形势快速恶化，反对派在 2015 年底的议会选举中获得超过三分之二的席位；古巴 2014 年底宣布与美国关系“破冰”后，从其在国际多边场合的表态来看，已经开始出现“非典型性”左翼国家特征；信奉贝隆主义的左翼政党执政数十年的阿根廷在 2015 年 12 月迎来了右翼政权；巴西近来受到经济衰退和执政党贪腐丑闻的双重危机困扰，执政党的执政地位面临挑战。拉美自 1999 年出现的政治生态左倾浪潮已经走进低谷。

拉美社会主义思潮虽然有这样那样的缺陷，但其兴盛的十余年中，改变了拉美近百年形成的社会结构和阶层分布，深刻影响地区政治生态和民意导向。当前，拉美左

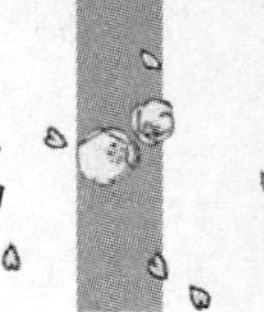

翼领导人一致认为，谋求社会公正、推进社会收入分配改革，是左翼区别于右翼的立足之本，现虽遇困难，今后仍会继续推进。如今，贫富分化、不平等等地区痼疾并未得到根本解决，在经济不景气背景下又有所加剧。但是，左翼政策主张的社会基础仍在，如能反思调整，仍可广赢民心。虽然左翼思潮受挫在一定程度上给右翼思潮让渡了空间，但以保守主义和自由主义、基督教民主主义为代表的传统右翼思潮继续走衰，一批新兴右翼思潮成为目前地区当权右翼的主体。他们普遍依循新自由主义核心主张，重启市场化改革，力促经济恢复健康与活力，同时亦注重高扬社会公正旗帜，对左翼社会政策不采取全盘推翻的态度，而是"积极"调整甚至保留，以最大限度改变传统保守形象。与此同时，相对温和的社会民主主义在多元取向中蓬勃发展，因其在智利、乌拉圭、墨西哥等国成功实践的示范效应，受到更多青睐，有可能成为未来一段时间的地区主流思潮。总体看，无论左翼还是右翼，都在淡化意识形态，言行向中间立场靠拢，在经济和民生、政府和市场、本国产业和外来投资之间寻求适度平衡，温和务实的中间道路恐将是多数政府的现实选择。

"社群社会主义"是拉美左翼运动的重要组成部分，玻利维亚贫穷落后、社会分化严重的国情使得左翼社会主义运动具备蓬勃的生命力。"社群社会主义"在实践中也的确是有效的政策主张，它推动了玻利维亚 10 年来经济社会的全面发展，促进了社会公平正义的实现。社群社会主义在谋求建立人道、平等、公正的社会方面，取得显著改革成效，贫困率大幅下降，民生大为改善，得到中下层广泛认可。当然也需指出，玻利维亚左翼政府也多有政策偏差和失误。例如社会投入同发展阶段脱节，一些经济政策未能妥善处理好"做蛋糕"与"分蛋糕"、干预与市场的辩证关系，降低了生产活力；未抓住经济"黄金十年"及时坚决推动结构性改革，致使增长缺乏长效内生动力，在国际金融危机后连年下滑，社会项目难以为继。"社群社会主义"缺乏系统、成熟的理论，实践上也存在诸多挑战，1999 年以来拉美出现的左倾浪潮已经进入低潮，莫拉莱斯的连任失败再一次印证了这一趋势。

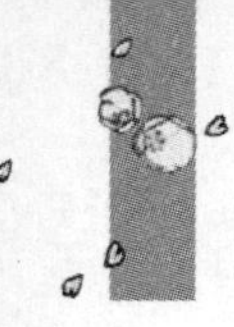

保加利亚剧变后的政党政治变迁

李家懿
（北京大学国际关系学院博士研究生）

一、保加利亚转轨后的政治变革

保加利亚作为中东欧国家之一，在转型上与这一地区其他国家具有共性。1990年之后，中东欧国家的转型分别在政治、经济和对外政策等几个方面同时进行。转型的方向普遍都是面向西方，转向西方既有的政治和经济制度和规则。在政治领域，绝大多数中东欧国家从一党制向多党制方向发展，放弃一元化的意识形态，实行多党制、实施宪政尊重人权及少数民族权益。在经济领域，放弃高度集中的计划经济，建立起以私有制为基础的市场经济。①

中东欧国家奉行不同的转型战略。国际货币基金组织将中东欧经济转型内容概括为“四化”，即稳定化、私有化、市场化和制度化。保加利亚的改革战略同阿尔巴尼亚、马其顿、吉尔吉斯斯坦和俄罗斯一起，被归结为“流产的激进战略”，与之并列的还有持续的激进战略、开始早/稳步前行的改革战略、渐进战略和有限改革。②

剧变后，尽管原东欧社会主义国家出现的社会主义政党形形色色，具有鲜明的本国特色，但建立西欧社会民主党式的政党却是大部分社会主义政党共同的奋斗目标。为此，它们大力推动本国加入欧盟的步伐，企盼借助欧盟带来机遇来推进自身的改革和建设。然而，入盟带给它们的不仅是机遇，也有挑战。从机遇方面说，它们可以利用欧盟国家的先进经验和资金技术支持深化自剧变后开始的改革，增强执政和参政能力；从挑战方面说，加入欧盟给它们带来了许多先前没有遇到过的困难，它们要想继续活跃于政坛就必须接受更加严峻的考验。③

匈牙利学者贝拉·格雷什科维奇曾在书中写道：“社会主义体制的许多结构性、制度性和文化性遗产产生了一种阻碍动员以及相应的具有政治稳定作用的效果。比如

① 参见朱晓中主编：《曲折的历程——中东欧卷》，东方出版社 2015 年版，第 6 页。

② 参见朱晓中主编：《曲折的历程——中东欧卷》，东方出版社 2015 年版，第 15 页。

③ 参见项佐涛、孔寒冰：《保加利亚社会党第四十六次代表大会评析》，载《当代世界社会主义问题》2007 年第 4 期。

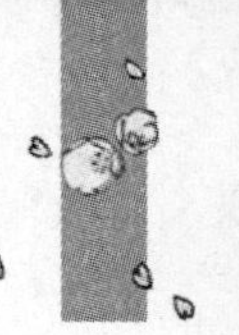

不存在第三世界国家那种极端收入不平等和贫困问题、民众教育水平高、缺乏暴力斗争传统、社会老龄化程度高、工会习惯与管理层和执政党合作、社会群体有抗议之外的其他重要表达方式,等等。"[①]这些方面在保加利亚都得到了映衬。保加利亚是中东欧国家中少有的在第一次议会选举中仍由原共产党更名的社会党赢得最多议会席位的国家。

如果以学者德雷泽克和霍尔姆斯提出的民主制度巩固的标准,即政权完成"两度易位",在转型阶段的首次选举中赢得政权的政党或团体在接下来的选举中失利,把权力让渡给那些选举的赢家,并且后者又和平地把权力让渡给下一次选举的胜利者后,民主制度得以巩固[②],那么保加利亚在1997年的议会选举中完成了"两度易位",属于中东欧国家中较早完成这一过程的国家(见下表)。

保加利亚议会选举时间及主要执政党[③]

选举时间	1990	1991	1994	1997	2001	2005	2009	2013	2014
主要执政党	社会党	民盟全国运动	社会党	联合民主力量	西美昂二世全国运动	社会党	欧洲发展公民党	社会党	欧洲发展公民党

保加利亚注册政党300多个,影响力大的政党包括[④]:

(1)争取欧洲进步公民党:简称"公民党",又译"保加利亚欧洲发展公民党"。2006年12月3日正式注册成立。该党奉行基督教民主主义原则,努力推行基督教义、家庭和民主价值观。希望通过努力建立一个自由、民主、团结、公正的社会,让保加利亚更好地融入欧洲。2009年7月~2013年2月为议会第一大党和执政党。2013年5月在议会选举中赢得97个议席,为议会最大在野党。2014年10月在保第43届国民议会选举中以32.67%得票率蝉联议会第一大党,获得84个议席,联合"改革者阵营"组成少数联合政府。

(2)保加利亚社会党:前身是保社会民主工党,成立于1891年8月2日。1919年5月25日二十二大改名为共产党,并参加第三国际。1944年后连续执政47年。1990年2月保共十四大决定走民主社会主义道路,并于4月改名为社会党。曾于1994~1997年、2005~2009年执政。该党机关报《言论报》。2014年7月,谢尔盖伊·斯塔尼舍夫主动辞去担任13年之久的党主席职务,赴欧洲议会担任议员、欧洲社会党主席。[⑤]

---

① [匈]贝拉·格雷什科维奇:《抗议与忍耐的政治经济分析:东欧与拉美转型之比较》,张大军译,广西师范大学出版社2009年版,第212页。

② John S. Dryzek and Leslie Templeman Holmes, *Post-Communist Democratization Political Discourses across Thirteen Countries*, Cambridge: Cambridge University Press, 2002, p. 7.

③ 参见朱晓中主编:《曲折的历程——中东欧卷》,东方出版社2015年版,第50页。

④ 参见《保加利亚国家概况》,外交部网站,http://www.fmprc.gov.cn/web/gjhdq_676201/gj_676203/oz_678770/1206_678916/1206x0_678918/.

⑤ 参见保加利亚社会党官方网站,www.bsp.bg.

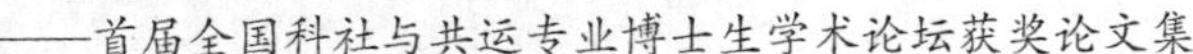

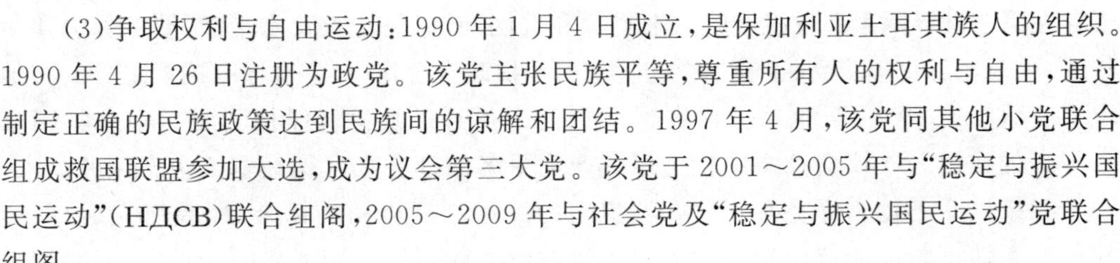
(3)争取权利与自由运动：1990 年 1 月 4 日成立，是保加利亚土耳其族人的组织。1990 年 4 月 26 日注册为政党。该党主张民族平等，尊重所有人的权利与自由，通过制定正确的民族政策达到民族间的谅解和团结。1997 年 4 月，该党同其他小党联合组成救国联盟参加大选，成为议会第三大党。该党于 2001～2005 年与“稳定与振兴国民运动”(НДСВ)联合组阁，2005～2009 年与社会党及“稳定与振兴国民运动”党联合组阁。

(4)改革者阵营：2013 年 12 月 20 日由保加利亚 5 个党派签署协议组成该联盟，属中右翼政党。该党在欧洲议会获得 1 个席位。

(5)爱国阵线：2014 年 8 月 3 日成立。极右翼政党。

二、保加利亚政党政治的发展

现行宪法于 1991 年 7 月 12 日通过，并于次日公布后生效。宪法规定，保为议会制国家，总统象征国家的团结并在国际上代表保加利亚。

保加利亚议会称“国民议会”，议长称“国民议会主席”。根据 1991 年通过的宪法，议会行使立法权和监督权，并有对内政外交等重大问题作出决定的权力。保议会实行一院制，共 240 个议席，按比例制通过民选产生，任期 4 年。

保加利亚 1990 年通过《政党法》。根据该法，政党是具有选举权的公民自愿组合的组织，政党的成立需有 50 名公民倡议、500 名具有选举权的公民出席成立大会、至少拥有 5000 名成员。任何政党的成立都必须向首都索菲亚法院申请注册，法院经公开审理后 14 天内公布结果。军人和警察、司法系统工作人员和国家公务员不得参加政党。任何公民不得同时参加两个政党。[①]

保加利亚社会党 1991 年在野后，改组为“民主、正义、平等的社会主义的现代左翼政党”。1994 年时，该党曾在大选中战胜“造反起家”但政绩欠佳的民主力量联盟，重新获得组阁机会。然而，此时的社会党并不是原来的共产党，执政理念与反对派并无根本区别，执政业绩同样乏善可陈，后来又在新的选举中败给民主力量联盟。2001～2009 年，社会党时来运转，与“稳定与振兴国民运动”联手两次组阁，并在 2005 年后稳居议会第二大党位置。2014 年，社会党又联手议会第三党短暂执政几个月。近两年来，该党在议会和地方选举中遭受重创，但仍不失为保加利亚政坛上的重要力量。

保加利亚目前的执政党是争取欧洲进步公民党。在 2009～2013 年间，该党为议会第一大党，处于执政地位，但在 2013 年 5 月下野。2014 年，该党在国民议会选举中重新获胜，继续保持议会第一大党的位置，并联合于 2013 年由五个政党共同组成的中右翼联盟“改革者阵营”，重拾执政地位。

“稳定与振兴国民运动”成立于 2001 年，创始人为二战后流亡国外的末代国王西美昂二世。当时保加利亚政局混乱，国家谁主沉浮一时成了问题。西美昂二世在此时

① 参见于洪君：《保加利亚——痛苦的剧变与恬淡的现实》，载《当代世界与社会主义》2016 年第 4 期。

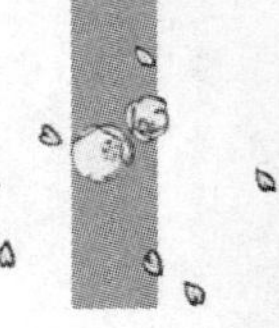

返回索菲亚竞选总统，但未能获得参选资格，于是组建“西美昂二世国民运动”，准备在当年国民议会选举中一展风采。但因该党未能及时注册，无法独立参选，于是他退而求其次，与其他政党一起组建“西美昂二世国民运动联盟”，采用捆绑战略参选。获胜后，高调归来的“大复辟者”西美昂二世成为保加利亚总理。2002 年，“西美昂二世国民运动”宣告成立并成功注册，但该党在之后的 2005 年大选中遭受重挫，退居为议会第二大党，只能与社会党、争取权利与自由运动共同组阁，西美昂二世黯然离开总理府。2007 年，风头不劲的“西美昂二世国民运动”更名为“稳定与振兴国民运动”。

总的来说，保加利亚的政党政治可谓变化无常，超越意识形态的相互组合是保政党政治发展的一个鲜明特点，具有很强的政治实用主义色彩。同时，在极右主义和民粹主义席卷欧洲、相应政党在各国应运而生的背景下，保加利亚也不例外。2005 年成立的民族主义政党阿塔卡党成为议会最大的在野党后，2014 年成立的爱国阵线则属于极右翼政党。[①]

三、保加利亚国内影响政党发展的思潮

国内研究保加利亚的知名学者马细谱 2015 年 3 月 18 日在《光明日报》发表特约文章《马克思又回到了保加利亚》。文中提及，保加利亚政治经济转轨 25 年来，各种政治势力和社会思潮起伏不定，斗争激烈。而马克思及其思想在同新自由主义的斗争中，也经历了从“休克”到“复苏”再到重新“回到”保加利亚的过程。[②] 老先生的这一说法与许多观察中东欧政治发展局势的文章观点不谋而合。[③] 马细谱在文中将东欧社会剧变之后对马克思主义的态度形容为马克思的短暂“休克”，社会、政界和媒体对马克思的态度发生大转弯，“东欧国家从非理性的肯定走向非理性的否定”。20 世纪 90 年代中后期，保加利亚中左翼出版社和报刊登载保加利亚的外国学者关于马克思和马克思主义的文章和专著明显增多。尤其是在 2008 年国际金融危机爆发后，关于马克思的文章显著增多。

不同形式的欧洲怀疑主义是政治上“欧洲化”态势发生逆转的又一表现。无论是已经加入欧盟的国家，还是未加入欧盟的国家，由于文化认同、政治经济关系、民族利益和国家利益等方面的差异，都不同程度地出现了欧洲怀疑主义。依据政党在政治光谱中的位置不同，中东欧国家的欧洲怀疑主义主要分为共产党的欧洲怀疑主义、民粹主义政党的欧洲怀疑主义和民族主义政党的欧洲怀疑主义。而欧洲怀疑主义产生的原因是多方面的，主要在于意识形态的因素、民族主义的因素和民众对转型现状不满。[④]

---

① 参见于洪君：《保加利亚——痛苦的剧变与恬淡的现实》，载《当代世界与社会主义》2016 年第 4 期。

② 参见马细谱：《马克思又回到了保加利亚》，载 2015 年 3 月 18 日《光明日报》。

③ 如项佐涛、陈参：《欧洲化进程中的“逆流”——中东欧的欧洲怀疑主义评析》，载《当代世界与社会主义》2014 年第 4 期；赵司空：《近年来中东欧一些国家社会抗议运动与左翼运动的新特点》，载《当代世界与社会主义》2015 年第 5 期。

④ 项佐涛、陈参：《欧洲化进程中的“逆流”——中东欧的欧洲怀疑主义评析》，载《当代世界与社会主义》2014 年第 4 期。

有研究中东欧国家近年来国家社会抗议运动的文章也指出，1989年以来的20多年，是“中东欧人民从迷恋资本主义到资本主义祛魅的25年”[①]。根据普里莫兹·科拉什维卡的分析，资产阶级的政党形式是传统的精英政党，它的主要缺点体现在三个方面：其一，资本主义民主的政治空间是封闭的，各个政党除了大选的选举阶级之外，就只在它们之间交流，而不对人民讲话。资产阶级政党不仅孤立于人民，而且它们实际上对人民的真实需求和愿望毫不关心，因为它们发挥作用的逻辑和它们成功的标准在任何方面都不依赖于与大众的日常生活建立联系，而毋宁说是依赖于根据其他政党运动而形成的战略和策略。资本主义的公司也与之类似，它们不是为了人们的需要而是为了利润而生产，资产阶级的政党不是为了大众的真实需要和愿望而从事政治，而是为了保证它们自己能够最大限度地控制政府预算和公共机构。其二，资产阶级政党的精英思维模式否认工人阶级自身可以成长为真正的政治主体，并实现自我解放。其三，资产阶级政党的竞争性发生在各个政党与其精英之间，正是这种竞争性的政党斗争，反而使得反资本主义的政治规划在这场斗争中不可能获得成功。然而，从现实政治权力的角度来看，与街头政治相比，资产阶级的政党形式却为权力提供了有效的平台。科拉什维卡认为，中东欧需要的是一种新的政党形式，它既能积极有效地干预政府政治，又能与大众保持联系，这是反对资产阶级政治的结构性封闭的唯一保障。[②]

四、结语

潘维曾在《比较政治学理论与方法》一书中指出：西方的社会制度是社会组织与政府机构的矛盾统一体，逐渐形成了国家与社会两分的制度。作为一种法定程序，现代选举制度就是适应阶级和集团为各自利益而争夺政权的产物。强大集团的代表占有“国家”，台下的众多集团代表“社会”并要求社会“平等自由”。社会利益集团遵照法定程序和平地争夺政府权力和塑造政策渐成制度。社会平等和组党自由、结社自由、言论自由、出版自由，在各阶级和利益集团的攻防中也逐渐成为法定制度。但弱势群体的暴力抗法始终不断。先进程序本身并不能消弭强弱集团间实质的利益冲突。这种程序塑造和社会集团间的内在利益对抗之间的张力，在中东欧国家和保加利亚剧变后的政治转轨过程中得到了充分的印证。

从保加利亚的政治发展轨迹中可以看出，中东欧社会化、政治向底层回归的发展有其诉求。不只中东欧年轻一代在大声疾呼必须寻找资本主义的替代，而且老一辈左翼也用“社会的”等更加中性的词汇表达着民众的诉求。无论左翼还是右翼，不能满足民众利益和需求的意识形态，终究都失去其吸引力，包括苏联模式社会主义，也包括西方的自由民主理念。最后，突破精英与民众的隔膜，倾听民意，才是政党政治的真正出路。

---

① 赵司空：《近年来中东欧一些国家社会抗议运动与左翼运动的新特点》，载《当代世界与社会主义》2015年第5期。

② Primož Krašovec, “The Slovenian Uprising in Retrospect,” *Debatte*, Vol. 21, Nos. 2-3, 2013.

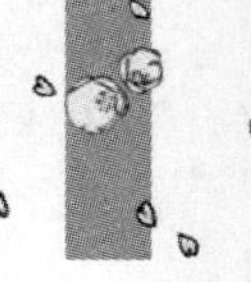

法国“黑夜站立”运动：缘起、特征和反思

殷林飞
（中国社会科学院马克思主义学院博士研究生）

2016年3～4月，法国爆发总罢工，人们纷纷走上街头，抗议劳工部门提出的劳动法改革方案。3月31日，抗议达到高潮，39万人走上街头。来自法国各个阶层的民众在法国各地的城市地标建筑附近聚集，用最直接的方式表达自己最真实的观点和诉求。4月份，每到傍晚时分，成百上千的人就会在法国巴黎共和国广场聚集，并彻夜占据这里进行辩论。谈论主题从劳动法改革延伸至社会治理、环境气候、选举制度、女权等多个方面，而且每天如此，无论风雨。这就是爆发在法国的“黑夜站立”社会运动。刚开始时，“黑夜站立”的参与者主要是工会、学生和退休人员，抗议的内容也只局限于劳动法修改草案。但随着时间的推移，法国社会各个阶层的人士都开始参与其中。随后，“黑夜站立”运动走出巴黎，迅速蔓延到全法70多座城市，甚至已经走出法国，蔓延到欧洲其他国家的大城市。截至5月底已有上百万人参与其中。从5月19日开始，新一波罢工登场，作为“黑夜站立”运动的后续，石油工人打头阵，铁路工人和卡车司机配合，核电工人殿后，罢工潮持续扩大，使“电荒、油荒”笼罩法国，这一轮抗议活动的规模约为30万人。然而，7月21日，法国政府强行通过了新劳动法，在政府的强力干预下，“黑夜站立”运动在零星的抗议下黯然收场，这场持续近半年的街头运动落下帷幕。“黑夜站立”抗议活动暴露了法国社会领域中存在的诸多矛盾，探讨“黑夜站立”运动的缘起、特征和意义对世界新社会运动的走向具有重要的启示作用。

一、“黑夜站立”运动的缘起

法国“黑夜站立”运动的爆发有否定劳动法的直接原因，但也与福利社会制度不可持续、僵化的政治体制、对政府的不信任、民众厌倦了假自由等深层次原因有关。

（一）否定劳动法，争取雇工权益

运动的直接原因是抗议劳动法修改草案损害劳动者利益。2016年2月，法国政府通过新劳动法案。规定每周法定工作时间为35个小时，与之前没有变化，但企业方雇佣工人将有更大的自主性，主要有三点变化：第一，企业可与工会协商，增加或减少工作时间，每周最长可达46小时，延长工时的时段可以持续4个月；第二，由于经济形势不明朗，企业将拥有更多减薪自由和裁员权力；第三，每周工作超过35小时的时长，应按照最低10%的标准支付加班费用，而在此之前，超过工时每小时应该按20%的标准支付加班费用。此举给法国企业更多的自由，但民众认为该法案威胁到了工作的稳定性，动了他们的“铁饭碗”，让本已10%的高失业率雪上加霜。

抗议人群首先是一部分不满意改革内容的工人，认为加班费过少。其次是就业保障不足的短期合同工，他们认为新劳动法给资方开启了随意剥削员工的绿灯。接着大学生开始声援，认为劳动法案威胁到自己以后的就业。一开始这些力量举行了一系列示威，没料到的是，这些示威开启了对政府、社会不满的其他社会群体的情绪，示威行动升级。这些群体包括：教师、铁路与航空运输业、长期失业者、低收入群体乃至非法移民等。

面对新劳动法提案引起的大规模群众抗议，法国政府左右为难，骑虎难下，摆平该局面并非易事。刚开始，“黑夜站立”运动的主力军是年轻人，后来在加油站的“闹油荒”运动中，中年人也积极加入进来，要同时解决年轻人和中年工人的诉求，法国政府面临困境。

（二）金融危机爆发，社会福利不可持续

二战结束后，法国逐渐成为所谓“社会福利国家”，雇佣企业必须关照工人利益、劳动权益，更不能肆意解雇劳工。但随着经济全球化深入发展和法国经济连年不景气，福利制度严重拖累了国家经济竞争力。

金融危机造成法国改革迟缓，并且随着金融资本强势渗透，法国的经济结构出现了空心化趋势。近些年，一些企业向海外发展趋势明显，更多劳动密集型企业选择在海外建厂，很多部门和行业在法国趋于消失，留在国内的产业对劳动力的需求也不景气，造成法国的失业率一直居高不下，特别是年轻人失业率已经达到25%。但是经济结构的调整是需要周期的，需要创新、研发和调整，不是习惯于看选民脸色的政府力所能及。加上经济竞争力的疲软，大量非法移民的入境，法国福利保障制度已经处在崩溃边缘。

习惯于福利制度的法国人人同意必须改革，实际上却人人反对改革，因为改革就会触动某些行业、阶层的既得利益，总之一句话，改革可以，但不能从我这里改。“黑夜站立”运动其实质在于法国进行社会重大改革以适应世界经济大势挑战的阵痛，同时也反映出法国社会在面对社会失业现象严重、社会福利体制不可持续时，对前景失去了希望，在颓废中的观望与挣扎。

（三）僵化的政治体制不解决实际问题

从20世纪80年代，法国左右翼政府轮流上台执政，但政府换了一茬又一茬，法国的三大难题——失业率居高不下、公共债务增加、经济疲软却始终没有得到有效解决。在民众长期抗争无效情况下，这次“黑夜站立”运动目标指向了法国现行政治体制，即代议制民主。虽然可行的替代方案并没有完整地提出来，但这次运动的目标很明确，

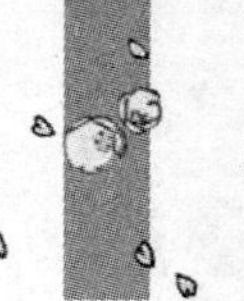

那就是:完全颠覆法国现行政治体制。在2007年,当时的法国总统萨科齐就曾提出劳动制度改革,不过最终不了了之。萨科齐下台后,奥朗德政府信誓旦旦要改革,新劳动法的强力推行最后损害的却是工人选民的利益,民众的期望再次落空。“黑夜站立”运动是法国社会治理机制僵化的必然结果。劳动法修改案引爆了法国民众怨怒,然而就业颓靡、经济阴霾、税收压力、公共赤字才是法国社会的真实写照。2016年法国的经济增长率只有1.2%,虽然这已是自2012年以后的峰值,但与2015年的世界平均水平3%相比仍远远不及。要结束这样复杂的“黑夜”形势,仅靠修补劳动法显然是行不通的,充其量这只是做了点表面文章而已。

(四)对政府的不信任,民众不合作

走出经济困境,提升就业率,并不是某届政府的某一项政策所能起作用的,经济萎靡是国际经济形势和政治经济体制长期积累的结果。雇佣劳动面对资本的无能为力使民众对政府充满期待,但历届法国政府对资本控制的放纵,民众开始出离愤怒,法国政治机制在解决实际问题时显露出极度无力感,法国政府的公信力经过多年的消耗,现在已引起民众严重不满,哀其不幸,怒其不争。“近些年来,无论是总统选举、立法选举,还是市镇、省、大区等地方议会选举,总有一半左右的人不参加投票,这是他们对其政治制度不满意与不信任的表达。”[①]随着时间的推移,法国“黑夜站立”运动参加的人员构成越来越复杂,演变成对法国政治机构和经济制度的全面质疑。法国的政治代表制度出了大问题,在台上掌权的法国部长和议员等政治家已经无法代表民众。法国著名报纸《解放报》评论说:“‘黑夜站立’运动体现了目前法国社会危机无法解决时,人们对传统政治的不信任。”法国选举制度已经出现了本末倒置,执政本应是目的,选举才是过程。但是,周期性的选举体制使执政过程及其成果变得不再重要了,选举本身成了目的。政治人物的竞选成了选秀的舞台,竞选承诺无法兑现成了常态,选举行为与执政过程之间呈现持续失衡的状态。长此以往,法国民众的警惕性越来越高,选民对政治的信任度越来越低。

(五)民主充满虚伪,民众厌倦了假自由

法国向来以“民主典范”为傲,《法国人权宣言》和《美国宪法》构建了西方“宪政民主”的基础,建立在宪政民主基础上的“普世价值”常被西方世界津津乐道并大肆向全球推广。“宪政民主”者的鼓吹一次次让人民失望,给法国带来的只是假民主、假自由。

在西方眼中,公民的自由平等,言论和新闻自由,司法独立和选举民主无不来自“宪政民主”的保障,然而,事实证明这总是不对的,就像这次“黑夜站立”运动,西式自由、平等和选举民主没有一点真实性,暴露出来的问题充分反映了“宪政民主”的虚伪性。劳动法从全局影响着每个劳动者家庭的生计,法国经济的持续低迷不应由劳工阶级来买单。大资产阶级政权调整劳动法,从本质上说无非是继续剥削劳动者。大资产阶级不愿让利,却让劳动阶级承担苦果。“当社会大众的平等要求与垄断资本的自由

① 张金岭:《法国“黑夜站立”运动及其社会背景》,载《当代世界》2016年第6期。

原则相冲突时，大众的平等要求就必须绝对服从资本自由的制约和规范。”[①]“自由、平等、博爱”只是单向度的、精神的、人文的，喊喊而已，不能当真！“自由”是资本的自由，“平等”只存在于政治理想中，“博爱”只存在于观念里，阶层固化和社会性流动不畅让青年颓废，日益贫困和两极分化成为法国民众生活的常态化存在。

二、“黑夜站立”运动的特征

“黑夜站立”运动作为西方新社会运动的新发展，在运动形式、利益诉求、联络方式、组织结构、思潮导向、抗议强度等方面都表现出了不同以往的特点。“黑夜站立”运动的特点极有可能会成为新社会运动的新方向和今后新社会运动最重要模式之一。

(一)运动形式非暴力，理性思辨盛行

“黑夜站立”运动显示出非暴力特点。相比较传统的暴力革命、抗议示威等方式，黑夜运动更多是反思辩论。从抗议示威到反思辩论，改变了社会呼声的表达方式。

“黑夜站立”运动将以示威游行为主要形式的抗议活动转变为以自由辩论式的广场讨论，辩论话题深刻而广泛，更具理性，尽量远离暴力，让这种政治抗争运动尽量在政府允许的框架下进行。虽然民众的政治诉求最初都是从单一的就事论事、表达不满开始，但随着辩论和讨论的深入，最后转变为质疑现行政治体制、反思国家未来的自觉集体反思，这使它具有了重要的社会动员力量。

“黑夜站立”运动呈现的形式很简单：“共和国广场”是他们的主战场，傍晚下班后到深夜是他们斗争的时间段，对政治、经济、文化、社会等问题提出的建议和诉求是他们的武器，当场表决是他们行使民主的形式。运动中人人平等，人人都有发言权。

(二)利益诉求多样化，批判更深入

与传统西方社会运动相比，“黑夜站立”运动对资本主义制度的批判和反抗更加深刻，运动参与者的利益诉求更为多样。

西方传统社会运动更为注重话语权领域的斗争，在文化和价值观方面提出诉求更为常见。这种斗争主要通过对资本主义社会生活和政治结构的批判，以及通过构想“乌托邦”来表达自身的利益诉求和社会的未来图景。对比传统的社会运动，“黑夜站立”运动在经济制度领域向资本主义开火，有的批判甚至直接指向资本主义私有制。在“黑夜站立”运动中，有些辩论者甚至提出了变更私有制的要求。

在“黑夜站立”运动中，人们通过民主决出的变革愿景和措施涉及多个领域，在诉求上呈现多样化的特征。包括：终身工资(这不就是“铁饭碗”吗?)，全民就业(这不是社会主义吗?)，摧毁金融资本经济，降低高收入，实行“抽签式直接民主”，提供更多的有机、绿色农产品……[②]所谈论的主题也延伸至社会治理、环境问题、选举制度等多个方面，最后演变成对法国政治结构和经济制度全面质疑的趋势。从这个方面来讲，“黑

---

① 张金岭：《法国“黑夜站立”运动及其社会背景》，载《当代世界》2016年第6期。

② 郑若麟：《对传统政治的深刻质疑》，载《新民周刊》2016年第4期。

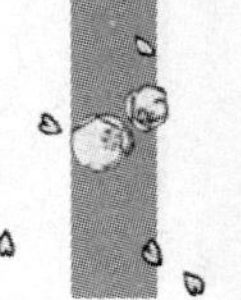

夜站立"运动表现出了对资本主义制度整体性批判的特点,同时对资本主义经济、政治、文化、社会、生态等各领域的批判也多有涉及。

(三)民主讨论协商,联络方式新颖

"黑夜站立"运动没有明显的领袖和纲领,由协调、后勤、接待、联络等各种委员会承担现场组织工作,在每天晚上的大会上以协商一致的方式通过各项决定。参与者在社交网络中也非常活跃,他们拥有自己的电台和电视台。

全民参与是"黑夜站立"运动中的主要模式,协商民主的决策方式得到参与人员的普遍欢迎。具体来看,一方面,运动内部高度自治,运动的时间、地点、形式、方式、口号由全部参与人员通过协商的方式来确定,实行全民参与的直接民主;另一方面,运动内部各项事务由不同小团体分工协作完成,小团体不具备领导职能,只具有服务性质,具有群众自治特点。在"黑夜站立"运动中,这种小团体包括食品、垃圾收集、媒体公关等委员会。

"黑夜站立"运动从法国一城一国的爆发到欧洲多城多国的响应,从组织发动到运动过程的不断展开和蔓延,借助了新型媒体的帮助,利用了数字技术的广阔空间和宽广平台。在这个过程中,女性的声音、少数民族的声音以及国内外弱势者的声音也通过新媒体传播到了全世界。这种联络方式具有强烈开放式、分布式参与的显著特点。

(四)组织结构扁平化,反对权威领导

"黑夜站立"运动事先得到了警方的批准,在共和广场开辟专门地区展开活动,时间是晚上7点到次日凌晨1点,每晚参加者能达到上千甚至数千人。每晚,主办者都把辩论的议题公布出来,供参与者思考和发言。讨论由专人主持,要求发言者事先申请,发言时间有限制。听众对发言者有不同意见可以通过特定的手势动作加以表达。但不得大声干扰,目的是实现伏尔泰所说的,"我反对你的观点,但我坚决维护你表达观点的权利"。"黑夜站立"运动内部组织形式是横向的、扁平化的、非等级化的。运动中临时组成的团体或者委员会的地位是横向的,整个组织形态呈现非垂直化的特征;运动实现了自下而上的决策机制,尽量避免上下级领导关系和隶属关系的出现。

"黑夜站立"运动采取了反权威的组织原则。反权威,指运动中排斥固定领导或者固定领导集体,人人平等参与。也有很多政治力量和组织想参与领导这场运动,但被参与者拒绝;一些政党和组织曾试图以各自组织的名义介入这场运动以提高影响力赢得政治资本,但参与者认为自我动员的力量已足够强大,并不希望各种政治力量浑水摸鱼;一些传统的政党和工人组织希望扩大自己的组织人员和力量,但收效甚微,因为多数人并不希望运动朝着组建政党的方向发展。

(五)各种思潮泛滥,后马克思主义意味浓厚

"黑夜站立"运动的模式深受各种社会思潮的影响,马克思主义、无政府主义、后现代主义、后马克思主义等思想理论为其产生和发展提供了丰厚土壤。

无政府主义是指反对包括政府在内的一切统治和权威,提倡个体之间的自助关系,关注个体的自由和平等,其政治诉求是消除政府以及社会上或经济上的一切独裁

统治关系。垂直化的管理方式在“黑夜站立”运动中被极度排斥就是其主要表现。修正过的马克思列宁主义暴力革命理论对“黑夜站立”运动也影响很深。葛兰西认为，随着时代发展，无产阶级革命的重点将聚焦在无产阶级阶级意识和文化领导权上，暴力革命不再重要，文化领导权的争夺远比政治领导权的争夺更重要，无产阶级革命的场域在文化领域而非在政治领域，以和平方式取代暴力方式正合时宜。思辨而不去行动，建议而不去革命就是修正过的马克思主义在“黑夜站立”运动中的浓重痕迹。

而“黑夜站立”运动所频频出现的去中心化、分散化、多元化特点，也清晰地看出后现代主义的色彩。后马克思主义学者拉克劳和墨菲对阶级和阶级意识进行了完全的消解，认为运动的主体不再是无产者，而是各种边缘群体。他们认为：“一方面是，工人阶级的人数不断下降与经济上的碎片化；另一方面是，边缘化的人口日益扩大，这位于广泛的对抗性增值的根本位置。”①

（六）各种运动交织一起，反向抗议强烈

“黑夜站立”运动是在全球新社会运动蓬勃发展的背景下爆发的，其本身带有新社会运动的很多特点，如后物质主义特点和后工业社会的特点。一直以来，传统社会主义运动都将斗争的领域重点放在生产和再生产方面。而“黑夜站立”运动与新社会运动一样，将生态、女权、种族民权等运动纳入关怀视野。社会主义运动关注的是总体性目标的宏大叙事，新社会运动往往更为关心其中的某一个领域、某一个议题。而“黑夜站立”运动却两者兼而有之，是两者的交集。但它在解决被资本主义所异化的问题和领域，主张上的广度、深度、层次等方面都远远超过一般新社会运动而向社会主义运动的特点接近。

“黑夜站立”运动反对的目标指向金融资本在经济、政治、文化等多重领域的统治。该运动反向抗议强烈，其“反向”旨趣在于发展一切与资本主义相悖的东西，资本主义的反向发展是该运动的努力目标。如资本主义的管理方式是垂直的科层制，“黑夜站立”运动就实行扁平的多元化管理；资本主义实行票决的民主，“黑夜站立”运动就实行协商式共决民主；资本主义对民众实行整体强权统治，“黑夜站立”运动就追求一种小范围的自治形式，每个人都是管理者和参与者。

综上所述，“黑夜站立”运动呈现出的一系列新特征，是当代法国在经济、政治、文化、社会、科技等综合因素作用下而形成的。这些新特征将对此后的新社会运动产生重要的示范和塑造作用。

三、对“黑夜站立”运动的反思

“黑夜站立”运动的产生和发展与法国经历的社会历史性变迁紧密相关，但却表现出了西方新社会运动迈向新阶段的逻辑和机制，标志着西方新社会运动在继续向前发展的同时走向了一个新的高度。“黑夜站立”运动为学者观察分析雇佣劳动对资本的

① Ernesto Laclau, “Class War And After,” *Marxism Today*, April 1987, pp. 30-33.

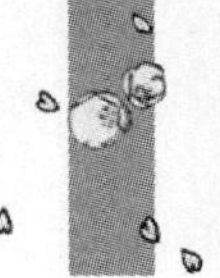

抗争留下空间,如"黑夜站立"运动是否对准了"准星",为什么参加人员如此复杂,运动替代方为什么不是社会主义等。对这些答案的探寻将极大推进我们对新社会运动新阶段的思考。

(一)法国人民对本国政治制度的批判接近对准"准星"

新社会运动的目标往往是反对资本主义某一个领域或者反对某一主题,对资本主义的抗争总是远远偏离"准星"。而这次"黑夜站立"运动却具有与整体社会制度抗争的味道,直接对准了资本主义基本矛盾的"焦点"。

"因为反抗一种权力的中心成为了难以寻觅的事情,权力已经四海为家。"① 斗争不再以反对剥削为主要方向,而转变为反抗经济剥削这个总根源周围的次权力。"五月风暴"之后,西方出现的一系列新社会运动都是围绕剥削以外的这些次权力做文章,所以"五月风暴"是传统工人运动和新社会运动的一个分界点。之后出现的利益诉求各异的新社会运动不再把抗争集中在宏大的政治领域和资本主义经济剥削领域,而是转移战场,围绕各种次级权利进行斗争。

对比美国华尔街占领运动和法国"黑夜站立"运动,华尔街的占领运动呈现出了"资本暴力"或称之为"金融暴力"特点,法国巴黎的"黑夜站立"运动呈现出"劳动暴力"亦或"体制暴力"的特点。如果说美国民众只是反对准华尔街的话,那么法国民众实际上是与整个体制抗争。令人惊奇的是,西方的资本与金融、劳动与体制,恰恰是西方长久以来引以为傲的四大法宝。"占领华尔街"有相对明确的诉求,就是反对美国政府政治和金钱交易,反对华尔街金融垄断资本,所以对社会影响的范围相对要小。但"黑夜站立"已经不局限在对某个权贵阶层或对单纯某一届政府的反对,实际上已逐渐扩展到对法国及一些欧洲国家的政治制度强烈质疑。参与者提出法国需要一种新的民主模式来推动改革以更好地表达民众的诉求。

如果说"黑夜站立"运动之前的危机只是纯粹的工业危机、商业危机、生产危机、信用危机的话,那么法国当代的危机则是包括上述各种危机在内的政治危机、文化危机、制度危机、生态危机、主权债务危机、次贷危机等诸多方面交织在一起的总危机。如果说传统的新社会运动危机只影响法国经济本身的话,那么"黑夜站立"危机已经影响到法国政府自身的执政安全。如果说以前的"病灶"只是在肌体的表面,而今的"病源"已到国家政治的最深层次。

对于黑夜站立运动、新社会运动、传统社会主义运动三者的关系,可以作以下总结:新社会运动往往更为关心社会中的某一个领域、某一个议题,追求社会中的微权利。而传统社会主义运动关注的是总体性目标的宏大叙事,主张解决资本对生活的全面侵占。但"黑夜站立"运动好像是两者的交集,在形式上具有新社会运动的特点,但在诉求上又体现了传统社会主义运动的整体性,反映了从碎片化的抗争到总体抗争的趋势。三者在本质上都是对资本主义异化领域和问题不同层面的反抗,但在解决问题

---

① 孙亮:《西方"新社会运动"的出场、特点及其局限》,载《山东社会科学》2015年第7期。

的广度、深度、层次等方面有所区别。

（二）参加者是"多个新中间阶级的同时联合"

"黑夜站立"运动的成员不同于传统的工人阶级，也不同于新社会主义运动的"某个新中间阶级"，而主要是"多个新中间阶级的联合"。"黑夜站立"运动的成分不仅十分庞杂，包括生态主义者和女权主义者、和平主义者和民权主义者、同性恋者和青年学生等各色人群，而且这些一起联合起来的新中间阶级具有不同的社会需要和价值追求，所以说"黑夜站立"运动不是统一的主体，而是不同类型的抗议人群的组合。

"黑夜站立"运动呈现出对资本主义制度的整体性批判的特点，但是各种新社会群体运动都可以加入运动中来，使得多个对资本主义进行批判和表达利益诉求的方向汇集在一起，形成一股洪流。不同类型的社会运动一起上阵，相互之间彼此呼应、此起彼伏，构成了"黑夜站立"运动的奇特现象。在"黑夜站立"运动中，整个社会不同利益的追求者似乎都被同时动员了起来，激发起各种不同的新社会运动。这种"社会全体动员"推动众多的利益诉求和不同类型的社会运动汇集成了宏大的社会运动浪潮。

新社会运动的突出特点是对不同阶层、不同年龄段、不同党派、不同信仰的人都有吸引力，参与性很强，但这种参与往往不是一起迸发，而是各顾各自，不同的新运动并不交叉。而"黑夜站立"运动，不但能吸引不同的人群，而且能使不同诉求的抗议人群在同一个相对集中的时间段全部参与进来，采用此起彼伏，一浪接一浪的形式对现行制度进行持续冲击，同时行动极易展现出"新阶级"的形象，形成少数人利益对立于多数人利益的局势，给法国当局造成极大压力。

现阶段社会阶级结构呈现出多重分化、多元化、复杂化的趋势，构成了"黑夜站立"运动的阶级阶层基础。在全球化过程中，资本家阶级由多层次资产阶级分化重组、交叉融合而成，而随着资本阶级结构呈现出多重复杂组合的特点，全球雇佣劳动阶级也出现了阶层的多元分化，"黑夜站立"运动群体多元化只不过是这种复杂阶级阶层关系的表象而已。随着新社会运动进入新阶段，参与群体会出现更加复杂化和进一步多重分化的趋势。

（三）替代方案具有社会主义诉求

传统的"新社会运动"，其旨趣不在于阶级问题和传统政治问题，而是非阶级问题和具体的社会问题。[①] 工人阶级的抗议活动，"只是寻求资本主义秩序内的变革而不是资本主义秩序主导地位的变化"[②]。

但"黑夜站立"运动却是反资本主义的，运动中不乏社会主义因素。"黑夜站立"运动的模式体现出有意、自觉地反对资本主义的韵味，参与者提出的抗议、诉求、倡议似有似无地指向了社会主义价值。囿于世界社会主义运动处于低潮的原因，完整的替代方案并不容易提出来，但其目标却是明确的：法国现行政治体制已经无药可治，彻底倾

---

① 参见姜晖：《当代西方工人阶级研究》，中国社会科学出版社2015年版，第20页。

② ［英］理查德·斯凯思：《阶级》，吉林人民出版社2005年版，第29～30页。

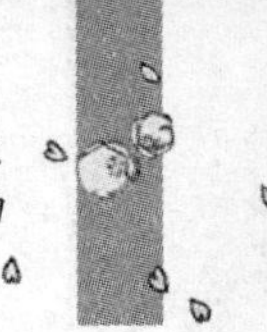

覆是最好的选择。这种反体制政治的目标是我们目前看到的西方新社会运动中最为直接的诉求。

“黑夜站立”运动作为新社会运动在新时代的发展。虽然与传统社会主义运动有明显差别，但三者的终极目标和意义都是人的自由而全面发展，这与共产主义的终极价值不谋而合，所以在这个意义上，“黑夜站立”运动作为最新的社会运动，与传统的新社会运动和社会主义运动在发展方向上具有同向性，三者在本质上都是反资本主义的。此次“黑夜站立”运动呈现以下景象：有整体目标但无长远目标，反对社会政治体制但没有替代方案，有先进的组织方式但无先进理论指导，有广泛的参与人群但排斥先进的领导阶级。考察“黑夜站立”运动的意义，可以认为，它与法国 1968 年“五月风暴”一样，具有社会主义运动最重要的“转段节点”意义，必然在世界社会主义运动历史中留下浓重一笔。

四、结论

尽管“黑夜站立”运动提出了终极诉求口号，但批判的武器不能代替武器的批判，只在理论和口头上谴责而不在实践中进行革命的运动，社会主义的终极诉求不可能实现。

以“黑夜站立”运动为代表的新社会运动要取得长远发展就必须与社会主义运动相对接，两者并不矛盾，也没有完全割裂，传统的社会运动中有一些新社会运动的影子，而新社会运动中也有传统社会运动的一些诉求。新社会运动要想彻底改变世界，必须在组织方式和斗争方式上借鉴传统社会主义运动，让组织方式更科学，斗争目标更明确。同时在坚持话语权创造与重建的同时，与社会主义运动相结合，提高斗争层次，拓展斗争深度，扩宽斗争广度，而不仅仅满足于低层次的街头抗议。

“黑夜站立”运动以其新颖的抗争形式和内在特征表现出新社会运动进入新阶段的征兆，但该运动是否已发生了重大转向还是一个问题，仅凭一次运动判断新社会运动进入一个新阶段必然要面对各方面的质疑。马克思主义学者既要承认“黑夜站立”运动形式的新颖，又要对今后发生的新社会运动予以进一步分析总结，才能把新社会运动新阶段的研究推向前进。

女权主义与马克思主义的当代联姻

——兼论社会主义女权主义对马克思主义的误读

秦丽萍
（武汉大学马克思主义学院博士研究生）

"西方社会主义女权主义特别关注资本主义社会条件下阶级压迫与性别压迫相互作用的方式，并以一种全新的视角把女权主义的关怀和社会主义的目标连接起来，试图通过批判和否定资本主义制度条件下男女不平等来追寻女性权利的回归。"[①]代表人物有：朱丽叶·米切尔(Juliet Mitchell)、齐拉·爱森斯坦(Zillah R. Eisenstein)、南希·哈索克(Nancy Hartsock)、朱丽叶·巴雷特(Michele Barrett)、艾里斯·扬(Iris Young)、莉迪亚·萨金特(Lydia Sargeant)、莉丝·沃格尔(Lise Vogel)、阿莉森·贾格尔(Alison Jaggar)，等等。朱丽叶·米切尔曾宣示："对女权问题作出马克思主义的回答，主张用科学社会主义来分析女权问题。"[②]因此，社会主义女权主义自形成之日起，便以其与马克思主义"不可须臾分离"的联系及独特的理论观点和政治策略而与其他女权主义理论迥然有别。与马克思主义的当代联姻，看似为女权主义与妇女运动的开展带来了福音。纵观社会主义女权主义的理论维度，马克思主义既是不可多得的思想资源，同时又屡遭质疑。

一、社会主义女权主义质疑马克思主义的三重维度

西方女权主义在创建自己的理论初期，并没有马上开始寻找、建构属于自己的理论，而是借用已有的解释模式，用人们熟悉的思想来理解女性现状的起源。正如福柯曾在他的《知识/权力：访谈录和其他作品录》中突出强调："写历史而不使用与马克思直接或间接相关的一整套概念，不把自己置于被马克思所定义和描述的思想层面，这在当今是不可能的。"[③]社会主义女权主义的理论探讨也必须部分地借助马克思主义的分析范式。社会主义女权主义宣称，马克思和恩格斯就妇女问题的认识有值得肯定

① 余永跃、秦丽萍：《解读西方社会主义女权主义》，载2013年12月31日《中国妇女报》。

② 转引自刘建军：《文明与意识形态》，中华书局2011年版，第197页。

③ 转引自仝华等：《马克思主义妇女理论发展史》，北京大学出版社2004年版，第194页。

的部分，但是两人对妇女问题的成见也是不容否认的。她们一再强调：马克思与恩格斯将两性之间的既有关系认定为理所当然的社会现象。在社会主义女权主义者看来，其他的马克思主义理论家们，如倍倍尔、列宁、卢森堡等都不同程度地发展了马克思主义的妇女观，对妇女问题作过一些分析，但是他们的有关分析与论述却并非无懈可击。从一定意义上而言，社会主义女权主义是由马克思主义衍生而来的，它需要借助马克思主义无可争议的主导地位使其合法化；作为资产阶级妇女理论，社会主义女权主义的理论延展与对马克思主义的片段化解读又是同步的。具体表现在：

（一）妇女解放问题被马克思主义的社会主义理论所搁置

马克思主义的科学社会主义曾态度鲜明地对妇女地位和妇女运动的伟大作用表示肯定，并为妇女运动指明了革命的任务。社会主义女权主义对此并不否认。但她们无法认同的是：马克思主义一味地将所有的社会变化置于阶级分析的框架之下，性别因素就在以国家和种族为主体的分析中被湮没；同时，马克思主义的阶级划分对于妇女的差异、多样性以及共同体验并不具备充足的解释力。社会主义女权主义者们认为高唱"阶级第一"是一个堆满了灰尘的、由于脱离实际而变型的、老化了的理论，而只有她们的"女权第一"的女权主义才是富有生命力的，并始终是社会变革的主导力量之一。在社会主义女权主义看来，性别因素的介入或多或少地构成了对马克思主义阶级分析的反叛，分化了阶级分析的有用性。马克思主义者们有意或者无意地忽略了这种状况的存在。具体来讲，社会主义女权主义主张，马克思主义的工人阶级运动低估了妇女运动和妇女的关注点，甚至将妇女问题定位为一个"边际问题"；马克思主义聚焦于社会制度和物质生活的变化，对人的情感和信念的作用却漠不关心；在实践和日常生活中，大多数马克思主义者受限于其男性身份，以男性利益为出发点，妇女利益在多数情况下是被忽略的。更为重要的是，社会主义女权主义者们不满于马克思主义仅仅是将妇女解放程度事关全社会的进步停留在抽象的象征意义，成为社会主义理论的附庸，变为一句空洞的口号。朱丽叶·米切尔表达了对这一问题的不满，她认为，马克思主义并"没有提供一种有关未来的图景，没能超越认定社会主义将把妇女的解放看作是划时代的'时刻'之一的思想"[①]。

（二）性别关系因素被马克思主义的社会行为范畴所剥离

在社会主义女权主义看来，尽管马克思偶尔将生育行为当作生产关系变化的历史影响因素来看待，比如在《共产党宣言》中把家庭看作是经济的上层建筑结果："现代的、资产阶级的家庭是建立在什么基础上的呢？是建立在资本上面，建立在私人发财上面的。"[②]但是，马克思坚持生育行为是自然的而非历史行为的一贯看法。对于马克思而言，最初的阶级划分起源于对社会剩余产品，即食物和物品的剩余产品的占有的斗争，这样，马克思区分阶级地位的标准被理解为与生产食物和物品的生产方式有关。

---

① 李银河主编：《妇女：最漫长的革命——当代西方女权主义理论精选》，三联书店 1997 年版，第 15 页。

② 《马克思恩格斯文集》第 2 卷，人民出版社 2009 年版，第 48 页。

源于对阶级范畴的界定势必会导致两种后果：一是排除了对其他社会必要行为诸如生育和养育的历史冲突的考察；二是未曾考虑将此种行为在社会组织中的变化归为历史变化的构成要素。社会主义女权主义者们声称马克思主义全然不考量历史上性别关系因素在社会行为中存在的可能。社会主义女权主义宣称，马克思的研究范式源于资本主义社会关系，他却一味地将资本主义社会的性别关系套用到前资本主义社会；对性别的理解是基于概念的使用中预设假定而非经济分析的历史本质意识。正是由于“生产”概念的模糊性以及“经济”概念使用上的经常性混乱，导致了解读性别关系上的失误，以及错误地泛化了资本主义社会关系。约瑟芬·多诺万对此回应道：“迄今为止，所有马克思主义理论把妇女的屈从地位和资本主义的兴起联系在一起，这是它的一个致命缺陷。因此，它无法解释为什么妇女受压迫的境况在前资本主义社会存在，而且在那些‘资本主义之后’的社会中也存在。”①

（三）社会主义国家中男女不平等现象的客观存在构成对社会主义优先性的反叛

反叛是指人们认为旧的价值目标和制度的手段是不公正的，所以希望通过一套全新的目标和手段来建立一种全新的社会秩序。传统的社会主义理论认为，女权主义者应该优先效力于社会主义革命，妇女解放将会随着社会主义革命成功而水到渠成。在社会主义女权主义者看来，世界上社会主义国家事与愿违的实践结果也再度证实：消灭妇女受压迫并非同步于私有制的消灭。美国社会主义女权主义者倾力于考察各社会主义国家中的妇女境况，她们调查并记录在中国、古巴、苏联、德意志民主共和国等国家妇女的发展状况，搜寻有助于解决美国妇女问题和发展社会主义女权主义理论的实例。她们倾向于采用以下几方面的数据来评估社会主义变革对妇女的意义：妇女识字率、杀害女婴率、妇女和儿童的营养水平、婴儿死亡率、妇女对自己的身体的自主权和生育决定权、妇女就业和报酬情况，妇女在高等教育和权力机构中的比例等。调查表明，妇女的现状比社会主义革命前有明显的改观，社会主义国家中妇女的境遇远超过邻近的非社会主义国家中的妇女。客观来讲，身处社会主义国家与资本主义国家的妇女会有截然不同的境遇，前者可以拥有更多的平等机会。但是，相比于社会主义国家中的男性而言，同等条件下的女性则常常遭遇二等公民的窘境。这让社会主义女权主义者更加质疑的是：由男性主导、男性界定的革命是否能够囊括另一半——妇女的切身权益。社会主义女权主义者因此得出结论：马克思主义所追求的社会主义目标的实现并不必然带来男女社会性不平等的自然消失。社会主义女权主义据此认为社会主义国家中男女不平等的事实存在构成了对社会主义优先性的反叛。

社会主义女权主义对马克思主义的质疑可以概括为：作为无产阶级革命运动的指南，作为实现全人类解放思想武器的马克思主义理论，为何将妇女争取平等权利的斗争抽离于建立“自由人联合体”的进程？为何会把妇女解放视为无产阶级解放的搭便车现象？为何未曾科学地预见到反抗压迫的妇女斗争会风起云涌并成为批判资本主

① ［美］约瑟芬·多诺万：《女权主义的知识分子传统》，赵育春译，江苏人民出版社2003年版，第113页。

义社会的强大力量？概言之，社会主义女权主义者们普遍认为单一的马克思主义分析无助于资本主义社会中妇女问题的解决，或者说她们一直难以释怀于马克思主义未能竭尽全力于对妇女问题的探究。于是，社会主义女权主义迫切需要寻求新的分析路径来突破以往的种种弊端。

二、走向联姻：女权主义问题域的当代呈现

如其名称本身所暗示的，社会主义女权主义显示了两个倾向：一是社会主义女权主义试图取代马克思主义女权主义的倾向，二是对源于马克思主义女权主义对性别忽视的不满。[①] 社会主义女权主义一再强调，要想从马克思主义理论中整理出一整套关于妇女理论的现成答案，只是徒劳无益，不如另辟蹊径；同时，社会主义女权主义并不想舍弃其理论来源——马克思主义，便倾力于兼顾女权主义与马克思主义的联姻来强化对妇女受压迫境况的有效性分析。基于此，社会主义女权主义者以女权主义与马克思主义的糅合为出发点，以求给予女权主义的问题域以更全面的阐释。

社会主义女权主义指责马克思主义对于阶级斗争分化的过分警惕，而未能谨慎地考察资本主义社会中普遍存在的女性受压迫窘境。她们声称传统的马克思主义分析维度是"性别盲"，未能认识到妇女依然遭受到除阶级压迫之外的其他压迫。这种压迫在资本主义社会之前和之后都存在着，而且是生产和再生产的结果。由于专注于大规模工业生产，传统马克思主义不可能把家庭环境中的妇女当作劳动工人来分析，同时他们也没有注意到谁将从这样的家庭劳动中受益。然而这并不能遮蔽妇女受压迫的事实，具体表现在：第一，女性与男性被分属于家庭和社会并因此处境迥异。第二，妇女在家庭中的从属地位使得妇女受压迫境况变本加厉，对此朱丽叶·米切尔讲道："妇女被赋予了自己另外的世界——家庭。家庭像妇女自身一样，被视为是自然的产物，而实际上它是文化的产物。正是这种思想观念将那些特定的社会形态看作是自然本身的某些方面，二者均被奉为理想。'真正'的女人和'真正'的家庭是和平与富有的象征：实际上她们既是暴力又是绝望的承受者。"[②]第三，即便妇女有机会进入社会工作领域，依然无法改变劳动力市场中"第二性"的传统不利地位。哈特曼指出："在劳动力市场中，男人的支配地位得到性别分工的维护。妇女的劳动被认为是缺少技术，报酬很低，所行使的权力和监督也少……妇女在劳动力市场的从属地位加剧了她们在家庭内的从属性，在家里的从属性反过来又加剧了她们在劳动力市场中的从属地位。"[③]

在对妇女受压迫根源的追溯上，社会主义女权主义认为马克思主义对资本主义社会中妇女从属地位的根源分析不够完备，便试图发现隐含于资本主义与父权制之间的联系。社会主义女权主义者通常认为，阶级剥削制度和社会性别压迫制度彼此共生于

---

① Imelda Whelehan, *Modern Feminist Thought: From the Second Wave to "Post-feminism"*, Scotland: Edinburgh University Press, 1995, p. 44.

② 参见李银河主编：《妇女：最漫长的革命——当代西方女性主义理论精选》，三联书店1997年版，第2页。

③ 李银河主编：《妇女：最漫长的革命——当代西方女性主义理论精选》，中国妇女出版社2007年版，第61页。

资本主义社会；两者在妇女受压迫根源的有效性分析中，无孰先孰后的分别。所以，要想改变妇女受压迫的境况，就不仅要改造生产资料的所有制关系，同时还要改造女性受压迫的社会经验。针对这两者之间的博弈运作，有两种迥异的观点共存于社会主义女权主义内部：其一坚信父权制与资本主义分属于不同领域，既彼此关联，又彼此分离，以哈特曼、米切尔等人为代表；二是认为资本主义即是父权制，并提出种种概念说明资本主义与父权制的统一，以扬、沃格尔、贾格尔等为代表。社会主义女权主义通过以上两种理论分析框架以修正马克思主义的"性别盲"缺陷，以求给予资本主义社会中的父权制权力体系更为全面而准确的阐释。总之，"她们不认为一个无阶级的社会就能消除男性的特权，也不认为经济压迫不如女性受的压迫重要"①。

在女权主义的立场论问题上，社会主义女权主义向来谴责马克思主义的理论伸展与实践探索都是有性别属性的，其出发点都是男性的；此外，一味强调阶级的单向度分析，势必会无暇顾及两性不同的社会经验，从而遮蔽女性的整体性遭遇。基于以上考虑，社会主义女权主义提出"女性立场"来补充马克思主义中性别研究维度缺失的痼疾；同时，指责马克思主义的分析将女性分裂于无产阶级与资产阶级的阵营，实际上是分化了性别斗争的力量。区别于马克思主义的传统分析，她们坚持认为女性立场的存在有利于或者更有益于强化其女性群体性意识。贾格尔得出以下的结论："我认为社会主义女权主义提供了从妇女出发的最有用的对现实的表现，其确定的理想和范畴以妇女生活和劳动经验为基础，可以克服当前理论的狭隘性和男性偏见。"②因此，"社会主义女权主义认为，一个女权主义理论，甚至所有的女权主义理论获得完善立场性的首要条件是应该从女性的立场描述世界"③。这在社会主义女权主义内部产生了强烈反响，对此有多位理论家进行了相关论述，如桑德拉·哈丁(Sandra Harding)、南希·哈索克(Nancy Hartsock)、伊夫林·福克斯(Evelyn Fox)、凯乐·多萝西·史密斯(Keller Dorothy Smith)等。

社会主义女权主义强调女性应该同时进行性别斗争和阶级斗争，这样才能从压迫她们的力量中解放出来，基本途径包括：第一，女性要解放，必须获得经济独立，因此，必须打破传统性别分工和性别歧视，保障女性的平等的就业机会和选择权；第二，女性要实现政治解放，必须要推翻男性上层建筑，进行政治变革和政治斗争，突出强调民主政治斗争作为主要的政治策略；第三，思想解放成为女性解放必不可少的条件之一，主要策略包括使女性确立自尊、自信、自爱、自立的意识，提倡在日常社会中以社会主义的价值观看待平等、自由、合作、共享和政治责任。总之，社会主义女权主义相信，"妇女受压迫并不是个人蓄意行动的结果，而是个人生活于其中的政治、社会和经济制度

① [美]卡拉·亨德森等：《女性休闲——女性主义的视角》，刘耳等译，云南人民出版社2009年版，第99页。

② Alison M. Jaggar, *Feminism Politics and Human Nature*, New Jersery: The Harvester Press, 1983, p. 389.

③ [美]阿莉森·贾格尔：《女权主义政治与人的本质》，孟鑫译，高等教育出版社2009年版，第557页。

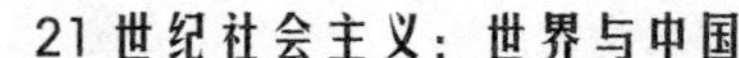

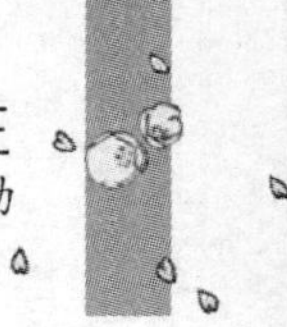

的产物"[①]。换言之,社会主义女权主义自诩为一个崭新的领域,试图从经济、政治以及意识形态等方面就性、性别、阶级斗争等包罗万象的问题进行一揽子解决。

综上所述,无异于第二波中的其他女权主义理论,社会主义女权主义执着于寻找现实女性在资本主义和父权统治两种制度交叉中受压迫的原因与出路;它试图改变迄今为止对性别、性特征和家庭等方面的传统社会主义理解。

三、悬而未决:女权主义与马克思主义的零和博弈

如前所述,社会主义女权主义的所有理论探析都基于两个方面的权衡:一是凭借马克思主义的理论和方法以深化女权主义的解释力,透析妇女受压迫的具体形式;二是将父权制的有关主张灌输到马克思主义之中的传统分析。迄今为止,社会主义女权主义向我们所展示的批评模式莫过于订立婚姻,试图摆脱"纳什均衡"[②]以期达成非零和博弈的初衷却悬而未决。社会主义女权主义最终演化为"马克思主义传统和新女权主义的观点之间,介于阶级与性别、生产与再生产之间,是在公众和私人王国之间结合而成的,具有二重性的混合物"[③]。社会主义女权主义不可避免地要面对女权主义与马克思主义的关系问题。虽然米切尔曾在《女人等级》一书中明确指出,问题不在于"我们与社会主义的关系,而是应该运用科学社会主义来分析我们所遭受的压迫的特点以及我们的革命作用"[④]。事实上,社会主义女权主义内部却并未就此产生共鸣,反而"抛弃了社会主义传统革命中的马克思主义的核心"[⑤]。这一归宿可以从社会主义女权主义的固有立场中逻辑地推导出来。

第一,社会主义女权主义妄图借助马克思主义去阶级化分析以达成女权主义与马克思主义的非零和博弈。应该指出的是,西方社会主义女权主义思潮虽然受到马克思主义的基本理论观点特别是有关阶级剥削及资本主义制度本身对于妇女受压迫的根本影响,故而在揭示不同阶级之间存在的男女不平等时充分运用了马克思主义的阶级理论,但该理论在定义同一阶级内部存在的男女不平等时却不同意马克思主义的观点,而强调是男权问题。最值得注意的是,马克思主义妇女解放理论是从被压迫阶级和社会弱势群体的角度切入,关注于占大多数的无产阶级妇女的整体解放。社会主义女权主义意图借用马克思主义来研究资本主义社会发展中存在的资产阶级妇女问题,这里便隐含着研究主体的置换问题;而社会主义的妇女与社会主义女权主义者之间的区别就在于前者致力于理解并改变资本主义制度,而后者则致力于理解由资本主义父权制派生的权力体系。

---

① [美]罗斯玛丽·帕特南·童:《女性主义思潮导论》,艾晓明等译,华中师范大学出版社 2002 年版,第 141 页。

② 博弈论中有个经典模型,叫"囚徒困境"。处于囚徒困境中的双方各自追求利己行为而导致的最终结局是一个"纳什均衡",也是对双方都不利的结局。

③ 中国妇女出版社选编:《外国女权运动文选》,中国妇女出版社 1987 年版,第 15 页。

④ Juliet Mitchell, *Women's Estate*, New York & Harmondsworth: Penguin Books, 1971, p. 92.

⑤ Lise Vogel, *Marxism and the Oppression of Women Toward a Unitary Theory*, New Jersey: Rutgers University Press, 1983, p. 69.

第二，社会主义女权主义妄图运用理论研究方法的多元化来实现女权主义与马克思主义的非零和博弈。马克思主义妇女理论以唯物辩证法为指导思想，始终坚持以唯物辩证法来认识妇女问题。20世纪60年代以来，女权主义已经被马克思主义的方法论深深吸引，但是她们并不认为马克思主义是万能的。正如简·弗拉克斯在1976年的一篇名为《女性主义需要马克思主义吗？》的文章中回应道："仅仅马克思主义不能回答我们的问题。"①相比于马克思主义女权主义，社会主义女权主义拥有更驳杂的理论来源，其理论倾向也不是简单的清晰可辨，对马克思主义也采取了模棱两可的态度。她们一再强调马克思主义的一元化分析难以透视现实中的妇女问题，于是她们借鉴了西方马克思主义的一些研究方法，如阿尔都塞的意识形态理论、萨特的存在主义等等，试图对女权主义的问题域进行有效回应。

第三，社会主义女权主义妄图借助理论观点的去政治化来实现女权主义与马克思主义的非零和博弈。社会主义女权主义并不赞同传统马克思主义关于妇女问题的基本观点，即她们不认为私有制是妇女受压迫的根源，不认为妇女解放会伴随阶级革命的胜利获得自然地解决，也不认为社会主义可以解决所有的妇女问题等。社会主义女权主义强调要通过改良、建立妇女组织、发展慈善事业等方式来推动妇女解放。她们之所以选择"社会主义"而非"马克思主义"作为其名称前缀，充分表明其理论观点的去政治化倾向严重。社会主义女权主义是女权运动中的温和左翼的代表。这在美国社会主义女权主义表现得尤为突出。人们对20世纪50年代约瑟夫·麦卡锡的反共政治迫害和扣赤色帽子行为心有余悸，美国的女权主义通常会否认自己的理论中有马克思主义的任何东西，而选择范围更广泛、内容更丰富、政治负担较轻的"社会主义"一词，即使是那些来自马克思主义传统的、围绕马克思主义的文本进行争论的地方也是如此。沃格尔明明持有较为传统的马克思主义观点却总是自诩为"社会主义女权主义者"，就是很好的例子。

社会主义女权主义是女权主义的一种"话语"，它珍视女权主义与马克思主义的历史关联，尤为重视社会主义目标的理论价值，是对两者之间复杂历史关系的一种解决方案，这一方案的特点在于采用了"社会主义"的概念并可以用"女权主义＋社会主义"的公式来概括其理论观点和行动策略。准确地说，社会主义女权主义公式中的"社会主义"是指西方资本主义社会中的社会思潮和左翼进步组织中的社会主义，与我们所说的科学社会主义的改变有本质区别。伴随着社会主义女权主义的理论深化，"社会主义"拥有了更为宽泛的界定，在每个社会主义女权主义者的理论范式中，其"社会主义"所指，都要视具体情况而定。也就是说，公式应该变成"女权主义＋社会主义的某种变体或某几种变体的混合物"。因此，社会主义女权主义虽然在宽泛的意义上讲是女权主义对社会主义的回归，但是它不可能回归到马克思主义的科学社会主义，甚至与科学社会主义风马牛不相及。当然，不能否认，从政治功能上来讲，社会主义女权主

---

① 转引自戴雪红：《女性主义对资本主义的批判：立场、观点和方法》，光明日报出版社2010年版，第202页。

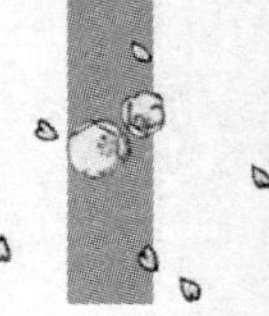

义也可以称作是“一面旗帜”。这面旗帜，一方面预示着它与马克思主义之间存在着某种“血缘”关系，意味着它从马克思主义那里获取了某些灵感；另一方面标志着社会主义女权主义者们对女性解放事业的关注，意味着在特定的政治和学术环境中，女权主义对其具体生存策略的抉择与归属。

毋庸置疑，社会主义女权主义者自身所处的阶级阶层、具有的文化以及职业背景使她们一直在表面性问题前徘徊不前，满足于现有制度的小小改良，却不能从根本上彻底解决妇女问题。总的来讲，社会主义女权主义并不以否认现存政治框架为目的，仍然争取融入政治秩序。在有效性方面，社会主义女权主义对社会实践并不具有指导意义，它也忽略了甚至彻底否定了社会主义革命实践在消除男女不平等方面的卓越成就；当社会主义女权主义者面对中国妇女在政治地位上所获取的成就时，往往无法从自己的理论中得出令人信服的答案。从根本上来讲，社会主义女权主义的前缀“社会主义”并非马克思主义的科学社会主义，而应该是非科学社会主义。本质上从属于资产阶级理论阵营的西方社会主义女权主义受制于资产阶级违背历史发展规律的阶级本性以及资产阶级批判的固有局限，不是也不可能是“科学的”。正如恩格斯所指出的，“社会阶级在任何时候都是生产关系和交换关系的产物，一句话，都是自己时代的经济关系的产物”①，而“作为在法律的、政治的、社会的关系上发展了的东西，平等和自由不过是另一次方的这种基础而已”②。资本逻辑在经济上所确立起来的“平等、自由”不仅通过政治得到了社会领域内的扩大与扩展，同时这种扩大与扩展伴随着资本的扩张与发展又进一步地影响着包括妇女在内的人类整体精神生活，促进她们产生出新的具有普遍意义的民主意识、平等意识、社会参与意识乃至女权意识等等。西方社会主义女权主义主张，作为人所拥有的自由、民主与尊严都是牢牢地建立在资本的世俗生活基础之上的。换言之，建立于资产阶级“自由、平等、博爱”理想基础之上的西方社会主义女权主义虽然确实激发了人类追求性别公平的智慧与勇气，但是其对于性别公正问题的阐释力与改造力却存在相当程度的历史局限性。这也是导致女权主义与马克思主义的当代联姻无法成功，只能保持悬而未决状态的根本原因。

随着21世纪全球化进程的加速，世界社会主义运动和思潮势必呈现多样化格局。社会主义女权主义作为第二波女权主义浪潮中较有影响力的流派，我们既要肯定它在一定意义上丰富了社会主义理论，也要保持清醒头脑，坚持马克思主义的立场、观点和方法，坚持走科学社会主义的妇女解放之路，在透析与批判诸如此类的非科学社会主义流派对马克思主义的误读的过程中，加深对中国特色社会主义妇女解放理论的认同感，使社会主义妇女实践探索与时俱进。

① 《马克思恩格斯文集》第9卷，人民出版社2009年版，第29页。

② 《马克思恩格斯全集》第46卷(上)，人民出版社1979年版，第197页。

近年国内学界新自由主义思潮核心观点批判研究述要

秦志龙
（上海交通大学马克思主义学院博士研究生）

新自由主义①作为当代西方资本主义大国的主流经济学说、理论思潮和国际金融垄断资产阶级（代言人）的政治纲领、意识形态，具有很强的虚伪性、迷惑性和渗透性，其理论观点、政策主张和全球实践不仅给广大发展中国家带来了深重灾难，也给发达国家的普通劳动人民带去了贫穷困苦。长期以来，国内都有学者以马克思主义为理论指导旗帜鲜明地对其进行批判研究。近年来（特别是 2008 年金融危机以来），更多学者站在维护马克思主义在意识形态领域的指导地位的高度，以西方左翼学者对新自由主义的批判为镜鉴，对新自由主义的核心观点（彻底私有化、完全市场化、绝对自由化）及其具体政策实践进行了多维度、广视角有理有据的批判，深刻揭露了新自由主义的本质及危害性，有力回击了部分新自由主义鼓吹者对我国经济体制改革进行的攻讦和误导，有效维护了我国经济主权、金融安全和公有制的主体地位。本文拟对这些批判性研究成果作一个述要，以清晰呈现新自由主义批判的逻辑理路，进一步帮助人们从学理上认清新自由主义及其错谬所在，进而坚定马克思主义理论自信和中国特色社会主义政治经济学理论自觉，不断开辟当代中国马克思主义政治经济学发展新境界。

一、对“彻底私有化”的批判：“私有神话”破产

新自由主义的核心观点之一是主张彻底的私有化。这一观点的哲学基石是“人性自私论”，理论依据是所谓的“科斯定理”。国内学者为此主要从三个层面对其进行了揭露与批驳。

（一）哲学层面：揭露“人性自私论”的历史唯心论本质

古典自由主义的开路先锋亚当·斯密认为，人的本性是自私的，人们在经济活动中只考虑自己的利益，只受利己主义冲动的支配。新自由主义继承古典自由主义的

① 在西方，有“neo-liberalism”与“new liberalism”之分，后者在逻辑和时间上均具有先在性。参见李小科：《澄清被混用的“新自由主义”》，载《复旦学报（社会科学版）》2006 年第 1 期。

"遗训",大谈特谈人的"自私的基因",把"人的本性是自私的"当作不言自明、无须论证的逻辑前提,认为一切经济现象都可以从人的利己本性中得到解释,并由此推演出"公有制违背人的本性""私有化不可避免"的结论[①]。

对此,周新城教授从唯物史观出发,指出:"人的本性是自私的这一命题,在理论上是历史唯心主义的、反科学的"[②]。这是因为:其一,马克思揭示了人的本质在其现实性上是一切社会关系的总和,没有抽象的、普遍的、永恒的人的本性,只有具体的历史的由社会经济关系决定的人的本质;其二,社会存在决定社会意识,作为观念形态的"自私"是由社会存在(经济关系)决定的,在原始公有制社会里,人们就没有自私观念,现代自私观念只是随着私有制的产生发展才逐渐形成的;其三,在经济上占统治地位的阶级其思想也往往占统治地位,是私有制的长期存在和发展使得自私观念得以普遍化、经验化。由此,可以看到:人并不是天生就是自私的,也不是所有人都是自私的,所谓"自私人"(即"理性经济人")不是历史的起点而是历史的结果,不能把自私当作人的本性并以此推断一切经济问题,否则就会陷入历史唯心主义的泥潭。[③] 程恩富教授持类似观点,他对新自由主义鼓吹者张五常所宣扬的"人性天生、完全、永恒自私论"进行了坚决驳斥,指出是"社会财产关系和资源配置方式从根本上决定了占主导地位的人的社会本性"[④]。

(二)理论层面:揭示"科斯定理"的伪科学性

新自由主义主张私有化的主要理论依据是所谓的"科斯定理"。科斯在发表于1959年的《联邦通讯委员会》一文中指出:"权利的清晰界定是市场交易的基本前提。"其后他又在《社会成本问题》(1960年)一文中提出不同于西方传统经济学的观点:外部性具有相互性,当存在负外部性时,由交易双方进行谈判,就可以实现"帕累托最优"。科斯的一系列理论观点被后来的学者概括为"科斯定理"。其要点包括:市场交易是有成本的,企业的存在是为了节省交易成本;在交易成本为零时,只要产权初始界定清晰,并允许经济当事人进行谈判,就能实现资源的最优配置;所谓"产权初始界定清晰"就是界定到私有[⑤]。其基本结论则是:私有经济交易成本比公有经济低,私有制的效率比公有制高。由是,新自由主义者极力鼓吹私有制优越论,宣扬"私有制度是唯一选择","私有化是必由道路"。

为此,国内学者对"科斯定理"进行了追本溯源、抽丝剥茧般的分析,并将其与马克思主义产权理论相比较,有力揭示了它的伪科学性。如吴易风教授将科斯的产权理论与马克思的产权理论进行系统比较,不仅找到了科斯产权理论语焉不详、概念模糊的

---

① 著名新自由主义者张五常说:"我一句话就可以把共产主义驳倒——人的本性是自私的。"

② 周新城:《不能让新自由主义误导国有企业改革》,载《山西财经大学学报》2004年第5期。

③ 参见周新城:《对抽象人性论的危害应有足够认识》,载《红旗文稿》2013年第19期。

④ 程恩富、黄允成:《11位知名教授批评张五常》,中国经济出版社2003年版,第56～67页。

⑤ 科斯的弟子张五常解释说:"清楚的权利界定是私有产权。"[张五常:《我所知道的高斯(科斯)》,载《凭栏集》,香港壹出版有限公司1991年版,第121页]

学术背景渊源，而且发现了科斯产权理论的内在方法论缺陷：重视案例分析但没有科学抽象力（案例分析的非周延性），逻辑散漫且不注重历史考察（逻辑与历史的不一致性），敢于假设却同样陷入背离现实（假设的非现实性）。[①] 他通过对科斯定理源与流的考察指出："科斯定理只是提出并试图解决产权理论中的一个问题"（产权清晰与经济效率的关系问题），远未形成体系，实难与马克思的产权理论相提并论。而科斯关于产权界定与经济效率关系的命题，即只要私有产权清晰资本主义市场经济总有效率的命题，并没有得到任何证明。科斯自己没有证明，他的追随者没有证明，资本主义市场经济的历史也没有证明。究其根源，是因为科斯理想中的有效率的完全竞争市场从来就没有存在过，也不可能存在。何秉孟教授则指出，科斯的产权理论实质上是资产阶级经济学的私有产权理论，存在两个明显漏洞：其一，认定私有制经济的交易成本比公有制经济低，是一种先入为主的主观武断。因为商品交易是一个讨价还价的谈判过程和有着诸多中间环节的履约过程，其成本不仅取决于市场规范程度，也取决于交易主体之谈判能力、履约能力，没有丰富可靠的实证数据，不能断定公有制经济的交易成本大于私有制经济。其二，资源的有效配置不仅取决于单个企业交易成本之高低，还取决于其他诸多因素。在资本主义私有制条件下，生产的社会化与生产资料的私人占有之间、单个企业内部的有计划与整个社会生产的无计划之间存在不可调和的矛盾，由此引发的周期性经济危机造成大量的资源浪费，是对生产力的巨大破坏，因此，从社会整体来看，不会带来资源的最优配置。[②] 裴小革研究员通过对新自由主义产权理论进行追问也提出，即使承认产权清晰对经济效率的重要性，这一理论也并没有从有利于生产力发展的视角论证，为什么在市场交易中一种商品的产权清晰到一方比另一方更合理，也就是说私有产权比公有产权更合理并没有得到有效证明。[③] 综上可见，科斯定理是一种伪科学，它既经不起逻辑推敲，也经不住历史检验和实践检验。难怪斯蒂格利茨指出：所谓"科斯定理"，乃是"科斯谬误"，科斯的"产权清晰论"乃是"产权神话"。

（三）政策层面：批驳"公有制与市场经济对立论"的荒谬性

新自由主义传入我国后，其典型表现为：在政策层面，鼓吹公有制与市场经济对立论，认为建立"真正的"市场经济就必须取消公有经济，实行彻底的私有化或"民营化"。对此，国内学者结合我国经济体制改革实践特别是国有企业改革成效进行了有力的批驳和学理辩证。

如张宇教授在对社会主义公有制经济的商品性与非商品性两重属性进行具体分析的基础上指出，公有制与市场经济之间是一种"对立统一"的关系，它们能够在这种对立统一中实现有机结合，即：既遵循市场经济规律，又体现公有制要求；既发挥市场

---

① 参见吴易风：《产权理论：马克思和科斯的比较》，载《中国社会科学》2007年第2期。

② 参见何秉孟：《国企改革必须以马克思主义产权理论为指导——兼评科斯的产权理论》，载《马克思主义研究》2004年第5期。

③ 参见裴小革：《新自由主义产权理论与马克思主义产权理论比较》，载《政治经济学评论》2004年第2期。

经济长处，也彰显社会主义制度优越性。[①] 简新华教授持相同观点，他从市场经济配置资源的机理这个本源入手，系统论述了公有制与市场经济相结合的必要性、可能性和现实性。他指出，市场经济需要的是“面向市场、参与竞争、自主经营、自负盈亏、产权明晰的企业制度”，而改革开放以来，我国公有制企业（包括国有企业）通过转机改制、实行现代企业制度、完善治理结构，在很大程度上已经做到了自主经营、自负盈亏、产权明晰。这说明公有制企业是能够适应市场经济要求的，公有制是能够与市场经济相结合的。[②] 程恩富教授则从学理的视角论证了公有制与市场经济相结合的科学性。他指出：产权的私人所有制、合作所有制、集体所有制、国家所有制，讲的是生产资料或生产要素在法律上的最终归属，而市场经济讲的是经济如何运行，涉及生产什么、生产多少、如何定价。这是两个不同层面的问题，前者是生产要素的公有与私有问题，后者是经济运行的政府与市场问题。用资源配置来理解，即是说，前者讲的是资源的产权配置，后者说的是资源的运行配置。资源配置包括产权配置和运行配置两个环节，它们之间可以有不同组合。公有制可以与计划经济相结合也可以与市场经济相结合，私有制可以与市场经济相结合也可以采用政府调节的方式。而我国搞社会主义市场经济的成功实践也证明了公有制不但可以与市场经济相结合，而且如果结合得好的话，可以显现出比资本主义市场经济更大的优越性。[③]

二、对“完全市场化”的批判：“市场迷思”破碎

古典自由主义反对一切对经济自由的限制和干预，崇尚通过市场自由竞争的方式来实现资源的优化配置。新自由主义继承了古典自由主义的“市场决定理论”，并通过“对凯恩斯革命的反革命”，发展成为市场原教旨主义。

1929～1933年资本主义世界发生经济大危机，古典自由主义解释乏力，“看不见的手”和“萨伊定律”遭遇普遍质疑，凯恩斯主义应运而生。凯恩斯认为，由于存在边际消费倾向递减、资本边际效率递减和流动性偏好，市场的有效需求不会自动得到满足，因而需要政府对经济进行干预。特别是，市场失灵理论从微观层面揭示了市场机制存在固有缺陷，即由于不完全竞争、信息不对称、外部性、垄断等问题的普遍存在，市场机制很难自发实现均衡和“帕累托最优”。到了20世纪70年代，西方资本主义国家出现了“两高（高失业、高通胀）一低（低增长）”的滞胀现象，凯恩斯主义无能为力。此种背景下，经过长期学院雕琢的新自由主义强势归来，以公共选择学派、理性预期学派、货币主义学派为代表的新自由主义经济学，开始反思传统市场失灵理论，揭露“政府的失败”，并反向论证市场失灵不是因为市场机制存在固有缺陷，而是因为市场机制的作用未能得到充分发挥，从而彻底否定了政府干预的必要性。如，针对外部性问题，他们提

① 参见张宇：《论公有制与市场经济的有机结合》，载《经济研究》2016年第6期。

② 参见简新华、余江：《市场经济只能建立在私有制基础上吗？——兼评公有制与市场经济不相容论》，载《经济研究》2016年第12期。

③ 参见程恩富：《经济思想发展史上的当代中国社会主义市场经济理论》，载《学术研究》2017年第2期。

出只要产权界定清晰并可交易，外部性就能实现内部化；围绕公共物品问题，他们提出“公地悲剧”，暗喻公共物品领域引入市场机制更有效率。他们认为，即使市场存在某些缺陷，也不需要政府对经济的干预，因为政府不仅也会失灵而且失灵的危害更大。概括起来，他们主张：市场万能，完全市场化是唯一出路。对此，西方很多学者已经从理论上进行了批驳。如阿罗建构“干中学”模型指出，外部性问题广泛存在，远不是市场机制能够内部化的。国内学者在借鉴西方学者观点的基础上进一步从理论与实践的双重维度对新自由主义的市场万能论进行了批判，并积极探索构建新型的政府—市场关系。

（一）理论层面：揭示新自由主义“市场万能论”立论基础的错谬性

针对因为存在政府失败而彻底否定政府作用、宣扬市场万能的新自由主义理论观点，杨静研究员从唯物史观出发，从根本上揭露了其错谬所在，指出其理论前提（理论假设）就是错误的。[①] 新自由主义“市场失灵理论”（市场决定论）延续了传统市场失灵理论的理论假设，即政府的地位与作用是依附市场而存在的，有赖于其能否弥补市场的失灵。在传统市场失灵理论中，政府因为能够弥补市场失灵而存在并发挥有限度的作用；在新自由主义市场失灵理论中，政府因自身的失灵，其作用和地位被彻底否定。而从历史唯物主义的视角来看，“政府并不依附于市场而存在，也不依附于市场而发挥作用”。因为马克思早已指出，（资本主义）市场经济不是自然演化的结果，而是借助于政府的强制力形成的。譬如，英国政府对圈地运动的支持“为资本主义农业夺得了地盘”，通过血腥立法将失去土地的无产阶级强行赶入资本主义工厂，帮助资产阶级形成了劳动力市场。[②] 因此，可以看到，虽然新自由主义市场万能论的政策主张迥异于传统市场失灵理论，但它们的理论假设是一致的，且都是错误的。此外，张宇教授指出，新自由主义之所以在市场决定论的路上走得越来越远，还在于其缺乏对市场机制固有缺陷的全面认识，即市场机制的主要缺陷除了表现为微观领域的局部功能性障碍外，“更重要在于它无法保证国民经济长期的动态的平衡”[③]，从而论证了政府计划和宏观调控的必要性[④]。

（二）实践层面：指出金融危机宣告新自由主义市场决定理论的彻底破产

国内学者通过对席卷全球金融危机的系统分析指出，金融危机宣告了新自由主义市场决定理论的彻底破产。如王伟光教授等通过对西方主要国家采取的包括金融救助和稳定、货币扩张、财政刺激及产业促进和保护等一系列反危机政策措施的分析指出，美英等西方主要国家已经被迫放弃奉为圭臬30年之久的新自由主义经济政策。

---

① 参见杨静：《新自由主义“市场失灵”理论的双重悖论及其批判——兼对更好发挥政府作用的思考》，载《马克思主义研究》2015年第8期。

② 参见马克思：《资本论》第1卷，人民出版社2004年版，第842页。

③ 张宇：《正确认识国有经济在社会主义市场经济中的地位和作用——兼评否定国有经济主导作用的若干片面认识》，载《毛泽东邓小平理论研究》2010年第1期。

④ 社会主义市场经济条件下，国有经济是国家宏观调控的制度基础，国有经济的作用不再局限于补充私人企业和市场机制的不足，而是为了实现国民经济长期的动态平衡。

而这不仅“预示着凯恩斯主义经济理论和政策实践的回潮”,是对新自由主义的一次沉重打击,也“正式宣告了新自由主义经济理论和政策主张的彻底破产”。[①] 程恩富教授持相同观点,他进一步指出,2007 年以来的西方金融和经济危机“证伪了新自由主义市场决定理论”,宣告了“新自由主义市场决定理论彻底失败”。[②] 他强调,西方资本主义国家已经不再可能完全采取新自由主义市场决定理论给出的政策建议,也不可能完全回到凯恩斯主义了。因为历史和实践已经一再证明西方主流市场决定理论之缺陷与危害了。

(三)超越之路:积极探索构建“双优、双强”型政府—市场关系

新自由主义市场决定理论在金融危机中的破产促使国内学者更加深入地反思市场在资源配置中的作用,并积极探寻超越之路。特别是在党的十八届三中全会提出“使市场在资源配置中起决定性作用和更好发挥政府作用”[③]的背景下,部分学者提出,社会主义市场经济条件下政府和市场的关系应该是有机结合、优势互补、相辅相成、相得益彰的关系,主张构建不同于西方“小政府,大市场”或“弱政府,强市场”模式的“双强、双优”或“双高、双强”新型政府市场关系。

如程恩富教授在系统分析市场配置资源方式的制度性缺陷和国家调节方式的功能性缺点的基础上,提出“为了发挥比资本主义市场经济体制更优越的制度和政策效应,我国在完善社会主义市场经济体制改革中,应采取市场调节和国家调节功能性结合”的思路,以实现市场调节和国家调节的优势、功能互补,即:“在层次均衡上微宏观互补,在资源配置上短长期互补,在利益调整上个整体互补,在效益变动上内外部互补,在收入分配上高低性互补,等等。”[④]杨静研究员持类似观点,她指出,在构建“双强、双优”新型政府市场关系的过程中,要把握好三个基本原则:其一,社会主义与市场经济有机结合,即,使市场经济与社会主义相适应,使之成为为社会主义目标服务的市场经济;其二,“双强、双优”相互促进、优势互补,即,确保市场和政府的功能得到充分发挥和有效互补;其二,“双强、双优”协同推进、协调发展,即,在实现政府与市场各自功能与优势的基础上做到均衡协调。[⑤] 袁恩桢研究员也主张社会主义市场经济条件下政府与市场之间的关系应该是“强政府,强市场”的“双强模式”,并指出,政府与市场两方面实际上都还不够强,都有待在实践探索中进一步完善和加强。[⑥]

---

① 王伟光、程恩富、胡乐明等:《西方国家金融和经济危机与中国对策研究》(上),载《马克思主义研究》2010 年第 7 期。

② 程恩富、孙秋鹏:《论资源配置中的市场调节作用与国家调节作用——两种不同的“市场决定性作用论”》,载《学术研究》2014 年第 4 期。

③ 《中共中央关于全面深化改革若干重大问题的决定(2013 年 11 月 12 日中国共产党第十八届中央委员会第三次全体会议通过)》,载《求是》2013 年第 22 期。

④ 程恩富、孙秋鹏:《论资源配置中的市场调节作用与国家调节作用——两种不同的“市场决定性作用论”》,载《学术研究》2014 年第 4 期。

⑤ 参见杨静:《新自由主义“市场失灵”理论的双重悖论及其批判——兼对更好发挥政府作用的思考》,载《马克思主义研究》2015 年第 8 期。

⑥ 参见袁恩桢:《政府与市场关系的历史演变》,载《毛泽东邓小平理论研究》2016 年第 6 期。

三、对“绝对自由化”的批判：“自由幻象”破灭

新自由主义的第三个核心观点是绝对自由化，特别是金融自由化。其代表人物哈耶克、弗里德曼等认为：自由是经济效率的前提，只要交由自由市场机制，一切社会经济问题与个人自由问题都会迎刃而解。他们极力推崇自由市场、自由竞争、自由贸易，主张投资自由化、贸易自由化、金融自由化，反对任何形式的经济计划、政府干预和国家管控。具体来讲，20世纪70年末80年初，英国撒切尔夫人和美国里根总统的上台执政标志新自由主义的经济自由化理论主张正式进入西方主流政策实践层面。[①] 1990年“华盛顿共识”的炮制出台，则不仅进一步推动自由化的政策主张[②]向广大发展中国家（特别是拉美，包括俄罗斯、东南亚等）扩散，也标志新自由主义被纲领化、范式化、（美国）国家意识形态化。从实践效果来看，国际金融资本垄断集团及其代言人极力推行与输出的“经济自由化”不仅给广大发展中国家带来巨大灾难[③]，也给发达国家的广大劳动人民带去了贫穷困苦。对此，国内部分学者长期以来保持足够警惕[④]，并以马克思主义政治经济学为理论武器，对其进行了有力批判。

（一）实践层面：指出国际金融危机爆发的主要原因在于“金融自由化”

2008年国际金融和经济危机爆发后，国内学者对其实质与根本原因进行了深入分析并达成基本共识，普遍认为：金融危机的实质还是生产过剩（发生在金融流通领域，根源在生产领域）性质的危机[⑤]；其根本原因还是生产社会化与生产资料私人占有之间存在不可调和的矛盾[⑥]，是资本主义生产方式基本矛盾在当代发展的必然表现和不断深化的必然结果。与此同时，学者们也深刻揭露了金融自由化与金融危机之间的内在关联性。如程恩富教授指出，金融自由化不仅直接助长了美国国内次贷泡沫的积累，也埋下了金融危机向全球恶性扩散的隐患。[⑦] 何秉孟教授持类似观点，他指出：“真正引发近百年最为严重的金融危机的深层原因”是近20～30年来美国的国际金融资本垄断集团为圈钱，在新自由主义理论政策主导下构建的以经济金融化、金融虚拟化和泡沫化、金融资本流动及金融运作自由化为基本特征的掠夺性金融体制。同时，

---

① “第一次新自由主义国家形态的实验是在智利。”（［美］大卫·哈维：《新自由主义简史》，王欣译，上海译文出版社2016年版，第8页）

② “华盛顿共识”的十条内容包括开放市场、实施贸易自由化、放松对外资的限制、放松政府的管制等自由化政策主张。

③ 在拉美有“失去的十年”，在俄罗斯有“倒退的十年”，在亚洲有1997年亚洲金融风暴。

④ 参见何秉孟、李千：《金融改革与经济安全——警惕“金融自由化”对中国金融改革的干扰》，载《马克思主义研究》2007年第6期。

⑤ 参见顾钰民：《对国际金融危机的马克思主义分析和研究》，载2012年12月21日《中国社会科学报》。

⑥ 具体而言是，资本主义发展到国际金融垄断资本主义阶段，企业内部尤其是金融企业内部的有组织性、计划性同超越国界的全球性的无政府状态之间的矛盾激化，生产的无限扩大同普通民众相对贫困导致支付能力不足、社会购买力有限之间的矛盾激化。

⑦ 参见程恩富、王佳菲：《“猛虎”是怎样放出笼的——论金融自由化与美国金融危机》，载《红旗文稿》2009年第1期。

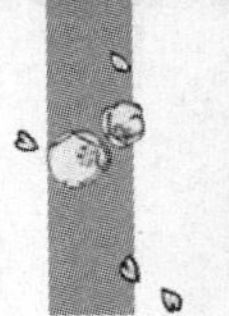

他还强调："只要这种集骗（诈骗）、赌（高杠杆操作，将资本、债券市场变为脱离实体经济的大赌场）、毒（泡沫化的有毒金融衍生产品）于一身的制度性、体制性弊端不革除，金融危机就不可能从根本上得到治理。"[①]由此可见，金融自由化不仅是广大发展中国家20世纪末21世纪初"输入型"金融危机、货币危机[②]的元凶，也是近百年最严重国际金融经济大危机的祸首。而此次金融危机反过来，也正在导致那种不受监管的经济自由化走向终结。[③]

（二）理论层面：揭露"金融自由化"的虚伪性及其实质

国内学者结合对国际金融危机的深入分析，还进一步深刻揭露了新自由主义极力主张的金融自由之实质，即金融资本攫取剩余价值的自由。如何秉孟教授系统分析国际金融垄断资本主义的基本特征，指出：金融资本起初是为实体经济服务的，其收入利息主要是从实体企业的剩余价值中分割出来的一部分，当资本主义发展到国际金融垄断资本主义阶段后，金融资本再也不满足于服务于生产资本的角色定位而逐渐与实体经济脱节，完成了由协助生产资本"圈地"（办实体经济企业）向直接"圈钱"的演化、异化。而美国国际金融资本垄断集团及其代言人美国当局推行的所谓"金融自由化"，不论是对外的金融资本流动自由化（要求别国对外开放金融市场，实现外汇交易自由化、投资自由化等）还是对内的金融运作自由化（取消金融监管和限制），其根本目的都是为了攫取更多的资本收益，都是为了"榨取尽可能多的劳动者血汗"[④]。也就是说，新自由主义理论家们所论证的经济自由，是为国际金融资本垄断集团作的必要理论准备；而经济自由的实质则是资本（家）特别是金融垄断资本（家）攫取剩余价值的自由，而绝不是普通大众的自由。难怪大卫·哈维一针见血地指出："这意味着那些收入、闲暇和安全都高枕无忧的人拥有完全的自由，而人民大众只拥有微薄的自由。"[⑤]

（三）政策层面：揭示美国推行"经济自由化"的两面派做法及其危害性

对以美国为首的西方发达国家强力推行的投资自由化、贸易自由化、金融自由化政策，国内学者也旗帜鲜明地揭示了其在实际推行过程中大搞双重标准所呈现的"两面派"及其可能造成的民族国家遭遇新殖民主义的严重危害性。如，在贸易自由化方面，丁冰教授指出："新自由主义者所高喊的贸易自由化实际不过是企图使发展中国家和贸易对手服从于自己贸易需要的一块遮羞布而已。"[⑥]在金融自由化方面，何秉孟教授指出，国际金融垄断资本集团的代言人美国当局在推行金融资本流动自由化方面历来实行双重标准：一方面，他们鼓吹的金融自由化只适用于美国的金融垄断资本进出

① 何秉孟：《美国金融危机与国际金融垄断资本主义》，载《中国社会科学》2010年第2期。

② 1994年墨西哥金融危机、1997年亚洲金融危机、1998年俄罗斯金融危机、1999年巴西货币危机、2001年阿根廷金融危机等。

③ 参见[美]大卫·科茨：《目前金融和经济危机：新自由主义的资本主义的体制危机》，载《当代经济研究》2009年第8期。

④ 何秉孟：《美国金融危机与国际金融垄断资本主义》，载《中国社会科学》2010年第2期。

⑤ [美]大卫·哈维：《新自由主义简史》，王钦译，上海译文出版社2016年版，第39页。

⑥ 丁冰：《失灵的药方——看西方学者如何批评新自由主义》，载《红旗文稿》2009年第3期。

他国金融资本市场；另一方面，如果他国金融资本进出美国市场，就会遭遇法律或者种种行政壁垒，受到严格限制、审查甚至被拒。[①]“美国对于外资的限制和金融监管有多达1000余条措施。”[②]李慎明教授则指出，新自由主义主张的商品服务、资本货币的跨国自由流动实际上是对发展中国家提出的单向要求，“英美等西方发达国家从来就没有完全实行过这样的政策”，而是通过政府补贴、非关税壁垒、反倾销措施和特殊保障措施等大搞贸易保护主义。[③] 由此可见，新自由主义者极力推行的金融自由化，是为国际金融垄断资本在全球榨取超额剩余服务的。他们所谓的“自由”，只能是金融垄断资本剥削广大劳动人民剩余价值之自由，不可能是普通大众个人自由之保障，不仅具有对普通大众的欺骗性，而且具有对主权国家的政策诱导性和实践危害性。

四、简短的评析

新自由主义（首先并且）主要是一种经济理论思潮[④]，其理论观点、政策主张都建立在核心的经济观点之上。因此，对新自由主义的批判研究也应该主要从经济学视角进行。近年来，国内学界抓住新自由主义的主要面相，对其核心观点（彻底私有化、绝对自由化、完全市场化）进行深入系统的批判研究，应当说，取得了相当丰硕的成果和比较显著的效果：在理论上，对“彻底私有化”的批判使“私有神话”破产，对“完全市场化”的批判使“市场迷思”破碎，对“绝对自由化”的批判使“自由幻象”破灭；在实践上，有效巩固了马克思主义在我国意识形态领域的主导地位，有力维护了我国经济主权、金融安全和公有制的主体地位。与此同时，也应当看到，目前对新自由主义经济思潮的批判研究还存在明显不足和有待改进之处。

其一，从批判研究的长度来看。目前，国内学界虽有探究新自由主义与古典自由主义之渊源异同的，但从批判研究的视域来看，对新自由主义的批判研究鲜有追溯至古典自由主义的。换句话说，不能“只批孩子不批娘”，应当在对自由主义经济思潮历史脉络整体把握的基础上、在对新自由主义与古典自由主义系统比较的前提下，对新自由主义的核心观点进行彻底的批判。同时，今后应当密切注意新自由主义的发展动向，并结合实践展开对其的批判研究。

其二，从批判研究的深度来看。目前，国内学界虽然对新自由主义经济思潮的核心观点进行了理论与实践、历史与现实多维度的批判，深刻揭露了观点上的错谬、政治上的图谋、文化上的野心与实践中的危害，但从理论研究的深度和批判研究的效果来看，既有经济学层面的批判研究有待上升到经济哲学层面甚至意识形态层面的批判研究。即是说，对新自由主义的彻底批判研究，一方面应该从经济学切入，另一方面又不

---

① 何秉孟：《美国金融危机与国际金融垄断资本主义》，载《中国社会科学》2010年第2期。

② 何秉孟、李千：《金融改革与经济安全——警惕“金融自由化”对中国金融改革的干扰》，载《马克思主义研究》2007年第6期。

③ 李慎明：《从国际金融危机进一步认清新自由主义的危害》，载《红旗文稿》2010年第6期。

④ 有观点认为，新自由主义也是一种文化霸权理论、政治意识形态理论、新帝国主义理论。

应该限于经济学的批判,而应该是奠基于经济学批判之上的意识形态批判[①]。

其三,从批判研究的"构度"来看。目前,国内学界虽有提出要积极借鉴吸收新自由主义合理成分的,但总体而言,存在"为批"现象,在批判基础上的建构就更少。我们应当看到,新自由主义作为一种为国际垄断资产阶级在全球攫取剩余价值服务的理论体系,其产生有历史必然性,其灭亡需要历史条件。我们应当怀着借鉴人类文明一切有益成果的心态,对其进行全面剖析,在辨别的基础上吸收借鉴其合理因子。同时,批判的过程也应该是建构的过程。今后,国内学术界在深化对新自由主义批判研究的同时,应当将重心放在建构方面。即是说,在对新自由主义进行经济学—经济哲学—意识形态批判研究的基础上,积极探索构建中国特色社会主义政治经济学的教材体系、学科体系、学术体系和话语体系,进而开辟当代中国马克思主义政治经济学发展的新境界!

① 我们认为,"原典马克思主义"在很大程度上就是自由竞争资本主义时代建基于经济分析之上的意识形态批判理论。

专题四　中国特色社会主义理论与实践

习近平关于统一战线重要论述探析

——基于历史唯物主义与辩证唯物主义的视角

韩志宏

（山东大学政治学与公共管理学院博士研究生）

马克思主义哲学中的历史唯物主义和辩证唯物主义，是科学的世界观和方法论，体现了普遍联系、辩证发展等观点，是统一战线工作的根本指导思想。从这一哲学视角来宏观认识和整体把握习近平统一战线重要论述，具有重大的理论和实践意义。2016 年 4 月，时任中共中央政治局委员、中央统战部部长孙春兰在全国统战部长培训班开班式上强调："习近平总书记统一战线重要思想丰富和发展了中国特色社会主义理论体系，是习近平总书记系列重要讲话的'统战篇'。在所有制形式、社会阶层、社会思想观念更加多样的新形势下，统一战线凝心聚力的任务不是减轻了，而是更重了。"

长期以来，一些党政领导干部对统一战线缺乏科学认识，存在"统一战线过时论""统战对象上层论""统战工作无关论""统战成果装饰论"和"统战活动麻烦论"等，有的领导把统一战线当成了权宜之计。因此，如何巩固发展统一战线，仍是我国当前和今后一段时期必须引起全党高度重视的重大问题。中共十八大以来，习近平基于我国业已呈现的阶层分化、利益调整、思想多元、矛盾凸显、诉求增强等显著时代特征和急需解决的重大迫切现实问题，从着力推进"四个全面"战略布局、"五大发展理念"、努力实现中华民族伟大复兴"中国梦"的大局出发，先后紧密召开新疆工作会议、中央民族工作会议、中央统战工作会议、西藏工作会议、全国宗教工作会议等，发表系列重要讲话，提出诸多新理论、新论断、新要求，指导出台多个相关文件。这些论述涵盖治国理政各个方面，是马克思主义统一战线理论中国化最新成果，为做好新形势下的统战工作提供了根本遵循。要从马克思主义哲学视角出发①，重视这些论述的方法论蕴意②。

---

① 参见彭英：《从哲学的高度认识和把握习近平总书记关于统一战线的新思想新观点新要求》，载《湖南省社会主义学院学报》2016 年第 2 期。

② 参见肖向平：《浅论习近平关于统一战线重要论述的方法论蕴意》，载《云南社会主义学院学报》2015 年第 4 期。

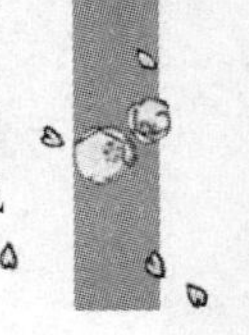

一、联系观:统一战线的重要法宝作用更加突出

联系是普遍的、客观的、多样的,要坚持用联系的观点思考和处理问题。现实由历史发展而来,现实和历史之间必然存在着继承与发展关系。马克思指出:“人们自己创造自己的历史,但是并不是随心所欲地创造,并不是在人们自己选定的条件下来进行创造。而是在直接碰到的、既定的、从过去继承下来的条件下来创造。”[①]统一战线作为党的重要法宝、政治优势和优良传统,历来是党的总路线、总政策和总任务的重要组成部分。在革命、建设、改革等时期,统一战线均发挥了法宝作用。中共十八大以来,习近平在主动继承和充分肯定统一战线历史法宝作用的基础上,立足全面建成小康社会新阶段带来的新机遇与新挑战,对统一战线在实现中华民族伟大复兴“中国梦”中的法宝地位和作用作出了新阐释。

中共十八大报告从“五大关系”的角度,高度概括了统一战线的法宝作用。报告指出:“统一战线是凝聚各方面力量,促进政党关系、民族关系、宗教关系、阶层关系、海内外同胞关系的和谐,夺取中国特色社会主义新胜利的重要法宝。”[②]这是中共中央首次指出统一战线法宝作用的发挥,就是通过团结和调动一切力量,促进“五大关系”和谐,实现夺取中国特色社会主义的新胜利。2014 年 9 月 22 日,在庆祝中国人民政治协商会议成立 65 周年大会上,习近平指出:“统一战线是中国共产党夺取革命、建设、改革事业胜利的重要法宝,也是实现中华民族伟大复兴的重要法宝。”[③]该论述,既是对统一战线在革命、建设、改革中法宝地位和作用的客观历史总结与高度充分肯定,又是对其在新形势下为实现中华民族伟大复兴继续发挥法宝作用的满怀信心与热切期待。

为积极应对中国共产党所处历史方位、所面临内外形势、所肩负使命任务发生的重大深刻变化,中共中央在 2015 年 5 月召开的中央统战工作会议上将统一战线和统战工作摆在全党工作的重要位置,再次强调其重要法宝作用。习近平在会议上指出,人心向背和力量对比是最大的政治。统战工作的本质是大团结大联合,解决的就是人心和力量问题,是党必须花大心思、下大力气解决好的重大战略问题。这充分说明了统一战线始终是中国共产党法宝的原因。[④]《中国共产党统一战线工作条例(试行)》明确指出:“统一战线是中国共产党凝聚人心、汇聚力量的政治优势和战略方针,是夺取革命、建设、改革事业胜利的重要法宝,是增强党的阶级基础、扩大党的群众基础、巩固党的执政地位的重要法宝,是全面建成小康社会、加快推进社会主义现代化、实现中华民族伟大复兴‘中国梦’的重要法宝。”[⑤]该论述既对以往中共中央关于统一战线的法宝认识进行了认真总结与高度凝练,又对今后一段时期其法宝作用的发挥进行了部

① 《马克思恩格斯选集》第 1 卷,人民出版社 2012 年版,第 669 页。
② 中共中央文献研究室编:《十八大以来重要文献选编》(上),中央文献出版社 2014 年版,第 23 页。
③ 《习近平在庆祝中国人民政治协商会议成立 65 周年大会上的讲话》,载 2014 年 9 月 22 日《光明日报》。
④ 参见杨卫敏:《习近平总书记统一战线重要思想论纲》,载《重庆社会主义学院学报》2016 年第 5 期。
⑤ 《中国共产党统一战线工作条例(试行)》,华文出版社 2015 年版,第 1 页。

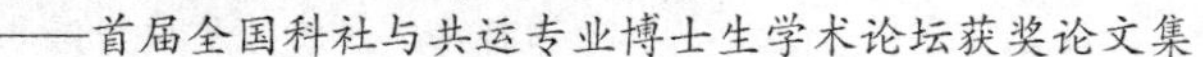

署与展望，既缕清了统一战线的历史发展脉络，又凸显了统一战线的时代特色。其中，“夺取革命、建设、改革事业胜利的重要法宝”，是对以往的全面总结，而“增强党的阶级基础、扩大党的群众基础、巩固党的执政地位的重要法宝”和“全面建成小康社会、加快推进社会主义现代化、实现中华民族伟大复兴‘中国梦’的重要法宝”，则是关于统一战线法宝作用和地位认识的发展与深化，赋予了其新的时代内涵与重要使命。总之，统一战线这个中国共产党的重要法宝，在全面建成小康社会等过程中的地位更加重要、作用愈发突出、使命益将艰巨。

二、辩证观："正确处理一致性与多样性的关系"上升为统一战线工作方针

一致性与多样性是一对辩证概念，是历史的、具体的和发展的哲学范畴。一致性，是指不同利益群体之间在一定基础上具有的共性；多样性，则是指共同利益群体之间天然存在的独特性和差异性。既有一致性，又有多样性，统一战线才有存在的可能和必要。两者既是此消彼长的关系，又是相辅相生的关系。所以，统一战线是一致性与多样性的统一体。既要在增进一致性方面下功夫，也要正确认识和引导多样性，坚持求同存异、求同尊异、求同化异，激发其致力于共同事业的活力、助力和合力。

新形势下，一致性主要体现在党外人士认同中国特色社会主义和致力于中华民族伟大复兴等方面，多样性则体现在我国经济所有制、阶层利益、思想观念、价值取向、行为方式等存在差异方面。近年来，部分党员领导干部对一致性与多样性的认识和处理不到位，他们过度强调和追求经济、社会等方面的一致性，而忽视了其愈发多样性的客观实际，给统战工作带来了消极影响。十八大以来，中共中央对社会主义社会一致性与多样性关系的理论认识和工作实践极为重视，逐步将其上升到统战工作方针的高度。2015年5月20日，习近平在中央统战工作会议上指出："做好新形势下的统战工作，必须正确处理一致性与多样性关系，不断巩固共同思想政治基础，同时要充分发扬民主、尊重包容差异，尽可能通过耐心细致的工作找到最大公约数。"[①]在此，习近平把正确处理一致性与多样性的关系作为新形势下做好统战工作的认识论和方法论进行定位，明确指出，只有正确认识和处理两者之间的关系，才能做好统战工作。在尊重多样性、包容差异性的基础上，深刻把握一致性与多样性之间的辩证关系，尽力耐心地寻求多样性之间的一致性。中共中央随后颁发的《中国共产党统一战线工作条例（试行）》进一步指出："坚持正确处理一致性和多样性关系的方针。"[②]此时，则是以党内法规的形式正式将"正确处理一致性和多样性关系"提升到统战工作方针的高度。可见，中共中央对一致性与多样性辩证关系的认识逐步深化，对二者关系的地位愈发重视。

"统战工作方针"的提出，有其深刻的社会历史背景。新形势下，我国所有制形式更加多样，分配方式和利益关系日益复杂；社会阶层更加多样，新的社会阶层的影响力

① 习近平：《巩固发展最广泛的爱国统一战线　为实现中国梦提供广泛力量支持》，载2015年5月21日《人民日报》。

② 《中国共产党统一战线工作条例（试行）》，华文出版社2015年版，第1页。

和政治利益诉求逐步扩大；社会思想观念更加多样，其独立性、差异性、多变性明显增强。如果对这些新情况、新问题、新挑战不予以充分重视，就会带来诸多问题，妨碍中国特色社会主义共同理想和社会主义核心价值观的巩固。因此，将正确处理一致性与多样关系确定为统战工作方针，是习近平对新形势下做好统战工作的新思考、新回应，体现了统一战线发展规律和统一战线工作规律。

三、发展观：统一战线的范围更加广泛

事物始终是发展变化的，要以发展的眼光看待问题。统一战线的范围亦是如此，它将伴随中国特色社会主义建设的推进不断发展。随着国内外形势发展变化和实现中华民族伟大复兴"中国梦"共同追求的确立，统一战线的传统范围已经不能较好地团结一切可以团结的力量、调动一切积极因素为实现经济社会发展和祖国完全统一等大业服务。十八大以来，中共中央清醒地认识到"中国梦"的实现需要更广范围内的凝心聚力，于是及时扩大统一战线的范围，使其更好地适应"大团结大联合"的生动政治局面。《中国共产党统一战线工作条例（试行）》提出，当前统一战线的性质是"全体社会主义劳动者、社会主义事业建设者、拥护社会主义爱国者、拥护祖国统一和致力于中华民族伟大复兴爱国者的联盟"[①]。该条例关于统一战线范围的新表述、新定位，是在继承中共中央对其以往"四者联盟"正确认识的基础上，增加"致力于中华民族伟大复兴"的内容，使其包容性更强，联系范围更广，时代使命更加明确，体现了习近平所提出的"中国梦"是团结海内外中华儿女最大公约数的思想，拓展了统一战线成员之间的共同思想政治基础。至此，中国共产党统一战线的范围更加适合新形势下的发展要求，有利于巩固和发展最广泛的爱国统一战线，为推进中国特色社会主义建设伟大事业奠定了重要基础。

四、全局观：大统战工作格局雏形初见

唯物辩证法把世界看作是一个相互联系的有机整体，坚持用全面的观点看世界。因此，我们要增强全局意识，正确处理全局与局部的关系。诚如列宁指出的，"要真正地认识事物，就必须把握、研究它的一切方面、一切联系和'中介'，我们决不会完全地做到这一点，但是，全面性的要求可以使我们防止错误和僵化"[②]。习近平指出："始终把全局作为观察和处理问题的出发点和落脚点，以全局利益为最高价值追求。"[③]长期以来，一些地方党委认识片面，只关注局部问题，而不重视统战工作。有的领导干部存在"做统战工作出不了大成绩，不做统战工作出不了大问题"的错误思想认识，以及统战有关方面各自为战、力量分散，未形成统战工作合力。大统战工作格局的提出，就是坚持唯物辩证法全面联系的观点，针对上述严峻形势而将统战工作提到一个新高度。

---

① 《中国共产党统一战线工作条例（试行）》，华文出版社 2015 年版，第 1 页。

② 《列宁选集》第 4 卷，人民出版社 1995 年版，第 419 页。

③ 习近平：《干在实处　走在前列》，中共中央党校出版社 2013 年版，第 420 页。

2015年5月20日，习近平在中央统战工作会议上指出："统战工作是全党的工作，必须全党重视，大家共同来做。……要坚持党委统一领导、统战部牵头协调、有关方面各负其责的大统战工作格局，形成工作合力。"[①]可知，大统战工作格局的建立主要涉及三个方面的主体：党委、统战部、有关方面；其职责也分别得到明确，即领导、协调、各负其责。大统战工作格局，就是为了形成工作的巨大合力。因此，习近平要求做好三个方面的工作：第一，党委要加强对统战工作的领导。早年，邓小平就多次强调，要加强党委对统一战线工作的领导作用。但是，地方党委在实际工作当中并没有加以重视和认真执行，而当下的现实迫切需要加强党委对统一战线工作的领导。为此，习近平站在历史的高度强调，统战工作是各级党委必须做好的分内事、必须种好的责任田，统一战线无小事；党委（党组）主要负责人是统战工作的第一责任人。[②] 各级党委要把统战工作放在重要位置，真正纳入党委重要议事日程、党政领导班子考核内容、宣传工作计划，以及党校、行政学院、干部学院、社会主义学院的重要教学内容。要求各级党政领导干部带头学习贯彻落实统一战线政策法规，带头参加统一战线重要活动，带头广交深交党外朋友。对那些有影响、有个性和代表性的党外人士，各级党委主要负责人要主动与其交往和做思想政治工作。第二，统战部要发挥综合协调作用。长期以来，统战部被片面认为是做具体统战工作的部门。习近平指出，作为党委主管统战工作的职能部门，统战部是党委统战工作的参谋机构、组织协调机构、具体执行机构、督促检查机构，担负着了解情况、掌握政策、协调关系、安排人事、增进共识、加强团结等重要职能。其中，"增进共识，加强团结"是增加的新职能。因此，统战部要同其他有关方面加强联系，主要发挥好综合协调、增进团结的作用。第三，各统战有关方面要履行本职、各司其职，也要加强沟通配合，形成做好统战工作的强大合力。一段时期以来，各统战有关方面缺乏大局意识、视野狭窄，只满足于做好局部工作，形成了"自扫门前雪"的工作定势，而这是不符合统战有关规定，也远远不能满足现实需要的。各统战有关方面，如人民政协、台办、工商联、宗教局、民委、港澳办、侨办等要认真履行职责，在做好分内工作的同时，主动加强与其他统战方面力量的沟通配合，以实际行动推进和形成大统战工作格局。

五、重点论与规律性：统一战线各领域工作的基本要求、方针政策不断创新

马克思主义认为，要正确区分和解决事物的主要矛盾与矛盾的主要方面；在坚持全面观点的基础上，又要突出工作重点；要尊重事物发展的客观规律，做到具体问题具体分析。对于统一战线各领域工作，要注重政党、民族、宗教、阶层、海内外同胞等主要统战工作及其对象，重点是做好其中的党外代表人士工作；对不同的群体，要尊重和依照其各自的成长发展规律办事。

---

① 习近平：《巩固发展最广泛的爱国统一战线　为实现中国梦提供广泛力量支持》，载2015年5月21日《人民日报》。

② 参见同言：《习大大的统战"新语"》，载2015年5月21日《统战新语》。

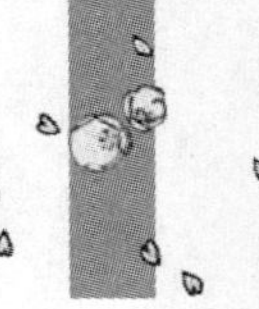

(一)民主党派和无党派人士的地位、职能以及我国的政党制度不断完善。在民主党派的地位和职能方面,一是将民主党派定性为"中国特色社会主义参政党"。2013年2月6日,习近平在同党外人士共迎新春时首次提出:"各民主党派是同中国共产党通力合作的中国特色社会主义参政党。"[①]这是对民主党派性质的最新定位,放弃了"中国特色社会主义的参政党"的"政治力量"和"政治联盟"的旧提法,体现了中国共产党对民主党派的认识更加科学准确。习近平从政党关系、政党地位和政党性质三重角度加以认识,解决了在中国特色社会主义建设的历史条件下多党合作,民主党派存在、发展和建设的合法性问题。[②] 习近平指出,要支持民主党派加强思想、组织、制度特别是领导班子建设,提高他们的政治把握、参政议政、组织领导、合作共事以及解决自身问题能力。二是完善民主党派和无党派人士的职能。民主党派和无党派人士的基本职能一直为"参政议政、民主监督",《中国共产党统一战线工作条例(试行)》明确将其基本职能扩展为"参政议政、民主监督,参加中国共产党领导的政治协商",对支持民主党派和无党派人士履职的内容、程序、形式等作出进一步规范。

另外,我国的政党制度逐步走上制度化、规范化、程序化轨道。中国共产党领导的多党合作和政治协商制度,是我国的基本政治制度,也是具有中国特色的社会主义政党制度。长期以来,西方某些国家一直攻击我国的政党制度。但是,他们广泛推行的西方政党制度却给被植入国带来严重动乱。事实反而证明,内生于我国的多党合作制度适合我国国情,对国家的发展进步做出了重大贡献。因此,习近平强调,要从战略高度坚持和完善我国的政党制度,更好体现此项制度的效能。由于政治协商主要体现为政党协商,因此要加强政党协商各方面尤其是内容形式与机制平台建设。中共十八大以来,中共中央、中央办公厅和国务院办公厅先后印发《关于加强社会主义协商民主建设的意见》《关于加强人民政协协商民主建设的实施意见》《关于加强政党协商的实施意见》等关于协商民主特别是政党协商制度建设和实施的多个重要文件,为推进我国政党制度的理论建设和实践发展指明了方向。2015年5月20日,习近平在中央统战工作会议上指出:"要完善政党协商的内容和形式,建立健全知情和反馈机制,增加讨论交流的平台和机会,使协商对凝聚共识、优化决策起到作用。要从制度上保障和完善参政议政、民主监督,探索有效形式"[③],这是进一步从健全机制、增加平台、制度保障等方面,对完善政党协商的内容、形式、程序、机制等提出明确要求,表明政党协商主要就是为了凝聚广泛的共识和优化中国共产党的决策。中共十八大以来,政党协商从单纯的政治理念和单一的政治实践,逐步朝广泛、多层、制度化方向发展。我国政党制度已经迈上制度化、规范化和程序化道路,充分体现了该制度的优势与特色。

(二)党外知识分子工作是统一战线的基础性和战略性工作。党外知识分子有其

---

① 张烁:《习近平同党外人士共迎新春》,载2013年2月8日《人民日报》。

② 参见孙瑞华:《再论民主党派的性质》,载《重庆社会主义学院学报》2014年第2期。

③ 习近平:《巩固发展最广泛的爱国统一战线　为实现中国梦提供广泛力量支持》,载2015年5月21日《人民日报》。

自身特点和成长规律，要引导其继续在我国经济社会等发展进步中发挥重要作用。一方面，要高度重视党外知识分子工作。2015年5月20日，习近平在中央统战工作会议上指出："党外知识分子工作，是统一战线的基础性、战略性工作。"[①]这是习近平对此项工作的准确判断和科学定位。它既是必须做好的日常"基础性"工作，也是关系重大的"战略性"工作。因此，"要认真贯彻党的知识分子政策，尊重劳动、尊重知识、尊重人才、尊重创造，做到政治上充分信任、思想上主动引导、工作上创造条件、生活上关心照顾，多为他们办实事、做好事、解难事"[②]。要采取多方措施培养、吸引和使用人才，尊重、维护和照顾他们的利益，最大限度地把党外知识分子团结凝聚在中国共产党周围。另一方面，要改进党外知识分子工作方法。我国党外知识分子队伍构成更加多样，要善于运用沟通、协商、谈心等方法，学会同党外知识分子打交道特别是做思想政治工作的本领。习近平强调："应当多尊重和包容，多看他们的主要方面，多看他们对国家和社会的贡献，做到容人之异、容人之短、容人之失"[③]，"对来自知识分子的意见和批评，只要出发点是好的，就要热忱欢迎，对的就要积极采纳。即使一些意见和批评有偏差，甚至不正确，也要多一些包容、多一些宽容，坚持不抓辫子、不扣帽子、不打棍子"，"开展充分的说理工作，引导他们端正认识、转变观点"，"遵循知识分子工作特点和规律，减少对知识分子创造性劳动的干扰"[④]。做好党外知识分子工作，务必充分尊重包容、耐心教育引导和遵循规律特点，为他们表达思想和从事研究提供广阔的空间。

（三）"培养中华民族共同体意识"和推进"嵌入式"管理，用"导"的方式"坚持我国宗教的中国化方向"。习近平强调："我国是一个多民族国家，又是一个拥有众多信教群众的国家，处理好民族问题和宗教问题对于国家的长治久安十分重要。"[⑤]"民族工作、宗教工作都是全局性工作。"[⑥]一方面，抓住民族工作重点，培养各民族中华民族共同体意识。我国民族关系总体较好，但是"疆独""藏独"等分裂活动偶有发生，影响边疆巩固、民族团结和社会稳定。习近平强调："全党要牢记我国是统一的多民族国家这一基本国情，坚持把维护民族团结和国家统一作为各民族最高利益。"[⑦]第一，在帮助民族地区发展经济的同时，要加强各民族之间的团结。民族团结是我国各族人民的生命线，重点要放在培养各民族中华民族共同体意识上。第二，做好城市民族工作。要把城市民族工作的着力点放在社区，构建相互嵌入的社会结构和社区环境，促进少数

---

① 习近平：《巩固发展最广泛的爱国统一战线　为实现中国梦提供广泛力量支持》，载2015年5月21日《人民日报》。

② 《习近平在哲学社会科学座谈会上的讲话》，载2016年5月19日《人民日报》。

③ 同言：《习大大的统战"新语"》，载2015年5月21日《统战新语》。

④ 《习近平在知识分子、劳动模范、青年代表座谈会上的讲话》，载2016年4月30日《人民日报》。

⑤ 《习近平总书记系列重要讲话读本(2016年版)》，学习出版社、人民出版社2016年版，第178页。

⑥ 习近平：《巩固发展最广泛的爱国统一战线　为实现中国梦提供广泛力量支持》，载2015年5月21日《人民日报》。

⑦ 《中央民族工作会议暨国务院第六次全国民族团结进步表彰大会在北京举行》，载2016年9月30日《人民日报》。

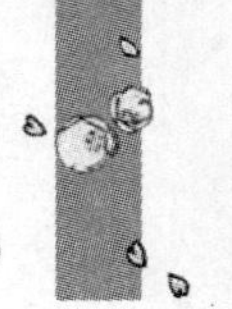

民族公民和汉族公民交往、交流和交融。另外，做好民族工作关键在人。要大力培养选拔少数民族界人士和干部，加强与民族界代表人士的联系，将优秀的少数民族干部放在重要领导岗位上进行锻炼。另一方面，尊重宗教自身形成、发展和灭亡的规律，引导我国宗教与社会主义社会相适应。习近平指出："宗教工作在党和国家工作全局中具有特殊重要性，关系中国特色社会主义事业发展，关系党同人民群众的血肉联系，关系社会和谐、民族团结，关系国家安全和祖国统一。"[①]我国宗教种类多、信众数量大、宗教界代表人士影响力强，要坚持政治上团结合作、信仰上相互尊重，发挥宗教界代表人士对促进经济社会发展等的积极作用。关键要在"导"上想得深、看得透、把得准，做到"导"之有方、有力、有效，掌握宗教工作的主动权；以社会主义核心价值观为引领，以团结进步、和平宽容观念为引导，支持我国各宗教对宗教思想、教规教义作出符合当代中国发展进步要求以及中华优秀传统文化的阐释。

（四）重视非公有制经济人士的健康成长，打造"亲""清"的新型政商关系。经济基础决定上层建筑，经济基础的改变必然要求上层建筑随之发生相应变化。非公有制经济的快速发展使非公有制经济人士的代表性、影响力、政治诉求越来越强，做好这些人士的统战工作就越发重要而迫切。具体要做到：第一，引导非公有制经济人士健康成长。习近平强调，促进非公有制经济健康发展和非公有制经济人士健康成长，不仅是重大的经济问题，也是重大的政治问题。对非公有制经济人士的政治安排，关系到非公有制经济的健康发展，也关系到中国共产党的群众基础和执政地位。中央统战工作会议后，将"非公有制经济人士"从"新的社会阶层"中单独分离出来，"坚持团结、服务、引导、教育的方针，一手抓鼓励支持，一手抓教育引导，引导非公有制经济人士特别是年轻一代致富思源、富而思进，做到爱国、敬业、创新、守法、诚信、贡献"[②]。引导他们合法诚信经营、积极履行社会责任，做合格的中国特色社会主义建设者。第二，以"亲""清"为原则建立新型政商关系。不健康的政商关系，会使党和政府的形象受到损害。为此，习近平强调，党政领导干部和非公有制经济人士之间不能勾肩搭背、搞权钱（色）交易，而要"按照'亲''清'原则，打造新型政商关系"[③]。新形势下，党政领导干部要出于公心，既要亲自与非公有制经济人士建立亲近、亲密的工作关系，帮助他们解决实际问题，也要时刻保持清醒、清白和清廉，为中国共产党的事业与其交诤友、正友、挚友。非公有制经济人士要主动同各级党委和政府加强沟通，支持地方经济社会发展，同时也要洁身自好、依法办企、光明正大搞好经营。[④] 总之，中国特色的"亲""清"新型政商关系，必将对促进"两个健康"发挥重要作用。

---

① 习近平：《发展中国特色社会主义宗教理论　全面提高新形势下宗教工作水平》，载 2016 年 4 月 24 日《人民日报》。

② 习近平：《巩固发展最广泛的爱国统一战线　为实现中国梦提供广泛力量支持》，载 2015 年 5 月 21 日《人民日报》。

③ 《习近平总书记系列重要讲话读本（2016 年版）》，学习出版社、人民出版社 2016 年版，第 175 页。

④ 习近平：《毫不动摇坚持我国基本经济制度　推动各种所有制经济健康发展》，载 2016 年 3 月 5 日《人民日报》。

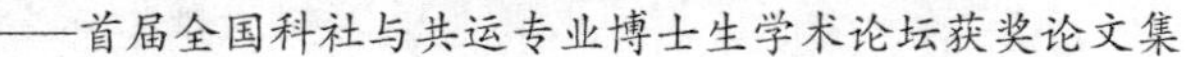

（五）重新界定新的社会阶层范围，将留学人员作为统战工作新的着力点。随着社会的发展，各种新的社会阶层不断出现，“私营企业、外资企业的管理人员和技术人员”“中介组织从业人员”“自由职业人员”“新媒体从业人员”都是“新的社会阶层人士”。这些人员是改革开放以来快速成长的社会群体，要引导他们发挥积极作用。近年来，随着新媒体从业人员大量涌现、网络影响力增强，要努力与其中的代表性人士保持经常联系，加强线上线下沟通互动，引导其发挥净化网络空间、弘扬社会主旋律等作用。出国和归国留学人员作为统战工作新的着力点，是人才队伍的重要组成部分，要坚持支持留学、鼓励回国、来去自由、发挥作用的方针，鼓励他们回国工作或以多种形式为国服务。

（六）倡导“两岸一家亲”理念，主动做好争取人心工作。对于港澳工作，习近平指出：“关键是要全面准确理解和贯彻‘一国两制’方针，切实尊重和维护基本法权威。”[①]在对台湾问题上，习近平强调，国家领土和主权完整是中华民族的核心利益，要以“和平统一，一国两制”为基础，以“两岸一家亲”为理念，以争取人心为重点，全面提出和平统一祖国的方针和政策。他指出：“希望本着两岸一家人的理念促进两岸经济合作”[②]，“坚持增进互信、良性互动、求同存异、务实进取”[③]的原则发展两岸关系，并把两岸关系的未来寄托在两岸青少年身上。关于侨务工作，习近平指出，广大海外侨胞要努力为促进祖国发展、促进中国人民同当地人民的友谊搭线架桥和增添助力。总之，做好港澳台和海外统战工作，关键在于争取人心，调动和发挥其爱国热情与行动。

（七）进一步明确人民政协的性质和主要职能。厚重的中国历史文化、中国近代以来伟大的革命斗争、光辉的中国特色社会主义实践，孕育、发展和形成了适合中国国情、具有鲜明中国特色的人民政协。中共十八大以来，习近平高度重视人民政协工作，不断推动人民政协理论创新、实践创新和制度创新。具体做法：一是准确定位人民政协的性质。2014年9月21日，在庆祝中国人民政治协商会议成立65周年大会上，习近平指出：“人民政协是统一战线的组织，是多党合作和政治协商的机构，是人民民主的重要实现形式，体现了中国特色社会主义制度的鲜明特点。”[④]这一定性，在坚持人民政协是“统一战线的组织，多党合作和政治协商的机构”的认识基础上，将“人民民主的重要实现形式”也作为其性质之一，突破了中国共产党以往对人民政协性质认识的局限。人民政协的性质之所以具有强烈的中国特色，是因为它与中国国情高度契合，内生于中国历史文化、革命历程和中国特色社会主义实践之中，并且为中国的民主实践发挥着重要作用。二是充分发挥人民政协作为协商民主重要渠道和专门协商机构的重要作用。“人民政协协商民主是在中国共产党领导下，参加人民政协的各党派、各族各界人士履行政治协商、民主监督、参政议政职能，围绕改革发展稳定重大问题和涉

① 《习近平谈治国理政》，外文出版社2014年版，第226页。

② 《习近平谈治国理政》，外文出版社2014年版，第23页。

③ 《习近平谈治国理政》，外文出版社2014年版，第234页。

④ 《习近平在庆祝中国人民政治协商会议成立65周年大会上的讲话》，载2014年9月22日《光明日报》。

及群众切身利益的实际问题，在决策之前和决策实施之中广泛协商、凝聚共识的重要民主形式。”[①]要把协商民主贯穿于人民政协协商全过程，推进政治协商、民主监督、参政议政的制度化、规范化、程序化建设，拓展协商内容，丰富协商形式，规范协商程序，增加协商频次，提高协商效果，切实推动人民政协重要作用的发挥。

总之，做好统一战线各领域工作的落脚点，就在于加强培养和科学使用党外代表人士。“要发现、培养、使用、管理党外代表人士，尊重、维护和照顾同盟者利益”[②]，“要加大党外代表人士培养、选拔、使用工作力度。努力培养造就一支自觉接受中国共产党领导、坚定不移地走中国特色社会主义道路、具有较强代表性和参政议政能力的党外代表人士队伍”[③]。对代表性和参政议政能力强的党外代表人士，做到善于发现、加强培养、提高素质、科学使用和照顾利益，发挥他们投入中国特色社会主义建设和推动祖国统一等事业的重要作用。

中共十八大以来，习近平以马克思主义唯物史观为指导，高瞻远瞩，紧扣时代脉搏，对新形势下统一战线和统战工作提出一系列新理论、新论断、新要求，是中国共产党对新形势下统一战线发展规律认识的升华，开创了中国特色社会主义统一战线理论新境界，对构建我国统一战线话语体系和增强哲学社会科学国际话语权具有重要价值。

---

① 《关于加强人民政协协商民主建设的实施意见》，载2015年6月26日《人民日报》。

② 《中国共产党统一战线工作条例(试行)》，华文出版社2015年版，第2～3页。

③ 习近平：《巩固发展最广泛的爱国统一战线　为实现中国梦提供广泛力量支持》，载2015年5月21日《人民日报》。

根源、实质与价值：习近平关于社会主义协商民主重要论述探析

和思鹏
（中央财经大学马克思主义学院博士研究生）

中共十八大以来，习近平总书记开创性地提出了一系列社会主义协商民主的新思想、新观点、新论断，对中国社会主义协商民主根源作出了正清本源的新诠释，对协商主体、协商客体和协商渠道理论进行了系统全面的新发展，对协商民主地位形成了科学客观的新见解，由此建构了社会主义协商民主思想的核心内容与基本框架。概言之，协商民主深深地根植于中国的历史与现实，具有鲜明的内生性理论属性与本土化发展特质。历史因素、现实国情为社会主义协商民主的实践探索与理论建构提供了起点和基础，而全面发展社会主义协商民主也为人类探索更好的民主政治制度提供了“中国方案”。

一、正清本源：对社会主义协商民主根源的新诠释

长期以来，学界关于协商民主的理论渊源颇有争论，甚至将其视为纯粹的西方“舶来品”。2014 年 9 月，习近平在庆祝中国人民政治协商会议成立 65 周年大会上的讲话（以下简称“65 周年讲话”）中系统地论述了社会主义协商民主“根源论”思想[①]，从文化基础、理论基础、实践基础和制度基础等方面分析了协商民主在我国有根、有源、有生命力[②]，廓清了中国特色社会主义协商民主与西方协商民主的本质区别，也深刻揭示出中国社会主义协商民主“文化涵养——理论建构——实践探索——制度建设”的客观演进规律。

（一）在继承和弘扬传统文化“和合”思想中积淀文化基础

中华传统文化是国家思想的脉络，是民族精神的基因。中国社会主义协商民主源于中华民族长期形成的以“和合”思想为主旨的优秀政治文化，这也是其内生性理论特

① 参见《习近平在庆祝中国人民政治协商会议成立 65 周年大会上的讲话》，载 2014 年 9 月 22 日《人民日报》。

② 参见《习近平主持召开中央全面深化改革领导小组第六次会议》，http://news.xinhuanet.com/politics/2014-10/27/c_1112997506.htm.

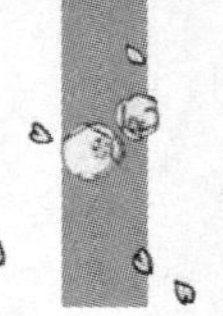

征的重要体现。"和合"思想蕴含的"和而不同""求同存异""天人合一""以和为贵"等理念成为历史中国与现实中国情境中的广大民众能够普遍接受与自觉认同的核心价值,并在历史积淀中建构了传统协商文化思想的重要内容。"和合"思想的内在规定性是在承认差异中力促和谐,将不同要素互相融合并成为一种具有稳定结构的现实存在。习近平指出:"中华文化崇尚和谐,中国'和'文化源远流长,蕴含着天人合一的宇宙观、协和万邦的国际观、和而不同的社会观、人心和善的道德观。"[①]从宇宙观、国际观、社会观和道德观等多个层面深刻解读了"和合"文化的精髓要义。民主政治发展路径与文化根基紧密相连,不同的文化基础潜移默化地影响和孕育出不同的民主模式。"和合"文化深刻地导引着中国民主政治的协商转向,只有全面把握传统"和合"思想的核心意涵方能为中国社会主义民主政治作出文化注解。"和合"文化承认多样性、主张合作性、蕴含包容性的理论旨趣与中国社会主义协商民主强调的"有事要商量"并通过"有事好商量"找到最大公约数的协商理念是完全契合、高度一致的,以"和合"思想为核心内容的优秀传统政治文化为中国社会主义协商民主积淀了深厚的文化基础。

(二)在坚持和发展马克思主义民主思想中建构理论基础

马克思主义民主思想始终坚持唯物史观的基本立场,尤为重视运用阶级分析方法考察民主本质问题。马克思在《黑格尔法哲学批判》《德意志意识形态》等著述中集中论述了民主的阶级性、社会性和历史性特征,彻底批判资产阶级民主的形式化与虚假性本质。民主是与阶级、阶级斗争紧密联系在一起的,民主制具有一般的社会性与公共性,存续于人类发展不同历史阶段中的"民主"从来都是现实的、具体的,根本不存在超越历史、超越现实、抽象的民主。马克思所提出的无产阶级民主的实质即人民当家作主,列宁进一步指出:"没有民主,就不可能有社会主义。"[②]关于民主的实现形式问题,马克思主义创始人明确提出要结合本国国情探索民主的具体运作形式的思路,所有民族在走向社会主义的具体做法不会完全一致,在实现无产阶级专政和选择民主形态上都会呈现出自己的特点。[③] 探索中国特色社会主义民主政治道路,大力发展社会主义协商民主,必须始终坚持以马克思主义民主理论为指导,坚持民主理论与民主实践、民主形式与民主实质的辩证统一,"不能想象突然就搬来一座政治制度上的'飞来峰'"[④]。2014 年 11 月,习近平向美国总统奥巴马阐述民主问题的中国方案未必体现在"一人一票"的直选上,"西方某个政党往往是某个阶层或某个方面的代表,而我们必须代表全体人民。为此,我们要有广泛的民主协商过程,而且要几上几下"[⑤]。中国特色社会主义民主的精髓是将少数人的民主发展为最大多数人的民主,本质是真正实现

---

① 《习近平在国际友好大会暨中国人民对外友好协会成立 60 周年纪念活动上的讲话》,载 2014 年 5 月 16 日《人民日报》。

② 《列宁选集》第 2 卷,人民出版社 1995 年版,第 782 页。

③ 参见《列宁全集》第 28 卷,人民出版社 1990 年版,第 163 页。

④ 《习近平在庆祝全国人民代表大会成立 60 周年大会上的讲话》,载 2014 年 9 月 6 日《人民日报》。

⑤ 《习近平向奥巴马阐述中国对民主主权理解》,载 2014 年 11 月 15 日《京华时报》。

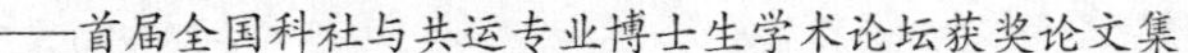

人民当家作主的实质民主。毋庸置疑，马克思主义系统科学的民主思想是当下构建社会主义协商民主的重要理论基础。

（三）在丰富和拓展广泛多层协商民主形式中夯实实践基础

中国的民主建设要从实际国情出发探索丰富多样的实现形式并不断总结经验，这是中国特色社会主义民主政治发展的根本之道。习近平提出加强社会主义协商民主建设的时代命题，要在丰富和拓展广泛多样协商形式中夯实协商民主实践基础。协商民主不仅是中国共产党在革命、建设和改革的长期历史实践中的经验总结，也是中国共产党与各民主党派、各团体、各界别人士在民主政治制度建设上的共同探索，更是中国共产党领导中国人民的伟大创造。早在1922年，中国共产党在《对于时局的主张》中倡议开展党派"联席会议"协商，并以此为政治基础组成民主联合战线，凝聚革命的民主派及革命的社会主义各团体的民主共识，逐步探索建立多党合作机制，形成了建立民主共和国的初步设想。1939年，中国共产党在抗日根据地探索建立"抗日民主政权的模范区"，提出"三三制"政权原则，真正组织各党各派各界各军的联合政权，由此逐渐形成了抗战时期根据地政权建设中的协商民主雏形。① 1949年9月，第一届中国人民政治协商会议的召开标志着协商民主在新中国的实践发端。改革开放以后，随着中国人民政治协商会议的不断完善与发展，人民政协充分发挥了政治协商、民主监督和参政议政的职能，全面推进了中国特色社会主义民主政治的发展。与此同时，民主恳谈会、民主议事会、民主听证会、村（居）民理事会等广泛多样的协商实践在全国各地蓬勃开展，协商渠道从主要依托人大、政协等组织载体开展政治协商逐步扩展到由基层乡镇（街道）、城乡社区、社会组织等发起的广泛多样的社会协商。多样协商形式与多种协商渠道将社会主义协商民主持续引向深入，作为中国"独特的、独有的、独到的"②协商民主形式与选举民主形式相互结合、相济相融并由此深刻体现出民主的"中国特色"。

（四）在健全与完善社会主义协商民主体系中筑牢制度基础

开展广泛、多层的协商实践从根本上来看离不开科学、合理、规范的制度保障，缺乏制度依据与制度支撑的协商活动极易偏离方向，并呈现出随意性、偶发式与碎片化的特征。社会主义协商民主制度建设肇始于第一届中国人民政治协商会议通过的《中国人民政治协商会议共同纲领》，这一具有临时宪法性质的共同纲领为社会主义协商民主提供了方向指引。改革开放以后，协商民主的制度化进程进一步加快。1982年《宪法》不仅明确强调人民政协具有广泛代表性的统一战线性质，还高度肯定了人民政协的历史作用与现实价值。1987年，中共十三大报告在继续强调完善政治协商制度的同时，基于政治体制改革的需要，首次明确提出构建"社会协商对话制度"，要求在全国、地方、基层等不同层级针对重大问题展开协商对话。在此背景下，1989年12月，

① 参见中央档案馆：《中共中央文件选集》第12册，中共中央党校出版社1991年版，第209、575页。

② 《习近平在庆祝中国人民政治协商会议成立65周年大会上的讲话》，载2014年9月22日《人民日报》。

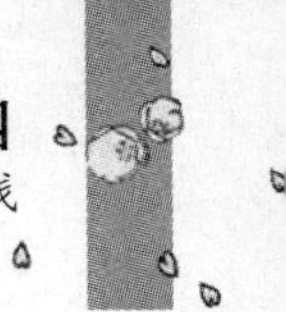

《中共中央关于坚持和完善中国共产党领导的多党合作和政治协商制度的意见》明确指出,中国共产党领导的多党合作和政治协商制度是马克思主义同中国革命和建设相结合的伟大创造,开创性地将其规定为我国的一项基本政治制度,进一步规范了各民主党派在政治协商、参政议政、民主监督中的活动准则与基本职责。1993 年 3 月,八届全国人大一次会议在宪法修正案中增列了"中国共产党领导的多党合作和政治协商制度将长期存在和发展"的科学表述,将这一"基本政治制度"从中央文件精神上升到国家宪法的高度。历经二十余年的民主政治建设,中共十八大报告第一次确立了"协商民主"的概念,明确提出不断健全社会主义协商民主制度的重大战略部署,并将其界定为我国人民民主的重要形式。在此基础上,2015 年,中共中央先后颁布实施《关于加强社会主义协商民主建设的意见》和《关于加强城乡社区协商的意见》等重要文件,全面加强协商民主制度建设的顶层设计,筑牢协商民主的制度基础,确保协商实践"有法可依、有规可守、有章可循、有序可遵"①。

二、厘定思想:对社会主义协商民主理论的新发展

西方在很长一段时期对"协商民主"更多是在抽象思辨层面加以讨论,并未形成由国家和政府推动的广泛协商实践,而协商民主在中国则具有长时段、大范围、多层次的实践探索,呈现出内生性发展的历史逻辑。但是,中国对协商民主的系统理论研究也存在相对滞后的特点,直到 2012 年中共十八大召开后,习近平总书记发表了一系列关于协商民主的重要讲话,基本上建构了"中国特色社会主义协商民主"的思想体系。从马克思主义实践论的视角来看,人类的实践活动由主体系统、客体系统和渠道系统共同组成,协商主体是从事协商实践活动的各方力量,协商客体是指协商的对象、内容和范围,协商渠道则是协商的具体形式和主要场域。习近平总书记系列重要讲话科学诠释了中国社会主义协商主体、协商客体和协商渠道等,建构起中国社会主义协商民主基本理论体系,赋予协商民主鲜明的社会主义特质、中国特色与时代特征。

(一)协商主体

深入探究协商主体的生成路径需在"协商民主"的变迁历程中加以考量。学界普遍认为,1949 年第一届中国人民政治协商会议的召开是新中国探索社会主义协商民主的发端,"政治协商"以制度形式的正式确认甚至作为协商民主的"代名词"长期存在。2006 年,《中共中央关于加强人民政协工作的意见》将人民政协视为社会主义民主的重要形式。2007 年,国务院新闻办公室正式对外发布《中国的政党制度》,其中关于"社会主义民主的重要体现"章节首次提出"选举民主与协商民主相结合,拓展了社会主义民主的深度和广度",政治协商将尊重多数人意愿与照顾少数人合理要求有机统一起来,逐渐形成了基于政治协商理解协商民主的初步认识。② 由上可知,在中共

① 《习近平在庆祝中国人民政治协商会议成立 65 周年大会上的讲话》,载 2014 年 9 月 22 日《人民日报》。

② 参见《中国的政党制度》,http://www.gov.cn/guoqing/2007-11/15/content_2616295.htm.

十八大之前，无论是中共中央抑或学界主要是从人民政协政治协商的视角去理解与定义中国的“协商民主”概念，形成了典型的“一元架构”认识。这一时期，政治协商的主体也被视为协商民主的主体：一是中国共产党的领导主体，二是各民主党派、各界代表人士的参与主体。

中共十八大之后，以习近平同志为核心的党中央全面深化了关于社会主义协商民主体系的总体认识，将其从政治协商领域扩展到社会协商领域。中共十八届三中全会通过的《中共中央关于全面深化改革若干重大问题的决定》明确了社会主义协商民主的基本内涵：“在党的领导下，以经济社会发展重大问题和涉及群众切身利益的实际问题为内容，在全社会开展广泛协商，坚持协商于决策之前和决策实施之中。”此后，《中共中央关于加强社会主义协商民主建设的意见》进一步将社会主义协商民主的内涵调整为：“在中国共产党领导下，人民内部各方面围绕改革发展稳定重大问题和涉及群众切身利益的实际问题，在决策之前和决策实施之中开展广泛协商。”由此可见，“人民内部各方面”在“全社会开展广泛协商”的理论表达明确主张了协商民主体系的“二元架构”认识，亦即“政治协商”和“社会协商”共同构成了社会主义协商民主体系。在这一语境下，协商的主体力量得到了最大限度的扩展与丰富，主要包括了三大层面的力量：首先是中国共产党的领导主体，这是协商民主最坚实、最强大的领导力量；其次是包括各民主党派、无党派人士、各人民团体和各族各界人士在内的政治力量主体；再次是由人民群众、社会组织等构成的最广泛的社会力量主体。要言之，习近平关于协商主体的重要论述极具包容性、广泛性和人民性特征，真正激活了广大人民群众的主体参与。

（二）协商客体

在政治协商“一元框架”界定协商民主的时代背景下，中国共产党与其他民主党派、各界代表人士基于人民政协的组织载体开展协商的范围与内容主要限定于国家重大事务、党际事务和统一战线事务等。2006年，《中共中央关于加强人民政协工作的意见》具体列出了政治协商的内容：“国家和地方的大政方针以及政治、经济、文化和社会生活中的重要问题；各党派参加人民政协工作的共同性事务，政协内部的重要事务以及有关爱国统一战线的其他重要问题。”[①]中共十八大之后，随着协商主体扩展至人民内部各方面，协商客体也不再局限于“政治协商”的议题范围还包括了党和政府与广大民众之间的直接协商以及民众之间有组织、自治性的“社会协商”事项。协商的对象内容既包括一系列国家“重大问题”，也涵盖了以人民群众利益为导向的社会实际问题。2014年，中共十八届三中全会《决定》关于协商民主内涵的界定中将协商客体高度概括为“经济社会发展重大问题和涉及群众切身利益的实际问题”。2015年，《中共中央关于加强社会主义协商民主建设的意见》对于协商客体进一步科学凝练为“改革发展稳定重大问题和涉及群众切身利益的实际问题”。由“经济社会发展重大问题”调整为“改革发展稳定重大问题”高度契合了当前中国全面深化改革的时代背景，具有极

---

① 《中共中央关于加强人民政协工作的意见》，载2006年2月8日《人民日报》。

强的现实针对性与实践价值。

习近平关于协商客体的重要论述在实践探索中日臻完善、更加全面,深刻凸显出中共中央对于社会主义协商民主体系的本质理解与科学把握。客观来看,在协商民主的完整体系中,尽管政治协商仍然是一项基本议题,但社会与大众的关注和参与已使其迈出了传统的政治学领域,也越出了以往由阶级范畴划定的边界,在更广泛的社会空间中展示了前所未有的意涵。①

(三)协商渠道

理解与把握习近平社会主义协商民主重要论述的基本框架,不仅要明晰协商主体与协商客体,还需要深入探究如何有效开展协商这一关键问题。"如何协商"实质上包含两个层面的问题:一是关于协商的时间节点问题,二是协商的主要渠道问题。在协商的时间节点方面,中国共产党对协商的时间节点的认识有一个逐步深化的过程。2006年,《中共中央关于加强人民政协工作的意见》提出,不仅要在选举、投票之前进行协商,在重大决策之前也要充分协商。2014年,中共十八届三中全会《决定》重点强调,要"坚持协商于决策之前和决策实施之中"。由此来看,在协商时间节点问题上,中国共产党初步形成了协商于决策的全过程的思想。2015年,《中共中央关于加强社会主义协商民主建设的意见》在制度层面再次确认"在决策之前和决策实施之中开展广泛协商"的基本认识。由上述内容可知,以习近平同志为核心的党中央审时度势,将协商时间节点从"选举和投票之前"扩大到"重大决策之前",并进一步发展为"决策之前与决策实施之中"的做法,深刻凸显了习近平所提出的"真协商"精神。

在协商的主要渠道方面,中共十八大报告已经初步提出了通过国家政权机关、政协组织、党派团体等多种渠道开展协商。2013年,中共十八届三中全会《决定》则更为全面地提出了"立法协商、行政协商、民主协商、参政协商、社会协商"等五大协商渠道。与中共十八大提出的协商渠道相较,上述五大协商理念极大扩展了社会主义协商民主的协商场域和覆盖范围。2014年,习近平在65周年讲话中指出,社会主义协商民主,应该是实实在在的而不是做样子的,将协商渠道进一步拓展细化为中国共产党、人民代表大会、人民政府、人民政协、民主党派、人民团体、基层组织、企事业单位、社会组织、各类智库等十个方面。② 此后,2015年,《中共中央关于加强社会主义协商民主建设的意见》又进一步将十大协商渠道整合为政党协商、政府协商、政协协商、人大协商、人民团体协商、基层协商和社会组织协商等七大协商渠道。由是观之,协商渠道从三渠道到五渠道再扩展到十渠道,又进一步凝练为七大渠道表明,协商民主已经"从党和国家的政权领域逐渐走向经济、社会以及百姓的日常生活之中"③,深刻体现出习近平

---

① 参见杨敏、和思鹏:《社会协商论:包容共享与社会公正新探——试析郑杭生先生对中国特色中层理论的贡献》,载《福建论坛(人文社会科学版)》2015年第11期。

② 参见《习近平在庆祝中国人民政治协商会议成立65周年大会上的讲话》,载2014年9月22日《人民日报》。

③ 孙运军:《论社会主义协商民主在国家治理体系中的价值和功能》,载《中央社会主义学院学报》2015年第5期。

关于“有组织、有重点、分层次积极稳妥推进各方面协商”的指导思想。习近平关于协商渠道的重要论述实现了“广泛”与“多层”的有机结合，为建设横向联动、纵向衔接的协商民主体系指明了方向。

(四)民主真谛论思想

习近平提出了协商民主是人民民主真谛的科学论断，对协商民主在社会主义民主政治中的重要地位作出了客观的评价与界定，向世人宣示了中国特色社会主义的“民主理念”与“民主方案”。2014年1月，习近平在同党外人士共迎新春讲话中强调“协商民主是我国社会主义民主政治的重要组成部分”[①]，在65周年讲话中明确提出：“在中国社会主义制度下，有事好商量，众人的事情由众人商量，找到全社会意愿和要求的最大公约数，是人民民主的真谛。”[②]创新性地发展了中国特色社会主义民主本质理论，鲜明地体现了人民群众在协商民主中的主体地位。另外，社会主义协商民主也是适合我国现阶段经济社会发展与国家治理的民主形式，能够有效地化解社会冲突、促进社会共识、推动社会和谐，因此，只有在深刻理解协商民主当代价值中才能明晰其“独特优势”的理论意蕴。西方政界与学界长期信持“一人一票”的民主评价标准，并将这一“普世价值”强加于其他国家。然而，“‘名非天造，必从其实’，实现民主的形式是丰富多样的，不能拘泥于刻板的模式，更不能说只有一种放之四海而皆准的评判标准”[③]。习近平旗帜鲜明地提出了由民主制度层面“八个能否”[④]与民主主体层面“四个看”[⑤]共同构成的民主评价“中国标准”，彻底揭示了西方民主“普世价值”仅从抽象层面谈“程序民主”与“形式民主”的错误倾向以及混淆民主实质内容与民主实现形式的理论本质。

三、赋予意义：对社会主义协商民主价值的新考量

为什么要在中国这样一个地域辽阔、人口众多的国家发展协商民主，社会主义协商民主的价值诉求是什么，这是以习近平同志为核心的党中央高度关注的焦点问题。习近平在65周年讲话中对协商民主的价值从达成共识、畅通渠道、形成机制、扩大参与、凝聚力量等方面作出了“五个广泛论”[⑥]的科学论述。此后，《中共中央关于加强社会主义协商民主建设的意见》在“五个广泛论”的基础上进一步提出协商民主有利于扩大参与、科学决策、促进和谐、巩固基础、体现优势等“五个有利于”[⑦]思想，这一提法在精神实质上与65周年讲话是一脉相承的，二者共同提升了社会主义协商民主的价值

---

① 《习近平同党外人士共迎新春》，载2014年1月24日《人民日报》。

② 《习近平在庆祝中国人民政治协商会议成立65周年大会上的讲话》，载2014年9月22日《人民日报》。

③ 《习近平在庆祝中国人民政治协商会议成立65周年大会上的讲话》，载2014年9月22日《人民日报》。

④ 《习近平在庆祝全国人民代表大会成立60周年大会上的讲话》，载2014年9月6日《人民日报》。

⑤ 《习近平在庆祝中国人民政治协商会议成立65周年大会上的讲话》，载2014年9月22日《人民日报》。

⑥ 《习近平在庆祝中国人民政治协商会议成立65周年大会上的讲话》，载2014年9月22日《人民日报》。

⑦ 《中共中央关于加强社会主义协商民主建设的意见》，http://news.xinhuanet.com/politics/2015-02/09/c_1114310670.htm.

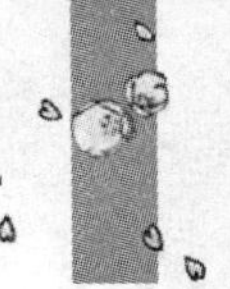

认同。具体来看，习近平社会主义协商民主重要论述的价值主要体现在：

（一）在创新发展中国特色社会主义民主政治思想中凸显理论价值

习近平社会主义协商民主重要论述是马克思主义中国化的最新理论成果，继承和发展了马克思主义经典作家关于民主本质论的思想，开创了中国特色社会主义民主政治发展的新路径。协商民主广泛、多层、制度化的发展思路，凸显了我国社会主义民主的广泛性、包容性、共享性和真实性特征。没有协商民主这种民主形式，我国的人民民主就是不完整的，没有完善的协商民主理论支撑，社会主义民主理论的科学性也必然受到削弱。中国共产党领导中国人民创造的社会主义协商民主从根本上是以实现人民当家作主为终极目标的，社会主义协商民主既能够保证国家权力的统一行使，又能够在执政党、国家权力机关同各民主党派、各团体、各民族、各界代表人士以及人民群众之间形成密切的联系，使公权力的运行不仅受到法律的制约，而且处于非权力机关和广大人民群众的民主监督之下，在真正意义上体现中国共产党的领导、人民当家作主和依法治国的有机统一。习近平社会主义协商民主重要论述进一步丰富与拓展了中国特色社会主义民主政治理论，例如协商民主思想中的人大协商、立法协商有助于进一步夯实人民代表大会制度这一根本政治制度，深化加强政协协商有助于进一步完善中国共产党领导的多党合作与政治协商制度，探索民族地区的民主协商有助于进一步发展民主区域自治制度，全面扩大基层协商和逐步探索城乡社区协商与社会组织协商有助于进一步健全基层群众自治制度。总之，习近平社会主义协商民主重要论述为中国特色社会主义民主政治实践提供了科学指导。

（二）在扩大党的执政基础与提升党的执政合法性中体现政治价值

习近平强调，发展社会主义协商民主就要“扩大团结面、增强包容性，拓展有序政治参与空间”[①]，在不断扩大民众有序政治参与中夯实社会主义协商民主的政治基础。从民主政治发展的历史进程来看，无论是选举民主抑或是传统的行政命令式决策机制，均无法有效激发民众的政治参与热情，“人民只有在投票时被唤醒，投票后就进入休眠期”[②]。在这种情况下，民众对党和政府的决策的知晓度与支持度都不高，缺乏政治基础的决策在其执行过程中也极易引起民众的反感与抵制，甚至极易引发群体性事件，动摇社会和谐之基。实践表明，发展社会主义协商民主有助于促进民众有序的政治参与，不断扩大党的执政基础，提升党的执政合法性。基于制度主义视角理解政治合法性，“公民的政治信任以及对执政者的好感根源于他们对政府绩效的感知，好的政府绩效使公民获益，公民对政府的信任度也越高”[③]。毋庸讳言，推进社会主义协商民主建设的最大动机在于获得最广泛、最大多数民众的政治认同，而协商民主具有显著的政治合法性价值。“人民内部各方面”有组织、有秩序、有热情地参与协商民主，一方

① 《习近平在庆祝中国人民政治协商会议成立65周年大会上的讲话》，载2014年9月22日《人民日报》。

② 《习近平在庆祝中国人民政治协商会议成立65周年大会上的讲话》，载2014年9月22日《人民日报》。

③ 何包钢、吴进进：《公共协商的政治合法性功能——基于连氏市民公共服务满意度调查》，载《浙江社会科学》2016年第9期。

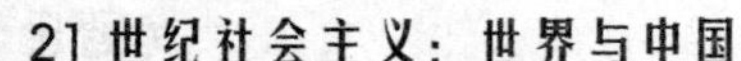

面可以从政府绩效中获取与自身休戚相关的物质利益，另一方面还可以通过协商民主实践享有基本的民主政治权利以期实现政治效用的满足。由此来看，民众参与意识、参与能力的提升与党的执政基础的扩大以及党的执政合法性的提升是一个互促共进的过程。

（三）在全面推进国家治理体系和治理能力现代化中彰显时代价值

“衡量一个国家的治理体系是否现代化，有很多标准，一个重要的标准就是民主化，即公共治理和制度安排都必须保障主权在民或人民当家作主。”[①]中共十八届三中全会正式提出推进国家治理体系和治理能力现代化的战略部署，而协商民主制度是国家治理制度体系的重要构成。现代国家以及居于其中的广大民众始终将协商民主视为一种最宝贵也最值得追求的核心价值，而中国特色社会主义协商民主之所以能在中国产生和发展，不仅与中国优秀传统文化和革命历史环境密切相关，更为重要的是协商民主的善治性、理治性、法治性属性与国家治理的公正化、程序化、法治化特征高度契合。审视与考察社会主义协商民主的诸多实践形式，各级人民政协会议、民主恳谈会、村（居）民议事会、村（居）民理事会以及各类听证会等协商方式已然嵌入国家治理与社会治理之中。协商民主嵌入国家治理与国家治理吸纳协商民主的双向互动，深刻揭示出社会主义协商民主理论契合国家治理现代化要求的客观规律。协商民主根植于中国的土壤，从传统协商文化基因中汲取养分，内在蕴含着公民培育、扩大参与、化解矛盾、民主决策、整合社会、促进和谐等诸多治理功能，大力发展社会主义协商民主将成为全面推进国家治理体系和治理能力现代化的主要方式与重要路径。一言以蔽之，社会主义协商民主的发展水平是衡量当代中国国家治理现代化水平的重要标志。

立足中国现实，着眼长远发展。习近平社会主义协商民主重要论述是马克思主义民主理论、政党理论、群众理论与中国特色社会主义民主政治实践有机结合的科学典范，是对中国共产党执政规律、社会主义民主政治建设规律认识的进一步深化，是马克思主义中国化民主理论的最新成果。在全面深化改革的关键历史时期，社会主义协商民主的理论建构为协商实践的广泛开展提供了科学指导。为了将社会主义协商民主建设引向深入，就需要将协商理论提升到制度层面，需要对协商主体、内容、程序等进行专门立法，建立健全各项协商机制。与此同时，协商民主制度建设能否取得成效，民主价值能否深入人心，还需依赖相应的协商文化建设，在协商制度和协商文化的交互建塑中提升协商民主的质量与水平。以习近平同志为核心的党中央在倡导推进协商理论、协商制度、协商文化和协商实践“四位一体”的协同发展过程中，已经初步建构起中国特色协商民主话语体系。

---

① 俞可平：《衡量国家治理体系现代化的基本标准》，载 2013 年 12 月 9 日《北京日报》。

试论“四个全面”与党的基本路线的战略关系

毕研永
（中国人民大学马克思主义学院博士研究生）

改革开放以来，中国特色社会主义事业走向成功的一条基本经验就是始终坚持党的基本路线不动摇。邓小平强调：“十三大确定了‘一个中心、两个基本点’的战略布局……这个战略布局我们一定要坚持下去，永远不改变。”“基本路线要管一百年，动摇不得。”①江泽民在党的十六大报告中指出：“党的基本路线和基本纲领是各项工作的根本指针。”②习近平在庆祝中国共产党成立95周年大会上指出：“党的基本路线是党和国家的生命线。”③面对新形势新任务新要求，习近平从坚持和发展中国特色社会主义出发，科学分析人类发展大潮流、世界变化大格局、中国发展大历史，强调“党的基本路线是国家的生命线、人民的幸福线”，谋划提出“四个全面”战略布局。“一个中心、两个基本点”的基本路线与“四个全面”战略布局前后相继、相互契合，正确认识和把握二者的内在联系，才能把“一个中心、两个基本点”的基本路线统一于中国特色社会主义的伟大实践，贯穿于“四个全面”战略布局的整个过程，从而为实现中华民族伟大复兴“中国梦”提供坚强的战略支撑和理论指引。

一、全面建成小康社会与坚持党的基本路线

党的基本路线是全面建成小康社会的理论指引。在发展方向上，现代化是贯穿党的基本路线和全面建成小康社会的一条红线，指引中国特色社会主义由全面建成小康社会进而实现富强、民主、文明、和谐。新中国建立以来，以毛泽东为核心的第一代中央领导集体在“一穷二白”的基础上开始社会主义建设，提出建设“工业、农业、国防和科学技术的现代化”；以邓小平为核心的第二代中央领导集体确立党的基本路线和“三步走”发展战略；江泽民、胡锦涛带领全党继续奋斗，于20世纪末基本实现了达到小康

① 《邓小平文选》第3卷，人民出版社1993年版，第345、370～371页。

② 中共中央文献研究室编：《改革开放三十年重要文献选编》，中央文献出版社2008年版，第1243页。

③ 《习近平在庆祝中国共产党成立95周年大会上的讲话》，载2016年7月2日《人民日报》。

社会的第二步发展战略。由于我们的底子薄、基础差、人口多，地区之间、城乡之间、行业之间发展差异明显，导致当前我国的小康总体上还处于低水平、不平衡、不全面阶段。以习近平同志为核心的党中央坚决贯彻党的基本路线，坚持一张现代化蓝图绘到底，认真总结经验教训，着眼补齐发展短板，深刻阐述了实现中华民族伟大复兴"中国梦"的伟大构想，明确提出"两个一百年奋斗目标"，即到中国共产党成立100周年时全面建成小康社会，到新中国成立100周年时建成富强、民主、文明、和谐的社会主义现代化国家。"两个一百年奋斗目标"清晰展现了全面建成小康社会与社会主义现代化的前后统一关系，揭示出全面建成小康社会是中国共产党人为实现社会主义现代化继续奋斗的关键一步。

在发展思路上，党的基本路线为全面建成小康社会指明了中心任务。中国共产党强调，党和国家的各项工作都要服从和服务于经济建设这个中心，而不能偏离这个中心，更不能干扰这个中心。习近平在坚持上述基本路线的基础上，准确判断国际国内形势，科学定位"我国仍处于并将长期处于社会主义初级阶段的基本国情没有变，人民日益增长的物质文化需要同落后的社会生产之间的矛盾这一社会主要矛盾没有变，我国是世界最大发展中大国的国际地位没有变"①，提出"以经济建设为中心是兴国之要"，我们坚持党的基本路线不动摇的关键就是坚持以经济建设为中心不动摇，通过致力于建设改革发展成果真正惠及人民，经济、政治、文化、社会、生态文明"五位一体"全面发展的小康社会，为实现社会主义现代化奠定更加坚实的经济基础和物质保障。

全面建成小康社会是新形势下党的基本路线纵深发展的必然要求。全面建成小康社会是实现现代化的必经阶段，是当代中国实现发展进步必须关注和回应的重大实践课题。中共十八大提出全面建成小康社会的新目标、新要求，"十三五"规划纲要进一步丰富了全面建成小康社会的基本内涵。总体来看，全面建成小康社会是对党的基本路线的深化和发展，表现在：就覆盖的领域来说，党的基本路线确立的奋斗目标是要建成富强、民主、文明、和谐的社会主义现代化国家，主要涵盖经济、政治、文化、社会领域。全面建成小康社会突出发展的平衡性、协调性、可持续性，着眼于经济、政治、文化、社会、生态文明等各个领域，旨在补齐生态文明建设的短板和不足，建设系统、优化、科学的制度体系，构建中国特色社会主义经济、政治、文化、社会、生态文明"五位一体"的总体布局，实现全面、协调、可持续发展。就覆盖的人群来说，党的基本路线提出"领导和团结全国各族人民"，强调全民共建社会主义现代化国家。全面建成小康社会更加注重人民性，从人民群众的根本利益和基本需求出发，体现了以人民为中心的发展思路，表现在全民共建共享，突出强调全民共享。为此，以习近平同志为核心的党中央实施精准扶贫、精准脱贫政策，"脱贫攻坚战的冲锋号已经吹响。我们要立下愚公移山志，咬定目标、苦干实干，坚决打赢脱贫攻坚战"②，绝不落下一个贫困地区、一个贫

① 《习近平在庆祝中国共产党成立95周年大会上的讲话》，载2016年7月2日《人民日报》。

② 《习近平总书记系列重要讲话读本》，学习出版社、人民出版社2016年版，第220页。

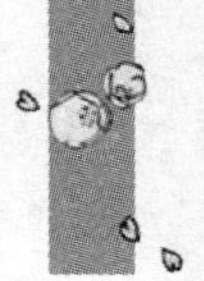

困群众，真正使改革发展成果惠及全体人民，建成全民全面小康。

正确把握全面建成小康社会和党的基本路线的关系，既要深刻认识到全面建成小康社会与社会主义现代化同根同源，二者都契合了马克思主义的基本价值取向，属于马克思主义与中国特色社会主义实践相结合的不同阶段的成果；也要把全面建成小康社会放到社会主义现代化中考量，充分认识现代化对全面建成小康社会的理论指导意义，深刻理解全面建成小康社会在理论和实践层面对党的基本路线的创新发展。

二、全面深化改革与坚持党的基本路线

党的基本路线蕴含了全面深化改革的精神气质。改革开放是我们党带领人民进行的一次新的伟大革命，激发了中华民族实现伟大复兴的革命斗志。1978 年 12 月，在关系党和国家前途命运的紧要关头，中共十一届三中全会作出“把党和国家工作重心转移到经济建设上来，实行改革开放”的伟大历史性决策。正如邓小平所说：“要坚持党的十一届三中全会以来的路线、方针、政策，关键是坚持‘一个中心、两个基本点’。不坚持社会主义，不改革开放，不发展经济，不改善人民生活，只能是死路一条。”[①]坚持党的基本路线，对于从根本上避免走弯路邪路，对于巩固和发展安定团结的政治局面，保证改革开放的顺利进行和健康发展，具有重大作用。多年来，在复杂多变的国际国内背景下，正是由于我们始终坚持党的基本路线，坚持改革开放，聚精会神搞建设、一心一意谋发展，经济实力、综合国力和国际影响力空前增强，中国人民的面貌、社会主义中国的面貌、中国共产党的面貌发生巨大变化，中国在人类发展史上写下举世瞩目的壮丽篇章。历史经验告诉我们：只有改革开放才能发展中国、发展社会主义、发展马克思主义，除此之外别无选择。习近平深刻总结改革开放历史经验，明确提出，“改革开放是当代中国最鲜明的特色，也是我们党最鲜明的旗帜”[②]，必须高举改革开放的旗帜，决不能有丝毫动摇。他强调：“中国改革经过 30 多年，已进入深水区，可以说，容易的、皆大欢喜的改革已经完成了，好吃的肉都吃掉了，剩下的都是难啃的硬骨头。”[③]他还强调，过去通过开放倒逼改革、以改革促发展，现在到了向全面深化改革要生产力的阶段，必须通过全面深化改革进一步解放生产力、发展生产力，着力解决我国发展面临的一系列突出矛盾和问题。习近平对全面深化改革的认识定位和周密部署，充分彰显了党中央治国理政的改革精神和坚定决心，即坚决依靠全面深化改革来破解发展中的难题，化解来自各方面的风险挑战，实现经济社会的持续健康发展。

全面深化改革为坚持党的基本路线提供坚实的制度保障。全面深化改革，是改革进入“深水区”和“攻坚期”的鲜明特征和战略布局。“发展中不平衡、不协调、不可持续问题依然突出，科技创新能力不强，产业结构不合理，发展方式依然粗放，城乡区域发展差距和居民收入分配差距依然较大，社会矛盾明显增多，教育、就业、社会保障、医

---

① 中共中央文献研究室编：《改革开放三十年重要文献选编》，中央文献出版社 2008 年版，第 633 页。

② 《习近平在庆祝中国共产党成立 95 周年大会上的讲话》，载 2016 年 7 月 2 日《人民日报》。

③ 《习近平总书记系列重要讲话读本》，学习出版社、人民出版社 2016 年版，第 70 页。

疗、住房、生态环境、食品药品安全、安全生产、社会治安、执法司法等关系群众切身利益的问题较多。”[①]面对现实困难和挑战，是敢于动真碰硬、不断健全体制机制还是墨守成规、安于现状？以习近平同志为核心的党中央，站在党和国家发展全局的高度，审时度势，谋划提出全面深化改革的战略思想，强调：“改革开放是决定当代中国命运的关键一招，也是决定实现‘两个一百年’奋斗目标、实现中华民族伟大复兴的关键一招。”[②]全面深化改革是新形势下中国改革开放的新起点，总目标是完善和发展中国特色社会主义制度、实现国家治理体系和治理能力现代化，首要前提是坚持四项基本原则，始终坚持中国特色社会主义道路，这是方向、立场和原则，更是道路自信、理论自信、制度自信、文化自信的重要体现。在全面深化改革过程中，既要改革过去没改好、不好改、改不动的那些领域和问题，还要积极借鉴苏东剧变的惨痛教训，避免陷入西方资本主义恶性循环的窠臼，通过全面深化改革确立更完备、更稳定、更管用的制度体系，推动社会主义制度自我完善和发展，为始终不渝坚持改革开放提供坚强有力的制度支撑。

正确把握全面深化改革和坚持党的基本路线的关系，我们既要充分理解全面深化改革和坚持改革开放一以贯之、继承发展的关系，坚持改革和开放同部署同落实；也要深刻把握在全面深化改革和不断扩大开放过程中，应该认真总结经验，完善中国制度，为世界经济社会发展提供“中国方案”、做出“中国贡献”。

三、全面依法治国与坚持党的基本路线

党的基本路线规定了全面依法治国的基本原则。长期以来，特别是改革开放以来，我们党高度重视法治建设，深刻总结社会主义法治建设的经验教训，把依法治国确定为党领导人民治理国家的基本方略，把依法执政确定为党治国理政的基本方式。当前，全面建成小康社会进入决定性阶段，改革进入“攻坚期”和“深水区”，改革、发展、稳定任务之重前所未有，矛盾风险挑战之多前所未有，依法治国在党和国家工作全局中的地位更加突出、作用更加重大。在新的形势下，中共十八届四中全会对依法治国进行专题研究，提出“全面依法治国”的新提法。全面依法治国是一个系统工程，是国家治理领域一场广泛而深刻的革命，是关系我们党执政兴国、人民幸福安康、党和国家长治久安的重大战略问题，需要有坚强的政治保证和基本的原则遵循。这就是必须遵循党在社会主义初级阶段的基本路线。党的基本路线规定了依法治国必须坚持的基本原则：一是坚持中国共产党的领导，这是我国社会主义法治建设的基本经验，也是社会主义法治建设的根本要求。二是人民主体地位，我国人民民主专政的国体就是要保证人民主体地位，保证人民当家作主。三是坚持依法治国和以德治国相结合，坚持以马克思列宁主义、毛泽东思想和中国特色社会主义理论体系为指导，坚持社会主义道路。

---

① 《习近平关于〈中共中央关于全面深化改革若干重大问题的决定〉的说明》，载2013年11月16日《人民日报》。

② 《习近平总书记系列重要讲话读本》，学习出版社、人民出版社2016年版，第67～68页。

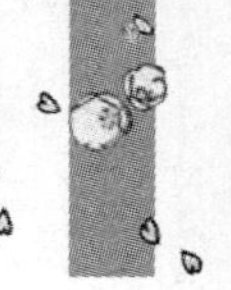

四是坚持从中国国情出发，基本路线的总依据是社会主义初级阶段，全面依法治国也要从当代中国这一最大实际出发，汲取中国法律文化精华，借鉴国外法治有益经验，科学扬弃古今中外的好经验和好做法，进行创造性转化和创新性发展，推出中国特色社会主义法治建设方案。全面依法治国方案的灵魂和精髓就是习近平在庆祝建党95周年大会上强调的，“我们要坚持把四项基本原则作为立国之本”，即“把坚持党的领导、人民当家作主、依法治国有机统一起来是我们社会主义法治建设的一条基本经验”。①

全面依法治国为党的基本路线提供坚强的法治保障。“历史是最好的老师。经验和教训使我们党深刻认识到，法治是治国理政不可或缺的重要手段。法治兴则国家兴，法治衰则国家乱。什么时候重视法治、法治昌明，什么时候就国泰民安；什么时候忽视法治、法治废弛，什么时候就国乱民怨。”②妥善解决经济社会发展、党风政风中的矛盾和问题，实现经济发展、政治清明、文化昌盛、社会和谐、生态良好，必须秉持法律这个准绳、用好法治这个方式，把依法治国摆在突出位置，把党和国家工作纳入法治化轨道，坚持在法治轨道上统筹社会力量、平衡社会利益、调节社会关系、规范社会行为，最终实现全面依法治国的总目标，建设中国特色社会主义法治体系，建设社会主义法治国家。当前有两个关系需要处理好：一是党和法的关系，也就是党的领导和依法治国的关系。关于二者的关系，习近平明确提出：“我们必须牢记，党的领导是中国特色社会主义法治之魂，是我们的法治同西方资本主义国家的法治最大的区别”，“我们全面推进依法治国，绝不是要虚化、弱化甚至动摇、否定党的领导，而是为了进一步巩固党的执政地位、改善党的执政方式、提高党的执政能力，保证党和国家长治久安”③。二是依法治国和社会主义核心价值观的关系。二者的关系体现在依法治国能够促进社会主义核心价值观建设，从而凝聚中国力量；培育和践行社会主义核心价值观需要运用法律法规和公共政策向社会传导正确价值取向，把社会主义核心价值观融入法治建设，在科学立法、公正司法、文明执法等领域践行和培育社会主义核心价值观。习近平指出：“小智治事，中智治人，大智立法。”④只有坚持依法治国、依法执政、依法行政共同推进，坚持法治国家、法治政府、法治社会一体建设，才能为党和国家提供根本性、全局性、长期性的制度保障，真正实现国家治理体系和治理能力现代化。

正确把握全面依法治国和党的基本路线的关系，我们既要充分认识党的基本路线是全面依法治国必须始终遵循的基本原则，也要看到全面依法治国为党的基本路线的贯彻执行保驾护航，从法治上为实现社会主义现代化目标提供制度化方案。

四、全面从严治党与坚持党的基本路线

党的基本路线是推进全面从严治党的基本依据。毛泽东说：“一个政党要引导革

---

① 《习近平在庆祝中国共产党成立95周年大会上的讲话》，载2016年7月2日《人民日报》。

② 《习近平关于全面依法治国论述摘编》，中央文献出版社2015年版，第8页。

③ 《习近平关于全面依法治国论述摘编》，中央文献出版社2015年版，第36页。

④ 《习近平总书记系列重要讲话读本》，学习出版社、人民出版社2016年版，第87页。

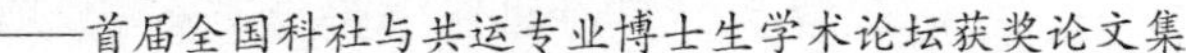

命到胜利，必须依靠自己政治路线的正确和组织上的巩固。”[①]新中国成立以来，中国共产党之所以能够以强大的凝聚力、向心力和战斗力团结带领人民建设中国特色社会主义并取得伟大成就，一条最根本的经验就是确立和毫不动摇贯彻党的基本路线。《中国共产党章程》规定：“中国共产党要领导全国各族人民实现社会主义现代化的宏伟目标，必须紧紧围绕党的基本路线，加强党的执政能力建设、先进性和纯洁性建设，以改革创新精神全面推进党的建设新的伟大工程，整体推进党的思想建设、组织建设、作风建设、反腐倡廉建设、制度建设，全面提高党的建设科学化水平。”在发展问题上，中国共产党坚持把发展作为党执政兴国的第一要务，毫不动摇坚持以经济建设为中心，坚持以人民为中心的发展思想，团结带领全国各族人民为实现中华民族伟大复兴“中国梦”打下坚实物质基础。在四项基本原则上，中国共产党坚持在党的领导下毫不动摇地坚持和发展中国特色社会主义。在改革开放问题上，习近平治国理政新理念、新思想、新战略中的鲜明特征就是坚持改革开放。作为党中央的核心和全党的核心，习近平亲自担任中央全面深化改革领导小组组长，进行深入理论思考，从战略高度进行顶层设计，在目标任务、方式方法、思维理念、忠诚担当方面为全党作出榜样、提出要求，确保不走封闭僵化的老路、不走改旗易帜的邪路。中共十八届六中全会通过的《关于新形势下党内政治生活的若干准则》进一步指出，党在社会主义初级阶段的基本路线是党内政治生活正常开展的根本保证，必须坚定不移地贯彻党的基本路线，必须把坚持党的思想路线贯穿于执行党的基本路线全过程，旗帜鲜明和坚决反对各种否定党的基本路线的言行，考察识别干部特别是高级干部必须首先看是否坚定不移贯彻党的基本路线。

全面从严治党是贯彻党的基本路线的力量源泉。中共十八大以来，全面从严治党取得重要阶段性成果，为党和国家事业发展积聚了强大正能量。但也要清醒地认识到党内还存在一些深层次问题没有得到根本解决，特别是在贯彻执行党的基本路线问题上，还存在着认识模糊和执行不坚决、不到位的现象，如果解决不好，将会动摇甚至瓦解党执政的基础。办好中国的事情，关键在党、关键在人、关键在党员干部。毛泽东指出：“政治路线确定之后，干部就是决定的因素。”[②]2016 年 1 月 29 日，习近平主持召开中央政治局会议，对加强党的领导提出明确要求，强调要切实增强政治意识、大局意识、核心意识、看齐意识，自觉在思想上政治上行动上与党中央保持高度一致，才能使我们党更加团结统一、坚强有力，始终成为中国特色社会主义事业的坚强领导核心。总体来看，中国共产党为贯彻党的基本路线提供了以下力量：一是信仰的力量。信仰指引方向，理论指导实践。中国共产党人通过共产主义信仰而团结在一起，高举中国特色社会主义伟大旗帜，充分发挥社会主义制度优势，这就是信仰的力量。在共产主义信仰的指导下，中国共产党人通过拧紧世界观、人生观、价值观这个“总开关”，把马

① 《毛泽东选集》第 1 卷，人民出版社 1991 年版，第 303 页。

② 《毛泽东选集》第 2 卷，人民出版社 1991 年版，第 526 页。

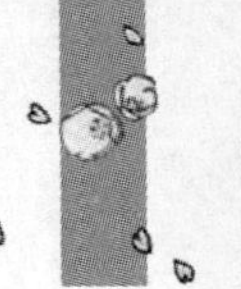

克思列宁主义的基本原理同中国革命建设改革的伟大实践相结合，相继产生了毛泽东思想、邓小平理论、“三个代表”重要思想、科学发展观和习近平治国理政思想，这些都是指导中国特色社会主义伟大实践的思想力量。二是领导的力量。习近平强调，“党的领导是中国特色社会主义最本质的特征”，从党中央到各级党组织，从领导干部到全体党员，在思想建设、组织建设、作风建设、反腐倡廉建设和制度建设各个领域，要从严从实管理和要求。习近平上任以来相继开展了群众路线教育实践活动、“三严三实”专题教育、“两学一做”学习教育活动，严肃党内政治生活，确保党始终成为坚持和发展中国特色社会主义的核心领导力量。三是基础的力量。我们党是中国工人阶级的先锋队，同时是中国人民和中华民族的先锋队，代表中国最广大人民的根本利益，这就决定了基础的力量来源于包括工人、农民、知识分子在内的中国最广大人民，而集中最广大人民力量办大事、办好事、办成事的就是中国共产党，中国共产党如同一根红线把基础力量发挥到极致。

正确把握全面从严治党和党的基本路线的关系，我们既要充分认识党的基本路线蕴含着全面从严治党的基本内容，坚持党的领导在本质上要求必须全面从严管党治党；也要深刻理解全面从严治党是加强党的领导的迫切任务，是坚定正确方向、凝聚中国力量的政治保证。

总之，“四个全面”战略布局与党的基本路线发端和统一于中国特色社会主义伟大实践。实践在发展，社会在进步，改革要深化，理论要创新。从确立基本理论、基本路线、基本纲领、基本经验到基本要求，我们党在推动改革开放过程中又逐步确立了作为基本战略的“四个全面”战略布局。“四个全面”是习近平治国理政思想的重要内容，是我们党坚持解放思想、实事求是、与时俱进、求真务实、改革创新的思想路线的理论成果，必将为实现中华民族伟大复兴的“中国梦”提供坚强的理论支撑和战略保障。

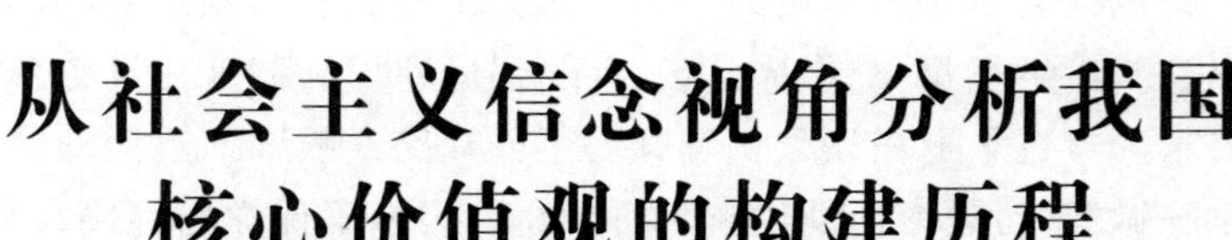

从社会主义信念视角分析我国核心价值观的构建历程

张成利
（中共中央党校科学社会主义教研部博士研究生）

列宁曾经明确地提出："社会主义是一种庄严的信念。"[①]学术界对于社会主义信念的具体表现、基本特点及其在社会主义发展过程中的重要性进行了多方面的阐述。信念问题从根本上看是一个价值观问题，需要我们从价值、价值观的角度去理解和分析。自从中共十八大提出以"三个倡导"为主要内容的社会主义核心价值观以来，学术界对上述核心价值观的凝练过程、内涵、培育路径等各个方面进行了研究，可以说是成果丰硕。但是，从社会主义信念的角度来探讨我国核心价值观的研究并不多。本文主要从社会主义信念的角度，分析中国共产党人对社会主义价值观的追求与构建，梳理我国核心价值观的发展历程，旨在深化人们对于中共十八大提出的社会主义核心价值观的认识与理解。

一、社会主义信念的含义及特性

在长期的生活实践中，人们对于某一事物所形成的各种认识就是普遍意义上的观念。随着社会的发展和历史的进步，有些观念被留下了，有些观念被抛弃了，而留下的观念又会经过历史的、实践的检验，最终逐步被人们所接受和使用，这样的观念是人们观念体系中最稳定、最持久的部分，这就是信念。信念是主体的一种主观性的感受，会受到主体实践活动和认识能力的影响。社会主义信念就是一种关于社会主义的观念。但是，并不是说任何一个有关社会主义的观念都可以被称为社会主义信念。事实上，在社会主义发展进程中存在着多种形态的社会主义，如空想社会主义、科学社会主义、民主社会主义、国家社会主义等。相应地，社会主义信念也有很多种，如空想社会主义信念、科学社会主义信念、民主社会主义信念、国家社会主义信念等等。为了论述的方便，本文中使用的"社会主义信念"特指"科学社会主义信念"，是指在先进的马克思主义政党领导下，经过无产阶级革命斗争的胜利，社会主义必然战胜资本主义，最终实现

① 《列宁选集》第2卷，人民出版社1995年版，第454页。

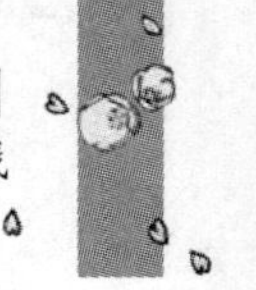

人类的最高理想——共产主义社会。[①] 社会主义信念具有以下特性：

一是社会主义信念具有阶级性。500年前，托马斯·莫尔的一篇游记《乌托邦》引发了空想社会主义思潮，这也是社会主义最初的亮相形式。19世纪40年代，马克思、恩格斯创立的无产阶级理论学说，实现了社会主义从空想到科学的发展，也成为无产阶级解放自身和建立新社会的理论武器。以资本主义社会为生长点，科学社会主义所要构建的却又是一种与资本主义社会完全不同的社会形态。在那里，没有资本主义社会里一切的肮脏与贪婪，没有资产阶级对无产阶级无情的压榨与剥削，有的只是无产阶级对于美好未来社会的期待与向往。即科学社会主义从一产生就表明了自己的阶级性，它是为无产阶级服务的理论。社会主义信念是无产阶级的社会主义信念，因此阶级性是其首要特性。

二是社会主义信念具有引导性。如果没有坚强的信念作为支撑，人们便不会采取积极的实践行动。就个人而言，没有信念就意味着人生道路将变得不知所向；就国家而言，没有信念就意味着失去了前进的动力。马克思、恩格斯创立的社会主义理论不是纸上谈兵，而是基于对社会现实状况的考察、调研得出的结论。随着社会的进步、历史的发展，无产阶级越发地接受了社会主义理论，在情感上认同，在行为上积极践行，坚强的社会主义信念成为无产阶级行动的动力源泉。也正是在社会主义信念的引导下，以列宁、毛泽东为代表的马克思主义者进一步丰富和发展了马克思、恩格斯的社会主义理论，并使其实现了从理论到实践、从一国实践到多国实践的飞跃。

三是社会主义信念具有自律性。信念一旦形成，它所产生的约束力是不可估量的，并且这种约束力呈现出自律的特征，社会主义信念亦是如此。社会主义信念不仅能引导一个人的成长、一个国家的发展，而且还会对人们的行为举止、国家的发展轨迹产生约束作用。为了维护和实现社会主义的理想信念，无产阶级在整个社会运动和发展过程中呈现出的无私奉献、无怨无悔、坚贞不屈、百折不挠等精神品质是社会主义信念对主体自律性的最佳表现。

社会主义信念从来就不是一句口号，而是由无数个具体的价值目标组成的。在中国革命和建设时期，中国共产党对于社会主义信念的坚持是义无反顾的，但是由于在革命和建设时期对社会主义信念具体的认识与实践是不同的，因而不同阶段的具体价值目标的设定也是不同的。

二、社会主义核心价值观在中国革命时期的初步呈现

（一）早期中国共产党人的社会主义价值观

新文化运动时期，在中华民族危难之际，先进的中国人将马克思及其社会主义学说带入了中国，以此改变中国的悲惨命运。在马克思主义的指导下，中国共产党在成立之初就确定了对社会主义的向往与坚持。需要指出的是，早期的中国共产党人一方

---

① 参见李克忠、韩庆明：《浅谈坚定人民群众的社会主义信念》，载《长白学刊》1991年第6期。

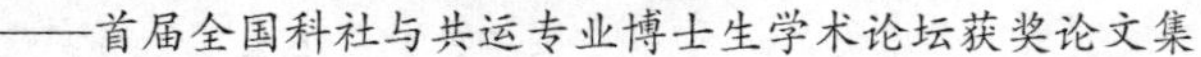

面坚持追求社会主义的理想信念，另一方面又试图立足于中华文明的优秀传统思想，建立适合中国文化需要的新社会。

以李大钊、陈独秀为代表的早期中国共产党人对社会主义的评价是相当高的，他们认为"科学、近代民主制、社会主义，乃是人类社会三大天才的发明，至可宝贵"[①]，同时强调"民本""科学""民主"等思想是实现社会主义至关重要的价值目标。李大钊将其所追求的社会主义信念与中国传统文化相结合，重点强调了人民群众在社会发展中的重要地位与作用，进而提出了"民彝"的思想。科学与民主是陈独秀对社会主义社会的价值追求，他坚信"科学与民主，是人类社会进步的两大主要动力"[②]。这些具体价值目标的设定，对于我们党提出适合我国国情的社会主义价值观起到了启蒙和传播的作用。

(二)毛泽东的社会主义价值观

在李大钊、陈独秀等人的影响下，毛泽东开始接触了马克思主义，逐步形成了他对于社会主义的执着信念。他认为，社会主义是我们所追求的理想社会形态，需要我们每一个人的共同努力，尤其是共产党员，并强调"共产党人决不抛弃其社会主义和共产主义的理想"[③]。

毛泽东认为，坚持社会主义信念就是要走社会主义的道路，就是要坚持为人民服务、平等、共同富裕等价值理念。关于为人民服务的价值观念，毛泽东始终强调要把人民的根本利益作为共产党人的出发点和归宿，"应该使每个同志明了，共产党人的一切言论行动，必须以合乎最广大人民群众的最大利益，为最广大人民群众所拥护的最高标准"[④]。关于平等价值理念，毛泽东一生最痛恨特权，在新民主主义革命时期，他对新民主主义革命对象的压迫人民的特权进行猛烈抨击。社会主义制度建立后，他时刻把平等的价值观念置于首要位置，强调平等包括政治平等、经济平等、文化平等、社会平等等方面。关于共同富裕的价值理念，毛泽东认为社会主义富裕的价值原则就是共同富裕。在新中国成立之初，他就曾指出，共产党要"使农民能够逐步完全摆脱贫困的状况而取得共同富裕和普遍繁荣的生活"[⑤]。

三、社会主义核心价值观在中国建设时期的逐步拓展

(一)邓小平的社会主义价值观

以邓小平为核心的第二代中央领导集体肩负着建设中国社会主义的重大历史使命，在新的历史方位下，邓小平依然强调坚持社会主义理想信念的重要性。他强调："为什么我们过去能在非常困难的情况下奋斗出来，战胜千难万险使革命胜利呢？就是因为我们有理想，有马克思主义信念，有共产主义信念，我们干的是社会主义事业，

① 张永通、刘传学：《后期的陈独秀及其文章选编》，四川人民出版社1980年版，第199页。

② 张永通、刘传学：《后期的陈独秀及其文章选编》，四川人民出版社1980年版，第197页。

③ 《毛泽东选集》第1卷，人民出版社1991年版，第259页。

④ 《毛泽东选集》第3卷，人民出版社1991年版，第1096页。

⑤ 中共中央文献研究室编：《建国以来重要文献选编》第4册，中央文献出版社1993年版，第662页。

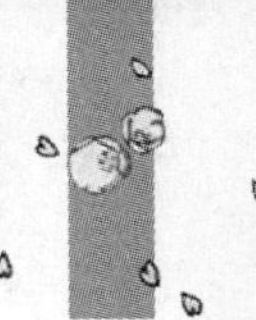

最终目的是实现共产主义。”①

邓小平认为，坚持社会主义信念，建设社会主义就需要为人民利益而奋斗，需要追求共同富裕，需要有爱国主义的情怀。在为人民利益而奋斗方面，邓小平强调，人民是看实际的，要取信于民，就要以人民利益为重，这也是中国共产党人始终坚持的价值准则。在实现共同富裕方面，邓小平进一步深化了毛泽东的农民共同富裕思想，他认为："坚持社会主义的发展方向，就要肯定社会主义的根本任务是发展生产力，逐步摆脱贫穷，使国家富强起来，使人民生活得到改善。没有贫穷的社会主义。社会主义的特点不是穷，而是富，但这种富是人民共同富裕。”②在坚持爱国主义情怀方面，邓小平强调，我们建设社会主义，必须发扬爱国主义精神，提高民族自尊心与自信心；中国人民有自己的民族自尊心与自豪感，以损害国家利益、荣誉与尊严为耻辱，以热爱祖国、为祖国献身为光荣。③

(二)江泽民的社会主义价值观

面对纷乱复杂的国内外形势，尤其是苏东剧变给社会主义国家带来的巨大冲击，以江泽民为代表的第三代中央领导集体提出了“三个代表”重要思想、“八荣八耻”的社会主义荣辱观等社会主义价值观念。

其中，“三个代表”重要思想集中表达了新一代中国共产党人在新的历史背景下对社会主义信念的理解与追求，进一步深化了我们党对于社会主义具体价值目标的认识。“三个代表”重要思想体现了如下社会主义价值观：一是人民利益至上的基本价值原则。“三个代表”重要思想中最重要的价值原则就是人民利益至上原则。江泽民同志强调，要时刻把人民的事业放在首位，“在任何时候任何情况下，我们的一切工作和言行都要以是否符合最广大人民的根本利益为最高衡量标准，这必须成为我们观察和处理问题的根本原则”④。二是科学技术是第一生产力的价值理念。大力发展科学技术是新的历史条件对我国社会主义建设提出的新的要求。可以说，科教兴国、可持续发展和人才强国等战略为具体落实科学技术是第一生产力的价值理念具有重要的实践意义。三是大力倡导一切好的思想和精神。在强调经济建设的同时，江泽民同志指出，我们“要大力倡导一切有利于发展爱国主义、集体主义、社会主义的思想和精神，大力倡导一切有利于改革开放和现代化建设的思想和精神，大力倡导一切有利于民族团结、社会进步、人民幸福的思想和精神，大力倡导一切用诚实劳动争取美好生活的思想和精神”⑤。

(三)胡锦涛的社会主义价值观

随着国内外形势的不断发展，以胡锦涛同志为代表的中国共产党人提出了科学发

① 《邓小平文选》第3卷，人民出版社1993年版，第110页。

② 《邓小平文选》第3卷，人民出版社1993年版，第264～265页。

③ 参见中共中央文献研究室编：《十四大以来重要文献选编》(上)，人民出版社1996年版，第922页。

④ 《江泽民文选》第2卷，人民出版社2006年版，第577页。

⑤ 中共中央文献研究室编：《十四大以来重要文献选编》(上)，人民出版社1996年版，第656页。

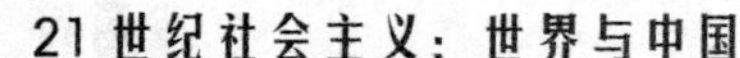

展观、构建社会主义和谐社会、树立社会主义荣辱观等一系列重大战略思想。这些思想和理论是中国共产党在中国特色社会主义建设过程中，依据具体实践要求提出的新的思想和方法，蕴含着我们党在新形势下对社会主义信念的理解与追求。

其中，科学发展观主要体现了以胡锦涛为代表的中国共产党人以下社会主义价值观：一是以人为本的价值原则。以人为本是科学发展观的核心观点，具体来说，以人为本就是以人民为本，确认并保证人民在国家生活中的主人地位；以人为本就是把人民群众作为党的力量之源和胜利之本，坚持一切依靠人民；以人为本就是把人的生存和发展作为最高的价值目标，做到一切为了人民，一切服务于人民。以人为本的价值原则是对毛泽东的为人民服务思想、邓小平的人民利益至上价值观念的继承和发展。二实现科学发展的价值目标。在对国家发展方式与路径的探索过程中，中国共产党人对发展先后经历了"发展才是硬道理""发展是执政兴国的第一要务"等不同的认识阶段，直到中共十六届五中全会提出："科学发展观是指导发展的世界观和方法论的集中体现。"①

四、社会主义核心价值观是社会主义信念的最新表达

马克思主义是中国共产党长期坚持的唯一的指导思想，社会主义信念、共产主义理想一直是中国共产党的执着追求。党的每一代领导集体对社会主义理想信念的追求都体现在一个又一个具体的价值目标中，这些具体化的价值目标经过了一代又一代中国共产党人的继承和发展，是被实践证明了的符合中国实际的价值观念。同时，中国共产党总是能够根据人民的意愿和社会主义事业发展的需要，提出一个又一个既具体又富有感召力的价值追求和奋斗目标，带领全国人民为实现社会主义和共产主义的理想信念共同奋斗。在新的历史条件下和改革开放逐步深入的背景下，中共十六届六中全会第一次明确提出了"建设社会主义核心价值体系"的重大命题，并指出要"最大限度地形成社会思想共识"。社会主义核心价值体系是对中国共产党人一直坚持的价值理念和价值目标的高度凝练和发展，也是对社会主义信念的进一步提炼。为了形成"最大限度的共识"，2012年11月，中共十八大明确提出了以"三个倡导"为核心的社会主义核心价值观，即"倡导富强、民主、文明、和谐，倡导自由、平等、公正、法治，倡导爱国、敬业、诚信、友善，积极培育社会主义核心价值观"，这是对社会主义核心价值体系的进一步概括，是对社会主义信念的最新表述。

作为社会主义信念的最新成果，社会主义核心价值观从个人、社会和国家三个方面提出了相应的价值标准与目标，具体化了对社会主义信念的认识和追求。第一，从个人角度来看，社会主义核心价值观表达了对塑造社会主义新人的坚定信念。爱国、敬业、诚信、友善是社会主义核心价值观对个人"必然"性的要求，也是我们每个人在社

① 《十六届五中全会闭幕　从五中会看中国发展走向》，http://biz.zjol.com.cn/05biz/system/2005/10/12/006329303.shtml.

会主义信念引导下的"应然"性行为。第二，从社会角度来看，社会主义核心价值观表达了发展和完善社会主义社会的坚定信念。我们所追求的社会应该是每个人能够实现自由发展、社会处处彰显着公平正义、法治成为每个人的生活方式的。第三，从国家角度来看，社会主义核心价值观表达了建设和完善社会主义国家的坚定信念。我们追求的社会主义国家应该是一个拥有富裕经济、民主政治、先进文化、和谐社会的国家。

最后，正如习近平总书记所希望的一样，希望"我们工人阶级要牢固树立中国特色社会主义的理想信念，坚持永远跟党走的信念……要自觉践行社会主义核心价值观"①；希望"全党同志一定要以更加坚定的信念、更加顽强的努力，毫不动摇坚持、与时俱进发展中国特色社会主义"②。总之，全国各族人民只有积极践行社会主义核心价值观，坚定社会主义信念，才能更有效地建设社会主义的伟大事业，从而实现中华民族伟大复兴的"中国梦"。

① 《习近平谈治国理政》，外文出版社 2016 年版，第 45 页。
② 《习近平谈治国理政》，外文出版社 2016 年版，第 17 页。

统一战线：从马克思列宁主义的革命策略到中国共产党的长期战略

路 璐
（山东大学政治学与公共管理学院博士研究生）

"十月革命一声炮响，给我们送来了马克思列宁主义"①，也送来了马克思列宁主义的统一战线策略。中国共产党在长达90多年的奋斗历程中，从不懂得统一战线到建立统一战线，从不懂得掌握统一战线领导权到主动争取领导权，从不善于处理与同盟者的关系到炉火纯青地驾驭这种关系，把马克思列宁主义的统一战线策略思想同中国的具体实践相结合，先后建立了民主联合战线、抗日民族统一战线、人民民主统一战线和爱国统一战线，它们成为夺取革命、建设和改革事业胜利的重要法宝，成为凝聚人心、汇聚力量的政治优势和战略方针。

一、列宁继承并创造性地运用马克思主义统一战线策略，夺取十月革命的伟大胜利

无产阶级加强自身团结统一和争取同盟军是马克思恩格斯为无产阶级革命制定的重要策略。19世纪的欧洲，资产阶级革命和无产阶级解放运动蓬勃兴起，"整个社会日益分裂为两大敌对的阵营，分裂为两大相互直接对立的阶级：资产阶级和无产阶级"②。为了对付无产阶级，各国资产阶级结成了"压迫者对付被压迫者的兄弟联盟、剥削者对付被剥削者的兄弟联盟"③。为此，马克思恩格斯强调，各国无产阶级应当共同战斗，实现自身团结统一，"以各国工人的兄弟联盟来对抗各国资产者的兄弟联盟"④；同时还要尽可能团结争取一切同盟军，要联合农民、城市小资产阶级、民主政党，"甚至可以同魔鬼结成联盟"⑤。这一系列策略思想集中体现为《共产党宣言》结尾

① 《毛泽东选集》第4卷，人民出版社1991年版，第1471页。
② 《马克思恩格斯选集》第1卷，人民出版社2012年版，第401页。
③ 《马克思恩格斯选集》第1卷，人民出版社2012年版，第313页。
④ 《马克思恩格斯选集》第1卷，人民出版社2012年版，第316页。
⑤ 《马克思恩格斯全集》第8卷，人民出版社1961年版，第443页。

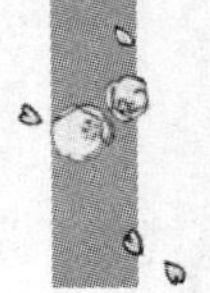

的那个著名号召："全世界无产者，联合起来！"①

为夺取十月革命胜利，巩固苏维埃政权，列宁将马克思恩格斯的统一战线策略创造性地运用于俄国革命实践，为俄国从资产阶级民主革命转向社会主义革命创造了条件。1917年"二月革命"后，俄国出现了两个政权并存的局面：一个是实际掌握俄国全部政权机关的资产阶级临时政府，另一个是直接依靠绝大多数人民、武装工人和士兵的彼得格勒工兵代表苏维埃。为了推翻资产阶级临时政府，以列宁为首的布尔什维克并没有立即号召实行起义去推翻临时政府，而是从革命的总目标和复杂的国际国内形势出发，主张采取同一切可能团结的力量结成联盟的策略，争取广大的同盟军，赢得苏维埃中多数，为推翻资产阶级临时政府创造条件。

农民是布尔什维克团结争取的首要对象。列宁一直重视农民在俄国革命中的作用，将工农联盟视为统一战线的基石。当时俄国的农民是一个由不同阶层构成的阶级，阶层分化严重，"一部分人成为雇农、雇佣工人和贫农（半无产者），另一部分成为富裕农民和中等农民（资本家和小资本家）"②。1861年农奴制改革后，俄国仍保存了大量的农奴制残余，少数地主贵族霸占着大量土地，占人口绝大多数的农民只有很少土地。农民要求无偿获得全部土地，并从地主的压迫下完全解放出来。1917年3月，列宁明确指出，无产阶级在这次革命中的"第一个同盟者就是占俄国人口绝大多数的、以千百万计的、广大的半无产者以及一部分小农群众。这批群众需要和平、面包、自由和土地"③。布尔什维克站在农民的立场上，主张有组织地夺取地主的土地，无偿分给农民。布尔什维克主张工人阶级同贫苦农民结成联盟的做法，也影响了中农的态度，使他们在长期的动摇之后在十月革命前夜同贫苦农民站到一起。

布尔什维克团结争取的第二个同盟者是小资产阶级民主力量，典型代表为左派社会革命党。社会革命党在城乡小资产阶级，特别是在农民中享有很高威信。"二月革命"以后，社会革命党内部分化进一步加剧，其中右派与资产阶级达成妥协，全力支持临时政府的各项政策，而左派则要求立即没收地主土地，实行土地社会化，并且立即停止战争，建立把资产阶级排除在外的"清一色的社会主义者政府"。左派社会革命党的主张与布尔什维克在民主革命时期的要求基本吻合，使双方合作成为可能。1917年4月间先后举行的布尔什维克第七次全俄代表会议和彼得格勒党组织的代表会议都决定与左派社会革命党联合行动。左派社会革命党人在十月革命的关键时刻支持了布尔什维克，在苏维埃政权建立后参加了彼得格勒、莫斯科和其他一些地方的武装起义，在解散立宪会议、实现农民代表苏维埃与工兵代表苏维埃合并等问题上也对布尔什维克提供了支持。

1917年2～10月短短8个月间，列宁领导布尔什维克建立了强有力的广泛的反对资产阶级临时政府的统一战线，完成了极其困难的任务，争得了工人阶级和苏维埃

① 《马克思恩格斯选集》第1卷，人民出版社2012年版，第435页。

② 《列宁选集》第3卷，人民出版社2012年版，第50页。

③ 《列宁选集》第3卷，人民出版社2012年版，第11页。

中的多数，把千百万农民吸引到社会主义革命中来。1917年11月7日(俄历10月25日)，布尔什维克领导俄国工人阶级，联合广大农民，在士兵和水兵的支持下，推翻了资产阶级临时政府，建立了苏维埃政权和社会主义制度，开启了人类历史的新纪元。

二、列宁指导共产国际运用统一战线策略，联合西欧无产阶级和东方被压迫民族，发动世界革命

列宁认为，俄国十月革命是世界社会主义革命的序幕。十月革命胜利后，如果其他国家不发生革命运动，俄国革命的最后胜利是没有希望的。基于这样的认识，列宁在巩固新生政权的同时，把大量的精力投入到催生和帮助西欧无产阶级社会主义革命中。在俄国十月革命的鼓舞下，从西欧到东欧出现了声势浩大的革命风暴。1918年11月，德国爆发革命。1919年，匈牙利爆发革命并建立了苏维埃政权。1920年7月，波兰无产阶级建立了劳动者的政权——临时革命委员会，把革命的形势推向了高潮。但是，以十月革命为起点的世界革命进程并没有向各国共产党人所期待的推翻资产阶级统治、建立无产阶级专政的方向发展。随着苏俄红军进攻华沙的失败，德国、意大利和匈牙利各国的革命相继被镇压，以列宁为首的共产国际不得不调整策略，由之前的“直接进攻”转向建立统一战线。

首先，共产国际决定“建立工人阶级统一战线”(единого рабочего фронт)。1921年12月，共产国际执委会依据列宁的策略原则，通过了关于建立工人阶级统一战线的提纲。提纲指出，工人统一战线是一切愿意同资本主义作斗争的工人的统一战线，其中也包括目前还追随无政府主义者、工团主义者等等的工人。共产国际执行委员会要求各国共产党和整个共产国际支持“工人统一战线”的口号，在反对资本主义斗争中行动一致，增强各派工人利益上的一致性。1922年1月21日，远东各国共产党及民族革命团体第一次代表大会在莫斯科举行，大会发表了《共产国际执行委员会和红色工会国际关于统一战线的联合宣言》。1922年2～3月举行的共产国际执委会第一次扩大全会通过的《统一战线的策略》指出：“执行委员会扩大全会认为关于统一战线的十二月提纲是正确的。”①这一策略原则的制定，进一步丰富了马克思主义关于工人阶级自身加强团结统一的统一战线思想。

与此同时，共产国际还决定与东方殖民地半殖民地国家建立“反对帝国主义的统一战线”。为了打破帝国主义对苏俄的封锁和包围，消灭国内猖獗的白卫势力，共产国际和苏俄迫切需要在东方寻找支持力量。1920年，列宁在共产国际第二次代表大会上作了《民族和殖民地问题提纲》的报告，认为落后国家的无产阶级及其运动还处于萌芽状态，目前还只能进行以反对外国帝国主义和本国封建主义压迫为主要内容的“资产阶级民主性质”的“民族革命运动”。列宁还提出了“两个联盟”的思想，其中第一个联盟是俄罗斯苏维埃共和国与各国先进工人的苏维埃运动与殖民地、被压迫民族的一

① [匈]贝拉·库恩：《共产国际文件汇编》第1册，中国人民大学编译室译，三联书店1965年版，第375页。

切民族解放运动的联盟，组织形式是共产国际，使命是把全世界工人阶级组织起来，推翻资本主义制度，建立共产主义制度。第二个联盟是共产国际与落后国家的资产阶级民主派结成的临时联盟。随着世界革命形势的发展和变化，到共产国际第四次代表大会时，欧洲革命的中心地位逐渐被亚洲革命所取代，第二个联盟的地位逐步提高，共产国际四大随之明确提出了与资产阶级建立“反对帝国主义的统一战线”。列宁和共产国际的这一系列策略思想集中体现为另一个著名的口号：“全世界无产者和被压迫民族联合起来！”①

三、中国共产党在列宁和共产国际的指导下，运用统一战线策略建立了第一个中国革命统一战线

“中国人找到马克思主义，是经过俄国人介绍的。”②中国共产党找到统一战线这个重要法宝也是经由俄国人。正是在列宁和共产国际的指导下，中国共产党从一个不懂得统一战线的政党发展成为在大革命时期与国民党进行合作并与之建立联合战线的政党。

十月革命的成功经验和列宁关于统一战线策略的基本思想，给中国人带来了全新的革命理论，推动了中国革命的发展。在第一次世界大战和十月革命直接影响下爆发的反帝反封建的五四运动发展成为全国范围内广大的无产阶级、小资产阶级参加的革命运动。五四运动后，以李大钊、陈独秀等为代表的接受了马克思列宁主义的革命知识分子与工人运动相结合，在共产国际的帮助下成立了中国共产党。初创时的中国共产党尚未深刻认识到中国国情和中国革命的特殊性，只是从俄国十月革命胜利后的世界总体形势出发，得出中国革命必然是以无产阶级为主体的社会主义革命的结论；还没有认识到同其他阶级和政党建立统一战线的必要性，不懂得在进行民主革命时，要战胜强大的反动势力，必须争取一切革命的阶级和党派，组成最广大的同盟军。中共一大纲领明确规定：“中国共产党彻底断绝与资产阶级的黄色知识分子及与其类似的其他党派的任何联系。”③中国共产党的第一个决议也明确宣布：除了与第三国际联系外，“对现有其他政党，应采取独立的攻击的政策”，在政治斗争中“不同其他党派建立任何关系”。④

随着中国共产党成立之后独立领导的一系列工人运动的相继失败，再加上共产国际的指导，中国共产党很快就认识到建立统一战线的必要性和重要性。1922 年 1 月，共产国际在莫斯科召开了远东各国共产党及民族革命团体第一次代表大会。会议期

① 《列宁选集》第 4 卷，人民出版社 2012 年版，第 326 页。

② 《毛泽东选集》第 4 卷，人民出版社 1991 年版，第 1470 页。

③ 《中国共产党纲领（俄文译稿）》（1921 年中国共产党第一次全国代表大会通过），http://cpc.people.com.cn/GB/64162/64168/64553/4427945.html.

④ 中共中央文献研究室、中央档案馆编：《建党以来重要文献选编（1921～1949）》第 1 册，中央文献出版社 2011 年版，第 6 页。

间，列宁抱病接见出席会议的中国代表团，希望国共两党实现合作。中国共产党接受了共产国际关于民族和殖民地问题的理论和列宁的建议，逐渐酝酿和制定了符合中国国情的革命纲领。1922 年 6 月 15 日，中共中央发表了《中国共产党对于时局的主张》（以下简称《主张》）。《主张》分析了中国的政治军事形势，指出中国内忧外患的根源在于遭受“列强和军阀两重压迫”，只有推翻这两重压迫，才能建立民主政治。“在无产阶级未能获得政权以前，依中国政治经济的现状，依历史进化的过程，无产阶级在目前最切要的工作，还应该联络民主派共同对封建式的军阀革命，以达到军阀覆灭能够建设民主政治为止……中国现存的政党，只有国民党比较是革命的民主派，比较是真的民主派。”“要邀请国民党等革命的民主派及革命的社会主义各团体开一个联席会议”，以“共同建立一个民主主义的联合战线”。[①]《主张》表明，经过列宁和共产国际的启发和推动，中国共产党实现了从直接进行社会主义革命到先进行反帝反封建革命的重大战略转变，也实现了由排斥国民党到决定与国民党建立联合战线的重大思想转变。1922 年 7 月，中共二大通过了《中国共产党第二次全国代表大会宣言》（以下简称《宣言》）。《宣言》指出，现阶段中国革命的性质是民主主义革命；革命的对象是帝国主义和封建军阀；革命的动力是工人、农民和小资产阶级，民族资产阶级也是革命的力量之一；革命的策略是组成各阶级的联合战线。《宣言》表明，中国共产党确立了建立“民主联合战线”的方针，并创造性地提出了在中国实现民主联合战线的策略思想，即与国民党、国会议员中的左派组成统一战线的领导核心，建立包括工、农、商、学、妇以及其他小资产阶级在内的统一战线。

在共产国际的帮助下，中国共产党同国民党的民主联合战线最终确立。1924 年 1 月，中国国民党在广州召开了第一次全国代表大会。大会上，共产党员代表占 40%；在国民党中央执行委员会中，共产党员约占 1/4。大会确定了“联俄、联共、扶助农工”三大革命政策，确立了国共合作的反帝反封建的民主联合战线，通过了有共产党人参加起草的《国民党第一次全国代表大会宣言》。改组后的中国国民党成为工人阶级、农民阶级、小资产阶级、民族资产阶级的革命联盟，成为国共联合战线的组织形式。

在国共建立的民主联合战线的指导下，国共两党发起了轰轰烈烈的大革命。在大革命中，中国共产党领导的工人运动狂飙突进、农民运动风起云涌。不到半年，北伐战争就打垮了吴佩孚，歼灭了孙传芳的主力，占领了半个中国，沉重打击了帝国主义和封建军阀的统治。国共合作也使年轻的中国共产党迅速发展壮大，党员由 1923 年 6 月中共三大时 400 多人增加到 1927 年 4 月中共五大时的 5.7 万人，在不到 4 年的时间里扩大了 142.5 倍；党领导的有组织的工人发展到 280 余万人，有组织的农民发展到 970 余万人。[②]

---

① 中共中央文献研究室、中央档案馆编：《建党以来重要文献选编（1921～1949）》第 1 册，中央文献出版社 2011 年版，第 97～98 页。

② 参见中共中央党史研究室：《中国共产党历史》第 1 卷（1921～1949）上册，中共党史出版社 2011 年版，第 220 页。

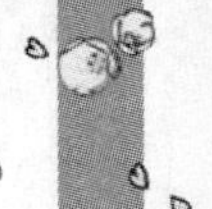

四、统一战线成为中国共产党长期坚持的战略方针和政治优势，成为党治国理政的重要方面

列宁把马克思主义统一战线策略俄国化，为夺取十月革命伟大胜利创造了重要条件。中国共产党从俄国学来统一战线策略并使之中国化，在长达90多年的实践中，始终把它作为夺取革命、建设、改革事业胜利的重要法宝和凝聚人心、汇聚力量的政治优势。从新民主主义革命时期到社会主义建设时期，统一战线从中国共产党的革命策略发展成为中国共产党的长期战略。

新民主主义革命时期，以毛泽东同志为代表的中国共产党人，依然强调统一战线的重要性，指出："统一战线，武装斗争，党的建设，是中国共产党在中国革命中战胜敌人的三个法宝，三个主要的法宝。"①把马克思列宁主义的统一战线策略同中国革命的具体实践相结合，先后建立了民主联合战线、工农民主统一战线、抗日民族统一战线和人民民主统一战线，积累了失败的教训和成功的经验，形成了一整套统一战线的理论和政策，实现了工人阶级、农民阶级、城市小资产阶级和民族资产阶级的大团结大联合，为彻底推翻帝国主义、封建主义和官僚资本主义在中国的反动统治提供了最广泛的力量支持。统一战线在中国革命的实践中得到了最充分的发展，成为中国共产党领导革命的重要策略。

从1949年新中国成立到1956年社会主义改造基本完成，是中国从新民主主义向社会主义过渡的时期，也是统一战线从革命策略向中国共产党长期战略转变的重要时期。新中国成立初期，党内一部分同志滋长了骄傲和以功臣自居的情绪，在统一战线问题上产生左的关门主义、宗派主义倾向。针对中央人民政府6位副主席中的3位民主人士，有人发牢骚"革命不如不革命，不革命不如反革命"，一些将领直言"我们打天下，民主人士坐天下"。② 针对民主党派，有些同志认为，革命胜利了，民主党派"任务已尽"，现在"是包袱"，"可有可无"。③ 党外民主人士中也有把统一战线看作权宜之计的，一些民主党派领导人认为民主革命胜利了，党派存在就没有必要了，要求合并和取消。④ 针对这些问题，毛泽东同志在1950年4月召开的第一次全国统战工作会议期间，引用《共产党宣言》1883年德文版序言中的一段话"被剥削被压迫的阶级（无产阶级）如果不同时使整个社会永远摆脱剥削、压迫和阶级斗争，就不再能使自己从剥削它压迫它的那个阶级（资产阶级）下解放出来"，强调指出，整个宣言的基本思想就是：无产阶级只有解放全人类，才能最后解放自己。中国工人阶级单求得自己的解放不行，必须求得四个阶级的共同解放。⑤ 毛泽东同志的这个重要思想，从根本上阐明了统一战线在无产阶级解放事业中的战略地位，即统一战线对于中国共产党来说，已经超越

---

① 《毛泽东选集》第2卷，人民出版社1991年版，第606页。

② 参见陈延武：《万水朝东》，三联书店2011年版，第180页。

③ 参见李维汉：《回忆与研究》（下），中共党史资料出版社1986年版，第680页。

④ 参见中共中央文献研究室：《周恩来年谱（1949～1976）》上卷，中央文献出版社1997年版，第16页。

⑤ 参见中央统战部研究室编：《历次全国统战工作会议概况和文献》，档案出版社1988年版，第5～7页。

了权宜之计和工具性策略，成为工人阶级解放其他阶级从而使自身获得彻底解放的长期战略。1956年，我国基本完成了对农业、手工业和资本主义工商业的社会主义改造，社会主义革命取得决定性胜利，民族资产阶级和小资产阶级已经被消灭，我国的社会结构发生了深刻变化。在新的历史条件下，很多人认为民主党派已经可有可无。对此，毛泽东同志在《论十大关系》中明确提出："究竟是一个党好，还是几个党好？现在看来，恐怕还是几个党好。不但过去如此，而且将来也可以如此。"这样做的目的就是为了"努力把党内党外、国内国外的积极因素，直接的间接的积极因素，充分调动起来"，"尽量争取化消极因素为积极因素"。[①] 毛泽东同志说，我们的方针是要把民主党派、资产阶级都调动起来，要有"两个万岁"，一个是"共产党万岁"，另一个是"民主党派万岁"。[②] 所谓"两个万岁"，用周恩来同志的说法，就是"我们党的寿命有多长，民主党派的寿命就有多长"[③]。后来，这个重要思想被概括为中国共产党同民主党派"长期共存，互相监督"的方针，写进中共八大决议。以毛泽东同志为代表的中国共产党人在处理同民主党派的关系时，再一次显示出无产阶级的博大政治胸怀，再一次把统一战线从革命策略提升为长期战略，为形成独具中国特色的社会主义政党制度奠定了坚实基础。

1978年改革开放后，尽管我们所处的时代从"战争与革命"时期进入"和平与发展"时期，但中国共产党依然强调统一战线这个重要法宝不但不能丢掉，而且要不断巩固、发展和扩大。1979年，邓小平同志提出，要"为发展国际反侵略扩张的统一战线作出自己的努力"[④]；在全国政协、中共中央统战部宴请出席各民主党派和全国工商联代表大会代表时重新强调，在我国新的历史时期，"统一战线仍然是一个重要法宝，不是可以削弱，而是应该加强，不是可以缩小，而是应该扩大"[⑤]。2000年，江泽民同志在第十九次全国统战工作会议上再次重申："在新世纪，统一战线作为党的一个重要法宝，绝不能丢掉；作为党的一个政治优势，绝不能削弱；作为党的一项长期方针，绝不能动摇。"[⑥]2006年，胡锦涛同志在第二十次全国统战工作会议上进一步指出："统一战线是中国共产党执政兴国的重要法宝，也是我们实现中华民族伟大复兴的重要法宝。"[⑦] 2015年，习近平同志在中央统战工作会议上指出："在革命、建设、改革各个历史时期，我们党始终把统一战线和统战工作摆在全党工作的重要位置，努力团结一切可以团结的力量、调动一切可以调动的积极因素，为党和人民事业不断发展营造了十分有利的条件。现在，我们党所处的历史方位、所面临的内外形势、所肩负的使命任务发生了重

---

① 《毛泽东文集》第7卷，人民出版社1999年版，第34、44、23页。

② 参见李维汉：《回忆与研究》(下)，中共党史资料出版社1986年版，第813～814页。

③ 《周恩来统一战线文选》，人民出版社1984年版，第350页。

④ 中共中央文献研究室编：《三中全会以来重要文献选编》(上)，人民出版社1982年版，第156页。

⑤ 《邓小平文选》第2卷，人民出版社1994年版，第203页。

⑥ 《江泽民文选》第3卷，人民出版社2006年版，第143页。

⑦ 中共中央文献研究室编：《十六大以来重要文献选编》(下)，中央文献出版社2008年版，第542页。

大变化。越是变化大,越是要把统一战线发展好、把统战工作开展好。”[①]2015年5月18日,中共中央印发了《中国共产党统一战线工作条例(试行)》。该《条例》郑重规定:“统一战线是中国共产党凝聚人心、汇聚力量的政治优势和战略方针,是夺取革命、建设、改革事业胜利的重要法宝,是增强党的阶级基础、扩大党的群众基础、巩固党的执政地位的重要法宝,是全面建成小康社会、加快推进社会主义现代化、实现中华民族伟大复兴‘中国梦’的重要法宝。”

中国共产党把马克思列宁主义的统一战线策略思想同中国的革命、建设和改革的具体实践相结合,将统一战线从策略手段发展为长期坚持的战略方针,进而成为中国共产党治国理政的重要方面。中国的革命、建设和改革正是本着对马克思主义基本原理的坚持和发展的精神,不断地探索,才取得了一个又一个胜利。

---

① 习近平:《巩固发展最广泛的爱国统一战线》,http://news.xinhuanet.com/politics/2015-05/20/c_1115351358.htm.

统一战线推进基层协商民主的实践与思考

李　锐
（山东大学当代社会主义研究所博士研究生）

基层社会范围涉及党的基层组织、城市社区、农村（农村基层政权和农村群众性自治组织）以及企事业单位。基层协商民主是指“在我国社会基层单位，公民通过有组织地开展对话、讨论、审议等方式，参与公共决策和基层社会管理的活动”①。统战视角下基层协商民主的提出，具有历史和现实的基础，呈现出历史逻辑的自然演进以及国家和社会层面的民主需求。基层统一战线促生了一些地区凸显特色的协商民主实践样本。然而，由于有些地区的统一战线推进基层协商民主的成效有限，本文将以河南省为例选取部分县市进行实地考察和调研，分析基层协商民主发展的制约因素，进而提出统一战线推进基层协商民主发展的建构路径。

一、统战视角下基层协商民主的提出背景

（一）历史逻辑的自然演进

在我国，统一战线与协商民主有着内在的必然联系。统一战线既是协商民主的历史起点，又是其逻辑起点。从历史上说，协商作为一种国家政治生活的民主形式，起源于1946年1月召开的作为统一战线组织形式的“政治协商会议”。在这次会议上，国民党、共产党、民盟、青年党、社会贤达坐在一起，共商国是，共议和平建国。因国民党单方面撕毁政治协商会议决议，发动全面内战，旧政协遂解体。1948年中共发布“五一口号”，号召“各民主党派、各人民团体及社会贤达，迅速召开政治协商会议，讨论并实现召集人民代表大会、成立民主联合政府”。各民主党派和人民团体积极响应并热烈拥护。1949年9月，中国人民政治协商会议第一届全体会议召开，各党派各团体各方面代表人士协商建国，标志着中国共产党领导的人民民主统一战线取得了伟大胜利，协商民主也开始在全国范围内实施。从逻辑上说，我国的协商民主也是以统一战线为起点的。“统一战线、人民政协和社会主义协商民主是在我国相继出现的特有政

① 李仁彬：《试论发展我国基层协商民主》，载《党史文苑》2013年第14期。

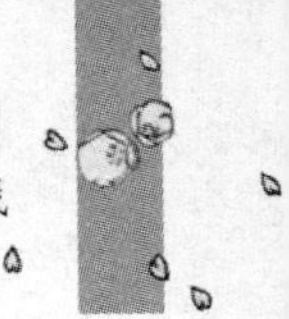

治话语和政治制度,是在我国'长期发展、渐进改进、内生性演化的结果',三者之间具有高度的内在联系,表明了我国不同于其他任何国家的特有政治生态。"[①]协商民主既是统一战线的内在价值,也是统一战线的必然结果。其中,基层协商民主是社会主义协商民主的基础,充分发挥统一战线推进基层协商民主的优势作用,是统一战线的内在要求和责任担当。

(二)国家和社会层面的民主需求

我国是社会主义国家,社会主义民主的本质是人民当家作主。2006 年《中共中央关于加强人民政协工作的意见》指出:"人民通过选举、投票行使权利和人民内部各方面在重大决策之前进行充分协商,尽可能就共同性问题取得一致意见,是我国社会主义民主的两种重要形式。"[②]其中,"人民内部各方面在重大决策之前进行充分协商,尽可能就共同性问题取得一致意见"可以看作是社会主义协商民主。"社会主义协商民主是在中国共产党领导下,人民内部各方面围绕改革发展稳定重大问题和涉及群众切身利益的实际问题,在决策之前和决策实施之中开展广泛协商,努力形成共识的重要民主形式。"[③]中共十八大报告明确提出"积极开展基层民主协商"。中共十八届三中全会《决定》提出,要充分"发挥统一战线在协商民主中的重要作用","开展形式多样的基层民主协商,推进基层协商制度化"。特别是习近平总书记在庆祝人民政协成立 65 周年大会上指出:"涉及人民群众利益的大量决策和工作,主要发生在基层。要按照协商于民、协商为民的要求,大力发展基层协商民主,重点在基层群众中开展协商。"为社会主义协商民主的发展指明了主攻方向。2015 年初,中共中央下发的《关于加强社会主义协商民主建设的意见》强调:"建立健全基层协商民主建设协调联动机制,稳步开展基层协商。"今后一个时期,推进基层协商民主,既是我国发展社会主义基层民主的重要举措,也是我国政治体制改革新的着力点。2015 年 5 月,《中国共产党统一战线工作条例(试行)》的颁布,表明统一战线的地位和作用上升到党内法规的高度,自然要围绕这个新的着力点发挥作用。

统一战线在基层协商民主中有着天然的工作特质和特有的优势作用。特别是处在社会转型期,社会阶层结构不断变化、多元利益分化的新形势及推进国家治理体系和治理能力现代化的新背景下,基层群众追求合理合法的利益诉求意愿愈加强烈、参与政治的能力和机会显著增加,使基层协商民主发展的社会基础不断扩大。而统一战线讲究"求同存异,体谅包容"的工作原则,坚持"合作共事,交心通气"的工作方法,追求"一致性和多样性共融"的工作目标,与协商民主的平等协商、民主交流等要求不谋而合,为协商民主工作提供了可行载体。同时,统一战线全方位联系社会的各党派、各阶层、各群体,有效畅通了他们的意见诉求反映渠道和呼声意愿表达渠道,为基层协商

① 蒋锐、鲁法芹:《对"统一战线是党的重要法宝"的再认识》,载《中央社会主义学院学报》2016 年第 4 期。

② 《中共中央关于加强人民政协工作的意见》,http://cppcc.people.com.cn/GB/34961/60987/.

③ 《中共中央印发关于加强社会主义协商民主建设的意见》,http://news.xinhuanet.com/2015-02/09/c_1114310670_2.htm.

民主广开言路提供了先决性条件。

“协商民主在中国的发展，得益于中国民主化过程中的自觉选择和不断探索实践。”①统战视角下基层协商民主的提出，具有历史和现实的基础，呈现出历史逻辑的自然演进与国家和社会层面的民主需求，促生了多地基层协商民主实践的典型样本。

二、统战视角下基层协商民主的实践进展

统一战线推进基层协商民主的实践，在行动主体上呈现出从社会组织到党组织等的多样性，在开展领域上呈现出从乡村治理到城市治理的宽范围，在参与形式和程序上呈现出多层次性。这里，简要介绍三种能代表目前统一战线推进基层协商民主的最新进展和凸显地域性特色的实践样本。

(一)“三级社会协商对话”的成都实践

2013年，成都市委统战部开始推进基层民主协商工作，将彭州、崇州两个县级市作为开展基层民主协商的试点，由市委统战部牵头负责，成都社会主义学院统战理论教研部参与设计。2013年3月20日，在中共彭州市委统战部积极建言与推动下，形成了《中共彭州市委关于构建社会协商对话制度意见》的征求意见稿，随之征求了有关专家学者的意见。在此基础上，2013年4月12日，中共彭州市委正式形成了《中共彭州市委关于构建社会协商对话制度的意见(试行)》，决定在三镇一小区开展试点，成立三级社会协商对话平台。其中，在县市一级，召集社会协商对话制度工作联席会议，由市委统战部长作为召集人；乡镇一级，成立协商会，由镇统战委员或分管统战工作的副书记牵头负责，在协商会成员中，民主党派、无党派、民族、宗教、非公有制经济等方面的统战人士所占比例约为10%～15%；村(小区)一级，通过村(居)民议事会，由党组书记担任议事会召集人。

通过基层协商民主工作探索，运用平等协商、求同存异的统战工作理念，成都市的基层协商民主取得良好效果，具体表现在：较好地协调了不同利益群体间的关系；把基层传统统战对象(民主党派、无党派、新的社会阶层和民族宗教人士等)纳入工作视野，有效提高了基层协商民主的群体覆盖面；建立乡镇协商会，为基层统战工作的有效开展提供了平台和抓手。

(二)“三定五步”法的慈溪实践

浙江省是国内最早探索基层民主治理的省份。1999年，台州温岭市松门镇首创“民主恳谈”，其后在温岭全市铺开，其特点是把“民主恳谈会”与政府工作结合，通过公众参与重大公共事务决策来推进基层政权民主建设，是政府协商和人大协商在基层的扩展。而浙江宁波慈溪市的基层民主协商则突出统一战线的特色，是政治协商在基层的扩展。2013年以来，慈溪市委统战部率先启动了村级事务协商民主工作，并通过试点实践总结摸索出了一套以“三定五步”法为基本框架的村(社区)基层事务协商民主

① 林尚立、赵宇峰：《中国协商民主的逻辑》(修订版)，上海人民出版社2016年版，第29页。

机制，建立了一种以“提议、对话、协商、决策、监督”为特征的农村重大事项民主协商的“慈溪样板”。

所谓“三定五步”法，即“敲定协商对象、拟定协商内容、设定协商程序”以及“意见征询、民主协商、纳入决策、决议反馈、过程监督”五步程序。其中，协商对象是民主协商小组，成员的组成采用“2+X”模式，其中，“2”为基层社团组织代表和社会各界人士代表，这是固定的协商小组成员，包括工青妇、商会、和谐促进会组织成员代表及非公有制经济人士、民族宗教界人士、党外知识分子、新市民代表、侨台界人士等；“X”为涉事群体代表，这是机动的协商小组成员，一般以具体涉事对象或该方面的专家为主。固定的协商小组成员的构成明显具有统一战线和人民政协的影子，是统一战线在基层民主实践中的具体运用。并且，慈溪市的“三定五步”法在民主协商的程序上更是直接运用了统一战线政治协商制度化、规范化、程序化建设的丰富经验。“五步”法中的意见征询、民主协商、纳入决策、决议反馈、过程监督等五步程序，都可以在政协协商和政党协商的程序及保障机制中找到依据。“三定五步”法作为一种嵌入式的基层协商民主机制，重在“平等协商”而非“联合决策”，经协商后产生的亦是“协商意见”，而非“决策决议”，只有将“协商意见”提交党员大会审议、村民(代表)会议决议等，才能最终形成“决策决议”。

经过实践探索，慈溪市的基层协商民主工作发挥了良好的作用，基层协商在较大程度上成为充分发挥基层统战人员及社会各阶层作用，广纳群言、广集民智，增进共识、增强合力的重要方式和途径，在基层经济社会发展中具有重要作用。“三定五步”法有效拓展了基层群众参与政治社会建设的程度，有力提升了基层党组织决策民主科学化的高度，极大降低了决策实施过程中人为阻力的难度。

(三)“1+X+4”协商模式的台州实践

中共十八届三中全会特别是中发[2015]3 号文件下发后，台州市委统战部围绕“谁具体抓协商、在哪里协商、与谁协商、协商什么、怎么协商、协商以后怎么办”等问题，积极探索构建了统战“1+X+4”协商模式。“1+X+4”协商模式是指以统战部门为主导、以乡镇(街道)民主协商会为主渠道、以多样化多层次的“X”支渠道为拓展、以‘四个三’为运行程序，延伸至村(社区)、企事业单位的广泛多层制度化且富有效率的基层协商民主“台州模式”，向打造基层协商民主中国方案“台州样本”迈出了扎实的一步。其具体内容为：坚持理论性与实践性相结合，争取统战部牵头协调，解决好“协商由谁来抓”的问题；坚持代表性与广泛性相统一，搭建“1+X”协商平台，解决好“广泛多层高效协商”的问题；坚持科学性和有效性相兼顾，构建“四个三”运行机制，解决好“如何协商并保障协商出成果”的问题；直接借鉴中国共产党领导的多党合作和政治协商运行机制，围绕协商前、协商中、协商后三个重要环节，总结形成了切合实际、富有成效的“四个三”协商运行机制。

以上实践样本表明，三地基层协商民主建设成效突出，究其根本在于市委统战部发挥牵头协调作用。基层协商民主建设是基层统战工作的新领域、新抓手、新的生长点。开展基层统战工作的重点是把统一战线作为一个重要法宝用起来，用统战工作的宝贵经验来指导和推动基层协商民主工作。

三、统战视角下基层协商民主发展的制约因素分析

基层统一战线促生了一些地区凸显特色的协商民主实践样本。然而，有些地区的统一战线推进基层协商民主的成效较差，比如河南省的决策协商民主。为分析基层协商民主发展的制约因素，深入了解河南省基层协商民主的开展情况，充分发挥统一战线优势作用，2016年8月25～28日，河南省统战理论研究基地成立专题调研组，深入息县、淮阳、长垣三县进行实地调研，调研主要以召开座谈会、发放调查问卷、深度走访等形式进行。在进行实地调研的同时，调研组还分别在省内选取了6个县(市)作为函调点，委托当地统战部门协助进行了问卷调查。本次调研，共发放调查问卷180份，回收有效问卷162份，占发放问卷总数的90%。样本具有一定的典型性和代表性，可以反映出河南省统战视角下基层协商民主的概况。调查结果显示，在河南省基层协商民主实践中主要存在以下问题：统一战线对象多，范围广，但自身力量不足；统战部门现有的地位和协调能力不足，统战部门存在着“说起来很重要”，但实际生活中却是可有可无的地位。具体问题主要表现在如下几个方面：

(一)部分基层领导干部的协商民主意识较低

究其原因，一方面，部分基层领导干部对基层民主政治建设的重要性缺乏深刻理解和正确认识，存在着“替民作主”的观念和做法，协商随意性现象时有发生。有些基层干部为了完成规定的协商任务或者在形式上体现协商民主，把一些无关紧要的问题纳入协商讨论议题，或者把协商民主看成征求意见和通报情况，致使公众失去参与协商民主的兴趣。在调查问卷中，关于“您认为基层推进社会主义协商民主的难点在哪里”这一问题，33%的被调查者认为，基层协商民主发展相对落后，领导干部的协商民主意识不强，参与度较低；32%的被调查者认为，基层没有民主党派，协商民主氛围不浓；34%的被调查者认为，党委政府的重视程度不够，由于地位不受重视，统战部门现有协调能力不足，积极作用未得到充分发挥。另一方面，部分基层领导干部对于推进协商民主不甚认可，认为容易激化矛盾，对有些值得商榷的协商事项宁愿“捂着做”，存在一定的畏难情绪和“自拉自唱”现象。在调查问卷中，有32.6%的调查对象认为其所在镇或村领导协商意识较弱或一般；分别有33.9%及18.3%的调查对象认为镇(街道)党委、村(社区)党组织对协商意见肯定较多，但纳入决策环节较少或基本上没有回音、几乎未采纳。

(二)基层协商民主工作制度没有完全落实

河南省邓州市的“4+2”工作法，源于2009年邓州市深化“三级联创”活动、加强农村基层组织建设的创新实践。其内涵是指所有村级重大事项都必须在村党组织的领导下，按照“四议两公开”的程序决策实施。“四议”是指党支部会提议、“两委”会商议、党员大会审议、村民代表会议或村民会议决议，“两公开”是指决议公开和实施结果公

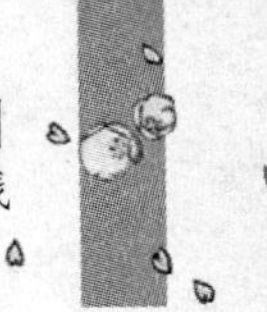

开。“4+2”工作法是农村基层民主决策创新过程中的一种民主协商机制，是协商形式在农村的变通和实际应用，与协商民主之间有良好的契合性。“自2013年以来，河南南阳市宛城区积极探索、开拓创新，大力推进社区事务协商民主工作，目前共有57个社区开展了此项工作。这些社区在‘四议两公开’工作法的基础上，健全社区事务协商民主工作机制，走出了一条以提议、对话、协商、决策、监督为特征的协同治理之路，探索形成了在社区党组织领导下的基层组织、社会组织协同治理机制，有力推进了基层协商民主，取得了良好的社会效果。”[①]虽然河南南阳市确立了以“4+2”工作法为主要框架的基层协商民主工作机制，并对协商内容、对象、程序均作了明确要求，但在基层尤其是村(社区)以及实际操作中，依然有不同程度的偏离制度约束的现象发生。如在协商选题中，将村(社区)群众家庭、个人的困难问题，邻里之间出现的不和谐事情等矛盾问题也纳入了协商民主内容；在协商程序中，个别村(社区)委会将协商意见不通过村民代表大会等渠道直接纳入决策，违反了《村(社区)委会组织法》及协商民主要求等。在调查问卷中，也有32.3%的调查对象认为，虽然所在镇(街道)出台了协商民主方面的制度规范，但村(社区)执行得一般或较差。

(三)基层协商民主缺乏应有的深度和广度

基层协商民主工作在一定程度上依旧存在表面化、形式化问题。有的以通报代替协商，在调查问卷中，有28.2%的被调查者表示其所在地区在开展协商民主工作中存在这一问题；有的缺少统一战线成员参与，变为基层党员唱“独角戏”。在协商氛围上也比较“冷清”，协商成员对协商事项表示赞同肯定、和谐陈述自身观点的居多，缺少充分的讨论交流及协商的“火药味”。加之，在协商议题的选择上，“沉下去、接地气”不够，往往热衷于党政关心的热点问题，对那些党政机关还未想到或者暂时无暇顾及但随着时间推移可能会变成“热点”的“冷点”问题关注不多。协商工作开放度还不高，协商成员带着议题深入基层群众听取意见建议不够，较难收集到基层民众的利益诉求和真实声音，导致协商成果带有一定的狭隘性。

(四)协商成果应用和监督机制没有完全实施

如上所述，虽然河南南阳市在“4+2”工作法的基础上设立了“过程监督”这一环节，但一方面，由于基层党组织对协商意见处理和协商结果反馈还缺乏应有的主观认识，协商意见和结果有时不了了之或一带而过，实际上很少有通过正式形式进行反馈，即使反馈也较笼统，有多少协商意见进入决策和执行实施或转为决策依据，从反馈说明上很难得到答案，难以保证协商意见得到及时有效采纳。另一方面，协商成员也缺少对协商事项应有的监督意识，缺乏全程参与的主动性，就算有反馈，也往往被动接受、听之任之。在调查问卷中，也有48.4%的被调查者认为协商成员对协商成果执行的监督作用发挥得一般或较差。

---

① “本书编写组”：《基层协商民主典型案例选编》，人民出版社2015年版，第219页。

三、统战推进基层协商民主发展的建构路径

（一）提高党政干部参与协商的意识和能力

协商民主在中国基层社会中的扎根，最大的动力来源于制度创新，它不能脱离中共各级党组织的功能发挥与转型来开展，这就是协商民主在中国的内生性。[①] 基层党组织应高度重视民主协商小组队伍建设，把好成员入口关，合理确定协商成员中党员干部、统战成员、专家学者、基层群众代表和具体涉事对象的结构比例，充分体现基层协商民主的巨大包容性和组织上的广泛代表性，积极实现“精英民主”和“草根民主”的对接。同时要加强对他们的履职管理，对事实上不能履行职责的成员通过退出机制等方式及时予以调整。针对党政干部参与协商的意识和能力较低问题，一方面要依托网络、报刊、专题片等着力营造基层协商民主的良好氛围，引导基层党组织及协商成员强化对该项工作重要性的认识，切实增强主动履职意识和参与协商的使命感、责任感。另一方面，定期举办专题培训活动。“开展基层干部和行政村、社区工作者专题培训，提高组织开展协商工作的能力和水平。”[②]针对思想观念、价值取向、专业知识等参差不齐的公众主体，要以协助基层党组织提高协商主体的素质为重点，通过专题讨论、现场听证、观摩教学、自愿列席、模拟协商等定期培训形式着力提升协商成员尤其是统一战线成员的参与意识和参与能力，使其客观地认识各种利益关系，尤其是国家、集体、个人三者利益一致性和差别性的关系，增强以理性和合法性形式反映问题的自觉意识，认真扮演好调研员、议事员、宣传员、协调员等角色，真正围绕协商议题将情况摸清、问题找准、课题议透、建议提实，努力提升基层协商民主的整体水平。

（二）构建有效的协商制度体系

各省市应根据《关于加强城乡社区协商的意见》精神与各地实际相结合，出台相应文件及工作制度，明确基层协商的主要程序，从协商议题的提出和确定、协商活动的准备、协商会议的组织、协商成果的报送、协商意见的处理和反馈等方面进行规范，尽可能对每个环节作出具体规定。同时，各镇（街道）应探索制定协商小组成员履职规则，形成明确具体可行、相互衔接配套的操作办法，切实解决好从“要我协商”到“我要协商”的工作机制转变。在完善制度的基础上，注重执行，在市委统战部牵头下，积极推行市对镇（街道）、镇（街道）对村（社区）基层协商民主工作的常态化目标考核与培训指导，并通过“一事一议”档案、定期工作例会、月度情况上报等方式适时开展协商民主工作先进镇（街道）、村（社区）评选活动。

（三）探索有效的协商运作模式

会议协商是基层协商民主的主要形式，但要克服程式化倾向，不断提高会议协商

① 参见韩福国、张开平：《社会治理的“协商”领域与“民主”机制——当下中国基层协商民主的制度特征、实践结构和理论批判》，载《浙江社会科学》2015年第10期。

② 《中共中央办公厅、国务院办公厅关于加强城乡社区协商的意见》，http://www.mca.gov.cn/article/yw/jczqhsqjs/fgwj/201508/20150800859628.shtml.

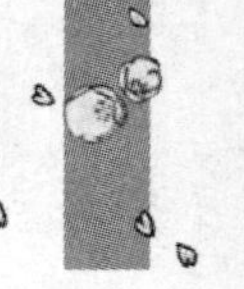

质量。可在正式协商前举行议题通报会议，确保协商成员有的放矢地做好与协商相关的调研准备等工作，并形成更为完善的意见建议，做到知议分开、各显其长。应增强协商的互动性，改变通报议题照本宣科、领导表态讲话以及少数人汇报发言、大多数人被动参与的会议模式，可邀请学者专家列席或安排一定时间即席发言，充分尊重和保障协商成员的话语权。积极探索协商方式的多元化，尝试开展网络式协商及访谈式协商。

（四）强化对协商成果运用的民主监督

基层协商民主的终极目标，不是反映多少不同意见、不同观点和不同利益诉求，而是将其吸纳转化为决策性举措，促进问题的解决。应运用好、发挥好协商成员的"知情权、评议权、监督权"。协商成员可在决策和项目实施完成后进行评议，不定期通报基层党组织将协商意见纳入决策的情况及决策实施情况，并对决策内容、决策实施中期、决策实施完毕情况进行公示。协商成员还可通过视察、调研、座谈等方式对决策实施情况进行"回头看"，形成从调研协商、提出建议到视察监督环环相扣的履职链条。并且，可通过成立各级统一战线协商民主顾问团等方式发挥党外人士民主监督作用，建立协商督办机制和反馈机制，督促决策方将协商事项的决策及落实情况告知协商主体。

统一战线始终是中国共产党的重要法宝

梁可妮
（山东大学政治学与公共管理学院博士研究生）

在 2015 年 5 月召开的中央统战工作会议上，习近平总书记从党和国家战略全局的高度，对统一战线的重要法宝地位和作用进行了新的概括与阐述，要求全党务必继续高度重视和坚持统一战线工作。作为我国特有的一种政治生态，统一战线是中国共产党总路线、总政策和总任务的重要组成部分，对中国革命、建设和改革事业的伟大实践发挥了重要作用，做出了不可磨灭的贡献。在这一过程中，统一战线理论也得到不断丰富和发展。作为中国共产党一个重要法宝，统一战线不仅在理论上内生于中国政治生态，在实践上也根植于中国土壤，并随着时代发展不断得以完善。

一、党对统一战线法宝作用与地位的认识不断深化

在领导中国革命、建设和改革事业的伟大实践中，中国共产党对统一战线重要作用的认识随着时代发展而不断深化，对统一战线的法宝地位不断加以巩固，并根据党和国家工作重心的转变对统一战线理论的内涵不断进行丰富和发展。作为我国特有的一种政治现象和政治生态，统一战线内生于中国土壤，发挥着基础性作用。[①] 可惜的是，从 1957 年“反右”扩大化至“文革”结束这段时期，统一战线经历了一个曲折的发展过程，但也从反面证明了其作为中国共产党一大法宝的重要地位和作用。中国共产党对统一战线法宝地位和作用的认识，大体经历了以下三个历史阶段：

（一）民主革命时期和新中国成立初期，以毛泽东同志为代表的中国共产党人正式提出统一战线是中国共产党克敌制胜的三大法宝之一，初步明确了统一战线的重要地位和作用。

经过大革命和土地革命的洗礼，中国共产党在总结中国革命的经验教训时，充分认识到统一战线的重要性，把统一战线、武装斗争和党的建设作为中国共产党克敌制胜的三大法宝。1939 年 7 月，毛泽东在欢送陕北公学学生出发上前线时谈道：“当年

① 参见蒋锐、鲁法芹：《对“统一战线是党的重要法宝”的再认识》，载《中央社会主义学院学报》2016 年第 4 期。

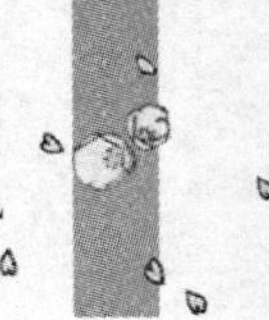

姜子牙下昆仑山，元始天尊送给他杏黄旗、四不像、打神鞭三件法宝。现在你们出发上前线，我也送你们三件法宝，这就是：统一战线、游击战争、革命中心的团结。”同年10月，毛泽东在《〈共产党人〉发刊词》中深刻总结了中国共产党成立18年来的斗争经验，明确提出：“统一战线问题，武装斗争问题，党的建设问题，是我们党在中国革命中的三个基本问题。……十八年的经验，已使我们懂得：统一战线，武装斗争，党的建设，是中国共产党在中国革命中战胜敌人的三个法宝，三个主要的法宝。这是中国共产党的伟大成绩，也是中国革命的伟大成绩。”①毛泽东把统一战线作为“三个法宝”之首，充分体现了对其地位与作用的高度肯定。在此后的抗日战争和解放战争中以及在建立新中国和进行生产资料社会主义改造的过程中，中国共产党都特别重视发挥统一战线的作用。

(二)改革开放以后，统一战线作为中国共产党重要法宝的地位得以重新确立并不断巩固，统一战线的作用不断加强、运用范围不断扩大。

党的十一届三中全会以后，我国进入以社会主义现代化建设为中心的历史新时期。面对改革开放带来的种种新情况和新问题，邓小平同志强调指出：“在我国新的历史时期，我们的革命的爱国的统一战线也进入了一个新的历史发展阶段。统一战线仍然是一个重要法宝，不是可以削弱，而是应该加强，不是可以缩小，而是应该扩大。”②这是党的第二代中央领导集体对毛泽东统一战线思想的继承和新发展。

20世纪90年代，面对东欧剧变、苏联解体和国内政治风波等一系列严峻考验，中国共产党始终把统一战线作为一项极为重要的工作，对其法宝地位与作用的认识越来越深刻。在第十七次全国统战工作会议上，江泽民同志指出：“统一战线历来是党的总路线总政策的组成部分。在社会主义现代化建设时期，统一战线在我们党的事业中同样具有重要的战略地位。”③1999年9月，江泽民同志在《人民政协继往开来的方向和使命》中进一步指出：“在建设社会主义的历史进程中，统一战线仍然是中国共产党的总路线、总政策的重要组成部分，仍然是我们排除万难、夺取胜利的一大法宝。”④随着社会主义市场经济的发展，我国社会阶层发生了一系列新变化，中国共产党更加重视统一战线在团结最广大群众发展事业、战胜困难中的重要作用。特别是针对党内外一些人不重视统战工作，对统战工作抱有“过时论”“上层论”“无关论”“敷衍论”等错误观点，江泽民同志在第十九次全国统战工作会议上告诫全党：“统一战线作为党的一个重要法宝，绝不能丢掉；作为党的一个政治优势，绝不能削弱；作为党的一项长期方针，绝不能动摇。……全党同志特别是各级领导干部，都要从战略的高度充分认识统一战线的地位和作用，更加自觉地支持和做好党的统战工作。”⑤这三个“绝不能”，充分体现

---

① 《毛泽东选集》第2卷，人民出版社1991年版，第605～606页。

② 《邓小平文选》第2卷，人民出版社1994年版，第203页。

③ 中共中央文献研究室编：《十三大以来重要文献选编》(中)，人民出版社1991年版，第1124页。

④ 《江泽民文选》第2卷，人民出版社2006年版，第412页。

⑤ 《江泽民文选》第3卷，人民出版社2006年版，第143页。

了中国共产党对统一战线重要作用和战略地位认识的深化，表明统一战线不仅是关系我国社会主义事业兴衰成败的重要法宝，而且是中国共产党的一个“政治优势”和一项“长期方针”。

进入 21 世纪以后，中国共产党进一步提高了统一战线的地位和作用，丰富了统一战线的内涵，统一战线从“党夺取革命、建设、改革事业胜利的重要法宝”发展为“党执政兴国的重要法宝”以及“实现祖国完全统一和中华民族伟大复兴的重要法宝”。在 2004 年庆祝中国人民政治协商会议成立 55 周年大会上，胡锦涛同志强调：“统一战线始终是推进党和人民事业发展的重要法宝，也是中国共产党执政兴国的重要法宝。”① 2006 年，中央颁发的《中共中央关于巩固和壮大新世纪新阶段统一战线的意见》指出：“统一战线是我们党夺取革命、建设、改革事业胜利的重要法宝，是我们党执政兴国的重要法宝，是实现祖国完全统一和中华民族伟大复兴的重要法宝。”②这是中国共产党第一次正式把统一战线与执政兴国、中华民族伟大复兴相联系，是在对实践经验深刻总结的基础上形成的新认识，进一步凸显了新时期统一战线的重要地位和作用。

（三）中共十八大以来，中国共产党进一步丰富了统一战线的内涵，对其法宝地位与作用的认识发展到一个新的历史阶段。

中共十八大报告高度概括了统一战线的地位、作用和内涵，明确指出：“统一战线是凝聚各方面力量，促进政党关系、民族关系、宗教关系、阶层关系、海内外同胞关系的和谐，夺取中国特色社会主义新胜利的重要法宝。”③在 2015 年 5 月召开的中央统战工作会议上，以习近平总书记为核心的党中央全面分析了我国发展的内外环境的深刻变化和我国所有制形式、社会阶层、社会思想观念更加多样的现实状况。2015 年 9 月，中共中央印发的《中国共产党统一战线工作条例（试行）》对统一战线的地位作用又进行了新的概括：“统一战线是中国共产党凝聚人心、汇聚力量的政治优势和战略方针，是夺取革命、建设、改革事业胜利的重要法宝，是增强党的阶级基础、扩大党的群众基础、巩固党的执政地位的重要法宝，是全面建成小康社会、加快推进社会主义现代化、实现中华民族伟大复兴‘中国梦’的重要法宝。”④这充分体现了中国共产党对统一战线法宝地位与作用认识的进一步深化。特别是随着该《条例》的颁布和实施，统一战线的法宝地位和作用得到党内法规的保障，具有重要的里程碑意义。

总之，作为中国特有的一种政治生态，统一战线自从 1939 年被毛泽东同志首次正式确定为党的三大法宝之一以来，中国共产党在各个历史时期根据中心任务的不同，紧密结合时代发展，在不断总结其重要地位和作用的基础上，对其内涵也不断进行丰富和完善，为各个时期统一战线理论、方针和政策的发展指明了方向。

---

① 《胡锦涛在庆祝中国人民政治协商会议成立五十五周年大会上的讲话》，http://www.cnhubei.com/200409/ca568834.htm.

② 中共中央文献研究室编：《十六大以来重要文献选编》（下），中央文献出版社 2008 年版，第 566 页

③ 中共中央文献研究室编：《十八大以来重要文献选编》（上），中央文献出版社 2014 年版，第 23 页。

④ 《中国共产党统一战线工作条例（试行）》，华文出版社 2015 年版，第 1 页。

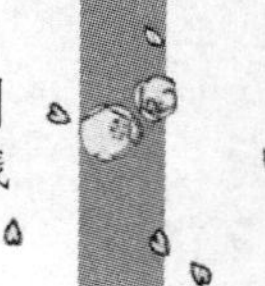

二、党领导人民进行革命、建设和改革实践的经验教训,充分体现了统一战线的重要法宝地位和作用

在中国共产党领导中国各族人民进行革命、建设、改革的伟大实践中,正反两方面的经验教训深刻证明了统一战线的重要法宝地位和作用:凡是统一战线工作被重视、其法宝作用得到充分发挥时,党的事业就不断取得胜利;凡是统一战线工作不被重视或受到削弱时,党的事业就会遭受损失。

(一)在新民主主义革命时期,中国共产党先后建立了民主联合战线、工农民主统一战线、抗日民族统一战线、人民民主统一战线四种不同形式的统一战线,它们对于团结革命力量、争取中间势力、孤立和打击敌人发挥了重要作用。

在第一次国内革命战争时期,中国共产党在共产国际的指导帮助下,逐渐认识到统一战线的重要性,与国民党建立起反帝反封的统一战线,成功地发动了中国大革命。在土地革命时期,中国共产党领导红军转入农村建立革命根据地,建立了工农民主统一战线,使革命力量得到巩固与发展。在抗日战争时期,中国共产党与国民党再度合作,建立起广泛的抗日民族统一战线。在这一阶段,中国共产党吸取了前两个时期建立统一战线的经验教训,对民族资产阶级的两重性认识更加明确和科学,提出了“发展进步势力,争取中间势力,孤立顽固势力”的策略方针以及“综合联合和斗争两方面的政策”,在各抗日根据地建立了“三三制”政权,既团结了民族资产阶级和开明士绅,又巩固扩大了抗日民族统一战线,为发动全民族抗战和实现抗日战争的最终胜利打下了坚实基础。在解放战争时期,面对国民党发动的全面内战,中国共产党坚持以工农联盟为基础,联合民族资产阶级、小资产阶级、各民主党派、起义投诚的国民党军政要员等,建立起最广泛的人民民主统一战线,最大限度地孤立国民党反动派,最后取得了人民解放战争的伟大胜利。正如毛泽东同志所说:“中国新民主主义的革命要胜利,没有一个包括全民族绝大多数人口的最广泛的统一战线是不可能的。没有中国共产党的坚强领导,任何革命统一战线也是不能胜利的。”[①]这表明,坚持中国共产党的领导,采取“又联合又斗争”的策略,建立广泛的革命统一战线,是中国共产党领导新民主主义革命不断取得胜利的重要保障。

不过,在新民主主义革命时期,中国共产党在建立统一战线方面也有过失误和教训。第一次国内革命战争后期,虽然中国共产党重视与国民党建立统一战线,但对在统一战线中如何处理与资产阶级的关系缺乏经验和正确认识,中国共产党党内出现了严重的右倾投降主义错误,这一错误主张放弃对农民群众、城市小资产阶级和民族资产阶级的领导权,片面强调“一切联合,否认斗争”,对国民党右派反共反人民的阴谋活动采取妥协政策,结果助长了其反革命气焰,最后导致大革命以失败告终。在土地革命初期,受革命形势和条件的限制,中国共产党主张建立工农民主统一战线,这在当时是正确的;但随着革命形势的发展,工农民主统一战线的局限性逐渐暴露出来,再加上

---

① 《毛泽东选集》第4卷,人民出版社1991年版,第1257页。

党内受左倾路线的影响，教条地对待苏联经验，片面强调“一切斗争，否认联合”，实行“关门主义”政策，把中间势力视为“最危险的敌人”，结果使自己成为“孤家寡人”，使革命事业遭到重大挫折。

（二）在社会主义革命和建设时期，统一战线仍然表现为人民民主统一战线，成为中国共产党领导人民进行社会主义改造和建设的重要法宝，但其在不同实践中的运用也产生了截然不同的结果。

在社会主义过渡时期，统一战线是中国共产党过渡时期总路线的重要部分，对生产资料私有制的社会主义改造发挥了重要作用。正如毛泽东指出，在社会主义改造过程中坚持党的统一战线“可以安定各阶层，安定民族资产阶级和各民主党派，安定农民和城市小资产阶级”①。刘少奇 1954 年在关于宪法草案的报告中，也对统一战线的重要性进行了精辟阐述：“在工人阶级领导下的全国人民的革命大团结，不只是对于我国人民民主革命是需要的，对于实现社会主义事业也同样是需要的。……在可能的范围内，人民中间的团结越广，对于社会主义事业就越有好处。”②对于在过渡时期党内一些干部存在的严重左倾思想，中国共产党及时进行了批评和教育，统一了他们对统一战线重要性的认识，从而保证了我国土地改革、国民经济恢复、抗美援朝战争、镇压反革命、“三反五反”运动和社会主义改造的顺利进行。在这一时期，中国共产党对旧社会留下来的知识分子采取“包下来”的方针和“团结教育改造”的政策，实现了对旧知识分子的教育改造；正确认识民主党派“一把头发”的功劳，实行“长期共存，互相监督”的方针，帮助各民主党派进行自我改造；广泛团结少数民族上层人士，在民族地区实行民族区域自治制度；制定宗教信仰自由政策，使宗教进一步与社会主义相适应。

在我国进入社会主义建设的初期，中国共产党正确认识和处理了当时国内的主要矛盾，确定党和国家的中心任务是致力于社会主义建设事业。1957 年 2 月，毛泽东同志在最高国务会议上指出，要正确认识和处理敌我之间和人民内部两类不同性质的矛盾，对前者要用强制的专政的方法去解决，对后者只能用民主的、说服教育的、“团结——批评——团结”的方法来解决。这一原则和方针在巩固扩大统一战线的实践中发挥了重要作用，为我国社会主义建设事业的顺利开展提供了有力保障。

然而自中共八届二中全会之后，受复杂国际形势的影响，毛泽东同志和中国共产党对国内阶级斗争形势和国内矛盾作出了错误的判断。1957 年 6 月，毛泽东同志在起草的《组织力量反击右派分子的疯狂进攻》中认为：“这是一场大战（战场在党内，又在党外），不打胜这一仗，社会主义是建不成的。”③在《一九五七年夏季的形势》中，他又指出：“这个斗争，从现在起，可能还要延长十年至十五年之久。”④这种判断导致党内左倾错误不断加剧，使反右派斗争严重扩大化，一大批知识分子、爱国人士和党内外

① 《毛泽东著作选读》下册，人民出版社 1986 年版，第 709 页。

② 《刘少奇选集》下卷，人民出版社 1985 年版，第 148～149 页。

③ 中共中央文献研究室编：《建国以来重要文献选编》第 10 册，中央文献出版社 1994 年版，第 285 页。

④ 中共中央文献研究室编：《建国以来重要文献选编》第 10 册，中央文献出版社 1994 年版，第 490 页。

干部被错划为右派分子。此外,反地方民族主义斗争的扩大化,也使我国民族关系出现紧张局势。此后,统一战线工作受到极大冲击,造成了严重不良后果,党的政治路线在左倾的道路上越走越远。在中共八届十中全会上,以阶级斗争扩大化和绝对化的错误理论为指导,中共中央对李维汉等同志进行了错误批判,使党的统一战线工作遭受严重损失。[①] 在"文化大革命"期间,党的统一战线工作更是受到致命破坏,完全陷于瘫痪和停顿状态,给党和国家带来深重灾难,使我国社会主义建设事业遭到严重挫折和巨大损失。

(三)中共十一届三中全会后,我国进入社会主义现代化建设新时期,中国共产党领导的最广泛的爱国统一战线,为争取人心、凝聚力量以全面建成小康社会、实现中华民族伟大复兴的"中国梦"做出了重大贡献。

中共十一届三中全会以后,在邓小平同志的领导下,中国共产党重新确立了统一战线的重要地位和作用,以经济建设为中心,团结一切爱国力量,大力发展社会生产力,建立社会主义市场经济体制,使过去长期服务于政治革命和阶级斗争的统一战线,转变为服务于经济建设和社会主义市场经济。从此,中国共产党统一战线工作逐步恢复正常,面貌焕然一新,进入具有重大开创意义的历史发展新阶段,使我国社会主义现代化建设事业不断取得重大成就。20 世纪 80 年代末 90 年代初,面对东欧剧变、苏联解体以及国内政治风波等复杂的国际国内形势,以江泽民同志为核心的党中央深刻总结了统一战线的历史经验,坚持正确的统战理论和方针政策,凝聚各方力量和智慧不断推进改革开放和现代化建设事业,使我国社会主义民主政治建设不断完善,人民民主专政的国家政权不断巩固;认真落实民族和宗教政策,促进了民族地区和宗教领域的稳定;贯彻"一国两制"方针,恢复行使对香港、澳门主权。进入 21 世纪以后,以胡锦涛同志为总书记的党中央在推进中国特色社会主义事业的伟大进程中,高度重视统一战线法宝作用的发挥,紧紧围绕全面建设小康社会的目标,深入研判统一战线发展面临的重大理论和实践问题,使统一战线在团结各方面力量巩固多党合作制度、维护民族团结、加强宗教事务管理、发挥非公有制经济作用、促进祖国统一等方面发挥了积极作用。

中共十八大以来,特别是 2015 年 5 月中央统战工作会议召开以来,面对国内外发展环境的深刻变化,尤其是我国所有制形式、社会阶层、社会思想观念更加多样等重大变化,习近平总书记从党和国家战略全局的高度出发,高度重视统一战线工作,系统回答了新形势下统一战线工作何以需要、何以重要、何以巩固发展等重大问题。2015 年 9 月,在中央统战工作会议上颁布的《中国共产党统一战线工作条例(试行)》明确提出,统战工作是全党的工作,在大统战格局下,全党尤其是统战部门要积极履行工作职能,主动做好新形势下的统一战线工作。

总之,从理论和实践的双重维度来看,中国共产党领导建立统一战线历史中正反

---

① 参见中共中央统战部等编:《中国统一战线教程》,中国人民大学出版社 2013 年版,第 48~52 页。

两方面的经验充分表明了统一战线作为我党重要法宝的地位和作用。在此过程中，中国共产党对统一战线的理论认识不断深化，对统一战线实际运用水平不断提高，其法宝地位也不断获得巩固。在当前新形势下，统一战线在我国社会主义民主政治发展中的独特优势和关键作用是无可替代的①，在党和国家工作全局中将一如既往地发挥争取人心、凝聚力量的重要作用。

---

① 参见蒋锐、鲁法芹：《统一战线：我国民主政治发展的独特优势》，载《重庆社会主义学院学报》2016年第2期。

社会主义协商民主话语体系：历史发展及中国特色

唐庆鹏
（华东师范大学政治学系博士研究生）

一、引言

一般意义上，话语是人类社会基本沟通活动，“语言、话语——几乎是人类生活的一切”①。在后现代解构主义大师福柯看来，话语本质上是与一定的社会文化实践相联系，是“用来理解世界的框架”和“知识领域”，在再现和塑造社会及权力关系方面具有十分重要的作用。人类社会不同领域所生产和再生产的知识均可以归结为某种重要的话语体系。就政治领域而言，各种源自且作用于现实政治活动的政治观点、思想、理论实质上都是政治学话语体系的基本构件。

民主化已成为当代世界各国政治发展的普遍追求和不可逆的趋势。长期以来，西方发达资本主义国家借其经济社会先发之优势，垄断关于民主的学术话语表达，形成了民主的话语霸权。福山等为西式民主话语霸权辩护的学者甚至断言，现下以美欧为代表的自由民主已然是人类社会民主的顶峰，是“人类意识形态进步的终点”与“人类统治的最后形态”。而其他国家在民主政治发展进程中，只会是“更像美国和欧洲”。然而，话语与权力存在相互建构的关系，并且受制于“历史前提”。“统治阶级的思想在每一时代都是占统治地位的思想”②，西式自由民主思想本质上是西方国家占统治地位的资产阶级“在观念上的表达就是赋予自己的思想以普遍性的形式，把它们描绘出唯一合乎理性的、有普遍意义的思想”③。按照安东尼奥·葛兰西的文化霸权理论，这些民主话语的“西方中心论”根本上也是资产阶级文化霸权的构成，是资产阶级建立市民社会“永久同意”控制秩序、巩固阶级统治的重要方式。

在民主价值与实践的一般原则上，各个国家可能具有共性，但需要承认的是，在实现民主的形式上可以且应该具有多样性及创造性。主张一元化西式民主的思想扼杀

---

① ［俄］巴赫金：《文本·对话与人文》，白春仁等译，河北教育出版社1998年版，第322页。
② 《马克思恩格斯选集》第1卷，人民出版社2012年版，第178页。
③ 《马克思恩格斯选集》第1卷，人民出版社2012年版，第180页。

了人类关于民主的想象，也阻碍了人类社会民主化进程。不同国家民主话语权应该得到尊重，民主的话语世界应该是百花齐放而不仅仅是西式民主的一枝独秀。长期以来，中国共产党对于协商民主的积极探索，不仅有力推动了中国民主政治建设，而且启迪于世界政治文明发展。中国社会主义协商民主的实践推进了民主的理论和方法创新，由此形成一套愈来愈成熟的中国特色民主话语体系。中式民主话语体系的崛起，丰富了人类民主话语世界，一定程度上挑战了西式民主话语霸权，在一些西方中心论者看来是一种威胁。可以想见，一段时期内两种民主话语体系在国际舞台上对话、竞争甚至是交锋在所难免，例如一些国外学者一方面鼓吹自由民主开启"阿拉伯之春"，另一方面又拿中国网络监管、香港占中事件等借题发挥，指责民主遭遇"中国之冬"①。然而，孰优孰劣最终要由实践来检验。对此，我们应有足够的理论自信和持续不断的理论创新。本文根据习近平总书记2016年在哲学社会科学工作座谈会上的讲话精神，从话语理论出发，对社会主义协商民主话语体系的发展进行学术梳理，探索其背后的思想和"道"，从而服务于"中国特色、中国风格、中国气派"的哲学社会科学学术话语体系建设。

二、社会主义协商民主话语体系概况

近年来，随着中国民主政治的发展，社会主义协商民主建设进一步得到各界重视，大量新思想和理论成果不断涌现，一种新的民主话语体系正在形成并发挥着越来越大的影响力。学术期刊的刊文状况反映了理论家的关注度和研究现状，也间接反映出这一话语体系的国内影响力。通过对相关文献的阅读和分析我们注意到"协商民主""政治协商""社会主义协商民主"三个关键词在国内协商民主研究话语体系中使用频度较高，因此，我们分别以之为篇名通过CNKI进行检索。结果显示，我国关于政治协商的研究由来已久，而专门的协商民主研究则是从2003年开始起步②，2006年起以"社会主义协商民主"为篇名的研究越来越多，2013年以来更是呈现出井喷之势，如表1所示。

表1　　2003～2015年间国内协商民主研究论文分布状况

	2003	2005	2007	2009	2011	2013	2015
协商民主	3	21	184	232	230	1265	1934
政治协商	62	259	605	720	906	893	1107
社会主义协商民主			2	3	2	186	256

① S. Serdar, "From Arab Spring to Chinese Winter: Political Communication," *International Journal of Social Inquiry*, Vol. 6, No. 1, 2013, pp. 113-125.

② 虽然我国协商民主的思想早已有之，但并没有明确在协商民主概念框架下的专门理论研究。直至21世纪初，西方协商民主思想引入中国，受其影响，国内这方面的研究才开始起步。谈火生认为，"尽管我们的人大制度、政治协商制度中确实含有协商民主的因素在内，但是如果没有这种新的观念进入，我们很难对它们进行很好的诠释"，并指出正是西方协商民主概念的引入，激发了我们已有制度中沉睡的一些东西。参见谈火生：《协商民主：西方学界的争论及其对中国的影响》，载《中国党政干部论坛》2013年第7期。

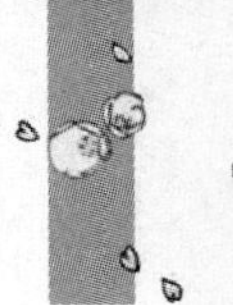

国家社会科学基金是我国人文社科领域研究的最高级别科研基金项目，其资助状况代表了学界研究的热点和趋势。更重要的是，国家社科基金设立的一个基本目的是在遵循社会科学发展规律的基础上，“更好地为党和政府决策服务”。因而，其立项资助状况也体现了党和国家对某一领域和选题的关注程度，具有重要的宏观导向性，可以一定程度上反映官方对这一话语体系建设的重视程度。以“协商民主”为项目名称通过国家社科基金项目数据库检索显示（如表 2），国家自 2005 年开始零星资助该选题的研究（期间有 4 年没有资助），而 2013 年起关于协商民主研究的资助立项数量激增，2013 年和 2015 年更是突破两位数，非常引入瞩目。

表 2　　历年协商民主研究受国家社科基金资助情况

年份	2005	2006	2007	2008	2009	2010	2011	2012	2013	2014	2015
项目数	1	0	1	3	1	0	0	0	15	8	13

可见，在党和国家的高度重视下，近年来国内学界关于社会主义协商民主的研究热情高涨，研究成果不断涌现，社会主义协商民主话语体系的国内影响力不断攀升。那么，这一有别于西方协商民主、有中国特色的话语概念在全球学术对话中有怎样的表现？国外学术界对其的熟知及认可度如何？等等。笔者分别以“Consultative Democracy”＋“China/Chinese”，“Political Consultation”＋“China/Chinese”以及“Deliberative Democracy”＋“China/Chinese”三类关键词组合①，选择全球最大的多学科学术数据库 EBSCO 进行外文文献检索，结果如表 3 所示。论述中国协商民主的文献数量整体偏少。其中，使用源自西方语境的“Deliberative Democracy”一词文献最多，而具有中国特色的“Consultative Democracy”一词的文献仅 8 篇，且作者全部来自中国。可见，从世界范围来看，基于中国特色的社会主义协商民主概念工具的对外话语交流尚显不足。在社会主义协商民主研究中，快速的理论发展与滞后的话语传播之间矛盾突出，这一点应该引起国内学术界的反思。

表 3　　EBSCO 数据库三种话语关键词检索结果

关键词	文献数
Consultative Democracy＋China/Chinese	8
Political Consultation＋China/Chinese	30
Deliberative Democracy＋China/Chinese	38

① 中国的政治协商一贯的翻译是“political consultation”，顺延政治协商的研究传统，国内政界与学界对社会主义协商民主的翻译一般采用“socialist consultative democracy”，而不是西方主流的“deliberative democracy”。实际上，二者不仅构词不同，而且意涵也有差异，后文还将对此展开论述。

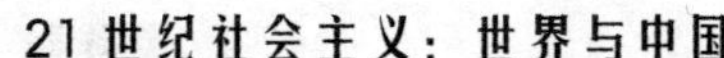

总之，伴随着中国国力和哲学社会科学研究的发展繁荣，社会主义协商民主话语体系不断成长，影响力也不断提升（特别是国内）。但整体上看，中国民主话语权与中国国际地位不相适应的问题依然比较突出。虽然中国民主实践取得了巨大成功，但有效的话语表达和传播仍然不足。而在世界民主话语体系中，中国民主道路和理论影响不足，甚至备受争议。究其原因，一方面是西方主流理论对民主话语权的主导、误导和误读，使我国本来属于民主政治的实践，不能在理论上得到解释和认可；另一方面也与中国特色民主话语的缺位或“失语”密切相关。越来越多的学者意识到，中国学界应该敢于发声，以自己的理论创造开启民主话语多样化时代，社会主义协商民主话语体系正是中国对民主的最为典型的话语贡献。

三、社会主义协商民主话语体系的历史发展

（一）社会主义协商民主话语体系发展的理论之维

社会主义协商民主并非自发生成，而是基于一定的理论基础和历史背景下的理论、实践和制度创新的产物。就理论维度而言，学者们普遍认为社会主义协商民主最重要、最根本的理论源头是马克思主义理论体系。齐卫平教授在《中国特色协商民主的内生源简论》一文中指出：“协商民主不是舶来品，是中国共产党将马克思主义基本原理与中国革命、建设和改革的实践紧密相结合，独立探索民主道路和建构民主制度的创造性成果。”[①]而宋连胜、李建则进一步指出，中国特色社会主义协商民主是马克思主义在中国本土化的理论成果，也是对马克思主义民主理论、统一战线理论和政党理论的继承和发展。[②] 从学者们的论述看，一方面，充分肯定和论证社会主义协商民主的正统性，认为其是从马克思主义理论体系的土壤中成长起来的；另一方面，学者们还看到其中创新的一面，即中国共产党人在继承中的发展，以马克思主义为依托所进行的理论创新，使得协商民主的“中国特征不断彰显”，从而赋予社会主义协商民主以“中国特色”，并且认为这一过程同时也体现了我党高度的理论自信。[③]

还有一些学者尝试进行更久远的理论溯源，如朱勤军通过政治文化的梳理，认为中华传统文化中就有协商的基因。“在中国古代虽然实行的是专制君主制，无民主可言，但协商行为存在于策士制度、谏议制度之中，君主在作决策前，往往要同臣子们商量，听取他们的建议。”在某种程度上，社会主义协商民主也受到了中国传统政治文明的影响。[④] 方刘松更是坦言，“协商民主思想和实践在中国自古有之”，在经过漫长的政治发展之后，“这一思想和实践与时俱进地实现了现代转型，发展为社会主义协商民

---

① 齐卫平：《中国特色协商民主的内生源简论》，载《中央社会主义学院学报》2008 年第 2 期。

② 参见宋连胜、李建：《社会主义协商民主理论源头探析》，载《理论学刊》2013 年第 3 期。

③ 参见段援垓：《社会主义协商民主与理论自信》，载《重庆社会主义学院学报》2014 年第 3 期。

④ 参见朱勤军：《中国特色社会主义协商民主的发展和创新——基于政治文明发展的视野》，载《北京联合大学学报（人文社会科学版）》2009 年第 4 期。

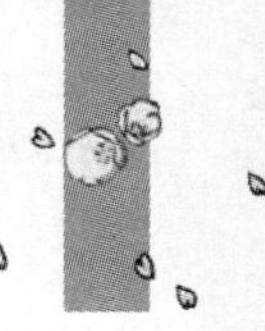

主”。[①] 而庄聪生也明确肯定社会主义协商民主的传统文化渊源，认为它也是“中国共产党对中国传统文化‘和合’思想创造性继承的产物”[②]。确实，我国传统“和”文化的“和而不同”“民本”下的咨询协商和“治道民主”的治重于政等思想为社会主义协商民主提供了良好的本土传统资源。[③]

社会主义协商民主理论在发展过程中不仅有传承、有创新，而且具有开放性、包容性，社会主义协商民主也受到西方协商民主理论的影响。西方协商民主理论兴起于20世纪90年代，被视为民主发展的重要转折，影响甚远。2001年，哈贝马斯来华，其在国内所作的一系列演讲中粗略介绍了协商民主理论，遂引起国内学者的关注。国内较早介绍西方协商民主理论的当属俞可平教授，其在《当代西方政治理论的热点问题》一文中介绍了协商民主。此后，陈家刚、陈剩勇等学者先后对该理论作了介绍和初步探讨，一批关于协商民主的译文集、译著等先后问世，在国内掀起一波西方协商民主研究热潮。在这种情况下，一些学者认为社会主义协商民主可以借鉴西方协商民主有益的成分。但也有一些学者认为，西方协商民主理论对社会主义协商民主的影响是有限的，我们“只是借鉴了西方学者的研究成果，包括借用了这一概念，但主体内容是我们自己的经验”[④]。此外，还有一些更甚者则走向另一端，认为“从中国民主制度产生的社会生态来看，中国已有的协商民主形态不是内生的，而是植入的”，中国的协商民主“不过是中国当时社会精英阶层受熏于西方民主观念下的政治范畴和朦胧社会意识”。[⑤] 不可否认，西方协商民主理论思想的引入，一定程度上对社会主义协商民主理论发展产生积极影响，但开放、包容并不等于全盘接受，而是以承认话语多元为前提，尊重不同政治话语体系中的民主思想，并结合自身情况批判地借鉴其他民主话语体系中的有益思想和方法。社会主义协商民主不是西方协商民主理论的简单复刻。总之，坚持马克思主义理论底蕴，继承民族优秀文化传统，开放、包容其他民主话语，与时俱进、不断创新，这些恰是社会主义协商民主的理论特色，也是其研究者和实践者所应坚持的话语品质。

(二)社会主义协商民主话语体系发展的实践之维

社会主义协商民主不仅有着深厚的理论基础，而且同时也是实践的产物。莫岳云、张青红认为，“当西方热议协商民主的时候，中国已有数十年的实践”，社会主义协商民主实践的历史分为新民主主义革命时期、新中国成立初期以及改革开放新时期三个阶段。[⑥] 而李金河则认为“社会主义协商民主是因应我国的基本国情而产生和发展的”，并进而指出“其发展形成了试验、发展、制度环环相扣而又渐次递进的逻辑链

① 方刘松:《我国社会主义协商民主的实践形态》，载《南京政治学院学报》2014年第1期。

② 庄聪生:《协商民主是中国特色社会主义民主的重要形式》，载《民主与科学》2006年第3期。

③ 参见马奔:《协商民主在中国运用的传统资源》，载《科学社会主义》2014年第2期。

④ 董树彬:《社会主义协商民主制度研究综述》，载《天津行政学院学报》2013年第6期。

⑤ 刘建成:《约束与创新:中国特色协商民主制度建设》，载《行政论坛》2013年第5期。

⑥ 莫岳云、张青红:《中国共产党协商民主思想的历史演进》，载《马克思主义研究》2012年第7期。

条”。[①] 还有学者从政治生态角度分析，认为“中国形态协商民主反映了近代以来中国由半殖民地半封建社会走向社会主义现代社会这一政治生态环境中民主政治成长的生态特征”[②]。总之，总结国内学界的研究可以看到，中国特色社会主义协商民主是在中国革命、建设及改革的伟大历史实践中成长、成熟起来的，主要经历以下四个阶段的实践发展：

第一阶段，革命时期的协商民主实践。一般认为，中国共产党协商民主的思想最早萌芽于长期革命斗争中的政权建设和统一战线实践。如土地革命时期的苏维埃政权、抗战时期“三三制”民主政权以及解放战争时期各解放区建立的过渡性临时政权等政权建设中，为团结各方力量，中国共产党并不搞“关门主义”，而是积极同党外人士协商合作，共襄国是，由此初步形成协商民主的思想。新民主主义革命后期，随着全国解放的顺利推进，中国共产党广泛邀请各民主党派和人民团体召开政协会议，协商建国。而1949年9月首届政协会议的成功召开就是政治协商的结果，这也标志着协商民主开始在全国范围内实施。

第二阶段，新中国成立以后的协商民主实践。新中国成立后，政协在代行5年人大权力后仍然保留并且继续发挥“协商治国”的作用，政协制度与人大制度有机结合，充分发挥“商”与“决”的功能互补，共同构成我国社会主义民主政制的重要基石。此外，新中国成立后，协商民主的思想也开始应用于党和政府治国理政的诸多方面，正如毛泽东在1956年2月的一次谈话中指出的：“我们政府的性格，你们也都摸熟了，是跟人民商量办事的，是跟工人、农民、资本家、民主党派商量办事的，可以叫它是个商量政府。”[③]

第三阶段，改革开放阶段的协商民主实践。邓小平同志主导的改革开放，不仅破除旧的思维束缚，而且恢复、发扬一些优良的思想传统，协商民主思想和实践获得恢复和发展。党的十三大更是提出构建社会协商对话机制，这在一定程度上扩大了协商民主的应用领域。以江泽民同志为核心的党的第三代领导集体，同样十分重视社会主义协商民主建设，进一步深化了对协商民主的认识。江泽民在1991年“两会”上第一次明确提出两种形式民主的主张，初步确立了协商民主在社会主义民主政治体系中的地位。

第四阶段，新时期协商民主的实践。进入新世纪，尤其是党的十八大以来，社会主义协商民主进入一个全新的发展时期。党的十八大、十八届三中全会的系统论述和规划部署为社会主义协商民主的发展指明了方向，而《关于加强社会主义协商民主建设的意见》(2015年)等一系列规章制度的出台更是为社会主义协商民主建设保驾护航。与之相伴随，我国社会主义协商民主的理论、思想也逐渐走向完善和成熟。

---

① 李金河：《如何正确认识社会主义协商民主》，载《中央社会主义学院学报》2014年第1期。

② 袁峰：《中国形态协商民主的缘起与内涵》，载《理论与改革》2006年第6期。

③ 《毛泽东文集》第7卷，人民出版社1999年版，第178页。

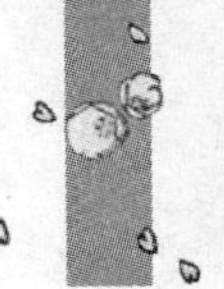

四、社会主义协商民主话语体系的中国特色

如何认识西方协商民主与社会主义协商民主的关系？对两者关系的廓清有助于我们从中把握社会主义协商民主的特色。这一基本问题不仅关系到我们对于社会主义协商民主的理解正确与否，而且本质上关系到中西方关于民主的话语权的争夺。国内关于中西协商民主的比较，经历了一个理论自觉自信不断增强的过程。21世纪初，西方协商民主刚引入国内，不少学者在介绍西方协商民主理论的同时，尝试基于西方协商民主的话语框架来观察和评判中国民主政治发展，甚至分析西方协商民主在中国的现实可行性，研究整体上带有"西方中心论"的调子。很快，一些学者基于中国政治协商实践的分析，意识到"'政治协商'就是协商民主的一种形式"①。进而逐渐明确了我国协商民主的内生性。"协商民主"的概念也不再被视作西方民主话语的专利，2007年国务院新闻办公室发表《中国的政党制度》白皮书中，官方第一次明确使用协商民主的概念来描述我国两种民主形式。十八大进一步确认了我国协商民主的概念，而十八届三中全会发布的《中共中央关于全面深化改革若干重大问题的决定》更是指出："协商民主是我国社会主义民主政治的特有形式和独特优势"，这标志着我们对于协商民主的认识已完全跳出西方民主话语框架，展现出"以我为主"的高度理论自信。

近年来学者们普遍认为社会主义协商民主与西方协商民主"存在着本质的不同"②。更进一步而言，"中国政治中的协商元素与西方协商民主的理念和原则是不同的，这些区别不仅体现为现实与理想的不同，而且在协商的目的、条件及价值追求上也存在较大的差异"③。当然，也有一些学者同时还看到两者之间的相通之处，如金安平、姚传明认为，"尽管此'协商'非彼'协商'，中国民主政治中的协商意识和协商元素还是和西方'协商民主'所要求和追求的一些理念和原则在精神上有相似之处"④。李仁彬则细致地列举出中国协商民主与西方协商民主之间的共同点，包括承认多样性，注重对话、讨论，强调政治决策合法性，等等。⑤ 基于此，不少学者中肯地指出，中西方协商民主之间存在耦合性，社会主义协商民主应善于吸收和借鉴一切人类政治文明有益成果。

在上述背景和趋势下，国内学界近年来逐渐超越"西方中心论"的话语体系，对社会主义协商民主与西方协商民主展开了较为客观而丰富的比较研究。从中可以看到，社会主义协商民主与西方协商民主理论既有共同点，也有诸多相异之处，而社会主义协商民主的特色正是在这些比较中清晰凸显出来。从理论话语的角度可以将社会主义协商民主的特色归纳为如下四个方面：

---

① 李君如：《中国民主政治形式和政治体制改革》，载2006年9月24日《文汇报》。

② 董树彬：《社会主义协商民主的理论甄别》，载《重庆社会主义学院学报》2013年第4期。

③ 金安平、姚传明：《"协商民主"：在中国的误读、偶合以及创造性转换的可能》，载《新视野》2007年第5期。

④ 金安平、姚传明：《"协商民主"：在中国的误读、偶合以及创造性转换的可能》，载《新视野》2007年第5期。

⑤ 参见李仁彬：《中外协商民主比较分析》，载《党史文苑》2009年第2期。

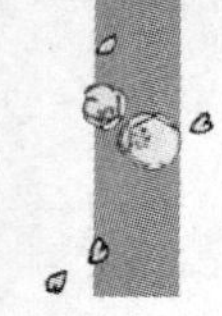

从话语立场看，社会主义协商民主首先是以社会主义为其逻辑出发点。西方协商民主根本上是从个人主义出发，注重个人自由和权利，通常认为独立、理性的个体是协商民主的前提条件。而社会主义协商民主突出社会主义原则，强调个人与集体之间的协调，突出人民性。这也充分印证了邓小平同志的判断："什么是中国人民今天所需要的民主呢？中国人民今天所需要的民主，只能是社会主义民主或称人民民主，而不是资产阶级的个人主义的民主。"①

从话语逻辑看，社会主义协商民主遵循的是实践逻辑。众所周知，西方协商民主理论是基于传统民主理论（尤其是代议制民主）反思的基础上演绎出来的，正如弗洛里迪亚（Antonio Floridia）所言，协商民主理论正是"通过识别一些理论'敌人'来探寻自己的边界"②。社会主义协商民主理论则与之相反，主要是中国共产党长期的历史经验中归纳而成，其实践色彩非常浓厚。也正因为此，西方协商民主往往面临可行性困境，而发轫于实践的社会主义协商民主则更容易实现广泛多层次的应用。

从话语内容看，社会主义协商民主拥有"中国芯"。不少学者认为，社会主义协商民主是中国共产党集体智慧的结晶，是中国人民的伟大创造，因此，社会主义协商民主的内容构成的方方面面都烙有中国印记。比如从词义看，西方协商民主的英文表述为"Deliberative Democracy"，而社会主义协商民主中"协商民主"的一般翻译为"Consultative Democracy"，前者内含"慎思"和"讨论"，而后者则还另含"咨商议政"之意，突出参政性。再比如，就协商民主的主体看，西方协商民主追求参与各方绝对平等，忽视社会现实情况导致过于理想化、形式化；而社会主义协商民主基于国情考量，强调在协商民主运转中中国共产党的主导地位，认为党的领导是社会主义协商民主良性运转的保障。此外，社会主义协商民主在民主体系中的地位、关系也不同于西方。协商民主与选举民主是两种民主形式，在中国，社会主义协商民主与选举民主之间并非相互对立、非此即彼的关系，而是相辅相成、有机统一。

从话语情境看，社会主义协商民主有较强的适应性和可持续创新性。一方面，社会主义协商民主与我国经济、文化、政治等背景紧密联系，符合我国民主政治发展要求，满足社会主义市场经济发展需要，最终体现了广大人民群众的根本利益，因此具有较强的适应性。另一方面，社会主义协商民主具有创新性。这不仅表明其是理论和实践创新的成果，还意味着它仍将继续发展、创新。而发展中的中国为社会主义协商民主可持续创新提供一切有利条件：解放思想、实事求是、与时俱进的思想路线为社会主义协商民主创新提供精神支持，全面深化改革的开启让社会主义协商民主创新迎来新契机，广泛多层制度化的协商民主实践为社会主义协商民主创新营造出更好的条件。

---

① 《邓小平文选》第2卷，人民出版社1994年版，第175页。

② Antonio Floridia, "Participatory Democracy versus Deliberative Democracy: Elements for a Possible Theoretical Genealogy. Two Histories, Some Intersections", Paper presented at the section "Four Decades of Democratic Innovation Research: Revisiting Theories, Concepts and Methods" in the panel "Historicising Deliberative Democracy" of the ECPR General Conference, Bordeaux, France, September 4-7, 2013.

机遇与挑战:国际话语权视域下中国道路认同问题研究

徐　亮
(解放军西安政治学院马克思主义理论系博士研究生)

国际话语权的交锋和较量,隐含着国家之间国际地位和综合实力的抗争,承载着各国之间的经济、文化、科技、教育、意识形态等各个方面的竞争。从农业社会到工业社会,世界话语的主导权经历了从中国向西方发达国家的更替。纵观世界历史进程,一个国家是否在世界范围内具有影响力,其综合实力是否足够强大,世界话语的主导能力是一个非常重要的衡量标尺。2016 年 5 月 19 日,习近平在全国哲学社会科学工作座谈会上指出:"发挥我国哲学社会科学作用,要注意加强话语体系建设,只有以我国实际为研究起点,提出具有主体性、原创性的理论观点,构建具有自身特质的学科体系、学术体系、话语体系,我国哲学社会科学才能形成自己的特色和优势。"[①]当前中国在世界体系现代化的塑造过程中,要学会在世界舞台上利用话语权,发出中国声音,将中国道路所蕴含的价值理念传递给世界,要利用世界哲学社会科学的学术平台,注重寻找东西方话语体系的对接点,构建一套让全球学界认同的话语理论体系和解释范式,要着力打造全球命运共同体,充分展示中国道路的世界意义,注重在现代世界体系中重塑中国道路影响力。

一、多维视角:中国道路和国际话语权之间的内在逻辑

1970 年当选法兰西学院院士的法国解构主义大师米歇尔·福柯在其就职演说《话语的秩序》中提出了一个著名的观点:话语即权利。福柯把话语的外在功能解构为"对世界秩序的整理",哪个国家在国际舞台上掌握了话语权,哪个国家就掌握了对整个世界秩序整理的主导权。要想牢牢把握住"权利",等于要把握住对世界秩序的整理权。话语权从权利(right)延伸到"权力"(power),从其隐含的意义来说,是指能够灵活运用语言,以非强制或非暴力的方式,无形之中传递自己的思想、理念和主张,获得

---

① 习近平:《在哲学社会科学工作座谈会上的讲话》,http://cpc.people.com.cn/n1/2016/0519/c64094-28361550.html.

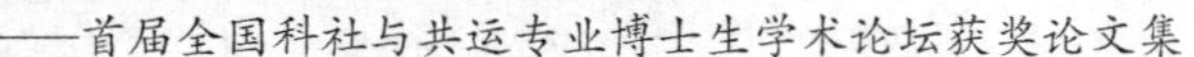

他人的认同和尊重，从而改变他人的行为和思想。① 国际话语权则是指以国家核心利益为核心，就国际社会关注的热点焦点问题发表意见的权利，以及意见话语的关注度和影响力，充分体现一个国家对话语运用、议题设定、规则理解、权利参与、话语表达等多个方面的综合实力水平，其本质是国家利益之间的博弈。

从文明发展视角来看，中华文明作为世界文明中唯一没有中断的文明，在古代相对封闭隔离的世界版图里，中华文明厚德载物、兼容并包的哲学传统，儒道释法多种文化的交流碰撞、融合创新，多元一体社会结构的价值认同，为其注入了强大的生命力，中国道路传承了其源远流长、博大精深的文明内核，西方启蒙运动不满于欧洲中世纪后分崩离析、纷乱不已的状态，遂把中华文明看成大国治理及国家自信的楷模。张骞笔下的"虽富巨万，而衣食粗鄙，父子相争利"的中亚粟特人，被世界上认为最难被同化的民族之一，在面对讲仁爱、重民本、守诚信、崇正义、尚和合、求大同的中华文明时，得到了完美的融合。中国道路因其内在的动力与活力，使其在历史文明长河中得以延续而没有断裂。农耕文明为中国道路的现代化发展奠定了坚实的基础，深厚的历史文化底蕴为中国道路注入了无穷的活力。中国道路"和而不同"的思想要比以西方自我为中心的思维在处理当今世界文明冲突问题上更有利于处理矛盾分歧，更容易为人所接受认同。中华文明巨大的同化力和吸引力，曾经一度让自身在世界舞台上拥有了强大的国际话语权，带着一种对于自身文化的敬意来审视中华文明和中国道路二者之间的逻辑关系，不难看出，中华文明是在与世界文明的交流、碰撞、融合中形成自身特色的，将其置身于全人类文明发展视角，思考的角度要着眼于重新审视自身的文化特色和不同文化之间实现真正的交流共享，中华文明的世界性、联系性、包容性为全球话语权体系的建立以及全球文化秩序的确立提供了一种新的构想，为世界的繁荣和谐发展提供了一个范本。

从全球化进程视角来看，全球化作为一种人类社会发展的现象过程，使国家之间的相互联系和依存感空前增强。全球化背景下一个国家能否成功地达到全球一体化的目标，关键在于，全球化进程中政府对国际话语权是否有清醒的认识和驾驭能力。中国经济的巨大成功很大程度上取决于中国经济在世界市场中的竞争力，取决于在全球化进程中经济社会的交往与合作程度。世界各国在共享中国经济成果的同时，中国也实现了与世界各国的互利共赢。中国经济的飞速发展为中国道路发展模式在国际舞台上赢得了宝贵的话语权。在由西方主导的经济模式中，中国道路创造性地回应了当前全球治理中面临的一些核心问题：发展中国家能不能探索不同于西方的经济发展模式来促进经济发展；能不能在全球化进程中结合自身的国情来进行独立的制度选择和安排；能不能用自身的话语体系来影响西方主导的话语体系；能不能用自己的实践成果为全球治理提供借鉴模板。以中国文明史为纵坐标，以全球化进程为横坐标，在横向和纵向比较中重新审视中国道路和国际话语权之间的逻辑关系，发现中国道路的独特魅力、历史底蕴和普遍价值。中国道路的发展模式是在全球化的激烈竞争中成长

① 参见王志珂：《福柯》，湖南教育出版社1999年版，第195页。

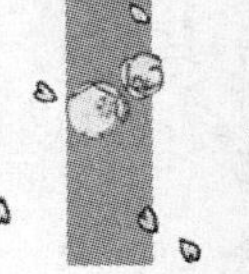

起来的，在竞争中脱颖而出的中国道路，进一步增强了世界对中国道路的认同感，提高了中国的国际话语权。

从话语权演进逻辑来看，塞缪尔·亨廷顿指出："文化和文化认同形成了冷战后世界上的结合、分裂和冲突模式。"①话语权所展现的影响力主要是文化和价值观的影响力。中国道路"他信"问题本质上是一种价值观的输出和认同问题。价值观是建立在需求的基础上，通过对主客体价值观念的整合，在环境、教育的影响下，形成主体对外在客观事物的根本态度、根本看法和根本观点。就某种意义而言，中国道路的本质是一种价值观的输出。话语权以核心价值体系为支撑，核心价值体系的强弱直接决定着话语权的影响力和控制力，强大的话语权能增强一个国家核心价值体系的影响力和认同度。一流国家输出文化和价值，二流国家输出技术和规则，三流国家输出产品和劳动力。价值观是否能够被输出，取决于这种价值观是否有足够的吸引力。中国道路"他信"问题需要国际话语权进行外部表现，需要借助国际话语权，运用新的思维和新的范式变化，向世界传递中国声音，讲述中国故事，侧重影响力；中国道路的发展是话语权的内在因素，话语权体系的充分发挥，需要健康稳定的中国道路作支撑，侧重吸引力。二者一体二面、不可分割，有机统一于社会主义核心价值观。一个对自身发展道路自信的国家，必定掌握坚实稳固的国际话语权，向世界传达共同认可的价值观念，从而让中国道路得到西方国家的普遍接受和认同。

二、现实境遇：国际话语权视域下中国道路面临的挑战

习近平总书记指出："今天，中国前所未有地靠近世界舞台中心，前所未有地接近实现民族伟大复兴的目标。"②随着以经济、文化、科技为代表的综合国力的日渐提升，中国在国际舞台上的话语权得到了一定提升，但在一段相当长的时间内，西方发达国家的强势话语体系很难被撼动，中国在世界舞台上的话语力度、深度和广度仍然十分有限。如何充分发挥国际话语权视域下中国道路的目标引领、价值激励、信念提升的战略功能，积极关切世界舞台动向、寻求全球价值认同，创造性建构顺应时代潮流的新型话语体系，是理论界和学术界必须正视的时代课题。

（一）中国道路国际形象塑造的战略定位不够清晰明确

知名学者萨义德在《东方学》的卷首语中引用过马克思在《路易·波拿巴的雾月十八日》中的一段表述："他们无法表述自己；他们必须被别人表述。"这句话充分证明了东西方在国际舞台上地位的不平等。在西方话语体系的垄断下，中国的国际形象面临着自我与他者这一典型的东方与西方的问题，西方话语框架里将东方文明理解为人类文明的"他者"和异端，这就直接造成了世界认同中国的巨大阻力和障碍。中国特色社会主义道路，能够得到国内民众普遍认同，但因自身的社会制度、意识形态，仍然是中

① ［美］塞缪尔·亨廷顿：《文明的冲突与世界秩序的重建》，周琪等译，新华出版社2002年版，第4页。

② 《习近平总书记系列重要讲话读本》，学习出版社、人民出版社2016年版，第28页。

国与西方国家长期的矛盾焦点，如何求同存异，如何从不同的立场、不同的角度来描述中国道路，如何让中国道路实现“他信”，需要我们在话语体系中有一个清晰明确的战略定位。长期以来，作为世界话语内容的集中生产地和话语主流渠道的集中输出地，西方发达国家长期操控话语内容和传播手段，逐渐形成了西方媒介专属的话语霸权，20 世纪 90 年代以来，以西方主流媒体为核心的高度垄断的话语体系已然形成。目前，西方几大主流通讯社控制着世界 90%的新闻输出。西方主流媒体从自身利益出发，打压中国崛起，刻意捏造事实丑化中国，不遗余力抹黑中国，中国成绩很少报道，中国问题抓住不放，国际传播语境中“西强东弱”的格局致使中国在国际舞台上的话语权影响力不强。最新调查显示，68%的西方民众通过西方媒体的报道来了解中国，这揭示出中国道路在国际舞台上的传播主要是借助于西方媒体视角的“他塑”，中国在世界上的话语空间遭到严重挤压。2015 年《中国国家形象全球调查报告》显示，中国的知名度和吸引力在不同国家和地区基本相同，然而认知度、美誉度则在发达国家和发展中国家存在较大差别。整体来看，发达国家对我国的认知和认同比较差，发展中国家稍好。在给中国整体印象打分时，发达国家对中国的总体打分为 5.5 分，而发展中国家对中国的总体打分为 6.9 分。① 中国坚持和平发展、共同发展的国际努力受到认可，负责任大国形象逐步树立，国际民众能够接受中国制造，但对中国政治普遍缺乏了解，对中国模式的认识缺乏共识，社会主义大国形象的塑造仍然任重道远。中国国际话语权在不同国家的认知差异，受到国际体系因素、利益契合度因素、“他者”国际话语权等多种因素的干扰，如何对中国道路进行准确的定位，如何从战略视角来塑造中国道路的国际形象，如何让中国道路获得世界的认同，从自信到他信这一逻辑层面上的递进和转变是必不可少的。

（二）对中国道路取得的巨大经济成就与中国国际话语权提升的认识存在误区

作为世界第二大经济体，近年来中国逐步成为全球经济稳定和增长的重要一环。中国的和平崛起并没有让其在国际舞台上的话语权展现出足够的强势，相反却受到西方话语权的严重打压和排挤，成为当前亟待破解的困境难题。在经济全球化浪潮推动下，“国际话语权进入了以新兴经济体为特征的新兴国家和发展中国家的视线，争夺国际话语权已成为这些国家寻求国际社会的公平、正义和捍卫自己利益的一种强烈诉求。”②长期以来，对于经济实力和国际话语权的关系，相当一部分持“经济决定论”观点的人认为，国际话语权的强弱根本取决于国家经济实力的强弱。这种观点的立论依据是以美国、欧洲为主的世界几大经济体在国际舞台上拥有强大的国际话语权。但以美国为首的西方国家国际话语权的取得，并不单纯是因为其强大的经济实力，更重要的是西方话语体系严密的逻辑性、强大的认同度、观点的创新性，让其一直引导着国际

---

① 参见对外传播研究中心：《中国国家形象全球调查报告 2015》，http://news.eastday.com/eastday/13news/auto/news/china/20160831/u7ai5990075.html.

② Peter Mattis, *China's International Right to Speak*, *China Brief*, Vol. 12, The Jamestown Foundation, Washington, D.C., October 19, 2012.

重大议题设置和规则制定。中国经济的发展与国际话语权的发展存在着明显的错位现象，不可否认，经济增长会带动包括话语权在内的国家软实力的提升，但二者并非简单的因果关系。2015 年美国 GDP 增幅是 2.6％，中国是 6.8％；2016 年 1 月 27 日，国际货币基金组织宣布中国的股东份额是 6.394％，美国是 16.5％；中国在世界银行的投票权是 4.42％，美国是 15.85％，美国同时拥有在国际货币基金组织和世界银行的一票否决权。通过这组数据，我们可以清楚地看到，在当前投票规则和投票权占比情况下，中国在世界银行和国际货币基金组织的话语权仍然十分有限，中国经济快速增长的同时并没有充分地将经济增长的速度和资源转化成真正的国际话语权。中国缺乏依托强大的经济实力充分将自身的发展理念、共享理念、文明理念转化成各种话语资源，从而成为引起国际话语体系认同的意识形态和手段。在借鉴、引进西方话语体系的同时，缺乏创新“自身话语权”的战略思维，在对外宣传内容上没有做到与西方主流文明的同频共振，在媒介传播手段上没有做到与国际媒体充分地接轨，原创的能够引起世界民众情感共鸣的概念和话语相对较少，这直接导致在话语权的国际竞争中处于明显劣势。改革开放以来，在吸收借鉴西方先进文化和经济制度的同时，为了更快与世界接轨，各个学科领域也在逐渐接受和认同西方主流的话语体系，但却没有在此基础上进行话语的二次创新，使之为世界主流价值接受和认同。在中国经济走向世界舞台中心的同时，我们的话语体系显示出了一定的滞后，在某些重要国际场合因种种顾忌没有发声或处于无言、失语状态，致使在涉及意识形态、价值观念、政治制度等国际议题时，经常处于被动守势。

（三）中国道路传递的价值理念缺乏西方国家的普遍价值认同

当今国际政治格局已经不再是单纯凭武力和政治压力手段进行争夺，最核心的斗争是争夺人心。话语权的竞争实质上是价值体系的认同度。亨廷顿认为：“不同的文明对上帝与人、个体与群体、公民与国家、父母与子女、丈夫与妻子的种种关系有不同的观点，对权力与责任、自由与权威、平等与阶级的相对重要性亦有迥异的看法。”[①]中西方国家随着各自文化的发展，彼此的价值体系在思维模式、行为模式等方面产生了差异。经济全球化的发展，中西方价值体系中的“认同危机”和“话语冲突”在意识形态和行为方式上日渐凸显，冲突和危机的背后隐藏着交锋。话语对象对话语内容的解读，会经历一个基于话语传播者固有形象的初次认知，然后根据话语内容变化进行二次认知的反复过程。近代以来，西方发达国家为世界贡献了更多的文明成就，文明的先行性奠定了西方发达国家在国际话语体系中的主导地位。中国自改革开放以来的快速发展、中国道路的成功直接冲击了西方世界的发展模式和价值体系，不断挑战西方国家自认为完美的资本主义市场经济和民主道路，引起了西方国家的质疑、警惕和敌意。西方媒体围绕西藏、新疆、民主、人权等问题，凭借其无孔不入、覆盖全球的媒体网络，丑化中国形象，压制中国声音，主导国际社会对中国道路的认知。有学者曾对美

① ［美］塞缪尔·亨廷顿：《文明的冲突与世界秩序的重建》，周琪等译，新华出版社 2002 年版，第 26 页。

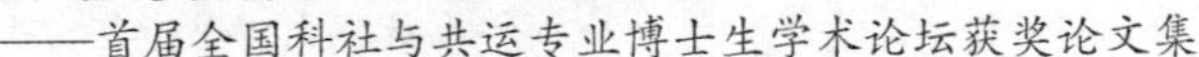

国的主流媒体对中国的报道进行过统计，统计的范围是《华盛顿邮报》《纽约时报》、CNN、美联社等，在一个季度里，从题目来分析，负面的占一半，中性的占25%，有一点积极意义的占25%；如果按字数或文章长短来计算，90%以上是负面的，因为负面文章长，正面文章短。[①] 这种由西方发达国家群体形成的话语霸权长期影响西方普通民众对中国道路的正面认同。随着西方发达国家在经济、政治、军事、文化等方面的优势仍将长期持续下去，中国在价值体系、意识形态、政治制度方面的国际话语权问题上，仍将在相当长一段时间内处于被围堵、被孤立的局面。中国的发展道路本应成为对外展示形象的窗口、提升西方民众认同度的平台、赢得国际话语权的重要武器，但因中国在文明体系和政治文化、社会文化等方面异于西方，是西方的"他者"，中国发展道路在世界上缺乏具有普遍使用的规律和经验，无法在世界发展道路中占据主流，获得西方民众的认同和肯定也是短期的、局部的。判断一个话语具有地方属性还是世界属性，国家的认同度是一个核心指标。一个国家提出的话语被世界上越多的国家所认同，其话语的世界属性就越强，在国际话语权上就始终占据着主动。"中国特色"这个词语本身具有一定的地方属性，如果我们一味强调，地方属性只会越来越浓，向世界推广的难度就会越大。"农村包围城市"这一具有世界属性的革命理论的提出，因之可以被第三世界国家借鉴学习，具有世界性的意义。"和平共处五项原则"的提出，同样适用于不同意识形态和社会制度的国家，并逐渐成为世界通用的国际关系准则。在中国道路的发展模式中，如果我们能归纳总结出一些可供世界借鉴运用的理论或规律，那中国发展道路在国际上将会赢得更大的话语权。因此，如何清晰准确定位中国的国际形象，如何结合时代关切，开展系统研究，提出独立见解，讲好中国故事，传播价值理念，是中国提升国际话语权必须面对的问题。

三、思维转换：提升中国道路认同的路径建构

习近平总书记指出："道路问题是关系党的事业兴衰成败第一位的问题，道路就是党的生命。"[②]当前，金融危机、欧债危机、欧洲难民潮、"伊斯兰国"极端组织恐怖袭击，使得西方国家的综合实力有一定削弱，在国际话语权上打压中国的局面有所缓解，这为中国提升国际话语权提供了难得的机遇。因此，中国道路的研究不能仅仅局限于国家体制、政策层面和经济维度，而应涵盖政治、文化、经济、生态、外交等诸多领域，在推进路径上也应具备基于全球化进程和人类社会发展的历史纵深视野。

（一）定位与重塑：提升中国道路的国际形象认同

国家形象是在历史发展过程中逐步形成的，客观上来说是一个自在的过程，是国家发展中包含的所有要素以及呈现的所有特征的综合反映；主观上来说是一个人为的过程，包含自为与他为，并通常以认知的形式来表现。话语传播者的形象与地位直接

---

① 参见包心鉴：《中国道路内在逻辑论纲》，载《东岳论丛》2016年第1期。

② 《习近平总书记系列重要讲话读本》，学习出版社、人民出版社2016年版，第18页。

影响话语内容的认同。作为国际话语权的传播者，中国应该根据不同国家、民族的认知特点、角色定位构建不同的话语内容体系，积极化解因道路不同而引发的文化冲突和理念冲突，改善和增强对中国道路国际形象的认同，切实提高中国的国际话语权。国家形象认知由自我认知和他者认知组成。在自我认知上，中国努力向世界呈现一个和平发展、负责任有担当的国家形象。在他者认知上，由于在价值立场、利益需求、理论流派、思维方式上存在差异，可能导致他者认知和自我认知的结果不尽相同，同时也加大了对于话语内容认同的难度。尤其是这种夹杂了西方他者化烙印的中国道路描述，在历史和现实因素的共同作用下，中国道路呈现给外部世界的形象往往被曲解和误读。在解构一个被歪曲的中国的同时建构一个真实客观的中国，事实上是一个问题的两个方面，需同时进行。在中国道路形象的对外表达、中国道路发展的价值取向、发展模式等方面，我们不回避问题，不逃避分歧，不无视缺陷，也不张扬优势。中国道路的国际影响力与西方宣扬的道路优越性不同，以改革开放 30 多年来中国经济发展道路来说，中国并没有以此促使其他国家按照中国道路的发展模式进行改革，也没有强制性地将本国发展经验强加给其他国家，而是在考虑本国利益的同时兼顾其他国家的利益，中国道路的国际形象正在潜移默化中不断得到提升。习近平同志 2013 年在坦桑尼亚尼雷尔国际会议中心发表的演讲中指出："世界上没有放之四海而皆准的发展模式，中国将继续坚定支持非洲国家探索适合自己的发展道路。"①我们对外要展示的是一个客观的、具有亲和力的中国，要树立的是一个维护人权、民主法治的政治形象，改革开放、持续发展的经济形象，安定和谐、充满活力的社会形象，捍卫主权、负责自信的军事形象，独立自主、维护和平的外交形象。在中国道路对外形象塑造中，需要充分整合利用自身在不同领域拥有的能力和资源，根据不同话语平台的属性和话语对象的需求，以化解矛盾分歧为突破口，进一步改善话语对象对中国道路形象的认知，增强对中国道路的全方位认同。

(二)吸收与内化:追溯中国道路演进逻辑为话语体系提供理论认同

美国高盛公司高级顾问乔舒亚·库珀·雷默关于"北京共识"的研究报告面世以来，国外学者对中国道路的争论从未停止。以中国道路和西方价值体系、发展模式不可调和的"文明冲突论"，以中国道路强势崛起的"中国威胁论"，以中国经济发展模式不可持续的"中国崩溃论"，以中国对外投资为主要观点的"殖民扩张论"层出不穷，这就要求中国的理论研究者必须为中国道路的演进逻辑构建理论话语支撑，建立一套可以被西方民众认同的话语体系。中国道路，实质上是一条中国特色社会主义道路，是一条中华民族复兴之路，是一条不断探索不断创新的发展之路，在时间上它始终处于进行时，没有完成时；在空间上，它不仅具备鲜明的中国特色，还具有一定的世界意义。从本质上揭示中国道路的演进逻辑，需要从中国历史的纵向维度和世界发展的横向维度两个维度来进行解读。从中国历史的纵向维度上来看，中国道路的逻辑起点始于

① 《习近平总书记系列重要讲话读本》，学习出版社、人民出版社 2016 年版，第 270 页。

1840年，在道路的选择过程中，从洋务运动、戊戌变法、辛亥革命、新民主主义革命、新中国成立再到改革开放，经过170多年不断的探索和实践，中国道路既没有选择资本主义道路的发展模式，也没有局限于马克思恩格斯经典的社会主义学说，更没有全部照搬苏联的社会主义发展模式，而是在传承、吸纳、整合的过程中，创造性地走出了一条与中国实际相结合的中国特色社会主义道路，党的十八大把中国特色社会主义道路、中国特色社会主义理论体系和中国特色社会主义制度三者有机统一起来，在科学社会主义理论逻辑和中国社会发展历史逻辑的共同作用下，通过中国特色社会主义道路达到中华民族的伟大复兴。① 在世界发展的横向维度上看，中国特色社会主义道路与西方资本主义道路经历了一个此消彼长的演进过程，改革开放30多年的探索，中国道路在理念上完成了一次次的创新，从计划经济到市场经济，从社会主义初级阶段论到社会主义本质论，从邓小平理论到“三个代表”重要思想到科学发展观再到习近平治国理政思想，在这过程中，经历了苏联解体、东欧剧变，经历了社会主义道路的低潮，中国共产党人没有放弃探索的脚步，总结经验教训，继续前行，在经历亚洲金融危机、美国次贷危机后，西方国家在经济、政治等方面陷入危机和衰落，而中国特色社会主义道路取得的成就却为世界所瞩目。中国道路是和平与发展时代的社会主义发展道路，是社会主义初级阶段的社会主义发展道路，是坚持以人民为主体的社会主义发展道路，是经济、政治、文化、社会、生态文明全面推进的社会主义发展道路，是独立自主与开放包容相统一的社会主义发展道路。从中国社会文明史的视角深入分析中国道路与中华文明之间的逻辑关系，从马克思主义经典作家视角深入分析马克思主义与中国特色社会主义理论体系之间的逻辑关系，从世界发展史的视角深入分析中国道路与世界意义之间的逻辑关系，探寻中国道路的演进逻辑，寻找中国道路的理论支撑，构建中国道路的世界话语，完善中国道路的解释范式，增强中国道路的价值认同。

（三）接纳与构建：增强中国道路话语传播体系的世界话语认同

西方国家的主流话语体系和传播平台所形成的评价中国的逻辑与范式不仅仅是一种认识问题的思维，其背后还有更为深层的目的与指向。来自西方主流媒体对中国的报道直接影响着世界民众对中国道路的认识，在一个充满竞争、弱肉强食的国际体系中，“中国威胁论”“殖民扩张论”“中国崩溃论”等各种类型的论调为中国道路蒙上了一层怪异、神秘的面纱，造成西方民众对中国的不信任。中国道路形象长期处于被塑造的境地，不仅会恶化中国生存与发展的外部环境，也会严重降低中国的对外影响力，极大地伤害中国的国家利益。中国对自身先进的文明理念、发展理念、崛起理念在文化宣传上严重滞后，在传播上严重落后。面对“中国威胁论”、中国恐惧症只是被动应对，破解无方，化解乏力。提升中国国际话语权，传播中国话语，必须注重与新兴大国、发展中国家联合发声，扩大话语影响力。利用博鳌亚洲论坛、亚太经济合作组织峰会、中国—欧盟峰会、中国—东盟峰会等多重话语平台，积极推行“一带一路”和亚投行建

① 参见包心鉴：《中国道路内在逻辑论纲》，载《东岳论丛》2016年第1期。

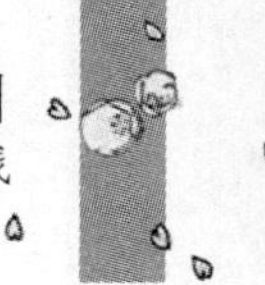

设，反复表达自身观点，让世界各国更深入地了解中国理念，获得更积极的话语反馈，增强话语的广泛认同，充分利用主场外交优势，在国际社会的各种场合争取和把握我们的话语权，不轻易放弃发表独立观点、展示自我态度的任何机会，积极主动回应国际社会关注的焦点敏感问题，全方位多角度增强世界对中国道路的了解，充分展现我国民主、文明、开放、进取的国际形象，化解中国道路外部舆论压力，减轻中国道路发展的西方阻力，赢取更加平等开放的国际外交环境，进一步提升中国道路的核心竞争力。杭州 G20 峰会上中国设立的“构建创新、活力、联动、包容的世界经济”峰会主题得到世界各国的广泛认同，中国逐步成长为世界经济的重要动力源和稳定锚。国家形象的世界呈现主要依靠他国新闻媒介的新闻言论报告，媒体作为信息源与受众之间的通道，是行为体和组织之间传递思想、语言和行为的工具，是保障社会的稳压器、调试社会各系统平衡的协调器、促进社会进步的推动器。因此，在运用媒体传播国家形象的过程中，合理利用媒体既是信息传播的必要环节，也会对中国道路的发展起到积极的作用，发挥传统媒体、新兴媒体的作用，把互联网平台作为重要战略平台，整合主流媒体声音，利用多种手段建立声音传输通道，以国家之间文化交流为纽带，通过价值观念之间的对话、意识形态之间的碰撞传递中华文明和谐的价值体系，解释中国道路的世界意义。智库既是国家思想创新的动力和源泉，也是国家软实力和国际话语权的重要彰显标志，影响着一个国家和地区的政治、经济、社会、军事、外交、科技等方面的重大决策。[①] 大力建设新型现代智库，认真研究和借鉴美国智库的运作方式，依据中国的具体情况，加强资源统筹结合，重点围绕提高国家话语权等重大现实问题开展国情调研和决策咨询研究，建设一批具有中国特色的高水平智库。

（四）改造与创新：增强社会主义核心价值体系在世界范围内的价值认同

核心价值体系在一定社会文化中发挥着中轴作用，是一个国家重要的稳定器。习近平总书记指出：“人类社会发展的历史表明，对一个民族、一个国家来说，最持久、最深层的力量是全社会共同认可的核心价值观。”[②]如果没有共同的核心价值观，一个民族、一个国家就会魂无定所、行无依归。国内社会和国际社会矛盾的双重性决定了国家核心价值体系形成的价值追求，要能够反映国家在各个领域生活的现实需要，反映存在于价值主客体之间的矛盾，又能够以其内容上所具有的内在逻辑性而体现其合理性。在实践中，如果某一话语体系之下的价值表达能够被人们普遍接受，那么这一价值观就能获得比较稳定的形态，如果时间的检验使人们对其所包含的特定意义产生了质疑，那么就可能启动寻找和建设新的话语系统的进程。话语系统的不断完善也意味着国家价值观表达的不断完善，这一过程对于提升国家形象具有重要意义。缺乏价值理念为内核的话语表达，是一种无意义的碎片化声音，不可能真正获得话语权。[③] 当

① 参见王广：《“明者因时而变”：新型智库视域中的马克思主义话语权创新研究》，载《南京政治学院学报》2016 年第 1 期。

② 《习近平总书记系列重要讲话读本》，学习出版社、人民出版社 2016 年版，第 189 页。

③ 参见郭建宁：《打造与中国道路相适应的话语体系》，载《学术前沿》2012 年第 9 期。

前社会价值观念具备明显的多元性和复杂性，人类面临着共同的价值认同危机，中国道路要实现中华民族伟大复兴的中国梦，需要从更深的层次对自身文化历史传统进行反思和继承，需要以更宽广的视角对东西方文明成果进行吸收和整合，需要以更严谨的态度对发达国家的治理经验进行借鉴和创新，为当代中国和世界的现实矛盾分歧提供人文的关怀和学理上的回应。在继续谋求和平发展的同时，着力搭建社会主义核心价值观体系与世界主流价值体系之间沟通的桥梁，是中国国际话语权建设的根本路径。社会主义核心价值观把国家、社会、公民三个层面的价值追求融为一体，深入回答了我们要建设什么样的国家、建设什么样的社会、培育什么样的公民的重大问题，它是中国特色社会主义道路在探索实践中凝练而成的核心价值理念，体现了中国道路实践的价值精髓，引领未来全球实践的价值体系。习近平总书记指出，要"用社会主义核心价值观凝魂聚力，更好构筑中国精神、中国价值、中国力量，为中国特色社会主义事业提供源源不断的精神动力和道德滋养"[①]。提高中国话语权在国际上的认同度，必须坚持以中国社会主义核心价值观来构建中国话语体系，因为社会主义核心价值体系既具有社会主义属性，也具有世界属性，其核心是体现全人类共同的价值追求。面对日趋多元的意识形态和价值体系更加开放包容，面对全人类共同的价值取向和精神追求更加自信从容，面对西方价值观念、国家利益和文化形态时敢于承认和直面差异。在西方话语体系的强大攻势下，要积极完成核心价值体系从被动表达向主动表达的转变，这种转变过程本身也代表着一个国家的姿态和能力，坚持在尊重差异中提高世界话语体系的认同度，在包容多样中提高东西方文化思想的融合度，创新发展社会主义核心价值表达体系，从被动走向主动，从舞台的边缘走向舞台的中央，从一味地防守走向稳健地进攻，从话语支配权走向话语主动权，用中国道路的现实说服力、理论影响力、舆论引导力、时代感召力、文化自信力和社会整合力，全力打造人类命运共同体，大力提升社会主义核心价值体系的时代性、创新性和世界性。

---

① 《习近平总书记系列重要讲话读本》，学习出版社、人民出版社2016年版，第190页。

论构建中国特色社会主义政治学话语体系

——基于科学社会主义基本原则的角度

杨雨林
（中国社会科学院马克思主义学院博士研究生）

政治学话语体系是由一系列相关概念、言语和范式组成，以政治发展实践为反映的客体，聚焦政治发展的现在、过去和将来。话语体系作为理论体系的外在表达形式，直接影响理论体系的影响力、吸引力和竞争力。构建中国特色社会主义政治学话语体系对于维护国家政治安全和促进政治发展具有十分重要的意义：一方面，在国内凝聚人心，形成改革的合力，增强社会大众的政治认同，维护国家政治安全；另一方面，增强文化软实力和国际话语权，提升国际地位。科学社会主义是马克思、恩格斯关于社会主义、共产主义的理论体系、社会制度、革命运动的学说，是涵盖自然界、人类社会和思维发展一般规律的理论体系。马克思、恩格斯通过立足现实以及两大规律的发现，使得社会主义从空想变为科学。中国特色主义道路之所以能够取得巨大成功，归根到底就是既坚持了科学社会主义的基本原则，又具有鲜明的中国特色。正如习近平总书记所强调的："中国特色社会主义是社会主义而不是其他什么主义，科学社会主义的基本原则不能丢，丢了就不是社会主义。"①如今在我们构建中国特色政治学话语体系的过程中，坚持以科学社会主义的基本原则为纲领和指导，从而构建既符合科学社会主义的本质规定，又符合中国实际要求的政治学话语体系。

一、当下构建中国特色社会主义政治学话语体系的迫切要求

当前中国特色社会主义的伟大实践正处于关键时期，所面临的问题与挑战错综复杂。"五位一体"总体布局和"四个全面"重大战略，"两个一百年"奋斗目标、实现中华民族伟大复兴的中国梦能否顺利推进，将是决定成败的关键所在。伴随一系列发展战略的不断推进，将进一步破除制约改革深化的各种障碍，不断释放出中国特色社会主义的优势。为顺利实现这一系列目标，迫切需要一套适合中国国情的政治学话语体

① 《习近平谈治国理政》，外交出版社 2014 年版，第 22 页。

系，为改革提供科学的理论指导。

习近平总书记指出："发挥我国哲学社会科学作用，要注意加强话语体系建设。在解读中国实践、构建中国理论上，我们应该最有发言权，但实际上我国哲学社会科学在国际上的声音还比较小，还处于有理说不出、说了传不开的境地。"①现阶段，学术界中还广泛存在简单套用西方政治学概念的现象，用西方的政治理论来分析我国的政治实践，总结我国的政治发展经验和提出对策建议，引经据典时往往专于西方之经典，而马克思主义经典著作则受到了冷落，盲目地将我国特色政治实践简单等同于西方政治的发展模式，盲目套用西方政治学话语体系，用西方话语体系的标准来衡量我国政治发展现状，甚至主观上认同西方的政治发展理念，认为西方自由民主制是一切国家政治发展的最终归宿，体现了我国政治学研究的自主性、原创性存在明显不足。这一现象从根本上来讲就是由于缺乏系统性的政治学话语体系，从而导致理论研究与中国政治发展的实践存在一定程度的脱节，无法有效总结经验，也不利于推广传播从而形成国际话语权，这一问题急需从根本上得到扭转。

当下随着一系列重大战略的深入推进和国际环境的深刻变化，必然意味我国的经济发展方式、政府职能转型、执政党建设以及国际地位都将进入战略机遇期，这既意味着前所未有的发展机遇，又代表了诸多的潜在风险。在这一关键时期，能否建设好政治学话语体系，既关系到国内广大民众的政治认同，又关系到国际话语权的构建。可以说，从学科发展规律来看，打造具有中国特色和中国气派、符合中国实际的政治学话语体系是学科发展的必然要求，在哲学社会科学全面发展的今天，破除政治学研究对西方理论的"拿来主义"势在必行；从现实政治发展的角度来讲，能否在社会大众层面形成助推全面深化改革的合力，能否为顺利推进"一带一路"等重大战略形成国际话语权，以及有效应对经济全球化、政治多元化、时代信息化等挑战，都有赖于中国特色社会主义政治学话语体系的构建。

二、中国政治学话语体系与中国特色社会主义政治发展的不适应性

习近平总书记在哲学社会科学工作座谈会上指出："面对新形势新要求，我国哲学社会科学领域还存在一些亟待解决的问题。比如，哲学社会科学发展战略还不十分明确，学科体系、学术体系、话语体系建设水平总体不高，学术原创能力还不强。"②当前，我国政治学话语体系的构建相对于中国特色社会主义政治发展的实践存在明显的不适应性，表现为一种"缺位"和"失语"，没有全面、准确反映我国政治发展的全貌，对我国政治发展的规律缺乏有效的理论总结和概括。

首先，当前中国政治学研究中存在广泛的简单套用西方政治学的范畴、理念和结论的现象，政治学话语体系受到西方政治学话语体系的严重侵蚀。"一些人没有立足

① 习近平：《在哲学社会科学工作座谈会上的讲话》，载2016年5月19日《人民日报》。

② 习近平：《在哲学社会科学工作座谈会上的讲话》，载2016年5月19日《人民日报》。

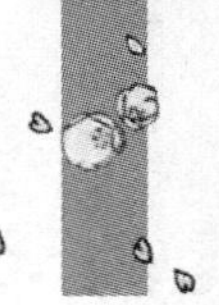

于这一伟大实践进行理论研究和学术创新，而仍然习惯于简单套用西方的范畴、理念和结论，用西方话语来解释中国丰富独特的发展实践，削中国实践之足，适西方理论之履。”[①]近代以来，我国在发展过程中由于起步晚、起点低，形成了迫切向西方国家学习、“取经”的习惯，这也曾经为我们的发展提供了强有力的支持，但如今我国已成为世界第二大经济体，综合国力已跃居世界前列，这种对西方政治学的理论、研究范式、概念不加以选择引进的现象迫切需要改变。以现实为例，如今部分政治学者对西方的“普世价值”理论颇为青睐，认为“普世价值”代表了人类共同的发展追求和归宿，认为西方所宣扬的“民主、人权、法治”和我国的社会主义核心价值观具有一致性。持这种观点的学者和普通民众现在可能还不占少数，他们根本的错误就在于没有认识到“民主”“法治”和“人权”这一系列的概念都带有鲜明的阶级性，从人类历史发展的长河来看，“民主”从来都是一部分的民主，全体人的民主至今还从未出现过。而所谓的“价值”也一定是具体的，抽象的价值根本不存在。“资产阶级口头上标榜自己是民主阶级，而实际上并不如此，它承认原则的正确性，但是从来不在实践中实现这种原则。”[②]“如果不是嘲弄理智和历史，那就很明显：只要有不同阶级存在，就不能说‘纯粹民主’，而只能说阶级的民主。”[③]以美国为首的部分西方国家之所以极力鼓吹“普世价值”，就是想模糊“民主”的阶级性，从而推广其所谓“自由民主”的政治模式，颠覆我国人民民主专政的社会主义政权，对于这一点我们所有政治学人必须保持清醒的头脑，并且要对社会大众进行不断的宣传和教育。

以政治“合法性”问题为例。在西方政治学话语体系中，所谓政治“合法性”主要是指一国执政党的执政地位、领导权威的合法性和正当性，是人民对其执政地位的认同和拥护。我国有部分学者将执政党的政治合法性与“普选制”等同起来，认为“一人一票”的民主选举机制是政治“合法性”的根本保障，这种所谓“选举授权合法性”的观念属于西方代议制民主的延伸观念，在西方政治思想史上只能算一家之言，不断受到西方学者的质疑，但正是这种片面的“合法性”观念却在我国大行其道，部分学者用它来对照中国政治，这种“画地为牢”的封闭思维需要得到根本的改变。因为如果我们接受这样一种片面的“选举授权合法性”的政治话语和理论逻辑，那么无论如何研究、如何论证，都无法证明中国共产党符合他们眼中所谓的政治“合法性”，而且这种研究和论证也毫无意义，这一基本事实我们应有清醒的认识。

哲学社会科学在本质具有很强的阶级性，尤其是政治学研究，更涉及一个国家、一个民族走什么路、举什么旗的关键问题，所以更要首先解决好为谁服务、为谁而战的关键问题。就以政治“合法性”和“民主”问题为例，我国的政治发展是坚持以马克思主义理论为指导，坚持在中国共产党的领导下，实现最广泛的人民当家作主，这在根本上区别于西方的政治发展道路。我们坚持民主是现实的、具体的，不存在超越具体历史阶

---

① 李长春：《在马克思主义理论研究和建设工程工作会议上的讲话》，载 2012 年 6 月 2 日《人民日报》。

② 《马克思恩格斯全集》第 10 卷，人民出版社 1998 年版，第 692 页。

③ 《列宁选集》第 3 卷，人民出版社 1995 年版，第 601 页。

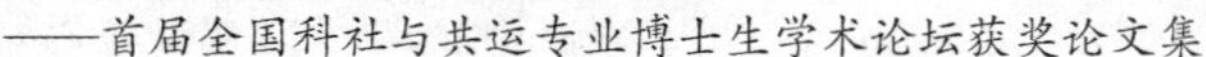

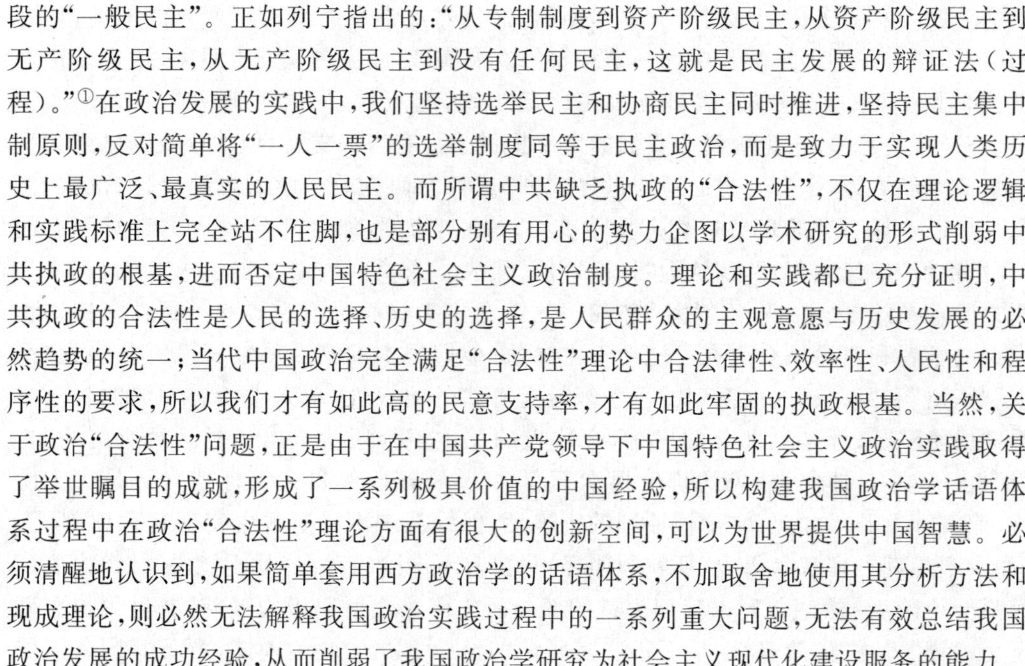

段的“一般民主”。正如列宁指出的：“从专制制度到资产阶级民主，从资产阶级民主到无产阶级民主，从无产阶级民主到没有任何民主，这就是民主发展的辩证法（过程）。”①在政治发展的实践中，我们坚持选举民主和协商民主同时推进，坚持民主集中制原则，反对简单将“一人一票”的选举制度同等于民主政治，而是致力于实现人类历史上最广泛、最真实的人民民主。而所谓中共缺乏执政的“合法性”，不仅在理论逻辑和实践标准上完全站不住脚，也是部分别有用心的势力企图以学术研究的形式削弱中共执政的根基，进而否定中国特色社会主义政治制度。理论和实践都已充分证明，中共执政的合法性是人民的选择、历史的选择，是人民群众的主观意愿与历史发展的必然趋势的统一；当代中国政治完全满足“合法性”理论中合法律性、效率性、人民性和程序性的要求，所以我们才有如此高的民意支持率，才有如此牢固的执政根基。当然，关于政治“合法性”问题，正是由于在中国共产党领导下中国特色社会主义政治实践取得了举世瞩目的成就，形成了一系列极具价值的中国经验，所以构建我国政治学话语体系过程中在政治“合法性”理论方面有很大的创新空间，可以为世界提供中国智慧。必须清醒地认识到，如果简单套用西方政治学的话语体系，不加取舍地使用其分析方法和现成理论，则必然无法解释我国政治实践过程中的一系列重大问题，无法有效总结我国政治发展的成功经验，从而削弱了我国政治学研究为社会主义现代化建设服务的能力。

综上所述，由于受西方政治学话语体系的严重侵蚀，当下我国政治学话语体系明显不适应于我国政治发展的实践要求，这种不适应性不仅会影响我国民主政治发展，更会影响一系列重大战略布局的顺利推进。为了使我们的研究更好服务于当下中国特色社会主义全面建设与发展这一伟大实践，这种不适应性应引起我们的高度重视，努力对其加以纠正。

其次，从我国政治学话语体系的价值追求来讲，表现为指导思想不明确、主体力量不清晰、奋斗目标不坚定三个方面的不适性。马克思主义是我国哲学社会科学研究的指导思想，我国的政治学研究更要体现马克思主义的价值追求、坚持马克思主义的分析方法、运用马克思主义的表达方式，而当前我国政治学话语体系中还存在着以西方新自由主义思想为旗帜的现象，鼓吹自由民主制才是人类最终的政治归宿，不坚持马克思主义的阶级分析方法，不承认共产主义必然实现这一历史规律；在政治发展主体力量上，中国特色社会主义政治发展是以人民群众为主体力量，坚持以人为本的原则，坚持人民群众既是发展的主体，又是发展成果分享的主体，并在发展过程中不断巩固人民的主体地位；而目前我国政治学话语体系中以人为本的价值追求尚难以充分实现，对人民群众是政治发展的决定力量这一根本性问题也未形成共识。马克思主义要求我们坚持从唯物史观角度认识民主政治发展的过程与规律，而坚持人民的主体地位、坚持共产主义的奋斗目标又是坚持唯物史观的必然要求。因此，政治学话语体系的指导思想、主体力量和奋斗目标三者相辅相成，是一个紧密联系的统一体，一者不彰则整体不适。

① 《列宁全集》第31卷，人民出版社1985年版，第156页。

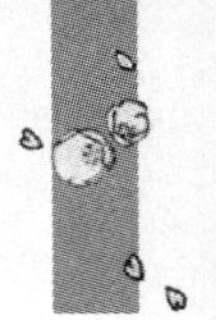

三、构建中国特色社会主义政治学话语体系必须坚持科学社会主义的基本原则

习近平总书记在哲学社会科学工作座谈会上指出："坚持以马克思主义为指导，是当代中国哲学社会科学区别于其他哲学社会科学的根本标志，必须旗帜鲜明加以坚持。"①牢牢坚持马克思主义的指导地位，坚持贯彻科学社会主义的基本原则，重点把握好意识形态问题，是构建我国政治学话语体系的首要工作。

政治学研究必然体现意识形态性，不同的阶级、阶层用不同的主张、主义来维护自身的利益是政治生活中的常态，而这种现象在政治学研究中就表现为形形色色的理论形态和政策主张。构建中国特色社会主义政治学话语体系所坚持的科学社会主义的基本原则，主要包括"两个必然"与"两个决不会"相统一的原则、阶级分析方法的原则、社会发展阶段论的原则、以人民为中心的发展思想原则这四个方面，当然科学社会主义的基本原则不止这四点，本文重点从这四个方面进行论述。

1. 以"两个必然"和"两个决不会"作为我国政治学话语体系的理论前提

任何一个学科的大厦都有一个预设的理论前提，例如现代西方经济学就是以"理性经济人"为前提，政治学当然也不例外，而西方政治学的预设理论前提便是私有制是合理的、科学的，这与马克思主义截然相反，《共产党宣言》中明确指出："消灭私有制"是共产党人奋斗的目标。因此，我国政治学话语体系构建首先就要解决预设的理论前提问题。

唯物史观发现了社会形态从低级到高级不断演进的人类发展一般规律，剩余价值则揭示了资本主义社会由于生产社会化和生产资料资本主义私人占有这一矛盾不断运动必然以自身灭亡为结果的资本主义发展特殊规律，正是一般规律与特殊规律相结合构成了马克思主义整个大厦的根基。坚持唯物史观和剩余价值理论对构建中国特色社会主义政治学话语体系具有重要的意义，正是两大基石提供了建构我国政治学话语体系所应坚持的理论前提，那便是"两个必然"与"两个决不会"的统一。1848 年，马克思、恩格斯在《共产党宣言》中明确指出："资产阶级的灭亡和无产阶级的胜利是同样不可避免的。"②马克思、恩格斯正是从生产方式发展规律的角度，论证了资本主义社会由于生产力与生产关系之间这对矛盾无法在其"机体"内部得到有效解决，伴随这一矛盾不断运动的结果是社会主义必然替代资本主义。1859 年，马克思在《〈政治经济学批判〉序言》中又提出了"两个决不会"，他指出："无论哪一个社会形态，在它所能容纳的全部生产力发挥出来以前，是决不会灭亡的；而新的更高的生产关系，在它的物质存在条件在旧社会的胎胞里成熟以前，是决不会出现的。"③向我们明确指出了社会主义战胜资本主义所需要的物质条件及生产方式发展状况，更明确了资本主义与社会主义两个阵营、两种力量斗争的长期性和曲折性。"两个必然"是"两个决不会"的前提，

① 习近平：《在哲学社会科学工作座谈会上的讲话》，载 2016 年 5 月 19 日《人民日报》。
② 《马克思恩格斯文集》第 1 卷，人民出版社 2009 年版，第 284 页。
③ 《马克思恩格斯文集》第 2 卷，人民出版社 2009 年版，第 592 页。

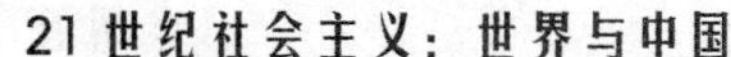

后者是对前者的补充和深化，二者相互统一、紧密联系，不能割裂开来。构建我国政治学话语体系首先就要旗帜鲜明地指出，我们立论的出发点和预设的理论前提便是“资本主义必然灭亡，并通过社会主义这一过渡性质的社会形态，最终进入共产主义社会”，这是中国特色社会主义政治学话语体系建构的出发点，一切问题的研究和探讨都必须以此为前提和基础，并为此服务。

但也要明确指出：“两个必然”的实现是从生产力和生产关系运动发展规律的角度论证了历史发展的必然性。一方面，要充分认识到这一过程的长期性和复杂性，做好长期奋斗的准备；另一方面，这并不意味着我们就可以顺其自然，无所作为，等待胜利的到来，主观能动性的发挥程度会直接影响历史的发展进程，表现为滞后或加速。坚持“两个必然”保证我国政治学研究坚持共产主义必然实现这一伟大理想信念，明确共产党人的历史使命；坚持“两个决不会”保证我国政治学研究从实际出发，立足现实。正是“两个必然”和“两个决不会”相结合为我国政治学话语体系建构提供了出发点和基础，保证其科学性与意识形态性的统一，让我国政治学人既仰望星空、心怀理想，又立足现实、脚踏实地。

2. 坚持以阶级分析方法为我国政治学话语体系建构的主要方法

马克思主义的阶级分析方法是科学社会主义的重要组成部分，更是科学社会主义的基本原则，坚持阶级分析方法是坚持马克思主义指导地位的首要条件和必然要求。阶级分析方法是马克思主义提供给我们认识世界最重要的方法论工具之一，是解开社会历史发展规律之谜的“钥匙”。列宁指出：“马克思主义提供了一条指导性的线索，使我们能在这种看来扑朔迷离、一团混乱的状态中发现规律性。这条线索就是阶级斗争的理论。”①“阶级关系——这是一种根本的和主要的东西，没有它，也就没有马克思主义。”②马克思主义经典作家历来重视阶级分析方法，不用阶级分析方法就不是科学社会主义。

当前，国际关系错综复杂，社会主义与资本主义两个阵营、两种力量、两种意识形态将“长期共存，长期博弈”这一基本格局仍然未变，伴随着中国的快速崛起，西方敌对势力在各条战线上加紧了对我们的围攻堵截，在意识形态领域这一没有硝烟的战场上斗争更是激烈，妄图通过削弱社会主义核心价值观、歪曲共和国的历史、诋毁人民英雄等手段颠覆我国人民民主专政的社会主义政权。在国内，社会关系基本和谐，政治发展呈现出稳定的态势。但因市场经济发展过程中贫富差距扩大、环境污染加剧以及西方社会思潮的大量涌入，在国内仍然存在一定范围的矛盾和冲突。这些国内外的复杂形势决定了坚持以阶级分析方法作为构建我国政治学话语体系的主要方法，是我们在意识形态领域应对各种挑战、坚持我国政治发展的社会主义道路的重要保障。

具体而言，以阶级分析方法作为构建政治学话语体系的主要方法就是要在考察、

① 《列宁全集》第2卷，人民出版社1985年版，第426页。
② 《列宁全集》第41卷，人民出版社1986年版，第92页。

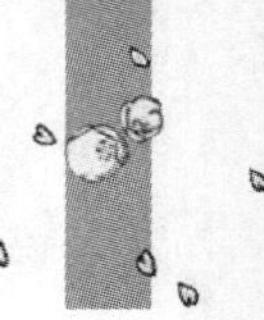

研究和描述各种政治现象时，都应分析其所体现出的阶级关系，从阶级关系的角度把握各种政治现象的本质。在政治学话语体系建构中，“阶级”应看作是“经济范畴的人格化”①，是各种经济关系的现实承担主体，而“阶级关系”是具有不同经济利益的集团之间相互影响、相互作用的关系。因此，运用阶级分析方法在某种程度上也是运用经济分析方法或利益分析方法在社会群体划分上的创造性运用，并据此推断不同阶级、阶层的经济利益、政治主张、社会诉求，从这个角度出发去解读、阐述、表达纷繁复杂的政治现象。由于阶级是一个经济范畴、历史范畴，阶级社会中政治发展贯穿着不同阶级、阶层之间相互作用，各种力量在运动中此消彼长，构成了政治发展的基本格局和内容。我国政治学话语体系建构过程中，就是要运用阶级分析方法，在分析不同阶级、阶层的力量对比、基本特性、经济主张、政治诉求基础上，准确把握和表达我国政治实践的规律，形成一系列符合中国国情、体现中国气派的原创性政治学理论、研究范式和表达方式。

政治学话语体系建设坚持阶级分析方法与鼓吹“阶级斗争”是完全不同的两回事。当前社会中存在着一种对阶级问题“谈虎色变”的现象，好像一提到“阶级”就是要搞“文化大革命”、就是要走封闭僵化的老路、就是主张“以阶级斗争为纲”，这是一种错误的观点。阶级分析方法和“以阶级斗争为纲”是完全不同的两个概念，阶级分析方法作为一种哲学社会科学的研究方法是被实践证明极具价值的研究方法，需要我们在广泛的领域深入运用；而“以阶级斗争为纲”作为一种政治主张，已被实践证明是错误的。因此，我国政治学话语体系构建过程中也要注意向人民群众解释清楚这之间的差别。

建构中国特色社会主义政治学话语体系作为一个庞大、系统性的工程，在方法论上要坚持兼容并蓄、批判借鉴，以“马”学为体，广泛借鉴。不仅要以阶级分析方法为主，更要坚持马克思主义其他一系列的研究方法，例如具体问题具体分析的方法、规律分析法、矛盾分析法、时空分析方法等。对西方政治学中主要研究方法也要批判性地借鉴，只要有利于社会主义现代化建设，都可以为我们所用。

3. 以科学社会主义的社会发展阶段论为构建我国政治学话语体系的现实依据

马克思、恩格斯在掌握大量史料的基础上，运用科学的研究方法，通过考察人类社会发展的历程，提出了未来社会发展阶段论的科学论断。“在资本主义社会和共产主义社会之间，有一个从前者变为后者的革命转变时期。”②列宁对其进一步发展，提出共产主义社会将经历“第一阶段”（或社会主义社会）到“高级阶段”的发展过程。邓小平同志进一步提出：“我们党的十三大要阐述中国社会主义是处在一个什么阶段，就是处在初级阶段，是初级阶段的社会主义。社会主义本身是共产主义的初级阶段，而我们中国又处在社会主义的初级阶段，就是不发达的阶段。一切都要从这个实际出发，根据这个实际来制定规则。”③进入 21 世纪以来，伴随我国经济的快速发展以及其他

① 《马克思恩格斯全集》第 23 卷，人民出版社 1972 年版，第 12 页。
② 《马克思恩格斯选集》第 3 卷，人民出版社 2012 年版，第 373 页。
③ 《邓小平文选》第 3 卷，人民出版社 1993 年版，第 252 页。

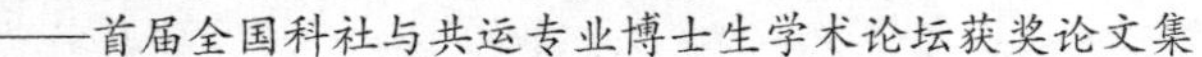

各项事业的迅猛前进，许多人认为社会主义初级阶段就要结束了，中国已经成为发达国家。党中央坚持从实际出发，明确指出："我国仍然处于并将长期处于社会主义初级阶段的基本国情没有变，仍然是世界上最大的发展中国家的国际地位没有变。"[①]当前我国政治学话语体系的构建一定要着力解决现阶段的一系列突出问题，例如受西方政治学话语体系的侵蚀，各种西方社会思潮大量涌入所带来的思想混乱，为了有效应对这些挑战，就急需构建一系列具有自主性、原创性的学术概念、观点和理论，并通过有效的表达方式，使之深入人心，成为我国政治学研究和思想传播的主要工具。今天我国政治学话语体系建构必须以社会主义初级阶段这一最根本的国情为现实依据，以此为出发点，结合初级阶段的基本国情和发展目标构建符合时宜的话语体系。

坚持科学社会主义的社会发展阶段论，要求我们在构建政治学话语体系的过程中坚持从我国社会主义初级阶段的国情出发，结合初级阶段的经济发展水平、人民群众的主要需求、社会主要矛盾等基本情况，做到实事求是、立足实际。但坚持科学社会主义的发展阶段论不仅意味着要从初级阶段的国情出发，同时还意味着要坚持共产主义的理想信念，在政治学话语体系建构中体现为坚持共产主义社会是人类社会发展的最终归宿，通过政治学理论、概念、研究范式不断强化这一基本观点，并指出话语体系构建是一个动态的过程，会根据发展阶段的变化产生相应的内容和形式的变化。

4. 坚持以人民为中心的发展思想为我国政治学话语体系建构价值取向

党的十八大以来，以习近平同志为总书记的党中央锐意进取、攻坚克难，提出了一系列重要的发展战略，"坚持以人民为中心的发展思想"就是贯穿这些重要发展战略的主旨思想。习近平同志指出："要着力践行以人民为中心的发展思想，用新的发展理念引领发展行动。"[②]这一重要论述体现了党中央在新时期坚持人民为中心的发展思想，以人民作为改革发展的主体，紧紧依靠人民，以人民作为发展成果的分享主体，全心全意造福人民。可以这样说，"以人民为中心"的发展理念是对科学社会主义"以人为本"原则的深化和发展，其核心内涵仍然是坚持"以人为本"，只是在新时期一系列重大战略布局下更加强调人民的主体地位对发展全局的决定性作用。

政治学研究存在一个价值取向的问题，即追求一种什么样的政治状态，实现一种什么样的政治目标，以政治共同体中哪一个阶级、阶层作为主体(既是创造主体，又是分享主体)。而价值取向问题更是话语体系的核心问题，它决定着我们关注的重点、努力的方向、思考问题和表达观点的方式。例如工业革命以来的西方政治学基本就是以个人主义为价值取向，主张个人的权利和自由、私有财产神圣不可侵犯，进而为资本主义发展扫清障碍，为资本的肆意扩张正名。构建当代中国特色社会主义政治学话语体系要首先明确我国政治学的社会主义属性，坚持以人民为中心的价值取向，构建一批

① 胡锦涛:《坚定不移沿着中国特色社会主义道路前进，为全面建成小康社会而奋斗》，载2012年11月18日《人民日报》。

② 习近平:《在省部级主要领导干部学习贯彻十八届五中全会精神专题研讨班开班式上的讲话》，载2016年1月19日《人民日报》。

人民群众喜闻乐见、通俗易懂的政治学概念、范畴、术语，让人民群众掌握这些政治学话语来分析复杂的政治现象，来深刻认识中国特色社会主义制度的优越性，从而增强政治认同，形成新时期的发展合力。

习近平总书记在哲学社会科学工作座谈会上指出："历史表明，社会大变革的时代，一定是哲学社会科学大发展的时代。当代中国正经历着我国历史上最为广泛而深刻的社会变革，也正在进行着人类历史上最为宏大而独特的实践创新。这种前无古人的伟大实践，必将给理论创造、学术繁荣提供强大动力和广阔空间。这是一个需要理论而且一定能够产生理论的时代，这是一个需要思想而且也能够产生思想的时代。我们不能辜负了这个时代。"[①]构建与我国政治发展实践相适应的政治学话语体系，在坚持科学社会主义的基本原则、深深植根中国具体国情的基础上，形成具有中国气派、中国风格、中国特色的社会主义政治学话语体系，将是我们哲学社会科学工作者共同的目标。

① 习近平：《在哲学社会科学工作座谈会上的讲话》，载2016年5月19日《人民日报》。

治理理论视角下的治理体系与治理能力现代化研究评述

侯恩宾
（山东大学政治学与公共管理学院博士研究生）

党的十八届三中全会通过的《中共中央关于全面深化改革若干重大问题的决定》（以下简称《决定》）明确提出："全面深化改革的总目标是完善和发展中国特色社会主义制度，推进国家治理体系和治理能力现代化。"《决定》既是对我国30多年改革开放的深化与延续，也指出了下一步改革的目标与途径，为全面深化改革指明了方向。而"治理体系和治理能力的现代化"则从执政党治国理政的角度创新与丰富了"社会主义如何治理"的问题，这既是对新时期的社会矛盾和多元化人民群体利益的回应，也是党对马克思主义政治发展理论的丰富与发展，集中反映了党进一步深化改革的决心与勇气。

作为社会主义政治发展的新论断，治理体系和治理能力现代化首次在中国这样一个超大型的社会主义国家提出，这一论断把治理体系化作为深化改革、推进社会现代化建设的关键，并把提升国家治理能力当作全面解决社会矛盾的途径与方式。任何理论的创新、发展，既是基于党和国家对世情、国情、社情的准确理解与把握，也是对之前社会发展理论的继承与创新，从而在理论上表现出一种继承与发展相结合的特点。因此，治理体系与治理能力现代化虽然是马克思主义政治发展的新论断，但并不意味着这一新论断与之前的国家治理理论没有关联性，相反，国家治理体系与治理能力现代化既是对之前的国家治理理论的继承，也从新的视角深化了国家与社会之间的联系。

这一深化改革的目标一经推出，就在国内学术界掀起了热议，众多学者从不同角度论述治理体系与治理能力现代化，取得了丰硕的学术成果。对既有的治理体系现代化理论进行回顾，并对现有的研究进行评述，既是对前期学者研究的总结，也有助于推进治理体系与治理能力现代化的拓展与深化。

一、内涵：法治、制度的本质论

为了实现国家治理的有效性、增强社会参与的合法性，党和国家适应新形势提出了治理体系与治理能力现代化。这是国家在新时期以规则的制度化为核心，规范并动员社会多元主体参与国家治理过程，同时采用法治的思维方式和途径提升国家治理能力的新提法。治理是从20世纪末21世纪初传入我国的理论新范式，它在弥补国家与市场能力不足的同时，也有利于社会主体参与政治生活，缓解了制度化参与渠道不足的问题，从而形成了主体多元化、参与动态化以及结构网状化的治理模式。但要在多元、动态中形成网络化的结构，达成治理的共识，关键要形成规则治理。规则既是对治理主体行为范围的约束，防止治理主体的溢出效应①，同时也是对参与主体长期行为的规范，以达到预期性与稳定性的统一。而法治是一种规则的明确化、高级化，“法治规则文明是规则文明的最高形态”②，同时制度则是规则的实体化、常规化、长效化，是规则从意识上升到文本的阶段，因此，法治说与制度说都是从治理理论内含的规则这一角度来论述国家治理体系与治理能力现代化的。

喻中认为国家治理方式经历了从礼治到法治的历史性变迁，法治型国家治理模式有助于提升国家治理的合法性和有效性，从而认为“法治体系是国家治理体系的另一种表达”③，二者是一种“一体两面”的关系。陈洪玲也认为法治中国建设要求“运用法治思维和法治方式推进国家治理体系和治理能力现代化”④，而推进国家治理体系和治理能力现代化则要求社会各主体的行为方式法治化，因此，二者具有本质上的一致性。既然法治对治理体系与治理能力现代化具有根本意义，那么推进国家治理体系与治理能力建设的关键就是建设法治中国、构建完善的中国特色社会主义法治体系。张文显认为，“在中国特色社会主义法律体系形成后，中国法治建设的中心任务应当升级为构建中国特色社会主义法治体系。构建中国特色社会主义法治体系，是推进国家治理现代化和法治现代化对法治建设必然提出的新任务”⑤。莫纪宏则看到了法治不能仅仅停留在法律文本阶段，所以呼吁现代化的国家治理体系与治理能力不仅仅要完善静态的法律文本，更需要推进动态的法治体系建设，这就要求“建立符合法治原则的规则体系、公共权力配置体系、公民的基本权利体系和基本义务体系、国家责任体系和政府责任体系以及公民的‘普遍责任体系’”⑥。

将国家治理体系与治理能力现代化的本质归结为制度的学者大多是认为国家治理体系是在党领导下的管理国家的制度体系，包括经济、政治、文化、社会、生态文明和党的建设等各个领域体制机制、法律法规安排，也就是一整套紧密相连、相互协调的国家制度。如辛向阳认为治理体系现代化意味着国家治理的基本制度符合国情和社会发展趋势，其治理目标是达到善治的理想效果，在此基础上“国家治理体系和治理能力是一个国家制度和制度执行能力的集中体现”⑦。郑言、李猛认为推进国家治理体系

---

① 这里的溢出效应指的是治理主体参与国家治理过程中出现的政治参与过度化。

② 刘京希：《规则文明：当代中国文明发展新趋向》，载《社会科学战线》2003年第1期。

③ 喻中：《作为国家治理体系的法治体系》，载《法学论坛》2014年第2期。

④ 陈洪玲：《法治中国建设与推进国家治理现代化的内在联系》，载《当代世界与社会主义》2015年第3期。

⑤ 张文显：《法治与国家治理现代化》，载《中国法学》2014年第4期。

⑥ 莫纪宏：《论“国家治理体系和治理能力现代化”的“法治精神”》，载《新疆师范大学学报》2014年第3期。

⑦ 辛向阳：《推进国家治理体系与治理能力现代化的三大路径》，载《江西社会科学》2014年第2期。

与治理能力现代化的目的是完善和发展中国特色社会主义制度，国家治理体系指的是“党领导下管理国家的制度体系和各领域体制机制、法律法规相互协调，日趋合理”，国家治理能力则是“运用国家制度管理社会各方面事务的能力”[①]，二者是“骨骼与血肉”的联系，治理能力是治理体系发挥作用的途径与方法，从而将治理体系与治理能力两者联系起来，形成了顶层设计与基础能力相匹配的模式。因此，推进治理体系与治理能力现代化建设就要改革不适应社会发展需要的行政体制，实现政治制度的现代化。王浦劬认为：“以创新优化体制机制的问题解决为导向，通过国家治理制度体系的改革、创新和优化，推动国家治理体系本质内容的调整、改革、创新和优化。”[②]胡鞍钢将国家治理现代化定义为国家治理制度以及治理能力的现代化，整个国家治理体系现代化的过程反映了制度创新的进程，因此“国家治理现代化在未来的中国实践中关键是实现党、国家、社会各项事务治理制度化、规范化、程序化”[③]。

从治理理论的核心规则出发来揭示国家治理体系现代化的法治、制度本质论，是深刻地看到了以规则为核心的法治、制度论是治理体系和治理能力的关键一环，二者所具有的工具性与规范性价值是治理体系与治理能力现代化的理论支撑与方法依据。同时二者既是完善和发展中国特色社会主义制度的本质要求，也是推进“法治国家、法治政府、法治社会”建设的目标任务。而将规则法治化、制度化，也实际上意味着治理体系和治理能力现代化承接了我国自20世纪80年代以来政治体制改革制度化、法治化的趋势，也内含着全面深化改革中要发挥市场在资源配置中决定性作用的现实需要。因此，治理体系与治理能力现代化的法治、制度论是上层政治建筑与经济基础内在本性相一致的论述。同时，治理体系与治理能力现代化建设的法治、制度论也是从不同视角处理主体间以及主体与权力体系之间的关系问题。法治论更多关注的是行为个体在治理过程中权力行使的界限，解决的是人与人之间互动的空间问题，而制度论则突出的是治理主体进入国家政治体制的规范问题，强调的是国家权力体系的开放性、包容性。亨廷顿认为国家之间的区别不在于政府形式，而是政府的有效程度，其取决于政治参与与政治制度化之间的张力。而制度论就是将多元主体进入国家的政治参与制度化，形成多元互动的局面以此推进国家治理体系与治理能力的现代化。

二、治理主体的现代化：党、政府、民主党派等

治理理论并不仅仅是强调规则之治，任何国家、社会要想实现长治久安，都要形成一定的规则、规范以约束权力主体。福山认为现代国家的使命就是“对国家权力施加制约，把国家的活动引向它所服务的人民认为是合法的这一终极目标上，并把权力的

① 郑言、李猛：《推进国家治理体系与国家治理能力现代化》，载《吉林大学学报(社会科学版)》2014年第2期。

② 王浦劬：《全面准确深入把握全面深化改革的总目标》，载《中国高校社会科学》2014年第1期。

③ 胡鞍钢：《中国国家治理现代化的特征与方向》，载《国家行政学院学报》2014年第3期。

行使置于法治原则之下”[①]。但治理更意味着利益多元化、主体参与意识的增强，因此与之前国家统管模式最大的不同就是建基于权力共享之上的多元主体参与，因此，推进国家治理体系与治理能力现代化的关键就是形成多主体权力行使方式，这既反映了随着社会发展，各种社会团体、组织的政治功效意识增强，也意味着以公共性为特征的公权力回归社会、回归公民的趋势。从这个角度来看，治理体系与治理能力现代化其实就是要动员、发动社会多主体参与国家治理过程，增强国家治理的合法性与有效性。

现有的研究论述中，一般将公权力的主体——政府作为推进国家治理体系现代化的主要主体。比如，唐兴军、齐卫平认为，在现有的政治体系下，政府既是公共权力的执行者，也是政策、制度的执行者，同时也是推进国家治理体系与治理能力现代化的行动者，因此，在国家治理模式的转变过程中要转变政府职能，将“促进社会公平正义，实现公共利益最大化的善治作为价值取向”，从而构建“公民、市场与社会共同参与的治理型政府”[②]。李军鹏认为政府建设是国家治理体系与治理能力现代化建设的基础和核心，因此，推进治理体系与治理能力现代化建设要求推进“政府职能现代化，公共组织与政府结构现代化”，完善“现代政府制度体系、现代政府运行机制、现代政府管理方式”[③]。

按照治理理论，国家治理体系与治理能力现代化建设是多元主体参与的规则之治，但这种模式容易因主体多元而达不成治理目标，出现治理失败。这就是说，治理并不是全能，治理也会出现治理失灵。克服治理失败的关键是找到治理网络的核心，毋庸置疑，在社会主义现代化建设过程中，党要在治理体系与治理能力现代化过程中充当领导核心，从而实现治理过程中党的领导、人民当家作主与依法治国的有机统一。因此，推进治理体系与治理能力现代化的关键就是改变党治国理政的方式、方法，这既是保证在社会转型期内社会主义现代化建设改革、发展与稳定的大局，也适应了治理体系与治理能力现代化对党和国家的要求，是革命党向执政党转变的现实需要。王海峰就认为，治理体系与治理能力现代化既是我国在现代化与民主化建设过程中的重要理论创新，也意味着对中国共产党执政能力更大的挑战，因此，必须实现“党的建设科学化、党执政的科学化和党的治理能力的现代化”[④]。

从治理体系与治理能力现代化的要求来看，二者强调的是治理的体系化、现代化。体系化意味着治理机构纵向上的整体性、多样化，从而使各个层次的互相配合、互相影响，而现代化则是一种历时的维度，强调的是治理方式、方法的转变，力图实现权力共享层次上的善治。因此，体系化、现代化的治理体系与治理能力的核心是多元参与的规则之治。这就要求，现阶段的治理主体就不能仅仅局限于党和国家，还要调动社会

---

① [美]弗朗西斯·福山:《国家构建:21世纪的国家治理与世界秩序》，黄胜强、许铭原译，中国社会科学出版社2007年版，第1页。

② 唐兴军、齐卫平:《治理现代化中的政府职能转变:价值取向与现实路径》，载《社会主义研究》2014年第3期。

③ 李军鹏:《国家治理体系现代化视阈下的现代政府建设》，载《中共天津市委党校学报》2015年第2期。

④ 王海峰:《机遇、挑战与责任:中国共产党与国家治理体系现代化》，载《中国延安干部学院学报》2015年第1期。

各主体。民主党派是我国社会主义民主政治参与的重要组成部分，其界别类型丰富，本身代表着不同利益群体，发挥着参政议政、民主协商的重要功能。而中国共产党领导的多党合作和政治协商制度是我国社会主义基本政治制度，因此在推进治理体系与治理能力现代化建设的过程中，一方面要拓宽民主党派的政治参与范围，推进政治协商广泛、多层、制度化发展，鼓励他们就国家的大政方针建言献策，真正发挥他们的代表、协商功能；另一方面要深刻认识到各级政协会议既是民主党派参政议政的平台，更是我们党和国家凝聚人心推进社会主义现代化建设的统一战线组织。这就要求，在推进治理体系与治理能力现代化建设过程中，要在坚持国家基本制度、政策的基础上实现政治协商多样性与一致性的统一。王学俭认为，协商民主作为中国特色社会主义民主制度的重要组成部分，要在治理体系与治理能力现代化过程中发挥重要作用，关键在于认清协商民主内涵的双重意味，即制度建构与制度认同。因此，"在协商民主制度化过程中既要进行党内协商、政治协商、行政协商和社会协商的程序性机制的建构，也要通过构建参与型政治文化、增强协商民主制度权威和发挥人民政协的示范效应，加强协商民主制度的认同与内化"①。

从治理主体的角度论述治理体系化、现代化，实际上是治理体系与治理能力的法治本质论与制度本质论的延伸，二者是静态与动态、形式与执行的统一。分开来看，法治不能是停留在文本意义上静态的法治，法治实行的关键是要在公权力运用过程中贯穿法治的思维方式与方法。因此，法治视野下的治理体系与治理能力现代化建设是静态法治文本与动态法治过程的统一。在当前我国已基本建成完善中国特色法律体系的大前提下，当务之急就是增强公权力掌握者的法治意识，真正在权力运行过程中实现法治化、规范化。而治理体系与治理能力现代化的制度本质论，是现代化发展的趋势与要求。现代化是一个内涵深刻的政治意蕴，但是现代化从政治发展的角度来看，实际上意味着政治参与的扩大化、政治权威的理性化以及结构的分化。而"现代性孕育着稳定，现代化过程却滋生着动乱"②，这就要求治理体系与治理能力现代化的建设中要形成完善的政治参与制度，这在多元主体社会参与意识高涨的现代政治背景中尤为重要。因此，要以开放性、公开性、服务性精神推进政治体制改革，建设服务政府、有效政府，并加强党自身建设的科学性、民主性，同时完善中国共产党领导的多党合作与政治协商制度，发挥民主联盟的统一战线作用，使其更好地服务于社会主义现代化建设的大局。

三、治理的目标：善治

作为一种国家治理模式的新范式，国家治理体系与治理能力现代化与之前的统管模式具有完全不同的内在价值属性。新中国成立后，为了在有限时间内实现国家建

---

① 王学俭：《协商民主制度化：以国家治理现代化为视角》，载《理论研究》2014年第3期。

② [美]塞缪尔·亨廷顿：《变革社会中的政治秩序》，王冠华、刘为等译，上海人民出版社2008年版，第31页。

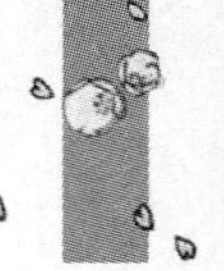

构、社会整合的政治使命，党和国家通过取消社会与国家界分的方式，采用了全能主义的国家治理模式，以利益资源的垄断为后盾，在城市与农村分别实行单位制，以公社的形式进行资源分配、提取，从而使得这个时期的国家治理模式带有一种浓厚的政治色彩，即一切个体与集体都要服从于国家，政治权力的目的首先是为了满足国家的需要，具有典型的国家中心主义色彩。改革开放后，由于把经济建设放在了国家发展的中心位置，市场经济的推行在促进经济发展的同时也使得社会各利益主体纷纷涌现，一定程度上解放了原先被国家束缚的社会，释放了社会活力，这就使得权力运行的逻辑从自上而下的国家中心主义向社会的方向转移，从而出现了社会中心主义的治理模式，即强调国家存在的目的是为了更好地满足人民日益增长的物质文化需要，国家是社会利益得以实现的保证，而社会是联系国家与公民的根基和纽带。但是，无论是国家中心主义还是强调社会优于国家的治理模式，其实质都是一种片面、简单的二元对立模式，强调的是国家与社会之间的控制与服从关系，而没有看到二者之间具有内在的深刻的一致性，从而割裂了国家与社会之间的联系。这就造成了新中国成立后国家一元化领导的集权主义危害，典型表现形式就是“文革”中的国家主义肆意践踏人权，人民生产生活得不到应有的保障。而改革开放后，伴随着市场经济发展与人民觉悟的提升所带来的并不是社会的有序发展，相反而是一个充满了利益分化的断裂型社会。因此，十八届三中全会提出的国家治理体系与治理能力现代化，就是为了从根本上杜绝国家中心主义或社会中心的弊病，建立起一个真正良好有序的国家治理模式。

国家治理体系与治理能力现代化的提出既是对前期国家中心主义的矫正，也是试图从制度与体制入手解决社会中心主义过分强调权利的倾向，通过治理体系的制度化、法治化，为社会多元主体政治参与提供制度化的渠道，推动国家治理的科学化、民主化。而这样一种体系化、现代化的国家治理模式，实际上打破了国家与社会截然对立的二元主义模式，尝试从拓宽参政渠道入手，将社会多元主体的权利需求纳入了国家公权力的议程范围内，使得公权力深深扎根于人民的生产和生活实际。这一方面使得公民权利真正通过制度化的公权力得到保障，为多元主体找到了进入国家政治生活的方式和方法；另一方面，公权力扎根于人民的现实利益需要，也就在无形中明确了权力与人民之间的关系，权力的产生来源于人民的现实需要，权力的目标也是为了满足人民的利益，权力的行使要在保证人民权利的基础上实现国家、集体、个人利益的统一，从而增强了公权力的责任性与回应性。由此可以看出，国家治理体系与治理能力现代化要在沟通国家、社会的基础上突破之前的权力政治性与效率主义，实现治理的最高目标“善治”，它力图在国家与社会之间寻找一种平衡点，从而使得公共利益最大化，“善治的本质特征，就在于它是政府与公民对公共生活的合作管理，是政治国家与市民社会的一种新颖关系，是两者的最佳状态”①。

杨冠琼等认为，“国家治理体系与能力现代化，本质上是国家治理体系与其面临的

① 俞可平：《治理与善治：一种新的政治分析框架》，载《南京社会科学》2001年第9期。

公共问题之间的不断契合的过程。作为化解公共问题的工具，国家治理体系与其面临的公共问题复杂性的契合度越高，国家治理能力越大”①。公共问题实际上就是指社会多元群体赖以关心、关注的公共服务与公共产品，这种问题的公共性要求治理体系与治理能力现代化建设必须以社会公共利益为目标，满足人民对社会公共产品与服务的要求，这实际上是从源头指出了以公共利益为依归的善治是治理体系与治理能力现代化的目标。而治理体系与治理能力现代化在实际运行中，则是价值、制度与能力的统一。价值属性是制度与能力的内在属性，而制度与能力则是价值的外在表现形式，这种价值是多重属性的统一，即“国家治理的目标价值是追求善治，国家治理的秩序价值是追求规则公平，国家治理的边界价值是追求权力的有限与法治化”②。但毋庸置疑，无论是秩序价值还是边界价值，都服从和服务于国家治理的目标价值即善治，并且规则的公平、权力行使的有限性和法治性实际上都是善治的内涵要求，三者是有机联系的整体。

从善治这一目标的角度论述治理体系与治理能力现代化，实际上是从价值属性这一角度指出了全面深化改革的目的与归宿。随着改革进入深水期，国家、社会之间的联系日益紧密，各种公共问题层出不穷，并日益复杂化、尖锐化，这就要求我们以体系化的角度看待公共问题，找出这些问题之间的联系和纽带，并尝试以现代化的方式寻找有效的公共治理方式和方法，从而最大程度地保证社会公共利益的实现。并且，善治的治理体系与治理能力现代化建设也与法治和制度本质论具有内在的契合性，是深藏于法治和制度的内在价值。法治的目的是通过建立良法之治，从而规范权利与权力的关系进而达到公共利益最大化，而制度本质论则是为了在国家与社会之间打造政治参与渠道从而实现多元主体的协商治理，这种制度化的治理体系与治理能力现代化的最终归宿也是为了实现公共利益的最大化。

四、评述

治理理论大约是在2000年左右传入中国，随之作为一种“国家—社会”理论的新范式在学界产生了热议。伴随着理论的产生、传入以及应用，国内也出现了关于治理的适应性分析，即将一种从西方产生的理论完全应用于中国社会是否符合严格的学术要求？③

治理理论产生于西方，是作为一种弥补国家与市场作为单一管制主体在管理过程中出现问题的替代性方案，其目的就是实现社会公共管理过程中国家、社会的最大利

---

① 杨冠琼、刘雯雯：《公共问题与治理体系——国家治理体系与能力现代化的问题基础》，载《中国行政管理》2014年第2期。

② 李新廷：《价值、制度与能力——法治提升国家治理体系与治理能力现代化的逻辑与理路》，载《武汉科技大学学报（社会科学版）》2016年第3期。

③ 参见郁建兴、王诗宗：《治理理论在中国的适用性》，载《哲学研究》2010年第11期。在论文里，作者总结性地指出了国内学者对治理理论在中国适应性的怀疑，并提出：“中国学者对中国现实的强烈关怀是正当的，但如果因现实关怀而忽视了应有的学术理性，就可能导致对理论的随意解释和对实践的误导。”

益,它强调的是国家与社会多元主体之间的互动,打破了以往单一主体在国家治理过程中的地位与作用,通过构建治理的网状化结构消解权威的意义,实际上是一种强调多元参与、互动的网状化结构,因此被视为一种新的理论范式。但必须指出的是,这种“国家—社会”的理论范式,由于更加强调社会多元主体的参与式治理,实际上消解了原先的国家绝对主权。郁建兴、刘大志等就认为,治理理论“试图全面消解现代性的绝对主权观念,从而表现出较明显的后现代性倾向”①。因此,治理理论具有浓厚的西方中心主义色彩,强调的是权威的消解以及多中心的网状化结构。但是更需要看到的是,西方治理理论隐含着两个前提条件:一是以代议制为核心的民主政治体制,二是国家与社会的二元分离。这是因为,西方治理理论一方面是为了弥补国家治理的不足,这种不足主要体现为代议制民主的弊病。代议制民主通过程序上的选举解决了直接民主无法在大国得以实现的不足,从而使得人民主权真正得以落实,但是代议制民主将人们的政治参与局限在了定期的选举上,实际上限制了人民参与的范围,从而消解了民主的参与性,使得代议制民主成为精英政治的产物。而治理理论的产生,实际上解决的就是传统代议制民主的精英主义倾向,在西方代议制民主的制度框架内通过多元主体直接参与治理过程,沟通国家政权与社会之间的联系,从而恢复代议制民主的人民性,因此这一理论内含的前提就是西方代议制民主体制。而另一方面,要形成社会多元主体参与的局面,就必须首先在现实世界里存在一个以公共利益为依归的市民社会,西方市场经济经过漫长的自我发展,通过经济的自发秩序逐渐形成了一个稳定的市民社会,而这也构成了治理理论存在的前提。

通过简单回顾治理理论的内涵及其产生过程,我们能看到,治理理论具有西方中心主义色彩,这就警示我们,治理理论在中国生根、发芽必须适应国情需要。换句话说,在当前推进治理体系与治理能力现代化建设过程中,我们要深刻意识到,自己是一个后发的发展中国家,不能超越现有的发展阶段而去盲目追求治理的现代化,要在顺应世界治理变革的同时注意平衡好治理理论的现代性与后现代性。这就是胡伟所认为的,“在中国,目前最需要的不是破除现代性,直接按照国际上的治理概念进入到后现代,而是要解决现代性的问题”②。因此,治理体系与治理能力现代化建设要根据我国现实社会发展,从国家建构、政府转型的现代性出发,融合后现代性的社会多元主体需要,通过权力规范化和制度体系化深化全面改革的总目标。

还需要注意的是,治理理论从 20 世纪 90 年代产生、发展到现在,无论在西方还是在中国都引起了学术界广泛讨论,这一理论已经成为具有自足性、内涵丰富的学术资源。作为一种新范式,它在内涵、主体以及善治目标上具有强大的理论解释能力,这就导致以治理理论去研究时下的治理体系与治理能力现代化建设,往往会容易陷入治理理论的窠臼中,表现出一种理论嵌套的简单化处理,从而消解了治理体系与治理能力

---

① 郁建兴、刘大志:《治理理论的现代性与后现代性》,载《浙江大学学报(人文社会科学版)》2003 年第 2 期。

② 胡伟:《国家治理体系现代化:政治发展的向度》,载《行政论坛》2014 年第 4 期。

现代化作为党和国家新时期新论断的理论意义，导致研究中出现理论错位和研究焦点模糊的问题。因此，在研究治理体系与治理能力现代化建设中，一方面要吸收、借鉴治理理论的学术资源，另一方面也要结合国情需要突出我国社会发展的特殊性。正如习近平指出的："一个国家选择什么样的治理体系，是由这个国家的历史传承、文化传统、经济社会发展水平决定的，是由这个国家的人民决定的"①。这就提醒我们，治理体系与治理能力现代化建设，既要考虑到国家治理的普遍性问题，也要立足于我国的现实国情。理论研究要体现中国特点，符合中国特色，照顾中国关切。

在当前的研究中，以治理理论阐释治理体系与治理能力现代化，从语词上分析，也仅仅是把"国家治理体系与治理能力现代化"中的"治理"当作了动词使用，因此强调的是治理的过程、目的与主体。而如果将这里的"治理"看作一个形容词，那么治理体系与治理能力现代化强调的是体系化与能力的现代化，突出的是政治发展的整体化，内含的是对国家治理方式、方法的深刻变革，既从顶层设计的角度指出了治理的体系化，也从基础能力出发，看到了政治治理能力从传统向现代转型的变化，体现了整体性、动态性的统一。而这种顶层设计的体系化与基础能力的现代化无疑更符合中国当代政治发展的国情需要。

因此，现阶段以治理理论去推进治理体系与治理能力现代化建设，必须首先完成中国政治发展的现代性转型，即建构起现代政党、现代政府、现代国家，推进政治发展的现代化，合理界定政府的职能，增强政府的责任性与回应性。而这种现代国家、现代政党的建构，关键在于健全权力运行与制约监督机制，推进法治国家、法治政府与法治社会建设，以法治的思维与方式行使公共权力，促使公权力的制度化、法治化，明确权力的来源、性质与权力行使的规范，真正落实权力的人民性，最终形成"有权必有责，用权受监督，失职要问责，违法要追究"局面。

在推进国家治理体系与治理能力现代化建设过程中，要对治理的后现代性有着清醒认识，也就是在市场经济导致主体、利益多元化的现实情况下，一方面要注意培养起社会多元主体，并通过制度化的方式吸纳政治参与。因为如果治理的主体仍旧停留在党和政府，那么治理体系与治理能力现代化建设只是对之前的统管模式的升级改造，无非实现了公权力运行的法治化、制度化，并没有深刻意识到治理理论背后蕴含着深刻的权力公共性诉求。权力的公共性不仅仅要求党和国家为社会、人民提供公共产品与公共服务，还要求党和国家要深刻意识到权力来源于人民，权力服务人民，所以权力使用的目的、途径都只能是而且必须是满足人民群众日益增长的物质文化需要，那么最根本的做法就是创造方式、方法促进人民参与政治生活，真正实现权为民所用、利为民所谋、情为民所系，这就要求治理体系与治理能力现代化要实现权力共享基础上的社会多元主体参与。因此，要推动社会多元主体进入国家治理的过程并在其中发挥着

---

① 习近平：《坚定制度自信不是要故步自封》，新华网，http://news.xinhuanet.com/2014-02/17/c_119373758.html.

重要作用，如此才能形成真正意义上的治理体系与治理能力现代化。这就要求党和国家要以自觉、自愿的方式，塑造一个以公共利益为依归的市民社会，培育多元主体的政治参与意识。另一方面，在促进社会多元主体以制度化的政治参与渠道进入国家权力体系的过程中，党和国家要以综合、平衡、有序的原则，把握好政治参与与政治制度化之间的关系，防止政治参与的溢出效应，保证改革、发展、稳定的大局，从而更好地推进社会主义现代化建设。

专题五　社会主义与传统文化、世界文明

中国共产党传统文化态度的历史嬗变

马　军
（南开大学马克思主义学院博士研究生）

中国共产党作为近代中国社会转型的主要推动者必然也是中国传统文化现代转型的主要引领者。中国共产党对待传统文化的态度表征着马克思主义中国化的文化向度，代表着中国传统文化的转型方向。“中国共产党人是马克思主义者”，但“不是历史虚无主义者，也不是文化虚无主义者”，“中国共产党人始终是中国优秀传统文化的忠实继承者和弘扬者”。[①]

回顾历史，随着时代主题、历史任务、实践形式的转变，党的传统文化态度经历了曲折的历史嬗变。从革命时期以“破”为主的辩证否定，经过社会主义建设时期曲折探索，逐渐演变为改革时期以“立”为主的辩证肯定，从强调阶级性、时代性的工具理性判断，演变为强调继承性、民族性的价值理性判断。这种从“破”到“立”的文化观，使中国共产党在近代中国社会转型中实现了对传统文化“守”与“变”的动态统一，避免误入完全抛弃传统的“全盘西化”与完全固守传统的“文化保守主义”两种极端的文化歧途。

值得注意的是，中国共产党在马克思主义中国化的实践过程中不断转变对传统文化的态度，因此，研究党的传统文化态度不能脱离马克思主义中国化历程。目前学界对中国共产党文化态度演变的解读存在实践与文化两个维度的脱节，有学者从实践维度解读为“从革命思维和行为下的激烈否定、基本否定，到执政思维和行为下的理性看待，再到新世纪的高度评价”[②]，有学者从文化维度解读为“文化批判时期（1919～1949）—文化转型时期（1949～1983）—文化建设时期（1984年至今）”[③]。本文力图在已有研究基础上，综合实践与文化两个维度，以马克思主义中国化为逻辑主线，把握党

① 习近平：《在纪念孔子诞辰2565周年国际学术研讨会暨国际儒学联合会第五届会员大会开幕会上的讲话》，载2014年9月25日《人民日报》。

② 杨凤城：《中国共产党对待传统文化的历史考察》，载《教学与研究》2014年第9期。

③ 陆剑杰：《论中国共产党历史上文化态度的真实演变》，载《南京政治学院学报》2015年第6期。

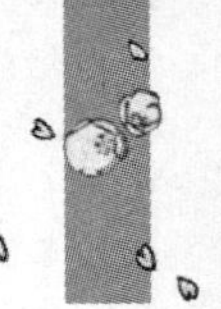

的传统文化态度的嬗变脉络及其所反映的马克思主义与中国传统文化关系的演变逻辑，以及中国传统文化的转型方向。

一、以“破”为主的辩证否定：在革命实践中实现对传统文化“守”与“变”的初次结合

中国共产党在近代中国反对帝国主义和封建主义的革命语境中，作为革命党实现与传统文化的初次对话。经历几千年农业文明孕育的中国传统文化，近代以来在洋务运动、戊戌变法、“五四”新文化运动中，先后遭受西方现代文明的技术、制度、文化价值观等全面冲击，面临完全被否定的转型危机。中国共产党在成立后至1937年全面抗战爆发，将传统文化作为旧意识形态进行激烈否定；这种局面直到1937年全面抗战爆发才得以扭转，中国共产党开始在马克思主义中国化进程中推动传统文化的现代转型。

（一）与旧意识形态决裂的过程中对传统文化的激烈批判

革命的任务是推翻腐朽的上层建筑，中国传统文化中包含的封建主义意识形态自然成为革命的对象。早期中国马克思主义者在党成立前后，与东方文化派论战中继承“五四”时期激烈反传统的衣钵。1923年，陈独秀在中共中央机关刊物《前锋》第一期发表署名文章，讥讽胡适等整理国故是“在粪秽里寻找香水”[①]。同年，《新青年》改版为中共中央理论刊物，瞿秋白在题为《〈新青年〉之新宣言》中写道：“中国的旧社会旧文化是什么？是宗法社会的文化装满着一大堆的礼教纲常，固守着无量数的文章词赋；礼教纲常其实是束缚人性的利器、文章词赋也其实是贵族淫昏的粉饰。”“中国古旧的宗法社会之中，一切思想学术非常幼稚。”[②]不过，与“五四”时期激进民主主义不同，这时的中国共产党人已自觉站在马克思主义的批判立场上。

唯物史观成为早期中国马克思主义者批判传统文化的认识论工具。李大钊区分了东西方社会之间的经济基础差别，前者是“农业本位”，后者是“工商本位”；由此，“东洋文明是静的文明，西洋文明是动的文明”[③]。儒家思想之所以存在几千年，是因为它“适应中国二千余年来未曾变动的农业经济组织反映出来的产物，因他是中国大家族制度上的表层构造，因为经济上有他的基础”[④]。之所以批判孔子，是因为孔子是“历代帝王专制之护符”，“历代君主所雕塑之偶像的权威”，“专制政治之灵魂”。[⑤] 瞿秋白分析了东方文化的内在元素，其中包括“宗法社会之‘自然经济’”和“畸形的封建制度之政治形式”。[⑥]

---

① 任建树主编：《陈独秀著作选编》第3卷，上海人民出版社2010年版，第101页。

② 《瞿秋白文集（政治理论编）》第2卷，人民出版社2013年版，第7、9页。

③ 《李大钊全集》第3卷，人民出版社2006年版，第144页。

④ 《李大钊全集》第3卷，人民出版社2006年版，第145页。

⑤ 《李大钊全集》第3卷，人民出版社2006年版，第247页。

⑥ 《瞿秋白文集（政治理论编）》第2卷，人民出版社2013年版，第15、16页。

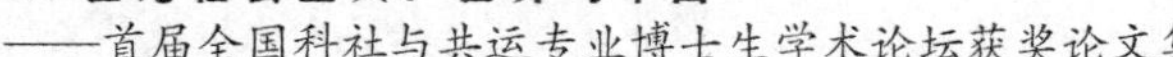

传统文化因失去存在的基础将被历史淘汰。李大钊认为，随着中国被卷入资本主义体系，孔子的学说在"经济上生了变动"，"不能适应中国现代的生活、现代的社会"，"若是无奈何这新经济势力，那么只有听新思想自由流行，因为新思想是应经济的新状态、社会的新要求发生的"。[①] 瞿秋白将东西文化差异理解为"生产力发展的速度不同，所以应当经过的各种经济阶段的过程虽然一致，而互相比较起来，各国各民族的文化于同一时代乃呈先后错落的现象"，因此，东西文化之间的差异是"时间上的迟速，而非性质上的差别"。[②] 东方文化作为落后文化在历史发展中自然将被淘汰。

中国文化的发展方向是社会主义文化。早期中国共产党人不仅从唯物史观角度批判了传统文化落后的经济根源，还正确指出了中国文化的发展方向。主要以瞿秋白为代表，他认为，"技术有神秘性便是封建时代的文明，技术有科学性便是资产阶级的文明，技术更进而有艺术性便是无产阶级的文明"，资产阶级文明比封建主义文明"很有民权主义的性质"，"然而，事实上人与人之间的关系反因此新文明的影响更不平等"，"科学文明使人类社会的阶级分划得更清楚"。[③] 所以，他提出"社会主义文明"是"艺术性的技术文明"，"是热烈的斗争和光明的劳动所能得到的"[④]，也是中国文化的发展方向。

概言之，早期中国共产党人在唯物史观武装下，避免了"五四"时期简单用"西方"否定"东方"的"西化"思维。但由于当时对唯物史观的理解片面以及复杂尖锐的斗争形势，早期中国共产党人还不善于用马克思主义分析中国具体问题，对传统文化"破"的同时没有"立"，将传统文化直接等同于封建文化，与社会主义新文化之间截然对立，这种断裂的文化观也影响到国民革命和土地革命。例如，毛泽东当时在谈到农村教育时认为，"封建教育，就是忠孝主义"，"孔子生在封建社会中，所以他的思想，因环境的压迫，也成了封建思想了"。[⑤] 在考察湖南农民运动时他又说，政权、族权、神权、夫权这四种权力"代表了全部封建宗法的思想和制度，是束缚中国人民特别是农民的四条极大的绳索"[⑥]。土地革命时期中央被教条主义禁锢，而以毛泽东为代表的中国共产党人在探索中国革命道路中，开始将中国传统的军事智慧与农民起义文化发挥运用，逐渐开辟出一条马克思主义与中国传统文化相结合的道路。

(二)构建新的马克思主义意识形态过程中对传统文化的理性批判

全面抗战爆发后，中国共产党彻底纠正大革命以来对待马克思主义的教条化倾向，提出"马克思主义中国化"命题，正确处理马克思主义与中国实际的关系，由此对传统文化采取理性批判态度，传统文化不完全是革命的对象，还是构建中国化马克思主

---

① 《李大钊全集》第3卷，人民出版社2006年版，第149～150页。

② 《瞿秋白文集(政治理论编)》第2卷，人民出版社2013年版，第14页。

③ 《瞿秋白文集(政治理论编)》第2卷，人民出版社2013年版，第268页。

④ 《瞿秋白文集(政治理论编)》第2卷，人民出版社2013年版，第278、280页。

⑤ 中共中央文献研究室、中央档案馆：《建党以来重要文献选编》第3册，中央文献出版社2011年版，第237页。

⑥ 《毛泽东选集》第1卷，人民出版社1991年版，第31页。

义意识形态的文化资源，在建设民族的科学的大众的新民主主义文化中实现对传统文化“守”与“变”的初次结合。

改造传统旧哲学，建立新的世界观。世界观转变是建立新的意识形态的前提和基础，新世界观必然是在改造旧世界观基础上建立，马克思主义作为世界观首先将与传统哲学相融合。在对教条主义的纠正中，毛泽东认为，“要使辩证法唯物论思潮在中国深入发展下去，并确定地指导中国革命向着彻底胜利之途，便必须同各种现存的陈腐哲学作斗争，在全国思想战线上树立批判的旗帜，并因而清算中国古代的哲学遗产，才能达到目的”[①]。《实践论》《矛盾论》是毛泽东用马克思主义哲学对传统旧哲学改造的典范。他用“实践”实现了传统文化中“知”与“行”的统一，赋予中国家喻户晓的寓言故事“矛盾”唯物辩证法内涵，用中国人常说的“相反相成”阐释唯物辩证法。在《改造我们的学习》中毛泽东对中国古语中的“实事求是”赋予新意，将其扩展为认识事物的普遍思维方法。毛泽东在关于《孔子的哲学思想》一文给张闻天的信中认为，孔子的“名不正则言不顺，言不顺则事不成”是“观念论”，建议在前加一句“实不明则名不正”。尽管这种改造还有待商榷，但毛泽东用马克思主义对传统旧哲学进行创造性转化为我们树立了典范。

中国化马克思主义作为新意识形态必然包含对传统文化的继承。中国共产党人认识到，马克思主义在指导中国革命中只有中国化才能变为新的意识形态，传统文化由此成为新意识形态形成的文化资源。1938 年，毛泽东在党的六届六中全会上明确了党的历史观，“今天的中国是历史的中国的一个发展；我们是马克思主义的历史主义者，我们不应当隔断历史。从孔夫子到孙中山，我们应当给以总结，承继这一份珍贵的遗产”。接着，他从两方面阐明了继承历史的重要性，实际上提出了马克思主义“中国化”与“大众化”两个命题。一方面，继承历史是将马克思主义与中国实际相结合即马克思主义“中国化”的需要，另一方面，继承历史也是赋予马克思主义以“新鲜活泼的、为中国老百姓所喜闻乐见的中国作风和中国气派”[②]，也就是马克思主义“大众化”的需要。毛泽东思想正是马克思主义中国化与大众化的成果。如刘少奇所说：它是“应用马克思列宁主义的科学方法，概括中国历史社会及全部革命斗争经验而创造出来”，“是中国民族智慧的最高表现和理论上的最高概括”，“是马克思主义民族化的优秀典型”。[③]

新民主主义文化是中国传统文化第一次现代转型。新的意识形态确立必然要求培育与之相适应的新文化，这是新的意识形态获得合理性的重要途径，而新文化的培育同样是在改造旧文化的基础上完成的。抗日战争时期，党在建设新民主主义经济、政治的基础上，明确提出建设民族的科学的大众的新民主主义文化。新民主主义文化不是对传统文化的全盘否定，而是批判继承。“民族性”要求“中国文化应有自己的形式，这就是民族形式。民族的形式，新民主主义的内容”。“科学性”是对待传统文化的

① 转引自李其驹等：《马克思主义哲学在中国》，上海人民出版社 1991 年版，第 451 页。

② 《毛泽东选集》第 2 卷，人民出版社 1991 年版，第 533～534 页。

③ 《刘少奇选集》(上)，人民出版社 1981 年，第 334、335、333 页。

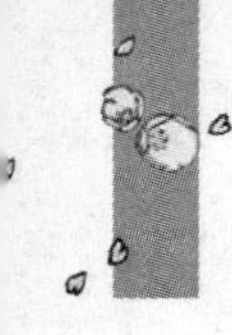

态度，即“剔除其封建性的糟粕，吸收其民主性的精华”，“尊重历史”不是“颂古非今”。“大众性”即要求文化的性质是“民主”而非“封建”，是为“工农劳苦民众服务”。① 这一时期，刘少奇在《论共产党员的修养》中还批判吸收传统文化中的个人德行修养资源，借助传统文化开创了无产阶级政党建设史上党性修养的传统。通过对传统文化的批判继承，中国共产党以延安为中心培育了作为新社会形态进步旗帜的新民主主义文化，动员和指引全社会进步力量投身民族解放事业。

相比而言，全面抗战爆发以后，党对传统文化采取了较为理性的批判态度。但在新旧意识形态的激烈换位中，“精华”与“糟粕”的标准不可避免地带有“封建”与“民主”的革命二元色彩，将传统文化只作为新文化的民族“形式”而不是“内容”来继承，依然受“经济决定论”影响的强调阶级性、时代性的文化工具理性判断，不可能从“立”的角度对传统文化进行价值理性判断。尽管如此，中国共产党作为革命党，在将马克思主义与中国实际的第一次结合中，坚持马克思主义的立场、观点、方法，完成了对传统文化的“守”与“变”的初次结合，推动了传统文化向民族的科学的大众的新民主主义革命文化转型。

二、从“破”到“立”：实践形式转变中对传统文化“守”与“变”再结合的探索与曲折

中华人民共和国的成立开启了近代中国社会转型的新纪元。中国共产党从革命党转变为执政党，在国民经济恢复、社会主义改造与建设中，关于传统文化的继承不乏真知灼见，但受左的思想干扰并未彻底贯彻。一方面传统文化被当作封建糟粕成为意识形态批判的对象，另一方面真正的封建糟粕反而在政治大批判中畅行无阻。

（一）对“批判继承”原则的创新发展

新中国成立之初，党在巩固新生政权的过程中延续新民主主义文化导向，对旧思想旧文化进行彻底改造。但由于新民主主义文化本质上是革命文化，对一些学术思想的批判难免偏激，中央随之提出建设社会主义新文化的构想。1956 年党的八大对社会主义新文化建设过程中如何保持民族性提出明确要求：“对于中国过去的和外国的一切有益的文化知识，必须加以继承和吸收，并且必须利用现代的科学文化来整理我们优秀的文化遗产，努力创造社会主义的民族的新文化。”②强调：“在我们对于封建主义和资本主义的思想体系进行批判的时候，我们对于旧时代有益于人民的文化遗产，必须谨慎地加以继承。”③

社会主义建设过程中如何处理意识形态的一元指导地位与思想文化多元性之间的关系，是党从革命党转变为执政党之后面临的首要挑战。对传统文化而言，这涉及批判继承的标准问题，关键是如何处理政治标准与学术、艺术标准之间的关系。1956 年，毛泽东在中央政治局扩大会议上讲道：“艺术问题上的百花齐放，学术问题上的百

① 《毛泽东选集》第 2 卷，人民出版社 1991 年版，第 707～708 页。

② 中共中央文献研究室编：《建国以来重要文献选编》第 9 册，中央文献出版社 1994 年版，第 348 页。

③ 中共中央文献研究室编：《建国以来重要文献选编》第 9 册，中央文献出版社 1994 年版，第 79 页。

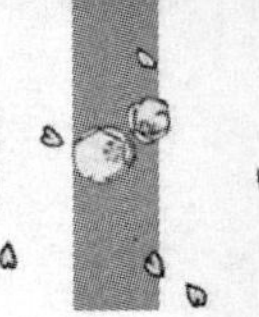

家争鸣，我看应该成为我们的方针。”[①]“在中华人民共和国宪法的范围内各种学术思想，正确的，错误的，让他们去说，不去干涉他们。”毛泽东借用两个“古语”，形象说明了在社会主义意识形态的指导下，思想文化享有充分的自由空间。在这一方针的指导下，当时的哲学、历史、美学领域展开了较为自由的讨论。尽管后来在左的思想影响下这一方针被严重背离，但毛泽东不时强调这一方针的重要性。

社会主义并不是与资本主义彻底决裂，而是在资本主义文明基础上的超越，资本主义具有全球扩张性，落后国家建设社会主义首先要吸收资本主义文明成果，善于将其与民族文化传统相融合，才能在建设社会主义中最终超越资本主义。中国共产党始终在马克思主义的世界历史语境下推动中国文化转型，提出“古为今用，洋为中用”，正确回答了“古今中西”这一近代以来争论不休的论题，指明中国文化的转型方向既不是“复古”也不是“西化”，而是转变为社会主义新文化。早在新民主革命时期毛泽东就提出研究党史要注重“古今中外法”，“‘古今’就是历史的发展，‘中外’就是中国和外国”。[②] 1956 年，在同音乐工作者的谈话中他再次讲到“古今中西”问题，可以概括为“古为今用，洋为中用”，即“向古人学习是为了现在的活人，向外国学习是为了今天的中国人”，“中国的面貌，无论是政治、经济、文化，都不应该是旧的，都应该改变，但中国的特点要保存。应该是在中国的基础上面，吸收外国的东西。应该交配起来，有机地结合”。[③] “古为今用，洋为中用”表明中国传统文化现代转型是实现传统与现代、民族与世界、历史与现实的统一。

文化形成于特定时空下的人类生产与生活方式之中，同时或多或少包含着对人类共同的终极问题的关怀。这就要求我们在继承传统文化时打破简单的“糟粕”与“精华”二元对立思维，在注重改造文化中的时代局限性的同时，还要吸收对任何时代都具有共通性的文化资源。实际上，“糟粕”与“精华”之间不能静止绝对地划界。新中国成立后党对传统文化继承的政治态度也在转变。1958 年，毛泽东在审阅《教育必须与生产劳动相结合》时写道：“中国教育史有人民性的一面”，但“中国几千年的教育史主要还是剥削阶级手中的工具”[④]。1960 年，在接见两个外国代表团时毛泽东又一次谈道：“对中国的文化遗产应当充分地利用，批判地利用。中国几千年的文化，主要是封建时代的文化，但并不全是封建主义的东西，有人民的东西，有反封建的东西。”“封建主义的东西也不全是坏的……反封建主义的文化也不是全部可以无批判地利用的。封建时代的民间作品，也多少都还带有封建统治阶级的影响。”[⑤]这体现了党对传统文化的态度从简单的革命思维向多元的建设思维的转变。

---

① 《毛泽东文集》第 7 卷，人民出版社 1999 年版，第 54 页。

② 《毛泽东文集》第 2 卷，人民出版社 1999 年版，第 400 页。

③ 《毛泽东文集》第 7 卷，人民出版社 1999 年版，第 82～83 页。

④ 《毛泽东文集》第 7 卷，人民出版社 1999 年版，第 398 页。

⑤ 《毛泽东文集》第 8 卷，人民出版社 1999 年版，第 225 页。

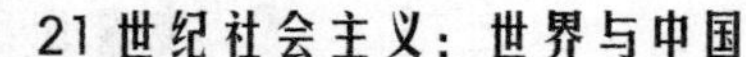

(二)建设社会主义实践探索过程中对传统文化的极端态度

遗憾的是，批判继承传统文化的正确导向在实践探索中并没有贯彻执行，1957年后的社会主义实践对传统文化的继承出现了严重失误。

文化建设总是与特定的生产和生活方式相适应。在转向社会主义建设后，中国共产党在落后中国建立起大公有制和计划体制，在文化上要求倡导集体主义原则。中国传统文化中含有“大道之行也，天下为公”的社会“大同”理想，与社会主义先进文化建设具有高度的契合性，促使传统文化向社会主义先进文化转型。由于当时的计划体制超越了生产力水平，在此基础上建设的社会主义文化虽然极大地调动了人民的主体性，但不可避免地具有超历史性。传统文化追求“大同”社会的理想反而为左的思想泛滥推波助澜。毛泽东批评中国人的“奴性”，“像《法门寺》里的贾桂一样，人家让他坐，他说站惯了，不想坐”[①]，呼吁全党要讲革命朝气，“学楚辞，先学离骚，再学老子”[②]，搞社会主义要“干劲十足，群众路线，在轰轰烈烈热潮中前进”，不能是“寻寻觅觅，冷冷清清，凄凄惨惨戚戚。乍暖还寒时候，最难将息”的“寡妇面孔、寡妇心情”[③]，要“经过人民共和国到达社会主义和共产主义，到达阶级的消灭和世界的大同”[④]。传统文化助长了这种革命理想主义，在调动人的积极性的同时却忽视了客观规律。

计划体制以及在此基础上倡导的集体主义原则超越了历史阶段，与生产力的要求之间难免产生张力，这一张力在社会主义建设初期，极容易被还没有完全从革命思维中转变过来的中国共产党视为阶级斗争的前兆，导致其对社会主要矛盾的误判，最终阶级斗争又被反革命集团所利用，酿成“文革”浩劫，在此过程中对传统文化的态度始终无法抹去阶级斗争的阴霾。从1951年对电影《武训传》中武训“行乞办学”的批判开始，对俞平伯、胡适、梁漱溟、胡风等学者的批判，对《红楼梦》《水浒传》等文学作品的解读，对孔子、秦始皇等历史人物的评价，都存在着严重的政治化倾向。1966年对历史剧《海瑞罢官》的批判拉开了“文革”序幕，“文革”中上演的“破四旧”“批林批孔”“评法批儒”等大批判，一方面使传统文化被严重曲解，另一方面使人治、个人专断、株连等封建糟粕大行其道。

上述历史表明，中国传统文化的现代转型不能脱离适应生产力发展要求的生产方式和社会制度的建构。社会主义改造完成后，中国共产党面临着将马克思主义与中国实际进行第二次结合的历史任务，虽然当时提出“以苏为鉴”走中国自主工业化道路，但对如何建设适合中国国情的社会主义一直处于探索之中，没有形成适合生产力发展要求的社会主义生产方式和社会制度，使文化建设无法落地生根。党提出的关于社会主义文化建设过程中继承传统文化的正确导向也不能在现实中找到着力点，在阶级斗

---

① 《毛泽东文集》第7卷，人民出版社1999年版，第43页。

② 中共中央文献研究室编：《建国以来毛泽东文稿》第7册，中央文献出版社1992年版，第16页。

③ 转引自都培炎：《“思接千载”和“与时俱进”——中共对中国传统文化认识的历史考察》，华东师范大学出版社2007年版，第250页。

④ 《毛泽东选集》第2卷，人民出版社1991年版，第1471页。

争的干扰下，对传统文化的“守”与“变”出现严重错位。

三、以“立”为主的辩证肯定：在改革实践中开启对传统文化“守”与“变”的新结合

改革是在和平与发展成为世界主题、新技术革命日新月异的背景下，重构适应生产力发展要求的社会主义生产方式和社会制度，但不是彻底清空式的重构，而是在批判继承传统社会主义和中国历史文化遗产的基础上的重构。在已确立社会主义政权和马克思主义指导地位的前提下，党对传统文化的态度从以“破”为主转变为以“立”为主，从20世纪70年代末至今，先后经历了下述三个阶段。

（一）奠基：转向对传统文化以“立”为主的批判继承

改革是实现马克思主义与中国实际的又一次结合，这是对中国化马克思主义意识形态的进一步完善，而意识形态的变化要从世界观的改造开始，也就是纠正教条主义，重新确立实事求是的思想路线。传统社会主义实践探索实际上存在着脱离中国实际教条地理解共产主义的倾向，纠正这一倾向必然会激活优秀传统文化。“实事求是”思想路线是党在新民主革命时期通过改造传统文化纠正教条主义的思想武器，但在新中国成立后被不同程度地遗弃，邓小平重新挖掘了“实事求是”这一宝贵的思想资源，在将马克思主义理论与中国国情相结合的过程中进一步形成了“解放思想”话语，为改革的全面展开扫清了思想障碍。

传统文化是“精华”与“糟粕”的复合体，传统社会主义实践探索无法从传统文化中真正挖掘出对社会主义文化建设有价值的资源，反而使封建糟粕泛滥。改革开放之初重在吸取对传统文化“守”与“变”错位的教训，清除封建思想的负面影响。邓小平明确指出，新中国成立后“肃清思想政治方面的封建主义残余影响这个任务，因为我们对它的重要性估计不足，以后很快转入社会主义革命，所以没有能够完成”。当然，“对待这一任务，要有实事求是的科学态度”，做到“三个划清”：第一，“划清社会主义同封建主义的界限”；第二，“划清文化遗产中民主性精华同封建性糟粕的界限”；第三，“划清封建主义遗毒同我们工作中由于缺乏经验而产生的某些不科学的办法、不健全的制度的界限”。“不要又是一阵风，不加分析地把什么都说成是封建主义。”[①]清除封建残余影响不仅仅是对“文化大革命”的反思，也是传统文化的批判继承不可或缺的环节，这一历史任务实际上伴随着整个改革过程。

文化的生成有其经济根源，传统文化“守”与“变”的正确结合点是在适应生产力发展的生产方式与生活方式中生成的。改革将市场经济引入社会主义，改变传统的自然经济和社会主义计划经济，为传统文化“守”与“变”建立了新的坐标，这在文化观念上引起的变革仅次于“五四”新文化运动，因为“我们几千年积累下来的文化观念，并不是与市场经济和工业社会相适应的文化观念，而是农业社会的观念、封建宗法观念和小

---

① 《邓小平文选》第2卷，人民出版社1994年版，第335页。

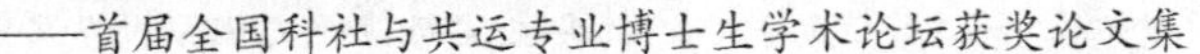

生产的观念”[①]。在开放带来的东西文化激烈碰撞中甚至又出现极端反传统情绪，邓小平进而提出了对中国优秀传统文化认真“钻研、吸收、融化和发展”的原则，以“创造出具有民族风格和时代特色”的新文化。他在多次讲话中还借用传统文化中的“小康”一词取代“大同”作为中国特色社会主义的阶段性目标。1986年9月，中共十二届六中全会决议强调指出：“十一届三中全会为标志进入一个新的历史时期”，“不但将创造出高度发达的物质文明，而且将创造出以马克思主义为指导的，批判继承历史传统而又充分体现时代精神的，立足本国而又面向世界的，这样一种高度发达的社会主义精神文明”。[②] 党在社会主义精神文明建构中以批判继承方式对传统文化的“立”，有效抵制了当时极端反传统的资产阶级自由化思想。

（二）建设：将传统文化融入中国特色社会主义新文化

改革开放重新确立了社会主义新的生产与生活方式，也开创了与之相适应的社会主义新文化。20世纪90年代以来，随着社会主义市场经济体制的逐步确立，建设与经济发展相匹配的社会主义文化成为党的主要文化任务，传统文化的重要性由此日益凸显。1990年，主管意识形态工作的中央领导人李瑞环作了新中国成立以来关于弘扬民族优秀文化的最高规格讲话，提出“面对西方资产阶级和平演变的攻势，弘扬民族文化是振奋民族精神，提高民族自尊心和自信心，发扬爱国主义精神，顶住一切外来压力的一个重要条件”，强调：“我们既要看到文化遗产的阶级性、时代性，又要重视它的继承性和借鉴性。”[③]同年，江泽民在纪念五四运动的讲话中进一步指出：“我们的社会主义现代化建设，需要继承和发扬中华民族优秀文化传统，也需要学习和吸收世界各国人民包括在资本主义制度下创造的优秀文明成果。”[④]

随着中国特色社会主义文化的不断形成，在全球化背景下传统文化成为社会主义文化“软实力”的重要来源。1997年，党的十五大提出中国特色社会主义文化是“综合国力的重要标志”，“它渊源于中华民族五千年文明史，又植根于有中国特色社会主义的实践”。[⑤] 1999年，江泽民在剑桥大学演讲时说：“中国所以能在短短的几十年间成就这样的大业……是由于中国人民找到了有中国特色的社会主义道路，并从优秀的民族文化传统与时代精神的结合中获得了强大的精神动力。”[⑥]世纪之交，中国共产党提出“三个代表”重要思想，其中将“文化”与“生产力”并列作为党的先进性的衡量标准，更加彰显了建设与社会主义经济发展不断相适应的文化的重要性，其哲学基础是“与时俱进”。“与时俱进”来源于《周易》中的“与时偕行”。古语今用，既体现了马克思主义与传统文化的再度结合，也体现了传统文化向社会主义文化转化的动态性。

---

① 张岱年、方克立主编：《中国文化概论》，北京师范大学出版社2004年版，第350页。

② 中共中央文献研究室编：《十二大以来重要文献选编》（下），中央文献出版社1988年版，第125页。

③ 中共中央文献研究室编：《十三大以来重要文献选编》（中），人民出版社1991年版，第853、861～863页。

④ 《江泽民文选》第1卷，人民出版社2006年版，第124页。

⑤ 《江泽民文选》第2卷，人民出版社2006年版，第33页。

⑥ 《江泽民在英国剑桥大学的演讲》，载1999年10月23日《人民日报》。

改革是不断调整和完善适应生产力发展的社会主义经济基础和上层建筑的进行时，这必然不断生成传统文化继承中“守”与“变”的新结合点。新世纪以来，中国特色社会主义建设取得丰硕成果，但也存在发展不协调、不可持续，人与自然、人与人之间关系不和谐等突出问题，需要对经济结构、发展方式、发展观念进行调整。为此，党中央审时度势，提出了构建社会主义和谐社会和“以人为本”的科学发展观。如果改革是社会主义与市场结合的起点，科学发展观则是社会主义与市场进一步融合的转折点，这是自改革以来文化价值观念的再度变革。“和谐”和“人本”思想均来源于中国传统文化，彰显了浓郁的中国式人文关怀。中国共产党吸收借鉴这一文化资源，并赋予其历史唯物主义新意，在社会主义市场经济基础上，构建人与自然、人与人之间的新型和谐关系，是对资本主义理性“经济人”的超越，开创了传统文化与社会主义文化融合发展的新境界。

（三）深化：优秀传统文化涵养以核心价值观为主的国家治理

十八大以来，在国际局势不确定性因素增多与中国在全面深化改革中实现民族伟大复兴中国梦的新形势下，以习近平为总书记的党中央更加强调文化对国家治理的反作用，对传统文化继承的重视达到了前所未有的高度。一方面，对以儒家文化为主的中华文化在孕育中华五千年文明中的历史地位给予了准确定位，将传统文化定位为中华民族的“文化基因”“文化血脉”“文化土壤”，回答了中国文化“从哪里来，到哪里去”的根本性问题；另一方面提出“创造性转化，创新性发展”的文化继承法，强调文化自信对道路自信、理论自信与制度自信的基础作用，将增强文化软实力的着力点由外在国家综合竞争力的提升深化到内在国民文化自信的涵养。

十八大以来，党的文化自觉体现在将优秀传统文化运用到国家治理体系和治理能力现代化建设。“一个国家选择什么样的治理体系，是由这个国家的历史传承、文化传统、经济社会发展水平决定的，是由这个国家的人民决定的。我国今天的国家治理体系，是在我国历史传承、文化传统、经济社会发展的基础上长期发展、渐进改进、内生性演化的结果。”①“我们开辟了中国特色社会主义道路不是偶然的，是我国历史传承和文化传统决定的。”②当今人类普遍面临深刻的物质、精神、生态等全方位治理危机。在此形势下，中国共产党注重从自身的民族传统中汲取智慧，不仅为中国道路开掘发展前景，还为全球治理提供中国方案。无论是“人类命运共同体”“一带一路”等对外战略的构想，还是“中国梦”“新发展理念”等国内治理举措的提出，都表现出高度的文化自觉。

文化的核心是价值观，文化自觉的核心是价值观自觉。核心价值观的培育“是国家治理体系和治理能力的重要方面”。以儒家思想为核心的中国传统价值体系在近代

---

① 习近平：《完善和发展中国特色社会主义制度　推进国家治理体系和治理能力现代化》，载2014年2月18日《人民日报》。

② 习近平：《牢记历史经验历史教训历史警示　为国家治理能力现代化提供有益借鉴》，载2014年10月14日《人民日报》。

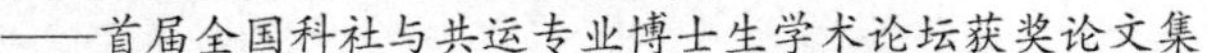

社会变革中解体，中国传统文化现代转型的重心是核心价值观的重建。习近平强调，“中华优秀传统文化已经成为中华民族的基因，植根在中国人内心，潜移默化影响着中国人的思想方式和行为方式”，“博大精深的中华优秀传统文化是我们在世界文化激荡中站稳脚跟的根基”，“深入挖掘和阐发中华优秀传统文化讲仁爱、重民本、守诚信、崇正义、尚和合、求大同的时代价值，使中华优秀传统文化成为涵养社会主义核心价值观的重要源泉”，“要处理好继承和创造性发展的关系，重点做好创造性转化和创新性发展”。[①] 习近平还将社会主义核心价值观的国家、社会、个人三个层面与《大学》中的“修身、齐家、治国、平天下”相类比：“从某种角度看，格物致知、诚意正心、修身是个人层面的要求，齐家是社会层面的要求，治国平天下是国家层面的要求”，三个层面“传承着中国优秀传统文化的基因”[②]，这是对“人—家—国”一体的中国传统价值体系的当代继承。

综上所述，在 90 多年的发展历程中，党对待传统文化的态度经历了从“破”到“立”、从辩证否定到辩证肯定、从工具理性到价值理性的历史嬗变，内含实践与文化两个维度。从实践维度来说，这是党在推进新民主主义和中国特色社会主义两大社会形态建构中，马克思主义与中国传统文化的关系从彼此决裂到相互融合、从简单相加到深度转化、从形式借鉴到内容互通演变的逻辑必然；从文化维度来说，这代表着中国传统文化经历了新民主主义文化与社会主义文化两次转型，在正确处理传统与现代、民族与世界、历史与现实的关系之基础上，实现了“守”与“变”动态统一的转型。在“两个一百年”奋斗目标的实现过程中，中国传统文化将不断焕发出新的生机活力。

---

① 习近平：《把培育和弘扬社会主义核心价值观作为凝魂聚气强基固本的基础工程》，载 2014 年 2 月 26 日《人民日报》。

② 习近平：《青年要自觉践行社会主义核心价值观　与祖国人民同行努力创造精彩人生》，载 2014 年 5 月 5 日《人民日报》。

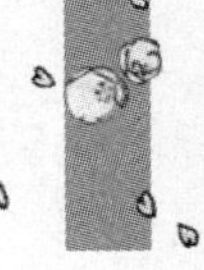

中国特色社会主义文化自信的逻辑意蕴

高　松
（云南大学马克思主义学院博士研究生）

党的十八大以来，以习近平同志为核心的党中央高度重视社会主义文化建设，多次强调要坚持文化自信。习近平总书记明确指出："坚持不忘初心、继续前进，就要坚持中国特色社会主义道路自信、理论自信、制度自信、文化自信。"①"文化自信，是更基础、更广泛、更深厚的自信，是更基本、更深沉、更持久的力量。"②中国特色社会主义文化自信的提出，彰显了习近平治国理政思想中鲜明的文化立场，揭示了中国特色社会主义的内在属性和价值追求。关于何谓中国特色社会主义文化自信，中国特色社会主义文化何以自信以及中国特色社会主义文化何能自信，这三个基本问题是坚定中国特色社会主义文化自信迫切需要解决的核心问题。现实表明，只有深入阐释文化自信的科学内涵，系统厘定文化自信的生成逻辑，科学把握中国特色社会主义文化自信的发展逻辑，才能始终坚定中国特色社会主义文化自信。

一、何谓自信：中国特色社会主义文化自信的科学蕴含

（一）自信和文化自信的基本内涵

什么是自信？主要由两个方面的内涵组成。一方面是"自"。所谓"自"就是指自己、自身，即自己所在的国家、民族以及政党等。另一方面是"信"。所谓"信"，就是信念、信仰、信心以及信任等。因此，"自信"强调的是对自己、自身的信仰、信心和信任，简言之就是对自己高度信任，对自身高度执着和认同。

关于何谓"文化自信"，学界尚未形成统一的表述。有学者认为："文化自信是一个民族在文化问题上所具有的一种积极精神状态，它体现为观察、思考和推动文化发展进程中对于优秀传统的礼敬、直面世界的从容、开创未来的坚毅。"③"我们所要增进的

---

① 习近平：《在庆祝中国共产党成立95周年大会上的讲话》，人民出版社2016年版，第12页。

② 习近平：《在中国文联十大、中国作协九大开幕式上的讲话》，载2016年12月1日《人民日报》。

③ 沈壮海：《厚植中华民族奋力向前的文化自信》，载2016年7月19日《光明日报》。

文化自信，是中华民族对于自我文化理想、价值、活力与前景的确信。”[①]有学者指出：“所谓文化自信，就是指一个民族对自己的文化是否具有足够的信心，表现得是一种心理底气。”[②]也有学者认为：“文化自信是对民族文化的自信，是在文化层面对本民族自我价值、自我能力和自我发展前景的自觉持守和淡定心态。”[③]从目前的研究不难看出，“文化自信”的内涵具有相同或相似性。基于学界对文化自信相关研究已有的共识，笔者认为文化自信是指文化主体对其形成的自身文化价值、文化自觉行为，文化生命力以及文化影响力的认同、信心和应有的底气。

（二）中国特色社会主义文化自信的蕴含阐释

文化作为一个民族区别于其他民族特有的标识，是民族生存和发展的动力源泉。缺乏文化自信，就难以实现民族复兴，更难以在世界多极化的进程中站稳脚跟。中国特色社会主义文化自信是指中国共产党、中国人民对自身文化价值的强烈认同和充分肯定，对文化自觉行为的理性彰显和理性选择，对自身文化发展前景保持坚定信心，对自身文化影响力秉持乐观态度和高度信赖。中国特色社会主义文化自信彰显了文化价值判断、文化立场选择、文化发展前景的科学把握和有机统一。具体而言，其科学蕴含主要由以下三个层面构成。

其一，是对中国特色社会主义文化价值判断的自信。“文化自信的实质就是价值自信，坚定文化自信，就是确认民族价值。”[④]中国特色社会主义文化自信是对自身文化价值充满自信心和自豪感，对自身文化价值强烈认同、始终坚守和充分肯定。伴随着中国共产党对传统文化的批判性继承和创造性发展，对西方文化合理成分的吸收与借鉴，在此基础上进行了新的价值重构，使中国特色社会主义文化得以形成和确立。中国特色社会主义文化具有开放包容、与时俱进的品格特质，对其他文化具有可供吸收的合理成分和可供借鉴的参考价值。中国特色社会主义文化自信是基于高度的文化自觉，基于长期实践和深邃理性思考，经过自我觉醒、自我省思、自我批判和自我超越的结果，是对中国特色社会主义文化的价值评判、价值导向和价值坚守。

其二，是对中国特色社会主义文化立场选择的自信。中国特色社会主义文化体现了对自身文化的历史渊源、演进历程、发展现状以及发展趋势的合理理解和理性选择，与其他外来文化碰撞中的合理定位和理性把握，是历史演进与现实选择双重逻辑的必然结果。中国特色社会主义文化对社会现实作出了科学阐释，正确揭示了反映客观世界与主观世界的运动发展规律，是改造世界实践活动的理论先导和科学遵循，是文化自觉行为的理性选择和理性彰显。

其三，是对中国特色社会主义文化发展前景的自信。“文化自信既是基于我们民族苦难和奋斗史的文化自觉与自豪，又是我们民族寻找自身伟大复兴之路的文化史的

---

① 沈壮海：《文化自信的维度》，载《求是》2017年第5期。

② 齐卫平：《文化自信的实质与意义》，载《中原文化研究》2016年第4期。

③ 李宗桂：《文化自信是强大的精神力量》，载2016年9月14日《人民日报》。

④ 齐卫平：《文化自信的实质与意义》，载《中原文化研究》2016年第4期。

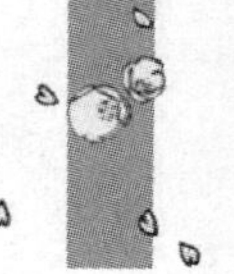

历史展示。"[①]中国特色社会主义文化自信不仅源于对优秀传统文化的认同，对自身文化的生命力、创造力充满坚定信心，也源自对自身文化吸引力、影响力秉持乐观的态度，更源自对自身文化发展规律的把握，对自身文化命运和未来发展趋势的美好前景决心不变、信心不减。中国特色社会主义文化符合社会主流价值标准，蕴藏着解决世界性难题的智慧，坚信能够引领社会的前进方向和发展趋势，并对人类文明产生积极而深远的影响。

二、何以自信：中国特色社会主义文化自信的生成逻辑

中国特色社会主文化何以自信？习近平总书记明确指出："文化自信，是更基础、更广泛、更深厚的自信。在5000多年文明发展中孕育的中华优秀传统文化，在党和人民伟大斗争中孕育的革命文化和社会主义先进文化，积淀着中华民族最深层的精神追求，代表着中华民族独特的精神标识。"[②]中国特色社会主义文化自信遵循了文化产生、嬗变和发展的规律，基于历史、现实和未来三个维度的审视，有着鲜明的历史指向性、现实指向性和未来指向性。中国特色社会主义文化自信是历史逻辑、实践逻辑、理论逻辑以及现实逻辑的有机统一。源于"古"、成于"今"是中国特色社会主义文化自信固有的生成逻辑，我们有理由坚定这样的文化自信。

（一）历史逻辑：厚植于中华优秀传统文化

作为四大文明古国之一的中国，中华文明五千年来未曾中断和没落，在诸多古代文明中堪称奇迹。中华民族受益于中华文化的哺育，博大精深、源远流长、历久弥新、光辉灿烂的中华优秀传统文化始终得到延续并不断发展，维系了中华民族的统一和发展，为人类文明进步做出了不可磨灭的贡献，构成了中国特色社会主义深厚的历史底蕴和文化根脉。

习近平总书记指出："中华文明绵延数千年，有其独特的价值体系。中华优秀传统文化已经成为中华民族的基因，植根在中国人内心，潜移默化影响着中国人的思想方式和行为方式。"[③]中华优秀传统文化是主体性和独特性的统一，铸就了中华民族持久而强大的凝聚力和向心力，作为中华民族独特的精神标识，不仅为中华民族的基因延续和传承、生命发展和壮大提供了丰厚滋养，也成为全体中华儿女构建中华民族共有精神家园，促进文化整合、价值认同的精神纽带。特别是"中国优秀传统文化的丰富哲学思想、人文精神、教化思想、道德理念等，也蕴含着解决当代人类面临的难题的重要启示，可以为人们认识和改造世界提供有益启迪，为治国理政提供重要启示，也可以为道德建设提供有益启发"[④]。实践证明，5000多年文明发展与历史传承，中国优秀传统

---

① 陈先达：《文化自信中的传统与当代》，载2016年11月23日《光明日报》。

② 习近平：《在庆祝中国共产党成立95周年大会上的讲话》，人民出版社2016年版，第13页。

③ 习近平：《青年要自觉践行社会主义核心价值观——在北京大学师生座谈会上的讲话》，载2014年5月5日《人民日报》。

④ 中共中央宣传部编：《习近平总书记系列重要讲话读本》，学习出版社2016年版，第202页。

文化呈现出永不褪色的历史文化价值，是中国特色社会主义道路、理论体系、制度和文化生成和发展的内在根基，是中国特色社会主义文化自信的源泉所在、命脉所在、底气所在。

（二）实践逻辑：来源于革命中孕育的革命文化

革命是生成和演绎中国近代历史脉络的主线。“革命文化在中国所经历的并不是一个自然而然的发展过程，它是在一种极为复杂、困难的环境中，在中国共产党的领导下，经过艰苦的斗争，历尽曲折，才逐渐发展壮大起来的。”[①]

在新民主主义革命、社会主义革命和改革开放新的伟大革命的历史进程中，中国共产党团结带领中国人民在批判继承传统文化的基础上，坚持把马克思主义基本原理同中国具体实际相结合，锻造了奋发向上的革命传统，铸就了特色鲜明的革命精神，形成了永存不朽的革命文化，既是中国特色社会主义的红色基因，也是中国特色社会主义文化自信的重要源泉。革命文化具有崇高的革命理想、深厚的群众基础、鲜明的政治立场，并不断被实践赋予新的内涵，是民族性、大众性和实践性的统一，也是中华民族精神内涵最生动的象征。革命文化以坚实的实践支撑呈现出独特的文化力量，“坚定的共产主义理想和对社会主义的不懈追求，是新的历史条件下坚持和发展中国特色社会主义的战略定力”[②]，更是奋力推进实现中华民族伟大复兴中国梦的强大精神动力。

（三）理论逻辑：根源于社会主义先进文化

在领导中国革命、建设和改革的过程中，中国共产党始终坚持以中国化的马克思主义最新理论成果为遵循，经过文化实践和理论创新，与中华优秀传统文化、革命文化相耦合，积极吸收国外文化一切有益成果，产生了具有自身民族特质、中国特色、富有强大生命力的社会主义先进文化。

中国共产党自从走上历史舞台，就以科学理论武装全党，始终高举先进文化的旗帜，自觉承担起引领先进文化的历史使命。社会主义先进文化立足于当代中国国情和社会主义现代化发展的实际，能够适时调适自身的文化目标、文化战略和文化范式，尤其是贯穿于其中的科学的理论指导、崇高的价值取向、坚定的理想信念，为中国特色社会主义现代化建设提供了强大精神支撑。社会主义先进文化蕴含着科学理论的实质，彰显了马克思主义民族性、科学性、大众性的理论品质，不断塑造着中国特色社会主义文化自信的理论逻辑，是真理科学性、价值合理性和适用普遍性的有机统一，也是中国特色社会主文化自信的逻辑必然。

（四）现实逻辑：蕴含于中国共产党治国理政的自信

习近平总书记深刻指出：“当今世界，要说哪个政党、哪个国家、哪个民族能够自信的话，那中国共产党、中华人民共和国、中华民族是最有理由自信的。”[③]中国特色社会主义文化自信顺应了时代主流，诠释了时代要求，回应了重大现实问题，彰显了中国共

---

① 黄楠森、龚书铎、陈先达：《有中国特色社会主义文化研究》，山东人民出版社 1999 年版，第 260 页。

② 包心鉴：《增强文化自信　夯实道路自信的深层基础》，载 2016 年 9 月 5 日《人民日报》。

③ 习近平：《在庆祝中国共产党成立 95 周年大会上讲话》，人民出版社 2016 年版，第 12 页。

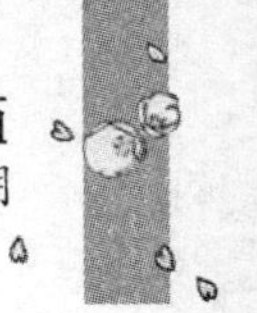

产党在新的时代条件下治国理政的文化自觉，是中国共产党治国理政的优势所在，也是中国共产党执政自信的显著特征。

在中国共产党 90 多年的光辉历程中，在中华人民共和国 60 多年的社会主义建设中，在 30 多年改革开放的伟大实践中，中国特色社会主义创造了举世瞩目的发展奇迹，取得了新的历史性成就。随着中国综合国力的不断增强，国际地位的显著提升，中国在全球治理中拥有了更多的国际话语权，已经成为影响世界经济政治格局的重要力量。这不仅为促进文化大发展大繁荣提供了良好的经济条件和社会空间，也增强了人们对未来的文化繁荣的信心；不仅为提升文化自信提供了现实基础和重要保障，也为文化复兴开辟了广阔空间和光明前景。回顾中国共产党的执政历程，正是中国共产党治国理政的自信，凸显了文化自信的底气。

三、何能自信：中国特色社会主义文化自信的发展逻辑

当前，面对世界范围内综合国力竞争日趋激烈的新形势，面对意识形态领域复杂斗争的新考验，我们必须明确立场、把握方向，稳住前行的定力，增强发展的底气，准确把握文化自信的发展逻辑，从文化自觉、文化自主以及文化自强中汲取文化自信的力量。

（一）以文化自觉增强文化自信

所谓“文化自觉，主要指一个民族、一个政党在文化上的觉悟和觉醒，包括对文化在历史进步中地位作用的深刻认识，对文化发展规律的正确把握，对发展文化历史责任的主动担当。”[①]中国共产党从诞生之日起，就是一个具有文化自觉的马克思主义政党。“历史和现实表明，一个民族的觉醒，首先是文化上的觉醒；一个政党的力量，很大程度上取决于文化自觉的程度。”[②]只有具备了文化自觉，才会有高度的中国特色社会主义文化自信，才会产生正确的道路选择、科学的理论引领和完善的制度建构。因此，文化自觉是文化自信的基本前提，坚定中国特色社会主义文化自信，首先必须从培育文化自觉开始。

首先，要更加自觉地传承和弘扬中华优秀传统文化，厚植文化自信的历史根基。习近平总书记指出：“不忘历史才能开辟未来，善于继承才能善于创新。”[③]要自觉增强对中华文化内在价值和内在含义的深刻认识，自觉强化对中华民族优秀传统文化的深刻理解和认同，善于从中华优秀传统文化中汲取文化基因、文化养分，形成深刻的民族认同和国家认同。要以马克思主义的态度和方法，科学合理评价中国传统文化，正确处理好传承与创新、传统与现代的关系，对实现中华传统文化的创新性发展和现代转型充满信心。要结合新的时代条件，自觉推动中华优秀传统文化在当代中国创造性转

---

① 任仲文：《传承·开放·超越——文化自信十八讲》，人民日报出版社 2011 年版，第 2 页。

② 任仲文：《传承·开放·超越——文化自信十八讲》，人民日报出版社 2011 年版，第 2 页。

③ 习近平：《在纪念孔子诞辰 2565 周年国际学术研讨会暨国际儒学联合会第五届会员大会开幕会上的讲话》，载 2014 年 9 月 25 日《人民日报》。

化，把继承和发扬中华优秀传统文化作为义不容辞的责任和自觉行动，充分挖掘和展示中华优秀传统文化的现代价值，不断赋予其新的时代内涵和表达形式，做中华优秀传统文化的承载者、传播者、发展者。

其次，要更加自觉地继承和弘扬革命文化，为文化自信增添新的特质和意蕴。要认真审视革命文化的历史坐标，正确对待在党和人民伟大革命斗争中孕育的革命文化，更加自觉地从革命历史中挖掘宝贵精神财富，增强人民群众对革命文化的价值认同。要对革命文化充满信心，在实践中自觉坚守和传承弥足珍贵的革命文化，自觉加强理想信念教育，自觉弘扬革命精神、继承革命优良传统。要加强革命文化阵地建设，搭建传承红色文化、红色基因的平台，为革命文化不断存续新的特质和意蕴，不断汲取继续前行的力量。

最后，要更加自觉地以社会主义先进文化引领社会进步，为文化自信注入新的动力和活力。以文化自觉提升文化自信，要"用自觉的思想创造、自觉的治学精神、自觉的社会责任感，确立我们自己的文化自觉"①，用社会主义先进文化引领社会思潮。要立足中华民族伟大复兴的高度，厘清中国文化的发展轨迹，审视中国特色社会主义文化的价值，充分发挥先进文化对当代文化的涵摄和主导作用，增进人民群众对中国特色社会主义文化的认同，巩固和坚守马克思主义主流文化。要不断凝聚文化发展的共识，更加自觉地以开放包容、兼收并蓄的文化心态，理性看待文化差异，沉着应对文化竞争，正确处理文化冲突，自觉警惕和抵制腐朽思想文化的侵蚀和渗透，坚决抵制"历史虚无主义""新自由主义"等错误思潮。

（二）以文化自主提升文化自信

近代以来，由于西方文化大规模的输入，在中西文化的碰撞中，中国文化受到极大冲击，文化自主成为文化自信的迫切追求。事实证明，实现文化自主是文化自信的基础。在全球化的浪潮中，必须遵循文化发展的基本规律，对自身文化客观定位，明确文化价值取向，坚定不移走中国特色社会主义文化发展道路。

首先，要坚持中国特色社会主义文化发展的前进方向。以马克思主义为指导，是中国特色社会主义文化最鲜明的本质特征和最根本的价值立场，不仅事关中国特色社会主义的发展方向，同时也事关中华民族的前途和命运。因此，在错综复杂的形势中必须"全面地、完整地、科学地坚持马克思主义"②，坚持中国特色社会主义文化的正确立场和价值取向。要立足于我国国情，深入推动马克思主义同当代中国发展的具体实际相结合，与中国优秀传统文化相融合，以中国化的马克思主义成果筑牢中国特色社会主义文化的根基。历史表明，文化的核心在于文化所体现的价值观。要树立正确的文化价值认同意识，以社会主义核心价值观有效整合社会意识，把社会主义核心价值观贯穿治国理政的全过程，融入文化建设的各个领域，内化到人民群众的精神世界、心

---

① 孟宪平：《嬗变与重组：转型期社会主义文化建设机制研究》，人民出版社2014年版，第216页。

② 张巨成：《全面完整科学地坚持马克思主义》，载2016年10月20日《光明日报》。

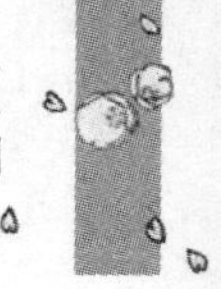

灵深处和行动之中。

其次，要把握中国特色社会主义文化依靠的力量。人民群众不仅是物质财富的创造者，也是精神文化的创造者。以文化自主提升文化自信，就是要充分尊重人民群众的主体地位和首创精神，彰显人民群众的主体性，使蕴藏于人民群众之中的智慧、力量得以充分挖掘和释放。就是“要坚持以人民为中心的导向，深入研究文化供给侧结构性改革的新要求，不断增强人民群众的文化获得感，为人民提供更多更好的精神食粮，使人民在享受文化中获得愉悦感、增强自信心。”[①]实现文化自信，必须把社会效益放在首位，必须努力培养和造就一支适应时代要求、富有开拓精神、善于创新创造的文化人才队伍，主动承担起满足人民精神文化需求，不断丰富人民精神世界，保障人民基本文化权益的责任，实现文化成果由人民共享。同时，引导广大人民群众自觉自愿地为社会主义文化建设贡献聪明才智，自豪地做中国特色社会主义文化的传播者和弘扬者。

最后，要提升中国特色社会主义文化话语权。文化话语权是指“国家主权在文化领域里的集中体现，是一个国家出于经济、政治、文化发展和国家安全的需要，自主地提出、表达、传播、交流文化话语，维护国家文化安全和文化权益的权利”[②]。作为推动世界文明的重要力量，中国必须拥有和具备引领时代发展和世界潮流的文化话语权。正如习近平总书记指出：“我们要虚心学习借鉴人类社会创造的一切文明成果，但我们不能数典忘祖，不能照抄照搬别国的发展模式，也绝不会接受任何外国颐指气使的说教。”[③]在对外文化交流中，必须牢牢掌握文化话语的主导权。要善于从世界变化发展的大格局出发认清自身文化的现实处境，既不能妄尊自大、自我陶醉，更不能自我贬低、自我放弃。要理直气壮地向世界介绍中国的道路、理论体系和制度，大力推进中国特色文化话语体系建设，建构具有中国特色、中国风格、中国气派的文化话语体系。

（三）以文化自强实现文化自信

坚定中国特色社会主义文化自信，最终必须依靠文化自强来实现。“文化自强”就是指中国特色社会主义文化在发展过程中，牢牢把握社会主义文化发展方向，凭借中国特色社会主义文化的整体实力和竞争力而具有强大的吸引力、影响力和创造力，最终通过坚定不移地走中国特色文化强国之路，屹立于世界民族之林。

首先，要激发中国特色社会主义文化的创新力。创新是文化发展的持久动力，是文化自信的动力源泉，也是实现文化自强的必由之路。要继续深化以理念创新推进文化内容、文化样态、文化传播等方面的改革创新，着力破除文化发展面临的体制机制阻力和障碍，为中国特色社会主义文化不断注入新活力。要适应新的历史环境，大力营造创新的文化环境和社会氛围，激励文化事业和文化产业创新，以文化发展制度化实现中国特色社会主义文化创新驱动发展，使创新成为文化自信的主旋律。

① 高翔：《坚持中国特色社会主义文化自信》，载《党建》2016年第8期。

② 骆郁廷：《提升国家文化话语权》，载2012年2月23日《人民日报》。

③ 习近平：《青年要自觉践行社会主义核心价值观——在北京大学师生座谈会上的讲话》，载2014年5月5日《人民日报》。

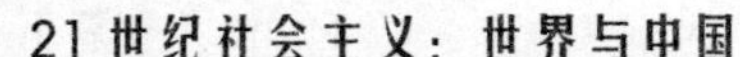

其次，要增强中国特色社会主义文化的软实力。“文化软实力，即生成和构建先进价值观念的能力。”[①]坚定文化自信，就是要在继续秉持道路自信、理论自信、制度自信的同时，进一步挖掘中华优秀传统文化的现代价值，在文化多样性中凸显中国特色社会主义文化的时代价值和显著优势，繁荣和发展社会主义文化生产力，不断扩大中国特色社会主义“文化吸引力、价值感召力、思想影响力、理念引导力等‘软实力’”[②]。同时，在全球化时代，应当牢固树立强烈的文化忧患意识，切实维护我国的文化安全，构建同我国国际地位相称的文化实力，不断提升中国特色社会主义文化的竞争力和吸引力。

最后，要扩大中国特色社会主义文化的传播力。习近平总书记明确指出：“文明是多彩的，人类文明因多样才有交流互鉴的价值。文明是平等的，人类文明因平等才有交流互鉴的前提。文明是包容的，人类文明因包容才有交流互鉴的动力。”[③]要进一步提高文化开放水平，以更加宽广的视野和深邃的眼光，重视向世界传播和宣传中国特色社会主义文化，不断推动中国文化走向世界。要讲好中国故事、传播好中国声音，加强世界对中国的了解和信任、肯定和认同，提升中国特色社会主义文化的辐射力和影响力。同时，要以开放包容的胸怀和辩证取舍的态度，尊重文化的多元多样性，加强与世界文化的交流互鉴，融合外来一切优秀文化成果，将人类文明先进经验做法有效转化、为我所用，促进世界文化发展与繁荣。

---

① 俞思念、魏明等：《当代中国文化发展战略》，华中师范大学出版社2010年版，第149页。

② 郭建宁：《中国文化强国战略》，高等教育出版社2012年版，第142页。

③ 《习近平在联合国教科文组织总部发表演讲》，载2014年3月28日《人民日报》。

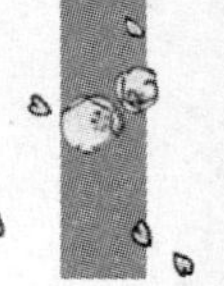

走出文化的资本逻辑:文化发展的现代悖论及其出路

张艳玲
(华东师范大学马克思主义与当代发展研究中心博士研究生)

在现代社会中,随着资本的介入,文化事业与文化产业获得了强劲的动力,出现了大众文化的繁荣景象,这意味着现代文化的发展需要依靠资本的伟大文明作用。然而加以仔细辨别就会发现,在资本势力的影响下,人们对电视、电影和小说等文化作品的关注只集中于搞笑情节、娱乐噱头,作品的内涵、艺术精神大多都被忽略掉了。当然,从表现来看这与大众文化的泛起不无关联,但究其根源,无疑是现代性带来的资本逻辑对文化发展施以的枷锁。文化与人的知识、精神和修养密切相关,它的传承和发展应旨向人的发展。但在现代社会中,为了迎合市场,实现资本价值增殖的目的,文艺作品、文化产业纷纷走向娱乐化、世俗化与浅薄化,这又意味着现代文化的发展需要对资本"祛魅"。可见,现代文化发展面临着"资本悖论",如何既发挥资本的伟大的文明作用,又彰显文化的价值引领本义,便成为需要我们思考的重要时代课题。

一、文化与资本的耦合:资本助力现代文化的发展

马克思指出:"资本的趋势是……在一切地点把生产变成由资本推动的生产。"①一直以来,资本扩张的本性使社会生活的方方面面都遭到资本逻辑的渗透。文化与资本本属于两个彼此不大相关的领域。然而,在现代社会,以科学技术为代表的资本要素的发展不断嵌入文化的生产逻辑,使文化的发展与资本发生紧密的关联,并日益演变为由资本推动的发展,且最终被纳入产业化、市场化的发展轨道。现代文化的内容、形式和发展方向等诸多方面都显现出资本逻辑的渗透。资本介入文化,强化了文化内在价值的现实性,推动了文化经济价值的实现,催生了文化形态的时代演绎,诠释了文化的新的时代内涵,助力现代文化的发展。以精神生产为代表的文化生产与以物质生产为代表的资本生产的耦合成为常态,并形成丰富而复杂的耦合机制,进而驱使文化生产力不断向前发展。

---

① 《马克思恩格斯文集》第8卷,人民出版社2009年版,第89页。

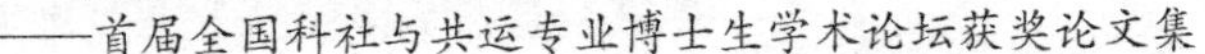

(一)资本介入文化:强化文化内在价值的现实性

文化自诞生之初,其内在价值就具有抽象性、主观性,以及价值引领本义发挥的隐蔽性等特征,并且其阐释方式略显单一而乏力。基于此,文化对社会发展所发挥的效用,往往需要经历一个漫长的历史过程才能够被人们所证实,并最终被接受。如若现代文化的发展仍然延续这种特征,难免会堕入文化神圣化的孤立主义。与此同时,由于这种文化难于被人们所发掘、辨识和利用,就会遭到社会历史发展的遗弃。与文化恰恰相反,资本自诞生之初,就为满足价值增殖的本性而不断扩张,并多以"经济的快速增长"与"庞大的商品堆积"为其效用发挥的显著标志。资本所彰显的作用往往具有直接性、客观性以及即时性等特征。马克思指出:"资本作为孜孜不倦地追求财富的一般形式的欲望,驱使劳动超过自己自然需要的界限,来为发展丰富的个性创造出物质要素。"①由于资本的欲望是借助于对财富的一般形式即商品的无限追逐,来实现对剩余价值的占有,这就驱使人类劳动生产的不只是用于满足基本生存需要的物质产品,而是打破自然生理需要的界限,满足丰富多样的个性需求的商品,这些物质产品能够带给人们自身即刻的满足与愉悦,而文化产品也毫无例外地蕴含于其中。在这一过程中,文化的生产也囊括于资本驱动下的劳动生产的范畴,并倾向于即时效益的获得。随着资本扩张的不断深入,现代社会逐渐进入全球化、信息化和数字化的时代,以"互联网+"为主要形式的文化信息传输服务业与文化艺术服务业成为现代文化产业中增长最为明显的两个文化产业发展模式。互联网与文化产业的深度融合开拓了新的维度来推动未来文化产业的发展。文化信息化、数字化使其以鲜活的形态渗透到人们的日常生活中,并使其成为大众文化趣味与艺术审美的一部分。新的文化发展模式和机制带来多样化的文化产品,既丰富着人们的精神生活,又实现着可观的经济收益,甚至是激发了市场的活力。可见,资本拓展了文化生产的空间,提升了文化生产的运作效率,推动了文化产品的迅速传播。现代文化的发展愈加呈现出与时俱进的时代特征。与此同时,文化的内在价值的现实性增强,并使文化的发展越来越关注和贴近现实生活,服务于社会大众,从而也约束了文化生产中的虚幻和模糊思维。文化生产逐渐遵循严谨、量化和精确的原则。正如霍克海默指出,文化工业运用自身的力量,将原本笨拙、粗鲁和天真的艺术转化为现实中可用于消费的事物,文化遵从着资本价值增殖的原则,成为一种商品的类型。②

(二)资本介入文化:推动文化经济价值的实现

在人们的日常生活中,文化常常被界定为精神层面的东西,而人们能够感受到的多是其无形的内在价值。从文化本义的视角来看,它作为意义和价值层面的事物,往往只是用于满足人们精神欲望层面的价值需求,彰显出的是文化的社会效益。然而,文化有时又如物质产品一样现实地存在着,并创造出一定的经济收益。可见,文化兼

---

① 《马克思恩格斯文集》第8卷,人民出版社2009年版,第69~70页。

② 参见[德]马克斯·霍克海默、西奥多·阿道尔诺:《启蒙辩证法·哲学断片》,渠敬东、曹卫东译,上海人民出版社2006年版,第121页。

具社会效益和经济效益的双重属性。在现代社会中，社会财富的增长点已不再局限于纯粹的物质生产领域，而是逐渐转向“以文化生产为标志”的非物质生产领域。同时，文化生产渐渐成为社会机构、民族、国家获取生产利润、创造文化认同乃至提升文化软实力的重要途径。当文化成为一种商品的类型时，它的生产就同物质生产一样，都属于经济方面的一种实践，只不过它是与经济基础关系最为间接的社会生产，属于生产的一种特殊方式。在现代社会的经济活动过程中，文化经济价值的实现往往离不开它与资本的内在耦合。正因为资本拥有对经济要素快捷、对称、适时和强有力的市场配置能力，并彰显出促进利润增长的核心功能，这就使与资本耦合的文化生产过程具备了对现实需求的敏感性和对生产要素配置的客观性，使之能够更快、更好地满足社会需要，进行有效生产。与此同时，文化蕴含的社会效益也有了转换为现实经济价值的可能性，并使精神生产能在物质经济中得到价值实现，且以新的形态保障文化的传承和延续。文化范畴中那些具有商品经济属性的文化产品，成为经济价值的物质载体，它具有其他商品不可替代的使用价值和有限的选择性特征。由于资本的本性要求通过提高劳动生产率的手段最大化资本的效益，文化的资本逻辑也就成为资本所建构的现代社会体系的重要方面，进而促进现代社会中文化的生产和再生产。

（三）资本介入文化：催生文化形态的时代演绎

文化形态意指由有着某种共同文化属性所积淀而成的文化载体，它主要涉及的是文化的组成及其特质。在古代，文化一般是通过言语或书面等形式进行传播，书籍往往成为传统社会最为普遍的文化形态，文化形态比较单一。随着科技生产力的飞速发展，人类社会逐渐进入“后工业时代”。经济全球化以及市场经济的不断发展成为文化形态演绎的时代背景。作为资本构成要素的科学技术引发参与生产过程中的事物的形态变化：由实物、凝固性商品占主导的生产转化为非实物、信息化商品占主导的生产。与此同时，由于互联网技术和新媒体的快速发展，便携、即时、互动的自媒体应运而生，进而也影响着现代社会中文化发展的生态环境，文化的生产方式与消费形式被重塑。现代文化的发展置身于一个互联网发展的时代。可见，在资本介入文化的耦合机制时，正如马克思恩格斯所言：“过去那种地方的和民族的自给自足和闭关自守状态，被各民族的各方面的互相往来和各方面的互相依赖所代替了。物质的生产是如此，精神的生产也是如此。各民族的精神生产成了公共的财产。民族的片面性和局限性日益成为不可能，于是由许多民族的和地方的文学形成了一种世界的文学。”[①]马克思恩格斯预言了现代多元文化并存与交互发展的局面。文化经济价值的实现与传统文化形态的消解相伴随，资本使文化朝着产业化方向发展，呈现出诸如媒体文化、时尚文化、虚拟文化或碎片文化等多样化的文化形态，资本催生了文化形态的时代演绎，改变了一元文化形态的局面。现代文化发展要实现的是不同文化形态的良性互动。文化生产逐渐成为资本支配下的一种特殊的生产方式。新的文化形态的产生和延续变

---

① 《马克思恩格斯选集》第 1 卷，人民出版社 1995 年版，第 276 页。

得与新媒体技术的演进和革新相同步，进而使得文化产品变得越发新颖，而数字化文化形态更是受到广泛的推崇。传统文化资源也朝向数字化的方向发生创造性的转化。文化通过声音同图像的组合方式，几乎可以瞬时传递到世界的各个角落，打破了文化的垄断，使文化能够被平民化、大众化。与此同时，文化产业化发展紧跟大众文化消费需求的个性化和多样化的变化，使文化不再是少数人占有的东西，而成为普遍大众都能够接触到的事物。资本介入文化，既促进了文化的繁荣发展，也使得文化的生产和再生产成为现代社会经济增长的主要动力之一。大众文化已经成为社会生活引人注目的文化发展形态。种类繁多的文化形态为现代文化发展的繁荣奠定了基础。

二、资本逻辑布控下文化的发展异质：商品化、世俗化、工具理性化

文化的繁荣景象彰显了时代的进步，然而，这种进步却同时伴随着野蛮和倒退。资本扩张的本性使自身陷入内在的逻辑矛盾之中。不加约束和控制的资本逻辑布控制造和再生出难以避免的野蛮的现实，造成文化的发展异质。资本借助自身基于价值增殖本性而形成的抽象力量对包括个人在内的一切社会现实进行奴役和操控。文化本是一个人类价值、行动和结构相对独立的范畴。随着社会历史的发展，以精神生产为标志的现代文化发展与以资本力量为依托的物质生产发生紧密的关联，文化以商品的形式在整个社会中运行，人们的生活早已被卷入物质和文化商品的生产、流通、交换和消费之中。资本能够操控的只是从不同事物中获取即刻的权力和利益。因此，文化在资本的介入模式中发生转变，摆脱其内在的原生法则，抛弃了原有的稳定和自我，理性文化、实证文化、功利文化和机器文化受到推崇。当交换价值成为衡量文化的唯一标准时，文化的本真属性就失去了在人们心中的主导地位。资本逻辑布控的内在野蛮性冲击着现代文化的发展，文化的商品化、世俗化和工具理性化出现了扭曲的现象。

（一）文化的商品化：循环往复的商品生产

文化之所以成为一种生产，其本质的原因就在于市场化的推动。文化生产本无具体的模式和规律可循，而在市场化的推动下，现代社会中的文化生产方式日渐趋同于由资本支配的工业生产方式，表现为循环往复的商品生产。商品化的文化生产也因此成为现代文化发展的特征，而标准化和大众化的生产更成为现代文化发展不同于传统文化发展的独特之处。现代文化的发展与商品和市场的运行走向共谋。文化商品的生产目的不再是要发挥其价值引领的本质，而是如同汽车之类的具体商品一样，为实现其经济价值层面的诉求而通过模式化的生产方式被生产出来，文化参照商品获得了自身的意义。在此境遇中，文化所呈现的创新和进步，似乎是使充满灵性、智慧的精神力量转化为物质力量。文化生产的目的如同物质财富的生产一样都要屈从于“现实性”的使命。以盈利为目的的文化生产使文化的整体发展朝向经济层面倾斜，并吸引了诸多的受众，文化渐渐成为被消费的对象。现代社会似乎已经进入了一种消费文化的时代。文化受众群体能够触及的是千篇一律的文化商品，它们实现的只能是以物质为表征的替代性满足，即感觉和视觉的消遣，而文化的真实意义就不复存在了，这也就使

得个体对文化的真正的满足遭到摒弃。文化的“实用价值”由“交换价值”来决定。由此,文化的生产陷入循环往复的怪圈,整个文化系统的一致性增强。不仅如此,模式化的文化生产方式也导致文化商品演化为极具有可操纵性的消费品,人们心底的真实愿望被掩埋。“每个个人、每个消费者都被封闭于对商品的利益操控和为自身利益的符号中。”[①]社会注重的是文化商品的经济收益,而忽略作品本身的艺术涵养。人们陷入被文化商品牵引的消费境遇中,这也成为现代文化衰落的主要症候。文化创作者依据大众欣赏的典型特征,塑造出具有浓厚商品属性的文化作品。文化作品中的艺术水准和文化价值居于次要位置。在这种境遇中,一家超市和一个艺术画廊之间的区别已经不存在了,一张平静的书桌成为稀罕之物。文化商品化的倾向意味着文化自身早已不是纯粹的科学、哲学或艺术,而是以资本运作为中心的价值交换。

(二)文化的世俗化:催生人们的世俗欲望,加剧人们精神的陷落

在资本介入文化的过程中,文化以商品的形式充斥着人们的现实生活,进而左右着人们的消费活动,也操纵着人们的欲求和思想。在此境遇中,倘若运用资本的量化标准来衡量文化,文化难免呈现出世俗化的特征。在现代社会生活中,物质需要和精神需要都是人们在生存与发展中不可或缺的两个方面。从某种程度上说,物质需要象征着人们肉体的满足,而精神需要则表征着人们灵魂的诉求。解决人们生存和发展的问题自然离不开这两个方面。在现代社会带给人们丰裕的物质生活的同时,人们终究难以抵挡由资本价值增殖而带来的巨大利润诱惑,并使得文化以商品的形式来满足人们肉体层面某种短暂愉悦的世俗需求。现代社会所彰显的是以物的依赖性为基础的人的独立性。也就是说,现代社会中文化的精神意蕴并不是纯洁的,人们的文化生活处于二重化的物质生活之中,灵魂的游荡进而带动着人们肉体世界的出走,最终也会影响着人们肉体世界需要的满足。可见,在人们享受这种物欲满足带来的欢乐时,难以避免地受到来自资本的统治,在追求精神家园的路上逐渐迷失,并由此坠入浮躁不安的境地。现代社会似乎处于马克思所描述的这样一个时期,“像德行、爱情、信仰、知识和良心”等传统观念中不能用于交换和买卖的东西,都成了可以用于买卖的对象。也就是说,“一切精神的或物质的东西都变成交换价值并到市场上去寻找最符合它的真正价值的评价的时期”[②]。资本的逻辑驱使人们生活的方方面面都要服从资本价值增殖的需要,进而成为资本的奴仆。人们已经无法自然地表现自我,它带来的只是非人性的劳动和异化的生存状态,为人们制造了“封闭自我、控制感情和压抑精神”[③]的牢笼。

文化的本来目的是道德、精神的洗涤和熏陶,而不是单纯的消遣和娱乐。随着标准化和低水准的文化的加速蔓延,文化商品成为人们欲望的催化剂。资本逻辑布控下的文化追求的是短暂的愉悦,这样的文化千变万化,缺乏逻辑,彰显的是利己主义和人

---

① [法]鲍德里亚:《生产之境》,仰海峰译,中央编译出版社 2005 年版,第 131 页。

② 《马克思恩格斯全集》第 4 卷,人民出版社 1958 年版,第 79～80 页。

③ [美]乔治·里泽:《麦当劳梦魇:社会的麦当劳化》,容冰译,中信出版社 2006 年版,第 29 页。

情味的缺失。在此境遇中生活的人们仿佛成为歌德所说的“无灵魂的专家，无心的享受者”①。文化创作者在文化异质的过程中逐渐丧失创作的热情，而沉迷于金钱带来的世俗诱惑中，以取悦文化消费者的娱乐需求为创作宗旨。当文化作品迷失在受众廉价的笑声中时，文化作品的持久生命力则难以获得保障。虚拟文化、碎片文化和快餐文化等现代社会中受到普遍推崇的文化形态，在降低文化质量的同时，也影响着人类的文化素养的形成。人类自身本有的文化选择和吸收能力被智能化、机械化和异化。现代社会中的文化代替经济成为一种崭新的、更为强大的、更易被人接受且难以抗拒的征服形式。现代文化发展在异质的过程越发被动。

（三）文化的工具理性化：价值导向的主流功能在丧失

现代社会所推崇的文化区别于“以传统思想和经验知识为内容”的传统文化，它是在社会工业化进程中形成的一种理性的文化精神。与此同时，由于文化的商品化、世俗化，经济理性成为现代社会中文化创作者坚持的创作原则，进而驱使文化走向工具理性化。所谓的“文化工具理性化”意指文化成为实现人们经济理性欲求的一种工具，以及文化的发展皆以实现人们的物质利益为价值依归。工具理性的思维方式，由于只注重手段和目的的关系，而忽略目的和价值的关系，进而使得事物的意义丧失。文化的工具理性化潜藏着意义和价值的危机。现代文化发展处于被众多文化产品充斥的历史境遇。文化产品凭借各种媒介进行大量扩散，诸如广播、电视、互联网的大规模复制，唱片、超市出售的杂志和书籍等等，大众文化成为现代文化发展的主流。文化逐渐朝着“去中心”化方向发展，并日益沦为迎合以消遣娱乐为目的的受众的工具。此时的受众更多认可的是作品本身的现实性、非专业性和易懂性。事实上，文化的独特性在于其与日常生活和普通事物保持一定的距离，留给人们更广泛的空间用于冷静而超脱的思考。文化的工具理性化蔑视人们对崇高精神的追求，使文化的内在价值被资本的一般形式即货币以通约的形式呈现出来。文化价值的量化和客观化使本真文化与商业文化的界线难于划清，现代社会文化与经济互相重叠。文化虚假繁荣过程中产生的低质量、低水平的文化产品只诉诸满足社会个体暂时的消遣娱乐需求，回避对现实社会发展的价值引导，文化创作者逐渐在文化的市场化中迷失真善美的方向。

三、走出文化的资本逻辑：融合资本的世俗动力与文化的价值引领

现代社会的发展离不开文化的繁荣兴盛，推动文化的大发展大繁荣是当今时代的重要课题。当现代性带来的资本逻辑使文化逐渐从商品化向世俗化，进而向工具理性化发生扭曲演绎时，文化发展的历史使命就会被资本逻辑布控所导致的文化繁荣兴盛的假象所遮蔽，文化产品的假丑恶取代了真善美。此时社会中的人们崇尚的是文化产品带来的感觉直观享受，而非其内在价值涵养带来的艺术熏陶。文化演绎成为一种人们通过消费就可以实现对其绝对“占有”的东西。异质的文化充斥着人们的现代文化

---

① ［英］戴维·英格利斯：《文化与日常生活》，张秋月等译，中央编译出版社2010年版，第59页。

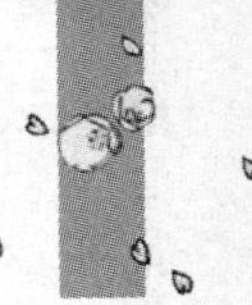

生活，人们在对文化资本的“迷恋”中丧失对自身发展的追求，也丧失对主流文化和优秀传统文化的认同。在这样的情形下，人们对唤醒现代文化的历史使命表现出了强烈的期待，同时也彰显出现代文化的发展对资本“祛魅”的渴望。现代文化的发展不应仅仅着眼于文化产品带来的利益的多寡，更重要的是构建适应时代发展要求的文化精神，承担价值引领的历史使命。因此，面对资本逻辑布控下文化的片面化发展，走出文化的资本逻辑的关键，是要寻求一个有效途径来协调文化产业与文化事业之间的脱节问题。融合“资本的世俗动力与文化的价值引领”的发展是走出文化的资本逻辑、克服文化发展的现代悖论的努力方向。

（一）借助资本的世俗动力作用，以经济利益刺激现代文化的发展

针对文化的过度商品化、世俗化与工具理性化的批判，并不是要否认和规避资本的作用。恩格斯指出：“政治、法、哲学、宗教、文学、艺术等等的发展是以经济发展为基础的。”[①]由此可见，经济的发展是文化发展的前提和基础。现代经济的发展依赖于市场在资源配置中的基础性作用的发挥，而资本是市场运行中起重要推动力作用的资源，它能够整合经济发展过程中的内容、渠道、手段、技术和人才资源，使经济运行实现规模化、集约化和专业化发展。那么，与经济发展密切相关的文化产业的发展自然也离不开资本的推动作用。当资本介入文化的生产过程中时，区别于传统文化的发展，现代文化生产力利用资本逻辑积累了进一步发展的物质力量，进而实现了文化资本的价值增殖，并带动了整个社会产业的发展，激发了市场的活力，文化产业成为富有战略价值的产业。就现代社会而言，生产力水平的现状决定了文化的繁荣兴盛依然摆脱不了资本这个有效工具的支撑。因此，现代文化的发展要充分借助资本的世俗动力作用，这就需要从三个方面入手。

第一，驱动文化生产力的发展，创造满足人们多元消费需求的文化产品。在现代社会中，人们有着多元的文化消费需求，而这些需求往往无法通过自我生产得以满足，需要专业化生产并在价值交换关系中方能实现。在此之前，创造一大批能够满足人们真实需要，并为人们所钟爱，且思想精深、艺术精湛、制作精良，有正能量、感染力，更能够温润心灵、启迪心智，传得开、留得下的文化作品是繁荣现代文化的首要目的。[②] 这就要求我们要以某种社会关系的形式将文化各生产要素组织到文化发展的系统中，并优化资源配置以提升生产效率，创造丰富多样的文化产品。可见，在资本逻辑境域的宏大叙事中，文化产品的生产脱离资本自然是完全不可能的。资本扩张是文化生产力的发展的重要推动力。资本的世俗动力为文化的发展奠定了深厚的物质积淀：资本介入文化所积累的文化资本，为文化发展提供了资金保障；资本介入文化所积累的剩余劳动力，为文化发展提供了劳动力保障；资本介入文化所带来的丰沛的物质产品、收入的提高以及自由时间的增加，为文化的发展创造了市场需求。在资本介入文化的过程

① 《马克思恩格斯文集》第10卷，人民出版社2009年版，第668页。

② 参见张三元、罗乐：《警惕资本逻辑导致的文化虚假繁荣》，载《理论导刊》2016年第3期。

中，文化生产力迅速提升，人们的文化消费需求也呈现爆发式的增长，这些都为文化商品的生产提供了足够的市场空间。

第二，创新文化资本价值增殖的手段，提升文化产业的核心竞争力。创新是推动文化发展的主动要力，没有创新，文化的产生和发展将无从谈起。既然文化发展的困境源于资本逻辑的影响，那么走出文化发展的困境也只有从资本逻辑着手。资本能够激发文化发展的活力，激发人们的创造潜能。因此，尽管文化产业创新发展的方法和途径很多，但是创新文化资本价值增殖的手段是一条不可或缺的手段。所谓创新文化资本价值增殖的手段，就是要在文化产品的生产过程中，实现生产要素与生产条件的重新组合。在这一过程中，生产技术和生产方法的变革显得尤为关键。这就要求：广泛运用互联网新型科学技术，使文化产业摆脱传统生产的掣肘；立足于互联网平台，重组文化产业中的新技术，实现文化生产的多元发展和融合发展；坚持市场资源配置和政府引导相结合，推动文化产业的发展；以"产业之间的融合发展"和"文化产业'走出去'"为现代文化产业的发展方向。

第三，超越文化的资本逻辑，平衡文化产品的世俗属性和价值引领属性。在现代社会中，文化产品是现代文化存在与运动的主要形态。当文化产品作为一种商品类型时，即将精神文化生产视为现实的社会经济活动时，市场机制就成为文化资源配置的决定性力量，并渗透到文化产品运行的过程之中，且为资本价值增殖服务。此时，文化产品被赋予了资本的世俗属性。然而，相较于文化产品的世俗属性，文化产品的价值引领属性更为根本。这是文化商品区别于其他商品的特性。事实上，文化产品价值引领的特殊属性却不能为资本逻辑全面反映，甚至要遵守文化生产和消费的逻辑。在现代文化的范畴中，既存在一些社会性较强，且不适宜商品化的文化，却可采用资本优化配置法则；又存在一些经济属性较强，且可以商品化的文化，却由于受到非资本因素的遏制而偏离资本逻辑的轨道。文化产品的世俗属性和价值引领属性的二重性决定了在其生产和交换过程中，文化逻辑与资本逻辑共同发挥着作用，在其二重属性的平衡中实现对大众商品的超越。这就要求现代文化的发展既要充分利用资本逻辑，又要基于其本性而加以限制，进而防范文化产品的价值引领属性被世俗属性所遮蔽。

（二）坚持文化的价值引领本义，使现代文化的发展目的旨向人自身

在拉丁文里，"文化"的原义指的是土地的耕作，而它蕴含的另一层含义则指灵魂的锻造。[①] 文化既是人对自然客体状态和过程的改变，也是人对主体自身活动和观念的改变。文化具有一种引领作用与前瞻性，文化对现代社会经济的运行发挥着重要的引领作用。文化的内在价值引导人们构建一个超越单纯经济利益的发展图景。相较于其他影响人类社会历史发展的因素而言，文化因素的影响较为深远。然而，在资本逻辑布控下的文化发展出现异质现象时，人们自然也无法回避和摆脱异质文化对经济社会发展以及人类自身的影响。在文化产业与多元价值观的杂糅中，当人们面临的依

① 参见[美]赵志裕、康萤仪：《文化社会心理学》，刘爽译，中国人民大学出版社2011年版，第3页。

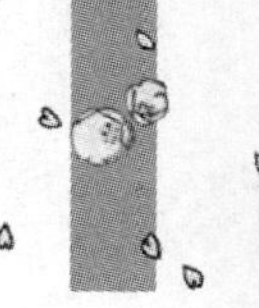

旧是冷酷无情的物质利益竞争时，如若缺乏规范的社会秩序和修持人性的文化，文化的资本逻辑必然会培养出“破坏一切社会纽带的，没有廉耻、没有原则、没有诗意、没有实体、心灵空虚的贪财恶棍。”[①]文化的发展也会因其对商业利润的无尚推崇所延误，甚至是搁置。由此可见，现代社会的发展亟待文化本义的价值引领作用。倘若人们只受不加规约的资本逻辑的支配，那么也就不会有人类文明的延续。因此，文化的价值引领功能，即对人类灵魂的锻造越来越需要被唤醒并得到重视。唤醒文化中被资本浸润和消解的信仰、批判和超越之维，用以补充文化的精神品质，就需要从以下三个方面入手。

第一，灵魂的复归：满足人们的基本文化需求。在资本介入文化的过程中，文化产品生产的实质是以物质形式表达人们现实生活中的价值体系与物质关系，而商品的逻辑与文化应有的价值意蕴的对立却难以避免地被生产出来，人们处于被商品逻辑过度渗透的文化环境之中，文化产品只是没有灵魂的实物。现代文化发展所推崇的是文化产业与文化价值意义的相融合。在文化的产业化发展进程中，坚持文化的社会效益优先于文化的经济效益，用真善美取代假恶丑。第四，在资本介入文化的过程中，即在文化产业的运行中，树立“价值引领优先，产业效益随后”的理念。回归到人本身，引领人们走向自由与超越。

第二，批判的继承：优秀传统文化支撑现代文化发展。随着传统社会向现代社会的转型，人们的物质生活水平得到了极大提升，而人们的精神家园建设则相对滞后。现代社会发展面临的是价值观的多元化、世俗化以及主流意识形态缺失的情形，而文化发展正在积极应对回归传统和实现现代化之间的巨大张力。事实上，优秀传统文化对经济社会发展具有重要的支撑作用。传统文化是指：“由前人创造、形成并一直对后人产生影响和作用的思维方式、价值观念、道德规范、行为方式和风俗习惯。”[②]能够发挥价值引领作用的文化是值得世代相传的。在现代社会发展的过程中，优秀的传统文化为我们精神家园的构建和提升提供了沃土。批判继承和发扬光大优秀传统文化，要大力弘扬优秀传统文化，开发推出独具特色的文化瑰宝；要丰富优秀传统文化的表达方式与传播形式，保障优秀传统文化的存活和传承，使其不至于被时代的文化所湮没；要为优秀传统文化注入时代的血液，彰显时代性，推陈出新，使其成为反映时代精神的主导型文化，不断提高优秀传统文化的解释力、吸引力、影响力，进而实现传统文化与现代文化的双向互动和整合发展。

第三，回归人自身：凸显文化解放和发展人的历史使命。文化的生成源于人的创造，文化的发展自然也影响着人的发展。在现代社会中，受到广泛推崇的“以人为本”的文化经济逐渐取代“以土为本”的农业经济和“以物为本”的工业经济。文化的发展不再是绝对地服从于资本逻辑，即以赚取剩余价值为目的，而是旨向人自身，即以人的

① 《马克思恩格斯文集》第1卷，人民出版社2009年版，第175页。

② 吴潜涛：《推动优秀传统文化的现代性转换》，载2015年7月15日《人民日报》。

自由全面发展为根本价值旨向。文化繁荣发展的根本在于回归人自身。面对资本逻辑与文化逻辑的相悖，要将资本逻辑置于“以人为核心”的文化逻辑之中。首先，以“人们真实的健康精神生活需要”为文化创造的出发点。有思想和有意识是人区别于动物的重要特征，也是人的自身的“生命力”的重要体现，更能够证明人的价值和意义。人们在精神层面有着广泛而真实的需要。要实现现代文化发展的返璞归真，就要使文化生产为人抒写、为人抒情、为人抒怀。只有满足人们真实的健康精神生活需要的文化产品，才能不沾染铜臭气，进而解放人们的需要。其次，从“人们的日常生活”中汲取繁荣现代文化创造的资源。人们的日常生活构成了精神生产以及精神活动的深层基础。文化的创造应以人们的日常生活为对象，而不应拒斥日常生活。关在象牙塔里的文化创造，缺乏灵感与激情，创作不出有生命的作品。最后，以“解蔽资本‘形而上学的怪影’，重建人们的精神家园”为现代文化发展的当前要求。在现代社会中，人们的精神生活较为单一，人的精神世界被物性所统治，人的尊严、价值和意义丧失殆尽。要摆脱这种困境，只靠物质的力量是不够的，依靠文化重建人们的精神家园。在这个意义上，文化才能变资本的独立性和个性为人的独立性和个性，驱散资本的“形而上学怪影”，让人们看到未来的希望。

（三）树立“融合发展”的理念，实现文化事业与文化产业的互为转向

一直以来，文化事业与文化产业的“分”与“合”是文化发展领域的突出问题。现代文化的发展主要涉及两个方面：一方面是重在文化价值引领本义上的广义的文化事业的发展；另一方面是重在文化资本价值增殖意义上的狭义的文化产业发展。事实上，文化事业与文化产业是辩证统一的关系。文化产业为文化事业提供物质基础，反过来，文化事业也为文化产业提供价值引领。在现代社会中，文化事业与文化产业都发挥着重要的作用，且两者之间具有明显的一致性。此时，文化事业与文化产业的“合”，即“融合发展”理念下的协调发展与良性互动将有助于推动现代文化的大发展大繁荣。可见，注重文化事业与文化产业的渗透与融合，树立“融合发展”的理念，是一条走出文化的资本逻辑的可行性出路。树立“融合发展”的理念，进一步实现文化事业与文化产业的互为转向，需要从两个方面入手。

第一，全面提升文化产业发展的规模与质量，为文化事业的发展提供物质基础。文化产业的发展将是现代社会文化发展的未来趋势。就现代社会的文化市场而言，低端文化产品的过剩与高端文化产品的难求成为文化发展的突出现象。结合现代文化发展的境况，可以从以下两方面全面提升文化产业发展自身的规模与质量。一方面，改革文化产业管理机制。在现代文化的发展过程中，我们必须在遵循文化发展内在规律的基础上，构建适应时代要求的新的文化产业管理机制。文化不同于普遍的商品，它既要遵循市场发展规律，也要依赖政府的调控。另一方面，制定契合时宜的文化产业发展政策。经济的全球化使得不同文明和文化相互交融，并且竞争加剧；互联网的兴起打破了传统文化发展缓慢的局面；随着文化发展的异质化，人们对现代文化生活提出了新的要求。这就要求文化产业发展政策适时进行调整。

第二，全面深化文化事业对文化产业的带动效应，为文化产业开拓发展空间。文化事业具有文化整合与社会整合的功能，对培养人们的价值观有着显著意义。然而，从现代文化事业发展现状来看，存在着文化事业发展投入少、资金利用率低、基础设施不足和发展不均衡等一系列问题。这就需要从以下两方面入手：一方面，完善文化事业发展的法律制度与政策方针。随着人们文化消费需求的爆发式增长，要将大力发展文化事业置于现代文化发展的优先和重点环节。另一方面，推动文化事业发展基础设施建设。

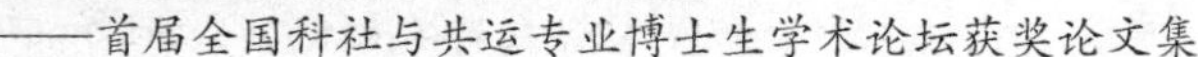

波罗的海三国独立运动中的文化因素比较分析

陈　凤
（北京大学国际关系学院博士研究生）

波罗的海三国是苏联最先宣布独立的加盟共和国，“在苏联解体过程中起有‘带头人’的作用”[①]。而立陶宛又是波罗的海三国中第一个宣告脱离苏联建立独立国家的。1990年3月1日，立陶宛最高苏维埃发表恢复独立宣言；8月20日，爱沙尼亚最高苏维埃宣布恢复独立；8月22日，拉脱维亚最高苏维埃宣布拉脱维亚共和国恢复独立。

苏联解体具有戏剧性。由于权力斗争，叶利钦领导下的最大加盟共和国——俄罗斯宣布脱离苏联，其他小的加盟共和国不得不宣告独立。但是波罗的海三国是先于俄罗斯强烈要求独立的，后得到叶利钦的大力支持。对于解释波罗的海三国的最先独立，学者大多认可以下观点：由于波罗的海三国在加入苏联之前经济水平较高于苏联平均水平，加入苏联后，受苏联“拉平”经济政策的影响，波罗的海三国经济发展缓慢，但平均水平仍然高于其他加盟共和国；从文化和民族的角度看，波罗的海三国是归属于西方的；以上因素使波罗的海三国最早宣告独立成为必然。另外，学界长期以来将波罗的海三国作为一个整体进行研究，或者单独对每一个国家的经济转型进行分析，很少将三国进行比较分析。但实际上，波罗的海三国之间的差别很大。经济上，爱沙尼亚和拉脱维亚的经济水平明显高于立陶宛；政治上，爱沙尼亚和拉脱维亚是议会制，而立陶宛是总统制；文化上，爱沙尼亚和拉脱维亚的文化倾向北欧，而立陶宛文化倾向波兰。

本文通过对波罗的海三国文化的比较分析，回答为什么立陶宛会是波罗的海三国中第一个宣告脱离苏联独立的国家。本文认为，立陶宛之所以会成为第一个宣告脱离苏联独立的国家，不仅仅是当时的政治变动所决定的，更深层次的原因在于立陶宛不同于爱沙尼亚和拉脱维亚的独特文化。

---

① 李兴汉：《波罗的海三国的独立与苏联解体》，载《东欧中亚研究》2000年第3期。

一、波罗的海三国的文化起源不同

波罗的海沿岸[①]最早是商贸往来的重地，海盗行为是波罗的海沿岸所特有的现象，不同于战争时期合法化的私掠船，海盗是被看作为一种职业。[②] 14世纪，瑞典王朝通过海盗活动获取私利。同时期出现的汉萨同盟是德意志人为了垄断波罗的海沿岸的商贸、抵御海盗所形成的一种松散联盟。随着汉萨同盟不断发展壮大，里加等城市也被囊括在内。德意志人和波兰人的涌入，使波罗的海三国的文化发展出现了较大的区别。

(一)立陶宛文化深受波兰文化影响

在波罗的海三国中，立陶宛最早建立国家。13世纪，立陶宛建立一个独立王国，国土面积约为8万平方公里。1386年，立陶宛大公国成为欧洲最大的王国；同年，立陶宛和波兰通过联姻结为同盟。1569年，波兰—立陶宛联邦建立。该联邦一度是欧洲面积最大、国力最强的国家。立陶宛在整体社会发展上落后于波兰，在联邦中的地位低于波兰，波兰贵族掌控了立陶宛的大部分土地。立陶宛的文化受到了波兰文化的影响，但在波兰控制下，立陶宛文化发展缓慢，在立陶宛出版的文学作品少于普鲁士控制下的小块立陶宛地区所出版的文学作品。在联邦时期，立陶宛以农业为主，经济政治发展较为落后。随着启蒙运动传到立陶宛，维尔纽斯大学成为立陶宛的文化中心。但立陶宛文化上的发展却没有爱沙尼亚和拉脱维亚的进步大，文学作品极少，也没有专门的立陶宛语报刊。受波兰天主教的影响，天主教成为立陶宛人主要的宗教信仰。此后经过1772年、1792年和1793年三次瓜分波兰，立陶宛被彻底并入俄国。

(二)爱沙尼亚和拉脱维亚的文化深受德意志文化的影响

爱沙尼亚和拉脱维亚一直受德意志人的控制。早在13世纪，德意志人就踏上了该地区。汉萨同盟时期，里加成为波罗的海地区最大的商业中心。德意志贵族控制了爱沙尼亚和拉脱维亚大部分土地。15～16世纪，汉萨同盟衰落后，瑞典王国控制了爱沙尼亚和拉脱维亚的大部分地区。在瑞典统治时期，爱沙尼亚和拉脱维亚的文化得到很大的发展，爱沙尼亚语和拉脱维亚语成为文学创作的语言。这一时期的文学创作主要是跟宗教有关。德意志对该地区的文化教育发展发挥了重要的作用，其教育制度基本上是仿照德意志人的。大多数爱沙尼亚和拉脱维亚平民是没有机会接受教育的，即使接受教育也是以德语授课。1721年，北方大战结束后，俄国和瑞典签订了《尼斯塔特条约》，拉脱维亚北部和南部划归到俄国。波兰被瓜分后，其所控制的其他拉脱维亚和爱沙尼亚地区也一并划归给俄国。

同样随着启蒙运动的传播，爱沙尼亚和拉脱维亚的文化开始出现繁荣状态，上层德意志人开始对民间故事和传统感兴趣。1787年，爱沙尼亚出版了《人民用歌曲表达的声音》，作者是约翰·戈特弗里德·赫德，该书收录了爱沙尼亚的一些民谣。德意志

---

① 波罗的海沿岸国家包括瑞典、挪威、德国北部、波兰、爱沙尼亚、拉脱维亚和立陶宛。

② [英]阿兰·帕尔默：《波罗的海史》，胡志勇译，东方出版中心2013年版，第75页。

人还在拉脱维亚出版了《拉脱维亚报》，在爱沙尼亚出版了《乡下人周报》。据有关学者统计，18世纪下半叶，爱沙尼亚平均每年出版3本左右用爱沙尼亚语写的书；19世纪初期，平均每年出版的爱沙尼亚语写的书达13本。[①] 到19世纪中期，所有10岁以上的爱沙尼亚人会读写的已接近90%。[②] 19世纪下半叶，拉脱维亚出版了一本《猎熊者》，用一个传说描述了拉脱维亚本土居民和德意志人之间的斗争，同样寓意的还有爱沙尼亚的《卡列维之子》。有着上千年传统的歌唱节也重新回到人们的生活中。1869年，爱沙尼亚第一次举行歌唱节；1873年，拉脱维亚第一次举行歌唱节。受德意志人的影响，爱沙尼亚和拉脱维亚的信众主要是路德派。

二、波罗的海三国受不同的文化压制政策影响

波罗的海三国并入俄国后，俄国对这三个国家采取了不同的文化压制政策。对于爱沙尼亚和拉脱维亚，俄国并没有取消这两个地区的德意志人的特权，德意志人也借俄国的力量加强了对该地区的统治，因此德意志人一直是爱沙尼亚和拉脱维亚的统治阶级。但是俄国还是尝试着对三国进行俄罗斯化。一战期间，德意志帝国和俄国对波罗的海展开了争夺，在德国短暂的占领时期，对立陶宛进行过德意志化。经过20年的独立后，波罗的海三国又被纳入苏联版图，重启了俄罗斯化的过程。总的看来，无论是德意志化还是俄罗斯化，波罗的海三国所遭到文化压制政策是不同的，而文化发展较为缓慢的立陶宛遭到更为严厉的文化压制政策。

（一）波罗的海三国的德意志化

自13世纪德意志人来到波罗的海后，他们占波罗的海地区总人口的比例从来没超过10%，在1850左右达到人数最高峰，约为19万。[③] 20世纪初，爱沙尼亚和拉脱维亚的统治阶级仍然是德意志人。因为德意志人在人口上不占据优势，所以德意志人对俄国表现出深深的忠诚，他们需要俄国的政权来维护他们在爱沙尼亚和拉脱维亚的特权。部分爱沙尼亚人和拉脱维亚人寄希望于俄国人来帮他们摆脱德意志人的控制，倾向于接受俄罗斯化，反抗德意志贵族的统治。一战期间，拉脱维亚和爱沙尼亚的德意志人十分欢迎德军的到来。

1917年俄国革命时期，爱沙尼亚刚成立，讲拉脱维亚语的那些地区甚至还没有统一，大多数地区仍沦落为德国的控制区，而立陶宛则完全被德国占领。随着战争的推进，波罗的海三国完全被德国占领。由于爱沙尼亚和拉脱维亚文化本身上就从属于德意志文化。所以在德国占领期，主要是对立陶宛实行德国化。鲁登道夫在回忆录说道："如果没有德意志帝国支持的话，它们将不可避免地倒退回俄罗斯的轨道中。波罗的海地区最适合展开殖民化的是立陶宛：其人民看起来颇具可塑性。它拥有大片良

---

① Eddward C. Thaden, *Russification in the Baltic Provinces and Finland, 1855-1914*, Princeton Universtity Press, 1981, p. 293.

② [美]凯文·奥康纳：《波罗的海三国史》，王加丰等译，中国大百科全书出版社2009年版，第50页。

③ John Fitzmaurice, *The Baltic: A Regional Future?* London: St. Martin's Press, 1992, p. 88.

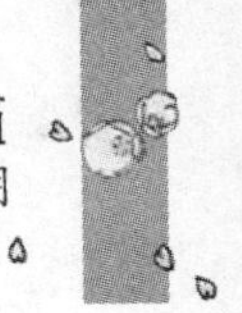

田，并且它在战前和东普鲁士有着密切的商业联系。”[①]

德国对立陶宛的政策涉及波兰重建的问题。立陶宛本土人希望摆脱波兰文化的主导，恢复本土文化。立陶宛的左派人士希望作为一个自治区加入俄罗斯中，而大多数立陶宛政界人士希望建立一个独立的国家。为赢得独立，立陶宛选择与德国建立亲密的类似同盟的关系。1918年，随着世界大战接近尾声，拉脱维亚、立陶宛和爱沙尼亚先后宣布建立独立国家。短促的占领时间使立陶宛的德意志化并没有任何效果。

(二)波罗的海三国的俄罗斯化

对于爱沙尼亚和拉脱维亚，由于俄国统治阶层对统治这两个地区的德意志贵族采取宽大政策，所以并没有认真地推行俄罗斯化。1871年德意志统一后，俄国为防止德意志帝国力量向波罗的海地区扩张，开始重视对爱沙尼亚和拉脱维亚的俄罗斯化。但从1830年华沙起义开始，俄国就对立陶宛的波兰精英越来越带有敌意，强行推进俄罗斯化。1832年，维尔纽斯大学和一些天主教学校被迫关闭。东正教成为官方允许的唯一宗教。1830～1835年间，350万天主教教徒转为东正教教徒，许多教堂财产被没收。[②]

1867年，亚历山大二世颁布法令，要求波罗的海地区的官方文件用俄语书写；1885年，部分波罗的海的小学被纳入俄国的控制下；1887年，俄语被作为波罗的海地区的授课语言；1889年，波罗的海地区的法院被纳入俄国的司法系统中。这种俄罗斯化运动被总结为：一个沙皇，一个教堂(东正教堂)，一种语言(俄语)[③]。其主要措施是划省管理，统一司法和教育体系。由于在拉脱维亚和爱沙尼亚存在着一种用俄罗斯人对抗德意志人的倾向，所以相较于立陶宛而言更加欢迎俄国推行俄罗斯化的政策。实际上，俄罗斯化也的确冲击了德意志人的特权，为爱沙尼亚和拉脱维亚本土人提供了上升渠道，有机会发挥政治影响。1904年，爱沙尼亚人在塔林市政议会占据了大多数；在1897～1906年，拉脱维亚人也在两个重大城市占据了市政议会的大多数。

立陶宛的俄罗斯化要早于爱沙尼亚和拉脱维亚，但立陶宛人十分抵制俄罗斯化。首先，与爱沙尼亚和拉脱维亚上层德意志人忠于俄国不同，掌握大部分立陶宛土地的波兰贵族一直在反抗俄国的统治。在波兰爆发起义的同时，立陶宛也随之加入其中。其次，爱沙尼亚人和拉脱维亚人主要信奉路德派，但路德派是从德意志人那里传来的，对民众并没有很强烈的吸引力。但天主教对立陶宛有着很深的影响，天主教教堂常常成为民族主义者的根据地。宗教人士领导民众竭力反抗俄罗斯化和东正教的传播。面对立陶宛人的反抗，俄国采取更为严厉的措施，到1894年，天主教被排除在立陶宛地方管理机构外。

(三)苏联时期的俄罗斯化

在苏联时期，波罗的海三国所有私人学校都被接管，教育和奖学金都按照苏联标准进行整改，书报被整改为根据苏联官方的要求进行文章的刊载和发表。三国本土文

① [英]阿兰·帕尔默：《波罗的海史》，胡志勇译，东方出版中心2013年版，第319页。

② John Fitzmaurice, *The Baltic*: *A Regional Future*? London: St. Martin's Press, 1992, p. 88.

③ John Fitzmaurice, *The Baltic*: *A Regional Future*? London: St. Martin's Press, 1992, p. 91.

化都遭到压制。以立陶宛为例，二战前，立陶宛有7家日报，27家周报，15家双周评论刊物，27家月刊，每年的发行量约为100万份；在苏联时期，所有刊物减到27家，发行量总共为30万份。[①] 大约有4000本拉脱维亚语的书被禁。大量的知识分子被定为反动分子，或枪决、或流放、或被囚禁。

苏联积极地在波罗的海三国进行社会主义意识形态灌输，大量俄语被引入人们的日常生活中。1946年，拉脱维亚苏维埃部长议会主席宣称《旗》向青少年传播有害思想，是毒瘤，随后该报刊被禁止发行。三国大量的诗歌、小说、戏剧等无不体现出阶级斗争、社会主义和苏联等内容。例如歌颂斯大林的诗："你的名字就像阳光一样照耀着我们，像火炬一样号召斗争，你是我们最亲密的战友，你是我们崇拜的偶像。"[②]歌颂俄罗斯文化的诗："俄语对我来说是一座象征着希望的伟大的桥梁，引导拉脱维亚人的灵魂走向更广阔的视野。"[③]同时，波罗的海地区的历史被重新改写，称赞俄罗斯文化对波罗的海地区带来了重要的影响，强调波罗的海地区反抗德国的历史；瑞典在拉脱维亚和爱沙尼亚的统治被忽视；立陶宛侵犯乌克兰和白俄罗斯的历史被描绘成"封建侵略"；俄国占领波罗的海地区被看作是该地区历史进步的开始。这种文化压制直到赫鲁晓夫时期才有所解冻。新的诗歌体裁出现，民歌重新复苏。1959年，拉脱维亚举办了民歌节；1965年和1969年，爱沙尼亚举办了民歌节，高唱了类似爱沙尼亚国歌的《我的祖国我的爱》。

在苏联时期，对波罗的海三国的俄罗斯化未表现出明显的区别，这是因为苏联不同于历史上的俄国，它要求的不仅仅是波罗的海地区的统治权，而且还想将波罗的海三国彻底纳入自己的计划经济体系中，使它们服从于中央集权体制。因此苏联采取了统一的文化政策，而区别对待波罗的海三国则表现在经济上。拉脱维亚和爱沙尼亚由于工业水平高于立陶宛，工厂设备较为完善，着重发展重工业，而立陶宛则重点发展农畜牧业和轻工业。

三、波罗的海三国对文化压制的反抗程度不同

相比于爱沙尼亚和拉脱维亚，立陶宛的文化发展较慢，宗教色彩浓厚，有着强烈的民族主义情绪。正是这种独特性使其遭受较重的文化压制政策，结果是立陶宛对文化压制政策的反抗程度要明显强于爱沙尼亚和拉脱维亚。

（一）一战结束前的反抗运动比较

19世纪，拉脱维亚和爱沙尼亚由于俄罗斯的间接统治，并没有明显的冲突。在启

① Romuald J. Misiunas, Rein Taagepera, *The Baltic States, Years of Dependence, 1940-1980*, London: C. Hurst & Company, 1983, p. 36.

② 原文：Your name glows for us like the flaming sun, Like an eternal flame that calls to battle, To all of us you are the drearest friend, You, our conscience and our honor.

③ Romuald J. Misiunas, Rein Taagepera, *The Baltic States, Years of Dependence, 1940-1980*, London: C. Hurst & Company, 1983, p. 113.

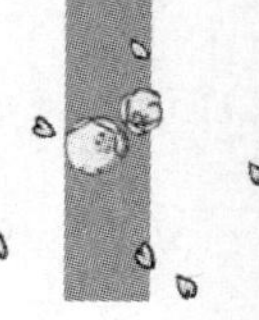

蒙运动的熏陶下，德意志贵族对拉脱维亚和爱沙尼亚的底层文化产生了极大的兴趣，尤其是这两个地区传统的民歌、传说等，发掘了大量的诗歌和文学作品，并出版了相关报刊。19世纪，说德语的居民大约总共为12.5万人，而波罗的海地区总人口有160万，占总人口的7.8%，到19世纪末说德语的人占波罗的海总人口不到6%[①]。德意志人在该地区占极少数，但德意志人控制着大量的土地，爱沙尼亚和拉脱维亚的农民为争夺土地，也发动了几次起义。1838～1840年，拉脱维亚爆发起义，反抗德意志地主的剥削。1858年，拉脱维亚又爆发起义，起义者约有7000～8000人，这次起义的矛头才指向了俄国。

立陶宛对压制的反抗程度明显强于爱沙尼亚和拉脱维亚，民族主义情绪极为强烈，起义不断。早在1802年、1805年和1823年，立陶宛人就发动过起义，反抗俄国的殖民统治。1830年华沙起义爆发后，25000～30000名立陶宛人参加了起义。[②] 随后在1844年、1863年、1899年，立陶宛又爆发过三次反抗沙俄统治的起义。其中1863年起义是华沙先爆发起义，立陶宛随后加入其中。1863年起义被镇压后，俄国当局禁止使用立陶宛语和拉丁字母。立陶宛人没有屈服，很多立陶宛文学作品在普鲁士印刷后再偷运回立陶宛。这个时期代表性的文学家有温卡斯·库迪卡和梅罗尼斯等。1879年，立陶宛在东普鲁士出版了第一份立陶宛语报纸，同年，在提尔成立了立陶宛文化协会。立陶宛的经济文化水平都落后于拉脱维亚和爱沙尼亚，但立陶宛却最早成立了政党。1896年立陶宛社会民主党建立，1904年拉脱维亚社会民主党才建立。

1904年，为了在日俄战争中稳定后方，俄国允许立陶宛使用自己的本土语言，恢复一些天主教堂。可见，立陶宛一直在为恢复自己的文化而不断进行斗争。1905～1907年间，拉脱维亚、立陶宛、爱沙尼亚三国出现了许多以农民为主的大规模运动。泛农运动的结果是在该地区出现了浪漫主义、民间文学、人种学、语言学、民间文化等关于地方农民文化的“再发现”或“再创造”，同时出现的还有被淹没的方言和各种新创造的民间文学。在这期间，拉脱维亚和爱沙尼亚都出现了本土的布尔什维主义者，但立陶宛本土却没有，追求民族独立始终是立陶宛人最重要的目标

（二）一战到二战独立时期的反抗运动比较

一战结束后，波罗的海三国获得了20年短暂的独立时期。在这段时期三国的教育得到普及，以拉脱维亚为例，1920～1933年，中学由36所增到96所；1926年，拉脱维亚的文盲率下降到14.3%。[③] 三国的民主制度有所发展，但政局一直处于混乱状态。这个时期也被称为“波罗的海的政党时代”：1923年的爱沙尼亚选举，有14个政党参与选举；1922～1934年，有39个党派的代表进入拉脱维亚议会；1920～1926年，爱沙尼亚换了9届政府，拉脱维亚换了7届政府，而立陶宛也换了6届政府。[④]

---

① 参见[美]凯文·奥康纳：《波罗的海三国史》，王加丰等译，中国大百科全书出版社2009年版，第41页。

② 参见李兴汉：《波罗的海三国：爱沙尼亚、拉脱维亚、立陶宛》，社会科学文献出版社2002年版，第30页。

③ 参见[美]凯文·奥康纳：《波罗的海三国史》，王加丰等译，中国大百科全书出版社2009年版，第112页。

④ 参见[英]阿兰·帕尔默：《波罗的海史》，胡志勇译，东方出版中心2013年版，第343页。

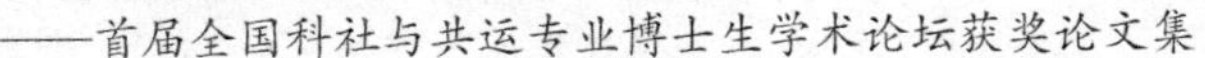

在经济大萧条时期，波罗的海三国显示出了一种小农的"韧性"。波罗的海三国的农业发展依然保持良好的势头，农民的消费水平不断提高。波罗的海三国本来就是农业国家，其中立陶宛农业占77%，拉脱维亚农业占66%，爱沙尼亚农业占60%。[①] 本土文化的复兴伴随着农民争取建立独立民族国家的斗争而兴起。在十月革命后欧洲出现的革命阶级不仅是无产阶级，还有觉醒了的农民。在波罗的海三国，争取建立农民为主的民族国家的斗争越演越烈，农民强烈要求进行土地改革，要求获得普选权，要求平等的受教育机会。这种建立民族国家的要求在立陶宛表现得格外强烈。除了宗教和文化上的影响，还有一个重要原因就是立陶宛的民族最为同质化，人口单一，民族认同感强。而爱沙尼亚和拉脱维亚民族差异性较大。1920年独立时期，立陶宛总人口340万，立陶宛人占83.9%，犹太人占7.6%，波兰人占3.2%，俄罗斯人占2.7%，德国人占1.4%；爱沙尼亚总人口150万，爱沙尼亚人占80%，俄罗斯人占8.5%，德国人占1.5%，瑞典人占0.7%，犹太人占0.4%；拉脱维亚总人口250万，拉脱维亚人占75.6%，俄国人占12.6%，犹太人占5.2%，德国人占3.8%，波兰人占2.8%。[②]

（三）二战后的反抗运动比较

二战结束后，立陶宛的反抗压制的程度强于爱沙尼亚和拉脱维亚的一个突出表现就是游击斗争。波罗的海地区的游击武装被称为"丛林兄弟"。立陶宛自德国占领时就出现了民族抵抗运动，1945年，约有3万武装人员躲到丛林中，到1946年才有统一指挥；而爱沙尼亚的游击队成员最多时有1万人左右，拉脱维亚的游击队成员最多时有1万～1.5万人。[③] 天主教教区构成了立陶宛绝大部分的基层组织。苏联破坏教堂更激起了立陶宛人的反抗情绪。而拉脱维亚和爱沙尼亚的路德派由于跟德意志人的联系并没有太多地受到民族精神的影响。在立陶宛有许多教职人员是游击队的领导者，而拉脱维亚只有一个神职人员加入游击队中，爱沙尼亚则没有神职人员参与其中。为剿灭立陶宛的游击队，苏联甚至出动了空军。1949年，拉脱维亚游击队抵抗力量基本上被摧毁，爱沙尼亚的抵抗力量则一直持续到1953年。立陶宛的游击队抵抗力量则持续到70年代。

四、结语

波罗的海三国重新获得独立后，三个国家内的纪念碑由本国的一些作家、艺术家和音乐家取代了苏联时期的领导人像，但俄语依旧在这个三个国家通行。立陶宛的文化相比于爱沙尼亚和拉脱维亚具有独特性，带有浓厚的宗教主义色彩和强烈的民族独立情绪，这也与它曾经一度建立过强大的国家有关。这种独特性使其在不同的占领期遭到较为严厉的文化压制政策，其结果就是立陶宛人的反抗意识比爱沙尼亚人和拉脱

① 参见[英]阿兰·帕尔默：《波罗的海史》，胡志勇译，东方出版中心2013年版，第345页。

② John Fitzmaurice, *The Baltic：A Regional Future*? London：St. Martin's Press, 1992, pp. 99-100.

③ Romuald J. Misiunas, Rein Taagepera, *The Baltic States*, *Years of Dependence*, *1940-1980*, London：C. Hurst & Company, 1983, p. 81.

维亚人更强,不断地进行斗争和争取民族国家独立。最终,立陶宛成为波罗的海三国中第一个宣告脱离苏联独立的国家,也是苏联15个加盟共和国中最先宣布独立的。巧合的是,波兰也是东欧剧变中第一个倒下的国家。这种文化上的同质性或许会为这种巧合带来一种新的解释角度。文化的力量不能小觑。同样在中国当下,随着传统文化的复兴,如何处理中国传统文化与社会主义之间的关系也值得我们深思。

图书在版编目(CIP)数据

21世纪社会主义:世界与中国:首届全国科社与共运专业博士生学术论坛获奖论文集/蒋锐主编.—济南:山东大学出版社,2018.5

ISBN 978-7-5607-6074-2

Ⅰ.①2… Ⅱ.①蒋… Ⅲ.①社会主义—文集 Ⅳ.①D091.6-53

中国版本图书馆CIP数据核字(2018)第114935号

责任编辑 谭学秋
封面设计 张 荔

出版发行:山东大学出版社
社 址 山东省济南市山大南路20号
邮 编 250100
电 话 市场部(0531)88363008
经 销:新华书店
印 刷:济南华林彩印有限公司
规 格:787毫米×1092毫米 1/16
22.75印张 526千字
版 次:2018年5月第1版
印 次:2018年5月第1次印刷
定 价:58.00元